Russian Grammar: System – Usus – Variation /
Русская грамматика: Система – узус – варьирование

Linguistica Philologica
Lingua – Usus – Variatio

Edited by
Gerda Haßler and Vladislava Warditz

Volume 1

PETER LANG

Vladislava Warditz (ed.) / Владислава Вардиц (ред.)

Russian Grammar: System – Usus – Variation / Русская грамматика: Система – узус – варьирование

PETER LANG

Bibliographic Information published by the Deutsche Nationalbibliothek
The Deutsche Nationalbibliothek lists this publication in the Deutsche Nationalbibliografie; detailed bibliographic data is available online at http://dnb.d-nb.de.

Library of Congress Cataloging-in-Publication Data
A CIP catalog record for this book has been applied for at the Library of Congress.

ISSN 2750-2961
eISSN 2750-297X
ISBN 978-3-631-86458-6 (Print)
E-ISBN 978-3-631-87748-7 (E-PDF)
E-ISBN 978-3-631-87749-4 (EPUB)
DOI 10.3726/b19724

Peter Lang – Berlin · Bern · Bruxelles · New York · Oxford · Warszawa · Wien

This publication has been peer reviewed.

www.peterlang.com

In Honor of Alan Timberlake

В честь Алана Тимберлейка

Contents

Содержание

Abbreviations

1, 2, 3 = 1st, 2nd, 3rd person
ACC = accusative
ADU = adult
BT = baby talk
CDS = child-directed speech
CFS = child specific form
CHI = child
CS = child speech
DIM = diminutive
F/FEM = feminine
FUT = future tense
GEN = genitive
IMP/IMV = imperative
INF = infinitive
INS/INSTR = instrumental
IPFV = imperfect
IRR = irreal marker
IT = Italian
L1 = first language acquisition
M/MASC = masculine
ME = macro-episode
MLU = mean length of utterance
N/NEUT = neuter
NOM = nominative case
ORD = One Day of Speech (*Odin rechevoi den'*, RNC subcorpus)
PFV = perfect
PL = plural
PM = pragmatic marker
PRES/PRS = present tense
PST = past tense
RGADA = Russian State Archive of Ancient Documents
REFL = reflexive
RNC = Russian National Corpus
S = speaker
SE = Sketch Engine
SES = social economic status
SG = singular
TTR = type/token ratio

Список условных сокращений

БАС = Большой академический словарь
БТС = Большой толковый словарь
В. (п.) = винительный (падеж)
ВК = вводная конструкция
ГП = газетный подкорпус Национального корпуса русского языка
Д. (п.) = дательный (падеж)
И. (п.) = именительный (падеж)
ИРЯ РАН = Институт русского языка им. В. В. Виноградова Российской академии наук
Кинга УВ = Книга Уставъ Воинскій
ЛА-структура = линейно-акцентная структура
МАС = Малый аладемический словарь
НВ = наречие времени
НВС = наречие временного следования
НКРЯ = Национальный корпус русского языка
ОП = основной подкорпус Национального корпуса русского языка
ОРД = корпус русского языка повседневного общения «Один речевой день»
П. (п.) = предложный (падеж)
ПМ = прагматический маркер
ПСЗ = Полное собрание законов Российской империи
Р. (п.) = родительный (падеж)
САТ = корпус «Сбалансированная аннотированная текстотека»
СД = сфера действия
СП = сложное предложение
ССП = сложносочиненное предложение
Т. (п.) = творительный (падеж)
УП = устный подкорпус Национального корпуса русского языка
УР = устная речь
ЯРК = Языки русской культуры
ЯСК = Языки славянской культуры

Introduction

The present volume contains a selection of papers presented at the Fifth International Symposium on *Russian Grammar: System–Usus–Language Variation*, which took place from September 22 to 24, 2021, at the University of Potsdam (Potsdam, Germany).

This collection of essays is dedicated to Alan Timberlake, Professor Emeritus at the University of California, Berkeley (USA) and Special Lecturer in the Department of Slavic Languages and Literatures at Columbia University (New York, USA), on the occasion of his 75th birthday. In his research, Alan Timberlake seeks to overcome the limits of established linguistic dichotomies (such as Ferdinand de Saussure's *système* and *parole* or Noam Chomsky's *competence* and *performance*) and puts forward, through the study of historical language change, an integrative linguistic theory with a primarily explanatory aim. For Timberlake, author of *A Reference Grammar of Russian*,[1] linguistic theory builds on the interpretation of empirical facts. In this context, it is appropriate to recall Kibrik's justification of his so-called *why-linguistics* that relies on facts of *how-linguistics*, i.e. descriptive linguistics.[2] Alan Timberlake expounded upon his grammatical ideas in his plenary paper "Russian Language: Mimesis and Linkage", which touched on the trigger mechanisms for linguistic shifts from a synchronic as well as a diachronic perspective.

As the symposium was held online, more than two hundred participants, speakers and listeners alike, from Russia, Belarus, Poland, Slovakia, Armenia, Turkey, Germany, Finland, Italy, the USA, Israel, Korea and China, were able to attend. The symposium was the fifth in a series of annual "Russian Grammar" symposia. The previous ones were held at the Pushkin Institute of Russian Language (Moscow, 2016), the University of Helsinki (Helsinki 2017), St. Petersburg State University (St. Petersburg, 2018) and K. D. Ushinsky Yaroslavl State Pedagogical University (Yaroslavl, 2019).

In the virtual space of Potsdam, representatives of various academic schools and communities discussed theoretical and practical aspects of studying and teaching Russian grammar. The discussions at the previous symposia had focused on the project of a new type of Academy grammar, *Russian Grammar 4.0* (Moscow, 2016), the description, teaching and testing of the same (Helsinki, 2017), the structural organization of language and processes of language functioning (St. Petersburg, 2018), and active processes in language and speech (Yaroslavl, 2019), respectively.

---

1 Timberlake, Alan: *A Reference Grammar of Russian*. Cambridge, 2004.

2 Kibrik, Aleksandr: *Konstanty i peremennye iazyka*. Saint Petersburg, 2003.

At the Potsdam symposium, theoretical and applied issues of Russian grammar were considered through the prism of interaction between the system of language, language use and language variation. These perspectives, in turn, correlate with the ideas of Alan Timberlake's *Reference Grammar of Russian.* According to Victor Zhivov, the *Reference Grammar* is a *standard* manual of Russian that is defined by its non-conventionalism (*nestandardnost'*). This lack of conventionality can be attributed "to the author's approach to language, which he sees not as a rigid and completed abstract system that exists independently of the Speaker, but as an ordered set of tools for speech communication (*templates*); this set has developed historically and varies depending on the conditions of communication, and is thereby dependent on cultural and historical parameters." (V. Zh. 2005: 308)[3]

The study of this broad spectrum of extralinguistic factors and systemic linguistic mechanisms implicated in the development of the grammatical structures of natural languages requires use of the theoretical and applied tools of various linguistic paradigms, among them formal, generative, cognitive, communicative, functional and corpus linguistics, as well as the possible use of integrative methods.

Accordingly, the papers presented at the symposium *Russian Grammar: System–Usus–Language Variation* reflected the multidimensional approaches to the description and teaching of Russian grammar. At the same time, the discussions centered around the question of theoretically and empirically sound arguments for an updated Academy grammar. The participants thus looked at the latest methodological and theoretical insights and the contemporary state of Russian language in all its functional, social and regional forms and communicative spheres. In particular, the researchers' attention was drawn to the creation of a basis for an updated Russian grammar, which could give a new impetus to the study of Russian as a foreign language. Special attention was paid to the language of the Russian diaspora, or Russian as a heritage language, which, from the point of view of the existing Academy grammars, is a new object of linguistic description. In the past thirty years, the study of diaspora Russian has gained in importance due to the changing geopolitical conditions. Russian has also existed in intensive language contact with the dominant languages of official communication. In this context, it is no coincidence that the volume *Sovremennyi russkii iazyk: Aktivnye processy na rubezhe XX–XXI vekov* [*Modern Russian: Active Processes at the Turn of the 21st Century*] (Krysin 2008),[4] published by the V. V. Vinogradov Russian

3 V. Zh. Review of: Alan Timberlake. A Reference Grammar of Russian. *Russkii iazyk v nauchnom osveshchenii* [*Russian Language and Linguistic Theory*] 2005/1 (9), 308–309.

4 Krysin, Leonid (ed.): *Sovremennyi russkii iazyk: Aktivnye protsessy na rubezhe XX–XXI vekov*. Moscow, 2008.

Language Institute, includes Russian spoken outside of Russia as a legitimate form of contemporary Russian.

At present, *Russkaia grammatika* [*Russian Grammar*],[5] published by the Russian Academy of Sciences more than forty years ago in 1980 under the general editorship of Natalia Shvedova, is considered the most complete systematic description of the grammatical structure of Russian. Although it remains authoritative, many aspects of modern Russian are still outside of its scope. According to Olga Glazunova, "the traditional structural-semantic approach which the authors of *Russkaia grammatika* chose as the basis for the description of grammatical phenomena […] was aimed at solving specific tasks and could not fully cover all the then existing strategies related to the study and interpretation of formal (generative), communicative, functional and cognitive sides of language phenomena" (Glazunova 2019: 7–8).[6]

Notwithstanding the undeniable merits of the Academy grammar, linguists are more interested in describing different types of variation in Russian by applying corpus analysis methods to a vast empirical dataset. The typologically-oriented "Russkaia korpusnaia grammatika" ["Russian Corpus Grammar"] project[7] is quite revealing in this respect. On the one hand, it is based on innovative theoretical and methodological insights and, on the other hand, on the existing Academy grammar and other grammars of Russian, such as (Shvedova 1980), (Vinogradov 1947),[8] (Isachenko 2003 [1960–1965])[9] and (Timberlake 2004). Regardless of the linguistic views professed or the theoretical neutrality of scholars, there is no doubt that a new Academy grammar of Russian must account for the latest achievements, in on the one hand, the general theory of language and general morphology, and on the other, the morphology of Russian in particular. The papers delivered at the symposium in Potsdam are intended to serve this purpose.

The main thematic areas of the symposium were represented by six sections: 1) semantic, syntactic and pragmatic studies on Russian grammar, including diachrony, diatopy and diastraty; 2) lexical and semantic aspects of the description of Russian grammatical categories, including contrastive studies on Slavic and non-Slavic languages; 3) Russian grammar and Russian as a foreign language; 4) Russian grammar and multilingualism, i.e. Russian as a heritage language, which, along with Russian as a foreign language, is becoming a significant topic in

5 Shvedova, Natalia Iu. (ed.): *Russkaia grammatika*. Moscow, 1980.

6 Glazunova, Olga / Rogova, Kira (eds.): *Russkaia grammatika: Strukturnaia organizaciia iazyka i processy iazykovogo funkcionirovaniia*. Saint Petersburg, 2019.

7 http://rusgram.ru/main. Accessed: 01.09.2021.

8 Vinogradov, Viktor: *Russkii iazyk. Grammaticheskoe uchenie o slove*. Moscow, 1947.

9 Isachenko, Aleksandr: *Grammaticheskii stroi russkogo iazyka v sopostavlenii s slovatskim. Morfologiia*. Moscow / Vienna, 2003 [repr. 1960–1965].

Russian linguodidactics outside of Russia as well as an important source for studying grammatical variation and language shifts; 5) the urbanization of language and Russian grammar, in particular in the language of the mass media; 6) grammatical variation and language changes in Russian, as studied, by in large, on the basis of the *Russian National Corpus* [*Natsional'nyi korpus russkogo iazyka*] using quantitative methods of corpus analysis. The articles included in this collection of essays reflect the entire spectrum of topics described here.

In conclusion, I would like to express my deep gratitude to the German Research Foundation [*Deutsche Forschungsgemeinschaft, DFG*], which provided financial support for the symposium with respect to organizing the online event and publishing the proceedings.[10] The papers selected for publication went through a double-blind review process. I should like to state my sincere appreciation for the reviewers' valuable comments and their helpful recommendations. Special thanks go to Walker Thompson, technical editor and proofreader, for his tremendous and painstaking work.

Vladislava Warditz

November 2021, Potsdam/Cologne

10 *Deutsche Forschungsgemeinschaft* [*DFG*], WA 3745/7–1, *5th International Symposium Russian Grammar: System–Usus–Language Variation.* Grant applicant: Vladislava Warditz, University of Potsdam, 2020–2021.

Введение

Предлагаемый вниманию научного сообщества сборник объединяет статьи, написанные по материалам докладов Пятого Международного симпозиума «Русская грамматика: система – узус – языковое варьирование», который проходил с 22 по 24 сентября 2021 года на базе Потсдамского университета (Потсдам, ФРГ).

Сборник статьей посвящается юбилею Алана Тимберлейка, профессора Калифорнийского университета (Бёркли, США) и научного сотрудника Колумбийского университета (Нью-Йорк, США). В своих трудах Алан Тимберлейк стремится разрешить узость принятых в лингвистике дихотомий (например, *système* и *parole* у Фердинанда де Соссюра или *competence* и *performance* у Ноама Хомского) и разработать лингвистическую теорию, имеющую прежде всего объяснительную силу. Отправной точкой для автора референциальной грамматики русского языка[1] становится при этом интерпретация эмпирических фактов. В этой связи уместно вспомнить обоснование *почему-лингвистики*, опирающейся на факты *как-лингвистики* в трудах Александра Е. Кибрика (Кибрик 2003).[2] Грамматические идеи Алана Тимберлейка нашли отражение и в его пленарном докладе «Russian Language: Mimesis and Linkage», посвященном механизмам языковых сдвигов как в синхронии, так и в диахронии.

Благодаря онлайн-режиму симпозиум собрал более двухсот докладчиков и слушателей из России, Беларуси, Польши, Словакии, Армении, Турции, Германии, Финляндии, Италии, США, Израиля, Кореи и Китая, став пятым по счёту в цикле ежегодных мероприятий «Русская грамматика». Предыдущие симпозиумы прошли в Институте русского языка им. А. С. Пушкина (Москва, 2016), Хельсинкском университете (Хельсинки 2017), Санкт-Петербургском государственном университете (Санкт-Петербург, 2018) и Ярославском государственном педагогическом университете им. К. Д. Ушинского (Ярославль, 2019).

В виртуальном пространстве Потсдама представители различных научных школ и сообществ продолжили обсуждение вопросов изучения и преподавания русской грамматики. На предыдущих симпозиумах центром дискуссий стали соответственно проект академической грамматики нового типа, или *русской грамматики 4.0* (Москва, 2016), вопросы её описания, преподавания и тестирования (Хельсинки, 2017), структурная организация языка и процессы языкового функционирования (Санкт-Петербург, 2018) и активные процессы в языке и речи (Ярославль, 2019).

---

1 Timberlake, Alan: *A Reference Grammar of Russian*. Cambridge, 2004.

2 Кибрик, Александр: *Константы и переменные языка*. Санкт-Петербург, 2013.

В Потсдаме теоретические и прикладные аспекты русской грамматики обсуждались с позиций взаимодействия языковой системы, речевого узуса и языкового варьирования. Заданная перспектива – *система, узус, языковое варьирование* – соотносится, в свою очередь, с идеями референциальной грамматики русского языка Алана Тимберлейка, которая, по словам Виктора М. Живова:

> представляет собой стандартное руководство по русскому языку, отличающееся своей нестандартностью. Эта нестандартность обусловлена подходом автора к языку, который он рассматривает не как жесткую и законченную абстрактную систему, существующую независимо от носителя, а как упорядоченный набор инструментов речевой коммуникации (трафаретов, *templates*); этот набор складывается исторически и варьирует в зависимости от условий коммуникации, находясь тем самым в зависимости от культурно-исторических параметров (В.Ж. 2005: 308).[3]

Изучение многообразия экстралингвистических факторов и системно-языковых механизмов, задействованных в развитии грамматики естественных языков, требует привлечения теоретического и прикладного инструментария различных направлений, в частности, формальной, генеративной, когнитивной, коммуникативной, функциональной и корпусной лингвистики, а также использования интеграционных методов.

Исследования, представленные в рамках симпозиума «Русская грамматика: система–узус–языковое варьирование», отразили многомерность подходов к решению проблем, связанных с изучением одного из самых сложных разделов языкознания. При этом центральным оставался вопрос теоретически и эмпирически правомерных оснований для создания новой академической грамматики с учётом новейших достижений науки о языке и актуального состояния русского языка во всех формах и сферах его бытования. Внимание исследователей привлек вопрос о создании грамматики русского языка, которая могла быть дать импульс и для изучения русского языка как иностранного. В зарубежной русистике и лингводидактике особое место занимает язык русской эмиграции, или русский язык как унаследованный, – новый, с точки зрения существующих академических грамматик, объект лингвистического описания. На протяжении последних тридцати лет в силу изменившихся геополитических условий русский язык бытует бытует и в условиях неравноправного многоязычия, при интенсивном языковом контакте с доминирующими языками официального общения. Именно поэтому его изучение обретает всё большую значимость. Неслучайно коллективный труд сотрудников Института русского языка им. В. В. Виноградова

3 В. Ж.: Alan Timberlake. *A Reference Grammar of Russian*. РЯНО 2005/1 (9), 308–309.

«Современный русский язык: Активные процессы на рубеже XX-XXI веков» (Крысин 2008)[4] включает и язык русского зарубежья.

Наиболее полным системным описанием грамматического строя русского языка остается академическая «Русская грамматика», опубликованная более сорока лет назад, в 1980 году, под общей редакцией Н. Ю. Шведовой.[5] Несмотря на то, что среди лингвистов ее авторитет неоспорим, многие аспекты современного русского языка остаются за ее пределами. По мнению Ольги И. Глазуновой:

> традиционный структурно-семантический подход, который авторы «Русской грамматики» выбрали в качестве основы для описания грамматических явлений … был направлен на решение конкретных задач и не мог охватить в полной мере все существующие на тот момент стратегии, связанные с изучением и интерпретацией формальной (генеративной), коммуникативной, функциональной и когнитивной сторон языковых явлений (Глазунова 2019: 7–8).[6]

Принимая во внимание безусловные заслуги академической грамматики, современные лингвисты в большей степени сосредоточены на описании различных типов вариативности русского языка, которые выявляются с помощью методов корпусного анализа на обширном эмпирическом материале. Показателен в этой связи типологически-ориентированный проект «Русская корпусная грамматика»,[7] который опирается как на инновативные теоретико-методологические основы, так и на существующие грамматики русского языка, например, (Шведова 1980), (Виноградов 1947),[8] (Исаченко 2003 [1960-1965])[9] и (Timberlake 2004). Вне зависимости конкретных взглядов на русскую грамматику или теоретической нейтральности представителей научного сообщества новая академическая грамматика должна быть разработана с опорой на общелингвистическую теорию языка и общую морфологию, с одной стороны, и теоретическую и прикладную русистику, с другой. Доклады, которые прозвучали в Потсдаме, призваны послужить достижению этой цели.

Основные тематические направления симпозиума были представлены шестью блоками: 1) семантические, синтаксические и прагматические

---

4 Крысин, Леонид (ред.): *Современный русский язык: Активные процессы на рубеже XX-XXI веков*. Москва, 2008.

5 Шведова, Наталья: *Русская грамматика*. Москва, 1980.

6 Глазунова, Ольга / Рогова, Кира (ред.): *Русская грамматика: Структурная организация языка и процессы языкового функционирования*. Санкт-Петербург, 2019.

7 http://rusgram.ru/main. Дата обращения: 01.09.2021.

8 Виноградов, Виктор: *Русский язык. Грамматическое учение о слове*. Москва, 1947.

9 Исаченко, Александр: *Грамматический строй русского языка в сопоставлении с словацким. Морфология*. Москва / Вена: 2003 [1960–1965].

исследования русской грамматики, в том числе в диахронии, диатопии и диастратии; 2) лексические и семантические аспекты описания грамматических категорий русского языка, к которым примыкают контрастивные исследования на материале славянских и неславянских языков; 3) проблемы обучения русской грамматике в практике преподавания русского языка как иностранного; 4) русская грамматика в условиях многоязычия, прежде всего русского языка как унаследованного, который наряду с РКИ становится значимой темой в преподавании русского языка вне России, а также важным источником для изучения грамматического варьирования и языковых сдвигов; 5) урбанизация языка и русская грамматика, в частности в языке СМИ; 6) грамматическое варьирование и языковые изменения в русском языке, представленные, как правило, на материале Национального корпуса русского языка с использованием квантитативных методов корпусного анализа. Вошедшие в сборник статьи отражают описанный тематический спектр.

В заключение хотелось бы выразить глубокую благодарность Немецкому научно-исследовательскому сообществу [*Deutsche Forschungsgemeinschaft, DFG*], которое оказало финансовую помощь для проведения запланированного симпозиума и публикации сборника статей.[10] Отобранные к печати тексты прошли процедуру двойного слепого рецензирования. Моя искренняя признательность – рецензентам этого сборника за ценные замечания и доброжелательные рекомендации. Особая признательность – Уолкеру Томпсону, техническому редактору и корректору сборника, за его грандиозный и кропотливый труд.

Владислава Вардиц

ноябрь 2021 года, Потсдам—Кёльн

10 *Deutsche Forschungsgemeinschaft* [*DFG*], WA 3745/7-1, *5th International Symposium Russian Grammar: System–Usus–Language Variation*, руководитель гранта – Владислава Вардиц, Потсдамский университет, 2020–2021.

Conjunctionalization as an active process in spoken Russian

Natal'ia Bogdanova-Beglarian[*]

Abstract: This article examines such elements of (mostly) oral discourse that can be interpreted as the result of the process of conjunctionalization, which is very active in our speech and gives rise (in different ways) to new conjunction units. All observations proposed in the article are based on extensive corpus material: the Russian National Corpus and two speech corpora created at St. Petersburg State University, one dialogic ("One Day of Speech") and the other monologic ("Balanced Annotated Text Library"). Conjunctions and conjunction constructions are presented, i.e. composite (*ne govoria o tom chto/chtoby, uchityvaia chto, jedinstvenno chto, v tom plane/smysle chto, v plane/smysle togo chto*) or even double (*vrode* (*by*)/*po idee/jakoby/... X sed Y*), which are actively used in our everyday communication but practically have no lexicographic fixation or even a detailed grammatical description. Accounting for these units can challenge well-established ideas about the quantitative distribution of parts of speech in oral discourse.

Keywords: spoken Russian, conjunctionalization, grammaticalization, speech corpus, conjunction construction, composite conjunctions

Конъюнкционализация как активный процесс русской устной речи[†]

Наталья Богданова-Бегларян

Резюме: В статье рассматриваются такие элементы устного (по преимуществу) дискурса, которые можно интерпретировать как результат весьма активного в нашей речи процесса конюънкционализации, т. е. рождения (разными путями) новых союзных средств. Все наблюдения, предложенные в статье, основываются на объемном корпусном материале: НКРЯ и двух корпусов устной речи, созданных в СПбГУ, – диалогической («Один речевой день») и монологической («Сбалансированная аннотированная текстотека»). Представлены союзы и союзные конструкции, составные (*не говоря о том что/чтобы, учитывая что, единственно что, в том плане/смысле что, в плане/смысле того что*) или даже двухместные (*вроде (бы)/по идее/якобы/... X sed Y*), которые активно используются в нашей повседневной коммуникации, но практически не имеют ни лексикографической фиксации, ни даже детального грамматического описания. Учет этих единиц способен изменить устоявшееся представление о количественном распределении частей речи в устном дискурсе.

Ключевые слова: русская устная речь, конъюнкционализация, грамматикализация, речевой корпус, союзная конструкция, составной союз

---

* Saint Petersburg State University, e-mail: nvbogdanova_2005@mail.ru

† Исследование проведено при финансовой поддержке гранта Санкт-Петербургского государственного университета (проект № 75254082 «Моделирование коммуникативного поведения жителей российского мегаполиса в социально-речевом и прагматическом аспектах с привлечением методов искусственного интеллекта»).

1. Введение

Любой литературный язык, как известно, «питается соками» живой повседневной речи (Щерба 1957: 14–15). Именно в ней, и не только в неупорядоченной разговорной, но и в стремящейся к «идеалу» монологической – истоки большинства языковых изменений. Поэтому и сама такая речь, и тенденции ее изменения – как в конкретных актах коммуникации, так и в динамике исторического развития – уже давно привлекают внимание лингвистов и обеспечивают неизменную актуальность любых исследований звучащей языковой материи. Именно «живые языки (разрядка автора. – *Н. Б.-Б.*) во всем их разнообразии» И. А. Бодуэн де Куртенэ называл главным источником «материала как для грамматических, так и для всяких других лингвистических исследований и выводов» – «материала, данного непосредственно и доступного не только всестороннему наблюдению, но даже экспериментам» (Бодуэн де Куртенэ 1963: 103). «Язык создается посредством изменения и “умирает” как таковой, когда он перестает изменяться» (Косериу 1963: 343). Именно поэтому материалом для наблюдений в настоящей статье стала повседневная устная речь (УР) носителей русского языка, а конкретным предметом анализа – те изменения, которые происходят в сфере грамматики, в частности, в составе русских союзов/союзных средств.

2. Союзы в устной речи

Распространенная идея о том, что в УР союзов мало, не выдерживает элементарной проверки на материале звуковых корпусов (Богданова-Бегларян 2014: 299). Хотя увидеть это не так просто. На первый (поверхностный) взгляд, союзов в устной речи действительно меньше, чем в литературно-письменной, ср., например, сопоставительные данные о распределении словоупотреблений по частям речи в двух больших корпусах: основном подкорпусе НКРЯ (ОП НКРЯ; письменная речь, включая стилизации устной в художественных произведениях) и корпусе повседневной русской речи «Один речевой день» (ОРД; максимально приближенная к естественной устная речь)[1] (там же) (см. табл.).

Судя по этим данным, союзов в УР в два раза меньше, чем в письменной речи (4,5 vs 8,0 %), и более чем в три раза меньше, чем глаголов, существительных и частиц, занимающих первые три позиции в частотном списке частей речи в устном дискурсе (4,5 vs 17,2, 15,8 и 15,7 % соответственно). Но

1 См. последние работы о корпусе ОРД (Богданова-Бегларян 2016; Bogdanova-Beglarian et al. 2016a, b; Богданова-Бегларян и др. 2019).

это – при автоматической разметке (для корпуса ОРД она была выполнена с помощью программы MyStem [Яндекс-технологии]), которая практически не способна учитывать влияние контекста и «не видит» цельности той или иной составной единицы.[2] Ручная обработка и контекстный анализ материала дают совсем другие результаты.

Табл. 1 (фрагмент) Распределение словоупотреблений по частям речи в НКРЯ и ОРД

Часть речи	**НКРЯ**		**ОРД**	
	Абс. кол-во	Отн. кол-во (%)	Абс. кол-во	Отн. кол-во (%)
Существительное	16 93 312	28,7	28 910	15,8
Глагол	10 07 618	17,1	31 449	17,2
Предлог	621 883	10,6	14 486	7,9
Прилагательное	506 851	8,6	6 341	3,5
Местоимение-существительное	467 455	8,0	28 369	15,5
Союз	**471 309**	**8,0**	**8 133**	**4,5**
Частица	268 104	4,6	28 646	15,7
Наречие	246 213	4,2	13 797	7,6

3. Конъюнкционализация как результат грамматикализации

Так, обнаруживается, например, весьма активный в устной речи процесс *конъюнкционализации* (как разновидность *транспозиции* и результат *грамматикализации*) – образование союзов или союзных средств на основе слов из других грамматических классов, ср. ряд примеров такого рода.[3]

ДЕЕПРИЧАСТИЕ → ПРЕДЛОГ → СОЮЗ

(1) *По общим критериям / **не говоря о** конкретных стандартах* (НКРЯ)

(2) ***Не говоря о том / что** сейчас там / в Израиле / правительство / всё это ведь социалисты же / различные социалистические направления / конечно / кроме коммунистов* (НКРЯ)

(3) *ни одну группу ни в одном сезоне / кроме двух групп декабря мы не можем продать по 530 евро / уж **не говоря о том чтобы** продать по 510 (*ОРД).

---

2 См. об опыте частеречной разметки корпусного материала (Bogdanova-Beglarian et al. 2019).

3 Примеры извлечены из НКРЯ, ОРД или из корпуса монологической речи «Сбалансированная аннотированная текстотека» (САТ), см. о нем (Богданова-Бегларян 2013; Богданова-Бегларян и др. 2019б).

В контекстах (1)–(3) можно видеть двухэтапный процесс транспозиции: деепричастие с отрицанием утрачивает связь с парадигмой исходного глагола и образует сначала составной предлог (*не говоря о*), уже зафиксированный словарями (Ефремова 2001: 361; Ожегов, Шведова 2006: 135), а затем и составной союз *не говоря о том что/чтобы*. В отличие от предлога, этот союз пока нигде не зафиксирован, несмотря на то что первые его употребления, представленные в НКРЯ, относятся еще ко второй половине XVIII века,[4] ср.:

(4) *Ибо известно, что чины курляндские никогда правом взымать пошлину не пользовались, да и ни малейшаго к тому не имеют права,* ***не говоря о том, что*** *правительство будет в правительстве, а замешательство будет неизбежно...* (А. Н. Радищев. *Примечания на доклад лифляндского генерал-губернатора графа Броуна о рижском торге*, 1790).

Любопытно, что этот «новый» союз, подчинительный по форме, передает, как видно из примеров, сочинительные (сопоставительные, градационные) отношения (синонимично союзу *не только, но и / но даже*).[5]

ДЕЕПРИЧАСТИЕ → СОЮЗ

(5) *мы обрабатываем информацию / и он у нас конечно *Н зверски(?) тормозит // *П вот* ***учитывая*** *(...)* ***что*** *(...) Марина% (...) аналитик (...) загружается(?) // что / может / ничего *Н // *П по крайней мере* (ОРД)[6]

(6) *туда ты идешь спокойно ещё / вроде не замечая дороги / но назад это ужасно //* ***учитывая что*** *приходится обычно тащить мне две корзины / так как муж тяжести носить не может после операции* (САТ).

---

4 О возможных причинах отсутствия лексикографической фиксации данной союзной конструкции размышляет С. Ю. Пужаева, указывая в качестве таковых (1) пунктуационное оформление конструкций с подобными единицами в письменном тексте (запятая между *том* и *что/чтобы*), (2) традиционное раздельное написание отрицательной частицы *не* и формы *говоря* в составе рассматриваемой конструкции (в отличие от аналогичных *несмотря на* и *невзирая на*), (3) расширение круга этих союзных средств (не только *что* и *чтобы*, но и *сколько*, *насколько*, *какие* и под.), а также (4) относительно низкую частотность данной единицы (Пужаева 2014).

5 Нечто подобное можно наблюдать, впрочем, и в таком контексте: *Вам пора идти, а то опоздаете* – сочинительный противительный союз *а то* выражает причинные отношения и синонимичен подчинительному союзу *потому что*. По-видимому, это не такая уж редкость в русской речи (Левонтина 2013).

6 Знаки *П и (…) в расшифровках ОРД означают хезитационные паузы разной длительности; знак *Н – неразборчивый фрагмент; знак (?), расположенный без пробела после слова, означает, что расшифровщик не уверен, что правильно распознал это слово; знаком % маркируются анонимизированные имена собственные. О других особенностях орфографического представления материалов ОРД см. (Богданова-Бегларян 2016: 242–243).

Союз *учитывая что*, также не зафиксированный ни отдельно, ни в словарной статье на глагол *учесть/учитывать* (Евгеньева 1988: 543), активно функционирует в устной речи со значением причины и синонимичен *потому что*, *поскольку*, *так как*, см. еще пример такого рода:

(7) *на самом деле / я бы очень хотела себя послушать // *П я думаю / что я на работе скину (...) на компьютер // *П а потом послушаю как я говорю // # а скинь у нас тоже / *П интересно знаешь посмеяться // ну () **учитывая / что** там будут записаны / почти сутки // *П там / (...) длинно всё очень // # знаешь это к кому надо ? Вике% в комнату // там очень интересно для исследования // @ *С* (ОРД).[7]

Обращение к материалам НКРЯ выявило очень высокий процент встречаемости данного союзного средства: на первые пять страниц устного (УП), газетного (ГП) и основного подкорпусов поиск выдал следующие данные: 43,3 % (около половины) употреблений конструкции *учитывая что* от общего количества вхождений формы *учитывая* в УП; 31,6 % (почти треть) – в ОП; и 24,1 % (около трети) – в ГП. Выбор газетного подкорпуса в качестве дополнительного материала для сравнения с данными устной речи объясняется тем, что

> язык газеты как разновидность массмедийного языка концентрированно отражает все те динамические процессы, которые оказывают влияние на развитие русского языка. Изменения происходят под знаком демократизации языка, отхода от официальности и *ориентации на живую естественную непринужденную речь* (курсив мой. – *Н. Б.-Б.*) (Казак 2012: 4).

Высокая доля исследуемых конструкций в основном подкорпусе НКРЯ может быть объяснена тем, что значительная часть таких примеров – с «разговорных» сайтов Интернета, ср.:

(8) ***Учитывая, что** общий уровень жизни по стране за время кризиса сильно ухудшилось, говорит о том, что российская экономика абсолютно неравномерна* (НКРЯ)

(9) ***Учитывая, что** все поддерживают это время, следующая встреча по XXXу назначается на 10. 30 в пятницу дома у Валеры* (НКРЯ).

НАРЕЧИЕ → СОЮЗ

Интерес для лексико-грамматического анализа представляет также конструкция *единственно что.* В корпусном материале встретились контексты, в которых ее значение можно приблизительно определить как ‘хотя, разве что, не считая того что, кроме того что’:

7 Знак # в расшифровках ОРД означает мену говорящих, знак @ – наложение их речи, *С – смех.

(10) *ну невозможно пройти мимо белых грибов // **единственно что** вот мы в этот раз / там было очень много бе… / много медведей / когда мы зашли далеко на… / на остров / и вот всё в этих белых грибах* (САТ)

(11) *то есть я не была занята ни кастрюлями ни магазинами это **единственно что** южный рынок покупала для души себе что хотела* (САТ).

Формально и семантически это, по-видимому, подчинительный союз, однако однозначно установить тип подчинительной связи в этом случае оказывается достаточно затруднительно.

Уже приведенных примеров достаточно, чтобы согласиться с мнением В. В. Бабайцевой, что

> для значительного количества языковых фактов типичные синтаксические модели и лексико-грамматические классы слов оказываются «прокрустовым ложем» (Бабайцева 1967: 7),

что и приводит к постоянному пополнению, в частности, класса союзов новыми единицами. Ср. также:

> существование языковой переходности и синкретизма не есть упрек в несостоятельности современной классификации языковых и речевых явлений, но есть непосредственное доказательство постоянного развития языковой системы за счет собственных ресурсов (Капустина 2018: 16).

Расширение класса союзов, происходящее прежде всего в устной речи, демонстрирует именно такое «развитие языковой системы за счет собственных ресурсов».

4. Конъюнкционализация как результат гиперкоррекции

Есть, однако, и другой путь пополнения этого класса, который тоже можно отнести к конъюнкционализации: новые союзы и союзные средства часто рождаются в результате типичной для устной речи *гиперкоррекции*, когда говорящий, стараясь говорить лучше, но, не обладая достаточными навыками (достаточным уровнем речевой компетенции), «перегибает палку» и порождает, в том числе в бытовой повседневной речи, длинные составные конструкции, ср.:

(12) *Не **в том смысле** / **что** они просто несамостоятельные / как личности / а **в том плане** / **что** их действия / они продиктованы кем-то / кто находится при них* (НКРЯ)

(13) *день как назло не удался / **в том плане что** был дождь / моросил* (САТ)

(14) **В ну (…) со мной / как бы () как говорится / намного легче **в том плане** / **что** я могу поворчать / но я всё равно это сделаю // *П то есть я (…) то есть я никуда не уйду / то есть я / *В может и отвечу / да ? *В как-*

нибудь / но потом я всё равно это сделаю / то есть и так далее и так далее // вот (ОРД)

(15) *но (...) джаз и в общем (...) нормальный вход / ну* ***нормальный в смысле того*** */* ***что*** **Н он был крепкий* (ОРД)

(16) *значит может быть в какой-то степени э-э мне нужно было бы / э-э чуть-чуть изменить себя* ***в том плане что*** */ значит э-э вот / допустим взять билет / в воскресенье н... э-э на какой-нибудь спектакль или куда-нибудь / и уже чётко знать что я / обязан пойти / значит* (САТ)

(17) *(э-э) н... (у-у) ну нет ! это я в том плане что / (э-э) хорошо / что там его тут же где-то кто-то там чего-то всё-таки повязали / *П ну / наверно рядом находящиеся сообразительные мужчины* (ОРД).

В примерах (12)–(17) перед нами весьма распространенные в нашей устной речи составные союзные конструкции, также не нашедшие пока ни словарной фиксации, ни грамматического описания, – *в том плане/смысле что* и *в плане/смысле того что*. В употреблениях этих конструкций можно усмотреть и причинное значение (синонимично *потому что*, *поскольку*, *так как*) (12)–(14), и пояснительное (синонимично *то есть*; где снова сочинительные отношения выражаются подчинительной конструкцией!) (15)–(16), и возможность замены на конструкцию *имею в виду, что* (17), что еще больше затрудняет грамматическую интерпретацию.

Тот вывод, что перед нами именно разговорные конструкции, возникающие в УР как следствие гиперкоррекции, чрезмерного старания человека говорить хорошо, снова легко нашел подтверждение на материале НКРЯ. В УП доля рассматриваемых союзных конструкций от общего количества вхождений форм *плане* и *смысле* (в обоих случаях были просмотрены чуть более 200 первых контекстов с ними) составила в среднем 7,8 и 9,0 % соответственно. При этом в ГП, от которого можно было бы ожидать большой близости к разговорному языку (см. выше), на первые пять страниц (54 и 59 вхождений) таких конструкций не встретилось ни одной. По-видимому, рассматриваемые конструкции – не только разговорные, но и типично устного происхождения.

При этом в УП НКРЯ чаще встречались конструкции *в том плане что* и *в том смысле что*, существенно реже – *в плане того что* и *в смысле того что*. Обнаружились и некоторые варианты этих конструкций, ср.:

(18) [Валентина Васильевна Х., жен, медсестра] *Ну я чё хочу сказать / что /* ***в том плане*** */ страшно было ходить по участку* (НКРЯ)

(19) [8, жен, 23, 1980, преподаватель] *Она достаточно самостоятельная. Как сказал Юрий / последнее слово за ней. Другое /* ***в смысле того*** */ оказывается на неё давление. Но так она достаточно самостоятельна* [9,

муж, 59, 1944, рабочий] *По-моему / тоже у них юридически достаточно самостоятельности* (НКРЯ)

(20) [Михаил Фёдорович, муж, главный редактор газеты] *Вы сами понимаете / они бывшие военные / и / конечно / им* ***в этом плане / что*** */ очень и очень трудно* (НКРЯ)

(21) [№ 2, муж] *Поэтому / реформа суда / наличие третейских судов / замена судей /* контроль *за судьями / всё это важно* ***в том смысле / чтобы*** *дальше / если человек попал в суд по обвинению в коррупции / суд мог объективно без влияния коррупции рассмотреть это дело* (НКРЯ).

В контекстах (18)–(19) видим редуцированные формы рассматриваемых единиц: *в том плане* и *в смысле того*, в которых опущен конечный компонент *что*. В примере (20) союзная конструкция предстает в несколько странном варианте *в* ***этом*** *плане что*, который можно рассматривать и как речевой сбой: говорящий, вполне возможно, хотел сказать *им в этом плане очень и очень трудно*,[8] но по ходу порождения данного речевого фрагмента сбился и по инерции, «на автопилоте», снова, вероятно, под влиянием гиперкоррекции, вставил элемент *что*. В интервью, в речи на видимый диктофон, такие сбои вполне частотны, даже и в речи главного редактора газеты, как в данном случае. Наконец, в контексте (21) рассматриваемое союзное средство представляет собой вариантную форму именно в отношении последнего компонента: вместо *что* говорящий использовал *чтобы* (ср. выше примеры на составной союз *не говоря о том что/чтобы*, характеризующийся такой же вариативностью). Встретился и еще один любопытный вариант союза *в том смысле что* – со вставкой определительного местоимения (в данном случае – тоже компонента союзной конструкции, практически ничего не меняющего в ее значении) *самом*:

(22) [№ 1, муж] *Причём / обратите внимание / он сложен именно* ***в том самом смысле / что*** *вы будете его читать и ничего там понимать не будете* (НКРЯ)

В ОП НКРЯ единицы *в том плане/смысле что* и *в плане/смысле того что* также были обнаружены, но по преимуществу в речи на «разговорных» сайтах Интернета, ср.:

---

8 Надо сказать, что конструкция *в этом плане*, судя по корпусным данным, чрезвычайно распространена во всех видах речи и также не имеет никакой лексикографической фиксации. Анализ ее функционирования, так же как и конструкции *в этом смысле*, тоже очень частотной, можно рассматривать как перспективу избранного направления исследований. Частотность этих союзных конструкций поддерживается и статистикой, полученной на корпусе ОРД: в общем частотном списке начальные формы *план* и *смысл* имеют частоты соответственно 0,0028 и 0,008 %, а формы *плане* и *смысле* – 0,0093 и 0,019 %, т. е. существенно выше (Шерстинова 2016).

(23) [shilo_83, nick] *Честно говоря, я с вами согласен,* ***в плане того, что*** *Лафет недоопределился с критериями эффективности…* (НКРЯ)

(24) [agd-ardin, nick] ***В том плане, что*** *нельзя их никому давать – ты же сама понимаешь, если разойдется, то разойдется до конца* (НКРЯ)

(25) *меня немножко понесло: -) я только что заметила… буду закругляться, а то и так накатала прилично: -) прошу прощения, что так нескладно, но меня тут два мои охламона и ещё соседская девочка всё время отвлекали: -) (а краткость никогда не была сестрой моего таланта; -)) з. ы. я надеюсь вы меня поняли? (****в том смысле, что*** *я совсем не хотела на вас наехать: -))* (НКРЯ).

Встретились в этом материале (ОП НКРЯ) и редуцированные варианты рассматриваемых конструкций:

(26) *И говоришь*: "*КОРОЛЬ КОЛБАСНЫХ ДИСКОТЕК*!!!". *Не* ***в смысле, что*** *Вербицкий на эти дискотеки ходит. А* ***в смысле, что*** *пишет бодро. Колбасу пишет.* ***В смысле, что*** *тебя, читателя, колбасит от его текстов* (НКРЯ).

На этот раз редукции подвергся компонент *том*. Столь сильная структурная вариативность обеих этих единиц может свидетельствовать о том, что они – совсем «новые» в нашей коммуникации, еще не до конца освоенные говорящими, не устоявшиеся даже в узусе. При этом достаточно частотные в устном и письменном разговорном общении, чтобы их можно было с уверенностью вывести за рамки всего случайного и окказионального.[9] Важно, что в литературе существование таких союзных конструкций пока остается практически незамеченным. Их нет в словарных статьях ни на главный лексический компонент конструкции (*план*, *смысл* и под.), ни на частотный и почти обязательный компонент *что*, ни (насколько удалось установить) в специальных работах, посвященных служебным словам русского языка (Стародумова 2001). Таких гиперкорректных союзных образований в нашей речи значительно больше, чем рассмотрено в настоящей статье, ср.:

9 Ср. идею о том, что «зона ненорм имеет полевую структуру, в которой представлены явления в широком диапазоне нормативных оценок: от "допустимо" до "очень сомнительно", от "почти норма" до "случайно-индивидуальное"» (Жукова 2017). В сфере ненорм можно выделить ближнюю и дальнюю периферию нормы – ср. шкалу нормативности Ю. Д. Апресяна: «правильно – допустимо – сомнительно – очень сомнительно – неправильно – грубо неправильно» (Апресян 1990: 54). Об этом же писал и В. Г. Костомаров, говоря, что таксон ненорм «внутренне широк, многообразен, неоднороден и представляет собой избыточность – полезную, бесполезную и вредную» (Костомаров 2014: 119). Куда стоит отнести гиперкорректные образования в классе союзных средств – к «полезным, бесполезным или вредным» новшествам, – покажет, надо полагать, только время.

(27) *он такой / я же сказал / надо () головой во все стороны крутить / чтобы шея / что / *В ну что / чтобы шея сломалась / **типа того что** не надо бояться* (ОРД)

(28) [Лаврентьев Вячеслав, муж] *То есть они приносят туда* [нрзб] */ ну / селезня или утку / ну / **с той целью / чтобы** вот было доброе лето / уродился добрый урожай и так далее* (НКРЯ)

(29) [№ 6, муж, 23, 1980, студент] *Мне кажется / без этого сложно / **с учетом того / что** армия сейчас у нас на деньгах держится / то остается только одно / за идею* (НКРЯ)

(30) [№ 1, муж, инженер] *Поэтому мы набросали проект договора и хотим / чтобы вы с ним познакомились / принимаете или не принимаете / это второй вопрос / но с каждым из вас / **кроме того / что** я вступаю в дружеские / приятельские отношения / ещё вступаю в деловые отношения* (НКРЯ).

Не исключено, что такие гиперкорректные союзные образования могут служить диагностирующим признаком в отношении характеристики либо говорящего (его возраста, профессии, уровня образования или речевой компетенции), либо коммуникативной ситуации (неподготовленная речь на видимый диктофон, в полуофициальной обстановке). Выявление таких диагностирующих признаков очень важно для решения фундаментальной научной задачи описания современного русского языка повседневного общения и анализа особенностей его функционирования в разных социальных группах (Богданова-Бегларян 2016).

5. Двухместные союзы в устной речи

Корпусный материал устной речи позволяет увидеть и еще множество единиц, претендующих на статус союзных конструкций и не попавших пока в поле зрения лексикографов. Приведем здесь одну такую грамматическую новацию, которая еще только ждет своего лексикографического описания и которую тоже можно отнести к результатам процесса конъюнкционализации и интерпретировать, как *двухместный союз – вроде (бы)/как бы/типа/якобы/по идее/в принципе… X, sed Y*:

(31) *что-то голова так грязниться стала // знаешь / **вроде** в шапке хожишь // *П **а** всё равно* (ОРД)

(32) *вот самое интересное / что мы () многое забываем / да / **казалось бы** / [**но**] оказывается нет / оно ныряет в подсознание / подкорку головного мозга* (ОРД)

(33) *он говорит вот видимо сейчас это наоборот такая пропаганда / что **якобы** не выдают визы / *В [**но**] на самом деле вот ему дали* (ОРД)

(34) *По идее, России сейчас как никогда нужна поддержка союзников.* ***Однако*** *они не просто не спешат ее высказать,* ***но*** *просят очень большую цену за сохранение самого союза* (НКРЯ).

Семантика такой противительной конструкции описывается в литературе как «обманутое ожидание» (Lakoff 1971), «отклонение от нормальной картины мира» (Вольф 2005: 104), противодействие «нормальному заключению» (Урысон 2005) или «ненормальное следствие» (Санников 2008: 248). Первый ее компонент служит дополнительным модальным средством (вместе с порядком следования X и Y, где второй компонент всегда оценивается как более важный), усиливает и/или дополняет значение, заложенное в противительной конструкции, позволяет подчеркнуть иерархию X и Y.[10] В контекстах (35)–(37) можно видеть также не учтенный никакими словарями повторяющийся (и в этом смысле тоже двухместный) разделительный союз *хоть., хоть*, синонимичный литературному *или..., или*:

(35) *и вот блин я как вспомню / у меня постоянно всё в душе сжимается // понимаешь как мы едем блин / *П с Ириной% / всё вроде нормально // я нажимаю на тормоза / а машина не останавливается // *П вот как *Н вспоминаю я вообще так (...) просто у меня сердце сжимается каждый раз // *П так беспонтово / по-тупому // причём аккуратно / главное мог бы куда-нибудь там /* ***хоть*** *чего-то /* ***хоть*** *ручник дёрни /* ***хоть*** *скорость мог включить просто / вторую / третью / а машина бы стала тормозить // *С но я / так нахально просто в общем / *П впилился без скрипа тормозов* (ОРД)

(36) *значит мы одну штуку покупаем / *П и обкладываем // её можно* ***хоть*** */ это самое /* ***хоть*** *под металл / *П* ***хоть*** *вот такого цвета* (ОРД)

(37) *а я вот / например / с Барчуковой% разговариваю / мне* ***хоть*** *в лоб /* ***хоть*** *по лбу // @*Н (...) я понимаю / мне эти шины там / эти капоты / ну зам... замки на капоты / мне как вот (...) ну вообще* (ОРД).

В примере (37) можно видеть также вариацию известного просторечного выражения *что в лоб, что по лбу* (‘все равно, одинаково’), в структуру которого входит этот союз: разговорная речь, как и следует ожидать, увеличивает количество вариантов выражения того или иного значения, свойственных уже кодифицированному языку, ср.: «не укладываясь в прокрустово ложе нормы, мы пишем и говорим именно ненормами» (Костомаров 2014: 122).

10 См. подробный анализ одной из таких союзных конструкций – *По идее X, sed Y* – в работе (Капустина 2019).

6. Заключение

Думается, что учитывать все подобные новообразования непременно нужно, и не только в целях коррекции автоматических программ обработки и разметки корпусного материала, не только в практике перевода и преподавания русского языка как иностранного, но и в целях построения *грамматики речи*, которая очевидно и во многом не совпадает с грамматикой языка. Для достижения всех этих целей абсолютно необходим анализ живой речи – на объемном корпусном материале, ср.:

> Изучение разговорных форм дает возможность заглянуть в будущее языка: известно, что переосмысление, переоценка и, в конечном счете, развитие языковых форм происходит прежде всего в такой свободной от консерватизма сфере, как повседневное неофициальное устное общение. (Скребнев 1985: 10)

Обращение к корпусным данным позволяет «получать ответы на самые неожиданные вопросы – более того, <…> ставить новые проблемы, которых лингвистика прошлого почти не касалась», и даже «отчасти заглянуть в будущее русского языка» (Плунгян 2005: 9).

Процесс конъюнкционализации, столь активный в нашей повседневной речи, способен показать одну из граней этого будущего.

Литература

Апресян, Юрий: Языковые аномалии: типы и функции. Лихачев, Дмитрий (ред.): *Res Philologica – Филологические исследования: памяти академика Георгия Владимировича Степанова, 1919–1986*, 50–71. Москва / Ленинград: Наула, 1990.

Бабайцева, Вера: *Переходные конструкции в синтаксисе.* Воронеж: Центрально-черноземное книжное издательство, 1967.

Богданова-Бегларян, Наталья (ред.): *Звуковой корпус как материал для анализа русской речи. Коллективная монография.* Ч. 1. *Чтение. Пересказ. Описание.* Санкт-Петербург: Филологический факультет СПбГУ, 2013.

Богданова-Бегларян, Наталья (ред.): *Звуковой корпус как материал для анализа русской речи. Коллективная монография.* Ч. 2. *Теоретические и практические аспекты анализа.* Т. 1. *О некоторых особенностях устной спонтанной речи разного типа. Звуковой корпус как материал для преподавания русского языка в иностранной аудитории.* Санкт-Петербург: Филологический факультет СПбГУ, 2014.

Богданова-Бегларян, Наталья / Блинова, Ольга / Мартыненко, Григорий / Шерстинова, Татьяна: Корпус русского языка повседневного общения «Один речевой день»: текущее состояние и перспективы. *Труды ИРЯ им. В. В. Виноградова*, 21, 101–110. Москва, 2019а.

Богданова-Бегларян, Наталья / Блинова, Ольга / Зайдес, Кристина / Шерстинова, Татьяна: Корпус «Сбалансированная аннотированная текстотека» (САТ): изучение специфики русской монологической речи. *Труды ИРЯ им. В. В. Виноградова*, 21, 111–126. Москва, 2019б.

Богданова-Бегларян, Наталья: Доверяем, но проверяем… грамматики и устоявшиеся языковые стереотипы. Захаров, Николай / Захарова, Наталья / Шустова, Светлана / Шустов, Сергей / Аверина, Анна (ред.): *Человек и язык. К юбилею Тамары Ивановны Ерофеевой*, 28–35. Пермь: Прикамский социальный институт, 2012.

Богданова-Бегларян, Наталья (ред.): *Русский язык повседневного общения: особенности функционирования в разных социальных группах. Коллективная монография.* Санкт-Петербург: ЛАЙКА, 2016.

Бодуэн де Куртенэ, Иван: *Избранные труды по общему языкознанию*, Т. 2. Москва: Издательство АН СССР, 96–117. 1963.

Вольф, Елена: Оценочное значение и соотношение признаков хорошо/плохо. *Вопросы языкознания*, 5, 98–106. Москва: Наука, 1986.

Евгеньева, Анастасия (ред.): *Словарь русского языка в четырех томах*, Т. IV: С–Я. Москва: Русский язык, 1988.

Ефремова, Татьяна: *Толковый словарь служебных частей речи русского языка*. Москва: Русский язык, 2001.

Казак, Мария: *Язык газеты*. Белгород: Издательский дом «Белгород», 2012.

Капустина, Татьяна: К вопросу о конъюнкционализации в современном русском языке (на примере словоформы по идее). Степанов, Валентин / Ухова, Лариса (ред.): *Русская грамматика: активные процессы в языке и речи (Ярославль, 17–19 мая 2019 года). Сборник научных трудов Международного научного симпозиума*, 138–147. Ярославль: РИО ЯГПУ, 2019.

Капустина, Татьяна: *Конъюнкционализация в разных типах речи (корпусное исследование)*. Дипл. соч. Санкт-Петербург, 2018.

Косериу, Эухенио: Синхрония, диахрония и история (Проблема языкового изменения). *Новое в лингвистике*, 3. Москва: Прогресс, 143–343. 1963.

Костомаров, Виталий: *Язык текущего момента: понятие правильности.* Санкт-Петербург: Златоуст, 2014.

Левонтина, Ирина: О причинном значении союза *а то*. Селегей, Владимир (ред.): *Компьютерная лингвистика и интеллектуальные технологии. По материалам ежегодной Международной конференции «Диалог» (Бекасово, 29 мая – 2 июня 2013 г.)*, 12 (19), 446–457. Москва: РГГУ, 2013.

Ожегов, Сергей / Шведова, Наталия: *Толковый словарь русского языка*. Москва: «А ТЕМП», 2006.

Плунгян, Владимир: Зачем нужен Национальный корпус русского языка: Неформальное введение. *Национальный корпус русского языка: 2003–2005*, 6–20. Москва: Индрик, 2005.

Пужаева, Светлана: *Функциональные возможности формы говоря в русском языке* (корпусное исследование). Дипл. соч. Санкт-Петербург, 2014.

Санников, Владимир: *Русский синтаксис в семантико-прагматическом пространстве.* Москва: ЯСК, 2008.

Скребнев, Юрий: *Введение в коллоквиалистику.* Саратов: Издательство Саратовского университета, 1985.

Стародумова, Елена (ред.): *Словарь служебных слов русского языка*. Владивосток: ДВГУ, 2001.

Урысон, Елена: Союз *но*, или что такое «обманутое ожидание»? Кобозева, Ирина / Нариньяни, Александр / Селегей, Владимир (ред.): *Компьютерная лингвистика и интеллектуальные технологии*, 469–481. Москва: Наука, 2005.

Шерстинова, Татьяна: Наиболее употребительные слова повседневной русской речи (в гендерном аспекте и в зависимости от условий коммуникации). Селегей, Владимир (ред.): *Компьютерная лингвистика и интеллектуальные технологии. По материалам ежегодной международной конференции «Диалог» (Москва, 1–4 июля 2016 г.)*, 15 (22), 616–631. Москва: РГГУ, 2016.

Щерба, Лев: О служебном и самостоятельном значении грамматики как учебного предмета. Щерба, Лев: *Избранные работы по русскому языку*, 11–20. Москва: Учпедгиз, 1957.

Bogdanova-Beglarian, Natalia / Sherstinova, Tatiana / Blinova, Olga / Martynenko, Gregory: An Exploratory Study on Sociolinguistic Variation of Spoken Russian. *Lecture Notes in Artificial Intelligence* (*LNAI*), 9811, 100–107. Switzerland: Springer, 2016a.

Bogdanova-Beglarian, Natalia / Sherstinova, Tatiana / Blinova, Olga / Baeva, Ekaterina / Martynenko, Gregory / Ryko, Anastasia: Sociolinguistic Extension of the ORD Corpus of Russian Everyday Speech. *SPECOM 2016, Lecture Notes in Artificial Intelligence* (*LNAI*), 9811, 659–666. Switzerland: Springer, 2016b.

Lakoff, Robin: *If's, and's and but's about Conjunction. Studies in Linguistic Semantics*, 114–149. New York: Holt, Rinehart and Winston, 1971.

Электронные ресурсы

Жукова, Арина: Ненормы в отдельных сферах общения. *V международная конференция «Культура русской речи» (Гротовские чтения), 16–18 февраля 2017 г., Москва.* Москва: ИРЯ РАН, 2017. https://sites.google.com/site/grotconf/tezisy-2017.

Bogdanova-Beglarian, Natalia / Zaides, Kristina: Pragmatic Markers and Parts of Speech: on the Problems of Annotation of the Speech Corpus. Boglov, Radomir / Chugunov, Andrej / Voiskounsky, Aleksandr (eds.): *Proceedings of the International Conference «Internet and Modern Society» (IMS-2020) 17–20 June 2020, ITMO University,* 129–139. Saint Petersburg, 2020. http://art-conservation.fr/wp-content/uploads/2012/04/EVA-2016-Saint-Petersburg-Proceedings.pdf.

Conceptual agreement in coordinating syntactic constructions: language clichés in the making

Natal'ia Bragina[*]

Abstract: This paper concerns coordinate syntactic constructions in which two words are combined by means of the conjunction *i* 'and', e.g.: *krasavitsa i umnitsa* 'pretty and smart girl', *pamiat' i voobrazhenie* 'memory and imagination', *Tolstoi i Dostoevskii* 'Tolstoy and Dostoyevsky', *lovkii i sil'nyi* 'agile and strong', *tikhii i skromnyi* 'quiet and unassuming', *vkusnyi i poleznyi* 'tasty and healthy', *zloi i golodnyi* 'angry and hungry', *veselyi i bezzabotnyi* 'fun and carefree', *staryi i bol'noi* 'old and sick'. The article discusses and defines the term conceptual agreement. I argue that conceptual agreement is one factor that helps to form a language cliché. The constructions *krasavitsa i umnitsa* 'pretty and smart girl' and *pamyat' i voobrazhenie* 'memory and imagination' are described in detail to illustrate this statement. The material for research was collected from the Russian National Corpus and analyzed by drawing on semantic analysis and syntactic theories.

Keywords: conceptual agreement, fixed coordinate syntactic constructions, language cliché

Концептуальное согласование в сочинительных конструкциях: на пути к созданию языковых клише

Наталья Брагина

Резюме: В статье речь пойдет о сочинительных конструкциях, которые образованы соединением двух слов при помощи союза *и*, например: *красавица и умница*, *память и воображение*, *Толстой и Достоевский*, *ловкий и сильный*, *тихий и скромный*, *вкусный и полезный*, *злой и голодный*, *веселый и беззаботный*, *старый и больной* и др. Вводится и определяется понятие концептуального согласования. Концептуальное согласование рассматривается как один из факторов, способствующих образованию языковых клише. Для иллюстрации высказанных положений было предложено подробное описание словосочетаний: *красавица и умница, память и воображение*. Материалом исследования послужили данные НКРЯ. Исследование проводилось с опорой на семантический анализ и синтаксические теории.

Ключевые слова: концептуальное согласование, устойчивые сочинительные конструкции, языковое клише

1. Введение

В статье речь пойдет о сочинительных конструкциях, которые состоят из двух регулярно встречающихся вместе (признаковых) слов. Такие единицы имеют определенную степень устойчивости, являются воспроизводимыми

* Russian State University for the Humanities / Pushkin State Russian Language Institute, e-mail: natasha_bragina@mail.ru

и выступают как «заготовки» для комплексной характеризации кого-чего-л., например, *красавица и умница, память и воображение, Толстой и Достоевский, ловкий и сильный, тихий и скромный, вкусный и полезный, злой и голодный, веселый и беззаботный, старый и больной* и др.

С опорой на анализ сочинительных конструкций в работе вводится понятие *концептуальное согласование* и дается его определение. *Концептуальное согласование* рассматривается как один из факторов, способствующих образованию языковых клише. В качестве иллюстративного материала анализируются сочинительные словосочетания: *красавица и умница, память и воображение*, а также их варианты.

2. Сочинительные конструкции в русской грамматике, синтаксисе и лексикологии

Существует обширная литература, в которой обсуждается понятие однородности и однородных членов предложения, описываются сочинительные конструкции, сочинительные союзы в русском и других славянских языках. Эти темы включены в рассмотрение общих вопросов грамматики, синтаксиса и лексикологии.

К числу достаточно полно описанных языковых явлений можно отнести вопрос об однородности некоего множества лексических единиц и о принципах его семантического упорядочивания в линейной структуре высказывания. Подробно исследованными также являются темы союзной и бессоюзной сочинительной связи, семантики и функции сочинительных союзов. Несмотря на разницу в подходах в целом существует некоторое общее понимание данных языковых явлений. Перечислю основные позиции, которые не вызывают у лингвистов особых разногласий.

Однородность, согласно В. З. Санникову, обозначает близость, сходство, а также указывает на вхождение в сочинительную конструкцию (Санников 2008). Однородность может рассматриваться в сопряжении с некоторым мыслительным образом, существующим еще в самом начале высказывания в сознании говорящего (Пешковский 2001; Щерба 1957). Сочинительные конструкции определяются как результат взаимного уподобления членов некоторого множества. Такое уподобление зафиксировано сознанием и может «смутно» осознаваться говорящим (Щерба 1957: 80).

Тема подобия обсуждалась в лингвистике, в частности, в русле логического анализа языка. Согласно Н. Д. Арутюновой, собственно подобие связано с классом, концептом класса. Отношения подобия могут соединять имена с разнотипной референцией. При этом подобие в отличие от тождества тяготеет к признакам (Арутюнова 1990). Следовательно, взаимное уподобление членов сочинительной конструкции выражает общую тенденцию к формированию класса.

Рассматривая однородность, А. М. Пешковский отмечал, что она может предполагать как грамматическое сходство (*Игорь и Ольга, умный и серьезный*), так и неграмматическое, вещественное (*запачкан и в пыли, быстро и в разных направлениях*) (Пешковский 2001: 442). Сходство также выражается фонетически: в слитном предложении на однородных членах мы делаем равные по силе ударения (там же: 443). Равное ударение на всех однородных членах является, на наш взгляд, важным фактором при образовании устойчивых сочинительных словосочетаний, особенно двухкомпонентных словосочетаний.

Таким образом, однородность, предполагающая сходство, может выражаться лексическими единицами с разнотипной референцией, не имеющими грамматического сходства. При этом в слитном предложении однородные члены имеют равные по силе ударения. В сочинительных конструкциях происходит уподобление его членов, которое в свою очередь имеет отношение к формированию класса, т.е. некоего упорядоченного множества, мыслимого как единое целое.

Значение, выражаемое сочинительными конструкциями, согласуется с семантикой сочинительных союзов, которые еще в древнерусском языке имели общую синтаксическую функцию — соединения в самом широком и отвлеченном смысле (Борковский 1983: 144).

Описывая особенности союзной сочинительной связи, отличающей ее от бессоюзной, Е. В. Урысон отмечает, что наличие союза позволяет осмыслить множество как «сформированное, имеющееся в сознании говорящего целиком» (Урысон 2003: 405).

Сочинительные союзы имеют семантические пересечения, при этом у каждого из них есть свое значение, своя сфера употребления и функционирования. Рассмотрим описание значения союза *и*.

В словаре В. В. Морковкина указывается, что союз *и*

> употребляется для соединения двух слов, отдельные значения которых слагаются в единое, обычно родовое по отношению к каждому из них, понятие или вместе образуют обобщённое значение объединения, комплекса предметов, признаков и т.п. (Морковкин 2016: 364).

Т. М. Николаева, рассматривая значения сочинительных союзов *но*, *а*, *и*, отмечает, что при употреблении союза *и*

> происходит как бы «отдаление камеры» от рассматриваемой ситуации: более дробные явления не изучаются раздельно, в сопоставлении, в перемещении

кадра, а упор делается на всю глобальную ситуацию в целом (Николаева 1997: 22–23).

Е. В. Урысон, характеризуя способность союза *и* объединять и связывать между собой элементы множества, пишет, что это позволяет воспринимать множество как единство (Урысон 2003: 405). Кроме этого, союз *и* может оформлять множества, вообще не создаваемые говорящим, а зафиксированные в языковой картине мира, т.е. устойчивые сочинительные сочетания: *отцы и дети, белое и черное* (там же: 405). Закрепленность в языковой картине мира связана с тем, что элементы множества, соединяемые союзом *и*, тесно объединены друг с другом (там же: 406).

То, что союз *и* участвует в формировании устойчивых сочетаний, является одним из его отличительных свойств. При этом последовательность единиц в устойчивых словосочетаниях (*linguistic freezes* по (Landsberg 1995)) может подчиняться определенным правилам – правилам объективного порядка, или правилам линеаризации. Так, Р. О. Якобсон отмечал, что последовательность *На собрании присутствовали президент и государственный секретарь* гораздо более обычна, чем обратная, потому что первая позиция в паре однородных членов отражает более высокое официальное положение (Якобсон 1983: 107).

Правила объективного порядка описаны в работах (Cooper, Ross 1975; Лауфер 1987; Givon 1995; Сигал 2004 и др.). В основание этих правил положены такие принципы как: а) иерархическая организация: *муж и жена, бабушка и внук, учителя и ученики;* б) активность: *врач и пациент, лук и стрелы*; в) предшествование: *рано или поздно, стар и млад, начало и конец*; г) фиксация центра: *центр и окраины, город и окрестности;* д) первичность: *причина и следствие, вопрос и ответ*; е) предпочтительная альтернатива: *хороший и плохой, любовь и ненависть, добро и зло*; ж) антропоцентризм: *правый и левый, передний и задний, руки и ноги* (Лауфер 1987) и некоторые другие.

Таким образом, в русле разных подходов к описанию семантики, синтаксиса и грамматики сочинительных конструкций сформировалось общее представление об однородности, характере сочинительной связи в структуре предложения, порядке следования лексических единиц в сочинительных конструкциях и семантике сочинительных союзов.

3. *Концептуальное согласование* как вид семантической связи в сочинительных конструкциях

Идея однородности, как это было показано выше, предполагает наличие сходства, сближения и потенциальную возможность совместной встречаемости двух и более лексических единиц, результатом которого становится образование упорядоченного множества, мыслимого как единое целое, как класс. Регулярная совместная встречаемость единиц такого множества отражает общую тенденцию к устойчивости и воспроизводимости сочинительных конструкций, т.е. тенденцию к фразеологизации, к образованию языковых клише. Соответственно возникает вопрос: уподобление лексических единиц происходит как следствие их связанности сочинительной связью, или же наоборот: объединяющая элементы некоего множества сочинительная связь возможна при условии исходной смысловой близости между лексическими единицами?

Если следовать идеям Пешковского и Щербы, то это – второе. Это означает, что образующие сочинительные конструкции единицы, исходно имеют определенную смысловую близость, что обусловливает регулярность их встречаемости в сочинительных конструкциях. Идея грамматического уподобления, таким образом, может быть расширена в область концептуальной однородности и концептуального согласования.

Под *концептуальным согласованием* будем понимать такие смысловые отношения уподобления, которые находят выражение в системном и регулярно воспроизводимом сближении двух (и более) слов в текстовом отрезке (в сочинительных конструкциях), и благодаря которому объект получает целостное описание.

Концептуальное согласование может стать одним из условий возникновения стереотипа, а также сформированных на основе сочинительной связи языковых клише, т.е. устойчивых словосочетаний, готовых к употреблению, к встраиванию в различные типы текстов и регулярно воспроизводимых в социальной жизни.

Концептуальное согласование можно рассматривать как развитие понятия *семантического* согласования, сформулированного В. Г. Гаком:

> … для того, чтобы два слова составили правильное сочетание, они должны иметь помимо специфических различающих их сем, одну общую сему (Гак 1972: 375).

В тексте концептуально могут согласовываться предметные имена: *собаки и кошки*; признаковые имена: *злой и голодный*. Отношение концептуального согласования может быть дополнено отношениями синонимии или антонимии: *безобразный и уродливый; жизнь и смерть; черное и белое; начало и конец; первый и последний.*

Отдельной темой анализа концептуального согласования может стать исследование названий. В названиях кафе, ресторанов, магазинов, продуктов часто используются двухкомпонентные сочинительные конструкции, например: *Утки и вафли; Вино и краб; Рынок и общепит ШУК; Ромбус Кафе и Бар; Паста и баста*[1] и др. Вместо союза *и* возможен также амперсанд &. Само название выполняется кириллицей, латиницей или имеет смешанный вариант, например: *Волки & Ёлки; Мясо & Рыба; Masters & Margaritas; Friends & Wine; Хищник Стейкс & Burger* и др. Способность единиц в двухкомпонентной сочинительной конструкции к взаимному уподоблению, а также двухударность самой конструкции помогают быстро запомнить название. При регулярном воспроизводстве название превращается в клише. Иногда в названии обыгрывается уже существующее клише, например: магазин комиксов *Чук и Гик;* нижегородский ресторан *Минин и Пожарский.*

Рассмотрим далее сочинительные конструкции *красавица и умница, память и воображение.* Они образованы при помощи признаковых слов, вступающих в тексте в отношение концептуального согласования. Сами единицы при этом не связаны ни синонимическими, ни антонимическими отношениями. Они не выделены в отдельный класс. На наш взгляд, такой тип связи нуждается в дальнейшем исследовании.

4. *Красавица и умница*: концептуальное согласование

Как отмечалось выше, сочинительные конструкции могут становиться устойчивыми, выражая стереотипные представления. Так, *красавица и умница* — стереотип «идеальной» женщины, а *сильный и смелый* — «идеального» воина / мужчины. Рассмотрим подробнее словосочетание *красавица и умница,* а также *красивая и умная.*

Это — парное словосочетание, обладающее определенной устойчивостью и воспроизводимостью. НКРЯ фиксирует 31 употребление сочетания *красавица и умница* и 28 сочетаний *умница и красавица.* Правила объективного порядка здесь не работают: лексические единицы с позиции линеарности являются равнозначными и находятся в отношении взаимного дополнения.

В данном парном сочетании объединены эстетическая и интеллектуальная оценки. Это создает целостный образ идеальной личности — обычно

---

1 Здесь и далее перечислены названия реально существующих ресторанов, баров, кафе.

это взрослая женщина. Единичная оценка: только эстетическая (*красавица*) или только интеллектуальная (*умница*) — недостаточна для полного описания «идеальной» женщины. Это имеет не только собственно лингвистические (семантические), но и экстралингвистические (социокультурные) причины. Отношение ума и красоты их конкуренция и взаимодополняемость — важная тема в языке и культуре. Она находит отражение в разных типах дискурса. Особенно это касается женской красоты и ума.

В народной культуре и в обыденных представлениях ум и красота могут противопоставляться: *Красота приглядится, а ум вперед пригодится*; *Краса до венца, а ум до конца*. Существует также стереотипные понимание того, что красота и ум взаимно исключают друг друга: *Красота с умом редко уживаются*; *Красота разума не придаст*; *Непригож* лицом, *да хорош умом*; *Личиком беленек, да умом простенек*; *Лицом пригож, да разумом не гож.*

Такое противопоставление подтверждается и некоторыми авторскими цитатами, причем необязательно русскоязычных авторов, например: *Совершенная красота почти всегда отмечена либо холодностью, либо глупостью* (Оноре де Бальзак: *Блеск и нищета куртизанок*); *Рядом с красотой ум и сердце всегда выглядят бедными родственниками* (Этьен Рей: *Цитаты*).

Смысловые отношения между *умом* и *красотой,* их регулярная со- и противопоставленность обнаруживается в разных типах дискурса и в разных лингвокультурах.

Таким образом, соединение эстетической и интеллектуальной оценки в сочетаниях: *красавица и умница, красивая и умная*, – создает целостный образ, который противопоставлен принятой в разных дискурсивных практиках оппозиции: *ум* vs *красота.* Концептуальное согласование в сочинительной конструкции *красавица и умница* основано не только на соединении двух типов оценок, находящихся в отношении взаимного дополнения, но и на «отталкивании» от стереотипа, согласно которому совмещение этих двух свойств в одном человеке как бы исключено: «*если красивая, то глупая, если умная, то некрасивая*».

Показательно также, что эти сочетания могут расширяться за счет добавления присоединительных союзов: *к тому же, вдобавок.* Отдельно эстетическая или интеллектуальная оценки не обладают всеобъемлющей полнотой. Происходит «достраивание» образа до совершенства с помощью включения других характеристик: *красавица и к тому же / вдобавок умница; красивая и к тому же / вдобавок умная; умная и к тому же / вдобавок красивая; умница и к тому же / вдобавок красавица.* Ср.:

(1) Она увидела и поняла все сразу — ибо он не ошибался, когда думал, что она не «просто красивая девочка», а «красивая и умная девочка.» (О. Гладов. *Псина*)

(2) Кира, ты не только красивая, но и умная. (А. Маринина. *Шестерки умирают первыми*)

На принципе «достраивания» образа до совершенства основана и ставшая афоризмом популярная цитата из фильма Л. Гайдая «Кавказская пленница, или новые приключения Шурика»: *Студентка, спортсменка, комсомолка, наконец она просто красавица*. В этом перечислении *красавица* является обязательным элементом совершенного образа советской женщины.

Тема красоты, и женской красоты, в частности, была для Л. Н. Толстого одной из центральных. В его романах есть разные портреты красивых женщин: Элен Безухова, княгиня Лиза Болконская, Наташа Ростова, Анна Каренина, Кити Щербацкая. Примечателен диалог некрасивой (это неоднократно подчеркивается в романе) княжны Марьи с Пьером Безуховым. Речь идет о Наташе Ростовой:

(3) – **Умна она**? – спросила княжна Марья. – Пьер задумался. – Я думаю, нет, – сказал он, – а впрочем – да. Она не удостоивает быть умной… – Да нет, **она обворожительна, и больше ничего**. (Л. Толстой. *Война и мир*)

Отвечая на вопрос княжны Марьи, Пьер отказывается от парной характеристики, предполагающей взаимное дополнение оценок при описании идеала женщины. Описывая особое свойство Наташи Ростовой, ее суть одним словом: *обворожительна,* – он отвлекается от общего стереотипа: *красавица и умница*. Здесь присоединительная конструкция *и больше ничего* имплицитно противопоставляется конструкции *и к тому же*, которая используется для ввода дополнительной характеристики.

Словосочетания, в которых объединены эстетическая и интеллектуальная оценки, являются устойчивыми и воспроизводимыми. В структуре предложения их слитность особенно очевидна, если они входят в тематическую часть предложения, например:

(4) **Красавица и умница** Наташа Артемьева поместила последним из этих фрагментов: Мы были молчаливыми свидетелями зла. Много бурь пронеслось над нашими головами. Мы научились искусству обмана и иносказания. (В. Бибихин. *Для служебного пользования*)

(5) Объясняла, например, почему его **умница и красавица** сестра прозябает с алкоголиком-мужем в Тамбове. (С. Лукьяненко. *Ночной дозор*)

Приведу еще несколько примеров употребления устойчивой сочинительной конструкции, в которой соединены эстетическая и интеллектуальная оценки, связанные отношением концептуального согласования:

(6) Я сам слышал, что Зубина **красавица и умница**, вот в чем и все колдовство. (С. Аксаков. *Семейная хроника*)

(7) Коммунистка. **Умница и красавица**. Ее Ленин уважал. (Г. Николаева. *Битва в пути*)

(8) Спит жена, положив под щеку ладонь, **красивая и умная**, которая, не знаю за что, навсегда полюбила меня. (В. Каверин. *Два капитана*)

(9) Светлана Параджанова Щербатюк прислала интересное письмо о своем замужестве. Она **умная и красивая** женщина. С Суреном у нее трения. (В. Катанян. *Лоскутное одеяло*)

5. *Память и воображение:* концептуальное согласование

В отличие от парного (преимущественно) словосочетания *красавица и умница* сочинительная конструкция *память и воображение* могут иметь расширенное употребление, например: *мысли, ум, память, воображение; память, воображение, опыт; память, воображение, разум; рассудок, воображение, память; воображение, интеллект, память; чувства, воображение, память* и др.

Память и *воображение* в тексте соединяются: бессоюзной связью (примеры 10, 11); с помощью союза *и* (пример 12); с помощью союза *или* (пример 13). При бессоюзной связи парные объединения (*память, воображение*) достаточно редки. Как правило, это – три и более однородных члена, соединенных бессоюзной связью (пример 11). *Память* и *воображение* встречаются также в пределах одной фразы не в составе однородных членов (примеры 14, 15), ср.:

(10) Разумная душа человека, деятельность которой связана с **памятью, воображением**, не может сохраниться после прекращения работы этих сил. (*История восточной философии*)

(11) Ведь жизнь образов в его произведении обусловлена сознанием писателя, его **памятью,** воображением**, опытом, всем строем его души**. (К. Паустовский. *Золотая роза*)

(12) Люди из прошлого, объекты **памяти и воображения**. (М. Палей. *Long Distance, или Славянский акцент*)

(13) – Но позвольте, – сказал я, с недоумением смотря направо, – тут должен быть еще второй пруд, потом третий. – Нет, дорогой князь, на этот раз **память или воображение** вам изменяют. Другого пруда нет. (А. Апухтин. *Между жизнью и смертью*)

(14) С фантастичностью его **памяти** могла соперничать только фантастичность его воображения. (Ф. Искандер. *Поэт*)

(15) Попробуйте вспомнить **память**, вообразить **воображение**, подумать саму мысль. (А. Битов. *Жизнь без нас*)

Согласно данным НКРЯ, общая частота встречаемости словосочетания *память и воображение* – 53, *воображение и память* – 28. Хотя с позиции линеарности лексические единицы нельзя назвать равнозначными: более частотно сочетание *память и воображение,* а не наоборот – *воображение и память,* правила объективного порядка здесь, как и с конструкцией *красавица и умница,* не применимы. В сочинительных конструкциях лексему *память* и лексему *воображение* можно рассматривать как относительно равнозначные. Они взаимно дополняют друг друга.

В основе системного и регулярного сближения *памяти* и *воображения* и их устойчивой воспроизводимости в сочинительных конструкциях лежит общность семантических свойств, а также традиция парного употребления их в разных типах дискурса: философском, семиотическом, литературоведческом, психологическом.

Рассмотрим последовательно области их смыслового сближения.[2] Смысловое сходство: а) у *памяти и воображения* есть общий компонент в толковании: 'мысленное воспроизведение чего-л.'; б) у них есть общие предикаты: *память/воображение восстанавливает что-л., работает, воспроизводит что-л.;*[3] *кто-л. развивает, ... память/воображение; вызывать кого-что-л., видеть кого-что-л. в памяти/в воображении; в чьем-л. воображении / в чьей-л. памяти появилось, возникло что-л.; что-л. тревожит память/воображение...* Деятельность *воображения* может быть направлена на воспроизводство *воспоминаний* (пример 16), и наоборот: *воспоминания* могут инициировать деятельность воображения (пример 17), ср.:

(16) Отыскивая в памяти эту минуту – перелом в Зоином настроении, Роллинг напрягал воображение, привыкшее к совсем другой работе. (А. Толстой. *Гиперболоид инженера Гарина*)

(17) И тут же он подумал, что ничего похожего в реальности не может быть, что все это – и доверчиво-беспомощное выражение ее лица, и излучение робкой вины – лишь результат воображения, всколыхнутого воспоминаниями его военной молодости: ведь внешне она изменилась так, что он не узнал ее… (Ю. Бондарев. *Берег*)

В воссоздании *прошлого,* таким образом, участвуют *память* и *воображение*, иногда дополняя, а иногда – замещая друг друга, ср. также:

---

2 Подробно об отношении памяти и воображения см. (Брагина 2007; 2008).

3 В (Апресян 2004: 138) отмечено, что глагол *воображать* сочетается с глаголами, обозначающими усилие или попытку: *пытаться вообразить*, а также с наречиями, описывающими количество усилий, затраченных на формирование образа: *легко/трудно вообразить*. Это свойственно и глаголам памяти: *пытаться вспомнить, припомнить, запомнить*; *легко/трудно вспомнить, припомнить, запомнить*.

> **Воображение** может также воссоздавать то, что субъект видел, то, что он реально воспринимал в прошлом; в этом отношении **воображение** сближается с памятью (Урысон 2003: 140).

Будучи лексическими концептами, с помощью которых описывается ментальная деятельность человека, *память* и *воображение* рассматриваются в паре, уже начиная с античности. Перечислю некоторые традиционные области концептуального сближения *памяти* и *воображения* в разных типах дискурса.

Первое: общая область локализации и сходство функций. Аристотель полагал, что *память* и *воображение* локализуются в душе, в определенной ее части (Аристотель 2004: 162). Средневековые авторы относили *память* и *воображение* к области восприятия наряду со *здравым смыслом* и *способностью оценки* или *размышления,* рассматривая их как четыре внутренние потенции (Эко 2003: 161–162).

Второе: участие воображения наряду с памятью, в актуализации образов прошлого. Так, например, в устной традиции память считалась архетипической формой, которую принимает воображение (Хаттон 2003: 63). А. Бергсон связывал «пробуждение» образов прошлого с деятельностью *воображения*, разграничивая, однако, область действия *памяти* и область действия *воображения* (Бергсон 1992: 245).

Третье: способность *памяти* «коррегировать реальность» (Лотман 1994: 428) прошлого, включая в него элементы «воображаемой реальности». Иллюстрацией коррегирования прошлого могут служить автобиографии и мемуарная литература. В них прошлое не только воссоздается, но и создается. В него включено *вспоминаемое* и *воображаемое*, что отмечалось в работах разных направлений: литературоведческих, семиотических, культурологических, социологических (Мильчина 1987: 13; Lambek/Antze 1996; Хаттон 2003; Owen 1986). Психологи также отмечают возможность возникновения у человека *воображаемых воспоминаний*: образы памяти приведены в соответствие с тем, что мы знаем и во что верим. Это явление получило название «амнезия источника» (Kirmayer 1996: 174–175).

Четвертое: в процессе творчества *память* и *воображение* мыслятся как взаимодополняющие или замещающие друг друга. Мать девяти муз, богиня *памяти Мнемозина,* в греческой мифологии также являлась богиней *воображения.* В Средневековье *творчество* понималось как деятельность *памяти,* а в романтической и модернистской культуре – как деятельность *воображения*. О творческом начале *памяти* и ее отношении к *воображению* писал П. Флоренский (Флоренский 1914: 195).

Несмотря на сходство семантики *память* и *воображение* не являются синонимами, их регулярное сближение отражает сформированную потребность мыслить ментальные процессы, связанные с производством и воспроизводством образов как некое единство, как однородность. Таким образом, концептуальное согласование отражает факт семантической однородности, которая выражается синтаксически с помощью сочинительных конструкций.

6. Заключение

Однородность, выраженная в сочинительных конструкциях, обусловлена как собственно лингвистическими, так и экстралингвистическими факторами. К первым относится: семантическое сходство единиц, образующих сочинительные конструкции, способность их к взаимному уподоблению, их «равноударность» в слитном предложении. Вторые предполагают: концептуальное сближение единиц, образующих сочинительные конструкции, в философском, литературном, мифологическом и других типах дискурса. Оба этих фактора могут способствовать закреплению в речи и формированию устойчивости таких конструкций. Они также отражают общую тенденцию, связанную с образованием языковых клише.

Рассмотренные примеры иллюстрируют неслучайность регулярной совместной встречаемости лексических единиц, объединенных в сочинительные конструкции. Имеет смысл продолжать исследовать такой тип семантической связи. Это позволит в будущем обосновать необходимость дополнить традиционно выделяемые виды сочетаемости: семантическую, морфосинтаксическую (синтаксическую, грамматическую) и лексическую, – еще одним видом – концептуальной сочетаемостью.

Литература

Апресян, Юрий: Воображать 1, Представлять 3, Видеть 3.1. Апресян, Юрий (ред.): *Новый объяснительный словарь синонимов русского языка*, 2-е изд., 135–139. Москва / Вена: ЯСК / Венский славистический альманах, 2004.

Аристотель: О памяти и припоминании. *Вопросы философии*, 7 (2004), 161–168. Москва: Наука, 2004.

Арутюнова, Нина: Тождество и подобие (заметки о взаимодействии концептов). Арутюнова, Нина (ред.): *Тождество и подобие. Сравнение и идентификация*, 7–32. Москва: Наука, 1990.

Бергсон, Анри-Луи: *Материя и память. Собрание сочинений*, Т. 1. Перевод с франц. Москва: Московский клуб, 1992.

Борковский, Виктор (ред.): *Структура предложения в истории восточнославянских языков*. Москва: Наука, 1983.

Брагина, Наталья: «И к былям небылиц без счету прилыгал». О границах между *памятью и воображением*. Арутюнова, Нина (ред.): *Логический анализ языка. Между ложью и фантазией*, 624–636. Москва: Индрик, 2008.

Брагина, Наталья: *Память в языке и культуре.* Москва: ЯСК, 2007.

Гак, Владимир: К проблеме семантической синтагматики. Шаумян, Себастиан (ред.): *Проблемы структурной лингвистики – 1971*, 367–395. Москва: Наука, 1972.

Лауфер, Наталия: «Линеаризация компонент сочинительной конструкции». Кибрик, Андрей / Нариньяни, Александр (ред.). *Моделирование языковой деятельности в интеллектуальных системах*, 167–176. Москва: Наука, 1987.

Лотман, Юрий: Смерть как проблема сюжета. *Лотман Ю. М. и тартуско-московская семиотическая школа*, 417–430. Москва: Гнозис, 1994.

Мильчина, Вера: Автобиография. Кожевников, Михаил (ред.): *Литературный энциклопедический словарь*, 12. Москва: Советская энциклопедия, 1987.

Морковкин, Валерий / Богачева, Галина / Луцкая, Наталия: *Большой универсальный словарь русского языка*. Москва: Словари XXI века / Аст-Пресс Школа, 2016.

Николаева, Татьяна: Сочинительные союзы *А*, *НО*, *И*: история, сходства и различия. Николаева, Татьяна и др. (ред.): *Славянские сочинительные союзы*, 3–24. Москва: Институт славяноведения и балканистики РАН, 1997.

Пешковский, Александр: *Русский синтаксис в научном освещении*. Москва: ЯСК, 2001.

Санников, Владимир: *Русский синтаксис в семантико-прагматическом пространстве*. Москва: ЯСК, 2008.

Сигал, Кирилл: *Сочинительные конструкции в тексте: опыт теоретико-экспериментального исследования (на материале простого предложения).* Москва: Гуманитарий, 2004.

Урысон, Елена: Воображение, Фантазия 1. Апресян, Валентина и др. (ред.): *Новый объяснительный словарь синонимов русского языка*, 2-е изд., 139–142. Москва / Вена: ЯСК / Венский славистический альманах, 2004.

Урысон, Елена: Союз «И». Апресян, Юрий (ред.): *Новый объяснительный словарь синонимов русского языка*, 2-е изд., 405–410. Москва / Вена: ЯСК / Венский славистический альманах, 2004.

Урысон, Елена: *Опыт описания семантики союзов: Лингвистические данные о деятельности сознания*. Москва: ЯСК, 2011.

Флоренский, Павел: *Столп и утверждение истины*, Т. 1. Москва: Правда, 1990.

Хаттон, Патрик: *История как искусство памяти*. Санкт-Петербург: Владимир Даль, 2003.

Щерба, Лев: О частях речи в русском языке. Щерба, Лев / Матусевич, Маргарита (ред.) *Избранные работы по русскому языку*, 63–84. Москва: Учпедгиз, 1957.

Эко, Умберто. *Искусство и красота в средневековой эстетике*. Санкт-Петербург: Алетейя, 2003.

Якобсон, Роман: В поисках сущности языка. Степанов, Юрий (ред.): *Семиотика*, 102–117. Москва: Радуга, 1983.

Cooper, William / Ross, John Robert: World Order. Grossman, Robin / San, James / Vance, Timothy (eds.): *Papers from the Parasession on Functionalism*, 63–111. Chicago: Chicago Linguistic Society, 1975.

Givon, Talmy: *Functionalism and Grammar.* Amsterdam: John Benjamins, 1995.
Kirmayer, Laurence: Landscapes of Memory: Trauma, Narrative, and Dissociation. Lambek, Michael / Antze, Paul (eds.): *Tense Past: Cultural Essays in Trauma and Memory,* 173–198. New York: Routledge, 1996.
Lambek, Michael / Antze, Paul: Introduction: Forecasting Memory. Lambek, Michael / Antze, Paul (eds.): *Tense Past: Cultural Essays in Trauma and Memory,* 173–198. New York: Routledge, 1996.
Landsberg, Marge (ed.): Syntactic Iconicity and Linguistic Freezes: The Human Dimension. *Studies in Anthropological Linguistics*, 9. Berlin / New York: Mouton, 1995.
Owen, Stephen: *Remembrances*: *The Experience of the Past in Classical Chinese Literature.* Cambridge, Mass.: Harvard University Press, 1986.

A parallel catalogue of time constructions in Russian and Chinese

Buyinqimike,[*] Olga Ilyina,[†] Yulia Naumenko[‡]

Abstract: This comparative study was carried out on the material of lexical and grammatical means of expressing the idea of time in the Russian and Chinese languages. All the constructions of time were divided into groups: (1) the expression of the exact hour and minute time (time on the clock), (2) the designation of time using physical units of time measurement, (3) designation of time without the use of time units – designation of intervals, approximate time, repetitive moments of action. The main differences are related to the inconsistency in the grammatical structure of the two languages. All lexical and grammatical models are combined into a parallel catalogue, created with the reverse reconstruction method and showing the fields of grammatical mismatch when expressing the idea of time in the two languages.

Keywords: time expressions, Russian and Chinese, parallel catalogue of constructions

Параллельный каталог конструкций выражения времени в русском и китайском языках

Буиньцимике, Ольга Ильина, Юлия Науменко

Резюме: Работа выполнена в рамках сопоставительного изучения грамматического строя русского и китайского языков. Все конструкции времени были разделены на группы — (1) выражение точного часового и минутного времени (время на часах), (2) обозначение времени с помощью физических единиц измерения времени, (3) обозначение времени без использования единиц измерения времени — обозначение интервалов, приблизительного времени, повторяющихся моментов действий. Основные различия связаны с несоответствием в грамматическом строе двух языков. Все лексико-грамматические модели объединены в параллельный каталог, созданный путем обратной реконструкции и показывающий зоны грамматических несовпадений при выражении идеи времени в двух языках.

Ключевые слова: выражение времени, русский и китайский язык, параллельный каталог конструкций

1. Метод возвратной реконструкции

Компаративистские исследования языков позволяют выявить предельные сходства и различия в двух языковых системах. Исследования, основанные также на сопоставлении двух языков, но проведенные в лингводидак-

* Pushkin State Russian Language Institute
† Bauman Moscow State Technical University
‡ Pushkin State Russian Language Institute, e-mail: yulianaum@yandex.ru

тических целях, фокусируются на трудностях, с которыми сталкиваются иностранцы при переходе с одного способа объективации мира, выраженного средствами родного языка, на другой способ. Большой контингент китайской аудитории, вовлеченной в процесс изучения русского языка как иностранного, актуализирует задачу создания этноориентированных учебных материалов, помогающих преодолевать интерференционные сложности, вызванные несовпадением столь далеких друг от друга лингвистических систем — русского и китайского языков. Грамматический аспект русского языка, как показывают многочисленные исследования (Балыхина, Чжао Юйцзян, 2010; Баранова, Чуваева, 2012; Новикова, 2011; Щелокова, 2018), требует в китайской аудитории особой методической интерпретации, основанной на сопоставительном анализе строя двух языков. Основным преимуществом разработки национально ориентированной методики для моноэтнических учебных коллективов является то, что она

> позволяет повысить эффективность преподавания, т.е. уменьшить время обучения и увеличить объем изучаемого материала за счет использования межъязыкового сходства и снижения влияния интерференции (Азимов, Щукин 2018: 158).

Цель данной статьи заключается в том, чтобы показать, как носители китайского языка видят грамматическую систему русского языка и как осмысляют ее в процессе изучения. Результаты исследования адресованы прежде всего преподавателям русского языка, не владеющим китайским языком, но работающим с китайской аудиторией.

Предметным полем исследования стало сравнение конструкций выражения времени в простом предложении в русском и китайском языках. Необходимо подчеркнуть, что исследованию подвергались и конструкции, называющие факт времени, например, название месяца, даты, момента события и т.д., и конструкции выражения времени, которые в структуре предложения выполняют не номинативную, а обстоятельственную функцию. В исследовании выполняется сопоставление номинативных и обстоятельственных конструкций времени в русском и китайском языках, поскольку в русском языке эти конструкции заметно различаются.

Для решения поставленной задачи был разработан метод обратной реконструкции. На первом этапе составляется каталог русских конструкций со значением времени. Составление каталога русских конструкций происходит с учетом программы по русскому языку как иностранному, что позволяет определить, какие именно языковые модели со значением времени входят в число обязательных к изучению.

Затем каждая конструкция переводится на китайский язык. Далее китайская модель реконструируется средствами русского языка, чтобы носителю русского языка было понятно ее грамматическое устройство. В процессе реконструкции важно отразить морфологические и иногда лексические средства, участвующие в образовании каждой анализируемой языковой модели. При этом, несомненно, возникают некоторые погрешности, вызываемые несовпадением грамматического строя языков: в частности, отсутствие в китайском языке словоизменения ставит исследователя перед выбором, сохранять ли при передаче китайской конструкции средствами русского языка морфологический строй китайского языка или использовать падежные и прочие грамматические формы русского языка. В данном исследовании был преимущественно выбран первый вариант, поэтому реконструированные модели выглядят неестественно на русском языке. Например, русская модель 'встретимся после двух часов' в результате обратной реконструкции может выглядеть так: 'мы два часа после встретиться'. В реконструированной модели можно видеть, что идея обозначения времени отложенного события передается следующим образом: во-первых, конструкция времени помещается перед глаголом, во-вторых, в самой конструкции на первом месте стоят слова, называющие время, затем слова с семантикой «после указанного момента времени». Таким образом, видя реконструированную модель, преподаватель русского языка как иностранного, не владеющий китайским языком, может понять, какие аналитические действия должен сделать китайский студент, чтобы научиться правильно выражать указанную идею на русском языке.

2. Восприятие времени в русской и китайской лингвокультурах

Категория времени не является исключительно грамматической, она носит глобальный, философский характер. Выражение идеи времени языковыми средствами обусловлено влиянием национальной картины мира, сформированной у каждого субъекта коммуникативного процесса под воздействием родной лингвокультуры.

逝者如斯夫，不舍昼夜 'время утекает, как вода, не останавливается ни днем, ни ночью' — эти слова принадлежат древнему великому китайскому мыслителю и философу Конфуцию. В русской лингвокультуре тоже есть устойчивые сочетания, в которых говорится о быстротечности времени, о невозможности его вернуть, что делает его одним из наиболее ценных обладаний в нашей жизни: например, «Пора да время дороже золота» (Даль 2003:

613). Но несмотря на то, что в русских и китайских идиоматических выражения присутствует смысловое созвучие, восприятие времени носителями русской и китайской культур происходит не одинаково, не равнозначно.

В качестве примера приведем материал, позволяющий сопоставить, каким образом, в каком направлении происходит развертывание жизненного пути человека во времени в русской и китайской лингвокультурах. Исследователями было установлено, что для носителей европейской, в частности, русской культуры ось жизненного пути человека представлена таким образом, что прошлое находится позади него, а будущее — впереди. Для носителей китайской культуры восприятие прошлого и будущего полностью противоположное: будущее находится позади человека, а прошлое — впереди. Ф. И. Панков дает такое объяснение:

> Русский (или вообще европеец) представляет себя во времени движущимся вперед по жизненному пути. Поэтому тот участок, который еще не пройден, метафорически символизирует будущее. И наоборот, тот отрезок пути, что позади, оказывается «в прошлом». С точки же зрения китайца <…>, собственная история известна говорящему и поэтому обозреваема взглядом, будущее же неведомо, оно за спиной. <…> Таким образом, русские ориентированы во времени в будущее, а, например, китайцы <…> — в прошлое (Панков 2007: 97).

Философская картина мира, безусловно, связана с языковой и влияет на выбор тех языковых средств, которые необходимы для речевого оформления идеи времени носителями русской и китайской лингвокультур. В этой связи дословный перевод на китайский язык русской фразы *все впереди* становится невозможным: китайцы переведут ее как 你的福气还在后头 ‘Все твое счастье еще позади’.

3. Обозначение даты и часового времени

3.1. Обозначение даты

Рассмотрим, как выражается обозначение даты в двух языках. В Таблице 1 приводятся примеры языкового оформления выражения идеи даты в русском и китайском языках.

Данный материал позволяет выделить следующие различия:

1) в русском языке есть две конструкции для выражения идеи даты: номинативная (вопрос: какое число?) и обстоятельственная (вопрос: когда?):
   a) номинативная конструкция имеет в своем составе порядковое числительное в форме именительного падежа и существительное в форме родительного падежа;

   b) обстоятельственная конструкция имеет в своем составе числительное и существительное в форме родительного падежа;

2) в китайском языке номинация даты и оформление ответа на вопрос «Когда?» имеют одну и ту же грамматическую модель;
3) в русской и китайской лингвокультурах наблюдается разное цифровое оформление даты: в китайской культуре принята последовательность год, месяц, число; в русской культуре — число, месяц, год.

Табл. 1. Обозначение даты (номинация и обстоятельственная функция)

Русская языковая модель		*Китайская языковая модель*	
Какое сегодня число?	*Когда? Какого числа?*	*Какое сегодня число?*	*Когда? Какого числа?*
десят**ое** апреля	десят**ого** апреля	**四月十号** 'четыре месяц десять число'	**四月十号** 'четыре месяц десять число'
десят**ое** апреля две тысячи двадцатого года 10.04.2020	Встретимся десят**ого** апреля две тысячи двадцатого года	**二零二零年四月十号** 'два ноль два ноль год четыре месяц десять число' (2020.04.10)	**我们二零二零年四月十号见面** 'Мы два ноль два ноль год четыре месяц десять число встретиться'

3.2. Обозначение названий дней недели

В Таблице 2 представлено сопоставление использования названий дней недели в русском и китайском языках.

Приведенные языковые модели с использованием названий дней недели позволяют выделить следующие различия:

1) в русском языке (как и в случае выражения идеи даты) используются две конструкции: номинативная (вопрос: какой день недели?) и обстоятельственная (вопрос: когда?):
   a) номинативная конструкция имеет в своем составе существительное в форме именительного падежа;
   b) обстоятельственная конструкция имеет в своем составе существительное в форме винительного падежа с предлогом *В*;
2) в китайском языке номинация дня недели и оформление ответа на вопрос «Когда?» имеют одну и ту же грамматическую модель. Различение смыслов происходит логически и не эксплицируется лингвистически.

Обозначение в русском языке таких временных интервалов, как неделя, месяц, год происходит аналогичным способом: используются номинативные и обстоятельственные конструкции с определенным грамматическим наполнением. В китайском же языке и номинативное, и обстоятельственное значения передаются с помощью одной и той же грамматической формы.

Табл. 2. Обозначение названий дней недели (номинация и обстоятельственная функция)

Русская языковая модель		*Китайская языковая модель*	
Какой сегодня день недели?	*Когда? В какой день?*	*Какой сегодня день недели?*	*Когда? В какой день?*
пятница выходной день	**В** пятницу **В** выходной день	**星期五** 'пятница' **周末** 'конец недели'	**星期五** 'пятница' **周末** 'конец недели'

Представленное описание существующих различий в выражении идеи времени в русском и китайском языках объясняет причину возникновения интерференционных ошибок в русской речи китайских учащихся. Следовательно, объяснение настоящего грамматического материала в китайской аудитории требует обязательного сопровождения в виде разъяснительного лингвистического и лингвокультурологического комментария, что должно способствовать лучшему, более эффективному, осознанному пониманию китайскими учащимися различий в выражении данной грамматической категории.

3.3. Выражение точного часового времени

В обоих языках возможно официальное и неофициальное лингвистическое оформление идеи выражения точного времени. Официальный вариант предполагает использование только 24-часовой системы исчисления времени суток. Например, время 15.00 и в русском, и в китайском языке оформляется подобным образом: *пятнадцать часов* и 十五点 'пятнадцать часов'.

Приведем в качестве примера другие языковые модели китайского языка для оформления времени в официальном формате.

(1) 07.00 — **七点** 'семь часов'

(2) 07.05 — **七点五分** 'семь часов пять минут'

(3) 07.15 — **七点十五分** 'семь часов пятнадцать минут'

(4) 07.30 — **七点三十分** 'семь часов тридцать минут'

(5) 07.45 — **七点四十五分** 'семь часов сорок пять минут'.

Приведенные примеры (1–5) показывают, что в русском и китайском языках обозначение официального времени совпадает. Но следует отметить, что в русском языке возможен еще и вариант, который отсутствует в китайском языке: при обозначении времени в русском языке возможны случаи неупотребления слов *час* и *минута*. Например, время 07.15 в русском языке имеет как полный вариант: *семь часов пятнадцать минут*, так и сокращенный: *семь пятнадцать*.

Неофициальный вариант выражения точного времени и в русском, и в китайском языках предполагает использование 12-часовой системы исчисления времени суток. В таком случае конструкции времени могут иметь сопровождающие слова (= слова-маркеры), если из контекста речевой ситуации не понятно, о каком времени суток идет речь. Например, *утро* — 早上 'утро', *день* — 上午/下午 'первая половина дня / вторая половина дня', *вечер* — 晚上 'вечер', *ночь* — 凌晨 'ночь':

(6) 8 часов утра — 早上八点 'утро восемь часов'

(7) 3 часа дня — 下午三点 'вторая половина дня три часа'

(8) 9 часов вечера — 晚上九点 'вечер девять часов'

(9) 3 часа ночи — 凌晨三点 'ночь три часа'.

Таким образом, наблюдается логическое сходство в том, как представлено время в неофициальном варианте выражения точного времени в русском и китайском языках. Однако есть грамматическое различие в построении языковой модели. Так, в русском языке сначала используется группа числительного, затем — слово-маркер, указывающее на время суток. В китайском языке, наоборот, сначала используется слово-маркер, а затем — группа числительного.

Следует отдельно сказать о выражении времени 01.00 'один час'. При неофициальном употреблении в русском языке возможно неиспользование слова *один* в указанной конструкции: например, *час* или *час дня*, *час ночи*. В китайском языке такого быть не может, что связано с тем, что слово *час* является обязательным элементом языковой модели для выражения точного времени, т.е. в китайском языке в такой же ситуации употребления должны присутствовать и слово *час*, и *один*: 点 'один час' (Чжоу Чуньсян 2003: 77).

Известно, что в русском языке в неофициальной ситуации для выражения минутного времени первой половины часа используются специальные лингвистические модели: *сколько минут какого часа*. При этом следует обращать внимание студентов на то, что в модели должен употребляться следующий по счету час. Например, 06.10 — *десять минут седьмого*. Китайские студенты испытывают трудности при изучении таких лингвистических моделей, поскольку в их родном языке в такой ситуации используется только официальная модель: в данном случае 06.10 六点十分 'шесть часов десять минут'.

Отличным от русского языка является в китайском языке и выражение получасового времени в неофициальной ситуации. В русском языке принята модель минутного времени первой половины часа: «сколько минут какого (следующего) часа». Например, 06.30 — «половина седьмого», «полседьмого». В китайском языке, хотя речь и идет о первой половине часа, которая должна выражаться с помощью модели официальной стиля, получасовое время оформляется иначе: например, 06.30 — 六点半 ‘шесть часов половина’.

Выражение минутного времени второй половины часа также имеет свои особенности. И в русском, и в китайском языке используется определенная лингвистическая модель *без скольких (минут) сколько часов*. Например, в русском языке 07.55 выражается как *без пяти восемь*, в китайском языке это время выражается как 八点差五分 ‘восемь часов без пяти’, т.е. в обеих лингвокультурах принято обозначение минутного времени второй половины часа с помощью определенного количества минут до наступления следующего часа. Однако необходимо обратить внимание на разный порядок элементов в этих лингвистических моделях: в китайском языке сначала указываются часы, при этом употребление самого слова *час* является обязательным, затем уже указываются минуты.

Наблюдается различие в способах выражения и четвертного времени в русском и китайском языках. Так, в русском языке это время обозначается с помощью моделей, которые используются для выражения минутного времени первой и второй половины часа. В китайском языке существуют такие модели, как:

(10) 06.15 — 六点一刻 ‘шесть часов четверть’

(11) 06.45 — 六点三刻 ‘шесть часов три четверти’.

Слово «четверть» в китайском языке является более частотным, чем в русском. Обе модели продуктивны.

В естественной речевой деятельности модели выражения точного времени используются при маркировке точного часового времени и при фиксации момента события. В первом случае речевая ситуация может сопровождаться таким контекстом — *сейчас четыре часа дня*, во втором случае — *магазин откроется в четыре часа дня.* Рассмотрим, каковы особенности синтаксического оформления этих конструкций в русском и китайском языках.

Для обозначения номинации точного часового времени в китайском языке существует синтаксическая модель, в состав которой входит специальное вспомогательное слово 是 (Ли Ван 1954: 67), непереводимое на русский язык. Так, например,

(12) Сейчас 01.00: Сейчас час. — 现在是一点 ‘Сейчас 是 один час’

(13) Сейчас 02.04: Сейчас два часа четыре минуты. — 现在是两点四分。 ‘Сейчас 是 два часа четыре минуты’

(14) Сейчас 14.00: Сейчас два часа дня. — 现在是下午两点。 ‘Сейчас 是 день два часа’

(15) Сейчас 18.30: Сейчас полседьмого вечера. — 现在是下午六点半。 'Сейчас 是 вечер шесть час половина'.

Приведенные выше примеры иллюстрируют разницу в структуре языковых моделей номинации часового времени: китайский синтаксис в данной конструкции *сколько сейчас времени* требует постановку обязательной связки в виде специального вспомогательного слова, а в русской модели подобные элементы отсутствуют.

В случае обозначения момента времени наблюдается противоположная закономерность: в русской модели возникает служебное слово в виде предлога *в*, а в китайской, наоборот, специальные элементы исчезают. Например,

(16) Встретимся в 14.00: Встретимся *В* два часа дня.

我们下午**两点**见面。 'Мы вторая половина дня два часа встретимся.'

(17) У нас урок начинается в 09.00: У нас урок начинается *В* девять часов утра.

— 早上**九点**开始上课。 'Мы утро девять часов начинаем урок.'

Исследование структуры синтаксических конструкций, употребляемых в русском и китайском языках при выражении идеи точного времени и обозначении момента времени, в который происходит событие, выявило их различия. В синтаксической организации этих моделей участвуют вспомогательные слова, но в русском языке они используются в модели, исполняющей обстоятельственную функцию, а а в китайском языке — в модели, исполняющей назывную функцию.

4. Выражение промежутков времени

4.1. Конструкции с предлогами ЗА, НА, а также беспредложная конструкция, используемая для обозначения времени протекания процесса

Лингвистические компаративистские исследования показывают, что нет полных соответствий между русскими конструкциями выражения времени, в структуру которых входят предлоги *за*, *на*, *через*, *после*, *спустя*, и китайскими.

Сопоставим обозначение продолжительности действия в русском и китайском языках.

(18) Работал всю недел**ю**.

工作了整整一周. 'работать вся неделя.'

Приведенный выше пример показывает, что для обозначения продолжительности действия в русском языке зарезервирована позиция беспредложного винительного падежа после глагола несовершенного вида. В китайском языке при использовании конструкции выражения длительности действия и в обстоятельственной, и в номинативной функциях изменений в их формах не происходит, однако важен порядок слов: конструкция с обозначением периода продолжения действия помещается после глагола.

Преподавателям русского языка как иностранного известно, что особые трудности китайских студентов, и не только китайских, связаны с изучением русских конструкций — *за сколько времени* и *на сколько времени*. Конструкция *за сколько времени* передает идею фиксации срока действия, необходимого для достижения результата действия. Рассмотрим реализацию этой идеи в русском и китайском языках.

(19) Она приготовила обед **за** два часа.

她**在**两个小时**内**做好了午饭。 'она **在** два час **内** приготовить обед.'

Примеры языковых моделей дают возможность утверждать, что в обоих языках действительно присутствует специальная модель для выражения значения «срока действия, необходимого для достижения результата действия». Однако, если в русском языке идея выражается лексико-грамматической конструкцией «предлог *за* + название интервала времени в синтаксической позиции винительного падежа», то в китайском языке эта идея передается моделью — «在 + время + 内», где к комбинации слов, обозначающей время, добавляются специальные слова, маркирующие идею «срока действия, необходимого для достижения результата действия» (Ли Ван 1954: 236).

Рассмотрим, как в китайском и русском языках обозначается срок, в течение которого сохраняется результат действия.

(20) Поставить воду в холодильник на час.

把水在冰箱里放一个小时. 'Воду в холодильнике поставить и оставить час.'

(21) Я приеду в Москву на неделю.

我将到莫斯科呆一个月. 'Я приехать город и остаться неделя.'

В русском языке идея «срока сохранения результата действия» передается лексико-грамматической моделью «предлог НА + название периода в синтаксической позиции винительного падежа», а в китайском языке у этой модели нет точного грамматического эквивалента. Идея «срока сохранения результата действия» в китайском языке передается лексически: к основному тексту добавляется фраза, которую на русский язык можно перевести как «и останусь там …период», «и буду находиться там …период», «и можно использовать объект …период» и др. Выбор лексической модели зависит от смысла предложения и от контекстных слов. Так, в предложении «Поставить воду в холодильник на час» выбирается модель «и оставить час», а в предложении «Я приехал в город на месяц» выбирается модель «и останусь месяц».

4.2. Конструкции с предлогами через, после, супстия, с *и* до, пред *и* до

Рассмотрим три языковые модели, которые обозначают время, по прошествии которого начнётся какое-либо иное действие. Для выражения данной идеи в русском языке используются конструкции с тремя разными предлогами: *через*, *после*, *спустя*.

(22) Дождь закончится через два часа.

雨两个小时**后**停。 'Дождь два часа **через** закончиться.'

(23) Пообедаем после трех часов.

我们三点**后**吃饭。 'Мы три часа **после** пообедать.'

(24) Встретились спустя три дня.

我们**过了**三天见了面。 'Мы **спустя** три дня встретиться.'

Сопоставительное исследование установило, что конструкции данного раздела в двух языках семантически эквивалентны, однако синтаксические правила китайского языка требуют, чтобы служебные слова стояли после слов, выражающих значение времени, кроме конструкции со словом *спустя*.

Далее рассмотрим языковые модели, которые фиксирует внимание на моментах начала и конца действия. В русском языке для выражения указанной идеи используются языковые модели с предлогами С и ДО.

(25) Каток работает **с** ноябр**я** **до** март**а**.

溜冰场**从** 11 月**至** 3 月开放。 'Каток **с** ноябрь **до** март открыть'

(26) Музей работает **с** десяти утра **до** семи вечера.

博物馆**从**上午 10 点开放**至**晚上 7 点。 'Музей **с** утро десять часов открыть **до** вечер семь часов.'

Таким образом, приходим к выводу, что для передачи идеи периода с указанием на его начало и конец в русском языке используется модель с предлогами *с* и *до* и существительным в позиции родительного падежа. Китайский язык имеет предлоги, эквивалентные русским предлогам *с* и *до*, однако в предложениях, в которых используются языковые модели с данными предлогами, важен порядок слов: если предикат позитивный, т.е. передает идею осуществления действия, а не его отрицания, то конструкция момента начала периода помещается перед глаголом, конструкция момента конца периода — после глагола; если предикат негативный, т.е. передает идею отрицания действия, то глагол помещается после всех конструкций времени.

Рассмотрим конструкции с обозначением идеи временного предшествования. В этом случае в русском языке используются конструкции с предлогами *перед* и *до*.

(27) Встретимся **перед** экзаменом.

我们**快**考试**时**见。 ‘Мы близко **к экзамен** встретиться.’

(28) Встретимся **до** экзамена.

我们考试**前**见。 ‘Мы **раньше** экзамен встретиться.’

В случае, если необходимо выразить идею, что одно событие происходит по времени раньше другого, то используется слово **前**, что приблизительно значит ‘раньше, чем…’. В случае, если необходимо показать близость двух моментов, то используются два слова **快…时**, которые можно перевести как ‘близко к моменту’. Таким образом, обе идеи имеют самостоятельное выражение в китайском и русском языках, т.е. имеют структурные эквиваленты.

4.3. Конструкции выражения срока, разделяющего разные действия

Идея срока, разделяющего разные действия, в русском языке выражается следующими моделями:

(29) **На** десять минут **раньше** других.

比其他人**早**十分钟。 **‘Чем** другие **раньше** десять минуты.’

(30) **На** десять минут **раньше**, **чем** другие.

比其他人**早**十分钟。 **‘Чем** другие **раньше** десять минуты.’

(31) **На** десять минут **позднее** других.

比其他人**晚**十分钟。 **‘Чем** другие **позднее** десять минут.’

(32) **На** десять минут **позднее**, **чем** другие.

比其他人**晚**十分钟。 **‘Чем** другие **позднее** десять минут.’

Синтаксически грамматическая модель в китайском языке выглядит зеркально по сравнению с русской грамматической моделью: в китайском языке грамматические маркеры времени помещаются перед числовым выражением, а в русском языке после.

(33) Встретимся **через** пятнадцать минут **после** спектакля.

我们演出结束**后**十五分钟**之后**见。 ‘Мы спектакль пятнадцать минут **после** встретиться.’

(34) Встретимся **за** час **до** звонка.

我们来电话**前**一小时**内**见面。 ‘Мы звонок **до** час **за** встретиться.’

Для передачи значения «…через…после…» в китайском языке используется одинаковая с русской модель со словом …**后**…**之后**, что дословно переводится ‘…после…через…’, но порядок служебных слов противоположен по сравнению с русским языком. Во втором случае для передачи значения «…за…до…» используется модель …**前**…**内**…, в которой порядок служебных слов также противоположен русскому: в китайском языке '…до …за'.

4.4. Конструкции одновременности действия

Рассмотрим конструкции, обозначающие одновременности действия.

(35) Обсудим во время обеда.

我们午饭时讨论。 'Мы обед во время обсудить.'

(36) При пожаре звонить 01.

火灾时打 01。 'Пожар во время звонить 01.'

В китайском языке слово **时** означает 'во время', нет соответствующей конструкции времени со словом *при*.

4.5. Конструкции выражения приблизительного времени

Рассмотрим примеры конструкций, обозначающих приблизительное время в китайском и русском языках.

(37) Он родился **году в** девяностом.

他**大概**是九零年出生的。 'Он **大概** девяностый год родиться.'

(38) Он вернется **часов в** восемь.

他**大概**八点到。 'Он **大概** восемь час вернуться.'

(39) Она уехала **лет на** пять.

她**大概**离开了五年。 'Она **大概** уехать пять лет.'

(40) Мы приготовим ужин **минут за** тридцать.

我们**大概**三十分钟能做好晚饭。 'Мы **大概** тридцать минут приготовить ужин.'

В русском языке для выражения приблизительного времени используется синтаксическая инверсия, а в китайском используются специальные слова **大概**, что значит 'приблизительно' и 'примерно'.

Рассмотренные выше грамматические конструкции, объединенные общей идеей выражения времени, переведенные на китайский язык с последующим возвратным переводом на русский язык позволяют показать преподавателю русского языка, не владеющему китайским языком, как китайскоговорящий студент воспринимает данные конструкции, вручая таким образом русскому преподавателю оптику его студента. Для преподавателей, работающих с китайскими учащимися, очевидно, что данная грамматическая тема является трудной. Разработанный параллельный каталог конструкций времени на русском и китайском языках позволит преподавателю разрабатывать эффективные лингводидактические материалы, учитывающие интерференционные пересечения в китайских и русских языковых моделях выражения времени.

Литература

Азимов, Эльхан / Щукин, Анатолий: *Современный словарь методических терминов и понятий. Теория и практика обучения языкам.* Москва: Русский язык. Курсы, 2018.

Балыхина, Татьяна / Чжао Юйцзян: *От методики к этнометодике: обучение китайцев русскому языку: проблемы и пути их преодоления.* Москва: РУДН, 2010.

Баранова, Ирина / Чуваева, Ксения: Учет межъязыковой интерференции при обучении студентов из Китая русскому языку. *Вестник РУДН. Серия: Русский и иностранные языки и методика их преподавания*, 1, 56–62. 2012.

Даль, Владимир: *Толковый словарь живого великорусского языка.* В 4-х тт. Т. 1: А–З. Москва: ОЛМА-ПРЕСС, 2003.

Ильина, Ольга / Цимике, Буинь: Грамматическая категория времени: почему ее нелегко понять китайским студентам, изучающим русский язык. Дзюба, Елена / Еремина, Светлана (ред.): *Когнитивные стратегии филологического образования в России и за рубежом*, 82–85. Екатеринбург: УрГПУ, 2019.

Ли Ван: *Основы китайской грамматики*. Москва: Грамматика, 1954.

Новикова, Анна: Преподавание русского языка в Китае: этнометодические и этнокультурные особенности. *Вестник РУДН. Вопросы образования: языки и специальность*, 1, 68–75. 2011.

Панков, Федор: Некоторые вопросы преподавания русской грамматики и лексики в свете языковой картины мира. *Вопросы когнитивной лингвистики*, 2, 85–101. Тамбов: 2007.

Тань Яньцзе: Этнопсихологические особенности обучения китайских учащихся. *Молодой ученый*, 17, 288–291. Казань: Молодой ученый, 2017.

Щелокова, Алена: Преодоление трудностей в обучении русской грамматике китайских студентов. *Концепт*, 2, 1–5. Москва: МГИМО, 2018.

Щукин, Анатолий (ред.): *Практическая методика обучения русскому языку как иностранному*. Москва: Русский язык, 2003.

Щукин, Анатолий: *Методика преподавания русского языка как иностранного: Учебное пособие для вузов*. Москва: Высшая школа, 2003.

俄语实用语法/周春祥，孙夏南，黄鹏飞原编著；周春祥修订. – 上海：上海译文出版社，2003.9（2012.7 重印） = Чжоу Чуньсяна / Сунь Сяньаня / Хуан Пэнфэя (ред.): *Практическая грамматика русского языка*. Шанхай: Шанхайское издательство переводов, 2003.9 (перепечатано с 2010.7).

戴耀晶. 现代汉语时体系统研究. 杭州浙江教育出版社, 1997, 53. = Дай Яоцзин: *Исследование современной китайской системы времени*. Ханчжоу: 1997.

李向农. 现代汉语时点时段研究. 武汉：华东师范大学出版社, 1997, 22–50. = Ли Сяньнун: *Исследование современного китайского периода времени*, 22–50. Ухань, 1997.

Extra- and intralingual factors in the evolution of Russian numerals

Irina D'iachkova[*]

Abstract: The desire to understand the reasons for the evolution of Russian numerals appeared in Russian with Viktor Vinogradov, who connected their grammatical isolation with the expression of the meaning of the number. In the future, this idea is developed in their works by Gluskina, Suprun, Chesnokova, Zholobov. Researchers associate the results of this influence with the appearance of direct and indirect cases in the inflection and syntax of numerals; lexicalization of compound names, elimination of synonyms in a number of numeric words. At the same time, the paper substantiates that "the understanding of number and numerical connections is refracted in a very peculiar way in language" (Reformatsky). To confirm this thesis, the author cites examples from the history of collective numerals, as well as the lexemes *sto* 'hundred', *sorok* 'forty' and *devianosto* 'ninety'. The inflectional heterogeneity of Russian numerals is explained in a similar way. For instance, grammatical fluctuations in the system of Russian numerals are interpreted in the study as a result of the struggle between mathematical abstraction and the idioms of the language itself, which does not allow for a mathematical way of development to be embodied in the sphere of numerals.

Keywords: numerals, Russian language, evolution, abstract mathematical thinking, language system

О соотношении внеязыковых и внутриязыковых факторов в эволюции русских числительных

Ирина Дьячкова

Резюме: Стремление осмыслить причины эволюции числительных в русском языке появляется в русистике в трудах В. В. Виноградова, который связывает их грамматическое обособление с выражением значения числа. В дальнейшем эту идею развивают С. М. Глускина, А. Е. Супрун, Л. Д. Чеснокова, О. Ф. Жолобов. Результаты этого влияния исследователи связывают с появлением у числительных оппозиции прямых и косвенных падежей в словоизменении и синтаксисе, лексикализацией составных наименований, устранением синонимов в ряду числовых слов. В данной статье обосновывается, что «понимание числа и числовых связей преломляется в языке весьма своеобразно» (А. А. Реформатский). В качестве примеров, которые подтверждают данный тезис, автор статьи приводит историю собирательных числительных, а также лексем *сто*, *сорок* и *девяносто*. Аналогично объясняется словоизменительная пестрота русских нумеративов. Таким образом, грамматические колебания в системе русских числительных интерпретируются в исследовании как результат борьбы математической абстракции и идиоматики самого языка, не дающей математическому пути развития в полной мере воплотиться в сфере нумеративов.

Ключевые слова: имена числительные, русский язык, эволюция, абстрактно-математическое мышление, языковая система

[*] Petrozavodsk State University, e-mail: gyla4@yandex.ru

1. Введение

Имя числительное в современном русском языке представляет собой часть речи, основу которой составляет класс слов, служащих для номинации единиц счетного ряда и отличающихся от лексем других частей речи определенными грамматическими признаками, наиболее ярким из которых признается их специфическая сочетаемость с существительными с управлением в прямых падежах и согласованием в косвенных. Данными качествами, как известно, характеризуются русские количественные и собирательные нумеративы, которые, помимо названной особенности, также отличаются тем, что не имеют категорий рода и числа (за исключением лексем *один* и *два*).

В словообразовательном и функционально-смысловом отношении в разряд числительных целый ряд лингвистов (А. Н. Гвоздев, Л. Л. Буланин, Н. С. Валгина, Л. Д. Чеснокова, М. Ф. Лукин, О. Ф. Жолобов и др.) также включает порядковые (*первый, второй* и под.) и дробные номинации (*две третьих, ноль целых пять десятых*), хотя и признается, что первые сохраняют морфологическое сходство с именами прилагательными, а вторые обнаруживают свойства словосочетаний.

Не углубляясь в доказательство правоты той или другой стороны и в вопрос «законности» расширения состава числительных за счет лексем, соотносимых с ними лишь по некоторым параметрам и функциям, отметим, что их эволюция в русском языке только в отдельных случаях пересекается по своим результатам с теми трансформациями, которые у количественных нумеративов привели к глобальной перестройке и выработке совершенно уникальных свойств.

Известно, что простые количественные лексемы в русском языке в начале письменного периода совпадали по своим грамматическим характеристикам с прилагательными (*два, три, четыре*) и существительными (*пять, шесть, сорок, сто* и др.). Нумеративы, относимые сегодня к разряду сложных, были составными (*два на десяте, три десяте, пять десятъ*). Эволюция этих номинаций в русском языке в письменную эпоху протекает в русле их нарастающего формального объединения, которое сопровождается утратой числительными адъективных и субстантивных признаков, лексикализацией составных наименований (причем частично и тех, которые до настоящего времени квалифицируются как составные), появлением у них своеобразного типа сочетания с существительными, сокращением числа падежных оппозиций. Последнее, в частности, проявилось максимально в редукции словоизменительной парадигмы нумеративов до двух форм (ср. И.-В. *сто, девяносто, сорок* и все остальные падежи *ста, девяноста, сорока*), а в некодифицированной речи может приводить к полной утрате ими склонения.

Поскольку формальное обособление числительных в русском языке продолжается, вопросы о том, какие причины являются источником их эволюции и к чему вызванные ими трансформации могут привести в дальнейшем, остаются актуальными. Обобщение этих данных, в разном объеме представленных в исследовательской литературе, а в некоторых случаях оставшихся за пределами научного осмысления, даст возможность получить более полное представление о том, какие тенденции определяли и продолжают определять развитие этого частеречного класса в русском языке.

2. Материалы и методы

Фактологической базой нашей работы стал языковой материал, извлеченный из исследований, посвященных истории числительных и их современному состоянию в русском языке. Также привлекаются данные, собранные лично автором в ходе изучения вопроса о составе и функционировании числительных в литературно-письменных текстах XVIII века (Дьячкова 2010). Осмысление причин, объясняющих преобразования в системе русских нумеративов, производится в двух направлениях. Показывается, что, с одной стороны, сильнейшее давление на языковую систему в случае числительных оказал и продолжает оказывать язык математики, с другой стороны – ему противостоит языковая идиоматика, пытающаяся «вписать» требования математической логики в те формы, которые были изначально присущи числовым номинациям в русском языке и в целом характерны для русской языковой системы. Характеристика обоих направлений содержит не только обобщение взглядов предшественников, но и самостоятельные наблюдения автора. Частично анализируемый вопрос уже рассматривался нами ранее (Дьячкова 2018).

3. Результаты и обсуждение

Процесс нумерализации счетных слов активно протекает в письменную эпоху развития русского литературного языка, и это находит систематическое отражение в памятниках письменности и подтверждается многочисленными примерами. Однако в поле зрения лингвистики эти метаморфозы попадают только в Новое время, когда возникает насущная необходимость в описании и установлении единых норм национального литературного языка. При этом начиная с М. В. Ломоносова и до середины XX века русская лингвистическая мысль в основном только фиксирует результаты грамматической эволюции нумеративов, не пытаясь осмыслить, что направляет этот процесс.

По всей видимости, впервые стремление понять причины продолжающихся формальных преобразований в системе русских числительных появляется в отечественной лингвистике благодаря выдающемуся труду В. В. Виноградова «Русский язык» (1949). В. В. Виноградов совершенно справедливо связывает обособление данных лексем в самостоятельный грамматический класс с общностью их семантики и выражением значения числа. По мнению исследователя, номинации единиц счетного ряда в своих формальных свойствах оказываются под сильнейшим влиянием математического мышления. При этом отмечается, что в силу универсальности действия этого фактора типологически сходные приметы развития счетных слов обнаруживаются и в других языках мира, в частности в европейских:

> В сущности, в европейских языках имена числительные (до определенного предела) – это абстрактные показатели выраженного в цифрах числа однородных предметов <…> математическое отвлеченное мышление вторглось в общий язык и трансформировало систему числительных имен, лишив их отчетливых форм имени, оторвав их от структуры существительных и прилагательных (Виноградов 1972: 234).

Таким образом, именно **математически-отвлеченное мышление** определяется в анализируемой работе как **важнейший внеязыковой фактор**, ставший источником формальной трансформации русских нумеративов.

На основании представленных наблюдений исследователь делает вывод, что в первую очередь под влиянием «математизированного», абстрактного восприятия числа в грамматике лексем, его называющих, устанавливается оппозиция прямых и косвенных падежей. Наиболее последовательно она проявляет себя в склонении сочетаний с количественными числительными, когда управление в прямых падежах сменяется согласованием в косвенных, а также (хотя и менее однозначно) в их словоизменении. Последнее, по мнению Виноградова, обнаруживается прежде всего в противопоставлении форм И. – В. и всех остальных у числительных *сто, девяносто, сорок*; также отмечается, что в косвенных падежах лексемы *два – две* и *оба – обе* теряют родовые различия, а наименования типа *пятьдесят, шестьдесят* начинают склоняться по мягкому типу (Виноградов 1972: 241–242).

Функция обозначения числа и направляемая ею унификация счетных лексем квалифицируется В. В. Виноградовым как причина «выпадения числительныхиз грамматики в словарь» (Виноградов 1972: 247), их «онаречивания» в русском языке, и это подтверждается как результатами формальной динамики нумеративов на протяжении всей истории развития, так и фактами их ненормативного употребления в современном русском языке.

Формальным следствием того же процесса, как считает исследователь, является и то, что «синтаксис в числительных явно преобладает над морфологией» (Виноградов 1972: 234) – черта, характерная и для других числовых знаков (в частности, цифр). Аналогичную интерпретацию получают у Виноградова также «своеобразные приемы» агглютинации компонентов, наблюдаемые у производных числовых номинаций.

Мысль о роли абстрактно-математического мышления в эволюции русских числительных, развернутая в «Русском языке» В. В. Виноградова (1949), оказывается плодотворной и получает дальнейшее обоснование в трудах других отечественных исследователей. В работах А. Е. Супруна, С. М. Глускиной, Л. Н. Дровниковой, Л. Д. Чесноковой, О. Ф. Жолобова рассматриваются и другие новации, прямо или опосредованно связанные с развитием мыслительной абстракции в целом и понятия о числе в частности.

Так, об эволюции нумеративов, обусловленной развитием математических представлений, говорится в цикле статей псковского лингвиста С. М. Глускиной, посвященных истории сложных и составных счетных имен в русском языке. Размышляя об эволюции числовых понятий в процессе развития человеческого общества, исследовательница отмечает, что в целом ряде языков сохраняются свидетельства тесной связи математической абстракции и практической деятельности человека, характеризующее первичное представление о числе. Например, во многих языках мира первоначальная «привязка» числа к руке, с помощью которой производился счет, стала источником типологически сходных числовых номинаций, связанных с этой частью тела. В качестве примера С. М. Глускина приводит русское числительное *пять,* «по-видимому, того же корня, что и «запястье» (от «пясть» — ‘кисть руки’ с корнем пяс < пят)», а также ряд других подобных доказательств, представленных в различных языковых системах (Глускина 1955: 112).

Кроме того, обращаясь к истории русских сложных и составных нумеративов, она отмечает, что такие их трансформации, как лексикализация наименований *одиннадцать – девятнадцать* и названий десятков и сотен, утрата союзного соединения составными числительными, были инициированы именно фундаментальными изменениями в восприятии числа, произошедшими в период письменной истории русского языка:

> Для современного сознания, отражающего богатый общественный опыт, накопленный народом в течение многих тысячелетий, составное число, включающее разные числовые разряды (единицы, десятки, сотни, тысячи и т.д.), и число несоставное, укладывающееся в какой-либо один разряд, различаются между собою только количественно, то есть они представляют лишь различные совокупности **тех же** (*здесь и далее выделено* С. М. Глускиной. – *И. Д.*) единиц <…> В

> древнерусском языке сохранялись следы иного, более примитивного восприятия чисел, при котором каждый разряд представлялся единицей счета, своеобразной мерой. По-видимому, первоначально большое число складывалось из нескольких **одинаковых** (пять**десят**, **триста** и т. п.) или **различных** (**сто десять, шестьдесят два** и т. д.) разрядов – мер (Глускина 1955: 115).

На примере числительных *одиннадцать – девятнадцать* покажем, как характеризуется С. М. Глускиной процесс их смысловой эволюции, приведший к превращению словосочетания в одно слово и дальнейшему усвоению этими номинациями формальных особенностей простых нумеративов:

> Развитие математического мышления и частое употребление этих числительных в практике общения привели постепенно к тому, что расчленение 11–19 на слагаемые перестало осознаваться, математический процесс сложения потускнел. 11–19 превращались в простые цельные величины, образующие единый ряд … 9–10–11… с отличием только количественным (Глускина 1961: 7).

Приведенные в статьях С. М. Глускиной наблюдения позволяют увидеть в динамике, какие последствия влекла за собой трансформация в понимании числа для производных счетных номинаций и почему вследствие этой тенденции они в результате начали объединяться и в области формы. Объективность разработки семантико-грамматической эволюции сложных и составных числительных в русском языке в трудах С. М. Глускиной подтверждается позднейшими исследованиями, которые во многом повторяют сделанные ей выводы.

Добавим, что попытка объяснить древнее восприятие чисел свыше десяти, которая предпринимается в ее статьях, опирается на схожее объяснение примитивного математического сознания в неоконченных записках по русской грамматике А. А. Потебни. По его мнению, «цельному представлению сложного числа предшествует изображение его возникновения посредством умножения, деления или вычитания сложения» (цит. по: Глускина 1955: 114). Но при этом высказанная идея не развивается ученым, как отмечает исследовательница:

> Потебня не ставит вопроса о том, почему в языке числительное членилось на какие-то совершенно определенные части (Глускина 1955: 114);

в его работах эта проблема остается за кадром.

Подробному анализу семантика числительных подвергается в 50–60 гг. XX века и в работах А. Е. Супруна. В русле исторического преобразования нумеративов он рассматривает не только процесс, вызвавший лексикализацию составных счетных номинаций, но и устранение синонимии в составе числительных, также тесно связанное с их нумерализацией. В своей монографии «Славянские числительные» исследователь говорит о том, что возникновение в древности различных синонимических образований в составе счетных лексем было обусловлено применением различных способов и систем счета, отражающих специфику математических представлений более раннего периода. До определенного момента вариантные номинации могли употребляться параллельно, как это, например, было в русском языке донациональной эпохи (*30 муж без трии* и *двадесяти семь; три пять* и *пятьнадесяте*). С установлением единых в формальном отношении оснований счета происходит и унификация наименований отдельных элементов счетного ряда, при этом различные несистемные образования сначала вытесняются на периферию употребления, а потом перестают использоваться. Наряду с этим исследователь указывает, что там, где математика это позволяет, параллельные наименования остаются и продолжают активно функционировать в языке до настоящего времени. Речь в данном случае идет о дробных числительных, где в пределах счетной последовательности

> существует не один количественный вертикальный ряд, а множество рядов, находящихся в определенных отношениях друг к другу (Супрун 1969: 33),

см., например, синонимичные номинации *две пятых* и *четыре десятых*.

Сказанное позволяет утверждать, что математическое мышление значительно повлияло и на качественный состав числовых номинаций: в результате этого влияния наименования-дублеты вытесняются из употребления.

По мнению А. Е. Супруна, в изменении лексического состава номинаций чисел успехи абстрактно-математического мышления отражаются даже в гораздо большей степени, по сравнению со смысловым преобразованием их семантики:

> Соотносительность с числовым натуральным рядом – это движущая сила не только семантического развития числительных в горизонтальной системе, но и в системе вертикальной. В горизонтальной системе происходило уточнение, вычленение числового значения. В вертикальной пустые клетки заполнялись (или освобождались от элементов-дублеров. – *И. Д.*), и система приобретала стройность, присущую самому денотату числительных – числам (Супрун 1969: 38–39).

А. Е. Супрун так же, как и С. М. Глускина, отмечает, что в ходе эволюции счетные имена постепенно освобождались от предметности в своем значении: числовые понятия, которое они называли, очищались от дополнительных коннотаций. Исследователь делает предположение о том, что движение этого процесса «смыслового очищения» протекало в направлении от больших величин к меньшим, поскольку, по его словам, у нумеративов с большим числовым значением предметность в семантике должна была быть менее проявлена изначально. А. Е. Супрун полагает, что, возможно, именно они поддерживали и ускоряли развитие отвлеченности в ряду других числовых понятий, выражаемых в том числе и простыми числительными. Приведем ниже высказывание по этому поводу самого исследователя:

> В семантическом отношении роль будущих сложных и составных числительных исключительно велика тем, что они, по-видимому, ранее, чем другие (простые) числительные, освобождались от дополнительных семантических оттенков, которыми еще долго отягощается значение числа у простых числительных (Супрун 1969: 17).

Взгляды на связь абстрактно-логического мышления и особенностей класса числительных в русском языке находят отражение и в работах последних десятилетий. В частности, в трудах Л. Д. Чесноковой повторяется и получает дополнительное обоснование мысль В. В. Виноградова о причинах и следствиях разрыва номинативов и косвенных падежей у числительных, формально выражающих противопоставление их счетной и несчетной функций. Применение функционального подхода позволяет исследовательнице заметить, что у числительных, до настоящего времени сохраняющих связь с другими именными классами (*один*, *два, тысяча, миллион, миллиард*), в счетной функции эти признаки утрачиваются (нельзя, например, посчитать **одно, две, три…*, а слова *тысяча, миллион* и под. при таком употреблении не могут образовать формы мн.ч.) (Чеснокова 1997: 91).

Формально-семантические свойства нумеративов, правда, уже в исторической динамике, рассматриваются в русле влияния языка математики и в работах О. Ф. Жолобова, который решительно возводит все грамматические преобразования в сфере этого частеречного класса к последовательно проявляющейся в языке дифференциации их счетной и несчетной функций. Динамика числительных под таким углом зрения мыслится как увеличение формального разрыва между их прямыми и косвенными падежами, являющегося результатом разграничения собственно математического и связанного употребления числительных (Жолобов 2006: 17–20).

О. Ф. Жолобов называет тенденцию к расподоблению функционально сильных счетных форм (выражающих собственно математическое значение. – *И. Д.*) и числительных, употребляющихся в связанном состоянии, одним из основных источников, определяющих формальные метаморфозы в системе счетных слов с момента их возникновения.

Обобщение проанализированных выше исследований позволяет еще раз подчеркнуть, что язык математики и отвлеченно-абстрактное представление о числе сыграли в обособлении класса числительных в русском языке судьбоносную роль. Формальные особенности современных русских нумеративов – это, несомненно, прямое следствие их первоначального объединения в области семантики на основе единства выражаемых понятий. И чем сильнее и сплоченнее становилось это единство, тем более оно стремилось проявиться вовне, отрывая числительные в своих грамматических свойствах от слов других частей речи.

Вместе с тем анализ эволюции нумеративов в русском языке (как, впрочем, и в других языках мира) показывает, что нельзя представлять процесс их развития однолинейно и только в связи с языком математики. В этом смысле значим тезис А. А. Реформатского о том, что «понимание числа и числовых связей преломляется в языке весьма своеобразно», оно всегда «идиоматично», «зависит от общего грамматического строя языка» (Реформатский 1960: 400).

Таким образом, **внутренним фактором**, по-своему направляющим динамику числительных, **становится сама языковая система** в совокупности присущих ей смысловых и формальных особенностей, в том числе в выражении числовых понятий.

Проиллюстрируем сказанное на явлениях, которые были ранее описаны нами в связи с изучением класса числительных в литературно-письменном языке XVIII века. Поскольку класс числительных и сегодня продолжает активно развиваться, любой период в эволюции данной части речи может рассматриваться как очередной шаг в формально-смысловой консолидации объединяемых ею лексем. И в этом смысле показательными могут оказаться не только явления, зафиксированные в языке донациональной эпохи, но и факты, характеризующие развитие языковой системы в Новое время.

Например, как уже отмечалось выше, в современном русском языке такие числительные, как *сорок*, *девяносто* и *сто*, воспринимаются как наиболее нумерализовавшиеся в своих морфологических свойствах в ряду других числовых имен, поскольку парадигма их словоизменения представлена всего лишь двумя формами. У других нумеративов, как мы знаем, соответствующее качество отмечается только в ненормативной речи. Однако факты употребления тех же числительных в XVIII столетии показывают обратное. Например, в «Российской грамматике» М. В. Ломоносова для всех этих счетных слов приводится архаичная парадигма словоизменения:

> § 256. *Со́рокъ*, *девяносто*, *сто*, склоняются по второму склоненїю въ единственномъ числѣ.
>
> Им. Со́рокъ, девяносто, сто. Род. со́рока, девяноста, ста. Дат. со́року, девяносту, сту. <…> Твор. со́рокомъ, девяностомъ, стомъ. Пред. со́рокѣ, девяностѣ, стѣ (Ломоносов 1757: 103).

Аналогичный комментарий по их склонению находим и в неопубликованной грамматике А. А. Барсова, правда уже с добавлением новаций современного типа, которые отмечаются в контекстах со стилистической пометой «по простому употреблению»:

> двумя сты пятью тысячами сорокомъ часовъ, и проч. (или по простому употреблению, сорока часами и проч. либо сорокью часами) <…> восмью тысячами стомъ часовъ и проч. (либо сто часами) (Российская грамматика 1981: 171).

Несмотря на то что *сорок* и *девяносто* являются наименованиями десятков, они не вписываются в те процессы, которые в донациональный период и, как продолжение, в Новое время охватили числительные *пятьдесят – восемьдесят*. И основная причина этому – исходные формальные различия, определившие разрыв в эволюции указанных групп лексем. Именно поэтому *сорок* и *девяносто* в своих формальных свойствах объединились не с другими названиями десятков, а с числительным *сто*, которое обладало схожим словоизменением.

Кроме того, судьба числительных *сорок, девяносто, сто* в языке XVIII века демонстрирует, что нумерализация счетных лексем совсем необязательно могла проходить одновременно, даже несмотря на сходство в значении (и в этом тоже проявляется идиоматичность и своеобразие самой языковой системы). Так, в анализируемый нами период переход номинаций *пятьдесят – восемьдесят* в числительные проявляется гораздо сильнее (Дьячкова 2010: 136–137), а *сорок, девяносто, сто*, по крайней мере, в литературном узусе сохраняют в то же время архаичные черты словоизменения и сочетаемости с существительными. Однако, как показывает дальнейшая судьба этих лексем, их нумерализация заметно ускоряется уже во второй половине столетия и, как свидетельствует языковой материал, происходит форсированно. Так, если грамматика А. А. Барсова фиксирует формы типа *ста / сто* в дательном, творительном и предложном падежах у этих числительных еще с пометой «по простому употреблению», то А. Х. Востоков спустя пятьдесят лет уже узаконивает в своей грамматике (за исключением предложного падежа) их словоизменение современного типа.

Примечательна в смысле влияния языковой идиоматики на состав счетных лексем и судьба собирательных числительных, в том числе в XVIII столетии. С одной стороны, в связи с тенденцией к унификации и устранению синонимии в системе числительных мы наблюдаем вытеснение на периферию употребления дублирующих количественные лексемы собирательных номинаций типа *140ры рукавицы борановые*, которые, по всей видимости, продолжают употребляться с этого времени ограниченно (например, в сфере торговли). В литературном же языке состав собирательных сокращается до пределов сегодняшней нормы *двое – десятеро* уже в «Российской грамматике» М. В. Ломоносова (подробнее см. Дьячкова 2010: 191–192). С другой стороны, несмотря на стремление к унификации системы по идеальной математической модели, собирательные хотя и значительно ограничиваются в своих правах в рассматриваемый период, тем не менее остаются в языке и живут в нем до сих пор. Ясно, что одной из основных причин сохранения собирательных лексем в русском языке послужила их незаменимость в сочетаниях с существительными типа pluralia tantum в пределах числовых значений ‘2’–‘4’ (*двое ножниц* – не **две ножницы*), а также предпочтительность этих лексем в некоторых других соединениях (например, с существительными, обозначающими лиц мужского пола, с окончаниями -а, -я *двое мужчин*; с лексемами *люди, дети*) и самостоятельном употреблении «в значении “такое-то число людей” <…> *к дому подошли трое; семеро одного не ждут*» (Зализняк 2003: 67). Для нас, однако, важно, что в этом сохранении проявляется формальное своеобразие самой языковой системы, противостоящей в данном случае тем тенденциям, которые задает «математический» путь изменения числительных.

В этом же отношении примечательно, что трансформация количественно-именных сочетаний с собирательными числительными, которая в итоге привела к установлению в их морфосинтаксической парадигме оппозиции «прямой-косвенный», происходила у них тоже весьма своеобразно и значительно позднее, нежели у количественных нумеративов. Так, управление в их И.–В. падежах обнаруживается в XVIII столетии только в составе сочетаний с наименованиями лиц, соединения же с существительными типа *сутки, двери, ворота, рукавицы* отражают предпочтительность согласования (*двои сутки, трои двери*) (Дьячкова 2010: 191). В литературном языке унификация подобных сочетаний с собирательными по образцу других нумеративов осуществилась, по-видимому, только в XIX веке (в частности, они еще признаются нормой в грамматиках Н. И. Греча, А. Х. Востокова, Г. Павского) (Виноградов 1972: 250), при этом в русских диалектах согласование в отмеченных конструкциях фиксируется и в настоящее время. См., например, повсеместно в архангельских говорах: *двои вилы*, *четверы грабли* и под. (из личных записей автора).

Наконец, еще одним проявлением того, что числительные в русском языке хотя и испытывают сильнейшую тенденцию к формальному объединению, тем не менее не могут преодолеть существующие языковые барьеры, является их словоизменительная «атомарность», «омертвелость», на которую среди прочего указывает В. В. Виноградов. «Кучки “лингвистической пыли”» (Виноградов 1972: 247), которые представляет собой словоизменение отдельных существительных, это тоже результат того, что идиоматичность языка встала на пути математики, а морфологическая «пестрота» исходного материала («старая техника языка», по В. В. Виноградову) так и не была преодолена в ходе продолжающегося формального объединения нумеративов. Возможно, что в процессе дальнейшей эволюции это противоречие устранится в результате полной утраты числительными склонения, на которое указывают исследователи (помимо В. В. Виноградова, см. работы А. Е. Супруна, Л. Н. Дровниковой, Л. Д. Чесноковой и др.), но на данном этапе говорить об этом, по всей видимости, можно только в условном наклонении.

К сходным выводам относительно судьбы числительных приходит также С. В. Рябушкина. По ее мнению, пока, несмотря на тезис Виноградова о преобладании в числительных синтаксиса над морфологией, «морфология все-таки побеждает» (Рябушкина 2013: 260), и, хотя процесс упрощения склонения нумеративов продолжается, вопрос о полной его утрате не стоит. Правильнее говорить о постепенном закреплении у счетных лексем общей формы для всех косвенных падежей по образцу Р.п., что мы в нормативной речи наблюдаем у номинаций *сто, девяносто, сорок.* В частности, на основании фактов употребления сложных числительных в русском языке данная модель их словоизменительной трансформации признается С. В. Рябушкиной наиболее продуктивной.

Дополним, что типологические данные также свидетельствуют о невозможности абсолютного воплощения идеально-математического порядка в сфере номинаций числа в живых языках. В этом смысле можно привести в пример французские числительные *восемьдесят* и *девяносто*, особенности которых мы уже ранее рассматривали в нашем исследовании, посвященном связи числительных и языка математики (Дьячкова 2018: 50). Давно замечено, что принципы их образования во французском языке противоречат десятичной системе счисления, используемой во Франции, так же как и в других европейских странах, и обнаруживают древнюю связь именования этих лексем с двадцатеричным счетом, который когда-то использовался у кельтов. Во французском‘80’*quatre-vingt* – это буквально ‘четыре двадцатки’, а ‘90’ – *quatre-vingt-dix*, букв. ‘четыре двадцатки и десять’. Противоречит продуктивному типу наименования десятков и числительное ‘70’, которое буквально обозначает ‘60+10’. Это «неудобство» в ряде франкоязычных стран и части французских провинций вызвало к жизни появление более системных с точки зрения десятичного счисления наименований: *septante, huitante (octante), nonante.* Однако в большинстве своем сами французы продолжают использовать в речи традиционные названия, хотя они и разрушают единообразие в ряду производных числовых лексем.

4. Выводы

Материалы, приведенные выше, свидетельствуют о том, что рассмотрение эволюции счетных лексем как в русском, так и в других языках невозможно вне учета экстралингвистических факторов, а именно влияния на их семантические и формальные особенности абстрактно-математического мышления и понятия о числе. Судьба русских нумеративов, в частности, отчетливо показывает, что семантическое обособление данной группы слов в языке постепенно приводит к их объединению и на уровне грамматической формы. В частности, такие процессы, как появление единой синтагматики у простых числительных *два – четыре* и *пять – десять*, лексикализация и приобретение аналогичных свойств составными числовыми номинациями, исключение из состава числительных большого количества несистемных образований, преобразование и редукция словоизменения этих слов – то есть практически всё, что мы видим в эволюции русских счетных слов на протяжении последнего тысячелетия, является прямым или косвенным следствием активного переноса на языковые знаки смысловых и формальных особенностей их денотата – числа.

Вместе с тем видеть только под таким углом зрения развитие русских числительных – значит не замечать очевидного. Необходимо признать, что семантическое единство хотя и существенно модернизировало, но так и не сломало окончательно «старую технику языка». Направляемая через семантику тенденция к полной грамматической унификации нумеративов наталкивается на серьезное сопротивление самой языковой системы, в которой внешние «нелогичности» их формальных свойств имеют вполне логичное внутреннее обоснование. А потому, во всяком случае на современном этапе, вызывает сомнения полная утрата склонения всеми числительными (сложно представить употребления **с пять человеками*, **к двенадцать человекам*), то же можно сказать и о собирательных номинациях, дублетах количественных, существование которых оправдано внутренними потребностями языковой системы, противостоящей в этом отношении системе математической. Борьба этих разнонаправленных факторов, по-видимому, и запускает маятник грамматических колебаний, приводящих к впечатлению о неустойчивом равновесии в употреблении русских числительных.

Думается, что влияние как внешних, так и внутриязыковых причин в судьбе этого частеречного класса нуждается в более скрупулезном научном изучении, в том числе с целью прогноза его дальнейшей эволюции.

Литература

Виноградов, Виктор: *Русский язык (Грамматическое учение о слове)*, 2-е изд. Москва: Русский язык, 1972.

Глускина, Софья: Сложные числительные в истории русского языка. *Ученые записки Псковского государственного педагогического института*, 7, 5–34. 1961.

Глускина, Софья: К истории составных числительных в русском языке. *Ученые записки Псковского государственного педагогического института*, 3, 111–134. 1955.

Дровникова, Лариса: *История числительных в русском языке*. Владивосток: Издательство ДВГУ, 1985.

Дьячкова, Ирина: Эволюция математического мышления и становление имен числительных как части речи. *Ученые записки Петрозаводского государственного университета*, 4 (173), 49–54. 2018.

Дьячкова, Ирина: *Числительные в русском литературном языке XVIII века*. Петрозаводск: Издательство ПетрГУ, 2010.

Зализняк, Андрей: *Грамматический словарь русского языка: Словоизменение*, 4-е изд. Москва: Русские словари, 2003.

Жолобов, Олег / Крысько, Вадим (ред.): *Историческая грамматика древнерусского языка. Т. IV: Числительные.* Москва: Азбуковник, 2006.

Ломоносов, Михаил: *Россïйская грамматика.* Санкт-Петербург: Императорская Академïя Наукъ, 1755.

Реформатский, Александр: Число и грамматика. Авронин, Валентин и др. (ред.): *Вопросы грамматики: Сборник статей к 75-летию академика И. И. Мещанинова*, 384–400. Москва / Ленинград: Издательство АН СССР, 1960.

Рябушкина, Светлана: «Неустойчивое равновесие» русских числительных. Бондарко, Александр (ред.): *Глагольные и именные категории в системе функциональной грамматики. Сборник материалов конференции 9–12 апреля 2013 г.*, 257–260. Санкт-Петербург: Нестор-История, 2013.

Супрун, Адам: *Славянские числительные. Становление числительных как особой части речи.* Минск: Издательство БГУ, 1969.

Тоболова, Мария / Успенский, Борис (ред.): *«Российская грамматика» Антона Алексеевича Барсова*. Москва: Издательство Московского университета, 1981.

Чеснокова, Лилия: *Имя числительное в современном русском языке. Семантика. Грамматика. Функции*. Ростов-на-Дону: Гефест, 1997.

Child language research in the study of Russian grammar (through the lens of personal deixis)

*Galina Dobrova**

Abstract: This article is devoted to the question of the place of studies of child language in the study of Russian grammar. The article demonstrates how the study of children's comprehension of personal pronouns can clarify some properties of the language itself, based on examples of studies of the ontogenesis of personal deixis in recent decades. Analysis of spontaneous children's speech and experimental data studied by the author of this article show that deictic elements under certain conditions (for example, at the initial stages of speech ontogenesis) can, inter alia, act as rigid designators. The article demonstrates on the example of such a grammatical phenomenon as pro-drop that the grammatical features of language affect the properties of speech ontogenesis but do not change them globally. It is analyzed how the data of child language can reveal the true hierarchy of cases in the language system and, in particular, the special role of the nominative case in it. The author proposes that the study of child language enables us to clarify our views on the nature of language in general and on the grammar in particular, allows us to take a fresh look at many objects of linguistic research, and offers new opportunities for their study.

Keywords: Russian grammar, personal deixis, child language, pro-drop

Русская грамматика и место исследований детской речи в ее изучении (на материале персонального дейксиса)†

Галина Доброва

Резюме: Статья посвящена вопросу о месте исследований детской речи в изучении русской грамматики. В статье на примере исследований онтогенеза персонального дейксиса демонстрируется, как изучение вопроса о постижении детьми личных местоимений может уточнять свойства самого языка. Анализ данных спонтанной детской речи и эксперимента показывает, что дейктические элементы в определенных условиях (например, на начальных этапах речевого онтогенеза) могут выступать и как жесткие десигнаторы. На примере такого грамматического явления, как про-дроп, демонстрируется, что грамматические особенности языка влияют на свойства речевого онтогенеза, но не меняют их глобально. Анализируется, как материал детской речи может доказать истинную иерархию падежей в языковой системе и, в частности, особую роль в ней именительного падежа. Обсуждается вопрос о том, как изучение детской речи позволяет уточнять представления о природе языка вообще и грамматики в частности, по-новому посмотреть на многие объекты лингвистического описания и предложить новые возможности их исследования.

Ключевые слова: русская грамматика, персональный дейксис, детская речь, про-дроп

---

* Herzen State Pedagogical University of Russia, e-mail: galdobr@peterlink.ru

† Исследование выполнено при финансовой поддержке РФФИ в рамках научного проекта № 19–012–00293

1. Введение в проблематику: детская речь и проблематика дейксиса

1.1 Различные подходы к исследованию детской речи

На протяжении нескольких последних десятилетий исследования детской речи занимали разное место в общих исследованиях языка и в исследованиях грамматики в частности.

В последнее время детская речь, во-первых, привлекает к себе всё большее внимание в качестве самостоятельного объекта исследования, когда онтолингвиста интересует сам процесс речевого онтогенеза (Елисеева 2015). А во-вторых, детскую речь в последние десятилетия всё чаще стали изучать для того, чтобы понять что-то в самом языке, в особенностях его грамматики.

Применительно к русскому языку и к русской грамматике проведено уже весьма много исследований, в которых детская речь выступает не только как материал, но и как та призма, через которую рассматривается русская грамматика (Цейтлин 2009; Воейкова 2015; Гагарина 2008).

В данном исследовании в фокусе внимание будет вопрос о том, как изучение детской речи может помочь в исследовании такого явления, как дейксис и, в частности, персональный дейксис. Задачей исследования будет показать, как исследование процесса формирования языкового сознания ребенка, впервые сталкивающегося со сложной проблемой релятивности, ситуативности языкового знака, раскрывает для лингвиста саму проблему дейктичности языковых знаков и наглядно демонстрирует, в чем состоят сложности этой проблемы.

1.2 Дейксис и его связь с грамматикой

В российском языкознании сложилось два подхода к дейксису. Одна часть исследователей (Арутюнова 1976; Виноградов 1990) считает проблемы дейксиса составной частью теории референции. Вторая часть исследователей (Апресян 1986; Бондарко 1990; Падучева 1996) уделяет особое внимание наблюдателю, поскольку для этих исследователей важна связь семантики дейксиса с грамматическими категориями – наклонением, видом, временем, лицом (Пупынин 1998).

С нашей точки зрения, важны оба аспекта дейксиса – и «референциальный», и «грамматический». Мы вообще не видим здесь противоречия и полагаем, что оба эти аспекта существуют не как противопоставленные, а как взаимодополняющие. Еще В. Г. Гак указывал на то, что синтаксис семантичен, а семантика синтаксична (Гак 1972).

В любом случае, представляется очевидным, что дейксис, и, в частности, персональный дейксис — неотъемлемая часть грамматики. И одним из доказательств этого является речь детей: освоение персонального дейксиса детьми является частью их постижения грамматики. Изучение онтогенеза персонального дейксиса заставляет по-новому посмотреть на персональный дейксис как на объект лингвистического изучения и предложить новые возможности его исследования.

2. Исследование онтогенеза персонального дейксиса

2.1 Материал исследования

В нашем исследовании использовались и результаты лонгитюдных наблюдений над спонтанной речью детей (дневниковые записи матерей и «срезовые» магнитофонные записи и видеозаписи), и результаты эксперимента. Общий объем записей спонтанной речи (Фонд Данных Детской речи лаборатории онтолингвистики РГПУ им. А. И. Герцена, Санкт-Петербург) содержит более 1600 печатных страниц, общий объем магнитофонных записей – более 100 часов звучания, общий объем видеозаписей – более 160 часов звучания. В нашем эксперименте участвовало 39 детей (24 девочки и 15 мальчиков) в возрасте от 17 до 37 месяцев, он включал 13 вопросов и заданий; соответственно, было получено 507 реакций испытуемых.

2.2 Обсуждение предшествующих исследований онтогенеза персонального дейксиса

Местоимения 1-го и 2-го лица, с одной стороны, традиционно считаются одним из центральных дейктических средств и, с другой стороны, оказываются первыми «шифтерами», которые осознает/использует ребенок в ходе речевого онтогенеза. При этом, как известно, на ранних стадиях речевого развития для многих детей характерно использование личных имен и терминов родства в тех функциях, в которых взрослые использовали бы личные местоимения, например:

(1) Варя (о себе): – Варенька сидит

Из российских исследований данного вопроса, предшествовавших нашим исследованиям, упомянем труды Н. И. Лепской (Лепская 1987, 1997). В самое последнее время вопросами персонального дейксиса занялись С. В. Краснощекова и М. Д. Воейкова (Краснощекова 2016; Voeikova, Krasnoshchekova 2020).

В отличие от российской, в зарубежной, особенно англоязычной, научной литературе существует весьма значительное количество работ, посвященных данной проблеме.

Начиная с (Nelson 1973), детей стали подразделять на два типа – на референциальных и экспрессивных. В начальном словаре первых преобладают имена существительные, а в начальном словаре вторых присутствуют личные местоимения. Те дети, которые личные местоимения не используют, для референции к себе и другим используют имена существительные – личные имена и термины родства (обзор литературы о референциальных/экспрессивных детях см. в (Bates et al. 1988).

В исследовании Е. Кларк (Clark 1978) определяется порядок усвоения детьми личных местоимений: сначала – местоимение 1-го л. ед. ч., затем – 2-го л. ед.ч. и затем – 3-го л. ед. ч. Отметим, что этот порядок не совсем совпадает с наблюдавшимся нами. Так, русские дети могут начать использовать местоимение 3-го л. до местоимения 1-го или 2-го л. Это может быть объяснено «лингвистическим положением» русских и английских детей, поскольку в русском языке, в отличие от английского, местоимение 3-го л. применяется не только к лицу, но и к неодушевленным предметам.

При этом в исследовании Е. Кларк не «разводится» порядок появления личных местоимений в продуцировании и в восприятии (что найдет свое отражение в более поздних исследованиях). Е. Кларк объясняет причину усвоения личных местоимений именно в таком порядке тем, что, чем более «меняющаяся» референция у местоимения, тем позже оно усваивается ребенком. Так, местоимение 2-го л. усваивается позже, чем местоимение 1-го, поскольку для обозначения себя с помощью местоимения 1-го л. ребенку, по сравнению с другим говорящим, надо поменять знак один раз, а при обозначении кого-то как *ты* – этих «смен» референции больше, поскольку собеседник может меняться. По-видимому, эта идея восходит к общему положению концепции Е. Кларк о «комплексности», согласно которому чем более комплексна лексема, тем позднее она усваивается ребенком.

С нашей же точки зрения, сложность усвоения личных местоимений детьми заключается в их природе как знаков дейктических, «шифтерных», и именно по этой причине они усваиваются детьми неодновременно: ребенку сложно осознать, не то, что местоимение «приложимо» к ряду лиц, а то, что, в отличие от «обычных» слов, местоимение меняется на противоположное при смене говорящего, т.е. тот факт, что, по отношению к нему, к ребенку, взрослый употребляет местоимение 2-го л., но сам ребенок, становясь говорящим, должен использовать местоимение 1-го л. Сложность состоит в необходимости осознания смены точки отсчета, осознания речевых ролей. Что же касается порядка усвоения местоимений детьми, то, как представляется, ведущим фактором здесь является детский эгоцентризм (поэтому в продуцировании у детей первым появляется местоимение *я*, а в восприятии – *ты*, т.е. те местоимения, которые, в соответствии с речевой ситуацией, обозначают самого ребенка).

По данным Р. Чарни (Charney 1980), на начальном этапе, когда ребенок выполняет речевую роль говорящего, он продуцирует личное местоимение 1-го лица, но не понимает его значения. В то же время, выполняя речевую роль слушающего, ребенок понимает местоимение 2-го лица, но не использует это местоимение в продуцировании. С точки зрения Р. Чарни, ребенок в усвоении личных местоимений 1-го и 2-го лица проделывает следующий путь: от незнания – к освоению личных местоимений как привязанных только к определенной личности, затем – к пониманию зависимости личного местоимения от речевой роли, но только по отношению к самому себе, и лишь потом – к нормативному пониманию зависимости выбора местоимения от речевой роли.

Выводы Р. Чарни были подвергнуты критике в работах С. Чиат (Chiat 1981, 1986). В своих исследованиях С. Чиат исходит из посылки, что исследование местоимений – это исследование того, как дети создают лингвистическую генерализацию. По ее мнению, ребенок совершает генерализацию, объединяя *я* и *ты* в общий концепт участника беседы.

Полемизируя с Р. Чарни, С. Чиат в принципе не соглашается с ее выводом о том, что ребенок может понимать ролевую функцию местоимения, но только применительно к самому себе (например, может осознавать, что о самом себе он должен говорить *я*, но в то же время не понимать, когда то же самое по отношению к себе самому делает кто-то другой). Аргументация С. Чиат такова: ребенок должен был откуда-то понять, что о самом себе надо говорить *я*, а понять это он мог, только совершая генерализацию, наблюдая, как это самое делали другие люди. Логика исследователя выглядит доказательно, однако с ней нельзя согласиться: материал лонгитюдных наблюдений за речевым поведением русских диад мать-ребенок показывает, что в некоторых случаях прослеживается совсем иной путь, по которому ребенок может приобрести знания о необходимости говорить о себе *я*. Как показал наш материал, ребенок может начать использовать местоимение 1-го лица по отношению к себе, не только генерализовав идею и том, что именно так говорящий маркирует себя, но и за счет имитации, «обученности», когда мать обучает его этому: *Скажи: «Я хочу»* и т.п., и ребенок это повторяет, с каждым разом всё более осознанно (Доброва 2003). Иными словами, как представляется, постижение ребенком местоимений – не обязательно частный случай создания лингвистической генерализации.

К. Лавлэнд (Loveland 1984) пришла к выводу, что дети могут полностью освоить данные местоимения только после того, как они смогут осознать разницу в пространственных точках зрения (понять, что пространственная точка зрения может меняться и что она разная у разных участников ситуации). Таким образом, понимание пространственных точек зрения является когнитивной предпосылкой для понимания разных точек зрения участников диалога. Отметим, что наши исследования данного вопроса в целом подтверждают этот вывод, но вносят в него определенные уточнения (Dobrova 1999).

Серия исследований конца XX в. восходит в качестве научной предпосылки к выводу Д. Слобина об особой значимости для детей ситуаций с активным деятелем, когда деятель вносит какие-либо изменения в состояние какого-то объекта (Slobin 1981). На указанном выводе Д. Слобина базируется ряд работ, посвященных функциональному подходу к освоению детьми личных местоимений, в частности – исследования Н. Бадвиг (Budwig 1989, 1990, 1995). В частности, она отмечает, что личные имена используются детьми, когда ребенок констатирует существование чего-либо, а личные местоимения – когда обозначается активный деятель. Соответственно, у нас возникает вопрос, имеются ли и у русских детей различия в употреблении личных местоимений/личных имен в зависимости от того, является ли ребенок активным деятелем, привносящим некие изменения в состояние объекта.

Наконец, М. Смочинска (Smoczyńska 1993) обращает внимание на противоречивое положение, в которое попадает русский ребенок при освоении системы личных местоимений: с одной стороны, русский язык, в отличие от польского, обладает свойством так называемого «продропа» только в настоящем и будущем времени, а в прошедшем времени требует использования личного местоимения, а с другой стороны, функционально контексты прошедшего времени в меньшей мере подразумевают вовлеченность говорящего в агентивность и контроль, что делает использование местоимения 1-го лица в прошедшем времени менее необходимым, чем в настоящем и будущем. Анализируя речь одного русского и одного польского ребенка, М. Смочинска делает вывод, что функциональный статус оказывает большее влияние на речевое предпочтение ребенка, чем давление структурных особенностей языка. Этот вывод также требует дальнейшей проверки.

2.3 Особенности освоения личных местоимений русскоязычными детьми

Самый факт замены детьми личных местоимений личными именами – известен; вопрос заключается в том, почему дети это делают. Ответ на этот вопрос представляется на первый взгляд достаточно очевидным: не будучи поначалу в состоянии осознать дейксис, рече-ролевую функцию местоимения, ребенок создает себе временную защиту, позволяющую ему обозначать себя понятным для взрослых людей образом (коммуникация может осуществляться) и при этом обходиться без выбора, как себя обозначить – *я* или *ты*, – до тех пор, пока этот выбор он еще осуществлять не может. Взрослые же интуитивно помогают ребенку создать эту защиту, подсказывают им речевую форму: обращаясь к ребенку, они часто говорят, к примеру, не *Ой, как ты хорошо прыгаешь*, а *Ой, как Петя хорошо прыгает*.

Итак, многие дети вначале называют себя по имени. Так, Варя П. с самого начала речевой активности называла себя по имени и только по имени:

(2) Варенька читать (*читает*)

(3) Варенька бай-бай (*хочет спать и ложится*)

Однако имеются и дети, с самого начала использующие местоимения в целях самореференции. Так, первые же из зафиксированных реплик Иры Л. содержат личное местоимение *я*:

(4) А эту, я эту, эту, эту (*тянется к другой книжке*)

(5) Мама: «А кто порвал книжку?» – Ира: «Я»

При этом ни в одной имеющейся записи речи Иры Л. от 1.3 до 2.2.6 она ни разу не назвала себя по имени.

При этом начинавшая с самореференции с помощью собственного имени Варя П., действительно, похожа на классического референциального ребенка, а начинавшая с личного местоимения Ира Л., напротив, – на экспрессивного.

У некоторых детей встречаются одновременно две формы самореференции:

(6) Сеня какает в горшок

(7) Я везу

При этом материал показал, что для русских детей даже более показательно сравнение детей не по их первым употреблениям формы *я* или соответствующей формы личного имени, а по тому, какая форма в их речи появляется первой – косвенно-падежная форма местоимения (*мне*, *у меня* и др.) или же косвенно-падежная форма имени (*Пете*, *у Пети*): из наших информантов с формы *мне*, *у меня* и т.п. начинали Женя М., Поля С., Сеня Ч., Ира Л. и Кирилл Б.; с форм типа *Пете*, *у Пети* начинали Таня К., Аня С., Варя П.

Почему же одним детям требуется слово-«помощник» (личное имя) для осуществления начальной коммуникации, а другим детям – не требуется? Во-первых, обратим внимание на то, что использующие по отношению к себе на ранних стадиях личное имя дети – это дети, рано заговорившие, в то время как с самого начала использующие личное местоимение дети – дети, заговорившие поздно. Так, первые высказывания с обозначением себя как субъекта действия Вари П. относятся к 1 году 3 месяцам, а Иры Л. – к 1 году 7 месяцам. По-видимому, имеются какие-то языковые явления (в том числе – существование различных точек отсчета), которые ребенок, даже рано развивающийся, до определенного возраста освоить не в состоянии. Поэтому-то рано заговорившие дети нуждаются поначалу в использовании личного имени для самореференции. Если же ребенок начинает говорить относительно поздно, он к этому моменту психологически уже вполне готов осознать дейктическую функцию местоимений 1 – 2 лица, что он и демонстрирует с самого начала продуктивной речи. Кроме того, дети, использующие с самого начала личные местоимения, по-видимому, сохраняя «оболочку» местоимения, превращают их, по сути, в существительные (лишают дейктичности, прикрепляя, например, *я* лишь к себе), избегая тем самым необходимости осознания дейксиса.

В таком случае получается, что при освоении персонального дейксиса дети в любом случае поначалу избегают дейктических элементов (только у одних детей это находит формальное выражение, а у других «прячется» в форме дейктического элемента). Такое предположение соответствует выдвинутой нами (Доброва 2003) гипотезе о следующем пути освоения шифтеров детьми: от «ярлыка» – к эгоцентрическому восприятию, и лишь затем – к узуальному восприятию.

Обратимся к поставленному М. Смочинской вопросу, начинают ли русские дети использовать местоимение *я* с контекстов с активным деятелем и к какому времени принадлежат эти контексты – к настоящему/будущему («продропному») или к прошедшему (структурно требующему личное местоимение).

В речи Жени М. первые такие контексты относятся к в настоящему и будущему времени, причем среди этих высказываний встречаются высказывания и с активным деятелем, и без такового:

(8) Я колеса кручу

(9) Это я не знаю

Наряду с этим фиксируем и использования *я* в контекстах с прошедшим временем, правда спровоцированные взрослым: *А ты что сделал? – А я укусил, вот так дал*. Таким образом, у этого ребенка наблюдается тенденция к первым использованиям контекстов с *я* в настоящем и будущем времени, но безотносительно к активности деятеля, и если при этом и возникают контексты в прошедшем времени, то они-то как раз скорее могут быть квалифицированы как контексты с агенсом.

Похожую картину наблюдаем в речи Поли С. Первые употребления здесь также относятся к настоящему и будущему времени, но не обязательно содержат при этом указания на активного деятеля:

(10) Я держу

(11) Скажу я алё

Появившись в прошедшем времени, эти контексты, действительно, содержат указание на активное действие:

(12) Во я одеть (во, я надела тапки)

Аналогичным образом первые высказывания Сени Ч. с *я* также ограничиваются настоящим/будущим временем, без особой склонности к активному действию:

(13) Я везу

(14) Я храбрый ребенок

(15) Я альпинист

Первые же высказывания с *я* в прошедшем времени больше похожи на актуализирующие активного деятеля:

(16) Я нарисовал…

У Кирилла Б. в настоящем/будущем времени встречаются высказывания как с активным, так и с неактивным деятелем:

(17) Я уплыву…

(18) Я думаю…

однако высказывания в прошедшем времени скорее указывают на активное действие:

(19) Я съел

(20) Я уплывал

Однако в речи некоторых детей наблюдается как раз то, что отмечается как типичное в зарубежных исследованиях. Самым ярким представителем такого типа детей является Варя П. Первые употребления данным ребенком местоимения *я* относятся к настоящему/будущему времени и содержат указания на себя как активного деятеля:

(21) Я копаю совочком (*первое употребление* я)

(22) Я снимаю кофточку

Только затем в ее речи появляются высказывания в форме прошедшего времени, содержащие *я*, однако их анализ показывает, что по сути (функционально) это будущее время:

(23) Я в песочек пошла (*и идет*)

(24) Я побежала (*и бежит*)

Затем в речи Вари появляется истинно прошедшее время с местоимением *я* — (в основном с явно выраженным активным деятелем):

(25) Я положила вон туда

(26) Я бросила халат

И лишь затем встречаются высказывания с *я* в настоящем/будущем времени, не содержащие указания на активного деятеля:

(27) Я сижу на горшке

Таким образом, Варя полностью соответствует описанному в западных исследованиях стереотипу: сначала – настоящее/будущее с активным деятелем, затем прошедшее с активным деятелем, затем – настоящее/будущее безотносительно к активности субъекта. Еще о четверых детях (Виталике С., Тане К., Ване П. и Филе С.) можно сказать то же, что и о Варе П.: первые их высказывания с *я* относятся к настоящему/будущему времени и содержат указание на себя как на субъект, совершающий активное действие.

Сложнее обстоит дело с Аней С. Аня последовательно избирает противоположную языковую стратегию. Личное местоимение она использовала для маркирования как активного, так и не активного деятеля, а личное имя (в противоположность тому, что наблюдалось у других детей) отчетливо закреплялось за ситуациями только с активным деятелем. Таким образом, данный ребенок закрепил не за местоимением *я*, а, напротив, за личным именем статус показателя активного деятеля.

Таким образом, из 10 детей, высказывания которых мы подвергли анализу, 5 детей в той или иной мере проявили то, что характерно и для их англоговорящих сверстников: первые их высказывания с *я* содержат указания на активного деятеля и относятся к настоящему/будущему времени (вопреки структурным особенностям русского языка, в большей мере требующего эксплицирования личного местоимения в прошедшем, а не в настоящем/будущем времени, и в соответствии с идеей Д. Слобина (Slobin 1981) об особой значимости контекстов с активным деятелем для начального этапа развития речи ребенка). У четверых детей первые высказывания с *я* – в настоящем и будущем времени, однако эти высказывания не находятся в какой-либо очевидной зависимости от активности/неактивности деятеля. Между тем в языковой ситуации, наиболее сходной с ситуацией английского языка, в прошедшем времени, где в русском языке «продропа» не существует, эти самые дети проявили именно то, что наблюдается исследователями у англоговорящих детей, – тенденцию к первоочередному маркированию с помощью местоимения *я* ситуаций с активным деятелем. И наконец, один ребенок продемонстрировал тенденцию с противоположным вектором – маркировал ситуации с активным деятелем не прономинальным способом, а, наоборот, с помощью личного имени, что, кстати, вовсе не входит в противоречие с общим положением Д. Слобина об особой значимости для ребенка ситуаций с активным деятелем, поскольку эти ситуации данным ребенком также отчетливо маркируются (однако по каким-то причинам противоположным обычному образом).

Итак, в целом «продроп» (как одно из свойств русской грамматики) вносит определенные уточнения в представления об универсальном характере начального прономинального маркирования детьми ситуаций, но в целом скорее доказывает, что грамматические особенности языка влияют на свойства речевого онтогенеза, но не меняют их глобально.

2.4 Обсуждение основных результатов эксперимента

Процедура и результаты эксперимента были описаны нами в (Dobrova 1999). Отметим лишь основные моменты.

Один из основных выводов из результатов эксперимента заключается в том, что дети, действительно (хотя продуцировать местоимения начинают с *я*), – в восприятии начинают с местоимения *ты*. Таким образом, получается, что и в восприятии, и в продуцировании ребенок начинает с одной и той же прагматической переменной, но, поскольку эта прагматическая переменная в восприятии и продуцировании имеет противоположное словесное выражение, противоположный знак, то в восприятии и продуцировании мы и наблюдаем начальное использование как бы разных местоимений, но в обоих случаях маркирующих одну и ту же личность – самого ребенка.

Это объясняет, почему ребенок относительно рано начинает понимать *ты*, но не сразу начинает использовать в речи. Поначалу *ты* понимается ребенком как однозначно закрепленное за самим ребенком и потому не представляет собой истинно дейктического элемента. Местоимение 2-го л. воспринимается лишь как обращенное к самому ребенку, и в этом плане в функциональном смысле это «местоимение» ничем не отличается от существительного. Отметим, что те дети, которые «понимали» *ты* на стадии, когда логически они его (как дейктический элемент) понимать еще не должны, – до понимания чужих точек зрения, – продемонстрировали и другую тенденцию – ни один из этих детей не говорит о себе *я* – они называют себя по имени. И, как и следовало ожидать, ни один из этих детей не осознал еще чужие пространственные точки отсчета. Всё это подтверждает предположение о том, что демонстрируемое этими детьми раннее «понимание» местоимения 2-го л. – не истинное. Местоимения 1-го и 2-го л. – это не просто различные лексические единицы. Нельзя понимать одно из них, не понимая другого.

Закрепленность в детском сознании местоимения 1-го или 2-го лица за одним референтом – самим ребенком – очень интересна, помимо всего прочего, еще и с собственно лингвистической точки зрения: оказывается, природа личных местоимений такова, что они – знаки по сути своей дейктические, обладающие принципиальным непостоянством референции, – могут, оказывается, в каких-то ситуациях функционировать и как жесткие десигнаторы.

Кроме того, результаты эксперимента подтвердили в целом более раннее понимание детьми форм именительного падежа, чем косвенно-падежных форм. Очевидно, действительно (и отнюдь не только применительно к детской речи), иерархия падежей – не просто результат построенных лингвистами схем, и именительный падеж играет в этой иерархии центральную роль. Детская речь в данном случае ярко и выпукло отражает то, что реально существует в языке, в его грамматическом устройстве.

3. Заключение

Таким образом, на примере анализа онтогенеза персонального дейксиса мы попытались показать, что изучение детской речи позволяет уточнять наши представления о природе языка вообще и грамматики в частности. Детская речь заставляет нас по-новому посмотреть на многие объекты лингвистического изучения и предложить новые возможности их исследования.

Литература

Апресян, Юрий: Дейксис в лексике и грамматике и наивная модель мира. *Семиотика и информатика*, 28, 5–33. 1986.

Арутюнова, Нина: *Предложение и его смысл (Логико-семантические проблемы)*. Москва: Наука, 1976.

Бондарко, Александр: Темпоральность. Бондарко, Александр и др. (ред.): *Теория функциональной грамматики: Темпоральность. Модальность*. Ленинград: Наука, 1990.

Виноградов, Виктор: Дейксис. Ярцева, Виктория (ред.): *Лингвистический энциклопедический словарь*, 128. Москва: Советская энциклопедия, 1990.

Воейкова, Мария: *Становление имени: Ранние этапы усвоения детьми именной морфологии русского языка*. Москва: ЯСК, 2015.

Гагарина, Наталья: *Становление грамматических категорий русского глагола в детской речи*. Санкт-Петербург: Наука, 2008.

Гак, Владимир: К проблеме семантической синтагматики. Шаумян, Себастиан (ред.): *Проблемы структурной лингвистики*, 367–395. Москва: Издательство АН СССР, 1972.

Доброва, Галина: *Онтогенез персонального дейксиса (личные местоимения и термины родства)*. Санкт-Петербург: Издательство РГПУ, 2003.

Елисеева, Марина: *Становление индивидуальной языковой системы ребенка: ранние этапы: монография*. Москва: ЯСК, 2015.

Краснощекова, Софья: *Местоименный дейксис в русской детской речи*. Дисс. … канд. филол. наук. Санкт-Петербург, 2016.

Лепская, Наталья: *Язык и ребенок (Онтогенез речевой коммуникации)*. Москва: Филологический факультет МГУ им. М. В. Ломоносова, 1997.

Лепская, Наталья: Личные местоимения в языке детей (становление, функции, семантика). *Вестник МГУ*, 9 (4), 48–54. 1987.

Падучева, Елена: *Семантические исследования (Семантика времени и вида в русском языке; Семантика нарратива)*. Москва: ЯСК, 1996.

Пупынин, Юрий: Грамматические категории вида и залога в русском языке с точки зрения речевой актуализации. *Исследования по славянским языкам*, 189–204. Сеул, 1998.

Цейтлин, Стэлла: *Очерки по словообразованию и формообразованию в детской речи*. Москва: Знак, 2009.

Bates, Elizabeth et al.: *From First Words to Grammar. Individual Differences and Dissociable Mechanisms*. Cambridge: Cambridge University Press, 1988.

Budwig, Nancy: *A Developmental-Functionalist Approach to Child Language*. New Jersey: Erlbaum, 1995.

Budwig, Nancy: A Functional Approach to the Acquisition of Personal Pronouns. Conti-Ramsden, Gina / Snow, Catherine (eds.): *Children's Language*, 7, 121–143. New Jersey, 1990.

Budwig, Nancy: Me, My and Name: Children's Early Systematization of Form Meaning and Functions in Talk About the Self. *Papers and Reports on Child Language Development*, 24, 30–38. 1985.

Budwig, Nancy: The Linguistic Marking of Agentivity and Control in Child Language. *Journal of Child Language*, 16, 263–284. 1989.

Charney, Rosalind: Speech Roles and the Development of Personal Pronouns. *Journal of Child Language*, 7 (3), 509–528. 1980.

Chiat, Shulamith: Personal Pronouns. Fletcher, Paul / Garman, Michael (eds.): *Language Acquisition (Studies in First Language Development)*, 339–355. Cambridge: Cambridge University Press, 1986.

Chiat, Shulamith: Context-specificity and generalization in the acquisition of pronominal distinctions. *Journal of Child Language*, 8 (1), 75–91. 1981.

Clark, Eve: From Gesture to Word: On the Natural History of Deixis in Language Acquisition. Bruner, Jerome / Garton, Alison (eds.): *Human Growth and Development: Wolfson College Lectures, 1976*, 85–120. Oxford: Oxford University Press, 1978.

Dobrova, Galina: The Acquisition of Spatial Points of View as a Cognitive Prerequisite for The Acquisition of Deixis: Evidence from Russian Children's Speech Perception and Production. *Psychology of Language and Communication*, 3 (2), 73–82. 1999.

Loveland, Katherine: Learning About Points of View: Spatial Perspective and the Acquisition of 'I/you'. *Journal of Child Language*, 11 (3), 535–556. 1984.

Nelson, Katherine: Structure and Strategy in Learning to Talk. *Monographs of the Society for Research in Child Development*, 149 (38), 3–4. 1973.

Slobin, Dan: The Origins of Grammatical Encoding of Events. Deutsch, Werner (ed.): *The Child's Construction of Language*, 185–199. New York: Academic Press, 1981.

Voeikova, Marya / Krasnoshchekova, Sofia: The Use of Pronouns as a Developmental Factor in Early Russian Language Acquisition. Gagarina, Natalia / Musan, Renate (eds.): *Referential and Relational Discourse Coherence in Adults and Children*, 171–206. Berlin: de Gruyter Mouton, 2020.

Доклады на научных конференциях

Smoczyńska, Magdalena: To Drop or Not to Drop: Pronominal Subjects in Russian and Polish Child Speech. Sixth International Congress for the Study of Child Language, Trieste, 1993.

Material symbolic means of expressing grammatical meanings in non-verbal information systems: the example of "flower language"

Liudmila Donina,[*] *Klara Sharafadina*[†]

Abstract: In this article we propose a consistent description of a floral symbolic system by the expedient of a language-oriented analysis of various sources available nowadays. "Flower language" is able to access figurative and symbolic meaningful forms of the particular concepts it expresses. We demonstrate that mapping some elements of grammar and semantics onto the set of notional categories of floriography significantly enriches the understanding of "flower language" as a cultural phenomenon and also uncovers some peculiarities of its usage.

Keywords: "flower language", categorization, figure, symbol

Вещественно-символические средства выражения грамматических значений в невербальных информационных системах (на примере «языке цветов»)

Людмила Донина, Клара Шарафадина

Резюме: В статье предложено системное описание флорошифра на основе анализа многообразных сохранившихся источников через призму лингвистических категорий. «Языку цветов» доступны образные и символические содержательные формы выражаемого концепта. Применение грамматических и семантических соответствий понятийным категориям флорокода углубляет понимание сущности «языка цветов» как культурного феномена и раскрывает особенности его использования.

Ключевые слова: «язык цветов», категоризация, образ, символ

1. Понятие «язык цветов»

Предметом данного исследования является так называемый «язык цветов» (*language of flowers*, *Blumensprache*) — культурная этикетно-бытовая практика, распространенная от Европы до Америки на протяжении более двух столетий. Мы предлагаем рассмотреть феномен как объект не только культурологического, но и лингвистического исследования. Какие из присущих естественному языку качеств доступны флорошифру и позволяют ему именоваться «языком»? Какая информация может или не может быть выражена

* Saint Petersburg State University, e-mail: ldonina@mail.ru

† Saint Petersburg University of the Humanities and Social Sciences, e-mail: belkaklara@mail.ru

«языком цветов», в котором идея (смысл) оформляется вещью, а не репрезентируется лексическими единицами, как в естественных языках?

«Язык цветов» — продукт такой тенденции развития образного языка, как эмблематическое мышление. Современная семиотика определяет статус эмблемы в культуре как базовой мнемонической единицы, основанной на механизме образования и сохранения культурных смыслов. Оппозиция *слово – вещь* принадлежит к основным семиотическим образующим всякой культуры. Слово — условно, вещь — реальна. Тем не менее в определённых культурно-семиотических ситуациях

> …слово стремится сделаться вещью, вещь проявляет стремление стать словом. Она обрастает знаковыми признаками, превращается в эмблему (Лотман 2002: 34).

В итоге эмблематический процесс предстает как процесс взаимной переводимости/непереводимости или интерпретации слова и вещи (изображения). «Язык цветов» по этому признаку можно отнести к условной группе предметных шифров, наряду с лексиконами мушек, вееров, перчаток, почтовых печатей и пр., но аттестация именно флорошифра через языковую категоризацию[1] имеет наиболее убедительные основания и научную перспективность, так как этот бессловный язык использовался в разнообразных сферах применения (от быта до высокого искусства), которые диктовали поиск адаптации его инструментария к их потребностям.

2. История «языка цветов»

Как и вербальные языки, «язык цветов» антропоцентричен и историчен, он то расцветал в определенных культурных условиях, то редуцировался и упрощался — увядал,[2] но не до полного исчезновения (так, компьютерный смайлик в виде красной розы вполне понятен современному адресату).

Растительный язык-шифр стал финальной стадией в развитии европейской традиции цветочного символизма. Пришедший с Востока (предположительно из Турции) в конце XVIII века как языковая игра с названиями различных зримых вещей (драгоценных камней, еды, костюмных аксессуаров и пр., а также растений), предметный шифр был редуцирован

---

1 Когнитивистика понимает под категоризацией подведение явления, объекта, процесса под определенную рубрику опыта, категорию и признание его членом этой категории, категория — одна из опознавательных форм мышления человека, позволяющая обобщать его опыт и осуществлять его классификацию (Колесов 2019: 211).

2 В данном контексте лингвистическая терминология приобретает метафорический оттенок, особенно уместными представляются образные растительные парадигмы, давно известные терминологии лингвистики.

европейцами до вегетативного кода. К началу XIX века этот условный способ общения под влиянием европейских традиций символизации растений внутренне принципиально перестраивается, его исторический код меняется, приобретает статус этикетного кода, который и получает название «язык цветов». О его популярности в сферах этикета и литературного быта этого времени говорит тот факт, что слово *цветы* стало ассоциироваться в первую очередь с понятием «язык цветов».

3. Описания и кодификация

Звуковая сторона «языка цветов» отсылает к выявлению созвучий между названиями цветов и названиями эмоций в разных языках, в этом отношении «язык цветов» похож, например, на *язык сонников* («снятся грузди — к грусти»). С другой стороны, есть универсальные, не зависящие от созвучий слов национального языка эмблемы (красная роза 'любовь'). Организация и функционирование флороязыка подчиняются определенным правилам; изменяясь, усложняясь и «разрастаясь», они требовали систематического описания и кодификации: сначала в виде рукописных списков-алфавитов, затем печатных руководств. К последним приложили руку писатели первой величины, руководства которых мы коротко охарактеризуем.

Публикация в 1819 г. *Западно-Восточного Дивана* (*West-Östlicher Divan*) Гёте стала началом формирования в мировой культуре Нового времени новационной тенденции — западно-восточного литературного синтеза. Одной из отличительных черт восточной поэтики Гёте считал проявляющийся в иносказательности, пафосе намёка, игре «сокровенный язык», пояснению которого он посвятил несколько статей в прозаической части своей книги. Так, в статье «Обмен цветами и знаками» он разъясняет механизм такого способа взаимосообщения:

(1) …когда любящее существо посылает любимому какой-то предмет, так получатель обязан произнести соответствующее слово и затем смотреть, что с ним рифмуется, изыскивая то слово, которое среди множества рифмующихся подойдёт к ситуации настоящего. При этом всецело царит наитие, направляемое страстью, — иного быть не может, это сразу же бросается в глаза (Гете 1988: 233–234).

В конец этой статьи Гёте помещает озорную версию восточного селама, созданную им из рифменных созвучий немецкого языка. Приписав диалог известной любовной паре Востока — поэту Джемилю и его возлюбленной Ботейне, он наделил его забавным сюжетом, который отразил прихотливые намерения влюбленных, капризы, кокетство, самомнение, обиды, а в конце концов ссору и размолвку. Немецкие названия сорока восьми предметов рифмуются с репликами шутливого любовного диалога. Так, поэт вначале представляется девушке как смелый, отважный воин (Ein kühner *Krieger*), используя рифменное созвучие этого слова с шерстью тигра (Haar vom *Tiger*). Подхватывая эту инициативу, она шлёт в ответ пух газели (Haar der *Gazelle*), в котором «спрятан» недвусмысленный вопрос о месте встречи: *An welcher Stelle?* 'На каком месте?' А отправив поэту букет (*Strauß*), девушка тем самым называет свой «адрес»: *Ich bin zu Haus* 'Я — дома'. Но что-то не заладилось в их отношениях, и цветами бобов (Bohnen*blüthe*) возлюбленная упрекает поэта: *Du falsch Gemüthe* 'Ты — фальшивая душа'. Он не остается в долгу и посылает в ответ известь (*Kalk*): *Bist ein Schalk* 'Ты — плутовка'. Но последнее слово остаётся за героиней: она даёт волю всем своим обидам, избрав угли (*Kohlen*): *Mag der* *** [Teufel] *dich holen* 'Пусть тебя *** [чёрт] уносит'.

Составляя свой селам, Гёте отталкивался в выборе конкретных его элементов от списка восточного селама, который опубликовал в 1809 г. в первом выпуске общеевропейского востоковедческого журнала «Сокровищница Востока» Йозеф Хаммер, дипломат (с 1799 г. — в Стамбуле, с 1807 г. — в Вене) и учёный-ориенталист, переводчик восточных поэтов. Список Хаммера дал Гёте представление о коммуникативных возможностях селама и о характере его реплик. Так, рифменными созвучиями можно было назначать свидание («доска» назначала его на воскресный день), признаваться в любви (название мастики, мидий, мёда рифмовалось с откровениями *Я вас люблю*, *Я дарю вам своё сердце*, *Моё сердце горит*), жаловаться (*Моё сердце — огромная рана*) и пр. Гёте умело воспользовался всем спектром модальности сообщений, но придал им композиционную завершённость.

4. Замена вещи её изображением

В определенный момент своего развития «язык цветов» получил письменную форму, резко увеличившую возможности его применения: цветок, букет и другие предметы могли быть не только переданы адресату, но и изображены на бумаге, вышиты и т. д. Это позволяло корреспондентам общаться за пределами пространственно-временного совпадения, при этом смыслы посланий сохранялись.

В начале XIX века «язык цветов» пережил даже попытки превращения цветков в аналог знаков буквенного письма, к чему располагали сами названия описаний этого языка, такие, как «Алфавиты», «Азбуковники». В начале века в обиходе были только рукописные списки, в 1811 г. вышло первое печатное руководство (Delachénaye 1811). Автор предложил закрепить за каждым из цветов соотнесенность с определенной буквой французского алфавита: например, сирень (*lilas*) — это долгий звук [*a*] во втором слоге. Знак ударения и знаки препинания должны были заменить соответственно изображения насекомых и изображение анютиных глазок в разном положении. В сферу применения этого шифра автор предлагал включить вышивки, и тогда букеты, венки, гирлянды становились шифрованными любовными посланиями. Однако такие слишком замысловатые варианты цветочной почты не нашли отклика у читательниц. Наконец, в 1819 г. в Париже было издано пособие *Le langage des fleurs* (автор скрылся под псевдонимом «Шарлотта Латур»). Увлекательные очерки о цветах были распределены по временам года, завершали книгу два подробных указателя (272 позиции). Ими предлагалось пользоваться для составления букетов-селамов и цветочных записок — по алфавиту концептов и алфавиту названий. Иллюстрации в виде гравюр были выполнены специально для этого издания известным миниатюристом. Возможно, искусное оформление в сочетании с увлекательным и удобным изложением материала сделали это пособие самым авторитетным среди подобной книжной продукции. Как пример применения цветочного наречия составитель предлагал вниманию читателей записку, «написанную» цветами: изображениями шестнадцати растений было представлено ни больше ни меньше как стихотворение Парни о любви. Такой вдохновляющий пример соположения вещи и слова побуждал читателя к собственному творчеству, а букеты-задания на иллюстрациях предлагали ему опробовать свое умение.

5. Роль контекста

При ограниченности используемых растений и «многозначности» каждого из них ведущая роль в распознавании смысла знака переходит к окружению, ситуации, т. е. контексту. Если бы речь шла о словах, правильнее всего описали бы ситуацию «растительные» термины *смысловые приращения* (В. В. Виноградов) или *комбинаторные приращения смысла* (Б. А. Ларин). Цветок-послание не выступает как точный заместитель одного слова, но представляет множество слов, объединенных концептом:

> В этом случае под концептом следует понимать не *conceptus* (условно передается термином «понятие»), а *conceptum* — “зародыш, зернышко” первосмысла (*сперма* у Аристотеля), из которого и произрастают в процессе коммуникации все содержательные формы его воплощения в действительности. (Колесов 1999: 81)

Сочетания растений семантически осложняли сообщение и одновременно уточняли его, так, при попарном «фразеологическом» соединении ирис и ветреница (анемона) несли горестную весть о покинутости, одиночестве; левкой с печёночником подтверждали основанную на доверии верность в несчастии; примула в соседстве с барвинком напоминала сладостную юность; гиацинт и ландыш обещали возвращение счастья и благосклонность; триада анютины глазки, вербена и лютик содержала витиеватый комплимент «вспоминаю и восхищаюсь вашими ослепительными прелестями».

6. Функциональная ограниченность

Ограничения, накладываемые принципом построения высказывания без слова, непреодолимы для «языка цветов». По сравнению с естественным вербальным человеческим языком любое другое средство коммуникации представляется менее богатым и разнообразным, транслируемая информация в данном случае имеет метафорический, конкретно-образный характер, а потому проводимые между такими языками аналогии всегда условны. В «языке цветов» могут быть реализованы лишь немногие из языковых функций, но это такие важные функции, как коммуникативная, эмотивная, отчасти аксиологическая, кумулятивная и, конечно, эстетическая, позволяющая передать смысл «красиво». Изначально, по-видимому, могла реализовываться только фатическая, контактоустанавливающая функция (турецкое слово *selam*, употребляющееся в неофициальной обстановке, означает 'привет', ср. с известным арабским приветствием السلام عليكم *ас-саляму алейкум* 'мир вам', укороченный вариант — *салям*).

Флорошифр ограничен и с точки зрения условных функциональных стилей. Элементы «языка цветов» не способны репрезентировать полноту содержательных форм концепта, таких как образ, понятие, символ (Колесов 2019: 300). Между тем содержательные формы коррелируют с определенными функционально-стилистическими разновидностями речи: в научном и официально-деловом стилях важное место занимает понятие (*строение цветка*); текст религиозного стиля и художественный насыщены национальными культурными символами (*цвет нации*); разговорному и публицистическому стилям присуща индивидуально-образная форма реализации концепта (*прекрасный цветок*) (Донина 2017: 225–226). Таким образом, флорошифр, имеющий по преимуществу образное наполнение, лучше всего приспособлен для посланий разговорного стиля. В противоположность этому, названия растений, гербарии и под., встречающиеся в текстах научного стиля или сопровождающие трудовую деятельности человека (понятия), не участвуют в «языке цветов». Отчасти «язык цветов» перекликается со стилистикой некоторых жанров языка художественной литературы (в символической функции), поэтому он включался в систему средств выразительности, любимых и модных в ту эпоху, таких, как аллегория.

Замена живых цветочных композиций на рисованные изображения значительно расширила возможности «языка цветов». Теперь флородетали могли использоваться в аллегорических альбомных композициях на правах целостной реплики или ее важного акцента. Прокомментируем типичный альбомный рисунок (Рук. отдел ИРЛИ РАН. Р. 1. Оп. 42. № 38. Л. 56): амур уснул под кустом распустившихся роз (его неизменные атрибуты — лук и колчан со стрелами — лежат рядом) и не слышит песен сидящей рядом на ветке птички. Если учитывать, что цветущий розовый куст в эмблематике — это символ семейного приюта и убежища (вариант семантики — 'удовольствия любви'), то изображение можно истолковать как аллегорию супружеской любви, которой не внятны весенние призывы соловья.

Часто встречается в альбомах типовая аллегория из двух воспламененных и пронзенных одной стрелой сердец: «Из двух будет одно единое». Но на акварельном рисунке из альбома 1830-х гг. (ОР РНБ. Ф. 1000. Оп. 4. № 130, 1831–1839 гг.) сердца окружены венком из розовых роз, перевитых голубой лентой, а внизу под венком — еще и две скромные голубые незабудки. Если вспомнить приписываемую последним реплику «пусть мой образ навсегда обитает в твоем сердце» и учесть, что и сердец, и незабудок по паре, то можно предположить, что цветы вносят резюмирующее пожелание соединить сердца воедино. Оригинальный рисунок-виньетка встретился в альбоме 1820–1830-х гг. (Рук. отдел ИРЛИ РАН. Р. 1. Оп. 42. № 45. Л. 3. Датирован 28-м октября 1826 г., подписан «Pachete Chipiloff»): к каменному жертвеннику с огнем прислонена лира, справа от него — куст лилий, а слева — куст роз. Пара «розы–лилии» в этой рисованной виньетке восходила, скорее всего, к старинной барочной эмблеме «пламенеющее сердце между роз и лилий», означавшей красоту, чистоту и любовь.

Подобные цветочные композиции — своего рода цитаты-сентенции, прецедентные тексты, которые рассчитаны на понимание каждого, кто возьмет в руки альбом, но даже их использование не делает «язык слов» и «язык цветов» взаимопереводимыми системами. Поэтому ожидаемой переменой, способной если не преодолеть, то уменьшить ограниченность «языка цветов», стал синтез «цветок+слово».

7. Категоризация

Ориентация человека в мире не ограничена языковыми возможностями, хотя выразить сущее наиболее полно удается вербализованными формами. В первую очередь — формами имени существительного, в котором «овеществляется» мир, и прилагательного, способного описать качества и свойства вещей, что и категоризуется в грамматике языка, в том числе и «языка цветов». К примеру, василек (простота, скромность) — замена существительного, обычно отвлеченного, у которого могут быть признаки-«прилагательные».

Особенно важен для цветочного наречия колористический признак. Для говорящих по-русски важность цвета для цветка является очевидной, слово *цвет* и означало «цветок» (фиксируется в памятниках с XI в.). Как важный коррелирующий момент в системе альбомной версии «языка цветов» (в графике и поэзии) используется характерный для селамной поэтики символический фонд цвета. Например, постепенной сменой оттенков розы, от красного к розовому и белому, можно было указать на угасание чувств, а желтой розой уличить в измене. Если белая роза говорила о гордости, то ее сочетание с красной содержало признание *Я люблю вас*.

В ироническом пассаже из повести Владимира Соллогуба «Княгиня» точно (хотя и пародийно) отражена важность колористического аспекта для «цветочного наречия»:

(2) Завтра вы будете во французском театре. Наденьте на голову белую розу: это будет для меня знаком, что в жизни не все еще для меня погибло». Княжна была очень встревожена (к чему эта роза? эта тайна?) … На другой день она была в театре с гирляндой разноцветных роз на голове, в том числе была, разумеется, и белая (Соллогуб 1855: 218).

Выражение категорий количества и процессуальности конкретизировало коммуникацию: веточкой с пятью белыми колокольчиками назначали свидание в пять утра; шафран означал *Я подумаю*; лимонный лист — *Прощай!*

Обыгрывание деталей этого и других планов как флороаллегорий можно найти и в риторической альбомной ботанике:

(3) *Si le plaisir est une rose, / L'espérance en est le bouton*; *Le desir est un arbre en feuilles, / L'espérance un arbre en fleurs, / Et la jouissance un arbre en fruits.*

Цветок-концепт передает суть дела, а в качестве дополнительных семантических акцентов использовались бутоны, лепестки, шипы, наклон цветка, увядшая листва, сломанный стебель, поникшая цветочная головка и прочие традиционные для растительной эмблематики детали. Эти нюансы были смыслонаполняющими и для этикетных «букетов». Из пояснений французского пособия *Le langage des fleurs* (1819) можно было заключить, что роза без шипов означала предложение искренней дружбы, роза в бутонах с шипами и с листвой заменяла просьбу: *Хоть я боюсь вашей неприступности, но все же надеюсь на благосклонность*. Если в ответ возвращали розу с бутонами, но без шипов, она обнадеживала: *Вы можете надеяться*. Но если розу лишали листьев, то ответ был неблагоприятным, так как означал *У вас есть основания для опасений*. Высохшая белая роза заявляла: *Лучше умереть, чем лишиться невинности*. И наконец бесхитростным на первый взгляд обрыванием и разбрасыванием лепестков розы можно было разбить чье-то сердце: это действие означало *Я вас не люблю*.

Особой семантикой наделялся наклон цветка. Категория отрицания исходного значения выражалась цветком головкой вниз: если подаренную с искренней надеждой на взаимность гвоздику (*Люблю*) возвращали перевернутой, приговор не подлежал пересмотру: *Не люблю*; просящая *все помнить* незабудка в опрокинутом положении приказывала *все забыть*. По разъяснению первых французских руководств, правый наклон означал местоимение *я*, тогда как *ты* передавалось наклоном цветка влево. Более позднее руководство (Leneveux 1833) добавляло в этот ряд местоимение *он* — для этого цветок с наклоном направо следовало вручить левой рукой. Английское пособие по языку цветов (Philips 1824) предлагало выражать местоимение *я / мне* наклоном цветка влево, мотивируя это тем, что так он указывает на сердце.

Средством выражения «синтаксических категорий» служат прежде всего этикетные «букеты», которые иерархизируют, упорядочивают, организуют флороэлементы в единое высказывание. Часто встречается в альбомных флороаллегориях *венок*: эта композиция, как и букет, строится на сочетании разных растений. Так, в альбоме, атрибутируемом Вадковской (Рук. отдел ИРЛИ РАН. Р. 1. Оп. 42. № 99. 1817–1842 гг. Л. 28), находится раскрашенный рисунок (для вышивки на канве) «целующиеся голубки в корзине с цветами». Снизу это изображение заключено в полувенок из роз, жасмина, незабудок и васильков. Смысл рисунка прочитывается как сюжетная метафора: долгожданным союзом «увенчана» любовь чистая и возвышенная, но милым грозит расставание (реплика незабудки *Помни обо мне*). Стихотворная подпись под этим аллегорическим изображением подтверждает такое прочтение:

(4) Грустно милаго забыть, / Грустно с милым расставаться, / С ним бы рада все делить, / Даже сердцем поменяться.

Комментируя эту композицию из альбома Вадковской, обратим внимание на сочетание в одном высказывании цветочного изображения и синонимичного ему поэтического текста, которое значительно расширяло возможности «языка цветов», соответственно, его популярность (заметим также, что в критические времена модернизма, постмодернизма, современности, когда «язык цветов» как исторический стиль невозможен, именно в сочетании с буквенным текстом остаточные фрагменты цветочных посланий составляют значительную долю, например, открыток, пусть и в электронной, а не в цветочной почте).

Содержательная сторона высказывания, созданного разными средствами, может быть достаточно сложной. Например, засушенный цветок в сочетании со стихотворным текстом получал новый смысл по сравнению с тем же живым растением. Цветок выступал в роли аллегорического субстрата текста или буквальной реализации ассоциативно-подтекстовых интенций. Чрезвычайно ярко представление о смысловых приращениях в структуре «гербарий+стих» выражает коллаж, обнаруженный в альбоме из собрания Половцовых (ОР РНБ. Ф. 601. № 1963. 1838–1862 гг. Л. 3). Он состоит из текста стихотворения Александра Пушкина «Цветок» (1828), записанного по диагонали листа бисерным почерком, и прикрепленной в правом верхнем углу головки цветка календулы. Четыре строфы текста распределены на листе так, чтобы катрены общим силуэтом имитировали чередующиеся листья на стебле. Кроме того, под цветком расположена надпись по-французски *fame de souvenirs* 'известные воспоминания' (далее часть фразы ловко упрятана под головку цветка) и подпись *G. L. Amef 1838*. Отнюдь не случайным представляется выбор календулы. Французское название цветка *souci* 'заботы, хлопоты, волнения' обеспечило ему в селамных списках привилегированное положение: с ним связывали широкий «набор» любовных переживаний. Потаенное значение уточнялось контекстом — выбором места для цветка в уборе или костюме: помещенный на грудь, он означал тоску, на сердце — любовное волнение, в прическе — озабоченность. Предлагаемые для «символических» букетов сочетания календулы с другими растениями рождали новые варианты основного концепта. Если «одинокий» цветок говорил: *Я скучаю, огорчен(-а)*, то в союзе с маком он обещал: *Я успокою ваши страдания*. Его союз с розами эмблематизировал «сладость любовных мучений», с кипарисом — выражал отчаяние. Есть все основания полагать, что французская надпись намекала на необходимость актуализации французского имени цветка (и шире — селамной семантики), и тогда *souci* становилось ключом к прочтению предлагаемой композиции. Перечисляемые в стихотворении Пушкина эмблемные ситуации «одинокого гулянья», «нежного свиданья или разлуки роковой» в альбомном пространстве легко присваивались личным опытом. Этому как нельзя лучше соответствовала и новая версия названия пушкинского текста в виде цветка календулы со всем кругом порождаемых его именами (франц. *souci,* англ. *marygold,* рус. *ноготки*) этикетных, культурных, бытовых ассоциаций. Анализ этой альбомной композиции свидетельствует о том, что ценности, транслируемые «языком цветов», вполне соотносимы с ценностями, транслируемыми художественным текстом, и связаны с эмоциональной сферой обычного человека.

8. Мемотивность

Принципиальное свойство поэтики «языка цветов» — мемотивность: каждый концепт функционально становится хранителем воспоминаний.

Благодатную почву для употребления и развития флорошифра составили интроспективные литературно-бытовые жанры (дневники, переписка), а также альбомная поэзия и графика, переводившие на свой язык концепты преимущественно эмоциональной сферы, придавая им определенную модальность: комплиментарную, мнемоническую, посвятительную, потаенно-исповедальную и прочую.

Сошлемся на легендарную вышивку, виртуозно выполненную из мельчайшего бисера княгиней Софьей Засекиной, провинциальной дворянкой Вологодской губернии. Вышивка украшала каминный экран, вмонтированный в столик-затею, и состояла из мифологической сцены, обрамленной широким цветочным венком, составленным по принципу гербария: по преданию, автор в течение шести лет (1826–1831 гг.) последовательно «вплетала» в него все садовые цветы своего имения и полевые — из окрестных полей. Надо думать, что многие из них были помечены теми или иными личными воспоминаниями, так что венок мог стать и своеобразным дневником.

9. Обучение лексикону и грамматике «языка цветов»

И от адресанта, и от адресата кодирование и декодирование сообщения требовали определенных усилий, знаний, интуиции; интерпретация послания его получателем в случае с «языком цветов» была едва ли менее важной, чем интерпретация читателем художественного текста. «Языку цветов», как и всякому другому, надо было обучаться. Появилась книжная продукция, служащая этой цели, тренирующая присущий каждому человеку механизм расшифровки и отождествления вещей и идей. Оригинальный способ овладения флорошифром предлагала и беллетристика (Шарафадина 2018: 45–59). Нами выявлен и введен в научный оборот используемый в роли своего рода «обучающего тренажера» забытый французский роман «Сабина Герфельд» (1798), переведенный на русский язык в 1802 г. Героиня романа по ряду причин выбирает для общения со своим избранником цветочный шифр, постепенно обучая его — а заодно и читателя — лексикону и грамматике этого наречия. Своего рода экзаменом для прилежного ученика становится записка-загадка, состоящая из одиннадцати засушенных цветов, аллегорий добродетелей, которые намечают своего рода нравственный «маршрут» к сердцу возлюбленной:

(5) Если у тебя есть чувствительность, постоянство, скромность… нет нетерпения и недостатков… то будешь иметь нежную и верную женщину другом.

Целый цикл романов мадам де Жанлис («Артур и Софрония, или Любовь и тайна», «Надгробные цветы, или Меланхолия и воображение», «Цветы, или

Художники») подхватил и продолжил эту традицию «обучающего» чтения (Шарафадина 2003: 34–52).

Смысл и значение каждого цветочного знака расшифровывались в зависимости от контекстного окружения и в альбомной продукции. К примеру, в альбоме Панаева 1816–1817 гг. (Рук. отдел ИРЛИ РАН. Р. 1. Оп. 42. № 21. 1816–1817 гг. Л. 19) имеется любопытное изображение в комбинированной технике: тушью прорисовано древко знамени, а роль его полотнища выполняет прикрепленная вышивка «букет цветов и бабочки». В центре букета — крупный оранжевый подсолнух, розовая роза — справа и незабудка — слева. В каждом из четырех углов вышивки изображены бабочки, устремившиеся к букету. Этикетные значения подсолнуха допускают двоякое прочтение. Если видеть в нем эмблему «гордости», то это герб «гордости, готовой склониться перед нежной любовью». Если иметь в виду реплику подсолнуха *мои глаза видят лишь вас*, то такое «знамя» — шутливая самопрезентация дамского угодника, иллюстрирующая его любовные победы (бабочки — «сердца, плененные любовью»). Важно отметить, что игровое пространство альбома допускает сосуществование обеих версий, и они актуализируются в разной степени смысловой проявленности в зависимости от того, кто обращается к интерпретационным контекстам и какой из них выбирает. Сошлемся на авторскую запись-эпиграф на первом листе этого альбома, заявляющую о его интимной семантике:

(6) Придете ль вы назад, / Минуты радостей, минуты восхищений, / Иль буду я одним воспоминаньем жить?.

Особую группу альбомных композиций с использованием растительной символики составляли рисунки-шифры: они предназначались для двоякого истолкования — как традиционная аллегория и как тайнопись.

Для возможности прочтения цветочной композиции в селамном контексте в конце альбомов нередко помещали рукописные «алфавиты цветов» с разъяснением их значений, на французском или русском языке; эти списки встречаются в альбомах и рукописных сборниках на протяжении всего XIX века.

Даже если в «алфавите» находится «словарная статья», посвященная лишь одному цветку из композиции, эта деталь может послужить ключом к шифру. На цветном рисунке в одном из альбомов из фонда рукописного отдела Института русской литературы Российской Академии Наук, заполнявшемся в 1820–1830-е гг. (Р. 1. Оп. 42. № 45. Л. 64), изображена «младая жена» в длинном покрывале. Она опирается на якорь, обвитый гирляндами из розовых роз и незабудок, а в правой высоко поднятой руке держит горящее сердце. Это общеизвестное аллегорическое изображение «Надежды, или Упования». Но сердце в руке еще и атрибут из эмблемы «купидон в правой руке держит горящее сердце», означающей «молчаливую любовь» («Пламенеть и молчать»). Цветыкорреспонденты помогают выстроить семантическую связь-параллель между двумя эмблемными рисунками. В итоге альбомная аллегория надежды в контексте интимного шифра приобретает добавочный смысл — это надежда на взаимность нежных чувств. В другом альбоме этого же времени (Рук. отдел ИРЛИ РАН. Р. 1. Оп. 42. № 23. Л. 19) встретилась силуэтная аппликация из черной бумаги: надгробный крест, урна, а рядом — два дерева. Образный ряд рисунка традиционен для альбомной графики 1810–1820-х гг. Он переводит в пластические образы штампы сентиментально-романтического стиля, знаменующие модную в те годы меланхолическую настроенность, которую с нескрываемой иронией изобразил Лев Толстой. В «Войне и мире» подробно описана роль меланхолического обожателя, которую Борис Друбецкой исполнял как жених Жюли Карагиной. Толстой упоминает и его рисунок в альбоме невесты с двумя «обсыпающими мраком и меланхолией» деревьями, который, что называется, списан писателем с натуры, а именно из принадлежавшего родственной Толстым семье Юшковых реального альбома 1817 г. Однако в описываемой нами силуэтной композиции присутствует значимая флородеталь — цветущий тюльпан, который по высоте чуть ли не соперничает с деревьями. Он маркирует интимный мотив изображения, превращая рисунок в запоздалое объяснение: преподнесение тюльпана в цветочной почте заменяло любовное признание.

В альбоме 1813–1820 гг. неизвестной владелицы (Рук. отдел ИРЛИ РАН. Р. 1. Оп. 42. № 87) внимание привлекает аллегорический рисунок: к каменным, увенчанным траурной урной глыбам прислонен щит с изображением якоря, а слева помещен куст цветущего шиповника. На одном из камней читается фрагмент надписи (другая ее часть *скрыта* щитом): «Сей бы приве некогда на память имя А. Иванов». Одно из этикетных значений дикой розы — «любовь, не имеющая продолжения». Если иметь это в виду, то шиповник добавляет в аллегорию «якоря» («надежда умерла последней») новый нюанс, и изображение читается как памятник либо недолговечной, либо утаиваемой любви («сердце здесь похоронил» некий А. Иванов).

Прокомментируем еще одну композицию — из семейного альбома Левашовых (Фонд Отдела истории русской культуры Государственного Эрмитажа. Л. 25). На розовом фоне размещен обрамленный рисунок: мотылек сидит на бутоне душистого горошка, под ним — оттиск печатки: амур с фонарем и надпись *je la trouve* ‘я ее нашел’. Основной смысл аллегории заключен в союзе бутона и мотылька. Последний означает «любовный плен». Ответ «душистого горошка» закрепляет взаимность чувства и его самоотверженный характер: «Я живу для тебя». Подобный рисунок находится в альбоме, атрибутируемом Вадковской (Рук. отдел ИРЛИ РАН. Р. 1. Оп. 42. № 99. Л. 15): на бутон розовой розы «приземлился» «голодный» мотылек и часть его изгрыз. Бутон розовой розы означает сердце девушки, игнорирующее любовь, поэтому губительное общение цветка с искусителем-мотыльком может быть расценено как эмблема любовного поединка. Дополнительный интригующий акцент вносит черная «траурная» рамочка, которой обведено изображение.

Спектр графических альбомных инвариантов с использованием флорошифра достаточно широк: цветы-виньетки, любовные узлы, гербы, визитки, «венки», «цветники», букеты, «гербарии», коллажи. Расшифруем самые оригинальные примеры.

В альбоме из собрания Половцовых (ОР РНБ. Ф. 601. № 1963. 1838–1862 гг. Л. 16) расположена комбинированная композиция, включающая четыре засушенных стебелька ландыша в нижнем левом углу, цветную аппликацию голубого вьюнка в правом верхнем углу и каллиграфическую запись арабской вязью в центре листа (фраза с подписью по-арабски и по-русски — «Наваб Султан»). Можно предположить, что эта композиция навеяна фрагментом из французского пособия «язык цветов» («Le langage des fleurs»). Знакомя во введении читателей с восточным опытом селама, автор рисует воображаемую ситуацию: фаворитка-одалиска, уставшая от ласк тирана, как бы невзначай роняла стебелек ландыша, предназначая его молодому икоглану (офицер дворцовой стражи в Турции), давая понять, что предлагает ему разделить с ней «живое и горячее чувство». Так как голубой вьюнок на Востоке означал повиновение и покорность, его можно расценить как ответ «Наваба Султана» на призыв ландыша.

Использовались засушенные растения и для аллегорических аппликаций. Оригинальную цветочную аппликацию-виньетку содержит упоминавшийся выше альбом семьи Левашовых (Фонд Отдела истории русской культуры Гос. Эрмитажа. Л. 88). Это рисунок вазы, выклеенный на листе альбома из засохших листьев и цветочных лепестков наподобие мозаичного панно. Как прочитывается эта аллегория? Ваза (кувшин) нередко появлялась в эмблематических изображениях. Ее роль в них многозначна: она может быть как позитивной, так и негативной, обладать как общим, так и интимным содержанием. Ваза с цветами означает «богатство и изобилие», или «и то, и другое», роза в вазе с водой — «хотя живу, но в слезах». Ваза-аппликация, скорее всего, ближе к концепту «и то, и другое». Она состоит из сочетания лепестков и листьев трех цветовых оттенков: красного (низ), зеленого (середина) и синего (верх). Как пояснял один из цветочных «Оракулов», зеленый цвет символизирует надежду, красный — любовь и страсть, а синий — благородство чувств. В нижней части ваза украшена гирляндой из цветочных головок: судя по силуэту, это тюльпаны. Тюльпан означает «объявление любви», поэтому выбор красного фона для него оказывается многозначительным. В такой последовательности — снизу вверх — зашифрован тайный сюжет вазы: после признания в страстной любви следует выражение надежды на взаимность и уверение в благородстве помыслов.

10. Выводы

Подводя итог наблюдениям, можно заключить, что цветок замещает целую группу слов, связанных с общим концептом, отсылает адресата к исходному первосмыслу-концептуму. Цветок-вещь в соотнесении с идеей «работает» в редуцированном семантическом треугольнике с пропущенным, но восстанавливаемым именем, и потому смысл послания оказывается доступным для понимания.

Из содержательных форм концепта — образа, понятия, символа — «языку цветов» доступны образ и символ. Цветок-образ индивидуален, его форма, запах, цвет, размер вариативны. В целостности и инвариантности национального символа цветок представлен первоначально в контекстах литературно-бытовых жанров и этикетного употребления. Поэтому альбомное пространство оказалось органичным контекстом для освоения поэтики «языка цветов», так как в основе их структур лежит диалогическая схема. Объединяет их и игровая природа. «Поэтика Флоры» заняла в «альбомном языке» с его множественностью способов передачи и многократностью сообщения особое место. Цветочные «Оракулы» переводили на свой язык суждения, востребованные практикой дружеского и любовного общения: комплиментарные, мнемонические, посвятительные, потаенно-исповедальные, сентенционные и пр. В то же время на фоне малой информативности цветочная композиция-шифр выступала как запись с многовариантным прочтением. Облекая сообщение в знаки, предполагающие многозначное толкование, она дразнила и возбуждала любопытство, приглашая к разгадывающему прочтению. Технология дешифровки заключалась во вписывании семантики элементов в заданную композиционную модель и их «линейное» соотнесение между собой по принципу со- и/или противопоставления.

Предпринятый нами поиск лингвистических аналогий понятийным категориям флорокода подтверждает допустимость и возможность лингвистической категоризации этого невербального языка, углубляя понимание его внутреннего устройства и уточняя его стилистический потенциал для образного, наглядно-чувственного представления действительности. Сохранившиеся «Алфавиты», «Азбуки», «Телеграфы» и «Оракулы» Флоры, выполняющие роль, сходную с ролью словарей и грамматик в описании и кодификации вербальных национальных языков, а также альбомы, беллетристика, включающие элементы «языка цветов», ждут своего лингвистического осмысления. Они позволяют исследовать этимологию цветочных реплик через толкование аллегорико-символических значений растений, демонстрируют упорядочивание их лексикографически в виде прямых и обратных указателей, сохраняют инструкции по «морфологии» и «синтаксису» «языка цветов», алгоритмы его применения и семантической дешифровки.

Литература

Гёте, Иоганн: *Западно-восточный диван*. Москва: Наука, 1988.

Донина, Людмила: Объяснительная сила концептологии (на примере проблематики функциональной стилистики). *Advances in Social Science, Education and Humanities Research (ASSEHR)*, 122, 223–226. Dordrecht: Atlantis Press Netherlands, 2017.

Колесов, Владимир: *Основы концептологии.* Санкт-Петербург: Златоуст, 2019.

Колесов, Владимир: *Жизнь происходит из слова.* Санкт-Петербург: Златоуст, 1999.

Лотман, Юрий: Натюрморт в перспективе семиотики. Лотман, Юрий: *Статьи по семиотике культуры и искусства,* 340–349. Санкт-Петербург: Академический проект, 2002.

Сабина Герфельд, или Опасности воображения. Прусския письма, собранныя Г-м Сенъ Сир. Перевод с франц. Москва: Университетская типография, 1802.

Соллогуб, Владимир: *Сочинения графа В. А. Соллогуба*, Т. 2. Санкт-Петербург: А. Смирдин (сын), 1855.

Шарафадина, Клара: *«Селам, откройся!»: флоропоэтика в образном языке русской и зарубежной литературы*. Санкт-Петербург: Нестор-История, 2018.

Шарафадина, Клара: *«Алфавит Флоры» в образном языке литературы пушкинской эпохи: источники, семантика, формы.* Санкт-Петербург: Нестор-История, 2003.

Delachénaye, B…: *Abécédaire de Flore ou Langage des fleurs*. Paris: P. Didot l'Ainé, 1811.

Dictionnaire du langage des fleurs. *Mines de l'Orient*. [I]. Vienne: Schmid, 1809.

Goethe, Johann: *West-östlicher Divan*. 2. Noten und Abhandlungen. Berlin: Akademie-Verlag, 1952.

Le langage des fleurs par Madame Charlotte de Latour. Paris: Audot, 1819.

Leneveux, Louise: *Nouveau manuel des fleurs emblématiques ou leur histoire, leur symbole, leur langage*. Paris: Roret, 1833.

Phillips, Henry: *Flora Historica, or the three seasons of the British Parterre*. London: E. Lloyd & Son, 1824.

Рукописные источники

Отдел рукописей Русской национальной библиотеки [= ОР РНБ] Ф. 1000. Оп. 4. № 130, 1831–1839 гг.; Ф. 601, № 1963. 1838–1862 гг.

Рукописный отдел Института русской литературы Российской академии наук [=Рук. отдел ИРЛИ РАН]. Р. 1. Оп. 42. № 21. 1816–1817 гг; Р. 1. Оп. 42. № 23; Р. 1. Оп. 42. № 38; Р. 1. Оп. 42. № 45. 1820–1830-е гг.; Р. 1. Оп. 42. № 87. 1813–1820 гг.; Р. 1. Оп. 42. №99. 1817–1842 гг.

Фонд Отдела истории русской культуры Государственного Эрмитажа. Альбом семьи Левашовых (первая треть XIX в.).

The communicative event, its nature, structure and content (from the perspective of modern systems linguistics)

Aleksei Dremov[*]

Abstract: This article presents the results of systematic research on the nature of the nature of the communicative event, the internal and external form of phenomena messages and event messages.

Keywords: elementary sentence and simple, clause, predication, case, action assertion, dialectical syllogism

Коммуникативное событие, его природа, структура и содержание (с позиций современной системной лингвистики)

Алексей Дрёмов

Резюме: В настоящей статье представлены результаты системных исследований природы коммуникативного события, внутренней и внешней формы сообщений о явлениях и сообщений о событиях.

Ключевые слова: простейшее предложение и простое, клауза, предикация, падеж, акциональное суждение, диалектический силлогизм

1. Введение

Прежде чем приступить к рассмотрению означенной темы, нам придется остановиться, хотя бы тезисно, на вопросе о том, что мы называем *современной системной лингвистикой.*

Итак, современная системная лингвистика — это направление российского языкознания, методологической базой которого является *системология* Г. П. Мельникова (Мельников 1978) — материалистическая диалектическая теория систем, наука о реально существующих системах, законах их развития и функционирования, сочетающая идеи целостности и последовательности в познавательной деятельности человека.

Исходные положения современной системной лингвистики были сформулированы В. фон Гумбольдтом. Дальнейшее развитие эти положения получили в трудах И. И. Срезневского, А. А. Потебни и И. А. Бодуэна де

* Moscow State Institute of International Relations (MGIMO), e-mail: afdream@bk.ru

Куртенэ, а во второй половине XX столетия они были существенно углублены и дополнены Г. П. Мельниковым.[1]

Современная системная лингвистика строится на принципах 1) *материальности* субстрата языка и его продукта — речевого потока, 2) *мерности* языковой системы в пространстве и во времени и 3) *триадичности* языковых категорий (Мельников 1989: 18 и след.).

Не менее важной особенностью системной лингвистики является и то, что она основывается на представлении о независимости существования в психике социализированного индивида по крайней мере двух видов сознания и мышления: 1) исходного — *внеязыкового* — сознания, служащего индивиду основным средством целесообразного социально обусловленного управления своим поведением в сфере познавательной, практической и художественной деятельности, и соответствующего ему внеязыкового мышления как протекающих во внеязыковом сознании активных процессов отражения, т.е. выведения, накопления и хранения знаний о мире в виде обобщенных абстрактных мыслительных образов; и 2) производного — специализированного социального коммуникативного сознания, т.е. *языка*, понимаемого как система форм репродуцирования и упорядочения вербальных знаков для обеспечения целенаправленного речевого воздействия на внеязыковое сознание другого индивида и такого управления его внеязыковым мышлением, в результате которого в сознании этого, воспринимающего речь, индивида сначала складывается алгоритм процесса преобразования определенного фрагмента мыслительного материала в новое мыслительное содержание, а затем, в соответствии с этим алгоритмом, осуществляется и само это преобразование.

Русский язык рассматривается в современной системной лингвистике как типичный представитель синтетических флективных языков (по классификации В. фон Гумбольдта), коему присущ событийный номинативный ракурс (по классификации Г. П. Мельникова). А это, в частности, значит, что категориальным номинативным смыслом канонического русского сообщения является образ текущего *события*, понимаемого как имеющая достаточное основание и естественную меру развития хронотопически определённая совокупность генетически связанных явлений, образующих каузальный цикл. Действие (явление) агенса как главного участника события понимается как причина действий (явлений) всех других актантов — участвующих в событии лиц и вещей.

Предлагаемая ниже трактовка коммуникативного события, его природы, структуры и содержания является одним из следствий изучения падежей с

---

1 См. (Мельников 2000; 2003); библиографию его трудов см. там же.

позиций современной системной лингвистики (Мельников 1980; Мельников, Дрёмов 1982; Дрёмов 2001) и осознания, казалось бы, очевидного факта, что сообщения о явлениях (напр.: (1) *Огонь (не) гаснет / погас / погаснет / погас бы*; (2) *Перерыв (не) кончился*; (3) *Солнце (не) село*; (4) *Руки (не) мёрзнут / замёрзли / замёрзнут* и т. п.) и сообщения о событиях (напр.: (5) *Лесник снегом гасит огонь*; (6) *Учитель объясняет ученикам теорему Пифагора*; (7) *Прометей дал огонь людям* и т. п.), имеют не только разные внешние формы, но и разные внутренние формы — значения. После этого такой же очевидной стала необходимость выделить в самостоятельный вид ту синтаксическую единицу, которую обычно называют простым двусоставным *нераспространённым* предложением, а также уточнить значение предложения, которое называют простым двусоставным, но *распространённым*.

А поскольку дело обстоит именно так, то перейдём к анализу сообщений, высказываемых в форме этих видов предложений.

2. Каноническая внешняя форма сообщений о *явлениях*: простейшее предложение, его состав, значение и категориальный номинативный смысл

Внешнюю форму сообщений о явлениях мы предлагаем называть *простейшим* предложением. Объясним почему.

Такие сообщения представляют собой описания объектов в тот момент или интервал их существования, когда они, проявляя какие-л. свойства, обнаруживают себя для наблюдателя-продуцента (см. примеры (1), (2), (3), (4)), а равно и сообщения, входившие в состав первообразных текстов, т.е. связанных по смыслу речевых произведений, которыми до формирования падежей и переходных глаголов описывались события; напр.: (8) *Учитель читает. Читается рассказ. Ученики слушают. Рассказ слушается. Рассказ написал Чехов* и т. п. Ясно, что сообщения данного вида могут быть распространенными: (9) *Сырые дрова едва тлели*.

Внутренней формой, или значением, сообщений данного вида является *акциональное суждение*. Поэтому простейшее предложение рассматривается нами как отображение в языковом сознании именно такого суждения — формы мысли о текущих явлениях, а высказывание мысли в форме акционального суждения с целью возбуждения в сознании реципиента умозаключения, в результате которого он сможет сформировать в своём сознании образ, аналогичный тому образу, который был сформирован во внеязыковом сознании продуцента при восприятии им реального, явления, понимается как *предицирование*.

Любое конкретное суждение о являющемся объекте есть результат *рассуждения*, трактуемого в современной системной лингвистике как «акт самостоятельного полагания посредством *анализа*». При рассуждении конкретный чувственный образ воспринимаемого объекта, названный *антецедентом суждения*, — *A*, подвергается в сознании продуцента анализу, т.е., разлагается, подобно сложному веществу, на два более простых:[2] 1) индивидный образ объекта (либо обобщённый образ типичного представителя того класса, в который входит данный объект), выполняющий в суждении функцию субъекта, — *S*, и 2) обобщённый образ проявляемого объектом свойства, выполняющий в суждении функцию предиката, — *P*. Мыслительное разложение (разделение) антецедента на субъект и предикат и вынесение суждения можно представить формулой *A* < *S* — *P*, в которой знаком < обозначен анализ образа *A*, а знаком тире — генетическая (причинная) связь образов, являющихся *S* и *P* суждения.

Термин «акт самостоятельного полагания посредством анализа» образован нами по аналогии с термином «акт самостоятельного полагания через соединение (синтез)» (Гумбольдт 1984: 35). Что касается синтеза, то именно синтез, «как это доступно лишь для подлинно творческого акта духа, производит из двух связуемых элементов третий, где оба первые перестают существовать как отдельные сущности» (там же: 107), и «создаёт нечто такое, что не содержалось ни в одной из сочетающихся частей как таковых» (там же: 197). Данный мыслительный акт можно представить формулой *S* — *P* > *C*, в которой *S* есть субъект суждения, *P* — предикат, C — консеквент умозаключения, знаком тире обозначена генетическая связь *S* и *P*, т.е. связь абстрактных образов объекта и его свойства, а символом > обозначен синтез, выведение образа-консеквента — образа объекта в его явлении.

Устойчивое единство, формирующееся в языковом сознании социализируемого и овладевающего языком индивида как ассоциация по смежности двух инвариантов — 1) акционального суждения (S — P) и 2) простейшего предложения, состоящего из подлежащего, являющегося формальной темой сообщения о явлении, и сказуемого, являющегося формальной ремой того же сообщения (N — Vf), есть двусторонняя предикативная знаковая форма — *пропозиция*.[3] Для реципиента факт того, что воспринимаемое им речевое произведение имеет форму простейшего предложения, означает, что оно

2 Со времён Аристотеля известно, что объекты и их свойства отдельно друг от друга не существуют. Отдельно существуют лишь образы объектов и их свойств, и только в субъективной реальности.

3 Данное наименование представляется оптимальным, поскольку «восходит к лат. propositio, первоначально обозначавшему в логике суждение, а в лингвистике — предложение» (Арутюнова 1999: 401).

является сообщением о явлении и в нём содержится суждение, из которого он должен вывести актуально значимое знание («новое»), т.е. он должен вообразить объект, о котором говорится в сообщении, в тот момент или интервал его бытия, когда в нём обнаруживается свойство, названное в сообщении глаголом.

Таким образом, категориальным номинативным смыслом сообщений, имеющих форму простейшего предложения, является образ текущего явления. А поскольку генетическая, синтетическая связь образов, являющихся *S* и *P* акционального суждения, в сообщениях о явлениях выражена формально, то простейшее предложение, можно трактовать как «безусловный коммуникативный императив», как знак необходимости синтезировать из двух абстрактных образов, *напомненных*[4] знаками темы и ремы, посредством умозаключения («через синтез») консеквент — конкретный умозрительный образ, подобный чувственному образу-антецеденту, сформированному во внеязыковом сознании продуцента при непосредственном восприятии описываемого им объекта как «данного».

Следовательно, элементарное коммуникативное событие состоит из двух связанных речемыслительных актов: 1) ономасиологического перехода «от смысла к тексту», включающего а) анализ образа-антецедента и б) вербализацию результата анализа — высказывание продуцентом суждения в форме простейшего предложения с целью инициировать во внеязыковом сознании реципиента умозаключение, и последующего 2) семасиологического перехода «от текста к смыслу», включающего в) девербализацию реципиентом адресованного ему сообщения и г) синтез образа-консеквента.

Структуру такого коммуникативного события можно представить наглядно. Возьмём для этого в качестве примера высказывание, которым продуцент сообщает реципиенту о таком явлении, как угасание огня (пример (1)).

Табл. 1. Структура коммуникативного события

Сфера **продуцента** (рассуждающего и предицирующего)

Ø				...
{Ø}	<	(O) — (/)	>	[Ø]
A	<	*S — P*	>	*C*
повод		тема — рема		вывод
		N (подлежащее) — Vf (сказуемое)		
		Огонь гаснет		

Сфера **реципиента** (аудирующего и умозаключающего)

4 Основная цель использования лексических единиц в речи состоит не в назывании объектов и их свойств, а в напоминании образов объектов и их свойств.

Условные обозначения и пояснения:

1) Ø — гаснущий огонь, текущее явление; «данное»;
2) {Ø} — перцептивный образ гаснущего огня — антецедент (A, образ «данного», ставший поводом для коммуникации; основание суждения);
3) (O) — обобщённый образ огня (понятие «огонь»; оснóвное знание суждения[5]);
4) (/) — обобщённый образ проявляемого этим объектом свойства (понятие «гаснуть»; знание, обосновывающее вывод);
5) [Ø] — умозрительный образ гаснущего огня, формирующийся в сознании реципиента в результате понимания суждения — консеквент (C, «новое»; вывод, заключение);
6) < — анализ образа «данного» и вынесение продуцентом суждения;
7) > — синтез «нового», т.е. выведение реципиентом из суждения актуально значимого знания, которое может быть действительно новым;
8) знаком тире обозначена а) синтетическая, порождающая, генетическая, причинная[6] связь напомненных знаками темы и ремы обобщённых образов огня и угасания и б) соответствующая ей формально-грамматическая связь подлежащего и сказуемого;
9) триада «субъект – предикат – консеквент» соответствует триаде «предиканд – предикатор – предикат» в системологии Г. П. Мельникова.
10) суждение трёхчленно, причем не только для реципиента (S — P > C), но и для продуцента (A < S — P).

Образ [Ø], т.е. консеквент умозаключения, инициированного в сознании реципиента сообщением (1) *Огонь гаснет*, является «косвенным впечатлением», «плодом соображения», ибо представляет собой результат опосредованного отражения действительности: реципиенту дано не явление, а его субститут — сообщение о явлении. Иными словами, производный образ [Ø] есть результат восприятия не сигнала, т.е. воздействующего на наблюдателя объекта, а «сигнала сигнала» (по выражению И. П. Павлова), причём сложного, состоящего из знака воспринимаемого объекта — субстантива — и знака проявляемого им свойства — глагола, а также грамматических, служебных знаков — знаков коммуникативных функций субстантива как темы сообщения (N)[7] и личной формы глагола как ремы (Vf), а значит и функций выражаемых ими смыслов (образов) в суждении.

---

5 Мы сочли возможным экстраполировать выводы Л. В. Рутковского о функциях суждений в составе силлогизма (1888: 5) на функции понятий в составе суждения.

6 «…Простейшая единица мышления, простейшая коммуникация состоит из сочетания двух представлений, приведённых движением воли в предикативную (т.е. вообще определяющую, в частности зависимую, причинную, генетическую) связь» (Шахматов 2001 [1925]: 19).

7 N — это субстантив *per se*; именно N является «исходной, словарной формой».

Образ, являющийся субъектом суждения, можно сравнить с телом, в которое, чтобы «оживить» его, нужно «вдохнуть душу» — образ-предикат. В результате синтеза, слияния «души» с «телом», в сознании реципиента возникает конкретный образ-консеквент [Ø], если и не тождественный конкретному образу-антецеденту {Ø}, то хотя бы подобный ему.

По степени сходства консеквента и антецедента можно судить о степени успешности коммуникативного события и реализованности замысла продуцента. Ясно, что эти образы могут быть одинаковыми только в идеальном случае. Заметим кстати, что ни антецеденту, ни консеквенту прямых соответствий на уровне речевых знаков, т.е. в высказывании, нет и быть не может, ибо, согласно «закону Гумбольдта — Потебни», сформулированному Н. А. Рубакиным, «человеческая речь, как и все элементы её, вплоть до отдельного слова и даже звука или буквы, суть орудия только возбуждения психических переживаний…, а не орудия переноса или передачи переживаний» (Рубакин 1977: 61); уточнённую формулировку этого закона см. в (Мельников 2000: 62—63).

Понятно, что если бы основной и главной целью коммуникации было освещение явлений, то наша речь строилась бы исключительно на основе простейшего предложения или его вариантов (таких, напр., как, (10) *Плутон — это планета*; (11) *Курить — здоровью вредить*; (12) *Стемнело*; (13) *Боги бессмертны*; (14) *Закон есть закон*; (15) *Ночь, улица, фонарь, аптека*; (16) *Всё белым-бело* и др.). И никакой необходимости ни в падежах, ни в переходных глаголах у нас в принципе не было бы, если бы не одно важное обстоятельство — неуклонно возрастающая потребность сообщать о совокупностях генетически связанных явлений, т.е. о *событиях*.[8] Для их описания приходилось создавать «противоречащие принципу экономии» тексты, в которых генетическая связь явлений выражается аналитически — диатезами или конверсивами глаголов и союзами, напр.: (17) *Лесник гасит, поскольку снег гасит, поэтому огонь гаснет*; (18) *Сын помогает строить, поэтому отец может строить и дом строится*; (19) *Старший повелевает (руководит, командует), а младший исполняет.*[9]

Этим объясняется, почему простое предложение рассматривается в современной системной лингвистике а) как следствие функционального запроса на систему, способную обеспечивать компрессию содержания

8 О причинах типологических перестроек в языке см. (Мельников 1989, 2000, 2003).

9 Раздельное существование моделей «Кто + активный глагол» и «Что + стативный глагол» предшествовало существованию модели «Кто — что» (Степанов 1981: 287).

текста,[10] который необходим для исчерпывающего описания события, благодаря формальному выражению его актуально-предикативной связности, и б) как переход от паратаксиса к гипотаксису (Мельников, Дрёмов 1982: 61–68; Дрёмов 1984; Мельников 2003; Мельников 1989; Дрёмов 2001).

Иными словами, простое предложение есть та языковая форма, которая даёт возможность говорить мало, но сообщать при этом столько, сколько нужно для обстоятельного описания события.

3. Каноническая внешняя форма сообщений о *событиях*: простое предложение, его состав, значение и категориальный номинативный смысл

Предложение данного вида формировалось в языке по мере развития падежей и класса переходных глаголов как каноническая внешняя форма сообщений о событиях (Мельников, Дрёмов 1982; Дрёмов 2001). Что касается события, то оно определяется нами как имеющая достаточное основание и естественную меру развития хронотопически определённая совокупность генетически связанных и обусловленных явлений, образующих каузальный цикл; с этой точки зрения событие системно. Как следствие, простое предложение, в форму которого облекается сообщение о событии, можно трактовать как сценарий «маленькой драмы»[11] — «список действующих лиц пьесы с указанием порядка и времени их выхода на сцену» (спец.). Значением, или внутренней формой, сообщений о событиях является полипредикативное мыслительное единство, называемое нами событийным (диалектическим) силлогизмом.

В отличие от простого категорического силлогизма как формы отражения в сознании родо-видовых, парадигматических отношений, силлогизм данного вида — это форма отражения в сознании целочастных, синтагматических отношений, точнее сказать, связей, возникающих между объектами, когда

> они оказываются функционально взаимодополняющими по отношению к функции того целого “механизма”, в который они входят как “детали” (Мельников 2000: 26).

---

10 «Предложение *Художник рисует картину* есть результат компрессии информации и перехода от четырёхчленной диаграммы – (художник + рисует) + (картина + рисуется) к трёхчленной – (художник + рисует + картину)» (Сова 1974: 71).

11 Известно, что А. Сеше первым сравнил предложение с «маленькой драмой» (Sechehaye 1926: 49), однако популярным это сравнение стало благодаря Л. Теньеру, который писал, что в предложении тоже «обязательно имеется действие, а чаще всего также действующие лица и обстоятельства» (Теньер 1988: 117).

Так, напр., из сообщения (20) *Учитель мелом пишет ученикам стихотворение Фета на доске* следует, что учитель пишет, мел пишет, стихотворение пишется, стихотворение сочинил Фет, ученики читают, а доска «*имеет*» — несёт на себе стихотворение».

Устойчивое единство, формирующееся в идиолекте индивида как ассоциация по смежности двух инвариантов — 1) событийного силлогизма и 2) простого предложения, т.е. ассоциация внутренней и внешней форм сообщений о событиях, есть сложный языковой знак — двусторонняя полипредикативная знаковая форма, которую по аналогии с термином «пропозиция», по-видимому, можно называть «силлогицией».

В отличие от простейшего предложения как средства грамматической формализации синтетической (генетической) связи субъекта и предиката суждения, репрезентируемой предикативной связью темы и ремы, простое предложение является формально-грамматическим средством выражения синтетической и координационной связи посылок событийного силлогизма. Напр.: из высказывания (5) *Лесник снегом гасит огонь* реципиент узнаёт, что лесник «*делает*», а следовательно, гасит (им. п.; агенс; причина события), снег поэтому тоже «*делает*», следовательно, гасит (твор. п.; фациенс; фактор), а огонь «*есть таков, какова причина*», и следовательно, гаснет (вин. п.; пациенс; следствие). В высказываниях, имеющих форму простого предложения, эта связь, будучи отображением в сознании генетической связи явлений, выражается не лексически, не диатезами одного и того же глагола и союзами, а грамматически — падежными флексиями.

Здесь уместным будет обратить внимание на коренное отличие простого предложения от первообразного текста. Первообразный текст, как мы это уже видели, строится по принципу индуктивного умозаключения: из совокупности сообщений о наличии в действительности нескольких генетически связанных явлений[12] реципиент делает вывод, что эти явления суть элементы единого целого — события. Сообщение о текущем событии в форме простого предложения рассчитано на движение мысли, т. сказ., в противоположном, дедуктивном, направлении: из сообщения о наличии в действительности события реципиент делает выводы о том, чтó происходит с каждым из его участников. Так, благодаря сообщению (21) *Перельман доказал гипотезу Пуанкаре* мы узнали, во-первых, то, что данное событие имело место в действительности; во-вторых, то, что Перельман являлся агенсом этого события (инициировал доказательство и довёл его до конца; зд. *«сделал» он = доказал он*); в-третьих, что предшественником (предтечей)

12 Связь явлений участников события в таких случаях выражается тем, что эти явления называются однокорневыми диатезами или конверсивами.

данного события является Пуанкаре: он сформулировал некую гипотезу и тем самым создал основание, предпосылку для описываемого события; в-четвёртых, что эта гипотеза в данном событии была пациенсом (*гипотез-у = гипотеза есть пациенс*) и вследствие действия Перельмана она теперь доказана, поскольку быть пациенсом в этом событии значит быть доказанным; наконец, в-пятых, Перельман — это тот, кто доказал гипотезу Пуанкаре.

Как мы видим, внутренней формой таких речевых произведений является *энтимема* с опущенным заключением (ср. с плеонастическими сообщениями (22) **Дал ему хлеба, чтобы у него был хлеб*; (23) **Учитель объясняет правило ученикам, чтобы правило стало понятным и ученики поняли его*; (24) **Покажи ему рисунок, чтобы он увидел рисунок*).

Несмотря на то, что сообщение о событии полипропозиционально, а следовательно, полипредикативно и в этом отношении подобно первообразному тексту, предложение, в форму которого оно облекается, является *простым*, поскольку в нём есть только одно эксплицитное сказуемое — Vf, внешняя форма обосновывающей[13] (большей), координационной посылки событийного силлогизма. Грамматической формой этого, главного, сказуемого обозначается время, модальность и вид действия агенса — причины и начала события. Эти же характеристики явлений всех других актантов,[14] т.е. хронология их явлений, «время выхода на сцену» — таксис,[15] в простом предложении выражаются морфологически, имплицитно — флексиями падежей, которые, будучи свёрнутыми простейшими предложениями, являются внешними формами оснóвных (меньших) посылок, координируемых с обосновывающей посылкой как в плане лексической, так и в плане грамматической семантики (Дрёмов 2019: 799). Так, если сообщается, что профессор посылает своему ассистенту работу Келлера, то это значит, что Келлер создал эту работу до начала текущего события, работа посылается

---

13 Для корректного умозаключения в состав простого категорического силлогизма должно входить три функционально различных знания: 1) оснóвное знание, функцию которого выполняет меньшая посылка, напр., *Кай — человек*; 2) обосновывающее, функцию которого выполняет большая посылка, — *Все люди смертны*, и 3) выводное знание, функцию которого выполняет заключение, — *Кай смертен* (Рутковский 1888: 5, 8–9). Что касается событийного силлогизма, то в нём, по нашему мнению, функцию оснóвных посылок выполняют суждения, внешними формами которых являются падежи, а функцию посылки, обосновывающей вывод, — суждение, внешней формой которого является глагольное сказуемое — личная форма переходного глагола.

14 Актант — любой элемент живой или неживой природы (любая субстанция), явление которого есть составная часть каузального цикла.

15 По нашему мнению, именно падежи являются основным средством выражения зависимого таксиса в простом предложении.

одновременно с действием профессора, а ассистент получит её после действия профессора; и тогда каузальный цикл замкнётся и событие обретёт совершенный вид.

Всякий падеж субстантива есть свёрнутое простейшее предложение (Мельников, Дремов 1982: 62), в котором синтетическая (генетическая, порождающая) связь обобщённого образа субстанции и обобщённого образа её роли в событии, являющихся соответственно *S* и *P* одной из оснóвных посылок событийного силлогизма, выражена морфологически: подлежащим этого предложения является основа падежа, которой называется субстанция, а сказуемым — флексия, которой обозначается функция этой субстанции в структуре события. Напр.: в сообщении (7) *Прометей дал огонь людям* винительный субстантива *огонь* равнозначен сообщению о явлении *Огонь «есть/был» дан*, поскольку в описываемом событии огонь является пациенсом, а дательный субстантива *люди* равнозначен сообщению *Люди «имеют» огонь*, так как в этом событии люди являются получателем результата действия агенса — бенефициантом.

Несмотря на то, что падежами выражаются суждения, они не являются самостоятельными, полноценными сообщениями, поскольку позволяют реципиенту узнать лишь то, что названная основой падежа субстанция (лицо или вещь) есть актант и, следовательно, явление этой субстанции обусловлено её участием в событии или причастностью к нему. Так, взятый вне контекста твор. п. (25) *бумагой* представляет собой компрессированное сообщение, содержащее суждение *Бумага «делает»*. Из этого сообщения реципиент может узнать лишь то, что в некоем событии бумага играет роль фациенса — является условием действия агенса и реализации его цели. Но что именно «*делает (делала / делала бы...)*» бумага, реципиент может узнать только из сообщения о конкретном событии, в которое она включена в качестве фациенса, и после соотнесения (координации) значения флексии называющего её падежа, с лексическим и грамматическим значениями глагольного сказуемого простого предложения, которым называется причина события. Так, если агенс что-то *промакнул*, то бумага *промаканула*; если *накрыл*, то бумага *накрыла*; если *шуршит*, то бумага *шуршит*; если *пахнет*, то бумага *пахнет* и т. п.

Из сказанного следует, что падежи являются не распространяющими, а конституирующими членами простого предложения — внешней формы сообщений о событиях. Другими словами, простое предложение есть та *система*, в которой падежи «функционируют как детали» наряду с личной формой переходного глагола как средства обозначения связи и предлогом как средством обозначения отношения.

Это также значит, что никакой падеж не является «более грамматическим» или «более семантическим», чем какой-л. другой. По тем же причинам ни один из падежей не может назваться «прямым» и противопоставляться в этом отношении остальным, поскольку все падежи суть не что иное, как «косвенные формы» «прямого» субстантива *per se*. Даже им. п., вопреки расхожему мнению, является таким же «конкретным»,[16] «признаковым»[17] и «семантическим», как и любой другой падеж. Напр., из «ущербного» сообщения (26) *Садовник <...> яблоки* реципиент узнаёт, что в действительности имеет (имело / будет иметь / имело бы) место событие, агенсом которого является садовник, и, следовательно, он что-то делает (делал / будет делать / делал бы…), поэтому с яблоками что-то происходит (произошло / будет происходить / произошло бы…). Флексия им. п. — это знак-оператор, значение которого в системной теории падежа трактуется как единичное преобразование: действие агенса, названного основой им. п., по отношению к действию, названному глаголом-сказуемым, находится в отношениях тождества (Мельников, Дрёмов 1982: 67): агенс делает то, чтó о нём говорится в сообщении: *собирает*, *продаёт*, *сушит*, *маринует*, *ест*, *закапывает*, *сортирует*, *складирует* и т. п.

Им. п. всё же отличается от остальных падежей: он выполняет в простом предложении функцию «главного подлежащего» — формального ядра темы сообщения о событии. Вот что об этом писал А. В. Попов:

> Именительный, как указатель на ближайшее, главное для мысли, сделался указателем подлежащего, то есть главного предмета мысли, от которого действие, выражаемое сказуемым, представляется возникающим, а качество, выражаемое сказуемым, — относящимся к нему. А винительный, как указатель на дальнейшее, второстепенное для мысли сделался указателем преимущественно на предмет второстепенный для мысли сравнительно с подлежащим (почему он может быть назван второстепенным подлежащим), к которому косвенно относится качество или действие главного предмета (Попов 1881: 30).

Далее. С морфологической точки зрения, падеж является узуально воспроизводимой совокупностью глоссемем,[18] устойчивым образованием. А это значит, что в речи мы не склоняем субстантивы, не производим от них

16 Напомним, что разделение падежей на «грамматические» и «конкретные», «наречные» было предложено Ежи Куриловичем (1962 [1949]).

17 Напр., Жак Веренк вслед за Р. О. Якобсоном (Якобсон 1985: 142) рассматривал им. п. как форму, лишённую признаков (Veyrenc 1980a: 350; 1980b: 364).

18 Глоссемема — минимальный языковой знак, минимальная двусторонняя знаковая форма, ассоциация двух инвариантов — морфемы и значения; эмическая единица в отличие от глоссемы — речевого знака, ассоциации алломорфа и выражаемого с его помощью смысла.

всякий раз речевые знаки нужной нам формы, а используем уже имеющиеся, хранящиеся в памяти падежи так же, как и любые другие «заранее заготовленные», воссоздаваемые, а не создаваемые единицы. Поэтому падежи рассматриваются нами как неотъемлемые элементы внешней формы языка флективного типа — простого предложения — и ассоциированной с ней по смежности внутренней формой — событийным (диалектическим) силлогизмом. Если субстантив *per se* — это внешняя форма *смысла* (образа), выполняющего в акциональном суждении функцию субъекта, то любой падеж субстантива есть внешняя форма *мысли* — акционального суждения, выполняющего функцию одной из меньших посылок событийного силлогизма.

Таким образом, падеж есть ассоциация двух форм — внутренней и внешней: 1) компрессированного акционального суждения, являющегося оснóвной посылкой событийного силлогизма и 2) свёрнутого простейшего предложения являющегося субстантивным членом простого предложения.

Что касается коммуникативного события, в котором предметом сообщения является текущее событие, то, понятно, что оно имеет практически такую же структуру, как и простейшее коммуникативное событие, несмотря на то что поводом для него служит сложный образ и для описания события требуется речевое произведение, внешней формой которого является либо первообразный текст, либо простое предложение.

Вышеизложенное тоже допускает графическую форму представления. Событие и то, что имеет к нему прямое отношение, можно представить в виде схемы, построив которую, мы получили также остенсивное определение *внутренней детерминанты русского языка* — «наиболее устойчивой черты его грамматического строя» (Мельников 2000: 30, 56).

Предлагаемая схема позволяет показать, что падежи, а также актанты, члены канонического простого предложения и посылки диалектического силлогизма образуют соотносительные, гомологичные ряды. Это даёт нам основание рассматривать данную схему как наглядное представление внутренней и внешней форм русского канонического сообщения (Дрёмов 1992, 2004); пример (27).

Табл. 2. Событие. Внутренняя детерминанта русского языка

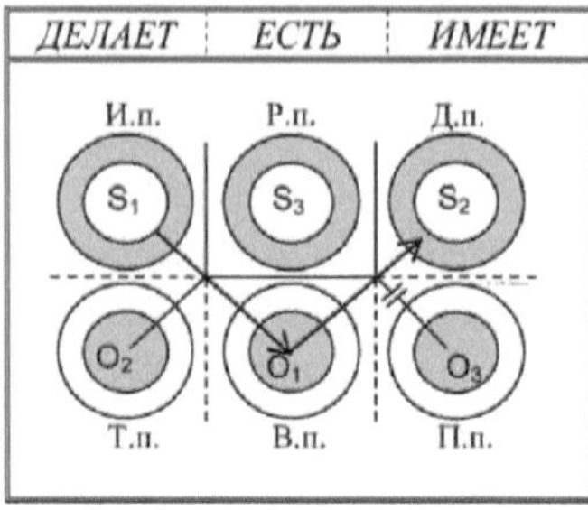

«ДЕЛАЕТ»	«ЕСТЬ»	«ИМЕЕТ»
причина	основание	последствие
условие	следствие	хронотоп
S_1-агенс	S_3-прекурсор	S_2-бенефициант
O_2-фациенс	O_1-пациенс	O_3-локус
Учитель	*Пифагора*	*ученикам*
	пишет	*на*
мелом	*теорему*	*доске*

Условные обозначения и пояснения:

1. Этапы развития события и позиции актантов

1.1. Горизонтальная линия — условная граница, разделяющая событие на область явлений субъектов (S) и область явлений объектов (O).

1.2. Вертикальными линиями разграничены этапы развития события и позиции актантов.

1.2.1. Первый этап. Агенс «делает» и тем самым начинает событие — инициирует явления других субъектов и объектов, «втягивая» их тем самым в причинный процесс. Первой позиции, верхнее поле которой занимает агенс, было присвоено наименование, соответствующее типу его явления, — «ДЕЛАЕТ». В коммуникации эта позиция принадлежит продуценту, «Я».

1.2.2. Второй этап — это этап, на котором вследствие действия агенса и сообразно с ним пациенс «есть»: он становится каким-л., начинает, продолжает, или прекращает быть каким-л. Этой позиции, нижнее поле которой отводится пациенсу, было дано наименование «ЕСТЬ» по типу его явления. В коммуникации это позиция третьего лица — «ОН» (темы).

1.2.3. Третий этап. Основным участником этого, завершающего, этапа является бенефициант: вследствие действия агенса он «имеет» то, что «есть» пациенс. По достижении в своём развитии данного этапа событие исчерпывается, обретает совершенный вид. В соответствии с типом явления бенефицианта данная позиция была названа позицией «ИМЕЕТ». В коммуникации роль бенефицианта играет реципиент («ТЫ»).

2. Материальные зоны (сферы) в структуре актанта

2.1. Меньшей окружностью обозначена зона «быть» — тело S или O. Свойства актанта проявляются в этой сфере как его актуальное состояние, которое в простейшем сообщении описывается глаголами-сказуемыми типа *есть каков-л.*, *actio immanens*. Неотчуждаемая принадлежность.

2.2. Большей окружностью обозначена внешняя граница зоны «иметь». В этой зоне актанта его свойства проявляются как влияние: его явление может быть или катализатором, или ингибитором, или стабилизатором проявления свойств «объекта влияния». Зона рецепции. Отчуждаемая принадлежность.

2.3. Зона «делать» — это, в сущности, «пространство», сфера события. В событии свойства партиципантов проявляются прежде всего как связи (на схеме это диагональные линии со стрелками), как actio transiens агенса, т.е. перенос от агенса к пациенсу структуры, материи к бенефицианту и энергии к фациенсу — отчуждённой принадлежности агенса.

2.4. Выделение в структуре актанта материальных зон позволяет показать, что при выражении пространственных отношений в русском языке решающую роль играют а) зона локализации и б) таксис — время локализации, а также, разумеется семантическая сочетаемость падежей с предлогами:

1) нахождение локализуемого актанта в пределах *внутренней* зоны реперного объекта:
   i) *одновременно* с действием агенса — *Дачники гуляют в лесу / на поле*,
   ii) *после* действия агенса — *Дачники идут в лес / на поле*,
   iii) *до* действия агенса — *Дачники идут из леса / с поля*;
2) нахождение локализуемого актанта в пределах *внешней* зоны реперного объекта:
   i) *одновременно* с действием агенса — *Дачники гуляют у леса / у поля*,
   ii) *после* действия агенса — *Дачники идут к лесу / к полю*,
   iii) *до* действия агенса — *Дачники идут от леса / от поля*.

3. Падежи, актанты, субстантивные члены простого предложения. Средства выражения связи и отношения

3.1. Именительный. Этим падежом обозначается агенс, S_1. Агенс как субъект является «источником активности», переходящей от него к фациенсу, пациенсу и бенефицианту как связанным с ним актантам. В простом предложении им. п. выполняет функцию «главного подлежащего» — *кто?*.

3.2. Винительный. В сообщениях о событиях этим падежом обозначается пациенс, O_1 — актант, состояние сферы «быть» которого есть следствие воздействия агенса. В простом предложении вин. п. выполняет функцию прямого приглагольного дополнения-актуализатора *что?*.

3.3. Дательный. Включением в высказывание дат. п. сообщается об участии в событии второго субъекта, S_2 — получателя результата действия агенса. Действие бенефицианта (малефицианта) — это реакция на действие агенса (S_1 «делает» + что, (поэтому) S_2 «имеет» + что; напр., *даёт — берёт*, *объясняет — понимает*, *показывает — смотрит*, *посылает — получает*, *говорит — слушает* и т. п.). В простом предложении дат. п. выполняет функцию прямого приглагольного дополнения-актуализатора *кому?*.

3.4. Творительный. Субстантивами в твор. п. называется фациенс, O_2 — субстанция, приведение которой в движение, ввиду присущих ей свойств, является фактором, необходимым для порождения следствия, и условием реализации цели агенса. Так, в высказывании (34) *Св. Георгий* (S_1) *пронзает дракона* (O_1) *копьём* (O_2), смысл твор. п. *копьём* эквивалентен смыслу простейшего сообщения *Копьё пронзает*, т.е. Св. Георгий «делает» так, что копьё «делает» — *пронзает*, а дракон «есть» — *пронзается*. В простом предложении твор. п. выполняет функцию прямого приглагольного дополнения-актуализатора *чем?*.

3.5. Предложный — это, по сути, «абсолютно припредложный»[19] (в противоположность именительному как «абсолютно беспредложному»). В сообщении о событии им называется *локус*, O_3 — актант, который, являясь участником события, в инициированный агенсом процесс не включён; локус — это *адъяцент*, т.е. актант, с явлением которого коррелирует действие агенса (данная особенность локуса и соответствующее ей наличие перед этим падежом предлога обозначены на схеме разрывом линии связи). В предложении предл. п. является дополнением предлога — актуализатором его значения.[20]

3.6. Родительный. Этот падеж тоже занимает в парадигме особое место: помимо того, что он является исконно *приименным*, в сообщениях о событиях им обозначается специфический актант, S_3, которого мы называем *прекурсором*, *предтечей* актуального события (Дрёмов 2001). Дело в том, что его явление или событие, в котором он был агенсом, предшествует описываемому событию, а результат этого события является *основанием* текущего события, его *предварительным условием*, *предпосылкой*, при том что сам прекурсор в текущем событии непосредственно не участвует, почему мы сравниваем его с личным местоимением 3-его лица, которое если и фигурирует в коммуникации, то лишь в роли «предмета обсуждения», повода для коммуникации. Так, в высказывании (35) *Музей приобрёл рисунок Злотникова* словосочетание *рисунок Злотникова* восходит к сообщению об «основополагающем» событии *Рисунок «сделал» Злотников*, благодаря которому только текущее событие стало возможным и действительным. В простом предложении субстантив в род. п. выполняет функцию дополнения-актуализатора любого субстантивного члена предложения, напр., невероятное, хотя и возможное (36) *Учитель Пифагора мелом Пифагора пишет теорему Пифагора ученикам Пифагора на доске Пифагора*.

4. Предлоги.[21] Знаменательная часть речи. В отличие от переходных глаголов — средства выражения связи, предлогами выражаются отношения. Финитных форм у предлогов нет, поэтому в простом предложении они являются несамостоятельными, т. сказ., «надстроечными», сказуемыми: вид, время и модальность отношения выражается опосредовано — формой «базисного», глагольного, сказуемого. Всякое отношение как минимум двучленно; поэтому абсолютивно предлоги не употребляются.

4. Заключение

Всякое коммуникативное событие включает в себя два генетически связанных речемыслительных акта: 1) рассуждение–предицирование и 2) аудирование–умозаключение. Вне зависимости от целей высказывания — сообщить о явлении или сообщить о событии — коммуникативное событие

19 «К концу XIII — началу XIV в. б/пр. лок. окончательно исчез…» (Топоров 1961: 36).

20 Значение предлогов «находится в них как намёк, который становится ясен только при падеже» (Аксаков 1855: 36–37), см. также (Некрасов 1865: 180).

21 О системной трактовке функций предлога см. (Мельников, Дрёмов 1982: 65–66; Гзгзян 1989; Дрёмов 2001; 2019: 50).

имеет структуру «*смысл A ⇒ сообщение ⇒ смысл C*», где *A* — это антецедент, образ явления или события, ставший поводом для коммуникативного события, а *C* — консеквент, вывод, результат умозаключения из суждения или из силлогизма — умозрительный образ явления или события, подобный в той или иной степени перцептивному антецеденту.

Умозаключение есть не только «вывод суждения из других суждений» (Челпанов 2010: 59), но и вывод смысла из других смыслов. Следовательно, для логики предикация — это генетическая, синтетическая связь предиката суждения с субъектом (S — P), для грамматики — это формальная связь сказуемого простейшего предложения с подлежащим (N — Vf), для коммуникативного синтаксиса — это связь ремы сообщения с темой (T — R). Только высказывания могут быть односоставными.

Номинативность — это стимул для воспоминания, предикативность же — стимул для умозаключения: будучи грамматически правильной, «*Глокая куздра...*» побуждает умозаключить, хотя и ничего не напоминает.

Простейшее предложение — это оптимальная внешняя форма для высказывания сообщений о явлениях. Значением, или внутренней формой, таких сообщений является акциональное суждение.

Простое предложение — это оптимальная внешняя форма для высказывания сообщений о событиях. Значением, или внутренней формой, таких сообщений является диалектический, или событийный, силлогизм.

Простое предложение отличается от простейшего (в том числе и свёрнутого — падежа) так же, как аккорд отличается от любого входящего в него звука.

Литература

Аксаков, Константин: *О русских глаголах*. Москва: Тип. Л. Степановой, 1855.

Арутюнова, Нина: Пропозиция. Ярцева, Виктория (ред.): *Лингвистический энциклопедический словарь*, 401. Москва: Советская энциклопедия, 1990.

Гзгзян, Давид: *Функция предлога в составе семантической структуры высказывания*: Автореф. дисс. … канд. филол. наук. Москва, 1989.

Гумбольдт, Вильгельм фон: *Избранные труды по языкознанию*. Москва: Прогресс, 1984.

Дрёмов, Алексей: Зоны и таксис: локативная семантика русских падежей с позиций современной системной лингвистики. *Вестник РУДН. Серия: Теория языка. Семиотика. Семантика*, 4 (10), 784–804. Москва, 2019.

Дрёмов, Алексей: Модель внутренней и внешней формы русского канонического сообщения. Пищальникова, Вера (ред.): *Языковое бытие человека и этноса: психолингвистический и когнитивный аспекты*, 7, 71–75. Москва, 2004.

Дрёмов, Алексей: Системная теория падежа и предлога в практике преподавания русского языка как иностранного. *Мир русского слова*, 1 (2001), 43–51. 2001.

Дрёмов, Алексей: Лингвистическая модель как основание сопоставительного описания языков: Романова, Галина / Тяпко, Галина (ред.): *Вопросы языковых контактов и сопоставительное изучение языков*, 43–50. Москва: 1992.

Курилович, Ежи: Проблема классификации падежей. Курилович, Ежи: *Очерки по лингвистике*, 175–203. Москва: Издательство иностранной литературы, 1962.

Мельников Геннадий: *Принципы и методы системной типологии языков*: Автореф. дисс. … д-ра филол. наук. Москва, 1989.

Мельников, Геннадий / Дрёмов, Алексей: Уровни связности текста, актуальная предикация и падеж с позиций системной лингвистики. Крылова, Ольга (ред.): *Синтаксис и стилистика*, 49–79. Москва: УДН, 1982.

Мельников, Геннадий: *Системная типология языков: Принципы, методы, модели*. Москва: Наука, 2003.

Мельников, Геннадий: *Системная типология языков. Синтез морфологической классификации языков со стадиальной*. Москва: РУДН, 2000.

Мельников, Геннадий: Природа падежных значений и классификация падежей. Ревзина, Ольга (ред.): *Исследования в области грамматики и типологии языков*, 39–64. Москва: Издательство МГУ им. М. В. Ломоносова, 1980.

Мельников, Геннадий: *Системология и языковые аспекты кибернетики*. Москва: Советское радио, 1978.

Некрасов, Николай: *О значении форм русского глагола*. Санкт-Петербург: Тип. и лит. И. Паульсона и Ко., 1865.

Попов, Александр: *Синтаксические исследования. Именительный, звательный и винительный в связи с историей развития заложных значений и безличных оборотов в санскрите, зенде, греческом, латинском, немецком, литовском, латышском и славянских наречиях*. Воронеж: тип. В. И. Исаева, 1881.

Рубакин, Николай: *Психология читателя и книги: Краткое введение в библиологическую психологию*. Москва: Книга, 1977.

Рутковский, Леонид: *Основные типы умозаключений*. Санкт-Петербург: Тип. и лит. И. Паульсона и Ко., 1888.

Сова, Любовь: Текст как результат вербального отражения объективной действительности. *Лингвистика текста: Материалы научн. конф.*, Ч. 2, 66–72. Москва, 1974.

Степанов, Юрий: *Имена, предикаты, предложения (Семиологическая грамматика)*. Москва: Наука, 1981.

Теньер, Люсьен: *Основы структурного синтаксиса*. Москва: Прогресс, 1988.

Топоров, Владимир: *Локатив в славянских языках*. Москва: Издательство АН СССР, 1961.

Челпанов, Георгий: *Учебник логики*. Москва: Научная библиотека, 2010.

Шахматов, Алексей: *Синтаксис русского языка*. Москва: УРСС, 2001.

Якобсон, Роман: К общему учению о падеже. Общее значение русского падежа. Якобсон, Роман: *Избранные работы*, 133–175. Москва: Прогресс 1985.

Sechehaye, Albert: *Essai sur la structure logique de la phrase*. Paris: Champion, 1926.

Veyrenc, Jacques: Cas et verbe. Veyrenc, Jacques: *Études sur le verbe russe*, 352–364. Paris: Institut d'études slaves, 1980.

Veyrenc, Jacques: Existe-t-il un génitif de l'objet? Veyrenc, Jacques: *Études sur le verbe russe*, 328–351. Paris: Institut d'études slaves, 1980.

The conjunction *togda kak* and the category of logic order

Mikhail Dymarskii[*]

Abstract: The history of the emergence of the relatively young Russian conjunction *togda kak* 'whereas' is investigated based on data of the Russian National Corpus. It is shown that during the 18th century a series of processes was completed: 1) a pronoun-conjunctional contact frame *togda* 'then' + *kak* 'as' was formed as a means of constructing a compound sentence with temporal meaning; 2) its grammaticalization resulted in the emergence of a conjunction *togda kak* able to actualize meanings of simultaneousness, concession, and contrast (collation). While *togda kak* is traditionally characterized as being a subordinate conjunction, its contrasting (collating) variant appears to be a coordinate conjunction according to most of existing criteria. This extraordinary drift from subordination to coordination is discussed in terms of the notion of the semantic category of Logic Order. This view allows us to explain the actual transition of a subordinate means of connection to the category of coordinate ones as a natural process.

Keywords: Russian language, syntax, coordination and subordination, *togda kak* conjunction, category of logical order

Союз *тогда как* и категория логического порядка[†]

Михаил Дымарский

Резюме: В статье с опорой на данные НКРЯ рассматривается история относительно молодого русского союза *тогда как*. Показано, что в течение XVIII в. сформировалась устойчивая контактная рамка местоименно-соотносительного сложноподчиненного предложения с отождествительно-темпоральным значением *тогда, ...как*; её грамматикализация привела к формированию союза *тогда как*, способного актуализировать значения одновременности, уступки и сопоставления. Традиционно этот союз характеризуется как подчинительный; между тем при употреблении в сопоставительном значении он, согласно большинству существующих критериев обнаруживает свойства сочинительного союза. Этот сдвиг в сторону сочинения обсуждается с опорой на понятие категории логического порядка. Такая трактовка позволяет объяснить движение от подчинительных средств связи к сочинительным как естественный процесс.

Ключевые слова: русский язык, синтаксис, сочинение и подчинение, союз *тогда как*, категория логического порядка

---

[*] Herzen State Pedagogical University of Russia/Institute for Linguistic Studies (RAS), e-mail: dym2005@list.ru

[†] Работа выполнена при поддержке РФФИ, проект № 18–012–00650 «Семантические категории в грамматическом строе русского языка».

1. Введение

Формирование в русском языке новых союзных средств связи, диахронические изменения в семантике и функционировании существующих союзов — сюжет увлекательный сам по себе, что видно хотя бы по количеству посвященных ему исследований (Иванова 1998; Инютина, Шильникова 2020; Колесов 2009: 409–413; Николаева 1997; Подтергера 2019; Преображенская 1991; Черкасова 1973 и др.). Еще бо́льшую значимость этот сюжет приобретает в сопряжении с проблемой соотношения сочинения и подчинения как двух базовых типов непредикативной синтаксической связи. Цель этой работы состоит в том, чтобы кратко проследить историю сравнительно молодого союза *тогда как* и выяснить, как менялось со временем его отношение к категориям сочинения и подчинения, объединяемым в рамках семантической категории логического порядка (о последней см. Дымарский 2018). Источником материала послужил НКРЯ.

2. К истории союза *тогда как*

Современный союз *тогда как* восходит к сочетанию указательного и относительного местоименных наречий, из которых второе приобрело функцию подчинительного союза с временны́м значением. Нужно иметь в виду, что для союза *как* темпоральное значение не является основным, хотя традиция временно́го употребления этого союза имеет протяженную историю. Ср. его функционирование в контексте сказки, целиком построенной на имитации народно-поэтической речи:

(1) **Как** наешься ты своей полбы, Собери-ка с чертей оброк мне полный (А. С. Пушкин. *Сказка о попе и о работнике его Балде*).

Исходным для союза *как* следует признать, видимо, широкое значение образа действия, унаследованное им от местоименного наречия *как*. Однако в чистом виде это исходное значение выступает только в местоименном наречии (***Как*** *аукнется,* ***так*** *и откликнется*); в союзе же на основе исходного развились значения сравнения, времени, степени, изъяснительно-обстоятельственные (с оттенками степени или образа действия: *Ты не понимаешь,* ***как*** *мне это интересно*; *Я не видел,* ***как*** *он выходил из дома*). Вторичность темпорального значения союза *как* и сохранение в нем, хотя бы в качестве фона, исходного качественного значения, вероятно, и послужили причиной развития сочетаний *тогда как* и *в то время как* в союзы с сопоставительным значением, чего не произошло с близкими сочетаниями *в то время*(,) *когда*; *тогда*(,) *когда*, где союз *когда* качественного значения не имеет.

НКРЯ сочетаний *тогда(,) как* ранее 1698 г. не фиксирует; однако этот год не следует считать достоверной датой первой фиксации искомого сочетания, поскольку первые 6 вхождений обнаруживаются в документах, датированных 1698–1721 гг. (А. М. Макаров (ред.). Гистория Свейской войны (Поденная записка Петра Великого) — первые 5 вхождений) и 1700–1722 гг. (митрополит Стефан (Яворский). Проповеди), то есть речь должна идти о первой четверти XVIII в. Ряд первых употреблений, фиксируемых НКРЯ, приходится счесть «шумом», поскольку они представляют собой случайные совпадения, например:

(2) Которой (король Швеции. – *М. Д.*) **тогда, как** имелася ведомость (сведение, известие. – *М. Д.*), охотно 6000 человек кавалерии к ним в маетности на помочь послал, на которых Огинской собрал себе 12 000 человек литвян (А. М. Макаров (ред.): *Гистория Свейской войны* (Поденная записка Петра Великого), 1698–1721).

Очевидно, что здесь *как имелася ведомость* — вводная конструкция.

В следующем примере наблюдаем еще одно совпадение — на этот раз возникающее в результате выстраивания в ряд *тогда* — в качестве коррелятивного элемента союза *буде... тогда* — и союза *как... так и*:

(3) Буде же офицеры и салдаты без всякой притчины допустят коммендanta прежде времени <…> **тогда как** офицерам, так и солдатам учинить против 117 артикула (Петр I. *Артикул воинский*, 1715).

В представленных в НКРЯ документах первой четверти XVIII в. находим лишь один случай употребления сочетания *тогда как* в качестве контактной рамки сложноподчиненного предложения (*СПП*) с темпоральным значением:

(4) И притом объявлено по указу его величества в народ: понеже троекратно седмилетнее время в той войне прошло, то надлежит и Господу Богу троекратное благодарение отдать везде, как в Санкт-Питербурхе, так и во всем Росийском государстве. Которое назначено: 1) **тогда, как** скоро куда пойдет ведомость о том, то в тот час <…> (А. М. Макаров (ред.): *Гистория Свейской войны* (Поденная записка Петра Великого), 1698–1721).

Правда, надо отметить, что в (4) перед нами еще не сформированная, а, скорее, формирующаяся контактная рамка, которая включает, во-первых, не союз *как*, а союз *как скоро*, во-вторых — коррелятивный элемент *то*, дублируюший *тогда*.

Таким образом, в первой четверти XVIII в. лишь формируются предпосылки для закрепления сочетания *тогда как* в качестве контактной рамки СПП с темпоральным значением.

Более близкое к контактной рамке употребление находим позднее:

(5) Сылвинской (завод. – *М. Д.*), яко весьма для дела кровельных досок нуждной, велеть достроить по первому чертежу с 4-мя фабриками, и естли для оного крестьян и вольных работников не достает, то розсмотреть, не можно ль ис Кунгурского уезда есче дворов до 200 приписать <…> Но вместо того, что на Сылве досчатые прибудут, **тогда как** на цейхгауз доски зделаются, здесь убавить, дабы, как возможно, здесь в лесах подспорить (В. Н. Татищев. *Наставление Татищева, оставленное им канцелярии главного правления казанских и сибирских заводов при отъезде в оренбургскую экспедицию*, 1737).

Выражение *вместо того, что* здесь, видимо, следует читать в значении ‘в силу того, что’, а общий смысл можно передать так: поскольку на Сылве работников прибавится, постольку **тогда, когда** будут изготовлены доски для цейхгауза, здесь количество работников следует убавить, чтобы направить их на лесные работы.

Наконец, ближе к середине XVIII в. можно видеть несомненную контактную рамку:

(6) Комета здесь в начале декабря и до 15 февр[аля] видима была <…> в начале же октября та ли, или другая от многих видима была, токмо я не видал, и сказали мне уже **тогда, как** я 2 дек[абря] сию увидел и Санчию писал (В. Н. Татищев. *Письмо И. Д. Шумахеру*, 1744)

(7) Новые пашни вздирать надлежит после ущерба, а старые **тогда, как** только подсохнет (М. В. Ломоносов. *Лифляндская экономия* [перевод], 1747).

На протяжении второй половины XVIII в. употребления типа (6–7) приобретают устойчивость, что позволяет говорить о сформированности контактной рамки местоименно-соотносительного СПП с отождествительно-темпоральным значением. Тогда же появляются и употребления, в которых сочетание *тогда как* уже больше похоже на союз с временны́м значением, нежели на контактную рамку, в отличие от (6–7), причем такие употребления можно считать контекстами, создающими предпосылки для формирования сопоставительного значения:

(8) Хамелеон, который шел мимо свиньи **тогда как** валялася она в грязи по своему обыкновению, говорил ей <…> (Д. И. Фонвизин. *Свинья и хамелеон* [перевод басни Л. Хольберга с немецкого], 1761–1765).

Безусловно, в (8), как и в (6–7), две ситуации объединены темпоральным отношением одновременности, однако важна однотипность этих ситуаций. Обе пропозиции имеют одинаковую семантическую структуру, что создает почву для сопоставления: *хамелеон идет, а свинья валяется*. По-видимому, на этой основе приблизительно в последней четверти XVIII в. возникают уже собственно сопоставительные употребления, в которых темпоральное значение не прочитывается, а слияние компонентов *тогда* и *как* в один союз несомненно:

(9) Приказных формулярных о том выправок я не рассудил за благо сам делать по причинам, что разыскано много; потратил бы на то времени, **тогда как** вы [имеете] несравненно более способов из Москвы или из Смоленска с означенных грамот доставить себе порядочные засвидетельствованные копии (И. Ф. Богданович. *Письма*, 1767–1800)

(10) <…> запрещено стало носить горностаевые мехи с хвостиками, которые одна она (Екатерина I. – *М. Д.*) носила, и сие не указом, не законом введенное обыкновение учинилось почти узаконение, присвояющее сие украшение единой императорской фамилии, **тогда как** в немецкой земле и мещанки его употребляют (М. М. Щербатов. *О повреждении нравов в России*, 1786–1787).

Показательно, что если в (9) мы имеем отношение сопоставления, не осложненное дополнительными оттенками, то в (10) вполне отчетлив оттенок уступки (ср. ...***хотя** в немецкой земле*...). Это соответствует и современным квалификациям союза *тогда как*, который в одних источниках интерпретирован как подчинительный сопоставительный (Шведова: Т. 2, 609–610, 613), в других — как подчинительный уступительный (Апресян, Пекелис 2011; 2012a).

Вместе с тем ставшие типичными употребления контактной рамки *тогда как* с темпоральным значением ведут к ее грамматикализации и превращению во временной союз, как в (8). В (11) препозиция придаточной части подчеркивает именно темпоральное значение, фактически отменяя теоретически возможное сопоставительное чтение:

(11) Но **тогда как** веселье так единодушно обнаруживалось с одного конца деревни до другого, в доме самой помещицы было что-то особенно спокойно и тихо (Д. В. Григорович. *Бобыль*, 1847).

Регулярны подобные употребления, в частности, у Достоевского:

(12) Когда же Семён Иванович, помещаясь на постель, ощупал собою золовку и упёр ноги в свой заветный сундук, то вскрикнул благим матом, уселся почти на корячки и, весь дрожа и трепеща, загрёб и заместил сколько мог руками и телом пространства на своей кровати, **тогда как**, трепещущим, но странно-решительным взором окидывая присутствующих, казалось, изъяснял, что скорее умрёт, чем уступит кому-нибудь хоть сотую капельку из бедной своей благостыни… (Ф. М. Достоевский. *Господин Прохарчин*, 1846).

Очевидно, что в случаях типа (12) темпоральное значение отягощено дополнительными оттенками образа действия и присоединения (ср. *...и при этом... казалось, изъяснял...*). Позднее, в XX в., использование союза *тогда* *как* в темпоральном значении постепенно сходит на нет, в современной русской речи оно неактуально.

К началу XIX в. употребления типов (9–10) становятся вполне типичными; при этом сохраняются (по меньшей мере до середины XIX в.) и временны́е употребления (11–12).[1] Последнее верно и для контактной рамки СПП, ср.:

(13) …ведь надобно ж, чтоб это случилось именно **тогда, как** я в отсутствии (М. Ю. Лермонтов. *Герой нашего времени*, 1839–1841).

Таким образом, можно утверждать, что в течение XVIII в. произошло стремительное становление новой контактной рамки СПП с отождествительно-темпоральным значением, а ее грамматикализация привела к возникновению двух новых омонимичных союзов — с темпоральным и с сопоставительным значениями (второй с возможным оттенком уступки).[2] Учитывая, что письменные фиксации всегда запаздывают и что временной интервал между первыми зафиксированными употреблениями контактной рамки СПП и новых союзов составляет всего одно-два десятилетия, — можно полагать, что в живой речи эти процессы протекали практически параллельно. В XIX в., по наблюдениям Н. С. Поспелова, временное значение у союза *тогда как* угасает: говоря о судьбе темпоральных конструкций с некоторыми союзными сочетаниями, автор замечает, что,

> архаизируясь как временны́е, они на базе временны́х отношений развили отношения сопоставительные (у конструкций с *тогда как* и *между тем как*) (Иванчикова, Поспелов 1964: 169–170).

3. Сопоставительный союз *тогда как* — сочинительный или подчинительный?

Утверждение о возникновении именно двух омонимичных союзов, а не о полисемии одного нового союза может показаться чрезмерно сильным. В самом деле, почему бы не видеть в различных употреблениях союза *тогда как* многозначность, а не омонимию? Дело в том, что в этих различных употреблениях союз демонстрирует разные грамматические свойства. Покажем это путем применения к этим употреблениям критериев разграничения сочинения и подчинения, опираясь на работу (Пекелис 2015), в которой эти критерии весьма удачно систематизированы.

---

1 Показательно, что для В. В. Виноградова, черпавшего примеры прежде всего из русской классики, союз *тогда как* был именно временны́м (Виноградов 1972: 563).

2 Ср. сходную характеристику истории союза *так как* в (Виноградов 1972: 563).

3.1. Критерий проницаемости / непроницаемости структуры (А. М. Пешковский) (другие названия — критерий гнездования, *center embedding*). Проницаемость структуры характерна для подчинения: придаточное может оказаться вложенным в главное. Сочинение этого не допускает.

Предложение с сопоставительным значением:

(14) «Рецессивные» идеи нуждаются в чётком формулировании и заботливом взращивании, **тогда как** «доминантные» растут сами, подобно сорной траве (Михаил Арапов. *Когда текст обретает смысл*. «Знание — сила», 2003).

Попытка поместить вторую часть в интерпозицию дает неприемлемый результат:

(14.1) *«Рецессивные» идеи, **тогда как** «доминантные» растут сами, подобно сорной траве, нуждаются в чётком формулировании и заботливом взращивании.

Ср. аналогичный эксперимент с примером (9), сокращенным и адаптированным:

(9.1) *…[я] потратил бы, **тогда как** вы [имеете] несравненно более способов из Москвы или из Смоленска <…> доставить себе порядочные засвидетельствованные копии, на изготовление копий слишком много времени.

Предложение же с темпоральным значением обнаруживает полную толерантность к интерпозиции части с союзом:

(11.1) Но в доме самой помещицы, **тогда как** веселье так единодушно обнаруживалось с одного конца деревни до другого, было что-то особенно спокойно и тихо.

Таким образом, по данному критерию сопоставительный *тогда как* ведет себя как сочинительный союз, темпоральный — как подчинительный.

3.2. Критерий позиции союза: сочинительный союз не может находиться в препозиции к первому конъюнкту, а для подчинительного союза препозиция, как правило, возможна.

Предложение с сопоставительным значением допускает препозицию части с союзом:

(14.2) **Тогда как** «доминантные» идеи растут сами, подобно сорной траве, «рецессивные» нуждаются в чётком формулировании и заботливом взращивании.

То же касается предложений с темпоральным значением, ср. (11). Стоит, однако, подчеркнуть, что варианты типа (14.2), в отличие от (11), в НКРЯ практически не встречаются: узус не поддерживает препозицию клаузы с сопоставительным союзом. В то же время в немалом количестве встречаются примеры, в которых эта клауза парцеллирована, что сближает сопоставительный *тогда как* с сопоставительным *а*:

(15) Но на самом деле, огромный сивуч, родственник тюленей, способен удержать свой небольшой гарем всего около недели, да и то путём постоянных битв. **Тогда как** скромная летучая мышь копьенос опекает в гареме десятки самок в течение нескольких лет (Кирилл Ефремов. Размышления у книжной полки: Бегство от одиночества. *Знание — сила*, 2003)

Тем не менее, учитывая приемлемость (14.2), признаем, что по критерию позиции не только темпоральный, но и сопоставительный союзы ведут себя как подчинительные.

3.3. Критерий Е. Н. Ширяева состоит в том, что сочинительный союз может связывать два однородных придаточных с подчинительными союзами (*Маша поняла,* ***что*** *сеанс окончен* ***и что*** *ждать больше не имеет смысла*) (Ширяев 1986: 18–20). По этому критерию сопоставительный *тогда как* тест на сочинительность не проходит:[3]

(15.1) *Но на самом деле мы знаем, что огромный сивуч способен удержать свой небольшой гарем всего около недели, **тогда как** что скромная летучая мышь-копьенос опекает в гареме десятки самок в течение нескольких лет.

Следовательно, и в данном случае сопоставительный *тогда как* ведет себя как подчинительный союз; но следует иметь в виду, что критерий Е. Н. Ширяева очень строг, и по этому критерию не проходят тест на сочинительность и такие единицы, как, например, *однако*, хотя эта единица традиционно включается в круг противительных сочинительных союзов — и отнюдь не только в школьной грамматике, ср. (Петерсон 1952; Апресян, Пекелис 2012б).[4]

3.4. Критерий морфосинтаксического локуса, предложенный А. А. Зализняком и Е. В. Падучевой:

> Если сложноподчиненное предложение, состоящее из главного *Г* и придаточного *П*, входит целиком в качестве придаточного в более крупный комплекс *Г' (ГП)*, где *Г'* главное, и если при этом *Г'* требует от сказуемого подчиненного ему предложения некоторого автоматического изменения (например, постановки в определенном наклонении), то данное изменение происходит со сказуемым предложения *Г*, но не *П*. Например: *Он покупает книги* (Г), *которые ему приносят* (П) – *Я хочу* (Г'), *чтобы он покупал книги, которые ему приносят.* В

---

3 Здесь и далее, учитывая очевидный подчинительный характер временно́го *тогда как*, в целях экономии места его поведение с точки зрения приводимых критериев не рассматриваем.

4 Более удачным представляется решение, принятое в (Шведова 1980: Т. 1, 715; Т. 2, 616), где *однако* квалифицируется как аналог союза.

сложносочиненном предложении подобные эффекты распространяются на сказуемые обеих частей (Зализняк, Падучева 1975: 58; цит. по: Пекелис 2015).

Попытка подчинить (15) главной части *Я не верю, чтобы…*, требующей от сказуемого подчиненного компонента изменения формы наклонения, приводит к амбивалентному результату:

(15.2) Я не верю, чтобы огромный сивуч был способен удержать свой небольшой гарем всего около недели, **тогда как** скромная летучая мышь-копьенос опекает / опекала бы в гареме десятки самок в течение нескольких лет.

Различие допустимых вариантов в том, что при сохранении в последней клаузе исходной формы индикатива настоящего времени значение клаузы оказывается фактивным и сомнению не подвергается, то есть не входит в сферу действия оператора сомнения *не верю*. В этом случае не происходит и подчинения всей исходной конструкции этому оператору: мы имеем структуру

(15.3) {[Я не верю], (чтобы…)}, тогда как […].

Сфера действия оператора сомнения распространяется на обе исходных клаузы только в варианте с изменением формы наклонения сказуемого в последней клаузе:

(15.4) {[Я не верю], (чтобы…), тогда как (…)}.

Однако то же может быть констатировано и для примера А. А. Зализняка и Е. В. Падучевой: если говорящий мыслит обе ситуации ‘ему приносят книги’ и ‘он покупает эти книги’ как гипотетические (желаемые), они должны равным образом подчиняться оператору оптативности, и говорящий должен будет сказать *Я хочу, чтобы он покупал книги, которые ему приносили бы* или *Я хочу, чтобы ему приносили книги, которые он покупал бы*. Следовательно, различие между сочинением и подчинением, с точки зрения этого критерия, состоит в том, что сочинение не допускает сохранения в одной из клауз исходной формы (невозможно *Петя спит, а Маша читает* → **Я не верю, чтобы Петя спал, а Маша читает*), а подчинение допускает обе возможности.

Таким образом, по критерию морфосинтаксического локуса сопоставительный *тогда как* ведет себя как подчинительный союз.

3.5. Критерий «ограничения на сочиненную структуру» (Coordinate Structure Constraint) (Ross 1967). Как поясняет О. Е. Пекелис,

при сочинении обычно невозможно применение таких операций к сочиненной группе, которые включают в сферу действия только один конъюнкт. В частности, невозможно задать вопрос к одному конъюнкту, оставив вне сферы действия вопроса другой. Ср.: **Кто и Маша пришли?* (вопрос к предложению *Петя* *и* Маша *пришли*), **Кто рыжий, а Вася блондин?* (вопрос к предложению *Петя рыжий, а Вася блондин*) (Пекелис 2015).

Между тем при подчинении подобные операции не ограничены: *Петя пришел, когда Маша уже спала → Кто пришел, когда Маша уже спала?*; *Петя пришел, когда кто уже спал?*

По этому критерию предложения с сопоставительным *тогда как* должны быть признаны сложноподчиненными:

(15.5) **Кто** способен удержать свой небольшой гарем всего около недели, **тогда как** скромная летучая мышь копьенос опекает в гареме десятки самок в течение нескольких лет?

3.6. Эллипсис. «В сочинительных конструкциях, — пишет О. Е. Пекелис со ссылками на работы (Jackendoff 1972; van Oirsouw 1987; Lagerwerf 1998; Тестелец 2001), — достаточно свободно применяется так называмое сокращение с образованием «внутреннего пробела» (англ. *gapping*), в то время как в подчиненных клаузах это часто невозможно»; при сочинении возможно также «сокращение крайней правой составляющей в первом конъюнкте» (Пекелис 2015).

По этому критерию сопоставительный *тогда как* демонстрирует признаки сочинительного союза:

(15.6) Огромный сивуч способен удержать свой небольшой гарем всего около недели, **тогда как** скромная летучая мышь-копьенос — в течение нескольких лет

(15.6) Огромный сивуч всего около недели, **тогда как** скромная летучая мышь-копьенос в течение нескольких лет удерживает свой гарем.

3.7. Поведение анафорических местоимений:

В сложноподчиненном предложении подлежащее главной клаузы, выраженное анафорическим местоимением, не может быть кореферентно никакому актанту, выраженному полной именной группой зависимой клаузы, если главная клауза предшествует зависимой; для сложносочиненного предложения такой запрет не действует (там же).

Поскольку в приведенных выше примерах кандидатов на роль местоименного подлежащего первой клаузы, кореферентного какой-либо полной именной группе во второй клаузе, нет, используем сконструированный пример:

(16) Петя считает себя всеобщим любимцем, **тогда как** на самом деле его тихо ненавидит весь класс →

(16.1) Он считает себя всеобщим любимцем, **тогда как** на самом деле Петю тихо ненавидит весь класс.

Сопоставительный союз обнаруживает поведение сочинительного союза.

3.8. Способность к фокусированию (впервые отмечено в Haspelmath 1995: 15): «союз в подчинительных, но не сочинительных конструкциях может находиться в сфере действия **фокусных частиц** (англ. *focus particles*)» — таких, как рус. *только, именно, лишь* (Пекелис 2015): *Я понял это* ***только когда*** *прочитал книгу в третий раз*.

Сопоставительный *тогда как* в сфере действия фокусных частиц оказаться не может. Следовательно, и здесь он демонстрирует признак сочинительного союза.

3.9. Обсуждение результатов. Мы рассмотрели поведение сопоставительного союза *тогда как* по 8 критериям, оставив в стороне еще 2 (способность к включению синтаксических конструкций, обладающих признаком неподчинимости, и возможность замены главной клаузы при сентенциальном обстоятельстве на анафорическое *это* (там же)), которые в данном случае можно счесть нерелевантными. Оказалось, что по 4 критериям из 8 союз ведет себя как сочинительный, причем еще в одном случае, как показано в 2.2, признание поведения союза соответствующим стандарту подчинения довольно условно, см. табл. 1.

Перед нами один из типичных случаев, когда союз не может быть однозначно охарактеризован как сочинительный или подчинительный. О сопоставительном *тогда как* можно говорить как о преимущественно сочинительном союзе, несмотря на его «подчинительное» происхождение, в то время как темпоральный *тогда как* безоговорочно является подчинительным.

Табл. 1: Результаты анализа поведения сопоставительного союза тогда как *в соответствии с критериями разграничения сочинения и подчинения*

	Критерии							
	Проницаемость структуры	Позиция союза	Связывание однородных придаточных	Морфосинтаксический локус	Ограничение на сочиненную структуру	Эллипсис	Поведение анафорических местоимений	Способность к фокусированию
Поведение союза: сочинительное (С), подчинительное (П)	С	?П	П	П	П	С	С	С

4. С точки зрения категории логического порядка

Ни история, ни противоречивая природа союза *тогда как* не являются чем-то исключительным. Сходные наблюдения и факты излагались неоднократно. Еще в середине XX в. В. В. Виноградов писал:

> …с морфологической точки зрения грань между сочинительными и подчинительными союзами очень скользка и неопределенна. Было бы осторожнее вместо с о ч и н е н и я и п о д ч и н е н и я предложений говорить (как это предлагал акад. А. А. Шахматов) о разных видах сцепления предложений и о разных степенях их зависимости, выражаемых союзами и другими грамматическими средствами (Виноградов 1972: 554).

Именно подобные соображения легли в основу предложенного мною ранее понятия семантической **категории логического порядка** (Дымарский 2018). В указанной работе она была охарактеризована как семантико-грамматическая категория, определяющая грамматический способ соединения элементов, не образующих предикативного центра предложения (в том числе составного сказуемого), в рамках некоторой синтаксической конструкции (там же: 26). Предпринятое выше краткое рассмотрение истории сопоставительного союза *тогда как* и его природы заставляет взглянуть на эту категорию несколько иначе.

Категория логического порядка — это прежде всего семантическая категория, объединяющая синтаксические значения (отношения), оттенки значений, многообразные контаминации значений и их оттенков. Первичны именно эти семантические сущности: отношения одновременности, противопоставления, уступки, ограничения, сопоставления и т. д.; именно их говорящий стремится выразить, ища для этого подходящие средства. Средства же — прежде всего союзы — вторичны, изменчивы, подвижны; язык находится в бесконечном процессе совершенствования системы этих средств.

В каждом конкретном высказывании желание говорящего выразить отношение, которое на самом деле может быть сложной комбинацией отношений и их оттенков, влечет за собой выбор некоторого средства; этот выбор может быть удачным и неудачным, адекватным желаемому и не вполне адекватным, точным и неточным. Поэтому и создается такая ситуация, когда, с одной стороны, одно и то же синтаксическое отношение может быть актуализировано разными союзами, с другой стороны — один и тот же союз может привлекаться при выражении разных отношений. При этом нужно иметь в виду, что союз служит именем отношения и тем самым его выразителем в крайне немногочисленных случаях (таков, например, следственный союз *так что*), в большинстве же случаев союз **актуализирует** отношение и лишь в какой-то мере является его именем; собственно отношение устанавливается не союзом, даже если он стопроцентно семантический, а говорящим, то есть всем составом связываемых компонентов. В противном случае предложения вида **Ивану вручили крупную денежную премию, так что теперь ему совсем не на что существовать* не воспринимались бы как аномальные.

Учитывая диффузный характер соотнесенности семантической категории логического порядка с системой союзов и союзных средств (аналогов союзов, функциональных эквивалентов союзов, союзных слов), можно попытаться объединить их в **семантико-грамматической** категории логического порядка, отличающейся от функционально-семантических категорий (в смысле А. В. Бондарко) нецентрированной структурой и нечеткостью связей «функция (значение) — форма». При этом понятия сочинения и подчинения следут вывести за рамки данной категории, так как это, прежде всего, отнюдь не те значения (отношения), которые стремится выразить говорящий. Ему, в конечном счете, безразлично, сочинительная или подчинительная конструкция у него получится, важно лишь, чтобы были достаточно ясно выражены необходимые отношения. Сочинительный или подчинительный характер конструкции — результат действия целого ряда факторов, мало контролируемых или вовсе не контролируемых говорящим. Среди них следует назвать осмысление (в общем случае неосознанное) связываемых ситуаций как рядоположенных сущностей или как сущностей, из которых одна является компонентом другой; исторически объясняемую способность или неспособность союза слиться с вводимой им клаузой (на этом наблюдении А. М. Пешковского основаны три из перечисленных выше критериев — 2.1, 2.2, 2.8); явную предрасположенность союза к функционированию сочинительного или подчинительного типа, определяемую, помимо происхождения и традиции, его семантическими сближениями с другими союзами, или отсутствие однозначной предрасположенности.

Оппозиция сочинения — подчинения как бы надстраивается над семантико-грамматической категорией логического порядка. Образно говоря, эту категорию можно уподобить бассейну с двумя неперемешивающимися слоями воды. Один слой — среда обитания значений, второй — средств их актуализации. Оба слоя подвижны, и вся жизнь бассейна состоит в соединениях и разъединениях значений в одном слое и поиске наиболее подходящих в каждом случае средств в другом слое; в видоизменениях и эволюции средств под действием меняющихся требований, исходящих из сопряженного слоя. Помимо этого, в противоположных концах бассейна установлены магниты, к воздействию которых «обитатели» слоя средств небезразличны, хотя и в разной степени: это сочинение и подчинение как идеальные сущности. Поляризующее воздействие этих «магнитов» превращает одни средства в союзы, способные функционировать только в сочинительных конструкциях, другие — в столь же строго подчинительные союзы, третьи — в **квазисочинительные**, четвертые — в **квазиподчинительные** союзы, в разных конструкциях обнаруживающие различные свойства.

Исходя из этого представления и соглашаясь с тем, что союз *тогда как* в одних случаях обслуживает предложения с уступительной семантикой, в других — с темпоральной, в третьих — с сопоставительной, я не могу принять его безоговорочную характеристику как подчинительного или как сочинительного.[5] Это квазисочинительный союз, когда он связан с сопоставлением, и квазиподчинительный союз, когда он актуализирует уступку. По-видимому, вопреки сказанному выше, следует все-таки отказаться от утверждения об омонимии двух разных *тогда как*. Не о разных омонимичных союзах следует вести речь, а о разных семантических конфигурациях, привлекающих для своей актуализации этот союз, опираясь на его исходное темпоральное значение одновременности и на широкую качественную семантику элемента *как*, естественным образом порождающую в одних случаях основание для сопоставления, в других — для уступки, внутри которой, как известно, также кроется семантика противопоставления.

Категория логического порядка, понимаемая прежде всего как изменчивый, подвижный континуум синтаксических значений, может, таким образом, рассматриваться в качестве причины и стимула важных процессов, происходящих в системе средств синтаксической связи. Возникновение, развитие, закрепление нового союза, его последующие переосмысления, перепрофилирования (дрейф в сторону сочинительности) — все это процессы, которые происходят не случайно, а благодаря потребности в более точной, прямой актуализации сложных синтаксических отношений, которые изменчивы, прихотливы и в силу этого постоянно выдвигают новые требования.

Размышляя о союзе *тогда как*, я не мог не вспомнить одну из самых замечательных (и самых длинных) фраз В. В. Набокова. Мне казалось, что в ней должен был быть употреблен именно этот союз, но это следовало проверить. К моему удовлетворению, выяснилось, что так и есть. Но важно другое: хотя *тогда как* отнюдь не единственный сопоставительный союз в русском языке, представить себе на его месте в этой фразе другой союз невозможно.[6] Наверное, не будет слишком сильным утверждением сказать, что не только

---

5 Любопытно, что О. Е. Пекелис, в совместных с В. Ю. Апресян статьях 2011–2012 гг. писавшая о союзе *тогда как* как о подчинительном уступительном, в статье 2015 г. приходит к выводу, что традиционная квалификация его как подчинительного ошибочна и что «разумным представляется… квалифицировать их (*так что*, *ибо*, *тогда как* и нек. др. — *М. Д.*) как сочинительные» (Пекелис 2015).

6 Союз *в то время как* нарушил бы ритм фразы.

требования семантики вызвали к жизни новый союз, но и союз постепенно сформировал тип контекста, в котором безраздельно господствует только он:

(17) …это белое сияние ширилось, ширилось, все растворялось в нем, все исчезало, и я уже стоял на вокзале, в Милане, с газетой, из которой узнал, что желтый автомобиль, виденный мной под платанами, потерпел за Фиальтой крушение <…> причем Фердинанд и его приятель <…> отделались местным и временным повреждением чешуи, **тогда как** Нина, несмотря на свое давнее, преданное подражание им, оказалась все-таки смертной (В. Набоков. *Весна в Фиальте*).

Литература

Апресян, Валентина / Пекелис, Ольга: Подчинительные союзы. *Материалы для проекта корпусного описания русской грамматики.* На правах рукописи. Москва, 2012а. http://rusgram.ru. Дата обращения: 15.05.2020.

Апресян, Валентина / Пекелис, Ольга: Сочинительные союзы. *Материалы для проекта корпусного описания русской грамматики.* На правах рукописи. Москва, 2012б. http://rusgram.ru. Дата обращения: 15.05.2020.

Апресян, Валентина / Пекелис, Ольга: Союз. *Материалы для проекта корпусного описания русской грамматики.* На правах рукописи. Москва, 2011. http://rusgram.ru. Дата обращения: 15.05.2020.

Виноградов, Виктор: *Русский язык (грамматическое учение о слове)*, 2-е изд. Москва: Высшая школа, 1972.

Дымарский, Михаил: Категория логического порядка в текстах двух российских конституций. Статья 1. Союз *и*. *Университетский научный журнал / Humanities & Science University Journal. Филологические и исторические науки, археология и искусствоведение*, 43, 22–40. 2018.

Зализняк, Андрей / Падучева, Елена: К типологии относительного предложения. *Семиотика и информатика*, 6, 51–101. 1975.

Иванова, Александра: Сложные синтаксические конструкции с *который* в современном русском языке (исторический аспект). *Известия Алтайского государственного университета*, 3, 102–116. 1998.

Иванчикова, Евгения / Поспелов, Николай: Изменения в строе сложноподчиненного предложения в русском литературном языке XIX в. Виноградов, Виктор / Шведова, Наталия (ред.): *Очерки по исторической грамматике русского литературного языка XIX века*). Москва: Наука, 1964.

Инютина, Людмила / Шильникова, Татьяна: Об изменении синтаксической системы сложных предложений в русском языке XVII века (на материале сибирских челобитных грамот). *Научный диалог*, 1 (8), 97–107. 2020.

Колесов, Виктор: *Историческая грамматика русского языка*. Москва / Санкт-Петербург: Факультет филологии и искусств СПбГУ / Академия, 2009.

Николаева, Татьяна: Сочинительные союзы *а*, *но*, *и*: история, сходства и различия. Николаева, Татьяна (ред.): *Славянские сочинительные союзы*, 3–24. Москва: Институт славяноведения и балканистики РАН, 1997.

Пекелис, Ольга: Сочинение и подчинение. *Материалы для проекта корпусного описания русской грамматики. На правах рукописи.* Москва, 2015. http://rusgram.ru. Дата обращения: 15.05.2020.

Петерсон, Михаил: Союзы в русском языке. *Русский язык в школе*, 5, 28–34. 1952.

Подтергера, Ирина: Относительные предложения в русско-церковнославянском переводе «латинских» книг Геннадиевской библии (на примере 1-й книги Паралипоменон). *Труды ИРЯ им. В. В. Виноградова*, 22, 578–616. Москва, 2019.

Преображенская, Мария: *Служебные средства в истории синтаксического строя русского языка XI–XVII вв. (Сложноподчиненное предложение)*. Москва: Издательство ИРЯ РАН, 1991.

Тестелец, Яков: *Введение в общий синтаксис*. Москва: РГГУ, 2001.

Черкасова, Евдокия: *Русские союзы неместоименного происхождения*. Москва: Наука, 1973.

Шведова, Наталия (ред.): *Русская грамматика*. В 2-х тт. Т. 2. Москва: Наука, 1980.

Ширяев, Евгений: *Бессоюзное сложное предложение в современном русском языке*. Москва: Наука, 1986.

Haspelmath, Martin: The converb as a cross-linguistically valid category. Haspelmath, Martin / König, Ekkehard (eds.): *Converbs in Cross-linguistic Perspective,* 1–55. Berlin: de Gruyter Mouton, 1995.

Jackendoff, Ray: Gapping and Related Rules. *Linguistic Inquiry*, 2, 21–35. 1972.

Lagerwerf, Luuk: *Causal Connectives Have Presuppositions. Effects on Coherence and Discourse Structure*. The Hague: Holland Academic Graphics, 1998.

Ross, John: *Constraints on Variables in Syntax:* Ph.D. Thesis. Cambridge: Massachusetts Institute of Technology, 1967.

van Oirsouw, Robert: *The Syntax of Coordination*. London: Croom Helm, 1987.

Gender and personification: personifying nouns in 19th–21st century Russian poetry

Natal'ia Fateeva,[*] Zoia Petrova[†]

Abstract: This article analyzes the correlation between the gender of the subject of personification and the personifier expressed by a noun – designation of a person in comparative tropes (metaphors and similes) with the meaning of personification in Russian poetry of the 19th to 21st centuries. The results of the corpus study are based on quantitative data on the distribution of personifiers by gender in various subjects of comparison. On the one hand, these confirm the main pattern (revealed earlier by linguists) of the generic correlation of the subject of comparison and the personifier in the constructions of personification, and in cases of decorrelation, more widespread occurrence of masculinization of feminine nouns than feminization of the masculine. On the other hand, these make it possible to introduce into these patterns a number of correctives concerning the different probabilities of generic decorrelation in different semantic classes of designations of persons, as well as in different constructions (metaphor/simile). Depending on the number of the subject of comparison and personifier, a conclusion is made about the predominance of masculine personifiers in subjects of comparison of the neuter gender.

Keywords: category of gender, personification, metaphor, simile, Russian poetry

Категория рода и олицетворение: персонификаторы-субстантивы в языке русской поэзии XIX–XXI вв.

Наталья Фатеева, Зоя Петрова

Резюме: Статья посвящена анализу соотнесения родовой принадлежности предмета олицетворения и персонификатора, выраженного именем существительным – обозначением лица в компаративных тропах (метафорах и сравнениях) со значением олицетворения в русской поэзии XIX–XXI вв. Результаты проведенного корпусного исследования, основанного на количественных данных распределения персонификаторов по родам у различных предметов сравнения, с одной стороны, подтверждают выявленную ранее лингвистами основную закономерность родовой корреляции предмета сравнения и персонификатора в конструкциях олицетворения и в случаях декорреляции – большую распространенность маскулинизации субстантивов женского рода, чем феминизации мужского, а, с другой стороны, позволяют внести в эти закономерности ряд уточнений, касающихся разной вероятности родовой декорреляции у разных семантических классов обозначений лиц, а также в зависимости от конструкции, в которой выражено олицетворение (метафора / сравнение) и от числа предмета сравнения и персонификатора. Можно также сделать вывод о преобладании персонификаторов мужского рода у предметов сравнения среднего рода.

Ключевые слова: категория рода, олицетворение, метафора, сравнение, русская поэзия

* V. V. Vinogradov Russian Language Institute (RAS), e-mail: nafata@rambler.ru
† V. V. Vinogradov Russian Language Institute (RAS)

1. Введение

Категория рода с точки зрения ее креативных возможностей в разных функциональных разновидностях языка, включая художественную речь, рассматривалась в работах (Ревзина 1976: 10; Хайрутдинова 2002: 93–101; Хайрутдинова 2009: 35–39; Ремчукова 2005: 86; Богатырева 2008 и др.). Специальному исследованию функционирования категории рода в поэтическом языке, в основном в аспекте девиаций, посвящены работы (Ионова 1988: 46–47; Зубова [электронный ресурс]; Николина 2009: 155–158; Фатеева 2017: 156–164). Проблема, которой мы посвятили свое исследование, – проявление родовой категориальности в конструкциях олицетворения, – изучена менее всего. Основополагающей в этом направлении является книга Я. И. Гина (1992: 33–71). Наблюдения над родовой корреляцией/декорреляцией имен одной семантической группы – терминов родства – содержатся в работе М. А. Журинской (1979: 249–260). Категория рода при олицетворении одного концепта, *смерть*, на протяжении более двух веков русской литературы рассмотрена в работе (Петрова, Фатеева 2018: 104–110).

2. Методика исследования и материал

Данная статья посвящена анализу соотнесения родовой принадлежности предмета олицетворения и персонификатора, выраженного именем существительным – обозначением лица в компаративных тропах (метафорах и сравнениях) со значением олицетворения в русской поэзии XIX–XXI вв. Рассматриваются такие конструкции, как метафорическая замена, метафорическая перифраза, сравнение-приложение, различные сравнительные обороты. Для анализа привлекаются контексты, извлеченные из базы данных создаваемого в ИРЯ РАН шестого выпуска словаря метафор и сравнений русской литературы XIX-XXI вв., в котором собраны компаративные конструкции со значением персонификации, а также из Поэтического подкорпуса НКРЯ. При обработке языкового материала применялись описательный и структурно-семантический методы.

3. Анализ и его результаты

Я. И. Гин (1992) делает ряд важных выводов относительно роли категории рода в олицетворении, о корреляции рода и пола олицетворенных субстантивов. В основном, по мнению ученого, существительные мужского и женского рода в позиции олицетворения приобретают «значение пола, одноименное с граммемой рода» (в частности, в применении к интересующим нас конструкциям, это означает, что род персонификатора совпадает с родом предмета олицетворения). Отмечаются и отступления от этого правила, родовая декорреляция. Относительно них делается вывод о «семантической немаркированности мужского рода», приводятся примеры характеристики олицетворенных существительных женского рода персонификаторами мужского рода, что подтверждают и данные М. А. Журинской об употреблении терминов родства в контекстах персонификации: у персонификаторов женского рода наблюдается строгая родо-половая мотивация, у персонификаторов мужского рода она может нарушаться, они в ряде случаев относятся к олицетворяемым существительным женского рода. Особое внимание Я. И. Гин уделяет словам среднего рода в конструкциях персонификации, у них, по его мнению, проблема выбора рода стоит очень остро. На этот выбор влияют, с одной стороны, различные контекстные факторы: ассимиляция и диссимиляция по полу с другими именами в том же контексте, просодия, с другой стороны, фольклорные традиции употребления образа, его мифологические источники, а также литературная традиция.

Мы решили проанализировать проблемы корреляции/декорреляции рода предмета олицетворения и персонификатора на обширном языковом материале, доступном в настоящее время благодаря НКРЯ, а также базе данных нашего словаря метафор и сравнений. По нашему мнению, реальные закономерности поведения категории рода в олицетворении можно получить только на большом множестве примеров, и эти закономерности носят относительно-количественный характер. Нами было рассмотрено около 50 субстантивов, выступающих в роли предмета олицетворения и относящихся к мужскому, женскому и среднему роду: *время*, *жизнь, судьба, рок, день, ночь, утро, вечер, зима, весна, лето, осень, смерть, солнце, море*, названия растений и атмосферных явлений, городов, рек и нек. др. В результате исследования выяснилось, что в отношении предметов олицетворения мужского и женского рода в большинстве случаев род предмета и образа сравнения совпадает, например, у предмета олицетворения женского рода *ночь* 79 образных обозначений женского рода: *царица*, *владычица*, *повелительница*, *властительница*, *принцесса*, *хозяйка*, *волшебница*, *колдунья*, *кудесница*, *ясновидящая*, *гадалка*, *вещунья*, *исповедница*, *схимница*, *монашка*, *молчальница*, *жрица*, *знахарка*, *целительница*, *пряха*, *садовница*, *служанка*, *сторожиха*, *повитуха*, *пенсионерка*, *преступница*, *уголовница*, *стерва*, *подруга*, *наперсница*, *сообщница*, *дочь*, *мать*, *праматерь*, *мама*, *бабушка*, *невеста*, *любовница*, *грешница*, *вакханка*, *блудница*, *чаровница*, *самодурка*, *притворщица*, *дикарка*, *старуха*, *карга*, *женщина*, *дева*, *арабка*, *арапка*, *эскимоска*, *цыганка* и др.:

(1) Из-за темных дубов Ночь-*царица* глядит (И. Никитин)

(2) О *повелительница* ночь, Никто не в силах превозмочь Победный шаг твоих сандалий! (Н. Гумилев)

(3) Ночь — *преступница и монашка*. / Ночь проходит, потупив взгляд (М. Цветаева)

(4) Да, мучились мы много, нас обнимала ночь, как плачущая *мать* (В. Набоков)

(5) О ночь, *вакханка* молодая, В объятьях солнца умерла! (Д. Мережковский)

(6) Ночь гремела *самодуркой*, Все к чертям летело, к черту (Н. Заболоцкий)

(7) Ночь, *женщиной* еще не причесанной, Морю склонясь на плечо, Задумалась (К. Большаков)

(8) Лунная ночка смугла, Ночь — как *цыганка-пророчица* (И. Чиннов).

Образов сравнения – обозначений лиц мужского рода у *ночи* в четыре раза меньше (20): *царь*, *священник*, *иерей*, *жрец*, *лекарь*, *охотник*, *зодчий*, *чернорабочий*, *церемониймейстер*, *тать*, *вор*, *налетчик*, *друг*, *враг*, *брат*, *гость*, *пришлец*, *путник* и нек. др.:

(9) Ночь, древний *царь* многоодеждный (В. Брюсов)

(10) Ночь, как *священник* в черной рясе, Степь обходила, рожь кропя (В. Нарбут)

(11) Но ночь, подкравшись словно *вор*, Вдруг падала (С. Соловьев)

(12) А ночь — бесшумный *церемониймейстер* — К параду улицы готовит (В. Юрасов).

Обозначений лиц общего рода у *ночи* — 4: *убийца*, *сволочь*, *подлюга*, *сирота*.

У предмета сравнения мужского рода *день* преобладают образы сравнения мужского рода: *гость, пришелец, прогульщик, грешник, блудный сын, изгнанник, лихач, всадник, ипохондрик, спорщик, скороход, враг, брат, первенец, суженый, вор, фарцовщик, медвежатник, злодей, выродок, тапер, паладин, рыбарь, воин, труженик, лакей, холуй, велосипедист, делец, тореро, пенсионер, заочник, жрец, мальчик, мужчина* и др. (общее количество обозначений – 41):

(13) День-*лихач* проскакал, как бешеный, Вышиб искры из глаз фонарей (А. Баркова)

(14) Как *ипохондрик*, день нечесан и небрит (Г. Голохвастов)

(15) Тоскливый день, и бледный, и туманный, Подкрался к нам, как *вор*, как *гость* незваный… (С. Сафонов)

(16) Мне кажется, надев свой рваный ватник, Бредет *фарцовщик* или *медвежатник* — Расконвоированный день (С. Липкин).

Обозначений женского рода всего три (в 12 раз меньше, чем слов мужского рода): *девушка*, *красавица*, *вакханка*:

(17) Осенний день, как старая *вакханка*, Для смерти полюбил поддельные цвета (В. Набоков)

(18) Здравствуй, пасмурный день! Ты похож На слепую *красавицу*, Обрученный со смертью, — цветешь, Умираешь — в цвету (С. Липкин).

Также у *дня* три обозначения общего рода: *пьяница*, *убийца*, *малютка*.

В ряде контекстов образные обозначения *дня* и *ночи* противопоставлены по роду:

(19) Ночь — *женщина*, *мужчина* — день, Но есть часы — гермафродиты… Вот этот час: ни свет, ни тень, В нем нежность и суровость слиты… (Б. Божнев)

(20) Будто день — *пенсионер*, Ночь — *пенсионерка*, А рассвет хоть сыр и сер, С дождичком из высших сфер, Утречком поверка (М. Зенкевич).

Среди названий городов имя женского рода – *Москва* характеризуется обозначениями лиц женского рода: *мать*, *матушка*, *сестра*, *кормилица*, *старуха*, *красавица*, *девушка*, *женщина*, *потаскуха*, *шлюха*, *курва*:

(21) То величья дочь святая, То России голова, Наша *матушка* родная, Златоглавая Москва! (Л. Мей)

(21) У кого под перчаткой не хватит тепла, Чтоб объездить всю *курву* Москву (О. Мандельштам)

(22) Москва, как пожилая *потаскуха*, / любительница грубых украшений (Ю. Карабчиевский),

имена *Петербург*, *Петроград*, *Ленинград* – словами мужского рода:

Петербург – чародей, *властелин*, *барин*:

(23) Так вот он, прежний *чародей*, / глядевший вдаль холодным взором <…> теперь же, падший *властелин*, / он умер, скорбен и один… (В. Набоков. *Петербург*),

Петроград –

(24) Простой Москвы надменный *брат* (В. Лебедев),

Ленинград – вождь революции, *часовой*, *отец*, *друг*, *великомученик*:

(25) И под фашистских пушек вой Таким, каким его мы знаем, Он [Ленинград] принял бой, как *часовой*, Чей пост вовеки несменяем! (Н. Тихонов)

(26) Последнюю и высшую отраду – Мое молчанье – отдаю *Великомученику* Ленинграду (А. Ахматова).

Как мы видим, хотя преимущественно наблюдается соответствие рода предмета и образа сравнения, все же встречаются и контексты с родовой декорреляцией, причем процент маскулинизации предметов сравнения женского рода выше, чем феминизации мужского. Анализ материала показал, что эта тенденция декорреляции связана с семантическим классом персонификатора. Мы подразделили персонификаторы на следующие основные семантические классы: «Названия профессий, занятий, функций», «Обозначения родства и отношений между людьми», «Обозначения по возрасту и полу», «Обозначения по физическим характеристикам» и нек. др.

Маскулинизация предметов сравнения женского рода происходит чаще, чем феминизация мужского, так как она более распространена в семантических классах персонификаторов «Названия профессий, занятий, функций»: *вор*, *палач*, *врач*, *всадник*, *сторож*, *священник* и пр. и «Обозначения родства и отношений между людьми»: *друг*, *дружок*, *враг* и т. д. Это, по нашему мнению, связано с общеязыковыми особенностями этих классов слов, которые часто могут обозначать лиц женского пола. В классе обозначений лиц, в семантике которых признак пола является основным, такие несовпадения встречаются редко, и декорреляция ощущается как резкий диссонанс.

Например, общее количество контекстов характеристики *весны* обозначениями лиц – 72, из них слов женского рода – 66 (*мать*, *сестра*, *дева*, *девица*, *девушка*, *царица*, *царевна*, *королева*, *волшебница*, *чародейка*, *колдунья*, *красавица*, *странница*, *рыбачка*, *сиделка* и др.):

(27) Эй, в черном ситчике, неряха городская, Ну, здравствуй, *мать*-весна! (А. Тарковский)

(28) Но мне не верится: когда ж она Пришла сюда, игривая весна, Как *дева* пышная в наряде брачном? (А. Майков)

(29) Хороша весна-*царица*, В плащ цветной одета! (И. Суриков)

(30) Но в этот год по-новому приемлю *Волшебницу*-весну, иной ей шлю привет (И. Бем)

(31) Но да будет надежде отчизна верна, *Чародейкой*-весною согрета! (Л. Трефолев)

(32) Не так она являлась мне, бывало, *Красавица, волшебница*-весна! (А. Апухтин)

(32) Широким неводом цветов Весна *рыбачкою* одета (В. Хлебников)

(33) Тогда весна сидит *сиделкой* У первых дней зеленой силы (В. Хлебников),

общего рода – 2 (*неряха*, *невидимка*):

(34) Станешь душистой весной-*невидимкой* Дерн надмогильный смиренно топтать (К. Фофанов),

мужского рода, обозначающих профессии, занятия – 2 (*художник*, *волшебник*):

(35) Здесь весна, как *художник* уж славный, работает тихо, От цветов до других по неделе проходит и боле (А. Майков)

(36) Весна, как *волшебник* нежданный, Пронесется в лучах, и растопит снега и угонит (А. Майков),

мужского рода, обозначающих человеческие отношения, – 1 (*дружок*):

(37) Приди ж, *дружок*-весна, скорей Из-за лазоревых морей… (Саша Черный),

мужского рода, обозначающих пол, возраст и физические характеристики, — 1 (*детина*):

(38) И усмехнулся он невинно, Что это — не его вина, — Большой веснушчатый *детина*, Так называемый — Весна (Л. Мартынов).

В контекстах родовой декорреляции с обозначениями профессий, занятий и отношений (*художник*, *волшебник*, *дружок*) несовпадение по роду не ощущается как нечто необычное, в то время как употребление обозначения *детина* при характеристике *весны* полемизирует с поэтической традицией.

Феминизация субстантивов мужского рода наблюдается значительно реже, интересен случай добавления к названию профессии указания на женский пол в конструкции параллелизма:

(39) Это стих вам навстречу спешит, Будто *женщина-врач* в самолете Над Чукоткой к больному летит (М. Светлов).

На процесс родовой декорреляции при олицетворении влияет не только семантический класс персонификатора, но и конструкция, в которой она актуализируется. Так, несовпадение по роду предмета сравнения (мужского рода) и образа сравнения (женского рода) преимущественно происходит в сравнительных конструкциях, а не в метафорических, и само это несовпадение нивелируется конструкцией, так как на первый план выходит признак сравнения:

(40) Омывшись на заре душистою росою, Сегодня ясный день, как *девушка*, румян (С. Надсон)

(41) Дождь, как *женщина*, влажен, и млечен, и слаб (В. Соснора).

Декорреляция по роду часто наблюдается в конструкциях с множественным числом:

(42) Стихи, как *женщины*: нам с ними ли расстаться?. Когда не любят нас, хотим их презирать, Но всё не престаем прекрасных обожать! (К. Батюшков).

Нередко наблюдаются оба эти фактора, способствующие декорреляции, – и сравнительная конструкция, и множественное число.

В связи с родовой декорреляцией среди персонификаторов – обозначений лиц довольно часто возникают пары дериватов, соотнесенные по роду. Один и тот же предмет сравнения может быть охарактеризован обоими членами пары, например: *весна – волшебник* и *волшебница*, *ночь – жрец* и *жрица* и т. д.

Перечисленные выше закономерности наиболее ярко проявляются при сопоставлении персонификации синонимичных предметов сравнения разного рода. Так, при сопоставлении двух олицетворяемых понятий – *судьба* и *рок* – получены следующие количественные данные: у *судьбы* персонификаторов женского рода – 59 (*хозяйка*, *раба*, *колдунья*, *гадалка*, *кудесница*, *злодейка*, *лиходейка*, *ведьма*, *служанка*, *гувернантка*, *летчица*, *переводчица*, *паразитка*, *мачеха*, *свекровь* и др.):

(43) Два месяца ровно со лба Отбрасывать пряди упрямо, А дальше *хозяйка* — судьба, И переупрямит над Камой… (А. Тарковский)

(44) «Судьба — труба, судьба — *раба*», — / сказал московский лидер… (Ю. Карабчиевский)

(45) В страстях сгорела жизнь. И мне судьба-*колдунья* Солгала, как и ты… (Г. Голохвастов)

(46) И когда мне беззубым ртом Смерть предскажет судьба-*гадалка*, — В этом мире, уже пустом, Ничего мне не будет жалко!. (А. Несмелов)

(47) Эх, судьба-*злодейка*! Ты меня сгубила; В мрачный, тесный угол Злой нуждой забила (И. Суриков)

(48) Но, высоко поднявши чело, на вражду, на борьбу, Видно, звать ей надменно всегда *лиходейку*-судьбу (А. Григорьев)

(49) Только тешилась мной Злая *ведьма*-судьба, Жар души молодой Сокрушила борьба (И. Суриков)

(50) Туда, где бури ежедневны, Где стяг раскинула борьба, Где из настойчивой царевны *Служанкой* сделалась судьба… (В. Александровский)

(51) Иль боится он В чужих людях быть, С судьбой-*мачехой* Сам-собою жить? (А. Кольцов)

(52) Покорилась ли ты злой *свекрови*-судьбе, Или хочешь вздохнуть белой грудью вольней? Запряжем-ка скорей тройку борзых коней И помчимся вперед, и проскачем всю Русь… (Л. Трефолев)

(53) Нет, дописывать мне не хочется. Это все ненужно и зря. Ведь судьба — толковая *летчица* Всех нас вырулила из января (Б. Слуцкий)

(54) Ворошить не хочется Давние дела. Наспех судьба-*переводчица* Перевела-наврала (И. Елагин),

мужского – 20 (*тиран*, *вождь*, *палач*, *враг*, *драматург*, *кузнец*, *соглядатай*, *стрелок*, *стрелочник*, *часовой*, *пахарь* и др.):

(55) Судьба — невидимый, бесчувственный *тиран*, Необоримая ко счастию преграда! (В. Жуковский)

(56) Сама Судьба, бесстрастный *вождь* природы, Их зыблет колыбель. Блюсти, хранить и возвышать народы — Вот их тройная цель (А. Фет)

(57) О ловкий *драматург*, судьба, кричу я «браво» Той сцене выигрышной, где насмерть сам сражен, Как все подстроено правдиво и лукаво. Конец негаданный, а неизбежен он (В. Брюсов)

(58) Когда рука его сулила Нам тьму надежд, тогда сразила Его судьба, седой *палач*! (А. Полежаев)

(59) Не лютый ли ты *палач* мой, моя свирепая судьба? (Н. Гоголь)

(60) Судьба-*кузнец* свой тяжкий молот Еще испробует на нем [сердце] (В. Бенедиктов)

(61) С своей походною клюкой, С своими мрачными очами, Судьба, как грозный *часовой*, Повсюду следует за нами (А. Апухтин)

(62) Жизнь не то же ль, что охота? Лисий нрав, и прыть, и скок! Лазов много, нет им счета, А судьба — судьба *стрелок*! (К. Случевский)

(63) Наш *стрелочник*, судьба, безжалостной рукою На двух различных нас поставила путях, И скоро я умчусь с бессильною тоскою, Умчусь на всех моих парах (С. Надсон)

(64) И пусть, как *пахарь* торопливый, Морщину тяжкую судьба Положит вперекос на ниву Глубоко вспаханного лба! (С. Клычков),

общего – 3 (*персона*, *судья*, *убийца*):

(65) Судьба-насмешница — коварная *персона* — Печальный им готовила удел (С. Гусев-Оренбургский)

(66) Судьба — как женщина *судья* / со строгостью необходимой. / А перед ней — виновный я, / допрошенный и подсудимый (Б. Слуцкий)

(67) Зачем счастливейшее время Я отдал бурям и судьбе, Несправедливой, своенравной, *Убийце* пылкого ума?. (А. Полежаев).

У *рока* персонификаторов мужского рода – 24 (*тиран*, *миироправитель*, *властитель*, *хозяин*, *губитель*, *гонитель*, *победитель*, *палач*, *насильник*, *дед*, *друг*, *наставник*, *шизофреник* и др.):

(68) Разлука неизбежна: Так хочет рок-*тиран*. На части сердце рвется, С душою расстаюсь (И. Кованько)

(69) Всего прекрасного безжалостный *губитель*, Любимый сын владыки тьмы, Всемощный, вековой — и наш *мироправитель*! Он — рок; его добыча — мы (Н. Языков)

(70) Кто б ни был вождь, где б ни был случай, Над зыбью дней *властитель* Рок. Кто заградит в горах ревучий И к морю рухнувший поток? (В. Брюсов)

(71) Отчего? Молчи и дохни. Рок — *хозяин*, ты лишь раб. Плюнь, ослепни и оглохни, И ворочайся, как краб! (Саша Черный)

(72) Венец любви, венец желаньям! Теперь, Наина, ты моя! Победа наша, думал я. Но в самом деле *победитель* Был рок, упорный мой *гонитель* (А. Пушкин)

(73) Давно надежды луч отрадной Моей души не освещал, И рок — *губитель* беспощадной — Мой челн в реку забвенья мчал (Н. Языков)

(74) В борьбе на жизнь и смерть не сдамся я врагу! Тебе, наш рок-*палач*, ни одного стенанья И ни одной слезы простить я не могу За всё величье мироздания (Д. Мережковский)

(75) Певца-мечтателя в изгнаньи рок-*насильник* Бессмысленно связал с заводским верстаком… Тугой металл гудит под тяжким молотком, И целый день визжит назойливый напильник (Г. Голохвастов)

(76) Я вещам отдана в ученье. Испытания долог срок. Но уж близится примиренье — Станет *другом* враждебный рок (А. Герцык)

(77) Предел безмолвный, темный уголок! Немая пристань, где *наставник* рок, Спасительный, но в строгость облеченный, Назначил мне приют уединенный, — Сегодня будь святыней для меня! (В. Кюхельбекер)

(78) Нет мелодрамы, одна пантомима: На фоне огня, и неба, и дыма Жестикулирует Рок-*шизофреник* (И. Чиннов),

общего рода – 2 (*мироубийца*, *судья*):

(79) И, строгий, я — идя к чужим истокам, Кружась упорно у чужой межи — Все схвачены *мироубийцей*-Роком (В. Меркурьева)

(80) Дева нежная, подумай, Или все цветы весны На суровый и угрюмый Подвиг мы сменить вольны? Рок-*Судья!* Даруй удачу Ей в делах ее погонь. Отойду я и заплачу, Лишь тебя возьмет огонь (В. Хлебников),

персонификаторы женского рода отсутствуют.

При сопоставлении олицетворений *луны* и *месяца* видно, что в конструкциях персонификации *луны* преобладают обозначения женского рода (*жена*, *царица*, *красавица*, *дочь Земли*, *старуха*, *чужестранка*, *волшебница*, *владычица небес*):

(81) Небес лазоревых *царица*, Блеснула бледная луна (А. Полежаев)

(82) Серебрилась на небе Земля И Луна, ее старшая *дочь* (В. Брюсов)

(83) Луна *старуха* просит подаянья У кормчих звезд, у луговых огней (Д. Бурлюк)

(84) И на небе *чужестранка* Дышит бледная луна (В. Брюсов);

обозначений мужского рода значительно меньше (*прошлец иноплеменный*, *житель горних стран*, *друг*, *оратор*):

(85) Как *прошлец иноплеменный* В облаках луна скользит (М. Лермонтов)

(86) И как над горящею Францией / глухое лицо Марата, — / среди лихорадящих в трансе / луна — онемевший *оратор* (Н. Асеев).

В конструкциях персонификации *месяца* встречаются только обозначения мужского рода (*свидетель*, *властелин*, *чародей*, *друг*, *всадник*, *жнец*, *страж*, *татарин*, *поп*, *молодчина*):

(87) Раздвинул тучи месяц золотой, <…> *Свидетель* равнодушный тайн и дел, Которых день узнать бы не хотел, А тьма укрыть, он странствует один, Небесной степи бледный *властелин* (М. Лермонтов)

(88) Ясный месяц, ночной *чародей*! (Л. Мей)

(89) Месяц, *всадник* унылый, Уронил повода (С. Есенин)

(90) Какие, месяц, юный *жнец*, дары Ты мне сулишь серпом, сверкнувшим справа? (В. Иванов)

(91) Чтоб в окно, скуласт и смел, <…> Волчий месяц, как *татарин*, Губы вытянув, смотрел (П. Васильев)

(92) Сверкает в тучах месяц-*молодчина* (И. Бродский).

Обозначений женского рода не зафиксировано.

Как видно из приведенных выше количественных данных, среди персонификаторов встречаются и слова общего рода. Они могут характеризовать предметы сравнения разной родовой принадлежности, и у каждого из них свое распределение количества предметов сравнения разного рода. Например, слово *обжора* чаще характеризует предметы сравнения мужского рода (*паровоз*, *огонь*, *Париж*):

(93) Паровоз же толстенный — видать *обжору*, — Уголь ест за горою гору. Плюется, чихает, сопит добродушно (Л. Лавров)

(94) Огонь древесину глотал, как *обжора* (Н. Дементьев)

(95) Париж, *обжора*, ешь и чавкай, Набей получше свой живот (И. Эренбург),

реже женского (*пушка*):

(96) Пушки-*обжоры* Саженною глоткой, Бездонною бочкой Глодали, Чавкая, То, что им подано Мяса русского лавкой (В. Хлебников)

и среднего (*время*):

(97) Время, как *обжора*, ест Что найдет, э кес к'иль рест? (И. Мятлев).

Слово *сирота* (*сиротка*) чаще относится к предметам сравнения женского рода (*зима*, *рябина*, *верба*, *ракита*, *березка*, *черемуха*, *ель*, *роза*, *повилика*, *нужда*, *могила*, *весна*, *ночь*, *земля*, *Россия*, *Москва* и др.):

(98) Одна, печально измеряя Никем не знанные лета, Земля катилася немая, Небес веселых *сирота* (А. Хомяков)

(99) Но на холме береговом Цветет одна *сиротка* роза! (П. Ершов)

(100) Алой краской покрыт василек голубой, *Сироты*-повилики румяный цветок Приласкался к нему и обвил стебелек (И. Никитин)

(101) Ах, нужда ли ты, нужда, *Сирота* забытая! (И. Суриков)

(102) Ночь на дворе стоит *сиротой* — Спит человек в печной теплоте (А. Платонов)

(103) Взвыла горькая Москва — *сирота*. / Плачем плачут города / всей Руси (Д. Андреев),

реже – мужского (*здравый смысл*, *пустырь*, *клок волос*, *завод*):

(104) На этом торжище, где гам и теснота, Где здравый русский смысл примолк, как *сирота*, — Всех громогласней тать, убийца и безбожник (А. Фет)

(105) Не твоя ли пашенка Средь поля пуста, Пашенка-монашенка, Пустырь-*сирота*! (С. Клычков)

(106) Спускался клок волос седой На мысли строгое чело, Был *сирота* меж прядей черных (В. Хлебников)

(107) Благословив грядущий строй, Следя за битвою жестокой, Завод остался *сиротой* До неисчисленного срока (И. Садофьев)

и среднего (*чувство*, *семя*, *лето*):

(108) Чувства безымянные, *Сироты* бездомные, Робкие, пугливые, Иногда нескромные… (К. Случевский)

(109) Дождем завесясь, как фатой, Грустит заплаканное лето, Глядит *казанской сиротой* (Н. Крандиевская).

У слов среднего рода, как отмечал Я. И. Гин, выбор персонификатора мужского или женского рода имеет особую значимость. Как показывает исследованный материал, у большинства предметов сравнения среднего рода персонификация происходит преимущественно по мужскому роду, у каждого из них свое количественное соотношение персонификаторов мужского и женского рода. Так, общее количество контекстов с персонификаторами – обозначениями лиц у предмета сравнения *время* – 64, из них мужского рода – 55 (*старик*, *отец*, *враг*, *губитель*, *заимодавец*, *налетчик*, *пират*, *палач*, *лицемер*, *ямщик*, *ломовик*, *пастух*, *владыка*, *сторож*, *лакей*, *врач*, *доктор*, *лекарь* и др.):

(110) О время, истине божественной *отец*! (А. Востоков)

(111) О время! Время! *Враг! Губитель!* (В. Филимонов)

(112) *Заимодавец*-время жадно Бежит с расчетом по пятам! (П. Вяземский)

(113) Время, древний *старик*, / открывает ворота И ожившее солнце, / как мячик, бросает (В. Луговской)

(114) Но время, / Что *налетчик*, что *пират*: В дому найдет, / В открытом море, / В городе шумливом (А. Мариенгоф)

(115) Гуляет время, как *палач*, / выдумывая трюки, / и вызывает всех на матч / с непобедимой скукой (Э. Чегринцева)

(116) Совсем, совсем недавно — Ах, время-*лицемер*! (С. Городецкий)

(117) *Сторож* Время, в вечности бессменный, Сторожит отравленные травы» (А. Платонов)

(118) Лишь поле дуэли / да время-*доктор* / с бескрайним бинтом исцеляющей смерти (В. Маяковский)

(119) Но наконец к страдающей природе / явилось время — этот верный *врач* (С. Петров)

(120) А время, *лекарь* в сахарном халате, / не замечая суеты совсем, / по каждой сверхъестественной палате / проходит — равнодушное ко всем (А. Присманова),

общего рода – 5 (*судья*, *слуга*, *убийца*, *скряга*, *обжора*):

(121) В совмещанском партере / Леф / не раскидает свои якоря. / Время! — / *Судья* единственный ты мне (В. Маяковский)

(122) Красуется в них все мой образ нетленный, Мой образ, и общий наш зрак, Который устроил движенья вселенной; *Слуга* ему — Время, не враг (И. Коневской)

(123) Я против времени, / *убийцы* вороватого. / Сколькие / в землю / часами вогнаны (В. Маяковский)

(124) И в Смерть открывали убийственный люк, У Времени-*скряги* искали в часах, У Месяца в ухе, у Солнца в зубах; Увы! (Н. Клюев),

женского – 3 (*женщина*, *горничная*, *китаянка*):

(125) Время ходит с совочком, шаркая, словно *горничная*, И прибирает за вами юность (В. Полозкова)

(126) Времени *китаянка* стрелочками ест минуты (А. Логвинова),

среднего – 1 (*дитя* – см. выше).

На фоне преобладающих персонификаторов мужского рода контексты с образами сравнения женского рода воспринимаются как необычные, нарушающие традицию. Иногда полемика с традиционными персонификаторами прямо выражена в контексте:

(127) Нет, время *не старик*. Нет, в старце ум Спокоен, мудр, безгневен, твёрд, угрюм. Нет, время – *женщина*, *дитя*; ревниво, И легкомысленно, и прихотливо; Капризное, вдруг радость унесёт (А. Майков).

У предмета сравнения *солнце* (*солнышко*) – несколько другое распределение: общее количество персонификаторов – 101, из них 85 образов сравнения мужского рода (*царь*, *самодержец*, *властитель*, *владыка*, *вождь*, *вожатый*, *пастырь*, *отец*, *жених*, *художник*, *маляр*, *часовой*, *чародей*, *оратай*, *кат*, *гонец*, *витязь*, *воин*, *поденщик*, *страж*, *сторож*, *поп*, *вестник*, *мятежник*, *дирижер*, *капитан*, *маэстро*, *фокусник* и др.), 1 общего рода (*пьяница*), 15 – женского рода (*мать*, *женщина*, *сестрица*, *девушка*, *девица*, *баба*, *кухарка*, *прачка*, *внучка* и др.). Больший процент образов женского рода связан, скорее всего, с его феминизацией в фольклорной традиции. Как отмечает Я. И. Гин, «в фольклоре персонифицированное светило может выступать как в мужской, так и в женской ипостаси» (Гин 1992: 99).

Интересный случай представляет собой набор обозначений лиц у слова *дерево* в конструкциях персонификации. Как мы знаем из литературной традиции и как показывает наш материал, названия конкретных деревьев получают персонификаторы с корреляцией по роду: *береза* (*березка*) – *дева*, *девочка*, *беличка*, *подруга*, *колдунья*, *девственница*, *школьница*, *красавица*, *белошвейка*:

(128) Березки ясно зеленеют, Как будто *девочки* в слезах (В. Нарбут)

(129) Березки – бледные *белички*, Потупясь, выстроились в ряд (Н. Клюев)

(130) Дивился как бы ослепленный глаз, И потерявшийся, и оробелый, Меж хвой разлапых *девственнице* белой (Ю. Верховский. Белая березка)

(131) Березы, вы *школьницы*, полно калякать, Довольно скакать, задирая подолы (Н. Заболоцкий),

ель – *мать* (*матка*), *старуха*, *привратница*, *кружевница*, *великанша*, *сестра*, *балерина*, *инфанта*, *богомолка*:

(132) Ах ты, ель-*кружевница* трущобная, <…> Ты ж сплетаешь зеленое кружево, От коклюшек ресниц не сдымаючи» (Н. Клюев)

(133) Снег и снег, и ель в снегу — в белых пачках — *балериной* (Н. Асеев)

(134) Изболелась ель-*матка* по мне, / вот и крестит, и крестит коряво (М. Аввакумова),

дуб – рыцарь, *старец*, *часовой*, *бобыль*, *царь*, *муж ветхозаветный*:

(135) Но толстый дуб один – как *рыцарь* перед войском (Н. Гнедич)

(136) Там… далеко… среди равнин / старинный дуб в тяжелой муке / стоит затерян и один, / как *часовой*, подъявший руки (А. Белый)

(137) Стоит, как *муж ветхозаветный*, Дуб нестареющей красы (С. Липкин).

У самого слова *дерево* количество персонификаторов мужского и женского рода примерно равно: *часовой*, *старец еврей*, *царь*, *брат* / *женщина*, *вдова*, *плакальщица*:

(138) Луна уйдет, и отвернется дерево, Что у двери стоит, как *часовой* (И. Эренбург)

(139) и словно *старцы евреи*, / синебородые, в первые числа Пасхи, / в каждом сквере деревья, должно быть, теперь прекрасны (Л. Аронзон)

(140) Два дерева хотят друг к другу <…> То, что поменьше, тянет руки, / Как *женщина*, из жил последних / Вытянулось (М. Цветаева)

(141) И словно душат, душат их слезы, Деревья *вдовами* стоят в горе (К. Симонов).

Мы предполагаем, что это явление связано с тем, что *дерево* как родовое понятие в отличие от видовых обозначений деревьев обладает определенным уровнем абстракции, меньшей конкретностью образа при персонификации, чем видовые наименования.

При изучении целостной структуры текста обнаруживается еще одно привлекающее внимание явление. Семантически близкие, но разные по роду персонификаторы (в том числе дериваты) могут встречаться в одном контексте. Присвоение двум реалиям таких парных персонификаторов создает образную картину, «моделирующую» ситуацию в человеческом мире, например *мать* / *отец*:

ива – мать, *тополь – отец*:

(142) Пускай поплачет ива-*мать*, *Отец* — продрогглый лысый тополь (Н. Клюев),

земля – мать, *солнце – отец*:

(143) Дева, сырая Земля! *Мать* Людям, колосьям, ручьям! Солнце! *отец* наш! Прими Дар, Как принимаешь цветы (Д. Андреев),

брат / *сестра*:

(144) Небо — *брат* мой синеокий, Пашня — черная *сестра* (Е. Кузьмина-Караваева)

(145) Ставьте ж свечи Мужицкому Спасу! Знанье — *брат*, и наука — *сестра* (Н. Клюев)

(146) Что вы особачились на песню мою? Песни — мои *сестры*, а сказы — *братья* (П. Васильев),

сын / дочь:

(147) Я видела бесконечность прошлой ночью Великим светлым кольцом… Время было ее *сыном*, и смерть ее *дочерью*, И начало было ее концом! (Н. Завадская)

царь / *царица*: *луна – царица*, *солнце – царь*, ее супруг:

(148) Луна — опальная с двором своим *царица* Идет из терема прохладою дохнуть, Но вот бежит Рассвет, *царю* готовя путь, <…> Отринутая им, *Царица* скорбная пусть ждет минуты сладкой Супруга издали увидеть хоть украдкой, И скрыться в терем свой, опять к слезам своим… (А. Майков),

мороз – царь, *весна – царица*:

(149) Полон вещих снов, и грез, И томящей сладкой лени, Тает, тает *Царь*-Мороз! Солнце красное неслышно Льет тепла живой поток, И Весна-*царица* пышно Входит в светлый свой чертог (П. Якубович).

Субстантивы среднего рода в таких контекстах получают дополнительную родовую мотивировку «от противного». Гин называет подобные случаи «оппозитивным олицетворением» (Гин 1992: 85–86).

4. Заключение

Итак, наше исследование в целом подтверждает выявленные ранее лингвистами основные закономерности родовой корреляции предмета сравнения и персонификатора в конструкциях олицетворения – преобладающее соответствие рода персонификатора роду предмета сравнения у субстантивов мужского и женского рода; в случаях декорреляции – большую распространенность маскулинизации субстантивов женского рода, чем феминизации мужского, и зависимость присвоения родовой принадлежности субстантивам среднего рода от фольклорной и литературной традиции их употребления. Результаты нашего корпусного исследования, основанного на количественных данных распределения персонификаторов по родам у различных предметов сравнения, позволяют внести в эти закономерности ряд уточнений, касающихся разной вероятности родовой декорреляции у разных семантических классов обозначений лиц, а также в зависимости от конструкции, в которой выражено олицетворение (метафора / сравнение) и от числа предмета сравнения и персонификатора. Можно также сделать вывод о преобладании персонификаторов мужского рода у предметов сравнения среднего рода, а также выдвинуть предположение об особенностях количественного соотношения персонификаторов мужского и женского рода у родовых обозначений среднего рода (типа *дерево*). Данная работа представляет собой первый опыт количественного исследования проблемы рода имен существительных, выступающих в роли персонификаторов в конструкции олицетворения в поэтическом языке. Это исследование может быть продолжено на более широком материале.

Литература

Богатырева, Ольга: *Креативный потенциал категории рода в современном русском языке*: Автореф. дисс. … канд. филол. наук. Москва, 2008.

Гин, Яков: *Поэтика грамматического рода*. Петрозаводск: Карельский педагогический институт, 1992.

Журинская, Мария: Об именах релятивной семантики в системе языка. *Известия АН СССР. Сер. лит. и яз.*, 3, 249–260. 1979.

Зубова, Людмила: *Категория рода и лингвистический эксперимент в современной поэзии*. http://www.levin.rinet.ru/ABOUT/zubova1.html. Дата обращения: 29.06.2020.

Ионова, Ирина: *Морфология поэтической речи*. Кишинев: Штиинца, 1988.

Николина, Наталия: *Активные процессы в языке современной русской художественной литературы*. Москва: Гнозис, 2009.

Петрова, Зоя / Фатеева, Наталья: Категория рода при олицетворении: образные обозначения смерти в русской литературе. *Ученые записки Петрозаводского государственного университета*, 4 (173), 104–110. 2018.

Ревзина, Ольга: Основные черты структуры грамматической категории рода. Демина, Евгения (ред.): *Славянское и балканское языкознание. Проблемы морфологии современных славянских и балканских языков*. Москва: Наука, 1976.

Ремчукова, Елена: *Креативный потенциал русской грамматики*. Москва: РУДН, 2005.

Фатеева, Наталья: *Поэзия как филологический дискурс*. Москва: ЯСК, 2017.

Хайрутдинова, Гульшат: *Эстетические ресурсы морфологических средств русского языка*: Автореф. дисс. … д-ра филол. наук. Казань, 2009.

Хайрутдинова, Гульшат: Род русских субстантивов: анализ в контексте языковой системы и мифопоэтических традиций. *Язык и этнос: Материалы Первой выездной академической школы для молодых лингвистов-преподавателей вузов РФ, 30 ноября-декабря 2001 г. Казань: «РИЦ “Школа”»*, 93–101. 2002.

The prefix *pre-* as an intensity marker

Liudmila Fedorova[*]

Abstract: This article studies the use of the prefix *pre-* in adjectives and adverbs as an intensifier. There are two traditions of considering *pre-*: in morphological terms as an indicator of the superlative and in word-formation terms as an indicator of intensification. The semantics of *pre-* is related to the border crossing, revealing kinship with the verb prefix *pre-/pere-*. Adjectives and adverbs with *pre-* are appropriate to the literary style of the 19th century, in particular to F. M. Dostoevsky. In modern speech, the prefix retains moderate activity, especially in emphatic reduplicated constructions.

Keywords: prefix *pre-* as an indicator of intensification, semantics of *pre-*, Dostoevsky's style, modifications of diminutives with *pre-*, emphatic reduplication

Префикс *пре-* в значении интенсификации признака

Людмила Фёдорова

Резюме: В статье изучаются особенности употребления прилагательных и наречий с префиксом *пре-* в усилительном значении. Существуют две традиции рассмотрения *пре-*: в морфологическом плане, в отношении к категории степеней сравнения, и в словообразовательном плане – как показателя интенсификации. Семантика *пре-* связана с идеей пересечения границы, обнаруживая родство с глагольным префиксом *пре-/пере-*. Префикс *пре-* считается принадлежностью художественной речи, особенно языка XIX в., он характерен для стиля Ф. М. Достоевского. В современной речи префикс сохраняет умеренную активность, особенно в эмфатических редуплицированных конструкциях.

Ключевые слова: префикс *пре-* как показатель интенсификации; семантика *пре-*; стиль Достоевского; модели сочетаемости *пре-* с диминутивами; редуплицированная модель

1. Префикс *пре-* в грамматической традиции

В восходящей к М. В. Ломоносову традиции префикс *пре-* считается морфологическим выражением превосходной степени качественных прилагательных и наречий, наряду с лексическим средством – местоимением *самый* перед формой положительной степени. В «Российской грамматике» Ломоносов выделяет положительную, «рассудительную» (т.е. сравнительную) и превосходную степени (в традиции того времени *степень* – существительное мужского рода) прилагательных и наречий:

> § 213. Превосходный степень составляется из положительного и из предлога *пре*: *богатый, пребогатый*; *великій, превеликій*; *сладкой, пресладкой*; *сильной, пресильной*. § 214. *Самой* перед положительным степенем подает ему

* Russian State University of the Humanities, e-mail: lfvoux@yandex.ru

> превосходного силу: *самой скверной*; *самой точной*. (М. В. Ломоносов. *Россїйская грамматика*, 1755)

Кроме того, в значении превосходной (а также сравнительной) степени отмечается ограниченное использование прилагательных с суффиксами на *-шій*, без префикса *пре-* или с ним:

> § 215. Славенский рассудительный и превосходный степень на *шій* мало употребляются кроме важного и высокого стиля, особливо в стихах: *далечайшій*, *свѣтлѣйшій*, *пресвѣтлѣйшій*, *высочайшій*, *превысочайшій*, *обильнѣйшій*, *преобильнѣйшій*. Но здесь должно иметь осторожность, чтобы сего не употребить в прилагательных низкого знаменования или в неупотребительных в славенском языке и не сказать: *блеклѣйшій*, *преблеклѣйшій*, *прытчайшій*, *препрытчайшій* и сим подобных. Притом ведать должно, что кончащиеся на *шій* и без предлога *пре* больше превосходного, нежели рассудительного, степени силу имеют (М. В. Ломоносов. *Россїйская грамматика*, 1755).

Традиция выделения степеней сравнения прилагательных и наречий закрепилась в школьной грамматике (иногда выделяют три степени, иногда только две – сравнительную и превосходную), однако удачность самого этого построения впоследствии подвергалась сомнению. Так, В. В. Виноградов указывал, что собственно сравнение присутствует лишь в сравнительной степени, компаративе, а положительная и превосходная степени не содержат в себе идеи сравнения. Он приводит ссылку на К. С. Аксакова:

> См. у К. С. Аксакова: в приставках *пре-*, *раз-* и *наи-* “качество определяется таким образом, что уже не допускает сравнения: пожалуй, в этих приставках выражается степень качества, но не степень сравнения; эти приставки то же, что и наречия: *очень, совершенно* и т. д.… Если же видеть тут степени сравнения, то должно видеть их и в формах: *беловат, беленек, белешенек*…” (Виноградов 1972: 199).

Академическая грамматика не выделяет среди морфологических категорий прилагательного превосходную степень, отмечая только компаратив, но признавая традиционное использование термина «превосходная степень» для значения суффикса *-ейш-/-айш-* (Шведова 1980: 301). Среди словообразовательных средств, выражающих значение высшей степени качества, отмечаются также префиксы *наи-* и *пре-*. Оба считаются продуктивными, последний продуктивен преимущественно в художественной речи (там же: 307, 309). Все эти средства признаются не формообразующими (морфологическими), а словообразовательными.

С другой стороны, В. Н. Немченко не отмечает среди словообразовательных аффиксы *наи-* и *-ейш-/-айш-*, оставляя их в рамках морфологических средств, но префикс *пре-* (с примерами *превеселый*, *предобрый*, *премилый*, *пренеприятный*) включает в систему словообразовательных средств (Немченко 1984: 159).

В общем, как бы ни относиться к выделению собственно грамматической категории степеней сравнения, префикс *пре-* в современных трактовках оказывается за ее пределами.

2. Префикс *пре-* в функциональной грамматике

Вместе с тем при функционально-коммуникативном подходе префикс *пре-* может быть рассмотрен как одно из средств выражения интенсифицирующего значения. Средства интенсификации достаточно широко изучаются, в частности, в лексике и фразеологии. Так, выражение высокой степени признака в устойчивых словосочетаниях прилагательного и существительного описывается как реализация лексической функции Magn (Кустова 2011; Шарапова 2018).

Префикс *пре-* может рассматриваться как одно из словообразовательных средств выражения усилительного значения. Для семантики интенсификации характерна экспрессивная составляющая – не просто фиксация высокой степени качества, но и подчеркнутая субъективность оценки, желание выделить избыточность, чрезмерность признака, его крайнее проявление. Субъективная оценочность проявляется при этом не только в экспрессивном преувеличении признака, но и в его эмоциональной окрашенности, положительной или отрицательной, добавляющей оттенок восхищения или отторжения чего-то неприятного или пугающего. Стратегия интенсификации оказывается противоположной умалению, смягчению признака, которое достигается использованием в прилагательных и наречиях диминутивных суффиксов. Можно сравнить немаркированные формы и их экспрессивные словообразовательные модификации: *худой – худющий, худющий-прехудющий* (интенсификация) – *худенький* (смягчение); *страшный – страшенный, страшный-престрашный* (интенсификация) – *страшненький* (смягчение). В. В. Виноградов в качестве основного отмечает для диминутивных прилагательных, как и для диминутивных существительных, чисто экспрессивное уменьшительно-ласкательное или несколько пренебрежительное значения.

Впрочем, и в использовании диминутивных суффиксов В. В. Виноградов выделяет разные случаи: не только смягчение признака (*легкий – легонький*), но и его усиление (*простой – простенький*) (Виноградов 1972: 197). Нам представляется, что и в примере *легкий – легонький* скорее ощущается усиление признака ‘малого веса’, чем его смягчение, как и в других прилагательных и наречиях, содержащих сему малого размера или низкой степени признака: *легонький* как ‘совсем легкий’, ср. также *меленький* – ‘совсем мелкий', *тихонько* – 'совсем тихо'. Но в прилагательных, содержащих сему большого размера или повышенной интенсивности, диминутивный суффикс действительно смягчает, уменьшает степень признака: *длинненький* ближе к *длинноватый*, *зелененький* к *зеленоватый*. Однако сложность определения значения экспрессивных суффиксов в том, что они, усиливая или уменьшая объективную степень признака, могут смягчать или заострять его эмоциональную окраску, за счет чего общее оценочное значение может приобретать положительный или уничижительно-ласкательный оттенок (*простенькое платье*, *глупенький ребенок*).

Обычно диминутивные значения изучаются на примере существительных; в удачном сравнении К. С. Аксакова предмет как бы делается из «малого» «милым» или, возможно, жалким – как если бы мы наводили на предмет уменьшительное стекло. Что касается прилагательных, многое зависит от контекста, в котором диминутивность может не иметь никакого отношения к степени проявления признака, а использоваться для экспрессивного согласования, как указывает В. В. Виноградов, ссылаясь на Н. И. Греча и А. А. Потебню:

> Функция суффикса *-еньк-*, *-оньк-* довольно точно была определена еще грамматиками первой половины XIX в.; это — "смягчение или уменьшение качества". По толкованию Н. И. Греча, качественные прилагательные, сочетаясь с этим суффиксом, принимают вид уменьшительных для смягчения, для приветствия или для согласования с существительным уменьшительным (Виноградов 1972: 197).

В некоторых случаях происходит уже опустошение диминутивного значения и расхождение значения в прилагательных (*малый – маленький*, *хороший – хорошенький*), как это часто происходит и у существительных.

В отличие от неоднозначности диминутивных средств префикс *пре-* сохраняет значение интенсификации в поле аугментатива, т.е. выражения высокой степени признака с его экспрессивным и эмоционально-оценочным выделением. Семантическое содержание этого префикса (ст.-слав. *прѣ-*) связано с переходом границы, положенной меры, т.е. с чрезмерностью; можно уловить связь с глагольным префиксом *пере-/пре-* (*переходить*, *преступить* и собственно *превосходить*, откуда и *превосходный*); ср. также (Фасмер 1971: 356–357). С переходом границы может формироваться и новое качество, ср. *красный* ('красивый') – *прекрасный*, *подобный* – *преподобный*.

3. Сочетания префикса *пре-* с суффиксами оценки

В семантическом отношении интерес представляет сочетаемость префикса *пре-* с другими оценочными суффиксами: *-ейш/-айш* (высокой степени признака) и диминутивным *-еньк/-оньк*.

В образованиях, сочетающих префикс *пре-* и суффикс *-ейш/-айш*, происходит двойное усиление, экспрессивная интенсификация объективно высокого качества, как видно из примеров (12), (16), (18).

В сочетании с диминутивным суффиксом семантические сдвиги как будто разнонаправленны, но префикс *пре-* действует последним, усиливая оценку, заключенную в диминутивной форме, – как бы умаление значения признака, фактически его смягчение или, напротив, усиление.

(1) Комната **превеселенькая**, — начал Петр Иваныч, — окнами немного в стену приходится, да ведь ты не станешь все у окна сидеть; если дома, так займешься чем-нибудь, а в окна зевать некогда. (И. А. Гончаров. *Обыкновенная история*, 1847)

(2) Доченька моя, был такой **малюсенький-премалюсенький** осколочек счастья, а вон какая кариатида вымахала, самое трудное уже на себя берет! (М. Вишневецкая. *Вышел месяц из тумана*, 1997)

(3) …[С]обой она была прехорошенькая и, как видно, **престройненькая** и преэфирная станом. (А. Ф. Писемский. *Люди сороковых годов*, 1869)

(4) …[О]тец Клары, стараясь ее сбыть поскорее с рук, просватал было ее за богатого молодого купчика, **преглупенького**, — из «образованных». (И. С. Тургенев. *Клара Милич*, 1882)

Эти примеры показывают, что префикс *пре-* в сочетании с оценочными суффиксами усиливает и заостряет экспрессивное значение целого (любование или уничижительность).

4. Употребление префикса *пре-* в текстах XIX века

Как отмечается в (Шведова 1980: 309), тип прилагательных с *пре-* продуктивен преимущественно в художественной речи. Судя по НКРЯ, широкое употребление прилагательных и наречий с префиксом *пре-* является особенностью языка XIX в., живой речевой моделью той эпохи, что отражено в текстах:

(5) Старушки говорили об ней, что она **прехитрая и прелукавая**, приятельницы — что она **преглупенькая**, соперницы — что она **предобрая**, молодые женщины — что она кокетка, а раздушенные старики значительно улыбались при ее имени и ничего не говорили. (М. Ю. Лермонтов. *Я хочу рассказать вам…*, 1836)

(6) Меньшая, Анна Федоровна, маленькая и субтильная блондинка, точно саксонская куколка, была **прехорошенькая, преживая и превеселая** <…>. Она была очень мала ростом; головка **прехорошенькая, премилое** лицо, глаза **преумные**, <…> сверху из капюшона выглядывала маленькая головка, а снизу тащилась **преполная** юбка с длинным шлейфом, что выходило **пресмешно**. (Д. Д. Благово. *Рассказы бабушки из воспоминаний пяти поколений, записанные и собранные ее внуком Д. Благово*, 1877–1880)

Можно отметить здесь экспрессивное согласование, аналогичное диминутивному, но реализуемое на прилагательных и наречиях с нарочитым повтором префикса *пре-*. См. также пример (3).

Широкое употребление префикса *пре-* отмечается и у Гоголя, Тургенева, Писемского, Гончарова, Герцена, Лескова, а также у Достоевского; особенно показательны у него примеры на *прехорошенький*, *престранный*, *пресмешной*.

Прехорошенькой у Достоевского бывает не только девушка или ее личико, *прехорошеньким* может быть и мальчик, и козленок, и домик:

(7) Гаврила вошел не один; с ним был дворовый парень, мальчик лет шестнадцати, **прехорошенький собой**, взятый во двор за красоту, как узнал я после. (Ф. М. Достоевский. *Село Степанчиково и его обитатели*, 1859)

(8) Но никогда не забуду истории с одним **прехорошеньким светло-розовым домиком**. (Ф. М. Достоевский. *Белые ночи*, 1848)

Прилагательное *престранный* тоже показательно для Достоевского:

(9) Ведь европейцы (то есть настоящие, тамошние), ведь это — **престранный и пренеразрешимый народ**. (Ф. М. Достоевский. *Записные книжки*, 1850–1881)

(10) Вот видите, Марья Александровна, — начал Мозгляков с беспокойством и даже несколько путаясь, — со мной случилась **престранная история**. (Ф. М. Достоевский. *Дядюшкин сон*, 1858–1859)

Это слово создает интригу, загадку, остросюжетность, что характерно для творчества Достоевского. Можно сказать, что *престранный* – это концептуально нагруженное слово. И само исходное прилагательное *странный* является одним из ключевых слов Достоевского, как отмечает В. Н. Топоров (Топоров 1985).

Пренеразрешимый (*народ*) – авторский окказионализм, резко усиливающий категоричность оценки.

Еще один авторский окказионализм или даже собственное словцо Достоевского – *прехарактерный*. Для него в корпусе всего 3 примера, и все они только у Достоевского:

(11) Я говорю к тому, чтобы вы заметили одно обстоятельство**, по-моему пре-характерное.** (Ф. М. Достоевский. *Братья Карамазовы*, 1880)

Достоевский использует и форму с двойным усилением – *прехарактернейший*:

(12) А дней десять тому назад прочел в «Новом времени» (№ 371) корреспонденцию из Ковно, **прехарактернейшую** <...>. (Ф. М. Достоевский. *Дневник писателя*, 1877)

Однако отмеченные авторские предпочтения (подробнее см. Федорова, 2018) воспринимаются сейчас как уходящие, архаично изысканные формы.

5. Формы с префиксом *пре-* в современном употреблении

В современном языке закрепилось не так много форм с усилительным префиксом *пре*-: активно используются *пребольшой*, *пренеприятный*, *премилый/-о*, *прескверный/-о*, устойчивое *с превеликим удовольствием.* У *премилый* и *пренеприятный* в БТС есть помета *разговорное* (Кузнецов 2014).

(13) Я извинился перед ним, на душе было **прескверно**. (А. Бодров. «Избегайте травм, ребята!» Ветераны отечественного футбола дали совет нынешним игрокам. *Советский спорт*, 2012.03.19)

(14) Возле ЦДХ есть великолепная лужайка — там можно **премило** поваляться. (*Что сейчас модно?*, Форум, 2005.06.07)

Распространенность прилагательных *пренеприятный*, *пренеприятнейший* обусловлена прецедентными текстами Гоголя:

(15) Я пригласил вас, господа, с тем, чтобы сообщить вам **пренеприятное** известие: к нам едет ревизор. (Н. В. Гоголь. *Ревизор*, 1836)

(16) А между тем герою нашему готовилась **пренеприятнейшая** неожиданность <…>. (Н. В. Гоголь. *Мертвые души*, 1842)

Обе формы встречаются и в современных текстах: *пренеприятный* – 178 примеров в основном корпусе, 39 в газетном (с 2000 г.); *пренеприятнейший* – 70 примеров в основном, но из них 27 – в имени собственном у В. Аксенова; 38 примеров в газетном корпусе (дата обращения 30.11.2020).

(17) Причина в том, что потепление в Арктике сопровождается, как выяснилось, **пренеприятным** явлением — переносом холодных воздушных масс из Арктики далеко на юг <…>. (А. Волков. Теплая Арктика — холодная Европа? *Знание-сила*, 2013)

(18) Тогда же, в пятидесятых, власти сделали для себя **пренеприятнейшее** открытие. (О. Эдельман. Советские люди на рабочем месте. *Отечественные записки*, 2003)

Вообще среди прилагательных с префиксом *пре-* по частоте в НКРЯ выделяются титульные *Превеликий* (1157 примеров), *Пресветлейший* (110); *Премудрый* (1609) как постоянный эпитет бога, а также входящий в состав собственных и прецедентных имен (*Василиса Премудрая*, *премудрый пескарь*). Это особенные употребления, и они не требуют специальных комментариев.

Но сама модель имеет определенные ограничения; например, вряд ли возможны в самостоятельном употреблении прилагательные *пресиний*, *прехудой*, *премаленький*; предпочтительны аналитические конструкции с интенсификаторами *очень*, *крайне*. Однако в эмфатической речи вполне допустимы конструкции с редупликацией: *синий-пресиний*, *худой-прехудой*, *маленький-премаленький*. Как нам представляется, эта конструкция характерна для экспрессивной и детской речи, в текстах для детей (Федорова 2005):

(19) У него, как только он заговорил о ребятах, глаза сделались какие-то **большие-пребольшие** и, по-моему, даже **мокрые-премокрые**. (В. Медведев. *Баранкин, будь человеком!*, 1957)

(20) Серёжа (3 года) интересуется: — А если памятнику вставить три **большие-пребольшие** батарейки, он заговорит? (И. Рязанова. Отит. *Здоровье*, 1999.03.15)

(21) Скотинка оказалась **маленькая-премаленькая**, как пони, как большая собака. (Великан хочет быть таким, как все. *Труд-7*, 2007.09.01)

Ср. также примеры на сайтах:

(22) Красивые стихи про **Синее-пресинее** на различные темы: о любви, стихи-поздравления, короткие стихи для детей и многие другие вы найдете в ленте поэтических публикаций нашего сайта. (https://www.sunhome.ru/poetry/sinee-presinee)

(23) ***Синяя-пресиняя*** *тушь в номере 02, как долго я тебя ждала* (https://irecommend.ru/)

Устойчивая конструкция *с превеликим удовольствием* также сохраняется в современном языке, причем уже и не ощущается ее изначально этикетный характер:

(24) С шоколадом тетя оконфузилась, зато галеты дети хрумкали **с превеликим удовольствием**, а сахар приняли с восторгом! (В. Михальский. *Прощеное воскресенье*. Октябрь, 2009)

Так что современные употребления подтверждают умеренную активность префикса *пре-*.

6. Заключительные замечания

Итак, мы рассмотрели некоторые особенности трактовки и употребления префикса *пре-*. Как мы видели, статус его в грамматике был связан с выделением категории степеней сравнения и менялся на протяжении истории вместе с отношением к понятию превосходной степени сравнения. Однако в русле функционального подхода коммуникативной грамматики префикс *пре-* оказывается достойным изучения в ряду средств выражения интенсификации.

Наиболее активно формы с *пре-* были представлены в текстах XIX века как экспрессивный способ выражения субъективной оценки, интенсификации признака, отражая, по-видимому, не только письменную, но и разговорную традицию.

В отношении продуктивности этого показателя представляется важным его современное использование, характерное для ограниченного круга лексем, а также употребление в эмфатических редуплицированных конструкциях. Наряду с постоянным обновлением оценочных слов, идущим нередко из сленга, иностранных заимствований, профессиональных жаргонов, оказывается востребованной и «мода» на литературный изысканный стиль речи, оттенок которого содержит и префикс *пре-*, сохраняющий свое употребление в современном нормативном языке.

Литература

Виноградов, Владимир: *Русский язык. Грамматическое учение о слове*, 2-е изд. Москва: Высшая школа, 1972.

Кузнецов, Сергей (ред.): *Большой толковый словарь современного русского языка*. Санкт-Петербург: Норинт, 2014.

Кустова, Галина: Слова со значением высокой степени: семантические модели и семантические механизмы (MAGN'ы-прилагательные). Богуславский, Игорь / Иомдин, Леонид / Крысин, Леонид (ред.): *Слово и язык. Сборник статей в честь 80-летия акад. Ю. Д. Апресяна*, 256–268. Москва: ЯСК, 2011.

Немченко, Василий: *Современный русский язык. Словообразование*. Москва: Высшая школа, 1984.

Топоров, Владимир: О структуре романа Достоевского в связи с архаичными схемами мифологического мышления. *Миф. Ритуал. Символ. Образ. Исследования в области мифопоэтического. Избранное*, 193–258. Москва: Прогресс – Культура, 1995.

Фасмер, Макс: *Этимологический словарь русского языка*. В 4 тт. Т. 3. Москва: Прогресс, 1971.

Федорова, Людмила: Использование диминутивов в художественных текстах Тургенева и Достоевского. *Вестник РГГУ. Серия: История. Филология. Культурология. Востоковедение*, 12-1 (45), 90–111. 2018.

Федорова, Людмила: *Эмоции в грамматике. Эмоции в языке и речи*, 178–199. Москва: РГГУ, 2005.

Шарапова, Екатерина: *Аномальная сочетаемость интенсификаторов в языке Ф. М. Достоевского*. Дисс. … канд. филол. наук. Москва, 2018.

Шведова, Наталия (ред.): *Русская грамматика*. В 2-х тт. Т. 1. Москва: Наука, 1980.

Towards a characterization of contemporary dynamics in word formation: types of new productive units

Elena Gekkina[*]

Abstract: The article examines a segment of newly formed words in Russian, specifically derived nouns, adjectives, and verbs, which were motivated by different types of proper nouns. Attention to these derivatives is due to the tasks of analyzing the derivational activity of the new Russians by origin or by the assimilation of the producing bases. The analyzed new lexical material is marked with the period 2010–2020. The statistics show an increase in the number of metonymic derivatives. A significant place in the article is devoted to a review of derivatives formed from anthroponyms – the most active type of -onyms from a derivational point of view.

Keywords: word formation, derivatives, proper names, neologisms

К характеристике современной словообразовательной динамики: типы новых производящих единиц[*]

Елена Геккина

Резюме: В статье рассматривается такой сегмент новообразований русского языка, как производные существительные, прилагательные и глаголы, для которых мотивирующими стали основы имен собственных разных типов. Внимание к этим дериватам обусловлено задачами анализа деривационной активности новых русских по происхождению или по освоенности производящих основ. Лексический материал, привлеченный к анализу, хронологически маркирован периодом 2010–2020 годов. Статистические показатели этого материала свидетельствуют о возрастании количества отонимических дериватов. Значительное место в статье отведено обзору производных, образованных от антропонимов – наиболее активного с деривационной точки зрения типа онимов.

Ключевые слова: словообразование, дериваты, имена собственные, неологизмы

1. Введение

Деривационные процессы в современном русском языке не могут быть освещены исчерпывающе и детально, если за рамками анализа остаются явления, мотивированные производительностью новых основ.

Безусловно, словообразовательный потенциал основ иноязычного происхождения представляет собой предмет постоянных наблюдений русистов. Но нельзя не отметить и своеобразную диспропорцию исследовательского внимания: новые производящие единицы, появляющиеся на русской почве,

---

* Institute for Linguistic Studies (RAS), e-mail: gekkina@rambler.ru

* Исследование выполнено при финансовой поддержке РФФИ (проект № 19–012–00494 «Лексико-семантическая неология в русском языке начала XXI века»).

представляют собой более дискретный по представленности материал, чем целостный объект целенаправленного изучения.

Между тем новые основы, имеющие русские корни, оказываются в фокусе наблюдений уже постольку, поскольку морфемы исходно разграничиваются по категориальному принципу (корневая морфема — аффиксы) и далее по собственно генетическому признаку (русская основа — заимствованная основа). Очерченное словообразовательное «поле» неоднородно по составу элементов, так как включает новые русские по происхождению и по освоенности основы. Во втором случае речь идет об основах известных, но различного происхождения слов, впервые вовлекаемых в деривационный процесс.

Цели и задачи дальнейшего исследования, как комплексного, так и частного по направленности, могут предусматривать группировку дериватов в зависимости от их структурных, функциональных и иных свойств; установление базовых и периферийных словообразовательных типов; определение особенностей моделей и формантов, в том числе неоморфем. В заданных рамках осуществимо дефинирование семантических и грамматических признаков производящих и производных единиц. Таким образом, реконструкция протекающих на этом участке русской словообразовательной системы процессов и выявление их специфики осуществимы в более полном виде.

2. К истории вопроса

Исследователи отмечают функциональную актуализированность обозначенного словообразовательного участка, апеллируя к лексическому материалу, самым очевидным образом проявляющему динамизм. Это новообразования, созданные на базе имен собственных. Они могут представлять собой относительно распространенные (тяготеющие к узуализации) лексические единицы, в том числе официально признанные научно-технические термины, и так называемые индивидуально-авторские, окказиональные слова с невысоким показателем частотности или единичного употребления. По грамматической принадлежности производные могут быть единицами всех самостоятельных частей речи: именами существительными, прилагательными, наречиями, глаголами.

Примечательно то, что специалисты в области неологии и неографии давно обратили внимание на эту категорию производных. Н. З. Котелова в предисловии к первому выпуску «Новое в русской лексике. Словарные материалы-77» указывает на его отличие, состоящее в более широком допуске включаемого материала по сравнению с толковыми словарями.

> Это касается некоторых лингвистических разрядов слов — п р о и з в о д н ы х о т с о б с т в е н н ы х и м е н (*разрядка наша* – Е. Г.), с дефисным написанием и некоторых других (Котелова 1980: 5).

Для создателя серии подобное расширение материала закономерно, так как

> подчинено задаче объективного и полного отражения всего разнообразия языковых явлений, характеризующих лексику в ее движении (там же).

Включение производных от имен собственных русского и иноязычного происхождения в академические неографические издания (ежегодники, десятилетники, сводный словарь) стало традиционным.

Это наглядно демонстрирует словарь-справочник «Новые слова и значения», составленный по материалам прессы и литературы 90-х годов XX века (Буцева, Левашов 2009–2014) и включающий значительное количество словообразовательных дериватов, созданных на основе русских по происхождению и по освоенности онимов. Заметное место среди них занимают производные от антропонимов, в частности фамилий государственных, политических и общественных деятелей (*Горбачев*, *Ельцин*, *Зюганов*, *Жириновский, Лимонов, Путин* и др.), авторов изобретений, литературных произведений и т. д.:

(1) *гайдарики*, *гайдарономика*, *догайдаровский*, *обгайдарить*, *огайдарить* (от фамилии *Егора Гайдара*)

(2) *ниноандреевцы* (от *Нина Андреева*)

(3) *антиберезовский*, *подберёзовики* (от фамилии *Б. А. Березовского*)

(4) *жириновцы*, *жириновщина*, *по-жириновски* (от фамилии *В. В. Жириновского*)

(5) *забрежневеть*, *позднебрежневский* (от фамилии *Л. И. Брежнева*)

(6) *постсталинский* (от фамилии *И. В. Сталина*)

(7) *сахаровский*, *сахаровцы* (от фамилии *А. Д. Сахарова*)

(8) *антисобчаковский*, *собчаковцы* (от фамилии *А. А. Собчака*)

(9) *калашник* (от фамилии *М. Т. Калашникова*)

(10) *достоевед*, *достоевист*, *достоевистика* (от фамилии *Ф. М. Достоевского*)

(11) *набоковед*, *набоковедение*, *набоковиана*, *набоковщина* (от фамилии *В. Набокова*)

(12) *высоцковед* (от фамилии *В. Высоцкого*)

(13) *васькизм* (от личного имени в крылатом выражении *Васька слушает, да ест*)

В словарь выборочно включены производные от топонимов, в их числе сложные дериваты:

(14) *дочернобыльский* (от *Чернобыль*)

(15) *левобережцы* (от *Левобережье*)
(16) *канадовед* (от *Канада*)
(17) *петербурговедение* (от *Петербург*)
(18) *эстоноземельцы* (от *Эстония*)
(19) *израильско-российский*, *украино-американский*

Словарь содержит неологизмы, образованные от наименований различного рода сообществ, организаций и обозначающие депутатов, членов политических объединений, представителей, последователей и сторонников политических и общественных деятелей:

(20) *госдумовец* (от *Госдума*)
(21) *демоpосс, демросс, демоpосска, демоpоссовка* (от наименования партии «*Демократическая Россия*»)
(22) *державник* (от наименования патриотического движения «*Держава*»)
(23) *мемориалец* (от наименования международного историко-просветительского и правозащитного общества «*Мемориал*»)
(24) *нашдомовец, нашедомовец* (от наименования политического объединения «*Наш дом* – Россия»)
(25) *памятники* (от наименования политического объединения «*Память*»)
(26) *яблоковцы*, *яблочники* (от названия партии «*Яблоко*»)

Дериваты-агентивы восходят к эргонимам — названиям предприятий, компаний, служб, творческих коллективов:

(27) *лукойловцы* (от названия нефтяной компании «*Лукойл*»)
(28) *омоновец, ОМОНовец* (от аббревиатуры *ОМОН*, сокращенного наименования Отряда милиции особого назначения)
(29) *на-наец, нанаец* (от названия поп-группы «*На-на*»)
(30) *свелоногие* (от названия рок-группы «*Ногу свело*»)
(31) *фоменки* (номинация актеров театра «*Мастерская Петра Фоменко*»)

Производные слова образуют тематические мини-группы, ср. группу названий лиц, работающих в редакциях СМИ:

(32) *аифовец* (от аббревиатуры *«АиФ»*, сокращенного наименования газеты «*Аргументы и факты*»)
(33) *вестевец* (от наименования телепрограммы «*Вести*»)
(34) *вечёркинец* (от наименования газеты «*Вечёрка*»)
(35) *видовец* (от наименования телекомпании «*ВИД*»),
(36) *взглядовец* (от наименования телепрограммы «*Взгляд*»)
(37) *останкинец* (от наименования телекомпании «*Останкино*»)

Производные от имен собственных регистрируются не только в неографических изданиях ИЛИ РАН, но и в других лексикографических источниках, в частности в «Толковом словаре русского языка начала XXI века. Актуальная лексика» (Ваулина и др. 2008).

Словообразовательная активность и факты все более широкой лексикографической фиксации способствуют тому, что отонимические дериваты становятся объектом лингвистического исследования. Специалисты отмечают разнообразие способов, используемых при конструировании этой категории новых производных слов: суффиксация, префиксация, словосложение, в том числе контаминация; описывают графические приемы выделения проприальных фрагментов в сложных дериватах (Жданова 2018); анализируют семантические типы и истоки «сгущения» содержательного плана производных слов, фиксируют свойственную им стилистическую полифункциональность (Отин 2004; Коряковцева 2016; Норман, Плотникова 2017); указывают на питающие отонимическую деривацию культурные коннотации и обращают внимание на способность производных имен выступать в качестве носителей культурно значимой информации (Радбиль 2016).

3. Анализ неологизмов, образованных от имен собственных

Материалы неологической картотеки Института лингвистических исследований РАН, аккумулирующие данные многолетней выборки и используемые нами в качестве эмпирической базы, свидетельствуют, что отонимические производные появляются не только регулярно, но и в возрастающем количестве. Есть все основания утверждать, что процесс лексического обновления в XXI веке характеризуется активизацией словопроизводства, в котором задействованы основы имен собственных.

Привлеченный к анализу лексический материал включает более 300 новообразований, появившихся в период 2010–2020 годов. Мотивирующими для них послужили имена собственные разных типов: антропонимы, топонимы, урбанонимы, эргонимы, наименования средств массовой коммуникации, интернет-платформ, названия товарной продукции и т. д. В выделенном словнике преобладают имена собственные русского происхождения или освоенные русским языком. С сопоставительными целями также использовались некоторые единицы иноязычного происхождения (в частности, гнездо производных от *титушки*, *Трамп,* окказионализм *кержаковить*).

«Герой современного словообразования — человек», — отмечала с лаконичной точностью Е. А. Земская, указывая на то, что в русском языке конца XX века значительную часть новообразований составляют имена нарицательные с семантикой лица. В частности, к наиболее активным разрядам относятся существительные с суффиксами *-ник* и *-щик*, порождаемые по требованию социальной действительности и обозначающие сторонников чего-либо или кого-либо; лиц по их принадлежности коллективу или сообществу людей, объединяемых по какому-либо признаку; по роду профессиональной деятельности (Земская 1996: 103).

В анализируемом материале производные слова со значением лица представлены в большом количестве. Онимы конкретизируют сферы и точки принадлежности, привязанности людей к «чему-либо или кому-либо», что обусловливает их предрасположенность к производству «личных» имен. Создание наименований субъектов деятельности или отношения осуществляется также под влиянием коммуникативно-прагматических факторов. Словообразование такого типа продуктивно в структурном плане. В целом, общие ресурсы онимического «поля» и речевой опыт говорящих выступают в роли импульса для вовлечения новых основ имен собственных в деривационный процесс.

В качестве примеров назовем производные слова, построенные по продуктивным аффиксным моделям:

(38) *антигеоргиевец* (от прилагательного в наименовании общественной акции «*Георгиевская ленточка*»)

(39) *болотник* (номинация участника протестных акций, проходивших на *Болотной* площади в Москве)

(40) *заукраинец* (от сочетания *за Украину*)

(41) *крымнашист*, *крымнашистка*, *крымненашист, крымнашевец* (от сращения *крымнаш*)

(42) *жежешник* (от аббревиатуры *ЖЖ*, сокращенного обозначения интернет-платформы «Живой журнал»)

(43) *эхомосковец* (от названия радиостанции «*Эхо Москвы*»)

(44) *вконтактовец, вконтактник, вконтактчик, вконтактер* (от наименования социальной сети «*Вконтакте*»)

(45) *неошариков* (от *Шариков*, фамилии персонажа повести М. Булгакова «Собачье сердце»)

Среди дериватов встречаются сложные производные:

(46) *кремлестратег*, *кремлебот*, *кремлетролль*; *буратиновед*; *израилененавистник*

Проявлением «человеческого» в русском словообразовании XXI века можно считать все более активное создание дериватов, мотивирующими основами для которых служат антропонимы. В дальнейшем обзоре мы сосредоточим внимание именно на отантропонимических производных, что оправдано и их количественным превосходством: более половины новообразований в анализируемом словнике составляют производные, образованные от антропонимов.

Отличительной чертой процесса является то, что производящим может оказаться имя любого человека — как известного, публичного, так и мало знакомого или незнакомого широкой общественности. Если имена российского президента, российских политиков, государственных деятелей, деятелей в сфере культуры предсказуемо превращаются в мотивирующие основы для производных слов, то деривационная активность имени или фамилии человека, известного небольшому кругу лиц, может стать следствием обсуждения резонансных событий, намеренного использования антропонима для создания уникальных номинаций:

(47) *путинг* (производное от фамилии российского президента *Путина*)

(48) *кудринизм* (производное от фамилии экономиста *Кудрина*)

(49) *киселёвщина* (производное от фамилии телевизионного обозревателя *Дмитрия Киселева*)

(50) *античуровский* (производное от фамилии председателя Центральной избирательной комиссии *Владимира Чурова*)

(51) *никитомихалковский* (производное от имени и фамилии кинорежиссера *Никиты Михалкова*)

(52) *бузовость* (производное от фамилии телеведущей и певицы *Ольги Бузовой*)

(53) *шурыгинг* (производное от фамилии *Дианы Шурыгиной*)

(54) *антипехтинский*, *пехтить*, *пехтиться*, *пехтинг* (производное от фамилии *Пехтин*)

Фамилию *Шурыгина* носит фигурантка скандальной истории, активно обсуждавшейся в телевизионных ток-шоу в 2017 году. В комплексном значении производного *шурыгинг* (53) получает отражение последовательность событий: сама скандальная история, ее обнародование и судебное разбирательство, обсуждение всего этого в телевизионных передачах, а также негативная общественная реакция на обсуждение.

Производные (54) появились после обвинения депутата Государственной Думы по фамилии *Пехтин* в сокрытии доходов и недвижимости. Дериваты, образованные от фамилии малоизвестного до этого времени человека, стали целенаправленно использоваться в блогах и на форумах при описании, во-первых, поведения народного избранника, сложившего с себя депутатские полномочия; во-вторых, расследований, направленных на выявление компромата. Новообразование *пехтинг* превратилось в прецедентное имя: фамилии чиновников с формантом *-инг* стали употребляться в значении ‘поиск компромата у должностного лица’:

(55) *астахинг* (от фамилии государственного деятеля *Павла Астахова*)

(56) *маргелинг* (от фамилии государственного деятеля *Михаила Маргелова*)

В условиях современного коммуницирования отантропонимические производные слова получают распространение или как минимум фиксацию в открытых источниках.

О том, насколько многообразным и творческим предстает процесс создания дериватов, для которых мотивирующими являются антропонимы, можно судить по протяженным цепочкам производных. В частности, от фамилии политического и общественного деятеля Алексея Навального образованы номинации (в том числе иронично окрашенные), обозначающие его сторонников и участников разного рода акций; сами акции, в частности митинги:

(57) *навальнист*, *навальновец*, *навальнята*, *навальняшки*; *навальнинг*

Кроме существительных, в число дериватов входят прилагательные, наречие и глагол:

(58) *навальновский*, *немцовско-навальновский* (*оппозиция*), *яшинско-навальновский*, *навальновско-касьяновский* (от фамилий *Навальный*, *Немцов*, *Яшин*, *Касьянов*); *по-навальновски*; *навальничать*

Публикация в интернет-сети в ноябре 2020 года скандальной видеозаписи, изображающей футболиста Артема Дзюбу, мгновенно вызвала появление производных слов, прежде всего глаголов, а также существительных с процессуальным, агентивным или предметным значением; ср.:

(59) *дзюбить*, *подзюбливать*, *дзюбировать*; *дзюбирование*, *дзюбинг*, *дзюбагейт*; *дзюбо*, *дзюбоист*, *дзюбанист*, *дзюбровка*, *дзюбина*, *дзюбило*, *дзюбилей*

Семантическое наполнение производных слов определяют смысловые и ассоциативные связи с представлением о типе сексуальных действий, запечатленных на видеозаписи, и негативных последствий ее обнародования. Личное имя *Артём* также использовано для образования глагольного деривата в рамках языковой игры, опирающейся на семиотические связи слов из разных понятийных сфер, в данном случае — сферы финансовых операций:

(60) *заартёмить членский взнос*

Ранее фамилия футболиста уже служила в качестве мотивирующей основы для лексических новообразований, употребленных в публицистических текстах спортивной тематики:

(61) *продзюбить* (синоним глагола *проиграть*); *дзюбилизм* (контаминация слов *дзюба* и *дебилизм*); *дзюбец* (по образцу жаргонизмов *пипец*, *капец*)

Антропоним использован в сложных производных, созданных с опорой на актуальные по семантике аффиксоиды *-мания* и *-фобия*:

(62) *дзюбомания, дзюбофобия*

В спортивном дискурсе получают распространение сложные дериваты, созданные от фамилий, в частности футболистов, с опорой на модель с основой *зависимость*:

(63) *дзюбозависимость, кержаковозависимость, радуловозависимость, аршавинозависимость*

Сложные дериваты становятся удобной упаковкой комплексной информации, о чем с наглядностью свидетельствует и существительное *дзюбоненавистник*.

Основные семантические типы производных от антропонимов выделяются с учетом их грамматических характеристик и отнесенности к категориальному кластеру.

В частности, производные существительные объединяются в группы в зависимости от того, какой разряд наименований они представляют. Это могут быть традиционные разряды наименований лиц, в частности сторонников политических лидеров, участников общественно-политических движений и членов какого-либо рода объединений:

(64) *ультрапутинист, кудринист, милоновец, стрелковец*

Это могут быть названия конкретных предметов:

(65) *путинофон* (о смартфоне с портретом В. В. Путина)

(66) *сталинобус* (об автобусе с портретом И. В. Сталина)

Это могут быть номинации понятий и явлений, среди которых заметное место занимают производные с суффиксами *-щин-*, *-инг*. Типичными примерами выступают производные от фамилий высокопоставленных чиновников, представляющие собой номинации с общим комплексом семантических признаков 'деятельность, действия должностного лица', дополненных негативно окрашенными коннотативными компонентами:

(67) *мизулинщина, мизулинг* (от фамилии *Елены Мизулиной*, депутата Государственной Думы)

(68) *милоновщина* (от фамилии *Виталия Милонова*, депутата Государственной Думы)

(69) *грефовщина, даунгрефинг* (от фамилии *Германа Грефа*, государственного деятеля, председателя правления Сбербанка России)

(70) *набиульщина* (от фамилии *Эльвиры Набиуллиной*, государственного деятеля, председателя Центрального банка Российской Федерации)

(71) *кудринщина* (от фамилии *Алексея Кудрина*, государственного деятеля, экономиста)

(72) *собянинщина* (от фамилии мэра Москвы *Сергея Собянина*)

При образовании производных существительных с понятийным значением также используются суффиксы *-ств-*, *-изм*, *-ость*; ср.:

(73) *сталинизаторство, антипутинство, кудринизм, бузовость*

Все большее количество дериватов создается на базе моделей словосложения, в том числе путем контаминирования компонентов слов:

(74) *ленинопад* (о сносе памятников *В. И. Ленину* на территории Украины)

(75) *сталинопоклонство, путинопоклонство*

(76) *шпионования* (от основы персонима *Ваня*; производное апеллирует к имени журналиста Ивана Сафронова, обвиненного в шпионаже)

Отантропонимические прилагательные образуют корпус производных, создаваемых при помощи хорошо отработанной словообразовательной «техники», в частности путем использования аффиксальных средств:

(77) *антикудринский*, (производное от фамилии *Кудрин*)

(78) *антимагнитский* (производное от фамилии *Магнитский*)

(79) *ваенговский* (производное от псевдонима певицы *Елены Ваенги*)

(80) *околопелевинский* (производное от фамилии писателя *Виктора Пелевина*)

Производные создаются и безаффиксным путем, на базе моделей словосложения; ср.:

(81) *гайдарочубайсов, пелевинско-минаевский, прохановско-кургинянский, прилепинско-шаргуновский, лимоновско-каспаровский*

Это лексический ресурс, образуемый единицами, восходящими к разным типам онимов. Они функционируют с различающейся частотностью, их избирательно регистрируют в словарях, но при этом адъективные производные обладают устойчивым, системным семантическим потенциалом категориального уровня. Дериваты, как правило, изначально принадлежат разряду относительных прилагательных, характерной особенностью которых является гибкая семантическая структура и способность выражать объемный комплекс относительных значений, если позволяет понятийный диапазон производящего имени. Семантическое развитие, выражающееся в приобретении прилагательным качественного значения, составляет еще одну продуктивную особенность этой группы новообразований.

С помощью стандартных аффиксальных средств создаются также глагольные дериваты: прежде всего при помощи суффикса *-и-*, а также *-ича-*, *-ова-*, *-ствова-* и других. Глаголы образуются по случаю, наделяются «точечным» значением, опирающимся на представление о типичных действиях лица, названного производящим именем, или отражающим суть прецедентного события; ср.:

(82) *петросянить* в значении ‘несмешно шутить’ (от фамилии сатирика *Евгения Петросяна*)

(83) *обузиться* в значении, характеризующем сферу деятельности людей по тому субъекту, какой в ней стал доминировать (от фамилии телеведущей и певицы *Ольги Бузовой*)

(84) *скуинджить* в значении ‘открыто, на глазах у всех украсть что-либо’ (прецедентное событие — кража картины художника А. Куинджи в Третьяковской галерее; прецедентный глагол — *скрымить*, образованный от топонима *Крым*)

Производный глагол может обладать значением, выражающим варьируемый комплекс семантических компонентов, если персонаж, чье имя использовано в качестве мотивирующей основы, выполняет различные действия; ср. глагол *собянить* в значении, отражающем действия мэра Москвы Сергея *Собянина*, связанные с негативно оцениваемыми изменениями в жизнедеятельности российской столицы, с дорогостоящим благоустройством города (ср. сочетания: *собянить Москву, столицу, город, район, парк*), а также созданные по такому образцу глаголы *хуснуллить* и *бирючить*, образованные от фамилий заместителей мэра Москвы Марата Хуснуллина и Петра Бирюкова. Лозунговые фразы типа *Хватит собянить Москву!*, *Хватит собянить выборы!* актуализируют в значении глагола негативные компоненты ‘действовать скрыто, с помощью обмана, преследуя собственную выгоду’.

4. Заключение

Подводя итоги, отметим наиболее важные, на наш взгляд, особенности процесса лексического обновления, в котором принимают участие имена собственные.

Основы разных типов онимов все активнее используются для образования производных существительных, прилагательных и глаголов. Наибольшей продуктивностью характеризуются основы антропонимов, топонимов, эргонимов.

Основы имен собственных задействованы в разных словообразовательных моделях, как аффиксных, так и безаффиксных. Аффиксные дериваты преобладают, однако безаффиксное словопроизводство занимает все более прочные позиции. Разнообразие безаффиксных моделей, структуры которых обусловлены в том числе синтаксическими конструкциями, — еще один важный фактор отономастической деривации.

Среди неологизмов, образованных от имен собственных, выделяются сложные дериваты. Количество таких производных слов возрастает, что в целом соответствует одной из характерных тенденций современного русского словообразования. Сложные по структуре неолексемы становятся удобной, компактной формой для выражения комплексной информации.

Семантический потенциал отономастических дериватов тяготеет к категориальности, которая придает ему устойчивость. В значениях существительных, прилагательных и глаголов категориальные компоненты (лицо, предмет, явление, понятие, относительный признак, действие) формируют ядро, а дифференцирующие семы могут варьироваться в пределах понятийного диапазона производящего имени.

Литература

Буцева, Таисия / Левашов, Евгений (ред.): *Новые слова и значения: Словарь-справочник по материалам прессы и литературы 90-х годов.* В 2-х тт. Санкт-Петербург: Институт лингвистических исследований РАН, 2009–2014.

Ваулина, Екатерина / Скляревская, Галина / Ткачева, Ирина / Фивейская, Елена: *Толковый словарь русского языка начала XXI века. Актуальная лексика.* Москва: Г. Н. ЭКСМО, 2008.

Жданова, Елена: Производные от антропонимов: лексикографическое описание и функционирование в тексте. Крылова, Ольга и др. (ред.): *Российская академическая лексикография: современное состояние и перспективы развития»*, 377–385. Санкт-Петербург: Нестор-История, 2018.

Земская, Елена: Активные процессы современного словопроизводства. Земская, Елена (ред.): *Русский язык конца XX столетия* (1985–1995), 90–141. Москва: ЯРК, 1996.

Коряковцева, Елена: *Очерки о языке современных славянских СМИ (семантико-словообразовательный и лингвокультурологический аспекты).* Siedlce: Uniwersytet Przyrodniczo-Humanistyczny w Siedlcach, 2016.

Котелова, Надежда: Предисловие. *Новое в русской лексике. Словарные материалы*, 1977, 3–9. Москва: Русский язык, 1980.

Норман, Борис / Плотникова, Анна: Отантропонимические прилагательные русского языка: корпусный подход в изучении одного словообразовательного типа. *Вопросы ономастики*, 14 (3), 84–96. 2017.

Отин, Евгений: *Словарь коннотативных собственных имен*. Донецк: «А ТЕМП», 2004.

Радбиль, Тимур: «Прецедентные имена» как элементы «языка культуры». Климкова, Людмила и др. (ред.): *Ономастика Поволжья: материалы XV Международной научной конференции,* 49–54. Саров: Арзамас, 2016.

Licensing *ni*-pronouns in control infinitives: an experimental study

Anastasia Gerasimova,[*] *Ekaterina Lyutikova*[†]

Abstract: The paper examines locality conditions on licensing 'negative' (*ni*-) pronouns in Russian. Drawing on experimental data we show that *ni*-pronouns can be licensed out of the matrix clause in both subject and object control infinitives. We further argue that long-distance licensing occurs through expansion of the licensing domain to the inclusion of argumental infinitive clauses, and not through raising of *ni*-pronouns to the matrix clause.

Keywords: *ni*-pronouns, negative concord, infinitival clauses, control, Russian

Лицензирование отрицательных местоимений в инфинитивных клаузах: экспериментальное исследование[‡]

Анастасия Герасимова, Екатерина Лютикова

Резюме: В статье исследуются ограничения на лицензирование отрицательных (*ни*-) местоимений в русском языке. Основываясь на результатах лингвистического эксперимента, мы утверждаем, что отрицательные местоимения могут лицензироваться отрицанием главной клаузы в инфинитивных оборотах с субъектным и объектным контролем. Кроме того, мы показываем, что дистантное лицензирование отрицательных местоимений происходит вследствие расширения области лицензирования и включения в нее инфинитивного оборота, а не благодаря открытому или скрытому передвижению отрицательного местоимения в главную клаузу.

Ключевые слова: отрицательные местоимения, отрицательный конкорд, инфинитивные клаузы, контроль, русский язык

1. Введение

В данной статье мы исследуем дистрибуцию отрицательных местоимений (серия *ни*-местоимений: *никто*, *ничто*, *никакой*, *нигде*, …) в инфинитивных

---

* Lomonosov Moscow State University, Moscow State University Interdisciplinary Scientific and Educational School "Brain, Cognitive Systems, Artificial Intelligence", e-mail: anastasiagerasimova432@gmail.com

† Lomonosov Moscow State University, Moscow State University Interdisciplinary Scientific and Educational School "Brain, Cognitive Systems, Artificial Intelligence" / Pushkin State Russian Language Institute

‡ Исследование выполнено в рамках проекта РФФИ № 20–312–90004 «Экспериментальное исследование вариативного согласования (на материале биноминативных предложений в русском языке)».

клаузах в русском языке. Мы рассмотрим контексты, в которых отрицательные местоимения в инфинитивных клаузах лицензируются не локально — сопредикатным отрицанием (1a), а дистантно — отрицанием в главной клаузе (1b).

(1) a. Матрос обещал [никуда **не** выходить]. (К. М. Станюкович. *Похождения одного матроса*, 1900)
b. Да и **не** хочу я [никуда идти]! (Аркадий Стругацкий / Борис Стругацкий. *Град обреченный*, 1972)

Теоретически возможны два подхода к анализу нелокального лицензирования. Во-первых, можно предположить, что на каком-то из этапов деривации возникает конфигурация, в которой лицензор и мишень лицензирования располагаются в пределах одной клаузы, однако озвучивается другая репрезентация, в которой локальное расположение лицензора и мишени лицензирования отсутствует. Во-вторых, можно предположить, что нелокальное лицензирование связано с более объемлющей, чем предполагалось ранее, областью лицензирования, характерной для исследуемого феномена.

В статье мы обсудим оба подхода к анализу нелокального лицензирования отрицательных местоимений в русском языке. В разделе 2 мы рассмотрим предсказания этих подходов в отношении линейных и структурных характеристик конфигураций, для которых отмечено нелокальное лицензирование. Раздел 3 посвящен описанию экспериментального исследования, призванного подтвердить или опровергнуть один из подходов. В разделе 4 обсуждаются результаты эксперимента и предлагается анализ лицензирования отрицательных местоимений в инфинитивных клаузах, совместимый с полученными данными. Раздел 5 подводит итоги исследования.

2. Отрицательные местоимения в инфинитивных клаузах

Дистрибуция русских отрицательных местоимений неоднократно становилась предметом исследований. Основные синтаксические свойства этой серии местоимений можно суммировать следующим образом. Во-первых, *ни*-местоимения сосуществуют с показателем общего отрицания — приглагольной частицей *не* — и друг с другом, независимо от количества и позиции (2). Такое поведение отрицательных элементов в клаузе носит название *строгий отрицательный конкорд* (*strict negative concord*, Zeijlstra 2004).

(2) Нет-нет, **никто никому не** звонил и **никто никого ни** о **чем** не просил, все сработало автоматически. (Олег Кашин. *А вдруг родственник?*. «Русская жизнь», 2012)

Во-вторых, *ни*-местоимения возможны только в контексте сопредикатного отрицания, то есть в том случае, когда в клаузе имеется оператор сентенциального отрицания, вызывающий появление приглагольной отрицательной частицы *не* (Brown 1999; Падучева 2011). Это свойство проявляется, с одной стороны, в неспособности эксплетивного отрицания (отрицательной частицы в отсутствие отрицательного оператора) к лицензированию *ни*-местоимений (3) и, с другой стороны, в невозможности лицензирования *ни*-местоимений в зависимой финитной клаузе отрицанием в главной клаузе (4).

(3) a. Я чуть было **не** разбил телефон о мокрый асфальт с прилипшими грязными каштановыми листьями. (Василий Нагибин. *Рассказ цвета сепии.* «Волга», 2013)
b. *Я чуть было **не** разбил **ничего**.

(4) a. Я **не** помню, чтобы его **никто не** любил.
b. *Я **не** помню, чтобы его **никто** любил.

Однако, как показывают недавние исследования, выполненные на корпусном материале (Герасимова 2015; Корнакова и др. 2016), отрицательные местоимения возможны в зависимых инфинитивных клаузах при отрицании в главной клаузе:

(5) a. Я **не** просила вас [**никого** обманывать…]. (Вениамин Каверин. *Два капитана*, 1938–1944)
b. Мы-то **не** собирались [**никому ничего** рассказывать]. (Анатолий Приставкин. *Вагончик мой дальний*, 2005)

Возникает вопрос, каким образом лицензирование отрицательных местоимений возможно через клаузальную границу. Для того, чтобы на него ответить, необходимо, во-первых, изучить специфику актантных инфинитивных конструкций в русском языке по сравнению с конструкциями с финитными зависимыми клаузами и монопредикативными структурами и, во-вторых, рассмотреть предложенные в теоретической литературе обоснования локальности отрицательных местоимений.

2.1. Актантные инфинитивные клаузы

В русском языке выделяется два больших класса актантных инфинитивных конструкций: конструкции с модальными и фазовыми глаголами, которые проявляют свойства моноклаузальных и, по-видимому, предполагают функциональное реструктурирование (*functional restructuring*, Wurmbrand 2001) и конструкции с предикатами контроля. Если для моноклаузальных конструкций отсутствие синтаксической границы, которая могла бы препятствовать лицензированию, достаточно очевидно, то для конструкций с предикатами контроля, которые традиционно анализируются как биклаузальные, лицензирование через границу клаузы должно получить объяснение.

Во многих работах, посвященных синтаксическим характеристикам инфинитивных конструкций с контролем в русском языке (Babby 1998, 2009; Greenberg, Franks 1991; Franks 1995; Тестелец 2001; Лютикова 2010; Герасимова 2015; Лютикова, Татевосов 2018) отмечается, что тип контроля оказывает влияние на проницаемость инфинитивных оборотов для различных синтаксических процессов — например, падежного согласования плавающих определителей (6a–b) или лицензирования краткой формы прилагательного и причастия в сказуемом (7a–b).

(6) a. Она хочет поехать туда **одна**.
b. Муж попросил ее не ездить туда **одной** / ***одна**.

(7) a. Он хотел быть **готов** к этому разговору.
b. Директор просил его быть **готовым** / ***готов** к этому разговору.

Основываясь на этих данных, Л. Бэбби (Babby 1998) высказывает предположение, что в конструкциях с субъектным контролем инфинитивный оборот имеет редуцированную структуру и представляет собой глагольную группу (VP), которая, в свою очередь, становится комплементом матричного предиката (ср. с лексическим залоговым реструктурированием в Wurmbrand 2014). В отличие от конструкций с субъектным контролем, в конструкциях с объектным контролем зависимая клауза проецируется полностью и представляет собой группу комплементайзера (CP).

Такой анализ, однако, приходит в противоречие с другими свойствами конструкций с субъектным контролем. Во-первых, при субъектном контроле в зависимой клаузе может располагаться собственный отрицательный оператор (Герасимова 2015), что предполагает как минимум проецирование полной аргументной структуры, включающей подлежащее (8).

(8) В Москве, воображая охоту, он мечтал [**никуда не** торопиться]… (Виктор Ремизов. *Воля вольная*. «Новый мир», 2013)

Во-вторых, в конструкциях с субъектным контролем невыраженное подлежащее инфинитивного оборота может соответствовать внутреннему аргументу (9), что ставит под сомнение отсутствие PRO в таких конструкциях.

(9) Они все хотели [быть выслушаны]. (Сергей Есин. *Марбург*, 2005)

Наконец, на наличие собственного подлежащего указывают также интерпретационные возможности, доступные для локального анафора *друг друга*. Известно, что локальной областью для анафора *друг друга* является минимальная содержащая его клауза (Rappaport 1986). Вследствие этого *друг друга*, в отличие от *себя*, не может, находясь в инфинитивном обороте, иметь антецедент в главной клаузе (10). Это свойство делает *друг друга* удобным средством диагностики клаузальной структуры.

(10) Преподаватели$_i$ не разрешают нам$_j$ [PRO$_j$ проводить опыты друг над другом$_{*i, j}$ / над собой$_{i, j}$].

В примере (11) связывать *друг друга* может только нулевое подлежащее инфинитивного оборота (PRO). Действительно, поскольку *друг друга* требует множественного антецедента, его связыватель в главной клаузе отсутствует. Следовательно, в зависимой клаузе присутствует структурно приоритетная именная группа, способная связать *друг друга* и при этом обладающая подходящими признаками. Такой именной группой может быть только PRO, частично контролируемое (*partial control*) подлежащим главной клаузы.

(11) После завтрака Павел предложил [прочитать **друг другу** написанное]. (Евгений Рубин. *Пан или пропал. Жизнеописание*, 1999–2000)

Учитывая вышесказанное, мы заключаем, что и объектный, и субъектный контроль совместимы с биклаузальной структурой актантных инфинитивных конструкций. Тем не менее, проницаемость границы клаузы различна для субъектного и объектного контроля.

2.2. Лицензирование отрицательных местоимений

Существует несколько синтаксических подходов к лицензированию отрицательных местоимений — анафорический подход (Progovac 1994), подход, основанный на передвижении операторов (Haegeman 1995) и согласовательный подход (Zeijlstra 2004). Эти подходы существенно различаются в интерпретации как отрицательных местоимений (отрицательно-полярные единицы, отрицательные кванторы, экзистенциальные кванторы), так и самого механизма лицензирования (связывание, проверка признаков, согласование). Тем не менее, все они предполагают, что отрицательные местоимения должны оказаться в локальной конфигурации со своим лицензором — отрицательной вершиной / оператором.

При анафорическом подходе отрицательные местоимения должны находиться в одной клаузе с с-командующей отрицательной предикативной вершиной (*negative I*), либо в базовой структуре, либо вследствие открытого или скрытого передвижения. При подходе с передвижением операторов отрицательные местоимения должны передвинуться в позицию спецификатора вершины Neg, либо образовать локальную цепь с нулевым оператором в этой позиции. Наконец, при согласовательном подходе отрицательные местоимения согласуются с вершиной Neg; поскольку отношение зонда и цели при согласовании ограничено пределами фазы, дистантное согласование возможно только при передвижении отрицательного местоимения в одну фазу с вершиной-лицензором. Таким образом, все рассмотренные подходы отличает общее требование к структурному расстоянию между отрицательным местоимением и его лицензором-отрицанием: отрицательное местоимение должно находиться в одной клаузе с отрицанием или в базовой структуре, или в результате передвижения.

Вернемся теперь к лицензированию отрицательных местоимений в инфинитивной клаузе. Очевидно, что если отрицание находится в вышестоящей клаузе, локальность в расположении отрицательного местоимения и его лицензора может быть достигнута подъемом отрицательных местоимений из базовой позиции в доминирующую клаузу. Еще одну аналитическую опцию представляет собой реконструкция отрицания в инфинитивной клаузе.

Достаточно давно было обнаружено, что некоторые матричные предикаты допускают так называемый подъем отрицания (*neg-raising*) из своего клаузального актанта (Fillmore 1963; Кобозева 1976; Horn 1978, 1992; Gajewski 2007; Collins, Postal 2012). Подъемом отрицания называются такие семантико-синтаксические эффекты, когда отрицание в главной клаузе интерпретируется так, как если бы оно находилось в зависимой клаузе. Например, предложение (12) имеет две возможных интерпретации: менее вероятную (12.a), при которой отрицание интерпретируется *in situ*, и более вероятную (12.b), при которой отрицание реконструируется в зависимой клаузе.

(12) Не думаю, что он придёт.
(a) поверхностная сфера действия отрицания: ‘Неверно, что я думаю, что он придет.’
(b) сфера действия отрицания в зависимой клаузе: ‘Я думаю, что неверно, что он придёт.’

Синтаксические эффекты подъема отрицания состоят в том, что при предикатах, допускающих подъем отрицания, локальные отрицательно-полярные единицы, такие как англ. *until* ‘пока, до’, могут лицензироваться отрицанием вышестоящей клаузы. Соответственно, лицензирование отрицательных местоимений в инфинитивной клаузе вышестоящим отрицанием также может быть одним из эффектов подъема отрицания. Действительно, при некоторых предикатах, присоединяющих актантную инфинитивную клаузу, можно обнаружить интерпретацию с реконструкцией отрицания (13), однако имеются и предикаты, не допускающие такой интерпретации (14).

(13) Я не хочу никого обманывать.
(a) ‘Неверно, что я хочу кого-либо обманывать.’
(b) ‘Я хочу никого не обманывать.’

(14) Я не просила вас никого обманывать.
(a) 'Неверно, что я просила вас кого-либо обманывать.'
(b) *'Я просила вас никого не обманывать.'

Таким образом, в исследуемых нами конструкциях локальная конфигурация для отрицательных местоимений и их лицензоров может достигаться как путем подъема местоимения в главную клаузу, так и — для ряда матричных предикатов — путем реконструкции отрицания в зависимой клаузе.

Для того чтобы выяснить, является ли лицензирование отрицательных местоимений в инфинитивном обороте следствием процессов, создающих локальную конфигурацию лицензирования (скрытое или открытое передвижение местоимений, подъем отрицания), необходимо установить, (i) допустимо ли лицензирование отрицательных местоимений при предикатах, не допускающих подъем отрицания, и (ii) является ли передвижение отрицательного местоимения в главную клаузу условием для его лицензирования. Ответы на эти вопросы были получены в экспериментальном исследовании.

3. Эксперимент

Экспериментальное исследование проводилось с использованием методики извлечения суждений о приемлемости языковых выражений. Под оценками приемлемости подразумевается систематическая реакция носителей языка на языковое выражение, которая показывает, возможна ли определенная синтаксическая конструкция в языке. Данная методика позволяет выяснить, как изменения в значениях единичных параметров влияют на восприятие синтаксических структур, и сделать выводы об ограничениях на определенные конструкции.

Поставленный в работе вопрос о лицензировании отрицательных местоимений через границу клаузы определил набор факторов, которые были использованы в синтаксическом эксперименте. Поскольку для субъектного и объектного контроля отличается проницаемость клаузальной границы, в качестве первого экспериментального фактора выступил ТИП КОНТРОЛЯ ИНФИНИТИВНОГО ОБОРОТА (субъектный контроль / объектный контроль) (15).

(15) a. Директор не пытался звонить никому после объявления о сделке.
b. Букмекер не заставлял тренера навязывать никому тактику ведения игры.

Чтобы определить, требует ли лицензирование отрицательных местоимений сопредикатного отрицания, или лицензор может находиться в вышестоящей клаузе, необходимо рассмотреть предложения с отрицательным местоимением в различных позициях. Если для достижения условия на локальность лицензирования необходим подъем отрицательного местоимения в матричную клаузу, тогда можно ожидать, что в позиции перед матричным предикатом отрицательное местоимение будет оцениваться как более приемлемое по сравнению с позициями внутри инфинитивного оборота. Заметим, однако, что внутри инфинитивного оборота отрицательное местоимение может занимать две различные позиции: предглагольную и заглагольную. В то время как позиция за инфинитивом является базовой, в предглагольную позицию местоимение попадает за счет короткого передвижения.

Мы предполагаем, что выбор между двумя позициями внутри инфинитивного оборота определяется не особенностями лицензирования отрицательных местоимений, а более общей тенденцией расположения местоимений относительно предиката в русском языке. Как показано в работе (Холодилова 2013), русские местоимения чаще располагаются в начале клаузы, при этом отрицательные местоимения существенно чаще занимают предглагольную позицию по сравнению с заглагольной. Так, сравнительное корпусное исследование употребления местоимения *никто* и отрицательно полярной именной группы *ни души*, которая выражает сходное значение и имеет идентичную слоговую структуру, показывает явное предпочтение предглагольной позиции для отрицательного местоимения. Более того, данная тенденция предглагольного употребления характерна не только для матричной предикации, но и для нефинитных клауз. Как показывает корпусное исследование М. А. Холодиловой, пропорция предглагольных и заглагольных употреблений отрицательных местоимений при инфинитивах коррелирует с соотношением, которое наблюдается для финитных структур.

Таким образом, в рамках исследования нас прежде всего будет интересовать противопоставление двух предглагольных позиций, в зависимой клаузе и в главной. Тем не менее, примеры с отрицательными местоимениями в базовой позиции встречаются в корпусе и оцениваются носителями как вполне допустимые (16). В связи с этим, в эксперимент были включены обе позиции, доступные для отрицательного местоимения в инфинитивной клаузе: в соответствии с тенденцией, обнаруженной для корпусных данных, мы ожидаем увидеть более высокие оценки для позиции перед инфинитивом.

(16) Администрация не разрешила поселять никого в номер. (Бахыт Кенжеев. *Из Книги счастья* (2007). «Новый Мир», 2008)

Итак, вторым экспериментальным фактором стала ПОЗИЦИЯ ОТРИЦАТЕЛЬНОГО МЕСТОИМЕНИЯ (базовая / перед инфинитивом / перед матричным предикатом) (17). Таким образом, эксперимент имел дизайн 2 × 3.

(17)	Я	(никому)	не торопился	(никому)	довериться	(никому)	…
		перед матричным		*перед вложенным*		*базовая*	

Для того, чтобы можно было проверить, чем ограничивается локальная область для лицензирования отрицательного местоимения, необходимо было составить стимульные предложения так, чтобы исключить интерпретации с сопредикатным отрицанием. Поэтому в качестве матричных предикатов мы использовали глаголы, не допускающие подъема отрицания. Для вложенных предикатов мы отобрали глаголы, управляющие дательным падежом; чтобы исключить ошибки в интерпретации синтаксических связей, в качестве предикатов с объектным типом контроля выбирались глаголы, управляющие винительным падежом. Все стимульные предложения имели сходную структуру, были сбалансированы по длине, и отличались только заключительной частью, которая следовала за инфинитивом. Примеры стимульных предложений представлены в (18–19).

(18) a. Комментатор не старался присуждать **никому** неофициальные призовые места
b. Комментатор не старался никому присуждать неофициальные призовые места
c. Комментатор **никому** не старался присуждать неофициальные призовые места

(19) a. Председатель не вынуждал ассистента аплодировать **никому** на партийном съезде
b. Председатель не вынуждал ассистента **никому** аплодировать на партийном съезде
c. Председатель **никому** не вынуждал ассистента аплодировать на партийном съезде

На каждое из шести условий было составлено четыре лексических варианта стимульных предложений. Предложения были распределены по трем листам согласно методу латинского квадрата. В пределах каждой из двух групп по двенадцать предложений стимулы показывались в случайном порядке. Кроме того, были составлены листы-дублеты, в которых группы по двенадцать предложений-стимулов менялись местами. Такая система была выбрана с целью нивелировать влияние эффекта усталости на оценки приемлемости (*fatigue effect*). Помимо целевых конструкций в эксперимент также были включены двадцать четыре предложения-филлера различной степени грамматичности: в грамматичных филлерах фигурировали местоимения на *-либо*, в неграмматичных использовались отрицательные местоимения, но при этом отсутствовала отрицательная частица *не*. Перед началом эксперимента респондент также оценивал четыре тренировочных предложения, два из которых были грамматичны, два — неграмматичны.

Участники эксперимента выносили оценку приемлемости по шкале Ликерта от 1 до 7. Четыре грамматичных филлера сопровождались вопросами на понимание. В инструкции мы настоятельно рекомендовали не ориентироваться на школьные знания грамматики или вероятность описываемого события, а также не пытаться угадать правильный ответ. Эксперимент был проведен дистанционно на платформе IbexFarm (Drummond 2011). Предложения демонстрировались по отдельности не более десяти секунд, интервал между предложениями составлял одну секунду. В середине эксперимента респондентам предлагалось сделать небольшой перерыв. Помимо фактических ответов респондента мы также учитывали, с какой скоростью респондент ставит оценку предложению.

В эксперименте приняли участие 153 респондента, в среднем каждый экспериментальный лист прошли 25 человек. В результате предварительного анализа результатов мы исключили ответы 25 респондентов (16%), которые совершали ошибки при ответе на вопросы, а также делали грубые ошибки в оценке филлеров (напр., ставили грамматичному предложению оценки 1 или 2). Таким образом, мы учитывали ответы 128 респондентов: среди них 78 женщин и 50 мужчин. Средний возраст респондентов 35, минимальный 15, максимальный 73, стандартное отклонение 14.

Рис. 1. Диаграмма размаха для нормализованных оценок приемлемости для предложений с инфинитивами субъектного и объектного контроля с отрицательным местоимением в различных позициях. Символом звездочки помечены значимые различия.

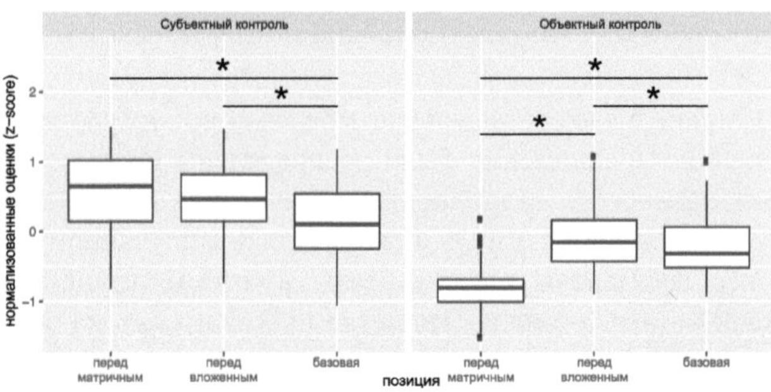

Результаты эксперимента показали, что оба исследуемых фактора оказались значимыми (дисперсионный анализ, ТИП КОНТРОЛЯ ИНФИНИТИВНОГО ОБОРОТА: df = 1; F = 737,46; p << 0,05; ПОЗИЦИЯ ОТРИЦАТЕЛЬНОГО МЕСТОИМЕНИЯ: df = 2; F = 44,84; p << 0,05) (Рис.1). Также значимым оказалось взаимодействие между факторами (дисперсионный анализ, df = 2; F = 113,44; p << 0,05). Применение критерия Тьюки показало, что при инфинитивах субъектного контроля отрицательное местоимение в заглагольной позиции значимо менее приемлемо по сравнению с двумя другими позициями. При инфинитивах объектного контроля позиция в главной клаузе является наименее приемлемой, далее следует заглагольная позиция при инфинитиве, наконец, наиболее приемлемой стала предглагольная позиция во вложенной клаузе. Средние нормализованные оценки представлены в Таблице 1.

Табл. 1. Средние нормализованные оценки приемлемости для предложений с инфинитивами субъектного и объектного контроля с отрицательным местоимением в различных позициях.

	перед матричным	перед вложенным	базовая
Субъектный контроль	0,546	0,482	0,130
Объектный контроль	-0,816	-0,111	-0,228

В целом предложения с предикатами субъектного контроля получали более высокие оценки, чем предложения с предикатами объектного контроля вне зависимости от позиции, которую занимало отрицательное местоимение. Заметим, что случаи, когда отрицательное местоимение занимало позицию в главной клаузе при объектном контроле, респонденты оценивали столь же низко, как и неграмматичные филлеры, а именно, предложения, в которых отсутствовал лицензор отрицательного местоимения (Рис. 2).

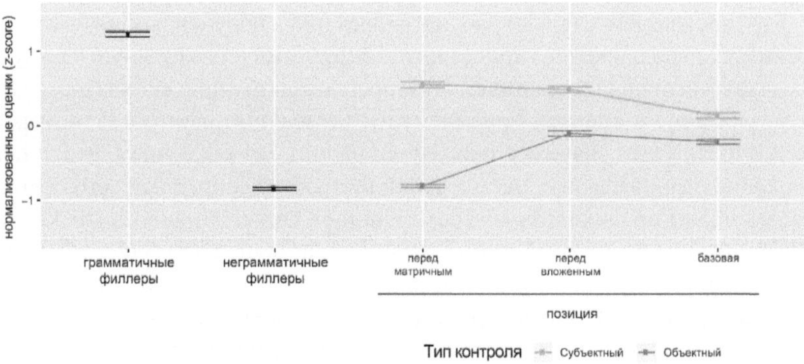

Рис. 2. Нормализованные оценки приемлемости на графике взаимодействия факторов ТИП КОНТРОЛЯ ИНФИНИТИВНОГО ОБОРОТА *и* ПОЗИЦИЯ ОТРИЦАТЕЛЬНОГО МЕСТОИМЕНИЯ *в сравнении с оценками для грамматичных и неграмматичных филлеров.*

Как предсказывали результаты корпусных исследований (Холодилова 2013), позиция перед инфинитивом всегда получала значимо более высокие оценки по сравнению с базовой позицией. Результаты эксперимента подтвердили существование тенденции к короткому передвижению местоименных дополнений.

4. Обсуждение результатов

Экспериментальное исследование выявило следующие тенденции. Во-первых, инфинитивные клаузы при предикатах объектного контроля менее прозрачны в отношении лицензирования отрицательных местоимений через границу клаузы, но тем не менее также допускают такое лицензирование. Таким образом, нелокальное лицензирование отрицательных местоимений возможно не только в конструкциях с подъемом отрицания, но и в таких конструкциях, где отрицание синтаксически и семантически принадлежит главной клаузе. Во-вторых, для отрицательных местоимений характерно передвижение в предглагольную позицию в своей клаузе: отличие в оценках приемлемости для базовой заглагольной позиции дополнения и его производной предглагольной позиции статистически значимо как для конструкций с субъектным контролем, так и для конструкций с объектным контролем. В-третьих, передвижение отрицательного местоимения в предглагольную позицию главной клаузы не влияет на оценки приемлемости для конструкций с субъектным контролем и значимо снижает оценки приемлемости для конструкций с объектным контролем.

Мы предлагаем следующую интерпретацию полученных результатов. Поскольку передвижение отрицательного местоимения в главную клаузу не вызывает увеличения приемлемости предложений (при субъектном контроле различие в оценках приемлемости не значимо, при объектном контроле фиксируется значимое снижение оценок), мы заключаем, что лицензирование отрицательных местоимений не требует сопредикатного отрицания, но может происходить и через границу клаузы. По-видимому, как и в случае различных областей связывания для анафоров (напр., *себя*, в отличие от *друг друга*, в инфинитивном обороте может связываться из главной клаузы (Rappaport 1986)), лицензирование отрицательных местоимений при отрицательном конкорде допускает параметризацию локальных областей. Данные русского языка свидетельствуют о том, что областью, в пределах которой должен быть найден лицензор, может соответствовать не только минимальной клаузе, но и минимальной финитной клаузе.

Различия между конструкциями с субъектным и объектным контролем могут объясняться в терминах признаковой и/или структурной сложности: в то время как инфинитивные клаузы — аргументы предикатов объектного контроля обладают полноценной функциональной структурой, инфинитивные клаузы — аргументы предикатов субъектного контроля лишены верхних функциональных проекций клаузы, в частности, фазовой вершины C, ср. аналогичное предложение в (Герасимова 2015). Наше предварительное предположение относительно структуры таких конструкций состоит в том, что в них представлено лексическое реструктурирование, затрагивающее A′-зону зависимой клаузы (*lexical size restructuring*, см. Wurmbrand 2014). Бóльшая структурная сложность инфинитивных клауз при объектном контроле сопряжена с их бóльшей непрозрачностью как для дистантного лицензирования отрицательных местоимений, так и для их передвижения в главную клаузу. Соответственно, самые низкие оценки приемлемости получают конструкции с объектным контролем и отрицательным местоимением в предглагольной позиции в главной клаузе: такие предложения «штрафуются» и за дистантное лицензирование через границу CP, и за подъем отрицательного местоимения.

Наконец, короткое передвижение отрицательных местоимений в предглагольную позицию в собственной клаузе, по-видимому, независимо от их лицензирования и отражает более общую тенденцию линейного расположения слабых местоименных дополнений.

5. Заключение

В данной статье мы исследовали вопрос о нелокальном лицензировании отрицательных местоимений в русском языке. Мы рассмотрели конструкции с предикатами контроля, где отрицательное местоимение располагается в актантной инфинитивной клаузе и лицензируется отрицательным оператором в главной клаузе. Проведенное нами экспериментальное исследование показало, что, несмотря на то, что в конструкциях с объектным контролем дистантное лицензирование оценивается ниже, чем в конструкциях с субъектным контролем, тем не менее оно допустимо в обеих конфигурациях.

Важное свойство конструкций с дистантным лицензированием в русском языке состоит в том, что для лицензирования не требуется передвижения отрицательных местоимений в одну клаузу с оператором отрицания. Более того, такое передвижения в конструкциях с объектным контролем значимо снижает оценки приемлемости. Таким образом, можно сделать вывод, что дистантное лицензирование отрицательных местоимений происходит вследствие расширения области лицензирования и включения в нее инфинитивного оборота, а не благодаря открытому или скрытому передвижению отрицательного местоимения в главную клаузу.

Литература

Герасимова, Анастасия: Лицензирование отрицательных местоимений через границу инфинитивного оборота в русском языке. Лютикова, Екатерина / Циммерлинг, Антон / Коношенко, Мария (ред.): *Типология морфосинтаксических параметров. Материалы международной конференции ТМП-2015*, Вып. 2, 47–61. МПГУ, 2015.

Кобозева, Ирина: Синтаксическое обоснование правила перенесения отрицания в русском языке. *Československa rusistika*, 2, 54–62. 1976.

Корнакова, Елизавета / Лютикова, Екатерина / Гращенков, Павел: Лицензирующие свойства отрицания в русском языке. *Rhema. Рема*, 4, 58–82. 2016.

Лютикова, Екатерина: К вопросу о категориальном статусе именных групп в русском языке. *Вестник Московского университета. Серия 9: Филология*, 6, 36–76. 2010.

Лютикова, Екатерина / Татевосов, Сергей: Сфера действия в русских инфинитивных конструкциях с контролем. Кастельви, Жоан / Зайнульдинов, Иван / Руис-Соррилья, Марк: *Актуальные проблемы и перспективы русистики. Материалы по итогам Международной конференции русистов в Барселонском университете МКР-Барселона 2018*, 1290–1301. Barcelona: Trialba Ediciones, 2018.

Падучева, Елена: Отрицание. *Материалы для проекта корпусного описания русской грамматики*. На правах рукописи. Москва, 2011. http://rusgram.ru.

Тестелец, Яков: *Введение в общий синтаксис*. Москва: РГГУ, 2001.

Холодилова, Мария: *Позиционные свойства местоимений в русском языке*. Выпускная квалификационная работа магистра филологии, СПбГУ. Санкт-Петербург, 2013.

Babby, Leonard: Subject control as direct predication: Evidence from Russian. Bošković, Zeljko / Franks, Steven / Snyder, William (eds.): *Annual Workshop on Formal Approaches to Slavic Linguistics. The Connecticut Meeting 1997*, 17–37. Ann Arbor, Mich.: Michigan Slavic Publications, 1998.

Babby, Leonard: *The Syntax of Argument Structure*. Cambridge: Cambridge University Press, 2009.

Brown, Sue: *The Syntax of Negation in Russian: A Minimalist Approach*. Stanford: CSLI Publications, 1999.

Collins, Chris / Postal, Paul: *Imposters: A Study of Pronominal Agreement*. MIT Press, 2012.

Drummond, Alex: *IbexFarm, Version 0.2.7*. 2011.

Fillmore, Charles: The Position of Embedding Transformations in Grammar. *Word*, 19, 208–231. 1963.

Franks, Steven: *Parameters of Slavic Morphosyntax*. New York, Oxford: Oxford University Press, 1995.

Gajewski, Jon: Neg-raising and polarity. *Linguistics and Philosophy*, 30, 289–328. 2007.

Greenberg, Gerald / Franks, Steven: A parametric approach to dative subjects and the second dative in Slavic. *The Slavic and East European Journal*, 35 (1), 71–97. 1991.

Haegeman, Liliane: *The Syntax of Negation*. Cambridge: Cambridge University Press, 1995.

Horn, Laurence: Pragmatics, implicature, and presupposition. Bright, William (ed.).: *International Encyclopedia of Linguistics*, 2, 260–266. New York: Oxford University Press, 1992.

Horn, Laurence: Remarks on neg-raising. Cole, Peter (ed.): *Syntax and Semantics 9: Pragmatics*, 129–220. New York: Academic Press, 1978.

Progovac, Ljiliana: *Negative and Positive Polarity: A Binding Approach*. Cambridge: Cambridge University Press, 1994.

Rappaport, Gilbert: On Anaphor Binding in Russian. *Natural Language & Linguistic Theory*, 4 (1), 97–120. 1986.

Wurmbrand, Susi: *Infinitives: Restructuring and Clause Structure*. Berlin: de Gruyter Mouton, 2001.

Wurmbrand, Susi: Restructuring across the world. Veselovská, Ludmila / Janebová, Markéta (eds.): *Complex Visibles Out There. Proceedings of the Olomouc Linguistics Colloquium 2014: Language Use and Linguistic Structure,* 275–294. Olomouc: Palacký University, 2014.

Zeijlstra, Hedde: *Sentential Negation and Negative Concord*. PhD Dissertation, University of Amsterdam. Utrecht: LOT Publications, 2004.

The verbless Kuzmin: structure and semantics of verbless verse

*Anna Gik**

Abstract: In my paper, I examine nominative sentences in Kuzmin's poetry. According to Arutyunova, nominative sentences are not a special type of one-part sentence, but a stylistic variety of existential two-part sentences, which are widely used in poetic texts. In his first book of poems, *Seti*, Kuzmin actively uses verbal nouns instead of verbs; the semantics of some other words also expresses movement. In his texts, nominative sentences compete with two-part sentences and allow to create concise images, verbal pictures, not devoid of dynamism. My analysis of the structural and semantic features of poems that dictate the choice of a particular language form proves that the verbless beginning of poems without a title performs the function of determining the main theme of the text, that is, the first line simultaneously fills the lacuna of the title of the poetic work.

Keywords: verbless poems, nominative stylistics, grammar of individual style, Kuzmin

Кузмин безглагольный (структура и семантика безглагольных стихов)

Анна Гик

Резюме: Объектом нашего исследования являются номинативные предложения в поэзии М. Кузмина. Согласно Н. Д. Арутюновой, номинативные предложения – это не особый тип односоставного предложения, а стилистическая разновидность бытийных двусоставных предложений, которые широко используются в поэтических текстах. В безглагольных произведениях (в книге *Сети*) Кузмин активно использует отглагольные существительные, семантика некоторых слов также предполагает движение. Номинативные предложения в поэтическом тексте конкурируют с двусоставными, позволяют создавать лаконичные образы, словесные картины, не лишенные динамизма. В статье проанализированы структурные и семантические особенности стихов, которые диктуют выбор той или иной языковой формы, а также доказано, что безглагольный зачин стихотворений без заглавия выполняет функцию определения основной темы текста, то есть первая строка одновременно заполняет лакуну заглавия стихотворного произведения.

Ключевые слова: безглагольные стихи, именная стилистика, грамматика идиостиля, М. Кузмин

Поэзия М. Кузмина считается герметичной, эстетизированной, не вписывающейся в рамки литературных школ. Эти характеристики поэтического творчества распространяются со времен «Истории русской литературы» Д. П. Святополка-Мирского и поддерживаются исследованиями В. Маркова, Дж. Малмстада, Н. А. Богомолова. Исследователи активно об суждают особенности стилизаторского начала произведений поэта, прозаика, драматурга,

* V. V. Vinogradov Russian Language Institute (RAS), e-mail: annagik@yandex.ru

музыканта и критика, а также анализируют отдельные аспекты его критических, поэтических и прозаических работ, например, звукопись, краткие формы прилагательных и др.

Мы предлагаем обратиться к грамматической структуре текстов поэта, которая до сегодняшнего дня не становилась объектом специального исследования.

Безглагольная поэтика Кузмина покоится на морфологической характеристике стихотворений. В его произведениях самыми частотными являются имена существительные. По данным частотного словаря словоформ, на первом месте ожидаемо находятся союзы (*и* – 3648 употреблений) (Гик 2015: 123), предлоги (*в* – 2180), местоимения (*я* – 1550) и существительные (*любовь* – 198, *день* – 133, *солнце* – 127). Глагольные словоформы появляются в частотном списке в последнюю очередь и занимают незначительное место. Самый частотный глагол представлен десемантизированной связкой *быть* (117 употреблений). Таким образом, глагол по частотному рангу встречается реже, чем все другие части речи.

Имена существительные являются самыми значимыми для идиостиля Кузмина. Именной стиль (Иванов 1987) поэтических произведений находит подтверждение при анализе частеречной принадлежности поэтического словника. По нашим подсчетам, в поэтическом словаре автора объемом около 14000 разных лексем (Гик 2013), имена существительные составляют 4624 единиц (словоформ в пять раз больше – 19885 словоформ). Глаголов (2409 лексем – 9518 словоформ) и имен прилагательных (2173 лексемы – 7248 словоформ) в два раза меньше. Эстетическое освоение мира вписывается в семантическую парадигму языка и представляет собой именной стиль. Грамматическая характеристика имени сопрягается с семантикой и выстраивает стихотворные строки без глаголов. Значение имен в безглагольных строчках уравновешивается или компенсируется в первую очередь существительными, называющими признаки и действия.

Как мы уже заметили, анализ частеречной наполненности стихов выводит на идею «именного» стиля поэта.

«Индукционные» свойства имени существительного отлично осознавались и самим поэтом (Гик 2013). В критической работе «О прекрасной ясности. Заметки о прозе» он рассуждает о врожденной способности человека составлять ассоциации, основанные на естественных связях слов:

> Пренебрежение к логике (неумышленное) так чуждо человеческой природе, что, если вас заставят быстро назвать десять предметов, не имеющих между собою связи, вы едва ли сможете это сделать. Интересный вывод мог бы получиться при выписывании одних существительных из стихотворения: нам, несомненно, казалось бы, что причиной отдаленности одного слова от другого по значению

> является только длинный путь мысли и, следовательно, сжатость стиха, но отнюдь не отсутствие логической зависимости. Еще менее терпимо подобное отсутствие логичности в форме, особенно прозаической, и менее всего именно в деталях, в постройке периодов и фраз (Кузмин 1910: 6).

Поэт предлагает выписать имена существительные, чтобы разобраться в семантической структуре стихотворного текста.

Несомненно важно, что уже в ранней критической работе, посвященной строению прозаического произведения, Кузмин отмечает сущностные характеристики стихотворной речи: «сжатость стиха». Как не вспомнить в этой связи понятие тесноты стихового ряда, введенное Ю. Тыняновым в книге «Проблема стихотворного языка». Кузмин поднимает схожие вопросы организации смыслового пространства текста уже в 1910 году. Идея тесноты созвучна идее сжатости стиха. Эти свойства текста – в малом объеме передать большое количество информации, в сжатом виде описать уникальное представление о мире, о ситуации, передать внутренние метания и изменения сознания, которые сложно описать и на ста страницах прозы, – можно назвать уникальными. Сильман утверждала, описывая особенности процесса создания лирического произведения, что поэзии свойственна «энергия сжатия»:

> Мы назвали этот процесс, который своей напряженностью скорее приближается к одному мгновению, «моментом лирической концентрации». Наличие такого процесса делает очевидным, что краткость, лаконизм являются не делом вкуса, но органическим требованием самого жанра лирической поэзии <…>. В подлинной лирике все же всегда ощутима эта энергия сжатия (Сильман 1977: 30, 33).

Принцип синтаксической компрессии и редукции покоится на смысловой емкости и словесной сжатости произведения. Исследователи по принципу сплошной предикативности сближают поэтическую речь и внутреннюю речь. Также можно говорить о точках соприкосновения механизмов создания эстетически значимого текста и разговорной речи, ср. (Вайс 2011).

Безглагольные тексты чаще всего обращены непосредственно к читателю, к настоящему моменту. Для автора – к моменту создания текста: здесь и сейчас, для читателя – к моменту чтения текста. Так понятие настоящего времени редуцируется в понятие переживаемого времени, что возможно в стихах и стихотворных строфах/строках.

Отсутствие в предложении глагола может быть обусловлено различными факторами. Как считает Н. Ю. Шведова (Шведова 1980: 49):

> Поскольку в русском языке широко представлены не только глагольные, но и безглагольные предложения, постольку знаменательный глагол с его морфологическими категориями не может быть признан единственным носителем синтаксических значений предложения: он является весьма важным средством, но все же одним из средств их формирования и выражения.

Для поэтического языка значимыми становятся как номинативные конструкции (односоставные предложения с главным членом, выраженным именем существительным), так и неполные реализации предложений, которые могут быть обусловлены конситуативно и контекстуально (контекст представляет соотнесённость языковых элементов между собой, а конситуация — языковых с внеязыковыми (невербальными, ситуационными и т. д.)).

Первоначально мы планировали обратиться к анализу только безглагольных стихов. Но внимательное чтение материала подтолкнуло нас к исследованию не только цельных текстов (таких оказалось не так уж и много), но и фрагментов (блоков) стихов – безглагольных строф и предложений.

Функция конструкции обусловливает ее структуру, определяет взаимосвязь с другими компонентами текста. Номинативные конструкции относятся к экспрессивному синтаксису. Они выполняют определительную функцию – в их задачу входить описание ситуации; также характеризующую и экспрессивную, эмоциональную функцию. Номинативы служат для обозначения цепочки впечатлений, чувств.

Обращения описывают эмоцию, названную в предыдущем предложении. С помощью номинативов говорящий актуализирует в сознании адресата конкретные образы, которые обозначают тему высказывания.

К безглагольным стихам мы относим тексты с односоставными номинативными предложениями, с рядами однородных подлежащих, а также вкрапления в текст номинативных конструкций. Безглагольные тексты и их фрагменты выполняют идентифицирующую функцию, экспрессивную функцию, вводят в сюжет новые события и их оценку. В целом поэтика стихов Кузмина может быть отнесена в этом смысле к традиционной:

> Тенденция к заполнению композиционного пространства стиха односоставными предложениями возникла в русской лирической поэзии во второй половине XIX века (Ковтунова 1996: 156).

Виртуозное описание безглагольных стихов А. Фета выполнили Д. Благой и М. Л. Гаспаров (Благой 1970; Гаспаров 1995). Гаспаров пишет, что

> мы даже не сразу замечаем, что перед нами восемь строк [«Чудная картина…»] без единого глагола <…> настолько отчетливо вызывает оно в нас и движение взгляда, и движение чувства (Гаспаров 1995: 140).

Отсутствие глаголов не означает отсутствие движения в тексте:

> наблюдаемый мир становится пережитым миром – из внешнего превращается во внутренний, «интериоризируется» (Гаспаров 1995).

Этот художественный прием может стать доминантой стиля одного автора, он используется поэтами в разной степени в разное время (Буренина-Петрова 1993; Панченко 1993; Кочанова 2009).

Представители отдельных литературных направлений останавливают свой выбор на таком способе представления текста, при котором глаголы выпадают из сферы влияния на структуру и семантику произведения. Безглагольные предложения, в составе которых имеются слова, характеризующие действие предмета или изменения его качества, не сопровождаются смысловой незавершенностью высказывания.

Ожившие картины Фета восхищали не всех современников поэта, но такой тип стиха получил свое продолжение в поэзии XX века у поэтов, которые развивали идеи языкового импрессионизма. Ковтунова считает, что наиболее существенными признаками номинативных предложений являются: «предикативность и присутствие в их семантике позиции наблюдателя» (Ковтунова 1986: 158). Исследователи языка поэзии XIX – XX вв. пишут о формировании «именного стиля» в русской лирической поэзии. Этот стиль включает в себя использование не только односоставных предложений, выполняющих функцию предиката, но и «безглагольных субстантивных перечислений» (Сильман 1977). Отсутствие глагольных форм не ограничивает желание автора наиболее естественно и живо запечатлеть реальный мир в его подвижности и изменчивости, передать свои мимолётные впечатления.

Безглагольные стихотворения М. Кузмина (тексты цитируются по изданию (Кузмин 1996)) часто включают в свой состав имена прилагательные в сравнительной степени, которые выполняют функцию сказуемого. Так в стихотворении «Легче весеннего дуновения…», 1907 г. находим формы: *легче, громче, слаще*.

(1) Легче весеннего дуновения
Прикосновение
Пальцев тонких.
Громче и слаще мне уст молчание,
Чем величание
Хоров звонких.

Падаю, падаю, весь в горении,
Люто борение,
Крылья низки.
Пусть разделенные — вместе связаны,
Клятвы уж сказаны —
Вечно близки.

Где разделение? время? тление?
Наше хотение
Выше праха.
Встретим бестрепетно свет грядущего,
Мимоидущего
Чужды страха.

В таких примерах встречаются абстрактные существительные на *-ние*, обозначающие действие: *дуновение* (ср. дуть), *прикосновение* (ср. прикасаться), *молчание* (ср. молчать); *борение* (ср. бороться), *разделение* (ср. разделять), *хотение* (ср. хотеть). В данном стихотворении первая строфа безглагольная, вторая строфа содержит только одну глагольную лексему: *падаю* (два раза); две краткие формы прилагательного – *связаны, сказаны, близки*; третья строфа также включает один глагол (*встретим*) и краткое прилагательное – *чужды*.

Исследователями отмечалась структурная особенность безглагольных предложений – стоять в начале стихотворения (Бельская 2001). Кузмин также использует безглагольный зачин, который определяет и характеризует ситуацию: время года, время действия. Стихотворение 1925 года «Персидская сирень! «Двенадцатая ночь» …» начинается с безглагольных предложений. В первой строчке находим метонимически опосредованное указание на время года (сирень цветет весной), а также культурологическую отсылку к шекспировскому тексту. Комедия Шекспира «Двенадцатая ночь или Что угодно» построена на переодеваниях, сюжет насыщен загадками и капризным образом связан с текстом Кузмина. Третье предложение стихотворения (с пятой по десятую строки) начинается описанием обстоятельства прихода возлюбленного героя. Такое подробное изложение обходится без называния действия, обозначение которого появляется в десятой строчке. А человек сравнивается с ценным заказным письмом.

Чтобы выделить этот фрагмент текста и поднять его значимость, Кузмин меняет размер и строфику стиха. Первые строчки написаны шестистопным ямбом, а интересующие нас строки – свободным стихом. Сказуемое, выраженное глаголом действия: *пришли* – задвинуто в конец предложения, которое начинается перечислением обстановки прихода (*Без звонка*…). Следующее предложение начинается с глагольной формы, но однородные дополнения опять врываются в картину события, подробно представляется внешний вид пришедшего:

(2) Персидская сирень! «Двенадцатая ночь».
Желтеет кожею водораздел желаний.
Сидит за прялкою придурковато дочь,
И не идет она поить псаломских ланей.
Без звонка, через кухню, минуя швейцара,
Не один, не прямо, прямо и просто
И один,
Как заказное письмо
С точным адресом под расписку,
Вы пришли.
Я видел глазами (чем же?)
Очень белое лицо,

Светлые глаза,
Светлые волосы,
Высокий для лет рост.
Все было не так.
Я видел не глазами,
Не ушами я слышал:
От желтых обоев пело
Шекспировски плотное тело:
— «За дело, лентяйка, за дело».

Безглагольный зачин стихотворений без заглавия выполняет еще одну важную функцию – определения основной темы текста, то есть первая строка одновременно заполняет лакуну заглавия стихотворного произведения.

Обращения и восклицания также являются безглагольными. Эмоциональная высокая оценка названного явления или объекта не нуждается в глагольном сопровождении. Такие предложения встречаются не только в начале строфы, но и в середине текста:

(3) О, кожаные мешки с большими замками,
Как вы огромны, как вы тяжелы! <…>
О, дорога в гору уже при звездах.
Одному, без письма! (1906 г.)

(4) Долгий путь, ты мне несносен и желанен,
День отъезда, как далек ты, как ты странен! (1906 г.)

(5) Милый подарок, ты – намек или предсказанье?
Мой друг – бездушный насмешник или нежный комик? (1906 г.)

(6) Взлётыш стада фазаньего,
Хорасанских, шахских охот! (1917 г.).

Как мы уже отметили, в безглагольных стихах реализуются принципы синтаксической компрессии и редукции. Такие произведения сопровождает смысловая емкость и словесная сжатость. Обратимся к анализу безглагольного стихотворения книги «Сети» из цикла «Любовь этого лета» (1906):

(7) Глаз змеи, змеи извивы,
Пестрых тканей переливы,
Небывалость знойных поз…
То бесстыдны, то стыдливы
Поцелуев все отливы,
Сладкий запах белых роз…

Замиранье, обниманье,
Рук змеистых завиванье
И искусный трепет ног…
И искусное лобзанье,
Легкость близкого свиданья
И прощанье чрез порог.

Двенадцать строк, написанные четырехстопным ямбом, не включают ни одного глагола. Строфы состоят из четырех предложений, три из которых заканчиваются экспрессивным многоточием. Функция многоточия по-особому проявляет себя в поэтической речи. Этот знак препинания передает прерывистый характер речи (прерывистое дыхание говорящего), вызванный большим эмоциональным напряжением, а также намекает на наличие скрытого смысла. Все, что нельзя было назвать глаголом, передается другими языковыми средствами. Вместо глаголов – отглагольные существительные: *извивы, переливы, отливы, замиранье, обниманье, завиванье, трепет, лобзанье, прощанье*; краткие формы однокоренных прилагательных с противоположными по значению префиксами: *то бесстыдны, то стыдливы*. Точка стоит только после четвертого предложения, когда уже произошло *прощанье чрез порог*.

Любовная подоплека стихотворения соотносит текст с фетовскими «Шепот, робкое дыханье…» (1850), «Это утро. Радость эта…» (1881 г.). Однако у Кузмина развитие сюжета любовного свидания: встреча–свидание–прощание – сфокусировано на двух последних элементах.

Сначала читатель оказывается в ситуации стиха-загадки. Первая строка, как мы уже писали, часто соотносится с названием стихотворения. Но тема этого стихотворения не связана с жизнью пресмыкающихся: *Глаз змеи, змеи извивы*. Читатель попадает в ситуацию неразличения движения змеи: гладкое и переливающееся тело животного производит движения не дискретно, а плавно. Во второй строфе свойствами змеевидности наделяются руки: *Рук змеистых завиванье*. С одной стороны – пунктуационная недоговоренность, с другой – конкретика чувств: *трепет* не сердца, а *ног*; *искусное лобзанье*. Срывает покров неопределенности и честное обозначение близости – она была *легкой*. Читатель сконцентрирован на самом событии, на тактильных и обонятельных ощущениях лирического героя (*Сладкий запах белых роз*).

Точно сказать, где проходит свидание, не представляется возможным. Метонимически можно представить, что события происходят на кровати (*Пестрых тканей переливы*), в помещении (*прощанье чрез порог*). Это безглагольное стихотворение также, как и стихотворение Фета, можно назвать сюжетным. Картинка свидания передана очень чувственно и тонко. Кузмин использует сочетание различных стилистических пластов лексики: и высоких, и разговорных, сталкивает книжные и нейтральные варианты слов: *лобзанье – поцелуй*. Внутренняя рифма начинает обе строфы (*змеи – извивы*; *замиранье – обниманье*).

Наше внимание привлекли также «номинативные блоки». Они появляются не в начале стихотворения, а где-то в середине. Так третья строфа стихотворения 1906 года «Зачем луна, поднявшись, розовеет...» содержит номинативный блок из однородных подлежащих:

(8) И мирный вид реки в изгибах дальних,
И редкие огни неспящих окн,
И блеск изломов облачных волокн
Не сгонят мыслей, нежных и печальных.

Данное композиционное расположение конструкции сближает однородные члены. Такое перечисление в пушкинских стихах В. В. Виноградов считал способом «объединения характерных признаков, средством сгущения мысли» (цит. по: Ковтунова 1986: 155), ср. союз *и* в анафорической позиции:

(9) Всё в жертву памяти твоей:
И голос лиры вдохновенной,
И слезы девы воспаленной,
И трепет ревности моей...

Следующая строфа у Кузмина начинается с номинативных предложений, которые сменяют картину перед внутренним взором лирического героя:

(10) Других садов тенистые аллеи —
И блеск неверный утренней зари...
Огнем последним светят фонари...
И милой резвости любовные затеи...

Четвертая строчка включает глагол «светят», но оформлены предложения конечными многоточиями, которые сглаживают синтаксическую разницу строк.

В стихотворении 1906 года «Пароход бежит, стучит...» также встречается номинативный блок, функция которого: описание сменяющейся картинки, в данном случае – описание сна. Движение внутреннего взора описывается отглагольными существительными: *прощанье, пожатья, встреча, объятья, разлука*:

(11) Сплю тревожно; в чутком сне
Милый друг все снится мне:
Вот прощанье, вот пожатья,
Снова встреча, вновь объятья
И разлукой стольких дней
Час любви еще сильней.

В стихотворении 1907 года «Мой портрет» также на первый план выходит функция описания, здесь – портрета. Читатель вслед за героем скользит взглядом по портрету:

(12) Венок за головой, открыты губы,
Два ангела напрасных за спиной.

Описательная, экспрессивная функция безглагольных образований ярко проявляет себя в стихотворении «В театре», 1906. Чисто номинативные строфы чередуются с глагольными. Первая и третья строфы из шести не содержат глаголов. Первая строфа передает внешний вид театра, а также дает не только зрительную, но и аудиальную характеристику храма Мельпомены (*разговоры, споры упорные*).

(13) Переходы, коридоры, уборные,
Лестница витая, полутемная
Разговоры, споры упорные,
На дверях занавески нескромные.

Третья строфа передает уже внутреннее состояние героя, который пришел в театр на свидание. Перечисление в однородных строчках повторяет ощущения долгого ожидания и предвкушения встречи.

(14) Долгие часы ожидания,
Болтовня с маленькими актрисами,
По уборным, по фойе блуждание,
То в мастерской, то за кулисами.

Разрешается напряженное описание театра в последней строке. Лирической герой объят ревностью: *Ревности жало!*

Еще одно безглагольное стихотворение 1906 года «Мечты о Москве» включает слово категории состояния, обозначающее внутреннее состояние человека: *сладко*. Тема стихотворения – мечты – во многом определяет именную стилистику текста. Наименования воспоминаний и предполагаемых событий сопрягаются в сознании лирического героя разорванной цепочкой. Первая строфа – место встречи, внешний вид любящего. Описание не является последовательным, оно фрагментарно, даже кинематографично. Сознание выхватывает и услужливо предлагает поэту самые яркие, индивидуально значимые элементы картинки. Как *дом* связан с *голландской шапкой*? Только звукописью, отношением паронимической аттракции в точной рифменной паре: *воротами – отворотами*. Вторая строфа посвящена рукам, глазам и устам героя. Излюбленный прием Кузмина – сталкивание различных стихий. Здесь высокая лексема *уста* примеривает нехарактерное свойство – *лицемерие*. Вслед за движением воображения героя читатель проникает в воссозданную комнату. Только четвертая строфа подключает ощущения героя – *сладко пить чай*. Такая синестезия вкуса и внутреннего чувствования человека. Пятая и шестая строфы содержат воображаемые чувства, события и действия, о которых мечтает герой стихотворения.

(15) Розовый дом с голубыми воротами
Шапка голландская с отворотами:

Милые руки, глаза неверные,
Уста любимые (неужели лицемерные?)

В комнате гардероб, кровать двуспальная,

Из окна мастерской видна улица дальняя

В Вашей столовой с лестницей внутренней
Так сладко пить чай, или кофей утренний

Вместе целые дни, близкие гости редкие,
Шум, смех, пенье, остроты меткие

Вдвоем по переулкам снежным блуждания
Долгим поцелуем ночи начало и окончание.

Номинативный зачин характерен не только для целого стихотворения, но и для отдельной строфы. Так в тексте 1906 года «Целый день» последняя, шестая строфа, начинается с номинативного предложения. В нем как однородные представлены явления разного порядка: ужин – вечернее принятие пищи; чай, котлета – наименования еды. Эмоционально опустошенное ощущение человека передано буквально в нескольких словах.

(16) Вот ужин, чай, холодная котлета,
Ленивый спор домашних — я молчу
И совершив обрядность туалета,
Скорей тушу унылую свечу.

Такой же зачин встречается во второй строфе стихотворения 1907 года «О, быть покинутым – какое счастье!.». Номинативный блок как бы останавливает время, течение событий прерывается воспоминанием. В перечислительный блок включаются внешние объекты: сухой цветок, писем связка. Конкретные образы окрашиваются эмоциональной оценкой воспоминаний:

(17) Сухой цветок, любовных писем связка,
Улыбка глаз, счастливых встречи две, –
Пускай теперь в пути темно и вязко,
Но ты весной бродил по мураве.

Этот же способ введения в текст номинативной конструкции встречается и в стихотворении 1907 года «Мы проехали деревню, …». Здесь вторая строфа текста открывается картиной описания леса. Направление движения взгляда задано объектами описания: снизу – вверх. Сначала мох, песок и камни, а затем лес; взгляд поднимается выше к сонному солнцу, а затем уводит вдаль. Такую же смену кадров и динамику взгляда описывает М. Гаспаров, анализирую стихи Фета (Гаспаров 1995).

(18) Серый мох, песок и камни, низкий, редкий, мелкий лес,
Солнце тускло, сонно смотрит из-за розовых завес,
А меж туч яснеет холод зеленеющих небес.

Таким образом, анализ стихотворных текстов Кузмина доказывает, что номинативный строй многих стихов не ограничивается функцией непосредственного описания события, позволяющего включать читателя в описываемый процесс. Разные способы введения в текст безглагольных строк, строф, целых текстовых образований говорят и о включенности поэтики Кузмина в традиционные стихотворные схемы русской поэзии, и о развитии известных приемов. Безглагольный зачин выполняет функции: характерологическую, описательную, может содержать оценку. Иногда номинативное начало переключает текст из реальности в сферу воспоминания, воображения событий будущего, а также сна.

Литература

Бельская, Лилия: «Именные зачины» в русской поэзии XX века. *Русская речь*, 2, 21–27. 2001.

Благой, Дмитрий: Грамматика поэзии (об одном стихотворении А. А. Фета). *Русская речь*, 6, 37–46. 1970.

Буренина-Петрова, Ольга: *Номинативные предложения в поэзии русского символизма*: Автореф. дисс. … канд. филол. наук. Санкт-Петербург, 1993.

Вайс, Даниэль: Безглагольные конструкции русской разговорной речи: их типология и статус в лингвистическом описании. Богуславский, Игорь / Иомдин, Леонид / Крысин, Леонид (ред.): *Слово и язык: сборник статей к восьмидесятилетию академика Ю. Д. Апресяна.* 138–154. Москва: ИРЯ им. В. В. Виноградова / Институт проблем передачи информации им. А. А. Харкевича, 2011.

Гаспаров, Михаил: «Теснота стихового ряда». Семантика и синтаксис. Gölz, Christine et al. (eds.): *Analysieren als Deuten Wolf Schmid zum 60. Geburtstag Herausgegeben von Lazar Fleishman*, 85–97. Hamburg: Universität Hamburg, 2004.

Гаспаров, Михаил: Фет безглагольный. Гаспаров, Михаил: *Избранные статьи,* 139–149. Москва: Новое литературное обозрение, 1995.

Гик, Анна: *Конкорданс к стихотворениям М. Кузмина. Т. 4: Ха – Ящик*. Москва: ЯСК, 2015.

Гик, Анна: Части речи в поэзии М. Кузмина: имя существительное. Плунгян, Владимир / Шестакова, Лариса (ред.): *Корпусный анализ русского стиха: Сборник научных статей*, 119–128. Москва: Азбуковник, 2013.

Иванов, Вячеслав: О поэтическом синтаксисе. Цивьян, Татьяна (ред.): *Исследования по структуре текста*, 240–242. Москва: Наука, 1987.

Ковтунова, Ирина: *Поэтический синтаксис*. Москва: Наука, 1986.

Кочанова, Елена: Актуализация семантики номинативных предложений в стихотворном тексте (на материале лирики М. Цветаевой). *Вестник МГОУ. Серия «Русская филология»*, 1, 106–111. 2009.

Кузмин, Михаил: О прекрасной ясности (заметки о прозе). *Аполлон*, 4, 5–10. 1910.

Кузмин, Михаил: *Стихотворения*. Санкт-Петербург: Академический проект, 1996.

Панченко, Ольга: Номинативные и инфинитивные ряды в стихотворении. Красильникова, Елена (ред.): *Очерки истории языка русской поэзии XX века*, 81–100. Москва: Наука, 1993.

Сильман, Тамара: *Заметки о лирике.* Ленинград: Советский писатель, 1977.

Шведова, Наталия (ред.): *Русская грамматика*. В 2-х тт. Т. 2. Москва: Наука, 1980.

Algorithmic models as a principle for describing language and constructing speech: the formation of the past tense of Russian verbs with the suffix *-nu-*

Ol'ga Glazunova[*]

Abstract: The formation of past tense forms in verbs with the suffix *-ну-* (*умолкнул* or *умолк, достигнул* or *достиг, высохнул* or *высох*) raises questions not only among foreigners, but also among native speakers of Russian. In the dictionary of A. A. Zaliznyak, more than a thousand infinitives with the suffix *-ну-* are recorded. And although a significant part of them retains this suffix in Past Tense forms, there is a fairly large group of verbs that lose it. The article presents objective criteria for the use of the suffix *-ну-* in their Past Tense forms based on the semantics and methods of verb formation.

Keywords: Russian verb, formation of Past Tense forms, suffix *-ну-*, algorithmic models in linguistics

Алгоритмические модели как принцип описания языка и построения речи: образование форм прошедшего времени у глаголов с суффиксом *-ну-*

Ольга Глазунова

Резюме: Образование форм прошедшего времени у глаголов с суффиксом *-ну-* (*умолкнул* или *умолк, достигнул* или *достиг, высохнул* или *высох*) вызывает вопросы не только у иностранцев, но и у носителей русского языка. В словаре А. А. Зализняка зафиксировано больше тысячи инфинитивов с суффиксом *-ну-*. И хотя значительная их часть сохраняет этот суффикс в формах прошедшего времени, остаётся довольно большая группа глаголов, которые его утрачивают. В статье приводятся основанные на семантике и способах образования глаголов объективные критерии использования суффикса *-ну-* в формах прошедшего времени.

Ключевые слова: русский глагол, образование форм прошедшего времени, суффикс *-ну-*, алгоритмические модели в лингвистике

1. Алгоритмические модели в лингвистике

Традиционно алгоритмом называют определённую последовательность операций, выполнение которых приводит к искомому результату. В науке алгоритмические модели давно и успешно используются наряду с аналитическими.

Наибольшую популярность эти методы исследования получили в математической и структурной лингвистике. На основе математической логики

* Saint Petersburg State University, e-mail: o.i.glazunova@mail.ru

и теории алгоритмов математическая лингвистика занимается разработкой формальных методов описания строения естественных языков и созданием систем искусственного интеллекта. Для решения этих задач создаются программы, предназначенные для обработки текстовой информации и алгоритмы, которые дают возможность трансформировать отдельные элементы языка на всех уровнях его организации в другие языковые системы.

Отношение к языку как к знаковой системе подразумевает различные варианты его описания. Однако проблема состоит в том, что формальный метод оставляет за пределами исследований огромный пласт смысловых значений, без которых язык не может нормально функционировать. Язык обладает своей спецификой, связанной с уникальным способом взаимодействия структурных и семантических компонентов. При этом форма является лишь строительным материалом для содержания, не подчиняющегося, на первый взгляд, формальным правилам и закономерностям.

Все попытки совместить в теориях математической и структурной лингвистики, включая генеративную грамматику, форму и содержание не дали обнадеживающих результатов. По мнению В. А. Звегинцева,

> главный <…> упрёк в адрес генеративной лингвистики, которому она не может ничего противопоставить, заключается в том, что она не выполнила своей главной, широко декларированной ею задачи – не создала объяснительной теории (Звегинцев 1981: 16).

Вычленение в языке обобщённых инвариантных единиц и соотнесение их с конкретными смыслами на основе строгих алгоритмических правил тоже не привело к желаемому результату:

> Было установлено, что при современном состоянии лингвистики описание структурной организации языка не отвечает требованиям формализации, которая диктуется обращением к ЭВМ (Засорина 1974: 298).

Выявленные инварианты являются лишь отражением того, что существует в языке, следовательно, в обратном порядке, т.е. при попытках искусственного интеллекта сконструировать информационные сообщения на основе выявленных структурных элементов и заданных алгоритмических правил, многое из того, что присутствует в естественном языке, теряется.

С другой стороны, язык обладает логикой, следовательно, в его основе лежат основанные на объективных показателях алгоритмы, которые могут быть выявлены и описаны в лингвистике. Такой подход даст возможность не только понять механизмы трансформации формальных знаковых структур в информационные сообщения, но и понять природу языковых процессов.

Данный принцип широко используется в теории описания языка с позиций русского как иностранного. У студента-иностранца при отсутствии опыта, практики и языкового чутья нет другой возможности понять закономерности функционирования языка и построения фраз с учетом особенностей его развития на всех организационных уровнях. Единственный выход в данной ситуации состоит в разработке специальных алгоритмов и алгоритмических моделей, которые позволят не носителю языка принять правильное решение в условиях выбора из возможных языковых вариантов.[1] Такого рода алгоритмы должны основываться на логике и включать объективные языковые показатели.

Описание языка через алгоритмические модели приблизит нас к пониманию внутренней логики его развития, даст возможность выявить причины употребления той или иной формы слова, лексемы или синтаксической конструкции, а также выявить принципы взаимодействия языковых единиц в речи.

2. Способы образования глаголов с суффиксом *-ну*

Как правильно образовать форму прошедшего времени от инфинитива *умолкнуть – умолкнул* или *умолк*? Очевидно, что большинство носителей русского языка назовут правильным второй вариант, без суффикса *-ну-*. Но в этом случае возникает вопрос: почему от глагола *свистнуть* форма прошедшего времени образуется с сохранением суффикса *-ну- – свистнул*?

Словарь А. А. Зализняка включает более тысячи инфинитивов с суффиксом *-ну-* (Зализняк 1980: 766–775). И хотя значительная их часть сохраняет этот суффикс в формах прошедшего времени, остаётся довольно большая группа глаголов, которые его утрачивают. Сохранение или утрата суффикса *-ну-* в формах прошедшего времени не зависит от особенностей структуры глагола (в частности, от того, на какой звук, гласный или согласный, оканчивается корень).

В большинстве глаголов, у которых суффикс утрачивается, корни оканчиваются на согласный звук:

(1) поги**б**нуть (погиб), озя**б**нуть (озяб), продро**г**нуть (продрог).

Однако среди них встречаются глаголы *зав**я**нуть* (*зав**я**л*), *воспрянуть* (*воспр**я**л*), у которых корень оканчивается на гласный. То же самое мы наблюдаем в группе инфинитивов, которые образуют формы прошедшего времени с сохранением *-ну-*:

1 На алгоритмических моделях основан принцип презентации материала в учебных пособиях (Глазунова 2017a), (Глазунова 2017b).

(2) схл**ы**нуть (схл**ы**нул), обм**а**нуть (обм**а**нул), дв**и**нуть (дв**и**нул); с другой – всплa**к**нуть (всплa**к**нул), зе**в**нуть (зе**в**нул), бо**д**нуть (бо**д**нул), ли**з**нуть (ли**з**нул).

Проблемы с образованием форм прошедшего времени от глаголов с суффиксом *-ну-* возникают не только у изучающих русский язык иностранцев, но и у носителей языка:

> Материал показывает примерно равную степень употребительности вариантов без *-ну-* и с *-ну-* форм мужского рода и причастий у этой группы глаголов: *избег*, *избегший* и *избегнул*, *избегнувший*; *подверг*, *подвергший* и *подвергнул*, *подвергнувший*; *достиг*, *достигший* и *достигнул*, *достигнувший*; *расторг*, *расторгший* и *расторгнул*, *расторгнувший* и т.п., причем это не связано с характером текста (Еськова 2011: 272).

В словарях приводятся разные нормативные варианты форм прошедшего времени, образованных от инфинитивов с суффиксом *-ну*, что ещё больше усугубляет ситуацию.

Семантический анализ глагольных лексем позволяет сделать следующие выводы: глаголы со значением однократного действия (*мяукнуть, стукнуть, рвануть, отстегнуть*) сохраняют суффикс *-ну-* в формах прошедшего времени; глаголы со значением достижения результата (*завязнуть, замолкнуть, оглохнуть, погибнуть, достигнуть*) его утрачивают.[2]

В этой связи представленный в словарях вариант прошедшего времени *достигнул* от глагола *достигнуть* (в значении ‘добиться чего-то, приложив усилия’) не представляется нормативным. В отличие от вариантов *свергнул, низвергнул, отвергнул*, *опровергнул*, которые могут рассматриваться в контексте и однократного действия, и достижения результата, а потому имеют параллельные формы прошедшего времени: *сверг*, *низверг, отверг, опроверг*. Хотя стоит отметить, что формы прошедшего времени без *-ну* являются у них более предпочтительными и частотными в силу значения, закрепившегося за ними в современном русском языке.

Безусловно, данная трактовка не учитывает лексем с переносным значением. Например, в глаголах *покинул*, *заткнул* суффикс *-ну* сохраняется, хотя их значение в большей степени указывает на достижение результата, чем на однократность действия. Причина этого состоит в том, что бесприставочные глаголы *кинуть*, *ткнуть*, от которых были образованы данные глаголы, имеют значение однократного действия.

Глаголы на *-вергнуть*, о которых речь шла выше, тоже имеют переносное значение, т.к. были образованы с помощью приставок от утраченного

---

2 Данное разграничение было предложено в учебнике (Глазунова 2012: 143).

древнерусского глагола *ве́ргнути*[3] со значением однократного действия. Именно это стало причиной появления у них параллельных форм прошедшего времени: *низверг/низвергнул, сверг/свергнул, поверг/повергнул* и т.д. Кстати, утраченный глагол *стигнути*, от которого образованы глаголы *достигнуть, настигнуть, застигнуть*, в древнерусском языке был близок по значению к словам *стижь* 'настиженье, погоня' (Даль 2002, 4: 324), *стега* 'тропинка', *стежок*, *стог*, *стегнуть*, *шаг* и мог быть связан со значением 'догнать', 'подойти к чему-то'.

От приведённых выше глаголов совершенного вида следует отличать мотивированные прилагательными бесприставочные глаголы несовершенного вида на *-нуть*, от которых можно образовать две формы прошедшего времени:

(3) чахнуть (чах/чахнул), глохнуть (глох/глохнул), пахнуть (пах/пахнул), мокнуть (мок/мокнул), зябнуть (зяб/зябнул), стынуть (стыл/стынул), вянуть (вял/вянул), киснуть (кис/киснул).

В тех случаях, когда форма прошедшего времени глагола идентична распространённой форме краткого прилагательного, она чаще всего сохраняет суффикс *-ну*. Ср.:

краткое прилагательное –

(4) Как пуст, и *вял*, и ничтожен почти всякий прожитой день! (И.Тургенев)

глагол –

(5) В небесах фиолетово-алых Тихо *вянул* неведомый сад (М.Цветаева)

(6) Тихо *вянул* брошенный в прихожей букет (А.Доброхотов).

Формы прошедшего времени женского и среднего рода от данных глаголов образуются без *-ну-*: *чахл-а*(*о*), *пахл-а*(*о*), *мокл-а*(*о*) и т.д., хотя в художественной литературе и в говорах встречаются варианты с *-ну-*:

(7) Свежескошенная трава *вянула* на глазах, хрустела стеблями под ногами и могуче источала в голубой воздух душистые запахи (Ф.Абрамов).

Бесприставочные глаголы несовершенного вида на *-нуть* являются непереходными и представляют собой ограниченную по количеству лексико-грамматическую группу. Суффикс *-ну-* в них указывает на постепенное изменение состояния. В русском языке

> они имеют знач. "приобретать признак, названный мотивирующим прилагательным": *глухой – глохнуть, слепой – слепнуть, сухой – сохнуть*. Некоторые глаголы одновременно мотивируются компаративом: *крепнуть* (становиться крепким или крепче) (Шведова 1980: 346).

3 «ве́ргнути, однокр. гл. верга́ть (церк. бросать, кидать, метать)» (Востоков 2001: 300).

Многие исследователи указывают на то, что непродуктивность суффикса *-ну-* в данной группе глаголов вызвана тем, что они были вытеснены на периферию глаголами на *-еть* с тем же корнем: *слабнуть/слабеть, жолкнуть/желтеть* и некоторые другие. Разрушительно действовала на употребление суффикса *-ну-* в глаголах со значением постепенного изменения состояния его омонимия с суффиксом со значением однократного действия в глаголах совершенного вида *брыз**ну**ть, звяк**ну**ть, чих**ну**ть* и др. Кроме того, глаголы несовершенного вида с суффиксом *-ну-* вытеснялись глагольными синонимами, образованными от того же корня с приставками: *липнуть – прилипать*; *вязнуть – увязать*; *вянуть – увядать*; *дохнуть – издыхать*; *сохнуть – засыхать* и т.д. (Виноградов 2001: 363).

3. Однократное действие vs. конечное состояние

Более продуктивная группа глаголов с суффиксом *-ну-* происходит от глаголов. В русском языке они

> имеют значение "однократно совершить действие, названное мотивирующим глаголом" (Шведова 1980: 346).

Это глаголы совершенного вида, у которых в формах прошедшего времени сохраняется суффикс *-ну-*:

(8) махать → мах**ну**ть (мах**ну**л), прыгать → прыг**ну**ть (прыг**ну**л), толкать → толк**ну**ть (толк**ну**л) и др.

В. В. Виноградов, ссылаясь на (Греч 1849; Чернышёв 1911; Сидоров 1924; Павский 1850), отмечает, что данная группа глаголов со значением моментального действия встречается в народных говорах, где активно используются формы с экспрессивным суффиксом -ану-/*-ону-*,[4] который «обозначает ослабленность мгновенного действия или, чаще, резкость, грубость, напряжённость такого действия» (Виноградов 2001: 362): *стук-ану-ть, прыг-ану-ть, хлест-ану-ть* (вместо *стукнуть, прыгнуть, хлестнуть*).

Стоит отметить, что формы с суффиксом -ану- (*рубануть, пугануть, садануть*) по-прежнему востребованы в разговорной речи, правда, используемый в них суффикс, как правило, относят к аналитическим: *руб-а-ну-ть*. Аналитичность суффикса -ану- вполне объяснима: на значение однократности, свойственное суффиксу *-ну-*, накладывается значение усиленного действия, которое привносит суффикс *-а-*, указывающий в глагольных лексемах

4 Формы на *-онути*: *шорк-ону-ть, ляп-ону-ть, торк-ону-ть* и др., – присутствовали в украинских и севернорусских говорах.

на многократное повторение действия во времени, ср.: *катать, моргать, стучать, прыгать*.

В русской разговорной речи существует класс глагольных междометий (*прыг, шмыг, звяк, стук, дёрг, хлоп* и др.), которые представляют собой неизменяемые части речи, соотносящиеся с глаголами однократного действия с суффиксом *-ну-*. Их отличие от форм прошедшего времени однократных глаголов состоит в том, что они

> более экспрессивны, обозначают внезапное, стремительное, мгновенное действие (звучание или движение) субъекта (Шанский, Тихонов 1987: 193).

Таким образом, в разговорном языке существуют морфологически эксплицированные варианты выражения целого спектра значений, связанных с однократным действием: 1) собственно однократное действие, соотносящееся с суффиксом *-ну-* (*стукнуть, прыгнуть, хлопнуть, чирикнуть* и др.); 2) однократное действие со значением усиления, соотносящееся с суффиксом -ану- (*стукануть, прыгануть, хлопануть, чирикануть*); 3) однократное действие со значением внезапности, мгновенности, выраженное глагольными междометиями (*стук, прыг, хлоп, чирик*).

Наличие данных форм в современном языке свидетельствует о том, что значения однократности и усиленной однократности, выраженные в глаголах с помощью суффиксов *-ну-* и -ану-, и значения внезапности, моментальности, присутствующие в соотносящихся с ними глагольных междометиях, до сих пор остаются востребованными. Разница в способах осуществления однократного действия передаётся на уровне морфологического строения лексем и принадлежности их к различным частям речи.

А вот при выражении значения результата у глаголов с суффиксом *-ну-* (*достигнуть, продрогнуть, замёрзнуть, погрязнуть, вникнуть, замолкнуть, вымокнуть*) язык нам такого разнообразия не предоставляет. Возможно, происходит это в силу того, что результат обозначает конечное состояние, а потому сопутствующие ему обстоятельства интересуют отправителя речи в меньшей степени.

Закрепившаяся в языке тенденция на разграничение форм прошедшего времени у инфинитивов с суффиксом *-ну-* со значением однократного действия и конечного состояния (*прыгнул* (*подпрыгнул*) – *продрог*) свидетельствует о том, что в языке разница между действием и состоянием имеет эксплицитные показатели и на уровне образования глагольных форм.

Вхождение в русский язык большой лексико-грамматической группы глаголов совершенного вида со значением однократного («моментального») действия, выраженного суффиксом *-ну-* (*моргнуть*, *прыгнуть*), привело к тому, что мотивированные прилагательными глаголы несовершенного вида оказались на периферии. В ряде случаев в языке сложились лексемы с суффиксами-омонимами *-ну-*, например у глаголов *па́хнуть* (издавать запах) и *пахну́ть* (обдать струёй воздуха, тепла, запаха), а также у глаголов *дро́гнуть* (*дрогнул*) и *дро́гнуть* (*дрог*). От глагола совершенного вида *дрогнуть* со значение однократного действия должна быть образована форма прошедшего времени *дрогнул*, а от глагола несовершенного вида *дрогнуть* (по аналогии с глаголами *вязнуть*, *мокнуть*, *сохнуть* и др.) – *дрог*. Очевидно, что форма *дрог* в современном русском языке практически не встречается, её вытеснила форма несовершенного вида *дрожал*.

У инфинитивов совершенного и несовершенного вида с суффиксами-омонимами *-ну-*, обозначающими соответственно однократное действие и процесс, видовые пары образовывались по-разному. Согласно словарям, глагол *хрипнуть* имеет два значения: 1) становиться хриплым (как *сохнуть, вянуть, мокнуть* и т.д.) – несов. вид: Голос *хрипнул*; 2) издать хрип (как *стукнуть, прыгнуть, каркнуть* и т.д.) – сов. вид: Больной ничего не ответил, только *хрипнул*.

Очевидно, что глагол *хрипнуть* стал двувидовым не только под воздействием вхождения в язык большой группы глаголов со значением однократного действия, но и благодаря своему значению, которое подразумевает возможность кратности. В значении совершенного вида *хрипнуть* соотносится с глаголом несовершенного вида *хрипеть*; в значении несовершенного вида – с глаголом *охрипнуть*: *хрипнуть/охрипнуть*; *хрипеть/хрипнуть* (*охрипнуть*). Аналогичные пары образуют и глаголы *сипнуть* и *сипеть*.

Глаголы несовершенного вида *хрипнуть, сипнуть* имеют значение становиться хриплым, сиплым; *хрипеть, сипеть* – издавать хриплые, сиплые звуки, т.е. они не являются абсолютными синонимами. Суффикс *-ну-* в данном случае указывает на необратимые физические изменения, которые не зависят от человека (как *слепнуть, глохнуть*); суффикс *-е-* – на ситуативно обусловленные изменения, которые вызваны изменением физического состояния объекта или окружающего мира (как у глаголов *светлеть*, *чернеть*).

В отличие от глаголов несовершенного вида *хрипнуть*, *сипнуть*, у глаголов *слепнуть* и *глохнуть* (с той же семантикой необратимых физических изменений) вариантов с суффиксом *-е-* нет, т.к. их значение не подразумевает возможность временных, ситуативно обусловленных изменений.

4. Выводы

В языке абсолютных синонимов не бывают. В том случае, если для выражения одного и того же значения используется несколько лексем, между ними должна существовать разница. Попробуем применить принцип размежевания значений по физическому и ситуативно обусловленному признаку в отношении глаголов несовершенного вида *слабнуть, крепнуть*, *дряхнуть,* обладающих синонимичными парами с суффиксами *-е-* и *-а-*: *слабеть, крепчать, дряхлеть*.

В русском языке есть крылатая фраза «Мороз *крепчал*», которая не подразумевает возможности замены глагола *крепчать* на *крепнуть*. Очевидно, что смысл этой фразы сводится к передаче ситуативных ощущений человека в результате усиливающегося холода, что соответствует значению глаголов *хрипеть*, *сипеть*. А вот при описании физического состояния человека используется глагол с суффиксом *-ну- крепнуть*:

(9) Но стой же быстротой, с какой *крепнул* организм, становилось хуже его ногам (Б. Полевой).

Аналогичные примеры можно привести и для пары *слабнуть – слабеть*:

(10) Я начинаю *слабнуть* и стареть; Я не могу продолжать, я млею, я *слабну*; Посинело небо над головой, вспучилась туча, ветер *слабел*, *слабел* и затих; Мороз *слабел*. Небо на западе потемнело и отливало сталью, предвещая близкий снегопад.[5]

Что касается глагола *дряхнуть*, то у него вариантов с формой прошедшего времени *дряхнул* выявлено не было, следовательно, в русском языке он был вытеснен глаголом *дряхлеть*. В силу своей семантики данный глагол не предназначен для описания природных явлений, а потому форма *дряхлеть* как более востребованная стала использоваться для описания состояния человека.

Стоит отметить, что у глаголов *слабнуть, крепнуть* видовые пары формировались иначе, чем у глагола *хрипнуть*. Связано это было с тем, что семантика глаголов *слабнуть, крепнуть* не давала возможности использовать их при выражении однократного, «порционного», действия. Соответственно, формы их совершенного вида могли указывать только на достижение результата:

(11) слабнуть/ослабнуть, слабеть/ослабеть; крепнуть/окрепнуть, крепчать/окрепчать*.

Таким образом, можно сделать вывод о том, что использование в русском языке однокоренных глаголов несовершенного вида с суффиксами *-ну-* и *-е-* обусловлено семантическими различиями.

Процесс вытеснения из языка мотивированных прилагательными глаголов с суффиксом *-ну-* имел объективные причины. Их синонимичные варианты (глаголы с суффиксом *-е-*) оказались более востребованными и вошли в обширную лексико-грамматическую группу мотивированных прилагательными глаголов со значением постепенного изменения признака:

5 Примеры взяты из современной художественной прозы.

(12) здороветь, молодеть, темнеть, хорошеть, вечереть, лысеть, умнеть и т.д.

К началу XIX в. группа бесприставочных глаголов несов. вида, содержащих в инфинитиве суффикс *-ну-* и обозначающих, по Шахматову, "пассивное состояние" (Шахматов 1941: 192), а чаще – нарастание признака, не только не пополнялась корневыми новообразованиями, но, наоборот, постепенно сокращалась; часть этих глаголов к нач. XIX в. употреблялась только в диалектах или в просторечии (Шапиро 1964: 165).

В это же самое время в языке

> можно отметить существование дублетов *достигнуть* и *достичь*, *стынуть* и *стыть*, более редкие *вянуть* и *вять* (там же).

Те глаголы, которые по-прежнему использовались в речи, испытали на себе влияние сложившейся в языке тенденции к утрате суффикса *-ну-* в формах прошедшего времени у глаголов со значением результата. Так, на запрос формы *высох* Интернет выдаёт 850 000 результатов, а формы *высохнул* – всего 2 250. Действительно, процесс изменения внутреннего состояния (становиться таким-то), который в языке передаётся с помощью глаголов несовершенного вида с суффиксом *-ну-* (*мёрзнуть, сохнуть, вянуть* и др.), не может быть бесконечным и заканчивается наступлением высшей степени реализации признака, соотносящейся с глагольной формой совершенного вида (*замёрзнуть, высохнуть, завянуть* и др.).

Если в формах прошедшего времени, образованных от глаголов несовершенного вида, суффикс *-ну-* может сохраняться (*мёрз**ну**л, сох**ну**л, вя**ну**л*), то в формах совершенного вида, образованных с помощью префиксов, он, как правило, утрачивается (*замёрз, высох, завял*). Значение протяжённости во времени, которое суффикс *-ну-* привносил в глаголы несовершенного вида со значением изменения состояния, в образованных от них глаголах совершенного вида со значением результата осталось невостребованным.

У глаголов совершенного вида с суффиксом *-ну-* со значением однократного действия, образованных от глаголов несовершенного вида без этого суффикса со значением многократного действия (*кивать* / *кив**нуть***, *зевать* / *зев**нуть***, *мигать* / *миг**нуть***, *нырять* / *нырн**уть***) под воздействием экспрессивного суффикса -ану- (*-ону-*), суффикс *-ну-* в формах прошедшего времени сохраняется: *кивнул, зевнул* и т.д. Сохраняется он и у глаголов, образованных от них с помощью приставок: ***под**миг**ну**ть* (***под**миг**ну**л*), ***вы**нырн**уть*** (***вы**нырн**ул***).

У глаголов совершенного вида с суффиксом *-ну-* со значением результата (*вникать/вник**нуть**, отвыкать/отвык**нуть**, иссякать/иссяк**нуть**, ввергать/вверг**нуть**, утихать/утихнуть*), образованных от глаголов несовершенного вида со значением процесса (изменения внешнего состояния), суффикс *-ну-* в формах прошедшего времени, как правило, утрачивается: *вник, отвык, иссяк* и т.д.

В современном русском языке существуют видовые пары глаголов, противопоставленные по следующим признакам: 1) процесс изменения внутреннего состояния/результат этого изменения (*вянуть/завянуть, мёрзнуть/замёрзнуть*); 2) многократность/однократность *(кивать/кивнуть*); 3) процесс изменения внешнего состояния/результат этого изменения (*утихать/утих**ну**ть, проникать/проник**ну**ть*). Если у глаголов несовершенного вида со значением изменения внутреннего состояния суффикс *-ну-* в формах прошедшего времени чаще всего присутствует (*вянул*) – чтобы отличить их от омонимичных форм кратких прилагательных (*вял*), то у глаголов совершенного вида со значением изменения внешнего состояния (достижения результата) он, как правило, утрачивается.

На базе перечисленных выше глагольных пар образовались другие пары. Например, кроме видовой пары *мёрзнуть/замёрзнуть*, *сохнуть/высохнуть,* в русском языке существуют пары *замерзать/замёрзнуть, высыхать/высохнуть*. Однако для целого ряда глаголов бесприставочные базовые формы потеряли актуальность. Например, в современном языке существует видовая пара *привыкать/привыкнуть*, но пары *выкнуть*[6]*/привыкнуть* нет. Не используются и глаголы несовершенного вида *грязнуть*[7] и *пря́нуть*,[8] в то время как глаголы совершенного вида *погрязнуть* и *отпрянуть* сохраняют частотность употребления, правда, в переносном значении.

Не употребляется и глагольная пара *торгать/торгнуть*,[9] а вот образованные от того же корня приставочные глаголы *расторгнуть, отторгнуть, исторгнуть* обрели видовые пары со значением результата с теми же префиксами: *расторгать, отторгать, исторгать*. То же самое произошло с бесприставочными глаголами *верга́ть / ве́ргнути*: в современном русском языке остались только образованные от них приставочные глаголы *низвергнуть, свергнуть, повергнуть, опровергнуть*.

Язык обладает внутренней логикой развития, и традиция употребления в глаголах суффикса *-ну-* сложилась под влиянием объективных факторов. Разница в семантике обусловила различие между формами прошедшего времени: у глаголов несовершенного вида со значением изменения внутреннего состояния (*вянуть, мёрзнуть, сохнуть*) суффикс *-ну-* может сохраняться или

6 «вы́кнуть, ну, нешь, гл. ср. Получать к чему-либо привычку» (Востоков 2001: 206)

7 «гря́знуть, ну, нешь: погрязнуть, гл. ср. Вязнуть в чём-либо жидком или топком» (Востоков 2001: 233)

8 «пря́нуть, сов. гл. прида́ть; прида́ть, даю, даешь, прянуть, гл. сов. Прыгать, скакать» (Востоков 2001: 374, 373)

9 «то́ргнуть, однокр. гл. торга́ть. Торга́ть – дёргать рвать» (Востоков 2001: 233)

утрачиваться; глаголы совершенного вида со значением однократного действия (*кивнуть, стукнуть, отстегнуть*) сохраняют суффикс *-ну-* в формах прошедшего времени; глаголы со значением достижения результата (*утихнуть, свергнуть, завязнуть, оглохнуть*), как правило, его утрачивают.

Литература

Виноградов, Виктор: *Русский язык (Грамматическое учение о слове).* Москва: Русский язык, 2001.

Востоков, Александр: *Словарь церковно-славянского и русского языка, составленный вторым отделением Императорской Академии Наук (1847).* В 2-х кн. Кн. 2, Т. 3. Санкт-Петербург: Издательство СПбГУ, 2001.

Глазунова, Ольга: *Грамматика русского языка в упражнениях и комментариях. Морфология.* Санкт-Петербург: Златоуст, 2017a.

Глазунова, Ольга: *Грамматика русского языка в упражнениях и комментариях. Синтаксис.* Санкт-Петербург: Златоуст, 2017b.

Глазунова, Ольга: *Русский язык и культура речи*. Москва: КНОРУС, 2012.

Греч, Николай: *Чтения о русском языке*. Ч. 1. Санкт-Петербург: тип. Н. Греча, 1849.

Даль, Владимир: *Толковый словарь живого великорусского языка*. В 4-х тт. Т. 4. Москва: Русский язык, 2002.

Еськова, Наталья: Устройство парадигм глаголов непродуктивного класса с инфинитивом на *-нуть*. Еськова, Наталья: *Избранные работы по русистике: Фонология. Морфонология. Морфология. Орфография. Лексикография*, 268–275. Москва: ЯСК, 2011.

Зализняк, Андрей: *Грамматический словарь русского языка.* Москва: Русский язык, 1980.

Засорина, Лидия: *Введение в структурную лингвистику*. Москва: Высшая школа, 1974.

Звегинцев, Владимир: Зарубежная лингвистическая семантика последних десятилетий. *Новое в зарубежной лингвистике*, 10, 5–33. 1981.

Павский, Герасим: *Филологические наблюдения над составом русского языка. Рассуждение 3 (О глаголе).* Санкт-Петербург: тип. Росс. акад., 1850.

Сидоров, Евгений: Из научно-учебной литературы о видах русского глагола. *Родной язык в школе*, 5, 44–52. 1924.

Словарь церковно-славянского и русского языка, составленный Вторым отделением Императорской Академии наук, Т. 1. Санкт-Петербург: Типографія Императорской Академій Наукъ, 1847.

Чернышёв, Василий: *Правильность и чистота русской речи. Опыт русской стилистической грамматики*. Санкт-Петербург: тип. Мор. м-ва, 1911.

Шанский, Николай / Тихонов, Александр: *Современный русский язык*. В 3-х чч. Ч. 2. Москва: Просвещение, 1987.

Шапиро, Абрам: Изменения в глагольных формах. *Очерки по исторической грамматике русского литературного языка XIX века: глагол, наречие, предлоги, союзы*, 148–185. Москва: Наука, 1964.

Шахматов, Алексей: *Очерк современного русского литературного языка*. Москва: Учпедгиз, 1941.

Шведова, Наталия (ред.): *Русская грамматика*. В 2-х тт. Т. 2. Москва: Наука, 1980.

Adverbal expression of aspectuality and interaction with perfective and imperfective verbs

*Gerda Haßler**

Abstract: This paper intends to explore the interaction between aspect and lexical means, in this case temporal adverbials, in the bounding of representations of situations. First, the theoretical basis is outlined, followed by the results of a corpus analysis of co-occurrences with adverbs that limit situations. The term *situation* encompasses all representable processes, states, events, or actions. Finally, some theoretical conclusions are drawn concerning the cognitive category of bounding, using the example of aspectuality. The imperfective verb forms maintain their aspectuality in delimiting connections with adverbs, resulting in a complex, multi-dimensional aspectuality. In non-grammaticalized forms, such as lexical markers, the speaker is free to make a temporal localization or an aspectual perspective. Lexical expressions can make temporal and aspect markings even more precisely and clearly than tenses. They can also limit or extend situations and thus express aspect. Aspectuality thus presents itself as a compositional category, in which external bounding and the internal representation of a course of action or development can interact.

Keywords: aspect, verb, adverb, aspectuality, interaction

Адвербиальное выражение аспектуальности и его взаимодействие с глаголами совершенного и несовершенного вида

Герда Хасслер

Резюме: Данная статья ставит своей целью исследовать взаимодействие между видом глагола и лексическими средствами, в данном случае временными наречиями, в ограничении репрезентаций ситуаций. После изложения теоретических основ исследования приводятся результаты корпусного анализа совпадений грамматического вида с наречиями, ограничивающими ситуации. Термин "ситуация" в статье охватывает все репрезентируемые процессы, состояния, события или действия. В заключении делаются некоторые теоретические выводы относительно когнитивной категории ограничения на примере аспектуальности. Формы несовершенного вида сохраняют свою изначальную аспектуальность при разграничении связей с наречиями, что приводит к сложной, многомерной аспектуальности. В неграмматикализованных формах, таких как лексические маркеры, говорящий свободен в выборе временной локализации или аспектуальной перспективы. Лексические средства могут выражать временные и видовые нюансы даже более точно и четко, чем времена. Они также могут ограничивать или расширять ситуации и, таким образом, выражать аспектуальность. Таким образом, аспектуальность представляется как композиционная категория, в которой могут взаимодействовать внешнее ограничение и внутреннее представление развития действия.

Ключевые слова: вид, глагол, наречие, аспектуальность, взаимодействие

* Universität Potsdam, e-mail: hassler@uni-potsdam.de

1. Функциональное и сопоставительное рассмотрение средств аспектуальности

Рассмотрение средств аспектуальности в романских языках не сводится к формам выражения прошедшего времени; оно включает в себя глагольные перифразы, наречия, препозитивные фразы, а также лексические значения глаголов (*Aktionsarten* ‘способы глагольного действия’). Sarah Dessì Schmid (2014) отмечает, что информация, связанная в языках мира с видом, обнаруживает явные семантические сходства с более или менее очевидными закономерностями, даже если формально они представлены очень по-разному и относятся к разным языковым уровням.[1] Существуют различные средства для выражения целостного представления ситуации или вовлечения говорящего в процесс. Мы суммируем эти средства выражения в функционально-семантической категории аспектуальности, которая в аспектных языках сгруппирована вокруг ядра глагольного вида.

Dessì Schmid (2014: 111) различает три измерения аспектуальности: *внешняя аспектуальность* (нем. *externe Aspektualität*) касается делимитации или неразделимости ситуации между начальной и конечной точкой, в то время как *контекстно-зависимая аспектуальность* (нем. *umgebungsbezogene Aspektualität*) указывает на то, влияет ли предыдущий или последующий контекст на описанную ситуацию или определяется ею, например, путем установки начала или конца. *Внутренняя аспектуальность* (нем. *interne Aspektualität*), в свою очередь, касается разделения описанной ситуации на фазы.

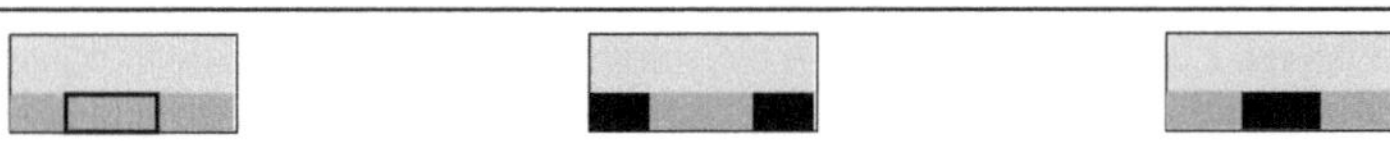

внешняя аспектуальность	контекстно-обусловленная	внутренняя аспектуальность аспектуальность
(демаркация ситуации)	(контекстуальная значимость)	(фазирование ситуации)

Рис. 1. Измерения аспектуальности по Dessì Schmid (2014, 112)

Из комбинаторики этих трех измерений Dessì Schmid выводит различные типы аспектуальных детерминаций, которые она использует в качестве ономасиологической основы для классификации репрезентаций ситуаций во французском, итальянском, испанском и каталанском языках. Мы используем эту модель, однако, в модифицированном виде, поскольку мы

[1] Для других моделей аспектуальности см. (Abraham, Leiss 2008; Auwera 1998; Bache 1995; Bertinetto, Lenci 2012; Binnick 2012; Böhm 2016; Comrie 1976; Confais 2002 [1990]; Coseriu 1976; Dessì Schmid 2014; Mitko 2000; Pollak 1988; Verkuyl, De Swart, Van Hout 2005; Verkuyl 2005).

обнаружили, что не одно, а несколько лингвистических средств могут способствовать выражению одного и того же измерения аспектуальности, т.е. они могут взаимодействовать, изменяя свои значения, но не затрагивая выражения другого измерения.

В частности, мы учитываем внешнюю и внутреннюю аспектуальность (Dessì Schmid 2014: 116) в тех случаях, когда они одновременно используют несколько лингвистических средств, в том числе наречия и глагольные формы. Ситуация отделяется от окружающей, когда она возникает в течение определенного промежутка времени, который может быть воспринят как пространство времени. Ситуации, демаркированные по внешней аспектуальности, ограничены начальной и конечной точкой, которые также могут совпадать. С другой стороны, ситуации, не ограниченные внешней аспектуальностью, не имеют ни начальной, ни конечной точки. В таких описаниях основное внимание уделяется протеканию процесса и его продолжительности.

Для говорящего существует множество возможностей выразить представление о ситуации как ограниченной или поместить себя в процесс ее протекания. Мы представим эти лингвистические средства в функционально-семантической категории аспектуальности, которая сгруппирована вокруг ядра, то есть глагольного вида в видовых языках.

Рис. 2. Функциональная категория аспектуальности

В языках, имеющих грамматический вид, видовые пары могут выражать дифференцированные значения, например, между ‘попыткой’ и ‘успехом’, как в случае с видовой парой русских глаголов *сдавать* и *сдать*. Противопоставление несовершенной и совершенной формы глагола на французском языке было бы недостаточным для того, чтобы выразить это семантическое различие. Теличность лексического значения глагола *passer* накладывалась бы на значение незавершенности действия; если бы мы использовали форму имперфекта (*imparfait*) *passait*, мы не смогли бы ясно передать информацию о успешности/неуспешности экзамена:

(1) Он сдавал экзамен, но не сдал.

(2) *Il passait l’examen, mais il ne l’a pas passé.

Даже если грамматическая категория вида отсутствует, как в романских или в немецком языках, можно предположить, что другие средства аспектуальности позволяют ограничить ситуацию или представить ее в процессе протекания или фазового развития. Выражение аспектуальности с помощью этих средств менее систематизировано, но может быть более нюансированным и сложным в силу взаимодействия средств на разных уровнях языка.

Так, схема, использованная выше, для романских языков должна быть модифицирована: грамматическое ядро аспектуальности – вид – должен быть опущен. Глагольные формы, отмечающие аспектуальность и противопоставленнные друг другу, такие как имперфект (*imparfait*) и простое прошедшее время (*passé simple*) или сложное прошедшее время (*passé composé*), заменят вид. Эти глагольные формы, однако, обладают также и временными свойствами и не являются специализированными для выражения аспектуальности. По этой причине при определенных условиях они могут рассматриваться только как ядро категории аспектуальности:

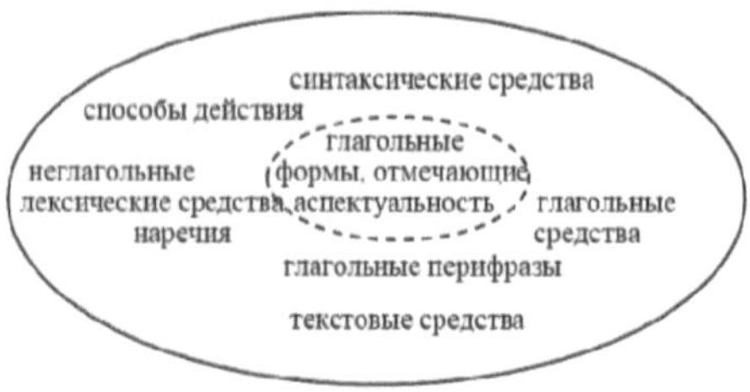

Рис. 3. Функциональная категория аспектуальности в безвидовых языках

В немецком языке отсутствует само ядро категории аспектуальности: претерит и перфект не находятся в оппозиции, но отличаются диафазной и диастратической значимостью. Следующее предложение (3) не имеет иного видового свойства, чем предложение (4), глагольная форма в котором трансформируется в перфект:

(3) Dann *sind* wir das Rheinufer entlang *gelaufen* bis zum Schokoladenmuseum. (http://www.adenauer-gymnasium.de/kl/24-jahre-englandaustausch/)

(4) Dann *liefen* wir das Rheinufer entlang bis zum Schokoladenmuseum.
'Затем мы прогулялись по берегам Рейна до Музея шоколада.'

Что отличает эти два предложения, так это более разговорный и, возможно, региональный характер перфекта, который на юге Германии практически не употребляется в разговорной речи.

Для немецкого языка, следовательно, должна быть сделана еще одна модификация схемы, исключающая ядро и глагольные перифразы, выражающие аспектуальность. Однако, при этом необходимо добавить препозитивные конструкции *am*+ инфинитив+*sein* и *beim*+ инфинитив +*sein*, которые выражают, особенно в разговорном языке, имперфективность, или имперфективную аспектуальность:

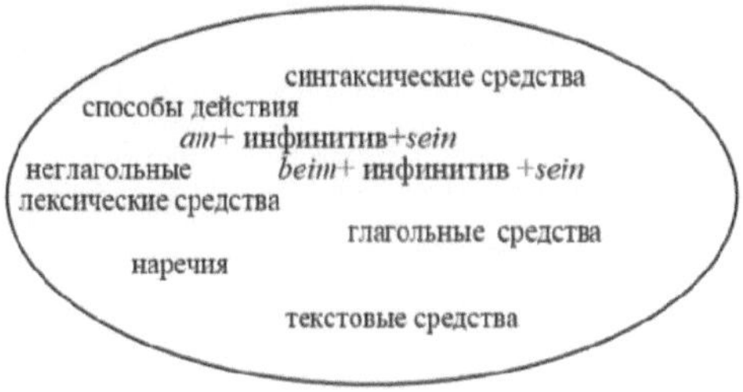

Рис. 4. Функциональная категория аспектуальности в языках без глагольных форм, выражающих аспектуальность

Выражение имперфективной аспектуальности этими двумя конструкциями является общим и показывает необходимость ее обозначения.

(5) Zurück am Wohnmobil machen wir es uns gemütlich, mein Schatz *ist am Lesen* und ich surfe im Netz. (http://ranunculus-rotalis.blogspot.de/2011/03/zeeland-tour.html)

'Возвращаясь в дом на колёсах, мы устраиваемся поудобнее, моя дорогая читает, а я роюсь в интернете.'

(6) Sie *ist beim Kochen*, wir essen Nudeln mit Tomatensoße. (http://michaelsailer.de/Michael Sailer - roman 2 teil 6.htm)

'Она готовит, мы едим макароны с томатным соусом.'

По всей видимости, логика этой конструкции вытекает из названий сопутствующих действий, которые выражаются в сопряженной форме конструкции *sein+beim+ инфинитив*:

(7) Im Jahre 1997 bin ich beim Surfen im Internet auf den Gedanken gekommen, das Netz nach dem Begriff ewige Anbetung bzw. perpetual adoration zu durchsuchen. (http://ewige-anbetung.de/Geschichte/geschichte.html)

'В 1997 году, роясь в интернете, я пришел к идее поиска в интернете термина "вечное обожание".'

(8) Dies merkt man beim Lesen vor allem daran, dass man in einer Stunde nicht die gewohnte Seitenzahl schafft, sondern deutlich weniger. (http://www.literatopia.de/index.php?option=com_content&view=article&id=12334:erbin-der-nacht-tanya-carpenter&catid=63:dark-fantasy&Itemid=97)

'Это становится заметным при чтении, прежде всего, потому что вы справляетесь за час не с обычным количеством страниц, а со значительно меньшим.'

Другой способ выражения аспектуальности в таком языке, как немецкий, представлен способами глагольного действия. Так, *suchen* 'искать' и *finden* 'найти' – глагольная пара, которая вступает в оппозитивные отношения: *suchen* содержит признак 'продолжительности', а *finden* 'целенаправленности'. В то время как наречие, обозначающее большое временное продолжение, легко связывается с глаголом с семантикой длительности (*lange suchen*), для глагола *finden* в значении 'результат действия ищущего', обозначающего точечный процесс, существуют некоторые ограничения. Предложение (9) было бы поэтому неприемлемым, в то время как отрицательное предложение – возможным (10):

(9) *Ich fand den Schlüssel lange.

'Я долгое время находил ключ.'

(10) Ich fand den Schlüssel lange nicht.

'Я долго не мог найти ключ.'

Finden в перфекте и с темпоральной частицей *schon* также было бы возможно, но в данном случае *lange* относится к протяжению времени с момента акта нахождения, а не к длительности самого акта нахождения:

(11) Ich habe den Schlüssel schon lange gefunden.

'Я нашел ключ давным-давно.'

Для наречия, обозначающего пунктуальный процесс и, скорее всего, благоприятствующего выражению перфективной аспектуальности, как, например, *plötzlich* 'внезапно', ограничений употребления, похоже, меньше. В примере (12) наречие подчёркивает пунктуальный характер действия, уже выраженный способом действия глагола, подчеркивая при этом его быстрое протекание. В предложении (13) употребление наречия приводит к изменению значения глагола, который становится инкоативным:

(12) Plötzlich fand ich den Schlüssel.

'Неожиданно я нашел ключ.'

(13) Plötzlich suchte ich den Schlüssel.

'Внезапно я стал искать ключ.'

Таким образом, для языка, не имеющего грамматического вида, мы смогли сделать следующие выводы о взаимодействии способов глагольных действий и наречий:

1) Глаголы обозначающие длительное действие (например, *suchen*) могут использоваться как с расширяющими (например, *lange*), так и с ограничивающими длительность ситуации (например, *plötzlich*) наречиями.
2) При использовании ограничивающих наречий эти глаголы меняют способ действия и принимают, например, инкоативное значение (см. 13).
3) Глаголы, выражающие пунктуальные действия (например, *finden*), легко сочетаются с ограничивающими наречиями (например *plötzlich*), повышающими их значение.
4) Глаголы, выражающие пунктуальные действия, не всегда комбинируемы с расширяющими ситуацию наречиями. Такие связи могут привести к неграмматическим предложениям (см. 9).

2. Взаимодействие аспектуального наречного маркера *вдруг* с грамматическим видом в русском языке

Далее мы рассмотрим, имеет ли использование ограничивающих или расширяющих ситуацию наречий семантический эффект или же оно приводит к ограничениям в употреблении в языках с грамматическим видом, например, в русском языке.

Наша гипотеза состояла в том, что наречия, обозначающие длительность ситуации, легче связать с несовершенным видом, и что наречия, разграничивающие ситуацию, появляются скорее с глаголами совершенного вида. Мы сделали произвольную подборку 1000 примеров из 148 367 случаев употребления русского наречия *вдруг* в НКРЯ. Большинство из этих употреблений, как и в предыдущих примерах, действительно появляются с глаголом совершенного вида. Кроме того, многие глагольные конструкции в нашем корпусе имели инкоативное значение с точки зрения способа их действия. Таким образом, в следующих примерах грамматический вид, способ действия и наречный маркер взаимодействуют при выражении аспектуальности:

(14) А тут вы *вдруг нарушили* международные законы, *начали бомбить* — несмотря на вето России в ООН. (Игорь Свинаренко. Умытая Россия, *Коммерсантъ-Власть*, 1999)

(15) А дочка просто *вдруг начала читать* сама (до этого предпочитала семейные чтения вслух). (Наши дети: Подростки 2004)

(16) […] я *вдруг осознал*, насколько ничего я не расскажу без них […] (Переписка в icq между agd-ardin и Колючий друг 2008.01.17)

Совершенный вид ограничивает описанную ситуацию или процесс, отмечая его начальную точку или ограниченность. Наречие подчеркивает скорость описанного изменения и отличие от предыдущей ситуации.

Еще одним частым использованием наречия *вдруг* является введение существительного или номинальной группы. Наречие играет в этих примерах роль презентатора того, что кажется неожиданным и внезапным. Оно выражает разграничение путем обозначения начальной точки. Такое использование можно объяснить отсутствием копулы настоящего времени в русском языке:

(17) Андрей учитель. (копула = θ)

В эллиптических конструкциях, в которых отсутствует глагол, *вдруг* берет на себя функцию формирования предложения и выражает внезапное появление удивительного факта (17) или страха его появления (18). В этих примерах наречие выполняет функцию обозначения перфективной аспектуальности без глагола:

(18) Это был уже второй концерт за один день, мы совершенно вымотались, и *вдруг такой казус*! (Светлана Ткачева. Тамара Гвердцители: Не умею учиться на чужих ошибках, *100% здоровья*, 2003.01.15)

(19) Я беременна, но боюсь, а *вдруг— внематочная*? (Скажите, доктор…, Даша, 2004)

В следующем примере внезапное появление незапланированной остановки еще более подчеркивается междометием (*бац!*). Такие конструкции встречаются в основном в разговорном языке или, для моделирования разговорности, также и в литературе:

(20) Едешь куда-нибудь, вроде бы всё в порядке, и *вдруг* — бац! — незапланированная остановка… (Ольга Зуева. Скажи, что я тебе нужна… *Даша*, 2004)

Среди высказываний с такими безглагольными конструкциями с наречием *вдруг* не было найдено ни одного примера позитивно оцененного события, которое было бы введено таким образом. С другой стороны, *вдруг* в сочетании с глаголами совершенного вида обнаруживается с положительно оцененными событиями:

(21) Примером детской головоломки-детектива выступает следующая задача: *Вдруг* за стеной *послышались* аплодисменты. (М. В. Мусийчук. О сходстве приемов остроумия и механизмов построения парадоксальных задач. *Вопросы психологии*, 2003)

Как и во всех языках с грамматическим видом, в русском языке нет спрягаемой формы настоящего времени совершенного вида. Поэтому неудивительно, что *вдруг* также выступает с глаголами несовершенного вида в настоящем времени, для того чтобы отметить начало или обозначить ограничение описанной ситуации. 16% случаев употребления этого наречия были именно такого рода:

(22) Такая неожиданность, сижу, сижу, поезда жду, жду — и *вдруг является*, будто свыше посланный, мой двоюродный братец. (Виктор Астафьев. *Пролетный гусь*, 2000)

(23) *Вдруг* они *стоят* на балконе и всё слышат. (Андрей Геласимов. *Ты можешь*, 2001)

(24) А из Таниной спальни *выходит вдруг* маленькая девочка. (Андрей Геласимов. *Чужая бабушка*, 2001)

Эти предложения соответствуют повествовательному настоящему времени, которое делает появление чего-то или кого-то более ярким. Более того, во многих отмеченных случаях употребления наречия *вдруг* с настоящим временем глагола несовершенного вида, это именно глаголы зрительного восприятия. Сочетание *вдруг* с глаголом *видеть* отмечено в 233 вхождениях в 211 документах. Это представляет собой треть примеров с глаголом несовершенного вида в настоящем времени и может рассматриваться как коллокация:

(25) Приезжает домой и *вдруг видит*, что все люди вокруг мёртвые. (Виктор Пелевин. *Синий фонарь*, 1991)

(26) Чудовищный ужас охватывает человека, когда он *вдруг видит* себя сбитым с толку формами познавания явлений. (Леонид Перловский. Сознание, язык и математика. *Звезда*, 2003)

Особенно интересно посмотреть на появление *вдруг* с глаголами несовершенного вида в прошедшем времени. В корпусе всех появлений наречия *вдруг* обнаружено 3,5% таких одновременных появлений, что по-прежнему противоречит несовместимости делимитирующего наречия с глаголом несовершенного вида. В примере (27) глагол несовершенного вида обозначает повторяющееся действие и *вдруг* отмечает разделение и умножение всякий раз совершенного процесса. Повторение дополнительно отмечено временным наречием *иногда*:

(27) Иногда из него *вырывалось вдруг*, когда не в силах был вытерпеть этой улыбки, что казалась ему какой-то болью: “Сынок, не грусти!” (Олег Павлов. Карагандинские девятины, или Повесть последних дней. *Октябрь*, 2001).

Применяя модель Dessì Schmid (2014), мы можем рассматривать пример (27) как взаимодействие выраженной наречием *вдруг* внутренней перфективной аспектуальности и выраженной глаголом несовершенного вида внешней имперфективной аспектуальности.

В примере (28) совместимость наречия, которое отмечает перфективную аспектуальность и внезапность процесса с глаголом несовершенного вида также может быть объяснена повторением описанного процесса.

Раньше мама и папа разговаривали друг с другом, и они всегда начинали это делать внезапно:

(28) Мне запомнилось, как в те годы папа с мамой нередко *вдруг начинали* говорить между собой шёпотом — словно боялись, что их может услышать кто-то посторонний. (И. К. Архипова. *Музыка жизни*, 1996)

Примечательно, что в двух последних примерах существует еще одна маркировка в виде конструкции обозначающей длительность и повторяемость (*иногда*; *в те годы нередко*). Выражение аспектуальности лингвистическими элементами, которые кажутся конфликтующими, является, таким образом, двухуровневым процессом: наречный маркер перфективной аспектуальности характеризует изолированный процесс, в то время как глагол несовершенного вида, часто поддерживаемый другим наречием, изображает его как повторяющийся.

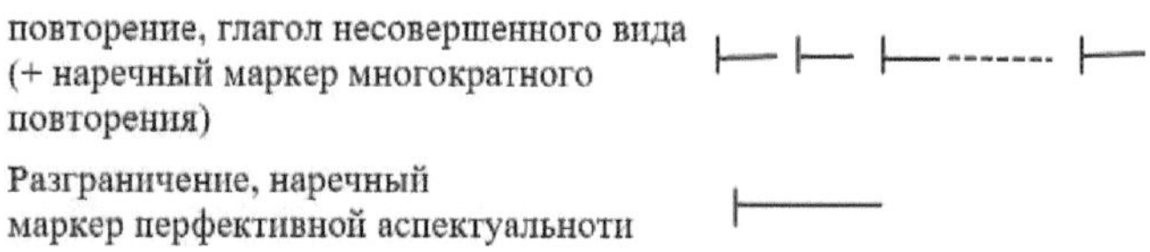

Рис. 5.

Это объяснение справедливо почти для всех сочетаний ограничивающего наречия и глагола несовершенного вида в прошедшем времени. С другой стороны, есть интересный пример, в котором мы находим другой маркер аспектуальности, а именно способ глагольного действия:

(29) Без конца звонил телефон, и Мариша, прикрыв трубку перламутровыми ноготками, ворковала в неё нестерпимо долго и ласково, не обращая на меня ни малейшего внимания, потом *вдруг замолкала* надолго и произносила резко и хрипловато, как мать: “Ты сам виноват!” (Ирина Муравьева. *Мещанин во дворянстве*, 1994)

Глагол несовершенного вида *замолкать*, который появляется в этом примере обозначает изменение состояния, которое наречие описывает как быстрое и внезапное, но также обозначает и следующую за ним тишину, которая не представлена как ограниченная. Таким образом, в этом примере, помимо внутренней и внешней аспектуальности, в игру вступает также контекстно-обусловленная аспектуальность (нем. *umgebungsbezogene Aspektualität*). Другие примеры одновременного проявления наречия как маркера перфективной и неперфективной функции глагола аналогичны: начало ситуации отмечается и разграничивается, затем эта ситуация не разграничивается концом:

разграничение, наречный маркер перфективной аспектуальности, инкоативный глагол

Рис. 6.

Именно поэтому во всех случаях совместного употребления ограничивающего наречия *вдруг* и глагола несовершенного вида в прошедшем времени присутствует дополнительный элемент, который способствует выражению сложной аспектуальности, а именно наречная конструкция, которая обозначает повторение или продолжительность, или лексическое значение глагола, а именно способ глагольного действия.

3. Наречие *долго* как маркер имперфективной аспектуальности

Для наречия *долго*, обозначающего продолжительность и, таким образом, способствующего выражению имперфективной аспектальности, используется преимущественно с глаголами несовершенного вида. Ситуация, которая не учитывается в своем внешнем ограничении, получает дополнительную внутреннюю перспективу благодаря наречию, с помощью которого она представляется как расширенная. В примере (30) ситуация после прочтения документа показана как расширенная. Также длина извержения "зуба", отмеченного глаголом несовершенного вида, подчёркивается наречием (31).

(30) Она прочла и *долго смеялась*. (Наши дети: Подростки, 2004)

(31) У нашей Генпрокуратуры на него вырос огромный зуб. Пробивался зуб *долго* и мучительно. Кто только ни прикладывал руку к его скорейшему появлению на свет — и ФСБ, и МВД, и враги-конкуренты ого видаиз бизнес-сообщества, и даже лично российский президент. (Александр Кривцов. БАБская защита демократии. *Финансовая Россия*, 2002.09.19)

В примере (32) представлено типичное сочетание несовершенного вида с дублированным наречием *долго* в комбинации с сочетанием глагола совершенного вида с наречием *вдруг*, которое показывает обычное взаимодействие глаголов и наречий в большинстве случаев.

(32) Полз он *долго-долго*, и вдруг почувствовал, что земли под ним нет и он куда-то летит. (Сергей Козлов. *Правда, мы будем всегда?* 1969–1981)

В НКРЯ нами было исследовано 1000 произвольно выбранных случаев употребления наречия *долго*. Лишь в 1,2% случаев было обнаружено употребление этого наречия с глаголами совершенного вида. В некоторых из этих употреблений глаголу предшествует отрицание, что указывает на то, что действие, выраженное глаголом, происходит в течение не длительного, а законченного периода времени. Такие примеры, найденные в исследуемом корпусе, относятся к будущему времени:

(33) […] пришедший ему на смену молодой учитель не подвержен этим порокам, но зато далек от совершенства… боюсь, что он *долго* не *выдержит*… наших «трудных» мальчиков и девочек. (коллективный. Форум: *Мужчина в школе. Взгляд на Мужчину в школе снаружи и изнутри*, 2011)

(34) Но в Центре репродукции предупреждают о том, что в результате таких инъекций менструации могут стать нерегулярными, а после отмены препарата способность к зачатию может *долго* не *наступить*. (Анна Варшавская. Дар не случайный, *Домовой*, 2002.02.04)

(35) А не откажется — продаст бизнес дёшево и не *вернётся долго*. (Сергей Доренко. Левые силы – перезагрузка (2003), *Завтра*, 2003.08.13)

Эта связь сочетаемости глаголов совершенного вида и наречий, обозначающих временное продолжение, с отрицанием возвращает к нашим выводам о немецком языке. В немецком языке именно способ глагольного действия исключает совместимость с наречием в предложении (36). Напротив, такая совместимость с отрицанием вполне возможна (37), но приводит к обозначению периода до начала действия. Таким образом, на передний план выдвигается контекстно-обусловленная аспектуальность:

(36) *Er hat das Haus lange gefunden.

(37) Er hat das Haus lange nicht gefunden.

В языке без грамматического вида, таком как немецкий, совместимость наречий с перфективными способами действия может быть установлена частицой *schon* (‘уже’), которая усиливают связанную с окружающей средой перфективную аспектуальность. В предложении (38) говорится о сроке после завершения действия:

(38) Er hat das Haus schon lange gefunden.

В немногих сочетаниях наречия *долго* и совершенного вида без отрицания описывается завершённая ситуация (внешняя аспектуальность), длительное продолжение которой подчеркивает наречие (внутренняя аспектуальность). Это может быть отнесено как к прошлому (39, 40), так и к будущему (41, 42). Однако и в последнем случае внимание сосредоточено на ситуации в целом, в том числе на ее завершение:

(39) Конечно. — И *долго* там прожил? — *Долго*. Сорок три года. (Сергей Довлатов. *Чемодан*, 1986)

(40) […] — попросила она, но *просидела долго*, пока совсем не стемнело, тогда она поднялась и сказала: — Идём. (Ю. О. Домбровский. *Факультет ненужных вещей*, Ч. 2, 1978).

(41) Жареная курица, завёрнутая в фольгу и уложенная в плотно закрывающуюся кастрюльку, *останется долго* тёплой. (М. Володина. О фольге. *Сочи*, 2002.08.22).

(42) И я фронтовик, — сказал мой дядя, — ответьте честно, как фронтовик фронтовику, *долго* ли я *пролежу* в больнице? (Сергей Довлатов. *Наши*, 1983).

В некоторых случаях наречие *ещё* приводит начало ситуации в прошлом (43) или в будущем (44), подчеркивая в то же время ее продолжение:

(43) Хотя *ещё долго пришлось* им барахтаться в торфяной жиже, проваливаться и выбираться на кочки, пока ноги нащупали наконец твёрдую землю. (Василь Быков. *Болото*, 2001)

(44) Что вы, баба Маня! Поправитесь, *долго ещё проживёте*. Может быть, меня похороните. Придёте меня хоронить? (И. Грекова. *Перелом*. 1987)

Если вычесть сочетания наречия *долго* и совершенного вида, связанные с отрицанием, то доля таких бросающихся в глаза сочетаний составит в нашем корпусе всего 0,9%. Кроме того, глаголы совершенного вида, связанные с *долго*, обладают морфосемантическими особенностями. В 56% оставшихся случев встречаются глаголы с приставкой *про-*, из которых более чем в половине случаев выступает глагол *прожить*. Лексическое значение этих глаголов уже подчеркивает обозначение периода времени в целом, который рассматривается в своем протекании.

Несмотря на то, что наречие *долго* совместимо с обоими видами, предпочтение отдается несовершенному виду. Эта связь менее ясна в аспектно отмеченных глагольных формах прошедшего времени в романских языках. Там же мы рассмотрели 1000 примеров из корпусов, каждый с наречиями, обозначающими длительность. Для французского наречия *longtemps* ‘долго’, однако, 32% конструкций имеют перфективные глагольные формы (например 45). Наречие *fréquemment*, обозначающее частоту возникновения ситуаций, также встречается наравне с имперфективными и перфективными формами глаголов (46, 47).

(45) J’y *ai longtemps réfléchi*. (www.eurosport.fr, 01.08.2007)
‘Я долго думал об этом.’

(46) Il *est apparu fréquemment* à la télévision et s’est montré très présent aux côtés de la présidente intérimaire Rose Francine Rogombé, chargée par la

Constitution d'organiser un scrutin présidentiel. (www.quotidienmutations.info, 14.10.2011)

'Он часто появлялся на телевидении и очень часто присутствовал рядом с временным президентом Роуз Франсин Рогомбе, которая по Конституции уполномочена организовывать президентские выборы.'

(47) Notre précédent pasteur *disait fréquemment* qu'il ne serait pas celui qui fermerait une église à Trois-Rivières. (www.cyberpresse.ca)

'Наш предыдущий пастор часто говорил, что он не будет тем, кто закроет церковь в Труа-Ривьере.'

Испанская конструкция *mucho tiempo*, обозначающая временное расширение, даже встречается преимущественно с совершенными формами глаголов. Это позволяет сфокусировать внутреннюю несовершенную аспектуальность, концентрируясь на течении длительного существования завершенной ситуации.

(48) Durante *mucho tiempo se ha creído* que los factores motivacionales influyen en el olvido y en la retención. (Ardila, Rubén: *Psicología del aprendizaje.* Madrid: Siglo XXI, 1986.)

'Долгое время считалось, что мотивационные факторы влияют на забывчивость и сдержанность.'

(49) Esos pensamientos *me preocuparon mucho tiempo*. (Palou, Inés: *Carne apaleada.* Barcelona: Círculo de Lectores, 1975.)

'Эти мысли долгое время беспокоили меня.'

4. Заключительные соображения

Корпусный анализ, который проводился в нашем исследовании на основе произвольной выборки примеров, уточнялся нами путем изучения некоторых текстовых типов и областей коммуникации. На основании показанного взаимодействия средств аспектуальности можно вывести гипотезу, что наречия, которые сфокусирированы на протекании ситуации, легче соединяются с несовершенным видом, и что те наречия, которые ограничивают ситуацию, чаще встречаются с глаголами совершенного вида. Эта гипотеза может быть полностью подтверждена и для русского языка. Для романских языков это также относится к совместимости имперфективной аспектуальности с ограничивающими наречиями, но в меньшей степени к перфективным формам глаголов, которые, безусловно, в большей степени ассоциируются с наречиями, указывающими на временное расширение.

Вид доминирует над аспектуальностью высказывания в русском языке и обычно определяет внешнюю аспектуальность. При этом изменения способа действия в связи с названиями постоянных ситуаций и процессов с ограничивающими наречиями, как в немецком языке, в русском языке не происходят. Глаголы, выражающие пунктуальные действия, могут быть связаны с расширяющими ситуацию наречиями, но такие связи частотно ограничены.

Следовательно, не существует никаких грамматических ограничений сочетаемости наречия длительности с видом глагола. Скорее, существуют комбинаторные ограничения, которые касаются способов действия. Например, хотя наречие темпорального расширения *долго* подчёркивает внутреннюю аспектуальности, но не влияет на разграничение или недемаркацию ситуации, в корпусе не отмечены употребления наречия долготы с инкоативными глаголами типа *расцветать*, *пойти* или с заканчивающими глаголами *окончить*, *забыть*.

Выражение аспектуальности через конфликтующие лингвистические средства происходит на двух уровнях: наречный маркер перфективной аспектуальности характеризует индивидуальный изолированный процесс как ограниченный, в то время как глагол несовершенного вида представляет его как повторяющийся, попытку действия или повествование о событии. Для наречия *долго*, которое обозначает расширение ситуации и, таким образом, способствует выражению имперфективной аспектуальности, нами обнаружены синтаксические и морфосематические ограничения.

С помощью неграмматизированных форм аспектуальности говорящий может свободно выражать временную локализацию или аспектное видение, в то время как грамматические средства аспектуальности зависят, прежде всего, не от решения самого говорящего. Аспектуальность представляет собой сложную категорию, в которой взаимодействуют внешние ограничения и внутренние представления о ходе развития ситуации.

Литература

Бондарко, Александр: *Теория функциональной грамматики. Введение. Аспектуальность. Временная локализованность. Таксис*. Ленинград: Наука, 1987.

Бондарко, Александр: К проблематике функционально-семантических категорий глагольный вид и аспектуальность в русском языке. *Вопросы языкознания*, 2, 18–31. 1967.

Реферовская, Елизавета: Семантика видо-временных форм, предельность/непредельность и лексические значения глагола. Бондарко, Александр (ред.): *Теория грамматического значения и аспектологические исследования*, 91–109. Ленинград: Наука, 1984.

Abraham, Werner / Elisabeth Leiss (eds.): *Modality-Aspect Interfaces. Implications and typological solutions*. Amsterdam / Philadelphia: John Benjamins, 2008.

Auwera, Johan van der: Phasal adverbials in the languages of Europe. van der Auwera, Johan / P. Ó. Baoill, Dónall (eds.): *Adverbial Constructions in the Languages of Europe*, 25–145. Berlin / New York: de Gruyter Mouton, 1998.

Bache, Carl: *The Study of Aspect, Tense and Action: towards a theory of the semantics of grammatical categories*. Frankfurt a.M. et al.: Peter Lang, 1995.

Bertinetto, Pier Marco / Lenci, Alessandro: Habituality, pluriactionality, and imperfectivity. Binnick, Robert (ed.): *The Oxford Handbook of Tense and Aspect*, 852–990. Oxford: Oxford University Press, 2012.

Binnick, Robert: *The Oxford Handbook of Tense and Aspect.* Oxford: Oxford University Press, 2012.

Böhm, Verónica: *La imperfectividad en la prensa española y su relación con las categorías semánticas de modalidad y evidencialidad.* Frankfurt a. M.: Peter Lang, 2016.

Comrie, Bernard: *Aspect*. Cambridge: Cambridge University Press, 1987.

Confais, Jean-Paul : *Temps mode aspect. Les approches des morphèmes verbaux et leurs problèmes à l'exemple du français et de l'allemand.* Toulouse: Presses Universitaires du Mirail, 2002 [1990].

Coseriu, Eugenio: *Das romanische Verbalsystem*. Tübingen: Narr, 1976.

Dessì Schmid, Sarah: *Aspektualität. Ein onomasiologisches Modell am Beispiel der romanischen Sprachen.* Berlin / Boston: de Gruyter Mouton, 2014.

Haßler, Gerda: *Temporalität, Aspektualität und Modalität in romanischen Sprachen*. Berlin: de Gruyter Mouton, 2016.

Mitko, Julia: *Aspekt im Französischen.* Tübingen: Narr, 2000.

Pollak, Wolfgang: *Studien zum Verbalaspekt: mit besonderer Berücksichtigung des Französischen.* Bern / New York: Peter Lang, 1988.

Rojo, Guillermo / Veiga, Alexandre: El tiempo verbal. Los tiempos simples. *Gramática descriptiva de la lengua española*, dirigida por Ignacio Bosque y Violeta Demonte, 2, 2867–2934. Madrid: Espasa Calpe, 1999.

Schwall, Ulrike: *Aspektualität: Eine semantisch-funktionelle Kategorie* [= *Tübinger Beiträge zur Linguistik*, 344]. Tübingen: Narr, 1991.

Verkuyl, Henk / De Swart, Henriette / Van Hout, Angeliek (eds.): *Perspectives on Aspect*. Dordrecht: Springer, 2005.

Verkuyl, Henk: Aspectual composition: Surveying the ingredients. Verkuyl, Henk / De Swart, Henriette / Van Hout, Angeliek (eds.): *Perspectives on Aspect*, 19–39. Dordrecht: Springer, 2005.

Weinrich, Harald: *Le temps. Le récit et le commntaire*. Traduit de l'allemand par Michèle Lacoste. Paris: Éditions du Seuil, 1973.

Weinrich, Harald: *Textgrammatik der französischen Sprache*. Stuttgart: Klett, 1982.

Электронные источники и корпусы

Corpus de referencia del español actual. http://www.rae.es/recursos/banco-de-datos/crea.

Wortschatz Universität Leipzig. http://corpora.informatik.uni-leipzig.de/de.

On the formation of syntactic norms in Russian (based on the material of 17th century Siberian business manuscripts)

*Liudmila Iniutina**

Abstract: This article is devoted to the relevant issue of the formation of grammatical norms in the Russian national language. The scientific novelty of the work consists in the study of changes in the syntactic system of complex sentences in the texts of Siberian humble petitions, which to a significant extent have not been published and have not previously been included in historical and grammatical research. The high source study value and linguistic information content of 17th century Siberian humble petitions have been demonstrated. In these texts, we analyze complex sentences with paratactic and hypotactic connection and trace the features of their use in the aspect of developing syntactic norms. The arsenal of coordinating and subordinating conjunctions used in such proposals has been determined. The features of changes in the construction of complex sentences are clarified. They reflect the element of living folk speech, the linguistic consciousness of Russian people in Siberia and at the same time are characteristic of the syntactic system of the entire Russian national language in the initial period of its formation.

Keywords: historical syntax, Russian in Siberia, humble petition, complex sentence, parataxis, hypotaxis

О формировании синтаксической нормы в русском языке (на материале сибирских памятников делового письма XVII века)

Людмила Инютина

Резюме: Работа посвящена актуальной проблеме формирования грамматических норм русского национального языка. Научная новизна работы заключается в изучении изменений синтаксической системы сложных предложений в текстах сибирских челобитных грамот, значительная часть которых не публиковалась и ранее не привлекалась к историко-грамматическим исследованиям. Доказана высокая источниковедческая ценность и лингвистическая информативность сибирских челобитных XVII века. В этих текстах анализируются сложные предложения с паратактическими и гипотактическими связями и прослеживаются особенности их употребления в аспекте выработки синтаксических норм. Определен арсенал сочинительных и подчинительных союзов. Выясняются особенности изменений в построении сложных предложений, отражающие стихию живой народной речи, языковое сознание русских людей Сибири и в то же время характерные для синтаксической системы всего русского национального языка в начальный период его формирования.

Ключевые слова: исторический синтаксис, русский язык в Сибири, челобитная грамота, сложное предложение, паратаксис, гипотаксис

---

* Novosibirsk State Technical University, e-mail: ljudina@yandex.ru

1. Introduction

In modern works on the historical syntax of Russian, special attention is paid to the interdependence of the development of the syntactic system and human thinking. Syntax in a language is "a level that directly serves the creation, storage and transmission of information by constructing typical formulas and constructions that contribute to the expression of a complete thought" (Kolesov 2010: 391). In turn, syntax played an important role in the formation of Russian forms of thinking, since it "condensed previously scattered lexical groups, indefinite morphological relations and created new grammatical categories" (Kolesov 2010: 391).

At the same time, the historical syntax has been studied to a lesser extent than lexicology or other sections of the history of Russian, the researchers state (see Iniutina et al. 2017; Panin 1995; Sabelfeld 2006; Tarlanov 1999). The idea of the system of the syntax of the Old Russian language and its change

> is largely fragmentary, covers only a certain range of problems, behind which there are many phenomena that make up the specifics of the syntactic structure of Russian and its development (Kolesov 2010: 392).

Historians of the language agree that the Russian syntax has largely changed the structure inherited from the Old Russian era by the 18th century and approached the modern state in this respect:

> The changes in the syntactic nature were especially vividly reflected in the history of complex and compound sentences, where the development of Russian followed the path of streamlining their structure, where the uniqueness of the conjunctions connecting individual parts of a complex sentence (hereinafter referred to as CS) was enhanced, which made it possible to more accurately express the thought expressed by the speaker or writer (Ivanov 1990: 396).

Note also that in Russian linguistics, the peculiarities of the existence of Russian in Siberia have not been sufficiently studied. The history of Russian in the initial periods of the development of this region can only be designated as a promising direction for such research. The present work is intended to partially fill in the insufficiency of these studies, since it is devoted to the analysis of some features of a CS in the Siberian texts of a business letter of the 17th century.

2. Statement of the problem

In this work, we study the problem of the formation of grammatical (syntactic) norms in the initial period of the formation of the Russian national language. The study was carried out on the basis of humble petitions written in the 17th century on the territory of Siberia. These manuscripts of regional business writing were not previously involved in historical and grammatical research, and most of them have not been published. This allows you to expand the source base of historical and linguistic research. The scientific novelty of this work is the appeal to the analysis of historical changes in the syntactic system of CS on the material of the above sources.

2. Research questions

The material of the research is the Siberian humble petitions of the 17th century, the grammatical features of which have not previously become a subject of study, and the Tomsk petitions have not yet been published and are available only in manuscripts stored in the *Rossiiskii gosudarstvennyi arkhiv drevnikh aktov* (RGADA). In these texts, CS constructions with paratactic and hypotactic connections are analyzed. A set of compositional and subordinate conjunctions used in them has been determined. The features of the use of the joint venture in these texts are traced in the aspect of the development of syntactic norms of the Russian national language.

3. Purpose of the study

The purpose of the study is to analyze changes in the structure of the CS and form ideas about how the grammatical norms of the Russian national language were created. We chose the Siberian humble petitions of the 17th century as the material due to the fact that they most fully reflect the features of the living speech and linguistic consciousness of the Russian pioneers.

4. Research methods

The modern ("integral") linguistic paradigm, proceeding from an understanding of the complexity of the "explained" object, predetermines the parameters and research methods adequate to the object (Demiankov 1995; Kubriakova 1995). Studying the history of syntax helps to gain insight into the complex process of human cognition and explanation of the world.

The methodological basis of the research is formed by the principles of historical, cultural, structural-systemic and conceptual approaches to the linguistic material of the 17th century. In the work, they are implemented in the use of a set of research methods, such as the description of the relationship of linguistic material with realities in their historical, material and territorial specifics, the structural-system interpretation of the CS, the presentation of syntax as a means of expressing the increasingly complex ways of understanding the world.

5. Description of sources

One of the tasks solved in the work is to expand the source base of historical and grammatical research. The source of our research was the Siberian business manuscripts of the 17th century – humble petitions. These are 12 Yenisei humble petitions (1626–1654), published by L. M. Gorodilova (Gorodilova 1989) and dedicated to official affairs (sending servicemen to new lands, "poverstanie ('call-up') to the sovereign's service", transfer to another fortress, complaints about the arbitrariness of the governor), and 9 humble petitions (1624–1660) of Tomsk arable peasants and service people, which describe the peculiarities of the organization of Siberian arable land (the difficulties of setting up a peasant farm, hardships and privations that accompanied the beginning of arable farming in Siberia).

It can be stated that the humble petitions involved in the research reflect the linguistic consciousness of the Russian first settlers of Siberia and their living speech. First, they belong to one of the earliest regional written records of the 17th century. Secondly, these documents were written either by the authors themselves, or by local, and not scribes sent from Moscow (*chelobitnaia* – 'humble petitions' – of a plowed peasant from the Tomsk city of Maksimko Zakhariev, son of Khlebnin (under the governor Fyodor Potapovich Polibin), 1648; Chelobitnaia of horse and foot Cossacks of the Tomsk city, 1643; Chelobitnaoa of service people who, according to the tsar's decree, receive salaries from Tobolsk, 1659–1660). Thirdly, the petition genre is characterized by a high degree of pronounced personal attitude towards the subject of humble petition. Thus, humble petitions are meaningful and informative sources for studying the history of Russian in Siberia.

In addition, Siberian linguists note the fact of reflection in local documents of the general process of the formation of the norms of the national Russian language and the operation of the usual norms of the business style, determined by the sociolinguistic and sociocultural features of the functioning of these documents in this region (Iniutina et al. 2008; Mayorov 2006). The close connection between the language of business writing and the literary processed language, and with the national dialect also determines the appeal to these manuscripts as sources for studying the history of Russian.

6. Structure and conjunctions in complex sentences

CSs were often used in business manuscripts of the 17th century, reflecting the complex cause-and-effect relationships of extra-linguistic reality. Syntactic relations and means of their expression in Russian in this period were characterized by diffuseness, syncretization and variability. In Siberian humble petitions, a significant number of CS with a paratactic connection ("stringing") were recorded. This type of connection indicates the gravitation of these texts to the norms of the oral form of speech:

(1) **И** впред намъ холопем вашимъ семены хлебными завестис неоткуд место гсдри украинное окроме вашего гсдрва хлебного жалованиа тобольския присылки взяти негде (1659–1660, RGADA, f. 214, e. h. 536: 113)

'**And** from now on your serfs will not be able to get grain seeds from anywhere the place is outlying except for your sovereign grain salary of Tobolsk, there is nowhere to take them'

As a rule, these were allied, compound sentences:

(2) …в прошлых гсдри в прежних годехъ пахали мы сироты ваши вашу гсдрву десятинную пашню въ вашемъ гсдве в Спаскомъ селе **и** по вашему великих гсдреи указу из вашего гсдрва Спаскова села мы сироты ваши переведены въ верхъ по томи реке за сосновку реку на новое место… **а** въ вашем гсдрве в Спаском селе земли выпахалис **и** у лесу недород… (1659, RGADA, f. 214, e. h. 536: 266)

'…in the past sirs, in previous years we plowed your orphans your sovereign's tithe arable land in your sovereign's Spasky village **and** by your great sovereign's decree from your sovereign's Spaskov village we your orphans were transferred to the top along the Tom River beyond the Sosnovka River to a new place… **and** in your sovereign's Spasky village the land was depleted **and** the forest had a crop failure…'

Syntactic analysis of humble petitions allows us to speak of a fully developed structure of the complex sentences in 17th century Russian. The complex sentences of an open structure, consisting of two, three or more predicative parts equal to each other, are noted. The number of parts in the complex sentences of an open structure is determined not only by structural and linguistic, but also by extralinguistic factors: the situation described in the document, its general content, communicative tasks:

(3) …написал (письменный голова) на нас на холопей твоих те наши заимчишки пашнями и деревнями большима **а** нас холопей твоих написал коренными заводными людми… **а** житьем мы холопи твои на тех своих заимчишках не живемъ **и** дворов и заводов деревенских хором у нас у холопей твоих на тех наших пашнишках нет. (1643, RGADA, f. 214, e. h. 112: 415)

'…he wrote (a written head) on us on your serfs our farms are arable and large villages **and** your serfs wrote us as indigenous economic people … **but** we do not live your serfs on our farms **and** we do not have yards and farms village buildings your serfs on our arable lands'

Recorded complex sentences of a closed structure, usually consisting of two parts:

(4) …**а** твоево гсдва хлебного жалованиа был нам холопем твоим из годово(во) оклада женатым по шти чети с осьминою ржи по четыриа четверти овса на члвку **и** нам холопем твоим тем твоим гсдрвым ж хлебным жалованемъ годовым окладом з женишкама и детишкама без присевки не прокормица. (1643, RGADA, f. 214, e. h. 112: 412)

'…**but** your sovereign's grain payment was to us your serf from the annual salary married at six quarters with eight rye at four quarters of oats per person **and** we are your serf that your sovereign's grain payment with an annual salary with wives and children without additional sowing cannot feed'

The main means of communication between the parts of the complex sentences in the texts under study are the connective conjunctions *и* 'and', *а* 'and'/'but', and *да* 'and'/'but':

(5) **И** послали они в томском душею да теломъ людишка бедные **а** в томском де гдрь городе для твоеа гдрвой пашни и новой селидбы из твоей гсдрвой казны денежные подмоги на лошадиную покупку и на всякои пашеннои завод имъ не давано **и** имъ для твоеи гсдрвой пашни лошадеи пашенново заводу купит и твоей гсдрвой пашни пахат было нечим. (1634, RGADA, f. 214, e. h. 109: 48)

'**And** they sent people to Tomsk poor in soul and body **but** in the Tomsk city the sovereign for your sovereign's arable land and new settlement from your sovereign's treasury monetary help for the purchase of horses and for any plowed equipment was not given to them **and** they would buy horses for your sovereign's arable land and there was nothing to plow your sovereign's arable land'

(6) …на твоих гсдрвых пашнях и на наших пашнишках хлебу недород в прошлом гсдрь во·(…) 146 году било градомъ **да** вннешнем гсдрь во 149 году …хлеба недород (1643, RGADA, f. 214, e. h. 112: 415)

'on your sovereign's arable land and on our arable land there was a crop failure in the past my lord in the year 146 it was raining hail **and** my lord in the current year 149… there was a crop failure'

Certain logical-semantic relations have been established between the predicative parts of the complex sentences: connecting and comparative-adversary. The connective bond of the complex sentence units in the Siberian humble petitions of the 17th century is carried out with the help of conjunctions *и* 'and', *да* 'and'/'but'. The most common is the conjunction *и*:

(7) **Да** в прошлом гсдри в 167 году волею бжиею зима стала скорая **и** снеги укинули большие **и** хлебы всякие запали с семениа дни. (1659, RGADA, f. 214, e. h. 536: 113)

'**And** in the past sirs in 167 by the will of God the winter became fast **and** big snows fell and all sorts of grain crops fell since Semenov's day'

In contrast to the texts of the modern Russian language, in humble petitions, the conjunction *a* is used in a connecting meaning:

(8) …сироты твoi привоклис в томскои город толко чюд живы разорены до основания **а** в томском городе по твоему гсдву указу посажены мы сироты твои на твою гсдрву пашню на новое место ѕа басандаiкою рекою… (1634, RGADA, f. 214, e. h. 109: 52)

'…your orphans barely came to the Tomsk city we are still alive and completely broken **and** in the Tomsk city according to your sovereign decree we have settled your orphans on your sovereign's arable land to a new place beyond the Basandaika river…'

However, the complex sentences with the conjunction *u* quantitatively prevail due to the fact that it is this conjunction that becomes a typical means (norm) of expressing connecting relations in Russian.

In the analyzed texts, sentences are widely represented expressing comparative-adversarial relations. In such complex sentences conjunctions *a, да* are marked as a means of communication. The most common of them is the conjunction *a*:

(9) **И** твоя гсдрва пашня нши заимки запустеет **а** дети мои Максимко да Ивашко да Миколка воеводе ш Феодора Полибина не служивали. (1626, RGADA, f. 214, e. h. 307: 264)

'**And** your sovereign's arable land of our settlement will become desolate **but** my children Maksimko and Ivashko and Mikolka did not serve the governor Fyodor Polybin…'

We note the active use of creative conjunctions in the position of the beginning of an independent sentence, in which they differ in meaning (initial-connecting or comparative-adversary) and in the function performed:

(10) **А** человеченко я бедной и одинокои **и** ребятишка у меня маленькие. (1650, RGADA, f. 214, e. h. 381: 370)

'And I am a poor and lonely little person **and** I have small children…'

As you can see, in the analyzed texts of the 17th century, the compositional conjunctions are still distinguished by polysemy, bordering on syncretism: any of them could unite the structural parts of the complex sentences, which were in connecting, opposing and connecting relations, or stand at the beginning of a sentence. So, in the following sentences the union a simultaneously expresses connecting and comparative meaning:

(11) **И** мы холопы твои видечи свою бедность и семейство к твоему гсдрву хлебному годовому жалованю к своим окладом не в давных летах почели было припахиват не повелику **а** сеели гсдрь смотря по семейству и по рожитку по осминке и по четверти или в силах по две. (1643, RGADA, f. 214, e. h. 112: 412)

'**And** we your serfs saw our poverty and the family to your sovereign's annual grain payment to our salaries not long ago we began to plow a little **but** sowed **sire** depending on the family and on the prosperity an eighth and a quarter or if possible two)'

Compositional (comparative) and subordinate (causal) meaning:

(12) …в прошлых гсдри в прежних годехъ пахали мы сироты ваши вашу гсдрву десятинную пашню въ вашемъ гсдве в Спаскомъ селе и по вашему великих гсдреи указу из вашего гсдрва Спаскова села мы сироты ваши переведены въ верхъ по томи реке за сосновку реку на новое место… **а** въ вашем гсдрве в Спаском селе земли выпахалис **и** у лесу недород (1659, RGADA, f. 214, e. h. 536: 266)

'in the past sirs in previous years we plowed your orphans your sovereign's tithe arable land in your sovereign's Spasky village **and** by your great sovereign's decree from your sovereign's Spasky village we your orphans were transferred to the top along the Tom River beyond the Sosnovka River to a new place… **and** in your sovereign's Spasky village the land was depleted **and** the forest had a crop failure…'

Nevertheless, the process of natural specialization and normalization of the structure and means of communication in the complex sentences in Siberian texts, of course, can be traced as consistently as in all-Russian ones.

7. Structure and conjunctions in compound sentences

The emergence of the written form of speech played a large role in the development of syntax, since in writing

> it became possible to work out complex constructions by editing and improving the texts (Kolesov 2010: 392).

The CS, in the opinion of language historians, "generally developed in writing" (Kolesov 2010: 392). Since the main task of business documents is to represent all the circumstances of the case in all their logical relationships, CS with a developed system of subordinate relations are also represented in them. Typical for the studied texts are CS, in which parataxis and hypotaxis are simultaneously implemented:

(13) **И** в те де поры в том городе подмоги давана поневеликү всего по десяти рублей -4- челвку **а како** де в прошломъ во 141 годү послан … твою гсдрву пашню в Томском **и** … дворишка и всякой пашенной заводы помали (1634, RGADA, f. 214, e. h. 109: 48)

'**And** at that time in that city help was given little by little only ten rubles for 4 people **and as** in the past in 141 I was sent … to your sovereign's arable land in Tomsk **and** … a courtyard and every ploughed equipment little by little'

(14) …**а** у меня сироты твоево твоей гсдрвои пашни пахат некому **потому что** у меня детеи нет **а** я сирота твои не заволодею … без ногъ и без рукъ на разных муках на пытках замучен **и** твоей гсдрвой пашни у меня пахат некому (1648, RGADA, f. 214, e. h. 507: 264)

'…**and** I have no one to plow your orphans of your sovereign's arable land **because** I have no children **and** I your orphan will not be able to master … without legs and without hands I have been tortured to various tortures **and** there is no one to plow your sovereign's arable land'

(15) …**и** на тех наших пашнишках тот хлеб у нас у холопей твоих по многие лета уходит под снег **потому что** снят єво некому. (1643, RGADA, f. 214, e. h. 112: 416)

'…**and** on those of our arable lands the crops of grain we have from your serfs go under the snow for many years **because** there is no one to harvest them'

In the Siberian humble petitions of the 17th century, there are different models for constructing a compound sentence. The syntactic features of the humble petition genre itself determine this. In the structure of these documents, there is a need for a motivational section: an explanation of the reasons and motives that served as a reason for writing a humble petition, the obligatory reasoning of the request. They were dominated by compound sentences with causal clause. Most of these compound sentences in the studied texts are formalized by native Russian subordinating conjunctions *потому что* '*because*', *для того что* '*because*', *что* 'that':

(16) …**да** в ннешнем гсдрь во 149·году… хлеба недород **потому что** гсдрь была ѕима студеная **а** снеги были мелкие **и** на тех на наших пашнишках на горах рож изчезли корену выдула. (1643, RGADA, f. 214, e. h. 112: 417)

'…**and** in the current sovereign in the 149th year… crop failure **because**, sovereign, the winter was cold **but** there was little snow **and** on those on our arable lands on the mountains the rye disappeared blown out to the roots'

In the texts of Siberian humble petitions, compound sentences are also noted:

(a) with subordinate clauses of purpose (the onjunctions *чтобы/чтоб* 'so that'/ 'so', 'in order to'); *потому чтоб* 'because so that', 'so', 'because to':

(17) …**а** нне гсдрю въ Енесейском остроге воеводам посадцкие люди **чтоб** нас приверстат к ним посадцким людям. (1650, RGADA, f. 214, e. h. 337: 230)

'…**and** now to the sovereign in the Yenisei fortress we, the people from the posad (tell), the voivodes **so that** we can be counted among them as the people from the posad'

(18) …**да** Васке жь с товарыщи велел он сыскавъ васанских людеи говорити **чтоб** они тебе гсдрю служили и прямили и были под твоею црскою высокою рукою навеки неотступны и ясакъ от себя тебе гсдрю давали. (1626, RGADA, f. 214, e. h. 12: 18)

'…**and** he ordered Vaska and his comrades to find the Vasan people and say **that** they should serve your sovereign and be faithful and be forever persistent under your royal high hand and give tribute from themselves to you to the sovereign'

(b) with object subordinate clauses (the conjunction *что* – 'that'):

(19) …**а** сказал мне холопу твоему **что** есть де у нег твои гсдрвъ указ. (1654, RGADA, f. 214, e. h. 344: 668)

'…**and** he told me to your servant **that** he has your sovereign decree'

(20) …били челомъ тебе гсдрю црю и великому кнѕю Михаилу Федоровичю **что** мы сироты твои в томском городе по твоему гсдву указу заводили пашеннои заводишко и дворишки ставили голою. (1634, RGADA, f. 214, e. h. 109: 52)

'…we complained to you to the sovereign tsar and Grand Duke Mikhail Fedorovich **that** we were your orphans in the Tomsk city according to your sovereign's decree we started a plowed equipment and put the yards in poverty'

(c) with subordinate clauses of the way of action (the conjunctions *как* 'as', 'like'; *так же как*, 'as … so'):

(21) …намъ быти в твоей гсдрве службе по прежнему въ Енесейском в казаках **так же как** родители нши служат Тоболску и в Томском и на Тюмени и в Кузнецком остроге. (1650, RGADA, f. 214, e. h. 373: 230)

'…we would still be in your sovereign's service in the Yenisei (fortress) in the Cossacks **as well as** our parents serve in Tobolsk and in Tomsk and in Tyumen and in the Kuznetsk fortress'

In addition, in the texts of the humble petitions, the compound sentences are presented with several subordinate clauses:

(22) …вели гсдрь нам дать свою гсдрву грамоту въ Енесейской к воеводе **чтоб** намъ быти в твоей гсдрве службе по прежнему въ Енесейском в казаках **так же как** родители нши служат Тоболску и в Томском и на Тюмени и в Кузнецком остроге. (1650, RGADA, f. 214, e. h. 373: 230)

'…tell the sovereign to give us his sovereign's letter to the Yenisei (fortress) to the voivode **so that** we can continue to be in your sovereign's service in the

Cossacks in the Yenisei **as well as** our parents serve in Tobolsk and in Tomsk and in Tyumen and in the Kuznetsk fortress'

7. Conclusion

Thus, summarizing our observations on the syntax of the CS, we note the following:

(a) 17th century Siberian humble petitions appear to be sources with a high degree of linguistic information content. They are among the earliest manuscripts of business writing in Siberia, contain a reflection of the linguistic characteristics of the Russian population in the initial period of the development of this region, are characterized by a communicative-pragmatic orientation and emotional-expressive tension.

(b) The texts of Siberian humble petitions reflect the CS system characteristic of the initial period of the formation of the national language of Russia. On the one hand, the use of complex sentences occurs almost three times more often than compound sentences, that is, the coordinating connection (parataxis) still prevails over the subordinate one (hypotaxis). Coordinating and subordinating conjunctions are diffuse and have not gotten rid of syncreticity.

On the other hand, this is a well-established structure of the complex sentences and compound sentences, in which dynamic processes are observed: the improvement and development of all-Russian norms for the construction and use of CS, the active development of specialized grammatical means of communication.

(c) The emergence of more and more complex structures (CS with several types of communication, compound sentences with several subordinate clauses) is due to a broader and deeper knowledge of objective reality, the development of thinking, the improvement of Russian as a means of communication and as a means of extrapolating increasingly complex ways of knowing.

Primary sources

RGADA, Fonds 214: *Stolbtsy i knigi Sibirskogo prikaza.*

References

Demiankov, Valerii: Dominiruiushchie lingvisticheskie teorii v kontse XX veka. Stepanov, Iurii (ed.): *Iazyk i nauka kontsa XX veka*, 239–320. Moscow: Institut iazykoznaniia RAN, 1995.

Gorodilova, Liudmila: *Russkaia skoropis' XVII veka: uchebnoe posobie*. Khabarovsk: KhGPI, 1989.

Iniutina, Liudmila / Shilnikova, Tat'iana: Osobennosti stanovleniia russkogo iazyka i formirovaniia grammaticheskoi normy v delovoi pis'mennosti Zapadnoi Sibiri XVII—XVIII vekov. *Nauchnyi dialog*, 11, 64–76. 2017.

Iniutina, Tat'iana: Poniatie normy delovogo iazyka v svete teorii var'irovaniia. *Vestnik Tomskogo gosudarstvennogo universiteta*, 308, 19–23. 2008.

Ivanov, Valerii: *Istoricheskaia grammatika russkogo iazyka*. Moscow: Prosveshcheniie, 1990.

Kolesov, Vladimir. *Istoricheskaia grammatika russkogo iazyka*. Saint Petersburg: SPbGU, 2010.

Kubriakova, Elena: Evoliutsiia lingvisticheskikh idei vo vtoroi polovine XX veka (opyt paradigmalnogo analiza). *Iazyk i nauka kontsa XX veka*, 144–238. Moscow, 1995.

Maiorov, Aleksandr: *Ocherki leksiki regionalnoi delovoi pis'mennosti XVIII veka*. Moscow: Azbukovnik, 2006.

Panin, Leonid: *Istoriia tserkovnoslavianskogo iazyka i lingvisticheskaia tekstologiia*. Novosibirsk: Izd-vo NII MIOO NGU, 1995.

Sabelfeld, Natal'ia: Iazyk sibirskikh pamiatnikov pismennosti XVII v. *Τέχνη γραμματική*, 2, 471–472. Novosibirsk: Izd-vo NGU / Pravoslavnaia Gimnaziia vo imia Prepodobnogo Sergiia Radonezhskogo, 2006.

Tarlanov, Zamir: *Stanovlenie tipologii russkogo predlozheniia v ee otnoshenii k etnofilosofii*. Petrozavodsk: Petrozavodskii gosudarstvennyi universitet, 1999.

Feedback in verb acquisition: Evidence from Russian adult–child interaction

Victoria Kazakovskaya[*]

Abstract: Children acquire their native language through conversations with adults. So far, the mechanisms of this interaction in grammar have been inadequately studied, especially in morphologically rich and strongly inflected languages like Russian. Based on a longitudinal high-density corpus, we analyze how the interactive strategy of adults, manifested in pragmatic, communicative and structural types of their feedback on correct and incorrect child verb-containing utterances, impacts the acquisition of the extensive paradigm of the Russian verb. Comparing our results to the relevant data of several European languages, we show similarities and dissimilarities in adult strategies, including those depending on typological differences of the language acquired, types of child errors, child age and the number of languages mastered. These findings demonstrate the influential role of positive and negative adult feedback in the acquisition of verb categories.

Keywords: Russian first-language acquisition, child-directed speech (input), verb morphology, negative feedback, positive feedback

Ответные реплики взрослого в диалоге с ребенком: усвоение глагола в русском языке

Виктория Казаковская

Резюме: Дети усваивают родной язык в общении с взрослыми. Между тем механизмы этого процесса в сфере грамматики продолжают оставаться почти неизученными, особенно в таких морфологически богатых флективных языках, как русский. На материале лонгитюдного корпуса повышенной плотности мы анализируем, как диалогическая стратегия взрослого, представленная прагматическими, коммуникативными и структурными типами его ответных реплик на правильное и неправильное высказывание ребенка с глаголом, влияет на усвоение обширной глагольной парадигмы. Сравнивая наши результаты с аналогичными данными нескольких европейских языков, мы показываем сходства и различия в тактиках взрослых, зависящие от типологических особенностей языка, типа ошибки и возраста ребенка, а также от количества усваиваемых им языков. Полученные результаты указывают на существенную роль положительной и отрицательной «обратной связи» взрослого в процессе усвоении глагольных категорий ребенком.

Ключевые слова: усвоение русского языка; речь взрослого, обращенная к ребенку (инпут); глагольная морфология; положительная/отрицательная реакция взрослого

1. Introduction

While interacting with young children, adults (caregivers, caretakers) tend to not only maintain a conversation, but "display their uses of language in each context",

* Institute for Linguistic Studies (RAS), e-mail: victory805@mail.ru

and “offer extensive feedback” on the children’s speech (*CS*) (Clark 2014: 105), thus teaching them – in the sense of natural pedagogy (Csibra/Gergely 2011) – their native language.[1] Analysis of adult feedback to both correct (adult-like, well-formed) and incorrect (non-adult-like, ill-formed)[2] utterances of a child based on English, French and Hebrew data has proven this. However, supporters of the generative theory of language acquisition consider child-directed speech (*CDS*, *input*) to be defective and poor for the child’s grammar development, and believe that adult feedback is insignificant in this process (e.g., Chomsky 1980; Morgan/Travis 1989; Morgan et al. 1995). Meanwhile, the results of some studies were obtained experimentally with older children and do not take into account longitudinal observations of *adult–child* communication in a natural and familiar environment for children (e.g., Kulinich et al. 2019), including those who develop atypically (e.g., Arbel et al. 2021). In the other words, studies which state the inefficiency of feedback have not focused on the rich data provided by high-density corpora of early interaction *adult–child* at initial stages of language acquisition, namely up to three years old, when the acquisition of grammar of native language mainly happens (e.g., Gvozdev 1961 for Russian L1).

Thorough research on the input shows that adults use specific linguistic tools to eliminate errors. They expand or correct grammatically, lexically and phonetically incorrect child utterances, thus helping children to get rid of errors (e.g., Chouirnard, Clark 2003; Clark, de Marneffe 2012; Conti-Ramsden 1990; Demetras et al. 1996; Farrar 1990; Furrow et al. 1993; Lustigman, Clark 2019; Saxton 1997, 2000; Saxton et al. 2005). Particularly, adults ask specific questions to demonstrate the error to the child and ask for repetition or clarification of incomprehensible utterances (e.g., Corrin 2010; Corsaro 1977; Shatz, O’Reilly 1990; Wootton 1994).

In most studies of adult feedback (in other terminology, negative evidence, recast, reformulations), the central research questions focus on whether this phenomenon exists and, if it exists, whether the child seems to make use of it. The primary objective of previous investigations of such feedback was to show that the differences between the adult’s reactions to correct/incorrect utterances can help a child to detect errors and “make use of the corrections in reformulations” (Chouirnard, Clark 2003: 645), see also (Bohannon, Stanowicz 1988; Hirsh-Pasek et al. 1984; Marcus 1993; Saxton 1997, 2000; Saxton et al. 1998, 2005; Sokolov, Snow 1994; Strapp et al. 2008).

1 Nevertheless, is not a common place in the practice of communication with small children around the world (e.g., Brown, Gaskins 2014; Dingemanse, Floyd 2014; Lieven 1994; Ochs, Schieffelin 1986).

2 Hereafter the term “incorrect” will be used for both types of non-adult-like child’s utterances – grammatically incorrect or incomplete.

Recent evidence from CDS in Romano-Germanic (viz. Austrian-German and French) and Baltic (viz. Lithuanian) languages supports this hypothesis (Kilani-Schoch et al. 2009).[3] Moreover, preliminary studies of Russian CDS (Kazakovskaya 2010) have shown that despite differences between these languages in terms of morphological richness (Xanthos et al. 2011), the pragmatic strategies of the adults are very similar, while the structural and communicative characteristics of feedback are different. Thereby, further investigation of the interactive (or communicative) strategies of adults who are carriers of morphologically rich and strongly inflected languages (like Russian) seems promising and important, especially within the extensive verb paradigm which can cause numerous grammatical errors in L1. At the same time it is known that grammatical errors provoke adults' corrections more than lexical or phonetic ones.

The Russian verb paradigm might consist of more than 130 forms (Švedova 2005). Verb endings express tense, person, number and other grammatical categories predominantly synthetically. Having two number forms (SG, PL), the verbs in the present/future tenses have inflectional endings assigned for three persons (1st, 2nd, 3rd), whereas past tense forms – with three genders (MASC, FEM, NEUT). Additionally, Russian verbs have two stems, open and closed. The open stem ends in a vowel (e.g., *sloma-t'* 'break-INF') and serves as a platform for, e.g., the past tense forms like *sloma-l* 'break-PAST.MASC'. The closed stem ends in a consonant (e.g., *čitaj* 'read.IMP.2SG') and serves as a basis for present/future forms (e.g., *čitaj-ut* 'read-PRES.3SG') and imperative ones (*čitaj-te* 'read-IMP.2PL'). Numerous alternatives between these stems create more than ten productive and non-productive inflectional classes. So, from a typological point of view, Russian verb inflection is characterized by low analytism and syncretism in relation to other Slavic and Germanic languages, whereas the productive and non-productive verb classes show diversity and non-regularity, which may be compared to that of German (Gagarina 2008).

Our research is devoted to Russian CDS, which remains almost unstudied so far, not only with regard to adult feedback, but also generally, like the input in many Slavic languages (e.g., Slobin 2014; Kazakovskaya 2021). The aims of our study are the following:

(a) to characterize different types of adult feedback to all verb-containing child's utterances in terms of their pragmatic, communicative and structural features;

(b) to analyze adult feedback to grammatically correct / incorrect verb-containing child's utterances, to discuss the dependence of feedback on the child's

---

3 Hereafter the relevant results on CDS in Austrian-German, French, and Lithuanian corpora will be cited after Kilani-Schoch et al. (2009).

age and the type of verb error, and to determine whether the child makes use of the adult's feedback;

(c) to compare results obtained with the recent findings in Austrian-German, French, Lithuanian and Estonian CDS (L1) as well as to correlate them with the caregiver strategy in a multilingual environment (viz. Russian, Italian, Norwegian).

We hypothesize that in Russian CDS – as in other languages studied in this respect – the phenomenon of negative evidence exists. However, its manifestations may differ, depending on the typological features of the language, in particular, its morphological richness.[4] Furthermore, we suppose that the different types of feedback being not only negative, but also positive evidence, can be considered as intuitive adult attempts to stimulate the development of both components of child communicative competence, presented by language-system skills and conversational (interactional, dialogue) ones (Forrester, Cherington 2009; Kazakovskaya 2019 for Russian L1).

2. Data: Russian high-density corpus

Our analysis is based on the longitudinal data of a typically developing Russian-speaking monolingual boy Vanja (1;5[5]–4;0) from a Petersburg family with middle-class SES. He was recorded 2–3 times a week by his caregivers (parents or grandmother) in the home environment in everyday leisure situations with which the child was familiar – feeding, bathing, reading books, drawing, and visiting the country in summer. During the observation period Vanja had no siblings and had not been attending a kindergarten. The main caregiver was his grandmother.

The transcribed corpus of conversations between Vanja and his caregivers (63 hours of recordings which contain 191,949 tokens) was annotated for multipurpose automatic linguistic analysis, using tools of the CLAN programs within the CHILDES database (MacWhinney 2000).[6] For this study, the period from 2;0 to 2;8 was selected, since during this time Vanja's initial acquisition of verb categories occurred (34 hours, 98,618 tokens, 8,350 turns and the subsequent set of adult feedback). The child's both correct and incorrect verb-containing utterances were

4 The problem of the effect of the typological features of the language in the process of its acquisition is actively discussed within modern theories of language acquisition (e.g., Dressler 2007; Slobin 2014).

5 The child is aged one year and five months.

6 I thank N. Gagarina (grant 01UG0711), E. Limbax, M. Akkuzina and S. Tseitlin for collecting this corpus and making it available, as well as I. Balčiūnienė for additional coding of adult turns.

extracted for detailed analysis (see Table 1). The latter included not only incorrect verb forms (*@err*), but also occasional or innovative (*@err.inn*) ones.

Table 1. Russian data analysed

Age	Length of recordings (min.)	Number of tokens in CS	Number of tokens in CDS	Number of turns	Number of verb-containing turns	Number of turns with incorrect verbs
2;0	160	1,638	6,593	1,618	88	85
2;1	160	2,975	11,141	1,128	30	10
2;2	355	2,176	9,825	787	71	21
2;3	305	2,706	10,725	1,018	209	19
2;4	320	2,303	8,376	1,025	253	34
2;5	260	2,841	7,887	802	275	12
2;6	265	2,488	7,063	757	276	11
2;7	165	2,229	6,400	487	168	4
2;8	60	3,795	7,457	728	322	14
Total	2,050	23,151	75,467	8,350	1,692	210

Presenting the general picture of verb acquisition in L1, one needs to notice that usually until the age of three children move on from onomatopoeias acting in predicative function, which are the precursor verbs (like *bum* '~fall down') and "frozen" forms, to being fluent in abstract morphological operations. That is, they move from the stages of premorphology and protomorphology, characterized by extragrammatical operations and the appearance of first oppositions and mini-paradigms, onto conventional morphology, involving the acquisition of grammatical norms and peripheral rules (Bittner et al. 2003; Dressler 2007; Dressler, Karpf 1995, among others, see also Tseitlin 2009 and Gagarina 2008 for Russian L1).

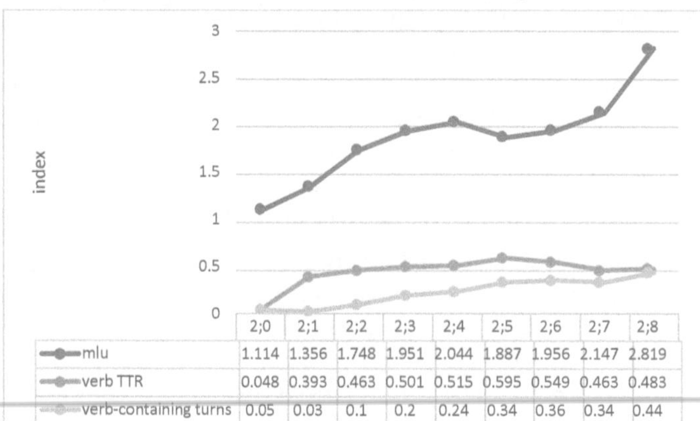

Fig. 1: The first year of verb acquisition in Vanja's speech

Fig. 1 shows that with an increase of mean length of utterance (*MLU*, in words for Russian) in Vanja's speech, the index of verb diversity (type/token ratio, *TTR*) and the share of verb-containing turns to all turns increase towards the end of the period under observation.

For the contrastive part of our study, comparable data of the first year of verb acquisition obtained from four main representative L1 corpora was used. Three of them belong to girls – French (1;4–2;6, and 1;6–2;6) and Lithuanian (1;8–2;8). The last corpus belongs to an Austrian boy (1;3–2;6). Three additional corpora were also used, but only partially. The monolingual data of one Estonian boy (1;8–2;8) was used for the study of adult interrogatives (Kazakovskaya et al. 2012) as well as the data of two multilingual (Russian, Italian, Norwegian) girls (2;2–3;0), which was used for a comparison of caregiver communicative strategies in monolingual and multilingual families, characterized by frequent *code-mixing* and *code-switching* (Kazakovskaya/Khachaturjan 2015).

3. Methodology

For automatic statistical analysis our corpus was annotated using a three-level coding system of adult feedback (3.1, also see below Fig. 2) and a two-level coding system of child errors (3.2, also see below Fig. 3).

3.1 Types of adult feedback

Within the framework of our study, pragmatic, communicative and structural features of adult feedback to correct / incorrect verb-containing child utterances were analysed. The absence of any feedback was also taken into consideration (*@no response*). Analysis of pragmatic and structural types of feedback was carried out according to the methodology accepted in the international cross-linguistic project "Pre- and Protomorphology in Language Acquisition" (headed by Wolfgang U. Dressler) and complemented by the findings obtained from the study of *adult–child* dialogue in Russian, based on numerous parental diaries and supported by observations of spontaneous speech (Kazakovskaya 2019).

3.1.1. Adult feedback can be classified into two groups according to the ***pragmatic* distinction** between the reaction to the content (*de re*) of a child utterance or to its linguistic form (*de dicto*). The first group of reactions are *conversational*:

(1) 2;8 CHI: *est'* @err 'to eat'
err: eat.INF instead of *em* 'eat.1SG'
ADU: *čto ty eš?* 'what do you eat?'.

The second group are *metadiscoursive* reactions:

(2) 2;2 CHI: *dam@err* '(I) will give.'
err: give.FUT.1SG instead of *daj* 'give.IMP'
ADU: *ne dam, a daj* 'give me, not (I) will give'.

Most metadiscoursive reactions interrupt the interaction with the child to draw his/her attention to an error and/or to correct it. Such reactions relate directly to negative feedback.

In turn, conversational reactions maintain interaction, avoiding breakdowns and supporting a child as a partner in a dialogue. They thereby stimulate development of conversational and – wider – pragmatic skills. The conversational reactions accept any kind of contribution in interaction from a child, and show how to give an appropriate response for this turn: for example, how to continue the current topic (3) or how to change it (4):

(3) 2;4 CHI: *stoit* [tait][7] 0*v*[8] *garaže* [giize] '(it) stands a garage'
ADU: *eto garaž u tebja takoj?* 'is it such a garage?'

(4) 2;0 sit: the child asks for the berries that are left over
CHI: *dam* [djam]@err '(I) will give'
err: give.FUT.1SG instead of *daj* 'give.IMP'
ADU: *a posmotri, Vanja, kto tam na okoške*? 'and look, Vanja, who is there, at the window?'.

The initial conjunction *a* 'and' used by the caregiver in (4) displays one of the possible links in a dialogue.

As a rule, conversational reactions add new – semantically significant for the topic – information, while their correction function here is secondary. Since support of a child as a partner in a dialogue provides positive evidence for the development of his/her communicative competence, the conversational reactions might be interpreted as positive feedback.

It should be mentioned that both pragmatic types, metadiscoursive and conversational, may be present in a dialogue not only in their prototypical pattern. So, consequently, instances of their overlapping are possible (Kazakovskaya 2010).

3.1.2. Adult reactions can be classified also into two ***communicative*** **types** – *interrogatives*:

(5) 2;4 CHI: *lev edet* [ede] 'a lion is driving'
ADU: *l'vy v avtomobile?* 'are lions in the car?'

and *non-interrogatives*:

(6) 2;4 CHI: *i prišla* [pis'ja] *lisička* [isis'ka] 'and a fox has come'
ADU: *prišla lisička v gosti k Vane* 'a fox has visited Vanja'.

7 In some cases, the square brackets contain the pronunciation of the word by the child that is also taken into consideration, along with features of his vocabulary and nominal morphology.

8 Hereafter "0 (zero)" indicates the omission of this word.

This is a quite important differentiation of adult utterances for the analysis of Russian data, since the abundance of interrogatives representing "mini input of questions" (Lieven 2014) in Russian CDS is its prominent feature (e.g., Kazakovskaya 2019).

3.1.3. Finally, all adult reactions may be combined into specific ***structural*** **types** such as *repetitions*, *reformulations*, *expansions*, *topic continuations* or *shifts*, *corrections,* and *clarifications*. The following examples of different structural types show the adults' contribution into the early development of verb morphology.

Repetitions are echo-repetitions of the word (7) or whole utterance (8):

(7)	2;4	sit:	the child is playing with cars
		CHI:	*vot eta tože, posmotrim* [pasojtjim] 'here it is also, (we)'re looking'
		ADU:	*posmotrim, da* '(we) are looking at them, yes'
(8)	2;4	CHI:	*mama govorit* [avait] 'mommy is speaking'
		ADU:	*mama govorit?* 'is mommy speaking?'.

Here, both non-interrogative and interrogative repetitions of the adult accept the content of a child utterance and simultaneously provide conventional phonetic patterns for his adult-like verbs.

Reformulations are adult rephrasing of what they think the child intended to say:

(9)	2;4	CHI:	0*s Ljošej* [ljosej] *papoj guljat'* '(with) Ljoša father to walk'
		ADU:	*guljat' s papoj Ljošej?* 'to walk with the father Ljoša?'.

Since in Russian word order is free, one could not consider such types of error as serious mistakes. However, this interrogative feedback provides some linguistic information about a more appropriate word order, including that within a pair of nouns, one of which is a hypocoristic. Additionally, the adult inserts the preposition required by the instrumental case and "polishes" the phonetics by eliminating one of the common types of substitution ([s'] instead of [š] in CS).

Expansions occur when the child's utterance is lexically (10) and/or grammatically (11) supplemented by the adult:

(10)	2;4	CHI:	*mama stroila* [stjoija] 'mommy has been building'
		ADU:	*mama stroila, a ty razobral* 'mommy has been building, but you have taken it apart'
(11)	2;4	CHI:	*vylivat'* [ininjat']@err *sam* [sjam] 'to pour out myself'
			err: omission of auxiliary verb *byt'* 'be.FUT.1SG'
		ADU:	*vylivat' sam budeš* '(you) will pour it out yourself'.

In (11) the feedback contains an element, which is grammatically necessary – an auxiliary verb *byt'* 'to be' in the future tense. In the result a bare infinitive (Kilani-Schoch et al. 2009 or, in other terminology, an optional infinitive, see, e.g., Gagarina 2008 for Russian L1) has become a part of the analytic future form of the verb. In addition, in the main verb *vylivat'* 'to pour out' and the pronoun *sam* 'yourself', phonetic assimilation and substitution are eliminated.

Topic continuation occurs when an adult does not respond directly to the child's utterance but continues the conversation even when an error has been made:

(12) 2;4 CHI: *očki snjaj* [sn'aj]@err.inn 'take off your glasses'
inn: *snjaj* instead of *snimi* 'take.off.IMP'; IMP from the verb of a non-productive class is formed according to the 1st productive class as *čitaj* 'read.IMP.2SG'
ADU: *ugu* 'yeah'.

The grandmother agrees with the child's suggestion to take off her glasses, using this proper dialogue feedback, and demonstrates one of the most common conventional ways of response. This is the most striking prototypical pattern of conversational reactions.

Topic shifts occur when an adult changes the topic of a dialogue, including in a situation resulting from extra-linguistic circumstances:

(13) 2;8 ADU: *kto verbljud?* 'who is a camel?'
CHI: *bel'čonok verbljud* 'a squirrel is a camel'
sit: Vanja puts a toy into his mouth
ADU: *začem ty vse igruški v rot berjoš?* 'why do you put your toys into your mouth?'.

Clarifications are requests to clarify (sometimes just to repeat) the previous utterance:

(14) 2;4 CHI: *vot zdes' bibiki*@BT[9] *stojat* [tajat] 'here are cars.BT stand'
ADU: *čto takoe bibiki, Vanja?* 'what does *bibiki* mean, Vanja?'.

As regards *corrections*, they occur when an adult indicates that the form or content of the child's previous utterance was erroneous:

(15) 2;8 CHI: *upala*@err *zabor u menja* 'my fence has fallen down'
err: fell.down.PAST.FEM instead of *upal* 'fell.down.PAST.MASC'
ADU: *ne upala zabor, a upal* 'the fence has not fallen.down.FEM, but it has fallen.down.MASC'.

Such instances of explicit correction in the domain of grammar belong to the sphere of direct corrections as being more prominent types of metadiscoursive reactions, or negative feedback.

At the same time, feedback could contain indirect correction when the adult does it not "on the forehead", i.e., to some extent, implicitly:

(16) 2;4 CHI: *mešat'* [mesat'] *u-u* 'disturb.INF no'
ADU: *ne nado mešat'?* 'should we not disturb?'.

Here, the boy exhibits, peculiar to him in the early stages, a way of expressing negation which, however, is non-typical for Russian. The negator *ne* (*u-u* in CS) 'not'

9 *Bibika* is a derivative from *bibi* 'car' belonging to baby talk (BT) words.

is used after a verb. The adult shows the conventional way of negation, simultaneously supplementing a modal predicate *nado* 'need, have to' and "polishing" the pronunciation of the verb by eliminating the substitution ([s] instead of [š] in CS).

Fig. 2 shows the schema for the coding of adult feedback. Interrogative and non-interrogative repetitions, reformulations and expansions are typically found in both conversational and metadiscoursive feedback, whereas the others can be seen as only conversational (e.g., topic continuations) or only metadiscoursive (e.g., direct corrections).

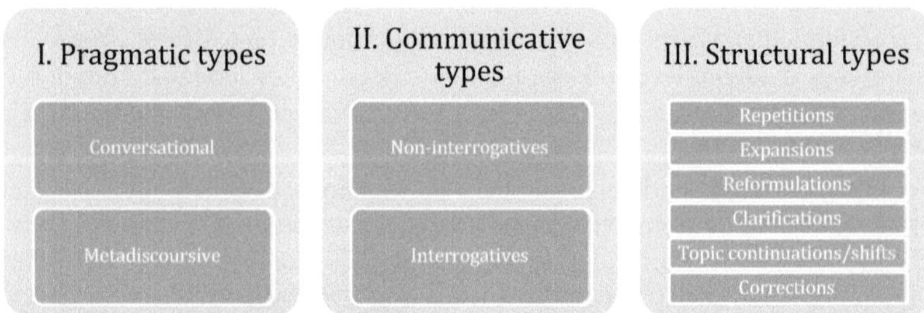

Fig. 2: Coding schema for the adult feedback

3.2 Types of erroneous verb-containing child's utterances

Analysis of the types of verb errors was carried out according to two approaches, viz. *morphological* and *grammatical*.[10]

3.2.1. The *morphological* classification of verb errors is based on the morphological categories of a verb. Notice, that since they are the errors that depend on verb categories and on the verb paradigm in a particular language, a typologically-universal classification of errors, which might be built on this criterion, is impossible (cf., e.g., verb aspect in Russian). Therefore, child errors in different languages can be compared only to a certain extent.

In the Russian data, the following types of verb errors were analyzed.

Mood errors:

(17) 2;4 sit: the child is asking for something
CHI: *dam@err* '(I) will give'
err: give.FUT.1SG instead of *daj* 'give.IMP'
ADU: *ne dam, a čto nado skazat'?* 'do not give.FUT.1SG, but what it needs to say?'
CHI: *daj* 'give.IMP'.

The interrogative feedback with a metadiscoursive function focuses on such errors, providing the opportunity to think and give a correct answer.

10 See also (Gagarina 2008).

Aspect errors:

(18) 2;2 sit: the child asks to draw a man
CHI: *djadja*@err *risuj*@err 'draw uncle'
err: draw.IPFV instead of *narisuj* 'draw.PFV'; uncle.NOM instead of *djadju* 'uncle.ACC'
ADU: *djadju narisuj?* 'draw.PFV uncle.ACC?'.

The interrogative feedback indirectly corrects an aspect of verb in imperative form and the case form of a noun required by the verb in this context (viz. ACC instead of NOM).

Person errors:

(19) 2;4 sit: the child is speaking about himself
CHI: *umeeš*@err 'know.how.2SG'
err: know.how.2SG instead of *umeju* 'know.how.1SG'
ADU: *umeeš?* 'know.how.2SG?'.

This interrogative feedback seems to accept (by repeating) the erroneous personal verb (in Russian dialogue turns, the change of person should be, i.e. 2SG instead of 1SG); however, it indeed is a conversational feedback, required by the current turn-taking.

Gender errors:

(20) 2;3 CHI: *myška* [mys'ka] *ispugalsja* [ipugajsja]@err *volka* 'the mouse.FEM was scared.MASC of the wolf'
err: scared.MASC instead of *ispugalas'* 'scared.FEM'
ADU: *myška ispugalas'* 'the mouse.FEM was scared.FEM'.

The non-interrogative reaction corrects the erroneous gender of the verb form in the past tense implicitly but "contrastingly". The feminine gender of the verb form in past tense is required by the feminine gender of a noun *myš-k-a* 'mouse-DIM-FEM' and follows in the repetition, displaying the correct 'subject–verb' agreement.

Number errors:

(21) 2;3 CHI: *vstavaj*@err *bezini*@CSF[11]! 'get up.SG, the cars.PL!'
err: get.up.SG instead of *vstavajte* 'get.up.PL'
ADU: *vstavajte, mašiny!* 'get.up.PL, the cars!'.

This non-interrogative conversational reaction contains the correct number form of the verb (PL instead of SG), and replaces *bezinja*@CSF by the conventional word *mašina* 'car'.

11 The term "CSF (child specific form)" means that this word belongs to a category of words invented and even modified by the child: e.g., *bezinj-u*.ACC or *bezin-ej*.INSTR.

Tense errors:

(22)	2;4	sit:	the child saw the dog which was sleeping under the table
		CHI:	*sobačku* [abas'ku] *videl* [vidij]/+ '(I) saw the dog'
		CHI:	*spit* [pit]@err 'sleeps'
			err: sleep.PRES instead of *spala* 'sleep.PAST'
		ADU:	*čto?* 'what?'.

The clarification question interrupts the conversation and shows the child that the present tense form is not appropriate to describe yesterday's events.

3.2.2. The *grammatical* classification of verb errors is based on the criterion of how exactly the forms are used, formed, and agree with other forms in an utterance by the child.

Firstly, there are *use* errors:

(23)	2;5	ADU:	*a čego ja ne vižu mašinku?* 'why don't I see a car?'
		CHI:	*teper' vižu*@err 'now (I) see'
			err: see.1SG instead of *vidiš* 'see.2SG'
		ADU:	*teper' vidiš nado skazat'* 'you must say now (you) see.2SG'.

The non-interrogative explicit correction fulfils a metadiscoursive function.

This type of errors joins several instances where there is no evidential proof that the child creates the form by himself. In terms of the target-system, such forms are correct but they are inappropriate for this context. These errors include:

(a) the use of one mood form instead of another, e.g., indicative instead of imperative (2, 4),

(b) the use of one personal form instead of another within a turn-taking, e.g., 2SG instead of 1SG or vice versa (23),

(c) the use of a bare infinitive instead of personal forms like (1).

Secondly, there are *agreement* errors. It is, in fact, a lack-of-agreement 'subject–verb' which occurs mainly in the agreement of verbs with nouns and pronouns in number in the present tense and in gender in the past tense:

(24)	2;4	CHI:	*polučilsja* [putijsja]@err *koleso* [kiisjo] 'the wheel turned'
			err: turn.MASC instead of *polučilos'* 'turn.NEUT'
		ADU:	*polučilos' koleso, da* 'the wheel.NEUT turned.NEUT, yes'
(25)	2;7	a. ADU:	*eto čto?* 'what is it?'
		CHI:	*ulitka polučilsja*@err 'the snail turned'
			err: turn.MASC instead of *polučilas'* turn.FEM
		b. ADU:	*ulitka takaja?* 'such.FEM a snail.FEM?'.

In (25b), the adult continues the conversation by providing some indirect evidence within erroneous agreement. He displays the correct agreement for this noun *ulitka* 'snail.FEM' not with a verb, but with an appropriate pronoun-adjective *takaja* 'such.FEM'.

Thirdly, there are formation errors:

(26) 2;4 CHI: *privezil* [pivezij]@err.inn *deduška* [deus'ka] 'my grandfather brought'
inn: incorrect stem of the verb belonging to non-productive class; also *privezti* 'bring' instead of *priexat'* 'come'
ADU: *a, ty byl na dače, potom priexal deduška, da?* 'and you were at the dacha, and then your grandfather came, yes?'.

These errors include occasional, or innovative formation of different verbs, see also (12, 32), due to the erroneous choice of one of the two verb stems (including their affixes) within mainly non-productive verb classes (Tseitlin 2009).

Finally, *omission* errors include a lack of verbs which generates incomplete utterances:

(27) 2;4 CHI: *Xrjuša* [sjusja] *iz etoj*@err *okoški* [akos'ki]@err 'Xrjuša from this window'
err: verb omission; *etoj* 'this.FEM' instead of *etogo* 'this.NEUT'; *okoško* 'window.FEM' instead of NEUT
ADU: *Xrjuša smotrit v okno, da?* 'is Xrjuša looking out of the window, yes?'.

The relation of these two approaches (see Fig. 3) have shown that: (a) *tense* and *mood* errors could be errors in both *formation* and *usage*; (b) *gender* and *number* errors seem to be *agreement* errors; (c) *person* errors are errors in usage.

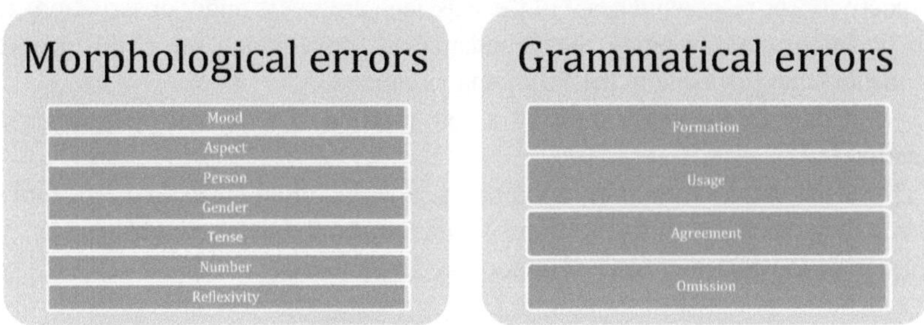

Fig. 3: Coding schema for the child's incorrect verbs

4. Results and discussion

4.1 General results

Our analysis indicates that the Russian caregivers under observation prefer to react to the content of the child's utterances rather than the form. So in terms of pragmatics, 73.5% of feedback to the child's verb-containing utterances are conversational, and 26.5% are metadiscoursive.

Disregarding the considerable difference between results obtained within correct/incorrect child verb-containing utterances (see Table 1 above), in both cases conversational feedback is more than twice as much as metadiscoursive (see Fig. 4).

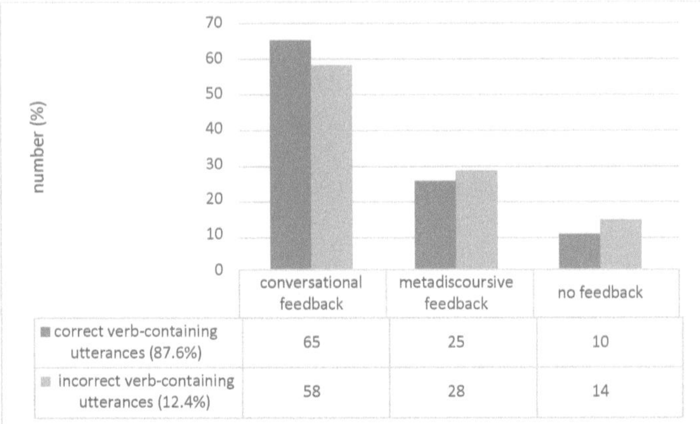

Fig. 4: Distribution of pragmatic reactions to correct and incorrect utterances with verbs

The number of utterances ignored by adults is not great. This means a high degree of reactivity (or responsiveness) of the Russian caregivers under observation, and can be interpreted as being the abundance of input which the child receives. Adults have no response in the following situations:

(a) if they focus on the topic of a conversation or a current extra-linguistic situation (13),

(b) if the child's utterance contains so-called habitual errors: e.g., in Vanja's speech they are frequent innovations within non-productive verb classes (12, 32) or usage of indicative instead of imperative for requests:

(28)	2;3	ADU:	*vot ona, knižka* 'here it is, a book'
		sit:	the child asks to give him a book
		CHI:	*dam*@err '(I) will give'
			err: FUT.1SG. instead of *daj* 'give.IMP'
		ADU:	no response.

Numerous adults' conversational reactions might explain the divergence between the development of proper dialogue (interactional) skills and language-system ones of the child documented in the early stages (Kazakovskaya 2019 for Russian L1). The dialogue skills are developed to a greater extent than the language-system ones (see also Forrester, Cherington 2009). In turn, our results confirm the leading role of pragmatics in first language acquisition within conversational exchanges (Clark 2014).

In the Russian data, metadiscoursive reactions to incorrect child utterances exceed such reactions to the correct ones. However, this difference is not significant when compared with the data from the Lithuanian, French and Austrian-German corpora and shows that adults do not react to correct / incorrect child's verb production in the same way (see Fig. 5). At the same time an indisputable similarity of reactive tactics in all observed input data is the rare usage of direct corrections (like 2, 15) by the caregivers.

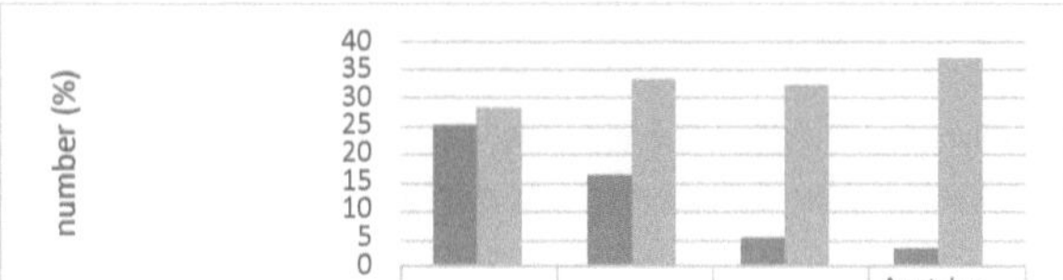

	Russian CDS	Lithuanian CDS	French CDS	Austrian-German CDS
■ correct verb-containing utterances	25	16	5	3
■ incorrect verb-containing utterances	28	33	32	37

Fig. 5: Metadiscoursive feedback to child verb-containing utterances compared to other languages

Such a high percentage of metadiscoursive reactions to the correct utterances in the Russian corpus can be partially explained by the strict "teaching" strategy of the grandmother. She attempted to receive from the boy a very-close-to-the-target-system response in all attitudes – grammatical, phonetic, and lexical. As was expected, the number of verb errors in Vanja's speech decreases significantly, while the number of his verb-containing utterances increases (see Fig. 6).

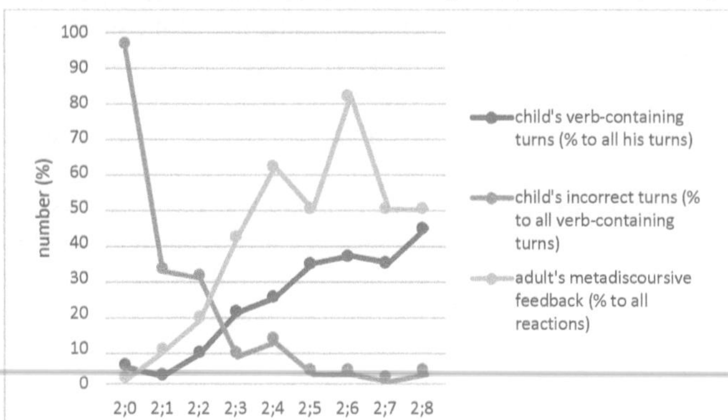

Fig. 6: Distribution of verb-containing child utterances and metadiscoursive adult feedback

The metadiscoursive feedback reaches a peak at 2;4 and 2;6, which is quite symptomatic. The previous analysis of *adult–child* dialogue in Russian, including the data of other children (Kazakovskaya 2019), shows that during this period in CS (a) almost all types of intonation constructions appear (Lepskaya 1997), (b) the semantic repertoire of interrogatives rapidly increases (c) the locative and directive markers are separated. Thus, the child's errors act as landmarks in the acquisition of both language-system and dialogue skills, which might be said to trigger the adult's reactions.

At first glance it may seem that this child went through major changes in his grammatical development between 2;0 and 2;2 without virtual feedback from the adult. However, this is not so since the caregivers support him actively but their feedback has conversational coloration, and corrections are carried out in indirect or veiled forms. At the same time, we tend to see this as a manifestation of fine-tuning (Snow 1995, see also Lustigman, Clark 2019). The metadiscoursive reactions to the incorrect child verb-containing utterances are premature in relation to a newly-appeared item in the grammar, whereas negative evidence is already used by adults within erroneous nouns (e.g., Kazakovskaya 2010). Metadiscoursive reactions increase as the child grows up (cognitively and linguistically proper) and begins to rely on them more confidently.

4.2 Pragmatic feedback to different types of erroneous verbs

4.2.1. According to the morphological approach to classification of the child's verb errors, their distribution in the course of development can be represented in the following way. First come *mood* errors, then come *gender* forms in the past *tense*. The least widespread are errors in personal forms in a current turn-taking, number and tense (see Fig. 7). The last column includes erroneous reflexive forms (e.g., *sprjatal* instead of *sprjatal-sja* 'hide-REFL'), omissions of the main verb, and bare infinitives. All errors belong to the synthetic type, as does Russian grammar on the whole. Analytical forms such as some forms of the future tense like *ja budu risovat'* 'I will draw' or imperatives like *davaj risovat'* 'let's draw' are not frequent at an early stage.

Analysis of adult pragmatic reactions to child morphological errors shows that the share of metadiscoursive responses exceeds that of conversational in all types of errors. Exceptions are adult reactions to both incorrect mood and person within a turn-taking (see Fig. 7).

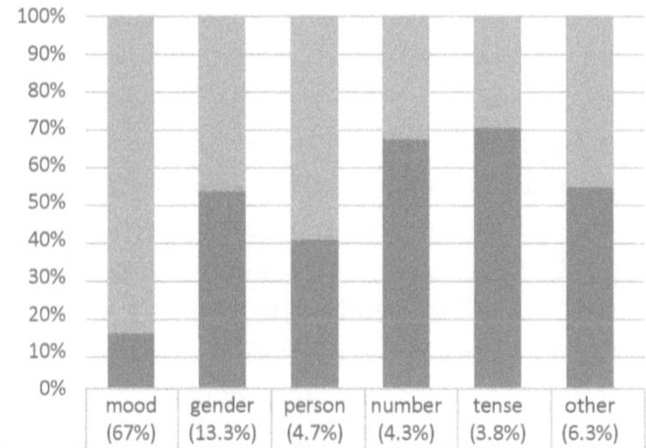

	mood (67%)	gender (13.3%)	person (4.7%)	number (4.3%)	tense (3.8%)	other (6.3%)
conversational feedback	85	47	60	33	27	46
metadiscoursive feedback	15	53	40	67	63	54

Fig. 7: Distribution of pragmatic feedback to verb errors according to morphological approach

4.2.2. Examination of verb errors in terms of grammatical classification indicates the dominance of erroneous *use*. Then come errors in *agreement*, *formation*, and *omission* of verbs.

The results of the pragmatic analysis of feedback to grammatical errors reveal a considerable excess of conversational reactions in the instances of *usage* errors. Within erroneous *formation* and *agreement*, metadiscoursive reactions are dominant (see Fig. 8).

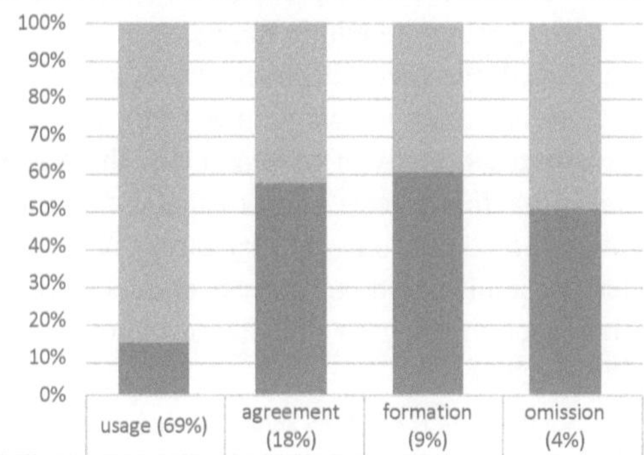

	usage (69%)	agreement (18%)	formation (9%)	omission (4%)
conversational feedback	86	43	40	50
metadiscoursive feedback	14	57	60	50

Fig. 8: Distribution of pragmatic feedback to verb errors according to grammatical approach

Thus, the results obtained during comparison of the two approaches to the incorrect verbs have shown that (a) *tense* and *mood* errors could be errors in both *formation* and *usage*; (b) *gender* and *number* errors seem to be *agreement* errors; (c) *person* errors are *usage* ones. Some differences in the evaluation of child errors according to the approaches mentioned do not change the general results in the characteristics of pragmatic reactions of Russian caregivers to different types of incorrect child utterance with a verb. Distribution analysis found low sensitivity of the adults to incorrect *usage* of verbs, and high sensitivity to errors of verb *formation* and *agreement*. Usually, feedback to these types of error is metadiscoursive, whereas reactions to non-conventional usage of verbs are conversational.

4.3 Changes in adult feedback

One of the issues discussed is the question of how the adult's responses to individual types of child errors change over time (e.g., Choiunard, Clark 2003; Clark 2014; Lustigman, Clark 2019; Saxton 1997, 2000). Examination of adult reactions to the individual errors of a child in the Russian data shows that this changeability takes also place. Individual errors in Vanja's speech can be attributed the following instances:

(a) in morphology, this is innovations related to the incorrect choice of a verb stem (open / closed) and/or their affixes (12, 32),

(b) in syntax, this is a non-typical formation of negation, when a negator *ne/net* 'not' follows a verb (16, 29),

(c) in lexis, this is CSF or BT used instead of conventional words (14, 21), which, however, is more appropriate within nouns.

In each case mentioned, the early feedback strategy used initially is that the adult "accepts" any grammatical or lexical item as a new language-system skill of a child and responds conversationally in general, i.e. without explicitly correcting them. What is crucial is that this creates a contrast, allowing the child to compare his own utterance with the adult's one, and by doing that to see the difference between them. Later the adult begins to correct child's errors more obviously, using metadiscoursive reactions (negative feedback) or conversational ones which correct errors, but indirectly, e.g.:

(29)	2;4	sit:	the child is speaking about a toy car
		CHI:	*vot eta ešče slomalsja* [sjamajsja]@err *net* 'this one.FEM has broken down yet not'
			err: break.down.MASC instead of *slomalas'* 'break.down.FEM'
		ADU:	*eta ešče ne slomalas'?* 'has this one.FEM not broken.down.FEM yet?'.

After the age 2;6 adults start to correct a child much less.

Our observations based on multilingual data (Kazakovskaya, Khachaturjan 2015) have also shown that some changes in adult strategies often depend on not only the age of the children, but also their language proficiency. For instance, during the period of abundant code-mixing (e.g., Lanza 2001), the adult does not focus (i.e. does not explicitly react) to the change of language (e.g., Russian to Italian (*@IT*) like in 30b and 31), but translates and complements the child's utterance:

(30) 2;3 a. ADU: *idi myt' ruki* 'go wash your hands'
CHI: *ciabatty*@IT *odenu*@err '(I'll) put on slippers'
b. ADU: *nadevaj snačala tapočki, a potom pomoeš ručki* 'put on your slippers first and then wash your hands.DIM'.

We tend to identify the pragmatic function of such reactions as conversational (move on, in Lanza's (2001) terminology). When code-mixing obviously decreases (which usually happens after the age of 2;8), the adult changes his strategy. So, before translating the child's utterance, spoken in another language, the adult uses a clarifying question like *What? Huh? A?* showing the child the inconsistency of the code chosen (grasp, on Lanza (ibid.)):

(31) 2;8 sit: the child asks about a toy car
CHI: *tu vuoi*@IT *malen'kuju?* 'do you want a small (car)?'
ADU: *a?* (pauza) *da, ja tože xoču malen'kuju* 'huh? (pause) yes, I also want a small (car)'.

Thus, caregivers in the multilingual family become more precise in correcting errors and less tolerant to code-mixing.

4.4 Communicative and structural types of feedback

Our study of communicative and structural types of feedback in a Russian corpus, in comparison with the analogous data from Austrian-German, French and Lithuanian CDS, reveals that the preferred communicative types of parental reactions to incorrect production do not coincide in the fourth corpora compared. In particular, *non-interrogative* repetitions are the most frequent feedback in weakly inflected Austrian-German and French (90%), while an abundance of *interrogatives* is more typical for the morphologically rich and strongly inflected Russian (56%) and Lithuanian (70.5%). This raises the question of a dissimilarity in the reactive tactics of adults, determined not only by some individual and cultural differences that emerged in the practice of communicating with young children in the world (Brown, Gaskins 2014; Dingemanse, Floyd 2014; Lieven 1994; Ochs, Schieffelin 1986; Tulviste 2002), but also the typological differences in languages.

Moreover, our contrastive investigation of caregivers' interrogatives in Russian and Lithuanian belonging to the Balto-Slavic languages has demonstrated many similarities between them (e.g., Kazakovskaya/Balčiūnienė 2012). These were found not only in the high number of interrogatives, but also in the distribution of their

(a) structure types (e.g., *repetitions*, *expansions*, *reformulations*),

(b) positional types within the pairs of adjacent replicas, viz. *initiations* and *reactions*,

(c) form types, viz. *wh*-questions, *yes/no*-questions, and *or*-questions.

The most frequent structural types of interrogatives are *expansions* and *clarifications*. Despite small differences, it can be stated that interrogatives in both Russian and Lithuanian CDS are generally used within the same conversational strategies, and features of the communicative behavior of the caregivers under observation seem to be similar.

An analysis of Estonian CDS has shown a similar tendency, but as, metaphorically speaking, an exaggerated variant (Kazakovskaya et al. 2012).[12] The Estonian strategy of the caregivers from the perspective of interrogative production is closer to the strategy in the Germanic and Romance languages than to Baltic and Slavic ones. However, similarities in general distribution of different structural types of feedback associate the Estonian CDS more closely with the Russian and Lithuanian ones. The extremely low percentage of interrogative reformulations and clarifications with a metadiscoursive function should also be considered. There appears to be a close correlation between the adult interactional strategy and the type of language, as well as to cultural and areal specifics.

Our analysis of multilingual (Russian, Italian, Norwegian) data has shown that caregiver's strategies often combine monolingual and bilingual tactics (Kazakovskaya, Khachaturjan 2015). The translation of code-mixed utterances (i.e. proper bilingual strategy) includes strategies used by adults in monolingual families:

(a) conversational reactions are more dominant than metadiscoursive,

(b) expansions, reformulation and repetitions are the most frequent structural types of reaction;

(c) interrogatives in the form of clarifying questions are the main communicative type of feedback.

It needs to be highlighted that we do not tend to extrapolate our obtained results from one (even though it's the biggest) Russian corpus to all Russian families and, consequently, *adult–child* dyads, since there are individual differences not only in the interaction/communicative strategies of caregivers (e.g., declarative vs. imperative styles), but also in the strategies (referential vs. expressive children) or speed (early- or later talkers) of language acquisition. Particularly, the main caregiver under observation has a teacher-like style. However, a similar

---

12 Estonian is one of the Finno-Ugric languages which geographically also belongs to the same Baltic region as Lithuania and the North-West of Russia.

style was demonstrated by the main caregiver in the Lithuanian corpus who is a mother working at the university (Kazakovskaya, Balčiūnienė 2012). Taking into account these circumstances and the fact that both Russian and Lithuanian languages have a rich inflectional system, does not permit an unambiguous answer (at least, at the current stage of our investigation) to the question of what exactly caused the similarity of the results obtained – either a caregivers' individual style or a typological similarity of the languages mentioned above. Moreover, we are rather inclined to take into consideration a third possibility, namely the influence of the practice of communication with young children in Balto-Slavic community.

4.5 Negative feedback

Results of previous investigations based mainly on English and French data have shown that (a) a phenomenon of negative evidence does exist, and (b) children react to it in most instances (e.g., Clark 2014, 2020). The analysis of Russian data, namely those child utterances which were produced immediately after corrective feedback (see 32b and 33b), confirms this conclusion in both points mentioned:

(32) 2;4 a. CHI: *snjaj*@err.inn 'take off'
inn: *snjaj* instead of *snimi* 'take.off.IMP'; IMP from the verb of a non-productive class is formed according to the 1st productive class as *čitaj* 'read.IMP.2SG'
ADU: *snimi* 'take off'
b. CHI: *snimi* 'take off'

(33) 2;4 a. CHI: *delal* [dejaj]@err *dyrki včera* ' (I) made holes yesterday'
err: make.IPFV instead of *sdelat'* 'make.PFV'
a. ADU: *čto?* 'what?'
b. CHI: *sdelal* [sdeij] *dyrki* '(I) made.PFV holes'
ADU: *dyrki včera sdelal v masle?* 'did you make holes in the butter yesterday?'.

The last turns of the child illustrate that he paid attention to the adult's feedback, and accepted it or, at least, tried to think it over. In (32) this is proved by the correct repetition, in (33) – by the utterance with the correct verb aspect. Such a reaction, in turn, occurred as a result of the distinction by him between two types of adult question, referential (1) and clarification (33a, see also 17). Both types of the child's reaction, indicating that he accepts a corrective feedback, could be considered to be "prompt self-repairs" (e.g., Clark 2020). Furthermore, findings obtained during the study of French, Lithuanian and Austrian-German corpora show that the errors to which the adult responds negatively disappear from CS earlier. Thus, child metalinguistic activity (or reflection) might be considered as an argument for positive impact of the adult's communicative strategy on grammar acquisition.

5. Concluding remarks

Our analysis of pragmatic, communicative and structural types of adult feedback to grammatically correct / incorrect child verb-containing utterances carried out on the Russian longitudinal high-density corpora has revealed:

(a) a high degree of adult responsiveness;

(b) main pragmatic, communicative and structural dominants in adult interactional strategy;

(c) dependence of adult feedback on the type of verb error and the child's age.

In particular, adults give feedback in 90% of turns, reacting three times more to the content of the child's verb-containing utterances than to their form, which correlates with the idea that speakers in a dialogue are more responsive to what was said, rather than to exactly how it was said.

In turn, feedback to incorrect utterances is usually connected with their form, whereas feedback to correct ones is often related to the content. These findings correspond to the recent results based on Austrian-German, French, Lithuanian and Estonian data in which conversational reactions of adults are more numerous than metadiscoursive ones, and also confirm some results obtained in English and French (e.g., Choiunard, Clark 2003). The central role of pragmatics in conversational exchange in language acquisition is significant, not only in a monolingual environment, but also in a multilingual one, although in the latter it has own peculiarities.

Further distribution of pragmatic types of feedback depends on the type of verb error. Negative (metadiscoursive) feedback exceeds positive (conversational) one in all incorrect verb-containing utterances, except for that of incorrect verb usage. That is, the adults are less tolerant and, consequently, more often correct the incorrect formation of a verb, a verb agreement or make up for its omission, than correct errors in usage of a verb. So it seems that some sensitivity of adults to the complexity of grammatical errors, given the morphological richness of Russian, is manifested in their metadiscoursive feedback.

Different expectations of Russian caregivers for different ages of a child dictate that they reacts in different ways to the same type of errors made in the early and late periods of grammar development. The empirical evidence discussed here thus supports not only the existence of stages (e.g., Choiunard, Clark 2003; Lustigman, Clark 2019) in adult reactions and – more widely – in the caregiver's communicative strategies, but also displays some relationship between developmental change in the child's grammar and the types of direct / indirect correction the child receives.

The examination of Russian feedback shows that adults provide a lot of linguistic information in their diverse reactions to the child's verb-containing utterances, which has supplied additional evidence of extensive response (Clark 2014). Russian caregivers often do it immediately, which can, in turn, prove the contrast theory of negative input (Saxton 1997, 2000) and supplement the contrast principle (Clark 2014). Both metadiscoursive and conversational feedback provide explicit or implicit information, which enables children to recognize errors as being such. In other words, adult reactions supply children with enough evidence to develop the different components of their communicative competence. That is to say, conversational feedback is conducive to the development of children's dialogue (interactional) skills, whereas metadiscoursive responses are related to the acquisition of their language-system skills.

Comparison of adult feedback in Russian input with the relevant data of Germanic (in particular to an example of Austrian-German), Romance (French), Baltic (Lithuanian), and Finno-Ugric (Estonian) languages indicates that although the main pragmatic characteristics of feedback of all the aforementioned caregivers are similar, the caregivers, representing typologically and geographically different languages, can demonstrate dissimilarities in the communicative and structural characteristics of their feedback. In particular, these characteristics in the strategies of caregivers belonging to morphologically rich and strongly inflected Balto-Slavic languages (Russian and Lithuanian) are contrasted with that of caregivers presenting morphologically not-rich Romance and Germanic (French and Austrian-German) ones. An intermediate version of feedback strategy is presented by the data of morphologically-rich and mostly agglutinated Estonian. Thereby some connection between caregivers' strategy and the type of language (as well as its areal) seems to be identifiable. However, the larger data samples including other languages, preferably, from the same Baltic and – wider – the North-West region (e.g., Latvian, Finnish), on the one hand, and from the same family of Slavic languages (e.g., Polish, Belarusian), on the other, should be analyzed and compared to verify this assumption.

Thus, based on the data of morphologically rich language, our results provide new evidence for the influencing role of adult feedback in verb acquisition. Our findings not only support some previous results concerning the importance of adult feedback, but also demonstrate the functions of positive and negative feedback in the development of different components of communicative competence, which still remains the subject of intense debate within nativist and non-nativist approaches to language acquisition.

References

Arbel, Yael / Fitzpatrick, Isabel / He, Xinyi: Learning With and Without Feedback in Children With Developmental Language Disorder. *Journal of Speech, Language, and Hearing Research*, 64 (5), 1696–1711. 2021.

Bittner, Dagmar / Dressler, Wolfgang / Kilani-Schoch, Marianne: Introduction. Bittner, Dagmar et al. (eds.): *Development of Verb Inflection in First Language Acquisition: A Cross-Linguistic Perspective* [= *Studies on Language Acquisition*, 21], vii–xxxvii. Berlin / New York: de Gruyter Mouton, 2003.

Bohannon, John / Stanowicz, Laura: The issue of negative evidence: adult responses to children's language errors. *Developmental Psychology*, 24, 684–689. 1988.

Brown, Penelope / Gaskins, Suzanne: Language acquisition and language socialization. Enfield, Nick / Kockelman, Paul / Sidnell, Jack (eds.): *Cambridge Handbook of Linguistic Anthropology*, 187–226. Cambridge: Cambridge University Press, 2014.

Chomsky, Noam: The linguistic approach. Piattelli-Palmarini, Massimo (ed.): *Language and Learning: The Debate between Jean Piaget and Noam Chomsky*, 109–117. Cambridge, Mass.: Harvard University Press, 1980.

Chouinard, Michelle / Clark, Eve: Adult reformulations of child errors as negative evidence. *Journal of Child Language*, 30, 637–669. 2003.

Clark, Eve: Conversational repair and the acquisition of language. *Discourse Processes*, 57 (5-6), 441–459. 2020.

Clark, Eve: Two pragmatic principles in language use and acquisition. Matthews, Danielle (ed.): *Pragmatic Development in First Language Acquisition*, 105–120. Amsterdam: John Benjamins, 2014.

Clark, Eve / de Marneffe, Marie-Catherine: Constructing verb paradigms in French: adult construals and emerging grammatical contrast. *Morphology*, 22, 89–120. 2012.

Conti-Ramsden, Gina: Maternal recasts and other contingent replies to language-impaired children. *Journal of Speech and Hearing Disorders*, 55, 262–274. 1990.

Corrin, Juliette: Maternal repair initiation at MLU Stage I: The developmental power of 'hm?'. *First Language*, 30 (3-4), 312–328. 2010.

Corsaro, William: The clarification request as a feature of adult interactive styles with young children. *Language in Society*, 6 (2), 183–207. 1977.

Csibra, Gergely / Gergely, György: Natural pedagogy as evolutionary adaptation. *Philosophical Transactions of The Royal Society B*, 366, 1149–1157. 2011.

Demetras, Martha / Post, Kathryn / Snow, Catherine: Feedback to first language learners: the role of repetitions and clarification questions. *Journal of Child Language*, 13, 275–292. 1986.

Dingemanse, Mark / Floyd, Simeon: Conversation across cultures. Enfield, Nick / Kockelman, Paul / Sidnell, Jack (eds.): *Cambridge Handbook of Linguistic Anthropology*, 434–464. Cambridge: Cambridge University Press, 2014.

Dressler, Wolfgang / Karpf, Annemarie: The theoretical relevance of pre- and protomorphology in language acquisition. Booij, Geert / van Marle, Jaap (eds.): *Yearbook of Morphology 1994*, 99–122. Dodrecht: Springer, 1995.

Dressler, Wolfgang: Introduction. Laaha, Sabine / Gillis, Steven (eds.): *Typology perspectives on the acquisition of noun and verb morphology*, 3–9. Antwerp, 2007.

Farrar, Michael: Negative evidence and grammatical morpheme acquisition. *Developmental Psychology*, 28, 90–98. 1992.

Forrester, Michael / Cherington, Sarah: The developing of other-related conversational skills: a case study of conversational repair during the early years. *First Language*, 29 (2), 166–191. 2009.

Furrow, David / Baillie, Constance / McLaren, Jennifer / Moore, Chris: Differential responding to two- and three-year-olds' utterances: the role of grammaticality and ambiguity. *Journal of Child Language*, 20, 363–375. 1993.

Gagarina, Natalia: *Stanovlenie grammaticheskikh kategorij russkogo glagola v detskoj rechi*. Summary of doctoral thesis. Saint Petersburg, 2008.

Gvozdev, Aleksandr: *Voprosy izuchenija detskoi rechi*. Moscow: Izdatel'stvo Akademii pedagogicheskikh nauk RSFSR, 1961.

Hirsh-Pasek, Kathy / Treiman, Rebecca / Schneiderman, Maita: Brown and Hanlon revisited: mothers' sensitivity to ungrammatical forms. *Journal of Child Language*, 11, 81–88. 1984.

Kazakovskaya, Victoria: First-Language Acquisition: Input / Child-Directed Speech. Greenberg, Marc (ed.): *Encyclopedia of Slavic Languages and Linguistics Online*, 2021.

Kazakovskaya, Victoria: Reaktivnye repliki vzroslogo i usvoenie rebenkom rodnogo jazyka. *Voprosy jazykoznanija*, 3, 3–29. 2010.

Kazakovskaya, Victoria: *Vopros i otvet v dialoge "vzroslyj – rebenok": Psikholingvisticheskij aspect* [= *Questions and answers in "adult – child" dialogue. Psycholinguistic aspect*]. Moscow: URSS, 2019.

Kazakovskaya, Victoria / Balčiūnienė, Ingrida: Interrogatives in Russian and Lithuanian child-directed speech: Do we communicate with our children in the same way? *Journal of Baltic Studies*, 43 (2), 197–218, 2012.

Kazakovskaya, Victoria / Khachaturjan, Elizaveta: Kommunikativnye strategii vzroslykh v dialoge s mono- i plurilingval'nymi det'mi. *Problemy ontolingvistiki: mekhanizmy usvoenija jazyka i stanovlenie rechevoj kompetentsii*, 2015, 98–102. Saint Petersburg, 2015.

Kilani-Schoch, Marianne / Balčiūnienė, Ingrida / Korecky-Kröll, Katharina, Laaha, Sabine / Dressler, Wolfgang: On the role of pragmatics in child-directed speech for the acquisition of verb morphology. *Journal of Pragmatics*, 41 (2), 219–239. 2009.

Kulinich, Elena / Royle, Phaedra / Valois, Daniel: On the inefficiency of negative feedback in Russian morphology L1 acquisition. *First Language*, 39 (5), 547–570. 2019.

Lanza, Elizabeth: Bilingual first language acquisition: a discourse perspective on language contact in parent-child interaction. Cenoz, Jacone / Genesee, Fred (eds.): *Trends in Bilingual Acquisition*, 201–229. Amsterdam: John Benjamins, 2001.

Lepskaya, Natalia: *Jazyk rebenka (Ontogenez rechevoj kommunikatsii)*. Moscow: RGGU, 1997.

Lieven, Elena: Crosslinguistic and crosscultural aspects of language addressed to children. Gallaway, Clare / Richards, Brian (eds.): *Input and interaction in language acquisition*, 56–73. Cambridge: Cambridge University Press, 1994.

Lieven, Elena: First language development: a usage-based perspective on past and current research. *Journal of Child Language*, 41 (1), 48–63. 2014.

Lustigman, Lyle / Clark, Eve: Exposure and feedback in language acquisition: adult construals of children's early verb-form use in Hebrew. *Journal of Child Language*, 46 (2), 241–264. 2019.

MacWhinney, Brian: *The CHILDES Project: Tools for Analyzing Talk*. Mahwah, NJ: Erlbaum, 2000.

Marcus, Gary: Negative evidence in language acquisition. *Cognition*, 46 (1), 53–85. 1993.
Morgan, James / Bonamo, Katherine / Travis, Lisa: Negative evidence on negative evidence. *Developmental Psychology*, 31 (2), 180–197. 1995.
Morgan, James / Travis, Lisa: Limits on negative information in language input. *Journal of Child Language*, 16, 531–552. 1989.
Ochs, Elinor / Schieffelin, Bambi (eds.): *Language Socialization Across Cultures*. Cambridge: Cambridge University Press, 1986.
Saxton, Matthew / Backley, Phillip / Gallaway, Clare: Negative input for grammatical errors: effects after a lag of 12 weeks. *Journal of Child Language*, 32, 643–672. 2005.
Saxton, Matthew / Kulcsar, Bela / Marshall, Greer / Rupra, Mandeep: Longer-term effects of corrective input: An experimental approach. *Journal of Child Language*, 25, 701–721. 1998.
Saxton, Matthew: Negative evidence and negative feedback: immediate effects on the grammaticality of child speech. *First Language*, 20, 221–252. 2000.
Saxton, Matthew: The contrast theory of negative evidence. *Journal of Child Language*, 24, 139–161. 1997.
Shatz, Marilyn / O'Reilly, Anne: Conversational or communicative skill? A reassessment of two-year-olds' behaviour in miscommunication episodes. *Journal of Child Language*, 17 (1), 131–146. 1990.
Slobin, Dan: Before the beginning: the development of tools of the trade. *Journal of Child Language*, 41 (1), 1–17. 2014.
Snow, Catherine: Issues in the study of input: Finetuning, universality, individual and developmental differences, and necessary causes. Fletcher, Paul / MacWhinney, Brian (eds.): *The handbook of child language*, 180–193. Cambridge: Cambridge University Press, 1995.
Sokolov, Jeffrey / Snow, Catherine: The changing role of negative evidence in theories of language development. Gallaway, Clare / Richards, Brian (eds.): *Input and Interaction in Language Acquisition*, 38–55. Cambridge: Cambridge University Press, 1994.
Strapp, Chehalis / Bleakney, Dana / Helmick, Augusta / Tonkovich, Hayley: Developmental differences in the effects of negative and positive evidence. *First Language*, 28, 35–53. 2008.
Švedova, Natalia (ed.): *Russkaja grammatika.* Moscow: Nauka, 2005/1980.
Tseitlin, Stella: *Ocherki po slovoobrazovaniju i formoobrazovaniju v detskoj rechi*. Moscow: Znak, 2009.
Tulviste, Tiia: *Language socialization across socio-cultural contexts*. Stockholm: Stockholm University, 2002.
Wootton, Anthony: Object transfer, intersubjectivity and 3rd position repair: early developmental observations of one child. *Journal of Child Language*, 21 (3), 171–198. 1994.
Xanthos, Airis / Laaha, Sabine / Gillis, Steven et al.: On the role of morphological richness in the early development of noun and verb inflection. *First Language*, 31(4), 461–479. 2011.

Talks

Kazakovskaya, Victoria / Balčiūnienė, Ingrida / Kõrgesaar, Helen: Conversational strategy in early childhood: Insights into Estonian, Lithuanian, and Russian child-directed speech. Annual Finnish and Estonian Conference of Linguistics, Tallinn University, May 16–18, 2012.

The Russian biaspectual verb from the perspective of textual typology

Ol'ga Khorokhordina[*]

Abstract: The author briefly presents the current state of the group of Russian biaspectives and the history of their study, notes that a systematic approach to their interpretation prevails in Russian studies, and suggests considering biaspectives based on the concept of communicative grammar. The author analyzes the use of biaspectives in the context of stating semantics that allows competition aspects of verb. The author suggests that the frequency of this type of contexts and their isosemicity to the values of biaspectives support the viability of the latter in Russian. The lack of opposition in such contexts of the process and its limit, singularity and multiplicity of the action actualizes the aspect of neutrality in biaspectives.

Keywords: Russian biaspectual verbs, ascertaining text type, prescriptive type text, textual functions of biaspectives

Русский двувидовой глагол в перспективе текстовой типологии

Ольга Хорохордина

Резюме: Автор кратко представляет актуальное состояние группы русских биаспективов и историю их изучения, отмечает, что в русистике преобладает системный подход к их интерпретации, и предлагает рассмотреть биаспективы на основе концепции коммуникативной грамматики. Автор анализирует употребление биаспективов в контекстах с констатирующей семантикой, допускающих конкуренцию видов глагола. Автор высказывает предположение, что частотность такого типа контекстов и изосемичность их с биаспективами поддерживает живучесть двувидовых глаголов в русском языке. Отсутствие противопоставления в таких контекстах процесса и его предела, однократности и многократности действия актуализирует нейтральную видовую характеристику биаспективов.

Ключевые слова: русские двувидовые глаголы, констатирующий тип текста, прескриптивный тип текста, текстовые функции биаспективов

1. Двувидовые глаголы в современном русском языке

Двувидовыми обычно называют глаголы, «видовое значение которых в большей части форм специальными формальными показателями не выражено» (Шведова 1980), но может конкретизироваться контекстуально.

Двувидовые глаголы по своему происхождению традиционно делятся на большую подгруппу глаголов, образованных от иноязычных основ, и на

* Saint Petersburg State University / Hankuk University of Foreign Studies, e-mail: o.khorohordina@spbu.ru / olgakhor@hufs.ac.kr

малочисленную подгруппу глаголов с русской (славянской) основой (Андросюк 2019: 72). Полагаем, что может быть выделена также третья подгруппа биаспективов с основой, состоящей из русского (славянского) корня и суффикса иноязычного происхождения, например, *большевизировать*, *украинизировать*, *яровизировать*.

Лексический состав группы русских биаспективов с течением времени меняется. С одной стороны, наблюдается исчезновение некоторых глаголов из группы двувидовых, чему способствует их лексическая архаизация или закрепление их принадлежности определённому глагольному виду (Плунгян 2017). Последнее, в частности, связано с тем, что бесприставочные биаспективы активно вовлечены в процессы префиксации, приводящей к возникновению глаголов СВ, хотя исходные бесприставочные глаголы и при наличии соотносительного глагола СВ нередко продолжают функционировать не только как парные глаголы НСВ, но и как двувидовые (Мучник 1966: 72); к тому же и некоторые вновь образованные, например, при помощи префикса *пере-* (*переквалифицировать, переформулировать*), приставочные глаголы ведут себя как двувидовые. С другой стороны, состав группы двувидовых глаголов постоянно и активно расширяется, преимущественно за счёт образования неологизмов от вновь заимствованных из западных языков основ, а также за счёт возникновения у двувидовых глаголов вторичных, часто метафорических, значений (Ремчукова 2016: 174). Этому, несмотря на изначальную книжность и даже терминологичность многих из биаспективов, способствует их активное использование в повседневной коммуникации, что соответствует общей тенденции к влиянию книжной речи на разговорную (Хорохордина 2019), а также стремлению говорящего повысить свой социальный статус через повышение стилистического статуса своей речи (Брагина 2009). У глаголов, традиционно считавшихся одновидовыми, в определенных контекстах обнаруживается актуализация другого видового значения, например, употребления в значении СВ у глагола НСВ *быть* описаны в (Падучева 2016a), что позволяет говорить об их причастности группе двувидовых.[1]

Оценить примерный объём группы биаспективов можно по данным толкового словаря русского языка Т. Ф. Ефремовой (2000), куда включены 1033 двувидовых глагола, в том числе 77 глаголов русского происхождения. При этом кроме «старых» русских биаспективов типа *завещать, использовать, наследовать,* отмечены и более новые двувидовые глаголы от русских основ, например: «*Стекловать несов. и сов. перех. Плавлением превращать в*

1 Исследователи приходят к выводу, что в русских текстах вообще «в 17% контекстов аспект относительно открыт для интерпретации» (Janda, Reynolds 2019: 467).

стекло». На постоянное изменение состава группы русских биаспективов указывают актуальные данные системы Яндекс, согласно которым в речи употребляются биаспективы, не зафиксированные в словарях, например, *аттрактировать* (в нетерминологическом значении ‘привлечь внимание кого-то (прессы, заказчика, единомышленников)’) или *чеченизировать*.

Итак, двувидовые глаголы в русском языке сегодня представляют живое и активно функционирующее явление.

2. Двувидовые глаголы как объект русской аспектологии

Концепция вида русского глагола, несмотря на длительную историю её научной разработки, содержит теоретические вопросы, не имеющие своего окончательного решения, см. обзор «болевых точек» аспектуальной тематики в (Горбова 2017). Среди явлений, не получивших однозначной интерпретации в русском языкознании, исследователи выделяют и проблем двувидовых глаголов (Горобец 2017: 106). В силу своей немногочисленности некоторыми лингвистами группа двувидовых глаголов рассматривается как «периферийное явление» в современном русском языке (Зализняк и др. 2015: 87). Другие же русисты полагают, что «двувидовость представляет собой хотя и лексически ограниченный, но немаловажный компонент категории видов в русском языке» (Мучник 1966: 73; Шемелева 2017: 125); во всяком случае, интерес к этой группе глаголов в аспектологии не угасает.

Споры русистов вызывает прежде всего сам термин «двувидовые глаголы», который многие исследователи считают условным, полагая, что данные глаголы в отношении категории вида принципиально не отличаются от других глаголов русского языка, и трактуют их СВ и НСВ как омонимичные формы (Маслов 1963, Мучник 1966, Зализняк и др. 2015, Янда 2016 и др.) или же как слова-омонимы (Горобец 2007[2]). Другие же лингвисты, опираясь на данные о преимущественном употреблении носителями языка определенных биаспективов как глаголов одного из видов – НСВ или СВ (Пиперски 2015), считают группу двувидовых глаголов исторически сложившейся в русском языке зоной видовой нестабильности, члены которой стремятся прийти в соответствие с доминирующей нормой русской аспектуальной системы (Dikey 2016). Третьи (Демиденко 1966: 152; Timberlake 2004: 408) полагают, что глагольная основа двувидового глагола нейтральна по отношению к виду и предлагают признать наряду с несовершенным и совершенным видами глагола наличие в русской аспектуальной системе «нейтрального», «а-

2 Здесь можно найти обзор научных трудов, изданных до 2000 года, по проблемам биаспективов в русском языке.

аспектуального», «общего вида». При этом некоторые лингвисты полагают, что двувидовые глаголы «можно рассматривать как третью категорию глаголов, не определенных с точки зрения вида, но входящих в более общую категорию аспектуальности как категорию высказывания и текста» (Славкова 2009: 33).

Другой спорный вопрос касается причин «живучести» группы двувидовых глаголов в русском языке. Здесь закономерно доминируют аргументы, опирающиеся на мысль Ю. С. Маслова о взаимосвязи лексического значения (ЛЗ) и видовой характеристики глагола (Маслов 1948), поскольку сегодня

> есть основания думать, что концепция Ю. С. Маслова, развитая и дополненная его последователями, остается самой последовательной и емкой из существующих на данный момент (Падучева 2016b: 38).

Так, исходя из семантической классификации глаголов на *-овать* Л. В. Кнориной, среди биаспективов можно выделить несколько подгрупп: одну – где в ЛЗ «сам процесс воспринимается как некий результат», другую – где в ЛЗ можно считать «переходом в новое состояние любую степень изменения объекта», третью – где в ЛЗ отражаются

> связанные с переменой состояния действия, которые могут рассматриваться независимо от неё и не содержат указаний на то, в чём конкретно состоит переход в новое состояние. Это обеспечивает неопределённую длительность действия (Кнорина 1976).

Иными словами, в ЛЗ двувидовых глаголов наблюдается слияние процесса действия и его предела, процесса и результата, что обычно в русских глаголах разделено между лексемами НСВ и СВ.[3] Тем самым указанные особенности ЛЗ, по мнению некоторых русистов, объясняют

> непредрасположенность друг к другу семантических моделей образования видовых пар и значений заимствованных глаголов (Шелякин 1979: 10)

воспринимаемых русским языком в статусе биаспективов, чем и обусловливается их «живучесть».

Приведённые объяснения ориентированы на то, что

> при решении вопроса о развитии двувидовых глаголов в русском языке следует прежде всего исходить из внутрисистемных факторов (Шелякин 1979: 7).

Однако в соответствии с усилением функциональной направленности языковых исследований в аспектологии вид глагола всё чаще изучается не

3 Новейшие исследования демонстрируют, что «указание на событие входит в лексическое значение не только глагола СВ, но и парного ему глагола НСВ. Видовое (грамматическое) значение как НСВ, так и СВ сводится к указанию на модальную и темпоральную характеристику этого события» (Урысон 2019: 45).

только в рамках созданного в иллюстративных целях предложения, но и в аутентичных расширенных контекстах (Бондарко 2013; Падучева 2017; Janda et al. 2019). Подобные исследования биаспективов, несмотря на существующее в аспектологии понимание того, что контекстуально обусловленные «семантические комплексы лишь условно могут быть названы значениями форм СВ и НСВ» (Бондарко 2013: 23), в основном сосредоточены на поиске ответа на вопрос о том, «какими регулярными средствами передается аспектуальная информация в высказываниях, содержащих двувидовой глагол» (Славкова 2009: 19).

3. Методологическая основа исследования: концепция коммуникативной грамматики русского языка

Концепция коммуникативной грамматики русского языка (далее – КГРЯ) в разработке типологии глаголов опирается на те критерии, «которые глагол обнаруживает в организации текста, для чего он, собственно, и существует» (Золотова и др. 2004: 64).

Говоря о текстовых функциях глаголов, следует отметить, что уже в работах В. В. Виноградова (Виноградов 1936) были

> выявлены и продемонстрированы композиционно-синтаксические функции глагольных форм, в которых кристаллизовались "значения и употребления" вида и времени (Золотова и др. 2004: 27).

Его мысли получили творческое развитие в трудах Г. А. Золотовой, где исторически сформировавшиеся у русского глагола видо-временные значения и функции аористива, перфектива, имперфектива соотнесены с динамическими и статическими функционально-смысловыми типами текстов при учёте пространственно-временной позиции наблюдателя по отношению к представляемой в речи ситуации действительности (непосредственное наблюдение, знание, обобщение опыта, выражение воли, реакция на сказанное собеседником) (Золотова и др. 2004: 402), что позволило выделить 5 соответствующих коммуникативных регистров речи: репродуктивный, информативный, генеритивный, волюнтивный, реактивный. Коммуникативные регистры реализуются в единицах речи (композитивах), варьируемых по объёму: это может быть «полупредикативная», таксисная конструкция в составе полипредикативного предложения, целое отдельное предложении, группа предложений, абзац, целый текст (Золотова и др. 2004: 451); композитивы являются «конститутивными элементами, организующими любые тексты» и представляют

> движение человеческой мысли, отображающей явления действительности по линиям ‘конкретное – абстрактное’ и ‘говорящий – другие субъекты’ (Золотова и др. 2004: 449).

Авторы КГРЯ, демонстрируя объяснительный потенциал данной единицы, устанавливают, что, помимо 5 основных регистров речи, могут быть выделены регистровые варианты – такие

> композиционно-синтаксические фрагменты, в которых можно видеть совмещение, взаимодействие дифференциальных признаков уже известных нам регистров (Золотова и др. 2004: 442),

подчёркивая, что описанные ими «примеры регистровых вариантов не претендуют на исчерпывающий обзор» (Золотова et al. 2004: 449), что предполагает возможность выявления других регистровых вариантов.

Текстовая интерпретация видо-временных форм, по словам Г. А. Золотовой, «добавляет существенные аргументы к рассмотрению и собственно грамматических сюжетов» (Золотова 2002: 8). Авторами КГРЯ было убедительно показано, что так называемое наглядно-примерное значение русского глагола может и должно быть интерпретировано как особый регистровый вариант. В таком случае закономерен вопрос: а не может ли устойчивость группы двувидовых глаголов с учётом описанной выше их формальной и семантической специфики в русском языке быть обусловлена их базовой ролью в выражении интенционально-содержательной основы специфических типов текстовых фрагментов, где конститутивной характеристикой выступает стремление к абстрагированию действия от видовой конкретизации? Попытаемся рассмотреть проблему двувидовых глаголов в этом ракурсе.

4. Двувидовые глаголы в композитивах информативно-констатирующего типа

Обратимся к речевому материалу, выбрав для анализа текстовые фрагменты информативного регистра речи, где

> изображаются не непосредственно наблюдаемые события, а знания о них, полученные из неоднократного их наблюдения (время узуальное), усвоенные факты или результаты логических операций» (Золотова и др. 2004: 30).

Во избежание «давления» со стороны контекста на конкретизацию вида у биаспектива выберем только фрагменты с контекстами конкуренции видов глагола, допускающие взаимозаменяемость глаголов НСВ и СВ без изменения референтной ситуации.

(1) Событие недели — эпопея о возмужании Людовика XIV […]. Фильм поставил [СВ] театральный режиссер Роже Планшон (1931–2009): получилось [СВ] зрелище […] бесконечно далекое от стандартных костюмных драм, местами очень жестокое и на удивление интимное. В том смысле, что Планшон в какой-то степени ***проецировал*** на Людовика свою биографию [= *'осуществлял / осуществил проекцию на Людовика своей биографии'*]. Режиссер говорил [НСВ], что «ничто так не способствует взрослению, как гражданская война», ссылаясь [НСВ] на собственный опыт мальчишеского участия в Сопротивлении […]. («Луи, король-дитя» (Louis, enfant roi). *Коммерсантъ. Власть.* 09.11.2009. № 44).

Автор, имея намерение представить фильм публике, создаёт текст в жанре рецензии. В данном текстовом фрагменте первое высказывание с квалифицирующим значением выводит ситуацию за рамки актуального времени, что характерно для информативного регистра речи. Излагая факты, комментируя и оценивая их, автор использует и глаголы СВ (*поставил*, *получилось*) в конкретно-фактическом значении, и глаголы НСВ (*говорил*, *ссылаясь*) в общефактическом результативном значении;[4] в лексическом и грамматическом значениях употреблённого двувидового глагола также актуализируется сема результативности. При этом, сообщая информацию о режиссёрском замысле и его реализации ретроспективно и обобщённо, автор сосредоточивается на наличии фактов, констатируя их соположенность, отчего весь указанный фрагмент стремится к абстрагированию от видо-временной конкретизации, глагольная семантика действия приближается к номинализованной. Ср.:

(2) Событие недели — эпопея о возмужании Людовика XIV […]. Фильм в постановке театрального режиссера Роже Планшона (1931–2009) – зрелище […] бесконечно далекое от стандартных костюмных драм, местами очень жестокое и на удивление интимное. В том смысле, что это в какой-то степени проецирование Планшоном на Людовика своей биографии. По словам режиссера со ссылкой на собственный опыт мальчишеского участия в Сопротивлении […], «ничто так не способствует взрослению, как гражданская война».

Прокомментируем другой пример.

(3) Брассай — фотограф без биографии, в XX веке это тоже редкость. У него не биография, а анкетные данные: родился [СВ], учился [НСВ], ***женился*** [= *'вступил / вступал в брак'*]. (Собака на Сене. *Коммерсантъ. Власть.* 13.08.2012. № 32.).

---

4 В выделении частных значений НСВ мы ориентируемся на их классификацию в (Падучева 1996: 10); в выделении частных значений СВ – на (Бондарко 2013: 23).

Двувидовой глагол в данном контексте не позволяет однозначно ответить на вопросы типа: Брассай вступил в брак один или несколько раз, во время учёбы или по её окончании,[5] но это и несущественно для интенции говорящего, заключающейся в констатации «типового набора», суммы анкетных данных; ср. с возможным представлением их в номинализованном варианте:

(4) […] рождение, учёба, женитьба.

Рассмотрим ещё пример.

(5) По условиям приватизационной сделки […] государство гарантировало [= давало / дало гарантии], что в течение шести лет Telmex сохранит монополию на телефонную связь (за исключением сотовой). (Новый конкистадор. *Коммерсантъ. Деньги*. 29.10.2020. № 30).

Автор, реализуя коммуникативное намерение констатировать одно из условий сделки, событие которой находится в прошлом по отношению к моменту речи, представляет факт включения гарантий в договор как точку начала действия, составляющего содержание гарантий, осуществление которого предполагалось в будущем по отношению к моменту заключения сделки. Оба глагола участвуют в выражении и результативности, и длительности называемых ими действий (биаспектив *гарантировало* – гибридной спецификой своего лексического значения и формой прошедшего времени, глагол СВ *сохранит* – конкретно-фактическим значением в будущем времени и сочетанием с обстоятельством времени со значением процесса (ср. *в течение шести лет* ≠ *на шесть лет*). Оба действия представлены ретроспективно и соположенно вследствие доминирования интенции констатации, что приближает их к семантике номинализованного обозначения действий. Ср.:

(6) В условиях приватизационной сделки […] со стороны государства – *гарантии* для Telmex на сохранение в течение шести лет монополии на телефонную связь (за исключением сотовой).

Итак, полагаем, что реализованный в приведённых примерах тип изложения относится к **констатирующим**, поскольку, согласно определению, констатирующий текст «формирует, как правило вторичную, т.е. уже переработанную первичную информацию», воплощает «типовое коммуникативное задание удостоверения того или иного факта действительности», здесь «события подаются в результативном аспекте, как факты», где «синтезированы два вида логической связи: пространственное соположение и временная

5 Интересные наблюдения о способности сочетаний глаголов СВ обозначать одновременность действий, а сочетаний глаголов НСВ – последовательность действий, вопреки сложившимся в русской аспектологии и практике преподавания русского языка представлениям об обратном, см. в (Падучева 2017).

последовательность», при этом «констатирующий характер высказывания, отсутствие в нем динамики, ярко выраженная законченность мысли ослабляет временную последовательность в пользу соположенности в передаче фактов», «для констатации типично функционирование глагольных форм прошедшего времени в значении так называемого прошедшего подчеркнутой констатации» (Трошева 2003; см. также Кыркунова, Ширинкина 2019). Как было показано, в проанализированных примерах констатирующее коммуникативное намерение автора нивелирует контекстуальное противопоставление грамматических значений глаголов НСВ в общефактическом результативном значении и глаголов СВ в конкретно-фактическом значении, и тогда биаспективы в силу гибридности их лексических значений могут быть интерпретированы как номинации совокупности двух положений дел – процесса и его предела, действия и результата, однократного и многократного действия, т. е. действия в целостности его результативных / предельных сегментов, действия в его номинализованном, констатирующем, варианте.[6] Полагаем, что это может указывать на **изосемичность биаспективов** и **констатирующих текстовых компонентов**. Дополнительным аргументом в пользу высказанной мысли может служить близость их стилистических характеристик: существенная часть биаспективов функционирует преимущественно в книжной речи, особенно в таких её стилях, как научный, официально-деловой, публицистический, где и распространены констатирующие фрагменты текстов.

При таком подходе рассмотренные фрагменты текста могут быть интерпретированы как реализации **информативно-констатирующего реги-**

---

6 Лингвисты, наблюдая за обновлением лексического состава русского языка, отмечали явление, которое «в русском языке обладает резкой и неожиданной новизной» (Панов 1968: 104), – активное его пополнение существительными на *-изация* и -фикация, формально считающимися отглагольными, однако не имеющими глагольных соответствий в русском языке. Не отражает ли данное явление потребность носителя русского языка в субстантивных номинациях действий, т.е. обозначениях действий вне выражения обязательной видовой определённости, требуемой при употреблении русского глагола, по отношению к процессу и его пределу, поскольку процессы действий-изменений, как правило, сегментированы и многократно достигают промежуточных пределов, продолжая далее свое развитие? Ср.: «новые социально значимые **процессы** действительности активно именуются существительными на – изация, имеющими значение ‘наделение тем или свойствами того, что обозначает базовая основа’» и «каждое новое общественно важное **событие** порождает отвлечённое имя на -изация» (*выделено мною* – О. Х.) (Земская 1996: 107). Возможно, здесь выражено указание на гибридный характер семантики данных существительных, опредмеченно называющих в соположенности процесс и его предел – событие и тем самым отражающих специфику наблюдения изменений в действительности.

стрового варианта. Добавим, что он может получать воплощение не только в форме прошедшего времени, но и в форме настоящего-будущего или в модальной потенциальной модификации с инфинитивом двувидового глагола.

(7) В пресс-службе городской администрации нам сказали, что причины паники ***расследуют*** [ср.: *выясняют / выяснят*]. Пока же точно известно, что ни одно ведомство не призывало срочно запасать воду и не предупреждало, что сегодня же всех накроет. (У глубоких берегов Амура. *Огонёк*. 19.08.2013. № 32).

В примере (6) двувидовой глагол *расследуют* в форме настоящего / будущего времени по отношению к моменту речи представителя администрации передаёт сообщение об актуально осуществляемом процессе расследования, который предполагает наличие результата (окончательного – в плане следования за моментом речи, промежуточного – в одновременности), что согласуется с лексической семантикой данного двувидового глагола, демонстрирующей непротивопоставленность процесса действия и его результата.

(8) «Скажем, как у нас иногда происходит? Погиб [СВ] человек, медики начнут [СВ] работу, его ***исследуют*** [= *изучат / изучают*], его органы лечат [НСВ], чтобы они жили, но тут появляются (НСВ) родственники и высказываются [НСВ] против» ("Судьба людей с пересаженными органами во многом зависит от общества". *Коммерсантъ. Власть*. 17.12.2012. № 50).

В приведенном примере наличие повторяющейся ситуации действительности, выраженной наречием со значением многократности *иногда*, требует употребления глаголов с такой лексической семантикой и в такой грамматической форме, которые способны выразить идею многократности. Контекст отражает экспрессивные особенности устной речи, когда говорящий в одном высказывании для выражения идеи неоднократности использует и СВ глаголов в наглядно-примерном значении, представляющем конкретную ситуацию как пример одной из ряда однотипных происходящих периодически ситуаций (*погиб, начнут*), и НСВ глаголов в неограниченно-кратном значении (*лечат*, *появляются* и *высказываются*), в итоге в контекстуальном значении формы *исследуют* двувидового глагола доминирует идея периодической повторяемости без определенности по отношению к выражающему её виду глагола.

(9) […] Пока выгоду ощутили заёмщики, купившие квартиры в новостройках до конца августа: они *могут* экономить на платежах по кредитам и быстро ***компенсировать*** первоначальный взнос [ср. для них *возможна* экономия на платежах по кредитам и быстрая *компенсация* первоначального взноса]. […] (Отступное жильё. *Коммерсантъ*. 26.10.2020. № 196).

Инфинитив двувидового глагола *компенсировать* сочетается в позиции сказуемого с модальным модификатором *могут*, при этом особенность лексической семантики способствует объединению модальных значений конкретной возможности и способности (общей возможности).

Отметим, что у модификаторов *мочь, можно, возможно*, кроме проявившихся в примере 5 («констатирующих») значений, имеются и значения разрешения, допустимости. В плане текстовой типологии указанное различие существенно, так как связано с иным типом коммуникативной интенции – прескриптивным.

5. Двувидовой глагол и прескриптивный тип композитива

Начнём с примера.

(10) В Минздраве разъяснили, когда можно ***госпитализировать*** [ср. *допустима, разрешена госпитализация*] заражённого коронавирусом человека (29.04.2020 12:06 https://www.uralweb.ru).

Коммуникативная интенция изложить правила, на которые опирается правительство, окрашивает фрагмент текста (заголовок) разрешительной тональностью (мягким вариантом прескриптивной тональности) при помощи модального модификатора со значением допустимости/разрешения *можно*, который в сочетании с двувидовым глаголом позволяет одновременно акцентировать и результативность, и повторяемость действия, – такое соединение семантических компонентов характерно для инструктивных типов текста (Хорохордина 2013), дающих предписания, как правило, не на один раз и с ориентацией на результат. Здесь взаимодействуют информативный и волюнтивный регистры речи, констатирующая и долженствующе-предписующая тональности. Так формируется особый регистровый вариант, где

> наличие модального значения обусловлено жанровым своеобразием информативного текста: в прескриптивных текстах эта информация является руководством к действию и, следовательно, глагольные предикаты осложняются модальным значением долженствования (Золотова и др. 2004: 350).

Такой регистровый вариант может быть назван **констатирующе-прескриптивным**. Биаспективы с их сопряжением в значении процесса и результата, единичности и многократности действия изосемичны типам текстов с подобной интенционально-содержательной основой. Более ярко эта изосемичность проявляются в тех текстовых фрагментах, где используются слова, интерпретирующие прескриптивную тональность воспроизводимого высказывания, а также в композитивах с модальными модификаторами или инфинитивными конструкциями со значением долженствования.

(11) Европейские парламентарии ***потребовали***, кроме того, ***блокировать*** сделки [ср.: ***блокирования*** сделок], аналогичные покупке "Сургутнефтегазом" доли в венгерской MOL, и увязать энергодиалог с Москвой с […] вопросом соблюдения прав человека в России (Хоть труба не расти. *Огонёк*. 05.10.2009. № 21).

(12) Мы ***должны*** в полной мере ***использовать*** [ср.: ***необходимо использование***] возможности новых технологий для поиска очагов заражения и их изолирования (Атипичный случай. *Огонёк*. 10.02.2020. № 5).

(13) Генетики из Йенской университетской больницы, Германия, создали обезболивающие лекарства нового поколения. Они выяснили: для того чтобы отключить человека от болевых ощущений, ***необходимо воздействовать*** [ср.: ***необходимо воздействие***] на ген SCN11A. Этот ген отвечает за работу нейронных канальцев, по которым нервные рецепторы передают импульсы прямо в головной мозг» (Болевой приём. *Огонёк*. 23.09.2013. № 37).

(14) […] Но понять Курца тоже можно: что делать с людьми вроде Кужтима, которые замышляют и готовят реальные преступления, обосновывают их требованиями Корана, но арестовать и изолировать которых невозможно, поскольку (и пока) они не совершили преступления. Курц утверждает: таких ***надо изолировать*** [ср.: ***необходима изоляция*** таких] (Европа в западне. *Огонёк*. 23.11.2020. № 46).

(15) Поведение наших женщин, усвоивших (по их мнению) идеи феминизма, ужасно напоминает поведение наших бизнесменов: доходы ***приватизировать***, убытки ***национализировать*** [ср. ***приватизация*** доходов, ***национализация*** убытков] (Новый русский феминизм. *Огонёк*. 16.11.2009. № 27).

6. Заключение

Частотность использования в русской речи контекстов конкуренции видов глагола, где воплощается констатирующая коммуникативная интенция и при этом реализуется не какой-либо определенный коммуникативный регистр, а регистровый вариант, как представляется, обеспечивает «живучесть» двувидовых глаголов в русском языке. Но в таком случае текстовая функция двувидового глагола, тесно связанная со спаянностью в его лексическом значении процесса и его предела, процесса и результата, единичности и повторяемости, может быть определена как обеспечение реализации в речи регистровых вариантов с констатирующей семантикой – особых композитивов, возникающих в результате взаимодействия интенции констатации с информативным или прескриптивным коммуникативными регистрами, в том числе при их осложнении дополнительными модальными оттенками. Принципиальная черта констатирующего типа текста в его стремлении к выражению действия в абстрагировании от видовой определённости, в нейтральной видовой зоне, в номинации действия как такового, что позволяет рассматривать такие контексты как сильные позиции для реализации специфического конститутивного – нейтрального – видового значения у биаспективов.

Литература

Андросюк, Наталья: Двувидовые глаголы в русском, украинском и словенском языках. Титаренко, Елена (ред.): *Русский язык в поликультурном мире. Сборник научных статей III Международного симпозиума.* В 2-х тт. Т. 1, 72–75. Симферополь: Ариал, 2019.

Бондарко, Александр: Аспекты анализа глагольных категорий в системе функциональной грамматики. Бондарко, Александр (ред.): *Глагольные и именные категории в системе функциональной грамматики. Сборник материалов конференции 9–12 апреля 2013 года*, 22–26. Санкт-Петербург: Нестор-История, 2013.

Брагина, Наталья: «Интеллектуальный гламур»: проблематизировать, тематизировать, позиционировать. *Тезисы Второй всероссийской конференции «Кодификация норм современного русского языка: результаты и проблемы». Санкт-Петербург. 14–17 октября 2009 года*, 27. Санкт-Петербург: Златоуст, 2009

Виноградов, Виктор: Стиль «Пиковой дамы». *Временник Пушкинской комиссии АН СССР*, 2, 74–147. 1936.

Горбова, Елена: Русское видообразование: словоизменение, словоклассификация или набор квазиграммем? (еще раз о болевых точках русской аспектологии). *Вопросы языкознания*, 1, 24–52. 2017.

Горобец, Елена: Тезаурус аспектологических терминов: принципы формирования. *Филологические науки. Вопросы теории и практики*, 1 (67), в 2-х чч. Ч. 2, 105–109. 2017.

Горобец, Елена: Статус двувидовых глаголов в современном русском языке. *Ученые записки Казанского государственного университета. Серия: Гуманитарные науки*, 149 (2), 263–271. 2007.

Демиденко, Лариса: К проблеме двувидовости в современном русском языке. Фоменко, Юрий (ред.): *Вопросы морфологии и синтаксиса современного русского языка. Сборник статей*, 138–156. Новосибирск: Западно-Сибирское книжное издательство, 1966.

Ефремова, Татьяна: *Новый словарь русского языка: Толково-словообразовательный.* Москва: Русский язык, 2000. Дата обращения: 22.10.2020.

Зализняк, Анна / Микаэлян, Ирина / Шмелев, Алексей: *Русская аспектология: в защиту видовой пары*. Москва: ЯСК, 2015.

Земская, Елена: Активность наименований процессов (существительные с суффиксом -*изаций*-). Земская, Елена (ред.): *Русский язык конца XX столетия (1985–1995)*, 107–110. Москва: ЯСК, 1996.

Золотова, Галина / Онипенко, Надежда / Сидорова, Марина: *Коммуникативная грамматика русского языка.* Москва: ИРЯ РАН, 2004.

Золотова, Галина: Категории времени и вида с точки зрения текста. *Вопросы языкознания*, 3, 8–29. 2002.

Кнорина, Лидия: Семантическая классификация и виды глагола (на материале глаголов на -овать). *Семиотика и информатика*, 7, 62–78. 1976. Дата обращения: 13.01.2020.

Кыркунова, Лариса / Ширинкина, Мария: Функционально-смысловые типы речи в текстах современных документов. *Вестник Бурятского государственного университета. Язык. Литература. Культура*, 2, 36–40. 2019.

Маслов, Юрий: Глагольный вид в современном болгарском литературном языке (Значение и употребление). Бернштейн, Сергей (ред.): *Вопросы грамматики болгарского литературного языка*, 157–312. Москва: Издательство АН СССР, 1959.

Маслов, Юрий: Вид и лексическое значение глагола в современном русском литературном языке. *Известия АН СССР. Отделение литературы и языка,* Т. 7, Вып. 4, 303–316. 1948.

Мучник, Иосиф: Развитие системы двувидовых глаголов в современном русском языке. *Вопросы языкознания*, 1, 61–75. 1966.

Падучева, Елена: О семантике русского вида в дискурсивном контексте. *Вопросы языкознания*, 1, 7–23. 2017.

Падучева, Елена: Основные понятия и положения аспектуальной концепции Ю. С. Маслова. *Вестник РГГУ. Серия: Литературоведение. Языкознание. Культурология*, 9, 32–39. 2016b.

Падучева, Елена: К аспектуальной характеристике глагола *быть*. *Труды ИРЯ им. В. В. Виноградова*, 9, 398–415. 2016a.

Падучева, Елена: *Семантические исследования: Семантика времени и вида в русском языке. Семантика нарратива*. Москва: ЯРК, 1996.

Панов, Михаил: *Русский язык и советское общество. Словообразование современного русского литературного языка.* Москва: Наука, 1968.

Пиперски, Александр: Грамматические профили и формальная дифференциация русских двувидовых глаголов. Мищенко, Дмитрий (ред.): *Двенадцатая Конференция по типологии и грамматике для молодых исследователей. Тезисы докладов (Санкт-Петербург: 19–21 ноября 2015 г.)*, 69–72. Санкт-Петербург: Нестор-История, 2015.

Плунгян, Владимир: К списку двувидовых глаголов в русском языке: история *пасть*. Benacchio, Rosanna / Muro, Alessio / Slakova, Svetlana (eds.): *The role of prefixes in the formation of aspectuality. Issues of grammaticalization,* 167–182. Florence: Firenze University Press, 2017.

Ремчукова, Елена: *Креативный потенциал русской грамматики.* Москва: ЛИБРОКОМ, 2016.

Славкова, Светлана: Морфология и синтаксис на службе выражения аспектуальности. *Болгарская русистика*, 3–4, 18–36. 2009.

Трошева, Татьяна: Система функционально-смысловых типов речи в современном русском языке. *Филолог*, 2. 2003. Дата обращения: 14.01.2020.

Урысон, Елена: Лексическое значение глагола в видовой паре: семантическая теория и критерий Маслова. *Вопросы языкознания*, 3, 45–70. 2019.

Хорохордина, Ольга: Инструкция как тип текста. *Мир русского слова*, 4, 7–15. 2013.

Хорохордина, Ольга: О влиянии книжно-письменной речи на современную русскую устно-разговорную речь. *Русский язык за рубежом*, 1, 19–24. 2019.

Шведова, Наталия (ред.): *Русская грамматика*. В 2-х тт. Т. 1. Москва: Наука, 1980.

Шелякин, Михаил: О причинах устойчивости двувидовых глаголов в современном русском языке. *Ученые записки Тартуского государственного университета*, 482, 3–17. Тарту: Тартуский государственный университет, 1979.

Шмелева, Татьяна: Степень дейктичности двувидовых глаголов в русском языке. *Лингвориторическая парадигма: теоретические и прикладные аспекты*, 22–2, 122–125. 2017.

Янда, Лаура: Место двувидовых глаголов в модели видовых гнезд. Шарандин, Анатолий (ред.): *Когнитивные исследования языка. Выпуск XXIV: Личность. Язык. Сознание (Сборник научных трудов)*, 736–751. Тамбов: РАЛК, 2016.

Dickey, Stephen: A Dynamic Systems Approach to Biaspectual Verbs in Russian. *15th Slavic Cognitive Linguistics Conference, 12–14 October, Institute for Linguistic Studies, St. Petersburg.* Book of abstracts. 2017.

Janda, Laura / Endresen, Anna / Reynolds, Robert: Aspectual opposition and rivalry in Russian are not discrete: new evidence from experimental data. Russian Linguistics. *International Journal for the Study of the Russian Language*, 43 (3), 249–271. 2019.

Janda, Laura / Reynolds, Robert: Construal vs. Redundancy: Russian Aspect in Context. *Cognitive Linguistics*, 30 (3), 467–497, 2019.

Timberlake, Alan: *A Reference Grammar of Russian*. Cambridge: Cambridge University Press, 2004.

The influence of syntactic position and accentuation on the semantic interpretation of Russian temporal adverbs: *zatem* and *potom*

*Irina Kobozeva**

Abstract: The paper describes and explains the interrelations between semantic, syntactic and communicative properties of the two Russian synonymous taxis adverbs *затем* and *потом* 'and then, afterwards'. In Section 1, we show why this topic is of interest not only for scholars of Russian, but also for typologists. In Section 2, we show the relevance of these adverbs to various aspects of linguistic research. Section 3 is devoted to the semantics of the two adverbs. In Section 4, we address their syntactic (configurational and linear) properties. Section 5 is devoted to their communicative properties. We show the special communicative behavior of the second semantic variants of *potom — potom₂* 'not now, later' and explain why the synonym *zatem* did not develop the variant *zatem₂* analogous to *potom₂*. We also conjecture that a mechanism of semantic derivation of *potom₂* is the transfer of the focus of attention from one meaning component to another (in this case the *component of the interval between the events).*

Keywords: Russian temporal adverbs, taxis, meaning, polysemy, syntactic functions, linear order, communicative properties

Влияние синтаксической позиции и акцентного выделения на семантическую интерпретацию русских наречий времени: *затем* и *потом*†

Ирина Кобозева

Резюме: Дается описание и объяснение взаимосвязей синтаксических, семантических и коммуникативных свойств синонимичных наречий таксиса *затем* и *потом*. В разделе 1 показано, что изучение этого вопроса важно не только для русистики, но и для типологии. В разделе 2 отмечена релевантность данных наречий для различных областей лингвистического анализа. Разделе 3 посвящен семантике данных наречий, в разделе 4 описан их синтаксис, в разделе 5 показана специфика коммуникативных характеристик второго семантического варианта наречия *потом* — *потом₂* 'не сейчас, позже' и объясняется, почему у *затем* не развился семантический вариант *затем₂*, парный к *потом₂*. Высказано предположение, что механизм семантической деривации варианта *потом₂* состоит в переносе фокуса внимания с одного компонента лексического значения наречия на другой (в данном случае с компонента 'следование ' на компонент 'интервал').

Ключевые слова: темпоральные наречия, таксис, значение, полисемия, синтаксические функции, линейный порядок, коммуникативные свойства

---

* Lomonosov Moscow State University, e-mail: kobozeva@list.ru

† Исследование выполнено при поддержке Междисциплинарной научно-образовательной школы Московского университета «Сохранение мирового культурно-исторического наследия».

1. Введение

Наречия времени, или темпоральные наречия — это один из семантических подклассов обстоятельственных наречий в русском языке, насчитывающий, по данным Ф. И. Панкова (Панков 2009), более 600 лексических единиц. В (Шведова 1980) сведения о семантических классах, коммуникативных статусах и синтаксических позициях наречий времени (далее — НВ) рассредоточены по разным томам и разделам и не дают целостного представления о корреляциях между этими аспектами их функционирования. В Корпусной грамматике в разделе «Наречия» (Сичинава 2011) имеется подраздел «Синтаксис», в котором указаны возможные для наречий вообще синтаксические функции и отмечены существующие у некоторых наречий (в частности, темпоральных) коммуникативные предпочтения, со ссылкой на (Янко 1997); в разделе «Семантика» со ссылкой на (Филипенко 2003) рассматриваются семантические сферы действия (СД) наречий, а в подразделе, посвященном НВ, приведены примеры НВ и названы отдельные семантические группы НВ (напр., наречия срока, исходного предела, конечного предела). Таким образом, и та, и другая грамматика лишь сообщают о синтаксических, семантических и коммуникативных свойствах наречий, в том числе НВ, но не соотносят их между собой.

М. В. Филипенко убедительно показала, что наречия могут различаться по способу их взаимодействия со значениями других составляющих предложения, то есть по их семантическим СД, и разграничила наречия с плавающей и фиксированной сферами действия. Первые могут употребляться как модификаторы глагола, предложения или слова со значением градуируемого признака (напр., *легкомысленно*), а для вторых доступен только один из указанных способов употребления (напр., *медленно*). При этом утверждается, что в русском языке линейная позиция наречия не отражает его сферу действия (сентенциальную vs. глагольную). Соответственно, линейная позиция атрибутивного наречия в русском предложении подается как не связанная ни с его семантическим классом, ни со сферой его действия. Однако эти выводы были сделаны на материале наречий образа действия. НВ ни в аспекте их СД, ни в аспекте возможных для них структурных и линейных позиций в указанной работе не исследовались.

Между тем, именно НВ оказались в числе тех, которые вошли в универсальную иерархию синтаксических позиций наречий Г. Чинкве (Cinque 1999), широко обсуждавшуюся в западной литературе, но, насколько нам известно, не на русском материале. Иерархия ставит базовый порядок наречий в предложении в соответствие с засвидетельствованным в типологии порядком следования маркеров грамматических категорий в глагольной словоформе. При этом считается, что наречие, которое способно выступать в разных позициях, либо неоднозначно, либо сменило свою базовую позицию под влиянием независимых факторов (например, коммуникативных).

В диссертации Ф. И. Панкова «Функционально-коммуникативная грамматика русского наречия» (Панков 2009) дано системное описание русских темпоральные наречий на основе теории функционально-коммуникативного синтаксиса М. В. Всеволодовой (Всеволодова 2000). Исчислены возможные для них синтаксические позиции, образующие «позиционную парадигму» наречия, и коммуникативные статусы, образующие его «актуализационную парадигму». На основе иерархии семантических оппозиций построена многоуровневая семантическая классификация НВ. Автор отмечает, что позиционный и актуализационный потенциал наречия во многом обусловлен его значением, однако детальный анализ корреляций между синтаксическими, семантическими и коммуникативными свойствами наречий не входил в число задач исследования.

Собственно, это и побудило нас обратиться к синонимичным наречиям времени *затем* и *потом,* выступающим в разных структурных и линейных позициях, одно из которых (*потом*) может в зависимости от позиции получать разное просодическое оформление и различные семантические интерпретации. Не ставя перед собой цель привести аргументы за или против концепции Чинкве, базирующейся на генеративной теории языка, мы хотим подробнее проанализировать языковое поведение прототипических представителей одного из семантических подклассов НВ, чтобы попытаться на конкретном примере понять, как могут быть связаны между собой синтаксические, семантические и коммуникативные свойства наречий.

2. Наречия временного следования *затем* и *потом* и ракурсы их рассмотрения

Наречия *затем* и *потом* появились в результате грамматикализации сочетаний предлога (*за*, *по*) с анафорическим местоимением (*то*) и как таковые принадлежат к классу местоименных (незнаменательных) наречий, которые обладают многими свойствами служебной лексики (Филипенко 2003: 6–7; Сичинава 2011).[1] Одновременно с точки зрения понятийной, онтологической классификации лексики, они вместе со знаменательными наречиями типа *завтра*, *вечно*, *поздно* и многими другими относятся к НВ. Место наречий *затем* и *потом* внутри этого семантического класса определяется на

1 Ср. противопоставление строевых и диктальных наречий во (Всеволодова 2003: 67–69), или функциональных и предикационных наречий в (Ernst 2000: 80).

основе оппозиций ‘отсутствие /наличие соотнесенности с некоторым временным ориентиром’, ‘одновременность /разновременность’, ‘предшествование /следование’ (Всеволодова 2003; Панков 2009) и задается набором признаков: ‘соотнесенность с временным ориентиром’, ‘разновременность’, ‘следование’. Наречия такого семантического типа будем называть наречиями *временного следования* (НВС). В эту же семантическую группу входят наречия *позднее*, *позже, после, впоследствии.* В свою очередь НВС входят в широкий класс адвербиалов временного следования наряду с предложными группами типа *после этого, через минуту*, *спустя два года* и т. п.

Затем и *потом* (во всех их значениях и употреблениях, о которых см. в разделе 3.2.) — самые частотные из НВС по данным НКРЯ на дату обращения. В основном корпусе, подкорпусе со снятой омонимией *потом* имеет абсолютную частоту встречаемости 6656, *затем* — 1652 (вместе со своим целевым омонимом), *впоследствии* — 346, *после* — 176, *позже* — 20, *позднее* — 18.

Анализ НВС может вестись в разных направлениях: 1) лексико-семантическом (описание значения наречий и их сочетаемости); 2) грамматическом (соотнесенность с функционально-семантическими категориями, выражаемыми грамматическими средствами); 3) синтаксическом (базовые позиции в синтаксической структуре, допустимые передвижения); 4) коммуникативном(соотнесенность с коммуникативной организацией, или информационной структурой высказывания); 5) дискурсивном (соотнесенность со структурой дискурса).

Прежде чем обратиться к анализу интересующих нас НВС в семантическом, синтаксическом и коммуникативном аспектах, кратко остановимся на двух других аспектах их функционирования.

С точки зрения функциональной грамматики НВС наряду с союзами и видовременными формами глаголов относятся к функционально-семантическому полю таксиса — грамматической категории, отражающей темпоральное отношение ситуации к некоторой другой ситуации (Храковский 2009). НВС служат маркерами таксисного отношения следования. В типологии выделяется три разновидности этого отношения: прерывающее, контактное и дистантное следование. Сразу можно сказать, что *затем*, *потом* и другие НВС не способны выражать прерывающего следования (ср. *Вася переходил улицу, и* (??*потом* /??*затем*) *его сбила машина*). Что же касается противопоставления по контактности /дистантности, то, на первый взгляд, оно для данных НВС не релевантно. Заметим, что данное функционально-грамматическое противопоставление соотносится с характером интервала между t_j и t_i, допустимого наречием, который, как будет показано ниже, у *затем* и *потом* не одинаков.

С позиций анализа дискурса НВС выступают как маркеры дискурсивного (риторического) отношения — Следование (Sequence) в теории риторических структур (Mann, Thompson 1987), или Повествование (Narration) в теории репрезентации сегментированного дискурса (Asher, Lascarides 2003). Это отношение устанавливается между дискурсивными единицами разного объема:

1) между клаузами в составе предложений (элементарными дискурсивными единицами):

(1) Он родился в России в 1923 г., **затем** его семья эмигрировала во Францию.[2]

2) между предложениями:

(2) Через короткое время — он уже член ЦК «евразийской организации». **Затем** поездка в Америку и учеба в университете Бостона.

3) между сверхфразовыми единствами (в примере ниже соединяемые при помощи НВС дискурсивные единицы заключены в квадратные скобки):

(3) Когда я в студенческие годы гостил у Гарри, он имел обыкновение таскать меня туда на рассвете. [Будил еще до зари — безжалостно тряс со словами, что пора надевать спортивный костюм.] **Потом** [мы спускались на берег океана пробежаться и позаниматься боксом. Если он слегка уставал, то начинал изображать тренера: останавливался, якобы затем, чтобы поправлять мои удары и стойки, но я знал, что главным образом ему просто надо отдышаться. Так, за упражнениями и пробежками, мы одолевали по пляжу несколько миль, отделявших Гусиную бухту от Авроры.] **Затем** [поднимались по скалам Гранд-Бич и шли по спящему городу].

3. Лексико-семантические свойства НВС *затем* и *потом*

3.1. Значение и условия употребления

В лексико-семантическом плане все НВС — это слова, которые имеют две семантических валентности[3] — на ситуацию P и на ситуацию Q такие, что:

1) P имеет место в момент или период времени t_i.
2) Q имеет место в момент или период времени t_j.

---

2 Здесь и далее примеры взяты из НКРЯ.

3 И. М. Богуславский считает, что «наречия типа *затем*, *потом*» семантически одновалентны, однако предлагаемый им анализ, предполагающий включение в толкование анафорического местоимения, представляется нам неоправданно усложненным, особенно учитывая то, что значение таких наречий одновременно характеризуется как двухвалентное (Богуславский 1996: 52–54).

Значение НВС — информация о том, что $t_j > t_i$, то есть, что ситуация P имеет место позже, чем ситуация Q. (При этом синтаксическая валентность у НВС одна, заполняемая составляющей, которая представляет ситуацию Q в лексико-синтаксической структуре предложения.)

Особо следует остановиться на вопросе о статусе временного интервала между ситуациями P и Q в значении НВС. По мнению И. М. Богуславского, ссылка на интервал не входит в значение наречий типа *потом* и *затем* (Богуславский 1996: 52). Покажем, что исследуемые два наречия семантически различаются, помимо прочего, именно по характеру их требований к интервалу между t_j и t_i, и это значит, что приведенная выше семантическая характеристика НВС является неполной.

Рассмотрим следующие примеры:

(4) Зоя доплыла и чудом дотащила Андрея до берега. Сочувствующие ждали на берегу. Зоя с Андреем выжимали улыбки: с кем не бывает, просто ногу свело, сейчас переведет дух в тенечке, и все образуется. «Но ничего не образовалось», — скажет Зоя **потом** (***затем**).

(5) Сразу после войны памятников-пантеонов ещё никто не строил. Они стали появляться в различных местах нашей страны **потом** (***затем**).

Мы видим, что *потом* не всегда можно заменить на *затем*, тогда как обратная замена *затем* на *потом* всегда возможна. Это значит, что *затем*, в отличие от *потом*, предъявляет особые требования к своему контексту. Хотя в обоих примерах из НКРЯ *потом* находится в конечной позиции, не этот синтаксический фактор обусловливает неуместность *затем* в приведенных контекстах, как показывают перифразы (4′) и (5′):

(4′) Зоя доплыла и чудом дотащила Андрея до берега. Сочувствующие ждали на берегу. Зоя с Андреем выжимали улыбки: с кем не бывает, просто ногу свело, сейчас переведет дух в тенечке, и все образуется. **Потом** (***Затем**) Зоя скажет: «Но ничего не образовалось».

(5′) Сразу после войны памятников-пантеонов ещё никто не строил. **Потом** (***Затем**) они стали появляться в различных местах нашей страны.

Особенность контекстов (5) и (6) связана со спецификой интервала между ситуацией P и следующей за ней ситуацией Q, а также соотношением самих ситуаций P и Q. В (5) P (чрезвычайное происшествие с Андреем на воде и попытки Андрея и Зои погасить повышенное внимание окружающих на берегу заверениями о несерьезности случившегося) и Q (ретроспективное высказывание Зои, сделанное уже в другой обстановке) разделены существенным временным интервалом, занятым событиями, которые показали всю серьезность случившегося тогда. Кроме того, ситуация Q (оценка последствий того, что случилось в прошлом) не принадлежит сценарию, который представляет ситуация P, — непрерывной типовой последовательности событий, занимающей единый временной интервал. В (6) наличие временного интервала между P и Q выявляется за счет семантической противопоставленности ситуаций P (памятников не строили) и Q (памятники стали строить), на фоне которой НВС *потом* входит в противопоставление с наречим *сразу* (то есть ‘с нулевым или минимальным интервалом’) и получает в этом контексте интерпретацию ‘с существенным интервалом’. И опять-таки ситуация Q не принадлежит типовому сценарию строительства в период сразу после войны, поскольку в первую очередь идет восстановление жизненно важных объектов, к каковым памятники-пантеоны, при всей их культурно-исторической значимости, не относятся. Совокупность этих факторов, как мы видим, делает употребление НСВ *затем* неуместным, в отличие от безразличного к ним *потом*.

Исследованный нами материал показывает, что синоним *затем* выбирается в тех случаях, когда интервал между P и Q минимальный и / или когда P и Q принадлежат одному сценарию. При этом под минимальностью интервала следует понимать не абсолютную его величину, а величину относительную, определяемую масштабностью ситуаций P и Q: для простых физических действий это могут быть секунды, а для социальных действий, служащих вехами биографии человека или истории страны — годы. Дополнительное указание на абсолютную величину интервала между P и Q не исключает употребления *затем* при условии, что P и Q являются соседними звеньями одного сценария или плана, как показывают следующие примеры:

(7) Приезжают на машинах немцы и полицаи и берут несколько десятков мужчин на полевые работы, они копают рвы, а **затем**, **через два-три дня** немцы гонят еврейское население к этим рвам и расстреливают всех поголовно.

(8) После этого 28 июня мы торжественным крестным ходом принесем икону к Иверской часовне, где Москва попрощается с чудотворным Тихвинским образом, который направится сначала в Петербург, а **затем**, **через неделю**, — туда, где он и пребывал до трагических событий революции и войны, — в Тихвинский монастырь.

В (7) *затем* связывает отношением временного следования две ситуации, являющиеся соседними этапами одного из типовых сценариев холокоста, в (8) — две ситуации, соседствующие друг с другом в конкретном плане перемещения чудотворной иконы.

Итак, прототипически ***затем*** употребляется при наличии следующих условий:

1) ситуация P отделена от Q минимальным (в указанном выше смысле) временным интервалом;

2) P и Q являются фазами развития некоторой единой ситуации, этапами единого сценария, плана.

Употребление *затем* нормально, если в контексте соблюдено хотя бы одно из этих условий. Если ни одно из условий не соблюдено, возникает эффект семантической аномалии.

3.2. Полисемия наречий затем *и* потом

НВС *затем* и *потом* с синхронной точки зрения являются основными лексико-семантическими вариантами многозначных лексем. Прежде чем перейти к нетемпоральным значениям этих наречий, остановимся на том их употреблении, которое по аналогии с таким же типом употребления союзов можно назвать иллокутивным (Санников 2005). Данный тип употребления представлен в примерах (9)–(12):

(9) Сейчас в СМИ по-новому позиционирует себя и отец Всеволод Чаплин, выступая в новой стилистике… **Затем**, у нас есть, конечно же, выступления клириков в блогах.

(10) Ему удалось передать универсализм образов Достоевского. Это не иллюстрации, это — эманация духа писателя. **Затем**, Неизвестному удалось передать незавершённость и незавершимость человека вообще, и в частности героев Достоевского.

(11) Не хочу есть, и **потом** у меня даже денег нет. (Ожегов 1990)

(12) Ваш покорный слуга — единственный русскоязычный, а остальные — американцы, которые получили образование в Америке, но очень интересующиеся Россией, часто приезжающие сюда. **Потом**, у нас есть другие православные школы: Греческая Семинария в Бостоне, с которой у нас очень хорошие отношения, Семинария на Аляске…

Иллокутивное употребление НВС отличается от обычного тем, что характеризует темпоральные отношения не между ситуациями, составляющими пропозициональное содержание предложений (в составе СП или независимых), а между данным высказыванием (речевым актом) и предшествующим.[4] Такая характеристика является информационно избыточной, и служит, по сути, маркером того, что данное высказывание продолжают линию повествования, рассуждения, аргументации и т. п., представленную в предыдущем или еще более раннем высказывании.

4 О том, что СП может представлять собой сложный речевой акт, включающий в себя два или более простых речевых актов см. в (Kobozeva 2000).

Иллокутивное употребление у *затем* отмечено только в словаре (Кузнецов 1998), а у *потом* — там же, а также в (Ожегов 1990), где имеет грамматическую помету *союз*.

Помимо темпорального значения (в пропозициональном и иллокутивном варианте) оба наречия имеют два других значения — локативное и ранжирующее.

Локативное значение отмечено только в словаре (Кузнецов 1998) и только у наречия *потом*. В действительности оба наречия приобретают такое значение в контексте предикатов положения в пространстве, когда описывается расположение статических объектов с точки зрения наблюдателя, см. *лежать*, *быть* (в значении ‘находиться’) в нижеследующем примере:

(13) Сверху, под белою простыней, <u>лежала</u> заячья шубка…; под нею <u>было</u> шелковое платье, **затем** шаль…

В (13) описано расположение вещей в сундуке с точки зрения наблюдателя, смотрящего на них сверху. Наречие *затем* указывает на место, следующее по направлению сверху вниз непосредственно за объектом-ориентиром, упомянутым в предыдущей клаузе, и в данном случае *затем* можно без всякого ущерба для смысла заменить как на *потом*, так и на локативный адвербиал *под ним* (платьем). Локативные ***затем*** и ***потом*** предполагают присутствие в смысловой структуре предложения фигуры наблюдателя. Вектор наблюдения может иметь различную ориентацию. Так, в БТС локативное значение *потом* иллюстрируется примером *Направо был луг, потом лес*, в котором вектор наблюдения ориентирован горизонтально. Важно лишь то, что всегда объект, вводимый в клаузе с этими локативными наречиями[5] расположен дальше от наблюдателя, чем тот, что введен в предыдущей клаузе. Можно предложить следующее неформальное толкование локативного значения этих наречий: ‘в месте, следующем за только что упомянутым местом, по линии удаления от наблюдателя’.

Лексикографы единодушны в том, что значение временного следования (*temporal succession*) если не единственное, то основное для обоих наречий. Но и в этимологической, и в когнитивной перспективе они восходят к сочетаниям с предлогами, которые изначально имели пространственное значение ‘позади (ориентира)’. Концептуальная метафора, лежащая в основе переноса пространственного отношения в область времени, основана на базовом опыте: объект B, находящийся позади объекта A, расположен дальше от наблюдателя, чем A (это пространственные координаты B), и в норме

---

5 Мы считаем однородные ИГ типа *шаль* в (13) результатом сочинительного сокращения клаузы (в данном случае клаузы *была шаль*).

физический или перцептивный контакт наблюдателя с B достигается позже, чем с A ($t_B > t_A$, темпоральные координаты контакта с B).

Пространственное и временное значения совмещаются в контексте описания объектов, движущихся друг за другом в одном направлении, как в (14):

(14) **Первым** показался шагом следующий мимо решетки сада конный милиционер, а **за** ним три пеших. **Затем** медленно едущий грузовик с музыкантами. **Далее** — медленно двигающаяся похоронная новенькая открытая машина…

Появление грузовика в поле зрения наблюдателя следует по времени за появлением трех пеших милиционеров. Вместе с тем грузовик движется позади них.[6]

То, что мы назвали ранжирующим значением *затем* и *потом,* в русских толковых словарях не отмечено, хотя в корпусе представлено достаточно широко:

(15) Высочайшему риску заражения подвергаются новорождённые, матери которых являются носителями HBs — антигена; **затем** следуют детские контингенты школьного возраста, особенно в период полового созревания.

(16) Ведь шоппинг — это, прежде всего, позитивные переживания, а уж **потом** рациональный выбор.

(17) Ведь вы в первую очередь слон, а уж **потом** — Гнездо Колибри.

В основе семантического перехода — концептуальная метафора: порядок следования событий во времени проецируется на порядок элементов множества в соответствии со той или иной шкалой: шкалой, основанной на количественном параметре, как в (15), шкалой значимости в (16) и (17). Индикатором ранжирующего значения наречий выступают адвербиалы типа *прежде всего*, *в первую очередь* и т. п., указывающие на элемент, занимающий наивысшее положение на шкале. Ранжирующее значение также может в определенных контекстах совмещаться с темпоральным:

(18) У неё даже клиентура на Новопрудной улице появилась, в первую голову сама Виталия Гордеевна, **затем** подруга её с детства Хрунычева, и всякий люд, который припирало или он попадал в беду, ломился в дом, стучал среди ночи в окна.

6 В отличие от (13), где положение вводимого при помощи *затем* объекта за другим объектом определялось относительно наблюдателя, в (14) оно определяется абсолютно, то есть с учетом фасадности объекта-ориентира — различения у него передней и задней сторон. О признаке фасадности в связи с семантикой пространственных предлогов см. в (Апресян 1995: 40–42).

В (18) клиентура ранжируется одновременно и по значимости, и по времени появления.

Если локативное и ранжирующее значение свойственны обоим наречиям, то целевое — только наречию *затем*, см., например, его толкование в словаре (Ожегов 1990): 'С этой целью, для этого' и иллюстрирующий данное значение пример: *Поговорим, ведь я затем и пришел.*

Наибольший интерес в контексте нашего исследования представляет разделение лексикографами темпорального значения *потом* на два варианта: 1) 'Следуя за каким-л. событием, явлением, действием; затем'; 2) 'Спустя некоторое время, не сейчас; позже'. При этом статус вариантов в структуре полисемии наречия оценивается по-разному. Так, в словаре (Евгеньева 1999) и в словарях (Ожегов 1990) и (Ефремова 2000) это два оттенка одного значения, а в (Кузнецов 1998) и (Ушаков 1935) — два самостоятельных значения. Интересно отметить, что в словаре В. И. Даля (Даль 1978), отражающем состояние лексической системы русского языка в XIX веке, и в зоне толкования, и в зоне иллюстраций, представлен только первый вариант темпорального значения *потом*. Наш взгляд на природу данной неоднозначности мы изложим после анализа синтаксических и коммуникативных свойств исследуемых наречий.

В завершение данного раздела отметим, что темпоральное значение, несомненно, самое частотное у данных наречий. В ходе контрастивного исследования по параллельному французскому подкорпусу НКРЯ в выборке из 300 вхождений *затем* 268 имели темпоральное значение, а в аналогичной выборке из 300 вхождений *потом* — 285.

4. Синтаксические свойства НВС *затем* и *потом*

4.1. Синтаксические функции НВС затем и потом

С точки зрения синтаксиса НВС *затем* и *потом* выступают как модификаторы составляющих разного типа, занимая соответствующие позиции в конфигурационной синтаксической структуре предложения.

В иллокутивном употреблении (см. раздел 3.2, примеры (9)–(12)) эти наречия модифицируют имплицитную иллокутивную вершину предложения (Kobozeva 2000), и их СД является соответствующая дискурсивная единица — речевой акт. В этом употреблении их следует рассматривать как вводные слова, производные от наречий. Они имеют просодические свойства, характерные для вводных слов, но, в отличие от большинства последних, употребляются только в начальной позиции. Далее эти употребления не рассматриваются.

В пропозициональном употреблении наречия времени вообще могут быть: 1) модификаторами предикативной вершины предложения (категории предикативности, вершины TP в генеративной грамматике), как, например, *сегодня*, *весной*; 2) модификаторами глагольной группы (группы сказуемого), как например *медленно, сразу*. В первом случае они относятся к разряду *сентенциальных наречий* (*sentential adverbs*), в СД которых попадает пропозициональное содержание клаузы, в которую они входят. В терминах Н. Ю. Шведовой (Шведова 1980) они выступают в синтаксической функции *детерминанта*. Во втором случае они относятся к разряду, который мы будем называть *присказуемостными наречиями*, и в их СД оказывается лексический предикат предложения с его актантами.

Чтобы определить, в какой из этих двух функций могут выступать наречия *затем* и *потом*, исследуем сначала их линейные позиции.

4.2. Вариативность линейной позиции затем *и* потом

Основная позиция для обоих наречий — позиция в начале клаузы, которая может быть как независимым предложением, см. (19), так и конъюнктом в составе ССП при бессоюзной связи (с возможным эллипсисом субъектной ИГ этого конъюнкта при ее тождестве субъектной ИГ предшествующего конъюнкта), см. (20) и (21):

(19) Перед молодой держали «наговорённое» зеркало, в которое они вместе с мужем должны посмотреть. **Затем / Потом** ей делили косу на две половины и заплетали две косы.

(20) Сперва сознание ослабляется, **затем / потом** оно меркнет.

(21) Иван забил гвоздь в бревно, **затем / потом** вытащил его.

В таких случаях наречие очень похоже на сочинительный союз и по позиции на границе двух клауз, и по функции: выражает семантические отношения между их пропозициями. Однако это не сочинительные союзы, поскольку в отличие от последних, наречия *затем* и *потом*, во-первых, могут следовать за настоящими сочинительными союзами, а во-вторых, не могут предшествовать подчинительным союзам и союзным словам:

(22) Педагог по образованию, она проработала по специальности лишь год. **А затем / потом** около 20 лет работала надомницей — собирала дома патроны и розетки к электроприборам.

(23) Хороший педагог предпочтёт сам помочь ученику понять тему доконца, **чтобы затем / потом** он выполнил задание самостоятельно

(24) Посол США в РФ Александр Вершбоу открыл мероприятие, **которое затем / потом** разворачивалось по знакомому сценарию.

В подавляющем большинстве примеров в НКРЯ *затем* и *потом* стоят или в абсолютном начале клаузы или в позиции непосредственно после союза или союзного слова. Поэтому позицию в зоне между союзным средством и предикативной вершиной (TP), то есть в зоне детерминантов, следует признать базовой для этих наречий. Будем называть эту зону *присоюзной*, или *левой периферией* предложения (Rizzi 1997).

Посмотрим, что может предшествовать НВС в присоюзной зоне.

Во-первых, это могут быть фокусные, или выделительные частицы *только*, *уже* и некоторые другие:

(25) Эти 7 делений струны я нашёл, сначала руководствуясь слухом… в пределах одной октавы, и **лишь затем / потом** не без труда вывел… из глубочайших оснований геометрии.

В этой зоне, даже при наличии фокусных частиц, *затем* и *потом* не могут быть ремой (коммуникативным фокусом) и не несут свойственного реме в начальной позиции контрастного фразового ударения. Частицы могут стоять как в пре-, так и в постпозиции к наречию. При этом частица *только*, в препозиции не являющаяся клитикой, в постпозиции произносится как энклитика — безударно и без просодического шва[7] между наречием и частицей, хотя и без качественной редукции). О том, что в постпозиции к наречию частица относится именно к наречию, а не к следующей за ней синтаксической группе, свидетельствует не только ее статус энклитики, но и наличие просодического шва между частицей и этой группой, возможность паузы (ниже место возможной паузы отмечено вертикальным слэшем):

(26) Сначала он уехал в Москву, а **затем только** | подал заявление о выезде за границу.

Если же частица в постпозиции к наречию не становится полуклитикой, то она относится уже не к наречию, а к следующей за ней синтаксической группе, ср. (26) и (27):

(27) Сначала ходили все, **затем — только** депутаты «в теме».

В (27) просодический шов между *затем* и *только* очевиден и находит отражение даже в пунктуации.

Во-вторых, в присоюзной зоне наречию может предшествовать та или иная актантная ИГ из клаузы, находящейся в СД наречия, как в последних предложениях примеров (28) и (29):

(28) Наконец милиционеры сунули под дверь листок бумаги и ушли… Я знал, что такие повестки недействительны… И я кинул повестку в мусорный бак… **Милиция затем / потом** приходила ещё раза четыре.

7 О понятии просодического шва см. в (Кривнова 2017).

(29) Поэтому авторы проекта создали модульную систему обработки, позволяющую производить автоматическое лингвистическое маркирование. **Его результаты затем / потом** могут исправлять специалисты.

В этом и подобных случаях ИГ, при базовом порядке составляющих расположенная правее НВС, может передвигаться в позицию топика (дискурсивно активированной темы), которая также находится на левой периферии, в присоюзной зоне и предшествует позиции НВС — темпоральных детерминантов. Перемещение не ведет к изменению семантической СД наречия. Изменяется только коммуникативная структура предложения: мы понимаем, что референт субъектной ИГ уже был актуализован в предтексте.

Субъектная ИГ клаузы с НВС обязательно предшествует наречию, если предшествующая клауза — деепричастный оборот, ср. (30а) и (30б):

(30) а. **Показав** несколько фокусов, **Борац затем / потом** отправился в зрительный зал.
б. ***Показав** несколько фокусов, **затем / потом Борац** отправился в зрительный зал.

У аномальности (30б) причины чисто синтаксические: по-видимому, темпоральный детерминант перед субъектной ИГ создает барьер для контроля нулевого субъекта деепричастия со стороны субъекта главной клаузы. Если же субъектная ИГ выдвигается на левую периферию в позицию перед детерминантом (например, в незанятую позицию дискурсивного топика), то барьера между ней и нулевым субъектом препозитивного деепричастного оборота не возникает. Семантическая СД наречия, его значение, и тем самым интерпретация предложения при таком изменении линейной позиции наречия не меняется.

Относительно глагола-связки *быть* (например, в составе формы пассива) НВС встречаются как в пре-, так и в постпозии, ср. (31а) и (31б):

(31) а. Эта икона **затем / потом была** подарена самозванцу.
б. Эта икона **была затем / потом** подарена самозванцу.
в. **Затем / потом** эта икона **была** подарена самозванцу.

По данным основного корпуса НКРЯ позиция непосредственно перед связкой в пассиве встречается для *затем* более чем в 2,6 раза чаще, чем непосредственная постпозиция (соотношение 667 : 254), а для *потом* — более, чем в 3 раза чаще (соотношение 528 : 166). Важно, что данные позиционные варианты семантически тождественны между собой, и не отличаются по смыслу от варианта (31 в).

Итак, мы можем считать, что НВС *затем* и *потом*, находящиеся на левой периферии предложения, а также непосредственно примыкающие слева или справа к глаголу-связке, всегда являются сентенциальными, а не приглагольными наречиями, то есть модификаторами предикативной вершины клаузы, а не ее лексического (смыслового) предиката.

Обратимся теперь к приглагольной позиции НВС. Препозиция НВС к смысловому глаголу представлена в примере (32):

(32) Он берет любой тип объектов как предмет своего размышления и называет их индивидами… Результат замены имен этих индивидов в пропозиции на переменные он **затем называет** функциями

В (32), как и в прочих немногочисленных примерах приглагольной позиции в семантическую сферу действия НВС в роли предшествующей ситуации попадает не ситуация из предыдущей дискурсивной единицы, как это было в случае присоюзной позиции, а ситуация, предупомянутая в рамках той же самой дискурсивной единицы. Так, в (32) это не ситуация *называет их индивидами*, а ситуация, выраженная субъектной ИГ клаузы с *затем* — *замена имен этих индивидов на переменные.*

Рассмотрим пост-глагольную позицию НВС — позицию после смыслового глагола в любой из его форм, кроме деепричастной. Следует отметить, что в этой позиции *затем* / *потом* встречаются еще реже, чем в пост-связочной позиции,[8] см. примеры (33) и (34):

(33) Наш разговор **перешел затем / потом** на распространяемые с ссылкою на Гучкова письма Императрицы…

(34) …выбитое из атома ядро неминуемо **должно будет пролететь затем** через «лес» подвешенных снизу молекул ДНК…

Однако при деепричастной форме глагола пост-глагольная позиция НВС обязательна, как показывают примеры (35 а, б):

(35) а. Клиссон взял крону и быстро привёл бельё в порядок, **сев затем / потом** снова к столу.

б. …* **затем** / ***потом сев** снова к столу.[9]

В этом случае, по-видимому, как и в случаях типа (30), дело в барьере, который на этот раз создает НВС перед деепричастием для контроля нулевого субъекта деепричастия со стороны субъекта главной клаузы. Не являются контрпримерами предложения типа (36):

(36) Те, что имели рычаги-палки, высоко поднимали их свободные концы, (и / а) **затем / потом, навалясь** телами, слегка приподнимали камень,

---

8 Особенно это касается позиции после инфинитива (так, *затем* в пост-инфинитивной позиции в основном корпусе НКРЯ на дату 23.10 2021 встретилось всего 7 раз).

9 Разумеется, *затем* / *потом* могут предшествовать деепричастию, если деепричастный оборот выступает как уточняющее обособленное приложение (например, *Днем ходила в школу, потом, вернувшись, быстро делала домашнее задание* …).

поскольку разделение НВС и деепричастного оборота запятой (в устной речи — паузой) показывает, что это НВС находится в присоюзной позиции и выражает отношение между ситуациями, обозначенными финитными глаголами соединяемых конъюнктов.

Обратим внимание на то, что и в пост-связочной, и в пост-глагольной позиции НВС просодически оформляется иначе, чем в предглагольной: оно произносится как энклитика (но без качественной редукции).

Постпозиция *затем* / *потом* к финитной форме глагола речи, контактная, как в (37) и (38), или дистантная, как в (39) обязательна также в авторской ремарке конструкций с прямой речью, если авторская ремарка находится в постпозиции или интерпозиции по отношению к цитате:

(37) — Я знаю, — **сказал затем** я, — в чем разница между любовью и влюбленностью. Ср.… — *затем сказал я,…

(38) «Это была брачная ночь, которая длилась в общей сложности восемь лет», — **скажет потом** Епифанов. Ср.… — *потом скажет Епифанов.

(39) — Это был настоящий большевик, Петя, — **сказал** он **затем**. Ср.… — *затем сказал он.

Это является следствием характерной для таких авторских ремарок инверсии подлежащего и сказуемого, отмеченной в (Подлесская 2021: 25). Заметим, что просодически пост-глагольное НВС в авторских ремарках произносится не так, как постглагольное НВС в обычном случае, а именно не становится энклитикой. И это можно объяснить тем, что НВС в пост- и интерпозитивной авторской ремарке — это зеркальное отражение присоюзного НВС в препозитивной авторской ремарке, которое никогда не является клитикой. Ср. препозитивный вариант (39)–(39′):

(39′) **Затем / потом** он **сказал**: «Это был настоящий большевик, Петя».

Рассмотрим теперь наши НВС в конечной позиции. По встречаемости в этой позиции *затем* и *потом* резко контрастируют. По данным основного корпуса НКРЯ по запросу «*затем* перед точкой» было выдано 103 вхождения, а по аналогичному запросу о *потом* — 3230. Если отбросить примеры из поэтических текстов, порядок слов в которых не подчиняется общим правилам, целевое *затем*, парцеллированное *затем* (*Затем.*), а также конечное *затем* в постпозитивных авторских ремарках и в обязательной постпозиции к завершающему предложение деепричастию, то *затем* встретилось в конечной позиции всего 27 раз. При этом лишь три из этих употреблений *затем* в финальной позиции относятся ко второй половине XX века и XXI веку. В них наречие заполняет семантическую валентность на темпоральный актант при глаголах *последовать* и *произойти* в зависимой клаузе, как в (40) и (41):

(40) Не хотел бы я испытать того удара, который **последовал затем**.

(41) Он не понял, что **произошло затем**.

Конечная позиция *затем* при таких предикатах факультативна, как показывают примеры (42) и (43):

(42) Всем известны невообразимые скандалы и прямые преступления, которые **затем последовали**.

(43) Оправившись от волнения, Толбузин рассказал, как на них в кабачке напали офицеры Конного полка и что **затем произошло**.

Очевидно, что в этом случае *затем* выступает как приглагольное наречие, у которого пост-глагольная позиция оказалась одновременно конечной. В конечной позиции приглагольное *затем* становится акцентоносителем рематической составляющей, тогда как в случае предглагольной позиции наречия рематический акцент несет глагол. Изменение места наречия в таких случаях никак не влияет на его СД и смысл фразы. Заметим, что ранее приглагольное фразово-ударное *затем* в зависимой клаузе могло занимать конечную позицию при более широком круге глаголов, см. пример (44), который в настоящее время кажется неправильно построенным:

(44) Грубер… попал во дворец, угодив Павлу Петровичу приготовлением шоколада, что послужило ему первым шагом к милостям государя, привлечь к себе которые он уже **постарался затем**. (М. Н. Волконский. *Ищите и найдете*, 1904)

Представляется, что в современном варианте вместо *затем* было бы употреблено *потом*.

Присоюзное *затем* в конечной позиции в корпусе встретилось всего один раз:

(45) Раб шел за своей хозяйкой, сопровождая ее на рынок — в мясные, в овощные ряды…. Они вышли к кинотеатру, к цирку и к рынку **затем**.

Этот пример из художественного текста кажется нам неестественным. В норме *затем* должно было бы стоять сразу после союза. При озвучивании этого предложения конечное присоюзное наречие, в отличие от приглагольного, не перетягивает на себя рематический акцент, произносится как энклитика.

Итак, мы увидели, что конечная позиция в клаузе для *затем* не характерна. Она наблюдается в особых конструкциях (пост- или интерпозитивная авторская ремарка, деепричастный оборот). У наречия при финитной форме глагола она встречается в настоящее время только в зависимой клаузе в постпозиции к предикатам со значением ‘происходить’ и при этом может стать носителем рематического акцента, будучи частью широкой ремы, включающей предикат.

Что же касается НВС *потом*, то для него, конечная позиция, как показывают цифры абсолютной частоты ее встречаемости в корпусе (3230 против 103), вполне обычна, и это связано как с наличием у *потом* двух различных интерпретаций — *потом₁* и *потом₂* (см. раздел 3.2), так и в отличии коммуникативных свойств *потом₂* от *затем* и *потом₁*, к рассмотрению которых мы сейчас переходим.

5. Коммуникативные свойства НВС *затем* и *потом*

В разделе 3.1. было описано общее для *затем* и *потом* таксисное значение темпорального следования и показано, что *затем* налагает определенные ограничения на как на интервал, так и на содержательную, тематическую связь между последующей ситуацией Q и предшествующей ей ситуацией P, а в завершении раздела 3.2. было приведено мнение лексикографов о наличии у *потом* помимо значения, общего с *затем,* еще одного значения или употребления — указания на то, что Q не может следовать за P сразу, а должно быть отделено от P существенным временным интервалом. Это значение иллюстрируют примеры, в которых замена *потом* на *затем* невозможна, (4)–(5) и (46):

(46) — Туалет осмотреть желаете? — **Потом** (*Затем), — говорю.

В (46) ответ *Потом* является эллиптичным вариантом полного ответа *Да, но я осмотрю его потом*, что в данном контексте равнозначно 'не сейчас, а через некоторое время'.

Перейдем к анализу коммуникативных статусов наречий и соответствующих им компонентов линейно-акцентной структуры предложения (ЛА-структуры) в рамках концепции, развиваемой в (Падучева 1985, 2016; Янко 2001).

Для сентенциального *затем* (детерминанта) в присоюзной позиции основным является коммуникативный статус *начала* (Падучева 2016: 28–29), которому в ЛА-структуре соответствует составляющая, находящаяся на левой периферии предложения и обычно несущая второстепенное фразовое ударение — восходящее, см. примеры (1)–(3), (7), (8). Наличие перед *затем* выделительных частиц придает этому наречию статус *контрастного начала*, отражаемого в ЛА-структуре усилением фразового акцента на нем, см. (25)–(26). Вынос актантной ИГ в препозицию к сентенциальному *затем* в присоюзной зоне с целью ее топикализации, напротив, ведет к ослаблению акцента и наречие получает статус *атонического начала,* см. (28)–(29). Анализ коммуникативного статуса сентенциального *затем* в авторских ремарках конструкций с прямой речью и его просодические свойства требуют отдельного обсуждения, выходящего за рамки данного исследования.

Присказуемостное *затем* имеет коммуникативный статус компонента ремы, а его просодической характеристикой в ЛА-структуре является в приглагольной позиции отсутствие на нем фразового акцента, а в пост-глагольной — энклитизация (утрата словесного ударения). Таким образом, присказуемостное *затем* может быть либо атоническим, либо энклитическим компонентом ремы. И только если в постпозиции к глаголам со значением 'происходить, случаться' *затем* оказывается одновременно в позиции конца клаузы, это наречие становится акцентоносителем ремы.

Для наречия *потом*$_1$, синонимичного *затем,* возможны все те коммуникативные статусы, которые может иметь *затем,* но в отличие от *затем* статус акцентоносителя ремы, или *собственно ремы* (Падучева 2016: 31) является для *потом*$_1$ столь же естественным, как и статус начала.

Для *потом*$_2$, в отличие от *затем и потом*$_1$, единственно возможными коммуникативным статусами являются статус *контрастной ремы* (фокуса контраста в (Чейф 1982)) и *контрастного начала.*

Контрастная рема маркируется в ЛА-структуре усиленным, или контрастным фразовым акцентом. При этом наречие располагается или в характерной для акцентированного компонента ремы конечной позиции (см. (5)), или в предглагольной позиции, как в сконструированных примерах (47) и (48):

(47) Уроки я **потом**\\ сделаю.

(48) Тогда его никто не замечал. Тучи поклонников у него **потом**\\ появились.

Тестом на статус контрастной ремы (фокуса контраста) в германских и романских языках является трансформация расщепления (*clefting*), представленная парой предложений (49).

(49) а. Steve broke my favorite cup. 'Стив разбил мою любимую чашку\'.
б. It was Steve who broke my favorite cup. (букв. 'Это был Стив, кто разбил мою любимую чашку') 'Мою любимую чашку разбил Стив\\'

Семантический эффект контрастного акцента на составляющей описан в (Чейф 1982). Это расчленение смысла предложения на пресуппозицию и ассерцию (в случае (49 б) 'некто разбил свою любимую чашку' и ассерцию 'это был Стив'); введение в смысл предложения указания на множество кандидатов, к которому принадлежит тот объект или явление, которое обозначается группой, несущей контрастный акцент (для б — множество лиц, которые потенциально могли разбить чашку); указание на тот элемент множества, который действительно участвовал в описанной предложением ситуации. Тот же эффект наблюдается и в расщепленном предложении. В русском языке ближайшим аналогом расщепления служит коммуникативная трансформация препозиции ремы с участием частицы ***это***. Ср. предложения (50 а, б):

(50) а. Мою любимую чашку разбил Стив \\ .
б. Это Стив \\ разбил мою любимую чашку.

Данная трансформация меняет порядок слов в ЛА-структуре предложения и делает факультативным контрастный акцент на реме, допуская обычный, не усиленный рематический акцент (\). Ни коммуникативная, ни семантическая структура предложения с контрастной ремой в конечной позиции, типичной для ремы, в результате препозиции ремы, перемещения ее на левую периферию клаузы не меняется.

Тест на возможность препозиции наречия с использованием частицы *это* показывает, что *потом* имеет статус контрастной ремы (фокуса констраста), и интерпретируется в этом случае именно как *потом₂*, а *затем* не может его иметь:

(51) Сразу после войны памятников-пантеонов ещё никто не строил. Они стали появляться в различных местах нашей страны **потом**\\ (***затем**). = **Это потом (*затем) они** стали появляться в различных местах нашей страны.

НВС *потом₂*, как и НВС *потом₁* и *затем* может выступать в коммуникативном статусе контрастного начала, если при наречии имеется выделительная частица (*только*, *лишь*, *уже*). Статус обычного, неконтрастного начала для *потом₂* исключен. Так, в примерах (19)–(24) все варианты с НВС *потом* содержат *потом₁*, а не *потом₂*: *потом* в них означает лишь то, что Q следует за P во времени, а не то, что ситуация Q должна быть отделена от ситуации P временным интервалом.

Таким образом, мы видим, что выделяемое лексикографами значение (употребление) *потом₂* сопряжено с коммуникативной категорией контрастивности, выражаемой либо просодически (контрастным ударением), либо при помощи выделительных (фокусных) частиц.

Почему у НВС *потом* развивается значение ‘спустя некоторое время’, а у НВС *затем* нет? Вспомним, что *затем* налагает ограничение на наличие интервала между ситуацией P и следующей за ней Q. Этот интервал или вовсе отсутствует, или концептуализируется как несущественный для описываемого развития событий. Пользуясь «нестрогим, но самоочевидным» понятием Ю. Д. Апресяна «раунд наблюдения» (Апресян 2009: 40), можно сказать, что время завершения ситуации P и начала ситуации Q укладывается в один раунд наблюдения. У синонимичного НВС *потом₁* наличие существенного интервала между P и Q не исключается, и переход от одной ситуации к другой вполне может требовать несколько раундов наблюдения, что соответствует понятию «сверхдолгого интервала» в (Падучева 1998). Это позволяет нам предположить, что значение, темпорально локализующее последующую ситуацию Q как отделенную от P существенным временным интервалом есть результат действия регулярного механизма семантической деривации: *смещения фокуса внимания* с одного компонента семантической структуры на другой, описанного в (Падучева 2004: 98–100): на фоне 'после P' выделяется, подчеркивается компонент 'с некоторым интервалом I между P и Q' = 'позже, спустя некоторое время после P'. Сема интервала, бывшая слабым, факультативным компонентом значения *потом*$_1$, в значении *потом*$_2$ становится основным, ассертивным компонентом.

Такое смещение затруднено в случае *затем*, так как последовательность ситуаций P и Q концептуализируется им как реализация единого сложного сценария с качественно различными фазами.

Сдвиг внимания на компонент 'интервал' происходит, когда *потом* имеет коммуникативный статус контрастной ремы или контрастной темы, маркируемый в ЛА-структуре предложения просодическими и / или лексическими средствами.

6. Заключение

Охарактеризовав состояние дел в области описания русских темпоральных наречий и констатировав их недостаточную изученность в аспекте взаимодействия их семантических, синтаксических и коммуникативных свойств, мы рассмотрели два наиболее частотных синонимичных наречия временного следования — *затем* и *потом*, описали общее для них значение и различия в сочетаемостных требованиях. Рассмотрев структуру полисемии этих НВС, мы выделили у них помимо общего темпорального также общие локативное и ранжирующее значения, а также указали на значения, специфические для каждого НВС. Особое внимание было привлечено ко второму темпоральному значению НВС *потом*, которое реализуется при определенных синтаксических и коммуникативных условиях.

Мы далее установили, что эти НВС могут выступать в трех синтаксических функциях:

1) модификатора иллокутивной вершины предложения — метатекстового адвербиала;
2) модификатора грамматической предикативной вершины предложения (детерминанта по Н. Ю. Шведовой) — сентенциального адвербиала;

3) модификатора лексической глагольной вершины предложения — присказуемостного адвербиала.

Каждой из функций соответствует своя зона в структуре составляющих клаузы. Функции сентенциального адвербиала соответствует присоюзная зона, функции присказуемостного адвербиала — приглагольная зона.

Линейная позиция этих НВС определяется действием как собственно синтаксических, в том числе конструкционных, так и коммуникативных факторов. Последние могут привести к перемещению НВС в зону правой периферии предложения, в конечную позицию в клаузе.

При одной и той же синтаксической функции *затем* и *потом* могут занимать различные линейные позиции в рамках своей зоны. Изменение базовой линейной позиции в рамках одной и той же зоны может повлечь за собой изменения в просодическом оформлении НВС (энклитизацию).

НВС *затем* и *потом* в функциях сентенциального и присказуемостного адвербиала могут иметь разные семантические сферы действия. То есть оба эти НВС можно считать наречиями с плавающей СД. Однако связанные с этим различия в интерпретации предложения не столь заметны, как различия в СД наречий образа действия.

Далее мы проанализировали коммуникативные свойства изучаемых наречий и показали, что для *затем* основным коммуникативным статусом является статус начала по Е. В. Падучевой, для *потом*$_1$ статусы начала и ремы равно возможны, а основным коммуникативным свойством *потом*$_2$ является его контрастивность (в статусе как темы, так и ремы).

Наконец, мы предложили объяснение тому факту, что из двух синонимичных наречий только у *потом* развилось значение указания на существование интервала между ситуацией P и следующей за ней Q, связав его с ограничением на интервал, присутствующим в семантике наречия *затем*. Мы предположили, что в основе образования у *потом*$_1$ лексико-семантического варианта *потом*$_2$ лежит общий механизм семантической деривации, известный как сдвиг фокуса внимания с одного компонента значения на другой. В варианте *потом*$_2$ фокус внимания сдвигается на слабый компонент его значения — интервал между ситуацией P и следующей за ней Q. Этот сдвиг в значении *потом* сигнализируется контрастным (фокусным) ударением на наречии.

Дальнейшее изучение русских темпоральных наречий в плане установления корреляций между их лексическим значением, синтаксической функцией, линейной позицией и коммуникативным статусом может способствовать получению значимых обобщений и выявлению общих закономерностей и специфических различий между языками в интегрирующей лексику и грамматику сфере временных отношений.

Литература

Апресян, Юрий: *Избранные труды*. Т. 2. *Интегральное описание языка и системная лексикография.* Москва: Восточная литература, 1995.

Апресян, Юрий: *Исследования по семантике и лексикографии*. Москва: ЯСК, 2009.

Богуславский, Игорь: *Сфера действия лексических единиц*. Москва: ЯРК, 1996.

Всеволодова, Майя: *Теория функционально-коммуникативного синтаксиса: Фрагмент прикладной (педагогической) модели языка: Учебник.* Москва: Издательство МГУ, 2000.

Даль, Владимир: *Толковый словарь живого великорусского языка*. Москва: Русский язык, 1978.

Евгеньева, Анастасия (ред.): *Словарь русского языка в 4-х томах.* Москва: Русский язык, 1999.

Ефремова, Татьяна: *Новый словарь русского языка. Толково-словообразовательный.* В 2-х тт. Москва: Русский язык, 2000.

Кривнова, Ольга: Интонационно-смысловое членение в прозе: иерархическая организация и средства её выражения. *Труды ИРЯ им. В. В. Виноградова*, 4 (14), 12–27. 2017.

Кузнецов, Сергей (ред.): *Большой толковый словарь русского языка.* Санкт-Петербург: Норинт, 1998.

Ожегов, Сергей: *Словарь русского языка*. Москва: Русский язык, 1990.

Падучева, Елена: Коммуникативная структура и линейно-акцентные преобразования предложения (на материале русского языка). Циммерлинг, Антон / Лютикова, Екатерина (ред.): *Архитектура клаузы в параметрических моделях*. Москва: ЯСК, 2016.

Падучева, Елена: *Динамические модели в семантике лексики*. Москва: ЯСК, 2004.

Падучева, Елена: *Высказывание и его соотнесенность с действительностью*. Москва: УРСС, 1985.

Панков, Фёдор: *Функционально-коммуникативная грамматика русского наречия.* Дисс. … д-ра филол. наук. На правах рукописи. Москва, 2009.

Подлесская, Вера: Чувствительны ли грамматические средства маркирования коммуникативной структуры к каналу передачи информации? Савчук, Светлана (ред.) *Слово и жест. Научная конференция, посвященная памяти Е. А. Гришиной («Гришинские чтения»)*, 23–27. Москва, 2021.

Санников, Владимир: Иллокутивное употребление или синтаксический эллипсис? *Русский язык в научном освещении*, 2 (10), 121–136. 2005.

Сичинава, Дмитрий: Части речи. *Материалы для проекта корпусного описания русской грамматики*. На правах рукописи. Москва, 2011. http://rusgram.ru.

Ушаков, Дмитрий: *Толковый словарь русского языка*. Москва: Советская энциклопедия, 1935–1940.

Филипенко, Марина: *Семантика наречий и адвербиальных выражений.* Москва: Азбуковник 2003.

Храковский, Виктор: Таксис: семантика, синтаксис, типология. Храковский, Виктор (ред.): *Типология таксисных конструкций,* 11–113. Москва: Знак, 2009.

Чейф, Уоллес: Данное, контрастивность, определенность, подлежащее, топики и точка зрения. Кибрик, Александр (ред.): *Новое в зарубежной лингвистике*, 12, 277–316. Москва: Прогресс, 1982.

Шведова, Наталия (ред.): *Грамматика современного русского языка.* Москва: Наука 1970.

Шведова, Наталия (ред.): *Русская грамматика.* В 2-х тт. Москва: Наука, 1980.

Янко, Татьяна: *Коммуникативные стратегии русской речи.* Москва: ЯСК, 2001.

Янко, Татьяна: Обстоятельства времени в коммуникативной структуре предложения. Арутюнова, Нина/Янко, Татьяна (ред.): *Логический анализ языка: Язык и время,* 281–296. Москва: Индрик, 1997.

Asher, Nicholas / Lascarides, Alex: *Logics of Conversation.* Cambridge, etc.: Cambridge University Press, 2003.

Cinque, Guglielmo: *Adverbs and Functional Heads: A Crosslinguistic Perspective.* New York / Oxford: Oxford University Press, 1999.

Ernst, Thomas: Semantic features and the distribution of adverbs. *ZAS Papers in Linguistics (ZASPiL)*, 17, 79–97. 2000.

Kobozeva, Irina: The problem of identification and syntactic representation of Russian complex sentences with illocutionary–independent subordinate clause. *Linguistische Arbeitsberichte*, 75, 67–80. 2000.

Mann, William / Thompson, Sandra: Rhetorical Structure Theory: A Framework for the Analysis of Texts. *IPRA Papers in Pragmatics*, 1. 1987.

Seducing, Flattering and Zombifying in Russian. An Inquiry into the History of Perlocution

*Holger Kuße**

Summary: The paper considers the use of perlocutionary verbs *l'stit'*, *obmanyvat'*, *zombirovat'*) in the Nestor Chronicle, in the *Zhitie protopopa Avvakuma*, and in texts from the 18th century to the present. It is asked how perlocutions are evaluated. They can be understood transactions, i.e. as common acts of speakers and recipients, or in a non-transactionally way, i.e. as manipulative acts in which recipients stay passive. The use of the verbs *l'stit'* and *obmanyvat'* in the selected texts shows the shift from non-transactionality in the context of religious communication in the Middle Ages and Early Modern Period to (potential) transactionality in critique of courtly communication in the 18th century and radical communication criticism in the 19th and early 20th century. The neologism *zombirovat'* in current media and propaganda criticism expresses a new understanding of non-transactionality in the present.

Keywords: Perlocution, transactionality, the Nestor Chronicle, Zhitie protopopa Avvakuma, Leo Tolstoy, *l'stit'*, *obmanyvat'*, *zombirovat'*

Соблазнять, льстить и зомбировать по-русски. Об истории перлокуции

Хольгер Куссе

Abstract: В статье рассматривается использование перлокутивных глаголов (льстить, обманывать, зомбировать) в «Повестях временных лет», в «Житии Аввакума» и в текстах с XVIII века по настоящее время. Вопрос заключается в том, как оцениваются перлокуции. Их можно понимать трансакционально, т.е. как взаимные действия говорящих и адресатов, или не трансакционально, т.е. как манипулятивные действия, в которых адресаты остаются пассивными. Использование глаголов *льстить* и *обманывать* в выбранных текстах показывает переход от нетрансакциональности в контексте религиозных представлений о коммуникации в Средние века и в Раннее Новое время к (потенциальной) трансакциональности в оценках придворной коммуникации в XVIII веке и в радикальной коммуникативной критике в XIX и начале XX века. Неологизм *зомбировать* в современной критике медий и пропаганды отражает Новое понимание нетрансакциональности в современности.

Keywords: Перлокуция, трансактиональность, Повесть временных лет, Житие протопопа Аввакума, Лев Толстой, *льстить*, *обманывать*, *зомбировать*

Verführen, Schmeicheln und Zombieren im Russischen. Beobachtungen zur Perlokutionsgeschichte

Holger Kuße

Abstract: Im Beitrag wird der Gebrauch von perlokutiven Verben (*l'stit'*, *obmanyvat'*, *zombirovat'*) in der Nestorchronik, im *Žitie Avvakuma* und in Texten vom 18. Jahrhundert bis in die Gegenwart betrachtet. Gefragt wird, wie Perloktionen bewertet werden. Sie können transaktional, d.h. als Handlungen von Sprechern und Rezipienten oder nicht transaktional, d.h. als manipulative Akte verstanden werden, in denen die Rezipienten passiv sind. Am Gebrauch der Verben *l'stit'* und *obmanyvat'* in den ausgewählten Texten lässt sich der Wandel von der Nicht-Transaktionalität im Kontext religiöser Bewertungen der Kommunikation im Mittelalter und der Frühen Neuzeit zur (potentiellen) Transaktionalität in Bewertungen der höfischen Kommunikation im 18. Jahrhundert und der radikalen Kommunikationskritik im 19. und frühen 20. Jahrhundert zeigen. Der Neologismus *zombirovat'* in der aktuellen Medien- und Propagandakritik drückt ein Neues Verständnis von Nicht-Transaktionalität in der Gegenwart aus.

Keywords: Perlokution, Transaktionalität, Nestorchronik, *Žitie protopopa Avvakuma*, Lev Tolstoj, *l'stit'*, *obmanyvat'*, *zombirovat'*

1. Verführen und Schmeicheln

Als Vladimir I. im Jahr 986 (oder 6494 ‚nach Erschaffung der Welt‘) Vertreter des Islams, des Judentums, der römischen und der griechischen Kirche in die Rus′ kommen ließ, um sie nach ihrem Glauben zu befragen, trug die lange Erzählung eines „griechischen Philosophen“ von der Erschaffung der Welt bis zur Auferstehung Jesu nicht wenig dazu bei, dass sich der Großfürst am Ende für die griechische Orthodoxie entschied. In seiner Erzählung, wie sie in der Nestorchronik in großer Breite zu lesen ist, schilderte der Philosoph auch, auf welche Weise und durch wessen Schuld das Paradies verloren ging und die Sünde in die Welt kam:

(1) дьяволъ прельсти Євгою Адама и отпаде рая (Лаврентiївський літопис: 6494/986)

Ludolf Müller übersetzt die Stelle nach der Laurentiuschronik mit „Der Teufel verführte durch Eva den Adam“ (Nestorchronik 2001, 128), während Helmut Graßhoff, Dietrich Freydank und Gottfried Sturm in der Übersetzung auf Grundlage der Radziwiłł-Chronik, in der ebenfalls das Verb *prel'stiti* verwendet wird (Радзивиловская летопись 1989: 48), die Formulierung wählen, dass der Teufel den „Adam durch Eva überlistete“ (Radziwiłł-Chronik 1986: 109). Beide Übersetzungen stimmen darin überein, dass *prel'stiti* den Effekt einer kommunikativen Handlung des Teufels bezeichnet, in der Eva (grammatisch im Instrumental) ein Kommunikationsmittel ist. Ihr wird Maria gegenübergestellt, die als Gottesgebärerin zu einem Instrument Gottes wird, der durch sie das Heil in die Welt zurückbringt. Wie sich die Welt durch das kommunikative Handeln von Menschen und göttlichen und widergöttlichen Mächten im Lauf der Geschichte verändert, durchzieht die heilgeschichtliche Erzählung des Philosophen. Vor dem Rückblick auf den Sündenfall ist von der Verführung zum heidnischen Götzendienst die Rede, die Abraham seinem Vater Terach vorwirft:

(2) И рече Аврамъ: «Искушю бога отца своего»; и рече: «Отче! Что прельщаеши человѣки, творя кумиры древяны?» (Лаврентіївський літопис: 6494/986)

An dieser Stelle übersetzen sowohl Müller als auch Graßhoff, Freydank und Sturm den Vorwurf mit

„Was verführst Du die Menschen, indem du hölzerne Götzenbilder machst“ (Nestorchronik 2001: 111) bzw. „herstellst“ (Radziwiłł-Chronik 1986: 98).

Von Verführungen ist in der Nestorchronik nicht nur im Rahmen der Heilsgeschichte die Rede. Im Jahr 1097 (6605) zerbricht ein kaum geschlossenes Bündnis der Fürsten der Rus', da ihre Liebe, wie der Chronist schreibt, den Teufel traurig gemacht habe und der Satan einigen Männern ins Herz gefahren sei: „дьяволъ печаленъ бяше о любви сей. И влѣзе сотона в сердце нѣкоторым мужем“ (Лаврентіївський літопис: 6605/1097). Im konkreten Fall gelingt es einem Fürsten, David, einen anderen, Svjatopolk, gegen einen dritten, Vasil'ko, aufzuhetzen, um Letzteren gefangen zu nehmen und zu blenden. Den Anfang dieser unseligen Geschichte schildert der Chronist als Akt des *prel'stiti.*

(3) И я вѣру Давыдови, и прелсти Давыдъ Святополка. (Лаврентіївський літопис: 6605/1097)

Müller übersetzt an dieser Stelle „Davyd verführte den Svjatopólk“ (Nestorchronik 2001: 281). Graßhoff, Freydank und Sturm schreiben: „David täuschte also Swajatopol“ (Radziwiłł-Chronik 1986: 230–231). In der Nestorchronik treten also sowohl der Teufel als auch Menschen (Terach, Davyd) als Verführer, Überlister oder Täuscher auf, letztere allerdings erst nachdem der Teufel von ihnen Besitz genommen hat. Eine dritte Gruppe, die zwischen beiden steht und für die dasselbe gilt, sind Dämonen und die in ihrem Bann stehenden Zauberer oder Magier. So wird im Jahr 1071 (6579) von einem Zauberer berichtet, der von einem Dämon beherrscht wurde, und auch hier findet das Verb *prel'stiti* Verwendung, in diesem Fall in Partizipialform.

(4) В си же времена приде волхвъ, прелщенъ бѣсомъ. (Лаврентіївський літопис: 6579/1071)

Müller übersetzt: „Zu denselben Zeiten kam ein Magier, verführt von einem Dämon“ (Nestorchronik 2001, 212). Bei Graßhoff, Freydank und Sturm heißt es: „Zu ebendieser Zeit tauchte ein Zauberer auf, der von einem Dämon besessen war“ (Radziwiłł-Chronik 1986: 175).

Das präfigierte Verb mit der Wurzel *-l'st- / lest'* bezeichnet in allen Fällen einen vollzogenen kommunikativen Akt durch dessen negativ bewerteten Effekt bei den Rezipienten. In der Terminologie der klassischen Sprachakttheorie (Austin, Searle) handelt es sich also um ein Verb, das eine Perlokution bezeichnet. Ich spreche im Weiteren von *Perlokutiv* (vgl. dazu Kuße 2016; 2019: 169–171). *Lest'* kann jedoch auch zur Bezeichnung eines kommunikativen Aktes unabhängig von seinem Effekt verwendet werden und stellt in diesem Fall ein Illokutiv dar. So führt Max Vasmer für das feminine Substantiv *lest'*, das er als Entlehnung aus dem Altgermanischen (*list* im Gotischen, Althochdeutschen usw.) ansieht, die Bedeutungen „Schmeichelei, List, Trug, Täuschung" auf (Vasmer 1955: 35), von denen die ersten beiden Ausdrücke kommunikative Akte und der letzte, ‚Täuschung', einen Effekt bezeichnen, während ‚Trug' in beiden Richtungen interpretiert werden kann.

Heute tritt das Verb *l'stit'* vor allem in der nicht präfigierten Form in der Bedeutung ‚schmeicheln', also als Illokutiv auf. Das Verb bezeichnet kommunikative Handlungen, die auf Effekte wie VERFÜHREN oder ÜBERLISTEN zielen können. Diese sind jedoch weder eine notwendige Intention noch ein notwendiger Effekt. Im *Tolkovyj Slovar' russkogo jazyka* von Sergej Ožegov und Natal'ja Švedova wird die Bedeutung von *l'stit'* deshalb umschrieben als 1. *Xvalit'* aus dem eigennützigen Wunsch, sich oder einer starken Persönlichkeit zu gefallen, und 2. dem Gefühl von jemandem Befriedigung verschaffen:

(5) Льстить – льщу, льстишь; несов. 1. кому. Хвалить из лести, из корыстного желания расположить к себе. Л. сильным. 2. кому-чему. Доставлять удовлетворение кому-н., какому-н. чувству. Успехи льстят самолюбию. (http://ozhegov.info/slovar/?q=льстить; Zugriff: 19.06.2021)

Mit zum Teil den gleichen Ausdrücken, *xvala, koryst'*, hatte auch schon Vladimir Dal' in seinem *Tolkovyj Slovar' velikogo russkogo jazyka* das Wort *lest'* definiert:

(6) Лесть – проискливая хвала; притворное одобрение; похвала с корыстною целью; лукавая угодливость; ласкательство, униженное потворство (https://gufo.me/ dict/dal/лесть; Zugriff: 19.06.2021)

Mit der Bezeichnung einer Sprechhandlung als *l'stit'* wird zwar unterstellt, dass die Gricesche Qualitätsmaxime, also das Kriterium der Wahrheit, wenn nicht missachtet, so doch mindestens großzügig auslegt wird. Es kommt jedoch auf den kommunikativen Kontext an, ob damit zugleich der Vorwurf der Täuschung verbunden ist. Ein Kontext, in dem dies in der Regel tatsächlich der Fall war, ist die höfische Kommunikation, insbesondere in der Gestalt, in der sie uns in den kommunikationskritischen Darstellungen des 18. Jahrhunderts in Briefen, autobiographischen Schriften, Erzählungen, Komödien usw. begegnet (vgl. Kuße 2016; 2019: 181–183). So wird das Ziel, durch betrügerische Schmeichelei einen Vorteil zu erlangen, explizit von Denis Fonvizin in seiner parodistischen *Pridvornaja Grammatika* benannt:

(7) Придворная Грамматика есть наука хитро льстить языком и пером. […] Значит говорить и писать такую ложь, которая была бы знатным приятна, а льстецу полезна. (Фонвизин 1959/2: 58)

Das Schmeicheln ist in den Satiren und Komödien Fonvizins ein wiederkehrendes Motiv. In *Nastavlenie djadi svoemu plemjaniku* wird dem jungen Neffen die geschickte Schmeichelei ganz im Sinne der Hofgrammatik vom erfahrenen Onkel als Rezept zum Erfolg empfohlen:

(8) Льстивые похвалы мои, которыми бесстыдно осыпал я моих начальников, приобрели мне скоро их доверенность. (Фонвизин 1959/2: 76)

In der „griechischen Erzählung" *Kalisfen* beklagt Alexander der Große das Gift der Schmeichelei, das nicht nur seine Umgebung, sondern auch ihn selbst zu verderben drohe:

(9) я человек и окружен льстецами: страшусь, чтоб наконец яд лести не проник в душу мою и не отравил добрых моих склонностей. (Фонвизин 1959/2: 28)

In *Nedorosl'* nennt der aufrechte Starodum den Schmeichler einen Dieb in der Nacht:

(10) Стародум. Льстец есть тварь, которая не только о других, ниже о себе хорошего мнения не имеет. Все его стремление к тому, чтоб сперва ослепить ум у человека, а потом делать из него, что ему надобно. Он ночной вор, который сперва свечу погасит, а потом красть станет. (Фонвизин 1959/1: 168)

So wird *l'stit'* zum Topos, der die höfische Gesellschaft charakterisiert, und dieser Topos findet sich selbstverständlich nicht nur bei Fonvizin. Sein Zeitgenosse, der Publizist Nikolaj Novikov, beschrieb den Hof als ein System des Betrugs aller gegen alle, in dem die Schmeichelei zur allgemeinen Charaktereigenschaft geworden sei:

(11) Придворный человек всем льстит, говорит не то, что думает, кажется всем ласков и снисходителен, хотя и чрезвычайно надут гордостию. Всех обнадеживает и тогда же позабывает; всем обещает и никому не держит слово; не имеет истинных друзей, но имеет льстецов, а сам также льстит и угождает случайным людям. (Новиков 1961: 16)

Der Vergleich dieser wenigen ausgewählten Beispiele aus dem 12. bis 13. Jahrhundert und der Literatur und Publizistik des 18. Jahrhunderts deuten auf einen Kommunikationswandel hin, der sich in dieser langen Zeitspanne vollzogen hat und sich im unterschiedlichen Gebrauch von *-l'st-* und seinen Derivationen niederschlägt. Dieser Gebrauchs- und Funktionswandel wird indirekt auch von Wörterbüchern bestätigt. Im *Slovar' russkogo jazyka XI–XVII vekov* von 1981 stellen die ersten beiden Bedeutungsumschreibungen durch synonymische Ausdrücke Perlokutiva mit Täuschungsabsicht dar. Erst die dritte Bedeutung ist mit der redundanten Übersetzung ins Neurussische *l'stit'* illokutiv. Als erster Beleg dafür wird ein Zitat aus dem frühen 17. Jahrhundert gegeben:

(12) Льстити, Лестити. *Обманывать, оболщать; лгать* […] 2. *Соблазнять, прелщать; побуждать к чему-л. хитростью.* […] 3. *Льстить.* (1607): А Петръ Шереметев надѣялся на большихъ людеи во всемъ, а онѣ ему во всемъ льстили и потакивали, а на мелких наносили и обиду чинили. Псков. Лет., II, 270. (Словарь 1981: 323)

Der *l'stec"* gilt als Betrüger, der *l'stitel'* als einer, der in Verwirrung führt und betrügt:

(13) Льстецъ (Льстьць), Лестецъ, м. Обманщик, обольститель, соблазнитель. […] Льститель, м. Тот, кто соблазняет, обманывает. (Словарь 1981: 322–323)

Im *Slovar' drevnerusskogo jazyka* von Avanesov stehen ebenfalls die perlokutive Funktion (u.a. *obmanyvat', vvodit' v zabluždenie*) und die Täuschungsabsicht (*lgat', obmanščik*) im Zentrum:

(14) Льстити, -щоу, -стить гл. 1. Хитрить, обманывать, лгать […] 2. Прельщать, соблазнять, вводить в заблуждение (Словарь 1991: 449)

(15) Льстьць, – А с. Лжец, хитрец, обмащик (ebd.: 451)

Ebenso im *Slovnik staroukraïns'koj movi XIV – XV st.* von 1977 und im Wörterbuch von Sereznevskij aus dem Jahr 1895:

(16) Льсть ж. […] лицемірство, обман (Словник 1977: 561)

(17) Льстити, льщу – обманывать […] соблазнять (Срезневский 1895: 67–68)

(18) Льсть = лесть – обманъ, хитрость (ebd.: 68)

In Wörterbüchern des Kirchenslavischen werden für *lest'* oder *lstiti* die gleichen Bedeutungsfelder angegeben:

(19) Лесть […] – обольщеніе; хитрость; обманъ. (Гильтебрандт 1883: 993)

(20) Лстити […] – обольщать, обманывать, обманываться (ebd.: 1007)

(21) лесть […] – обманъ, обольщение (Дьяченко 1900: 281)

Im *Slovar' russkogo jazyka XVIII veka* steht dagegen an erster Stelle das (scheinheilige) Loben – *vosxvaljat'* –, also die illokutive Funktion, und erst an zweiter das perlokutive Betrügen: *obmanyvat'*.

(22) Льсец, а и Лестец, т ца, м. 1. Человек, лицемерно, угодливо восхваляющий кого-, что-л. […] 2. Коварный человек, обмащик, соблазнитель. (Словарь 2001: 5)

(23) Льстить и Лестить […] 1. Лицемерно, угодливо восхвалять кого-л. […] 2. Кому, кого и без доп. Обманывать, обольщать; лгать. […] 3. Кого и кому Привлекать, соблазнить, прельщать. (ebd.: 5–6)

2. Pragmasemantischer Sprachwandel

SCHMEICHELN und VERFÜHREN hängen eng miteinander zusammen. Jemandem falsches Lob spenden und ihn oder sie dadurch zum eigen Nutzen zu bestimmten Handlungen zu verleiten, in die Irre zu führen, oder gar zu betrügen, ist heute genauso vorstellbar wie im 18. Jahrhundert oder im Mittelalter. Definitionen von *l'stit'* als «[хвалить] из корыстного желания расположить к себе» (s.o. (5)–(6)) deuten das an. Die leichte semantische Verschiebung der Bedeutung und des Gebrauchs von *l'stit'* zwischen dem 11. und 18. Jahrhundert zeugt jedoch von einer Veränderung der Perspektive in der negativen Bewertung bestimmter Kommunikationshandlungen. Während sie in den Zitaten aus der Nestorchronik vom Rezipienten aus gedacht sind, also die bei ihnen zu beobachtende Wirkung kommunikativer Akte im Fokus steht, wird in der Kritik der höfischen Kommunikation vor allem auf die Akteure und ihre Intentionen geblickt. Aus diesem Grund erscheint die Wurzel *-l'st-* in der Nestorchronik in präfigierter Form (*prel'st-*) im perfektiven Aspekt zur Bezeichnung der Perlokution VERFÜHREN, während sie in den zitierten Stellen aus Texten des 18. Jahrhunderts als Illokutiv für die Illokution SCHMEICHELN Verwendung findet.

Peter Kosta definiert *Sprachwandel* als „Prozeß der Veränderung von sprachlichen Einheiten (Ebenen, Diasystemen, Systemen) in der Zeit" (Kosta 1999: 956), die ebenso auf kausale wie auf finale Ursachen und Gründe zurückgeführt werden können und im Russischen zum Beispiel im Falle der „relativ freien Wortstellung" durch „kommunikative Faktoren determiniert" wurden (ebd.). Ich selbst habe das Zusammenspiel von kausalen, sprachsystemimmanenten und sozio-(kultur-)pragmatischen, systemexternen Ursachen und Gründen der Sprachentwicklung als *korrelativ* bezeichnet (Kuße 2012: 264–265). Der beobachtete Gebrauch von *-l'st-* verweist auf einen sozio-pragmatischen Wandel, der sich vom Mittelalter bis zur Frühen Neuzeit vollzogen hat und eng mit dem Grad der Einbettung kommunikativen Handelns in religiöse Vorstellungswelten einerseits und in soziale Hierarchien andererseits verbunden ist. Sowohl in der Nestorchronik als auch in den Texten des 18. Jahrhunderts gelten die mit *-l'st-* bezeichneten kommunikativen Handlungen und ihre Wirkungen als schlecht, sie haben jedoch unterschiedliche Akteure (Kuße 2008). In der Nestorchronik sind es direkt oder indirekt widergöttliche Mächte (der Teufel, Dämonen), die sich durch solche Handlungen hervortun. Menschen sind letztlich Verführte. Dagegen treten im 18. Jahrhundert nur menschliche Akteure auf, deren Handlungsmöglichkeiten jedoch durch ihre Stellung in der sozialen Rangordnung eingeschränkt sind, so dass sie ihren Wirkungskreis durch die Verletzung von Konversationsmaximen, durch die sie höher Gestellte für sich zu gewinnen hoffen, erweitern. Daher das beargwöhnte SCHMEICHELN.

Die Verführung als Handlung des Teufels ist auch in Sereznikovs Wörterbuch eingegangen. Das Lexem *l'st'c'* (*Verführer*) wird nicht nur als *obmanščik* (*Betrüger*) erklärt, sondern auch metaphorisch auf *Teufel* und *Antichrist* bezogen

(24) Льстьць = Лестьць = льстець – обманщик […] – дьяволъ […] – антихристъ (Срезневский 1895: 69)

Die Schmeichelei durch hierarchischen Zwang lässt Fonvizin den Hund in der Fabel *Lisica – Koznodej* rechtfertigen:

(25) Собака молвила: «Чему дивишься ты, / Что знатному скоту льстят подлые скоты? / Когда же то тебя так сильно изумляет, / Что низка тварь корысть всему предпочитает / И к счастию бредет презренными путъми, – / Так, видно, никогда ты не жил меж людьми». (Фонвизин 1959/1: 208)

Die beiden Perspektiven auf Kommunikation unterscheiden sich wie gesagt durch eine Fokussierung auf perlokutionäre Effekte oder auf Illokutionen und damit auf intentionales kommunikatives Handeln oder auf Wirkungen dieses Handelns, die bekanntlich auch von den Intentionen der Akteure abweichen können (Wunderlich 1976: 40), weshalb zum Beispiel Searle und Vanderveken die Zuständigkeit der Linguistik für *Perlocutionary effects* infrage stellten (Searle/Vanderveken 1985: 12). Ich selbst habe perlokutionäre Effekte und Perlokutionen in der Weise unterschieden, dass Effekte gewollt oder ungewollt sein können, während Perlokutionen immer gewollt sind. Perlokutionen sind demnach kommunikative Handlungen, die durch ihre beabsichtigte Wirkung bezeichnet werden (Kuße 2016: 168; 2019: 173; 2021: 21; vgl. auch Staffeldt 2007: 77). Anders als bei Illokutionen ist der Rezipient oder die Rezipientin am Zustandekommen von Perlokutionen jedoch in der Regel nicht unbeteiligt. Um dieser Rezipientenbeteiligung Rechnung zu tragen, hat in den 1990er Jahren Yuego Gu den Begriff der Transaktion eingeführt: “Perlocution is in fact a transaction involving at least one speech act performed by S and one response-act performed by H” (Gu 1994: 189). Diese Transaktionalität ist jedoch nicht in allen Fällen gleich stark ausgeprägt und muss deshalb differenziert werden (Kuße 2016: 177–178; 2021: 24–25). Es gibt Perlokutionen, die grundsätzlich transaktional sind. ÜBERZEUGEN ist zum Beispiel nicht ohne oder gar gegen die willentliche Beteiligung des Rezipienten / der Rezipientin, der/die überzeugt wird, möglich. Bei ÜBERREDEN sieht es schon etwas anders aus. Es ist durchaus möglich, dass eine Person zu etwas ÜBERREDET wird, was sie eigentlich nicht will, später bereut usw. Ich nenne solche Perlokutionen *potentiell transaktional*. Und dann gibt es Perlokutionen, die *nicht transaktional* sind, sich dem Willen der Rezipientinnen oder Rezipienten weitgehend oder sogar vollständig entziehen: VERHEXEN, MANIPULIEREN.

Der pragmasemantische Unterschied von *-l'st-* in der Negativbewertung kommunikativen Handelns zwischen der Nestorchronik und der Kritik der höfischen Kommunikation ist auch ein Unterschied in der Auffassung perlokutionären Handelns. Die Verführten in der Nestorchronik sind am Zustandekommen der Perlokutionen der Verführer nicht willentlich beteiligt. Ihr Handeln ist der Effekt nicht transaktionaler Perlokutionen. Und selbst das Verführen der Verführer ist eine nicht transaktionale Perlokution des Teufels.

Ein weiteres Wort, dass diese Nicht-Transaktionalität ausdrückt, ist *omračit'* (*verdunkeln*). Dieses Verdunkeln wird vom Wirken der Dämonen gesagt, die jedoch selbst auch unwissend und machtlos sind:

(26) Но се есть бѣсовьское наученье; бѣси бо не вѣдять мысли человѣчьскыя, но влагають помыслъ въ человѣка, тайны не свѣдуще. Богъ единъ свѣсть помышленья человѣчьская, бѣси же не свѣдають ничтоже; суть бо немощни и худи взоромь. Яко и се скажемъ о взорѣ ихъ и о омраченьи ихъ. (Лаврентіївський літопис: 6579/1071)

Die Vorstellung vom Teufel als dem Verführer und letztlich allein perlokutionär Handelndem, dem nur Gott als Handelnder gegenübersteht, während Menschen und selbst Dämonen eher scheinbar als wirklich kommunikativ handeln und wirken, ist kennzeichnend für dichotomisch strukturierte religiöse Weltbilder. In der russischen Religions- und Kommunikationsgeschichte erlebte sie einen ausdrucksstarken Höhepunkt im *Žitie Avvakuma*, in dem der Anführer der Altgläubigen seine Verfolger, die Anhänger der Kirchenreform unter Patriarch Nikon, zwar heftig beschimpfte, ihnen zugleich aber den eigenen Willen und Antrieb absprach und somit ihr Handeln als Wirkung des Teufels entschuldigte. Ein Schlüsselwort ist für Avvakum *omračit'* (*verdunkeln*), das schon in der Nestorchronik das Wirken von Dämonen charakterisiert (s.o.):

(27) Бог их простит в сий век и в будущий: не их то дело, но сатаны лукаваго. (Аввакум 1960: 66)

(28) Сами видят, что дуруют, а отстать от дурна не хотят: омрачил дьявол, что на них и пенять! (ebd.: 94–95)

Solche Gedanken sind den Kritikern der höfischen Kommunikation im 18. Jahrhundert vollkommen fremd. Die Kommunikation ist eine rein menschliche Angelegenheit, und sie ist potentiell transaktional. Der Akt des Schmeichelns ist eine Illokution mit impliziter Wirkabsicht, aber diese Wirkung kann vom Rezipienten/von der Rezipientin auch blockiert werden, so dass es vom Geschick derjenigen, die schmeicheln, abhängt, ob ihre Rezipienten / Rezipientinnen die verfolgten Absichten erkennen oder nicht. Für den Erfolg gibt es ein Perlokutiv, das der Kammerjunker Michail Ščerbatov in seiner Klage *O povreždenii nravov" v" Rossii* gebraucht: *obmanyvat'* (*betrügen*):

(29) […] главное стремление всех обманывать Государья, дабы от него получать чины и прибыточныя награждения. (Щербатов o.J.: 6)

3. Betrügen und Zombieren

Ich wage einen weiteren Zeitsprung. Nun in die Mitte des 19. Jahrhunderts. *Obmanyvat'* (*betrügen*) und *obman* (*Betrug*) sind in dieser Zeit zwei Schlüsselwörter in Lev Tolstojs radikaler Kulturkritik, die in weiten Teilen eine radikale Kommunikationskritik war, wie sie sich nicht nur in seiner zweiten Lebenshälfte, sondern überhaupt in der Literatur des späten 19. Jahrhunderts zuspitzte. Zu denken ist etwa an August Strindberg und Henrik Ibsen oder auch an Søren Kierkegaard und Friedrich Nietzsche und in der russischen Literatur an Nikolaj Gogol′ und natürlich Fedor Dostoevskij (Kuße 2010: 16–25; 2015; 2021: 47–56). Wenn Tolstoj zwischenmenschliche Kommunikation als betrügerisch verurteilt, dann handelt es sich für ihn um ausschließlich menschliches Handeln, das unabhängig von etwa bestehenden sozialen Hierarchien ist. In der radikalen Kommunikationskritik erscheint die Kommunikation als Betrug aller gegen alle. Menschen betrügen sich selbst und ihre Mitmenschen und versuchen sogar Gott zu betrügen – so an verschiedenen Stellen in Tolstojs letztem Aphorismenwerk *Put' žizni*:

(30) Если человек хочет угодить Богу молитвами, обрядами, то это значит, что он хочет обмануть Бога. Но Бога нельзя обмануть, обманываешь только себя. (Толстой 1956: 26)

(31) Тот, кто говорит, что любит Бога, но не любит ближнего, тот обманывает людей. Тот же, кто говорит, что любит ближнего, но не любит Бога, тот обманывает самого себя. (ebd.: 75)

(32) Люди враждуют друг с другом и знают, что это нехорошо, и вот, чтобы обмануть себя, заглушить в себе совесть, придумывают оправдания своей враждебности. (ebd.: 180)

BETRÜGEN scheint auf den ersten Blick nicht transaktional, allenfalls potentiell transaktional zu sein, da sich kaum jemand willentlich betrügen lässt. In der radikalen Kommunikationskritik, wie sie besonders explizit von Tolstoj formuliert wurde, lautet der Vorwurf jedoch, dass alle willentlich alle betrügen und alle dies wissen und willentlich geschehen lassen, und sich sogar selbst willentlich betrügen, um bestimmten eigennützigen Interessen frönen zu können. Diese radikale Kritik erstreckt sich über den zwischenmenschlichen Umgang hinaus auch auf alle Institutionen, die Kirche, die Schule und ganz besonders das Recht, das Tolstoj in seinem berühmten *Pis'mo studentu o prave* als grobe Rechtfertigung von Gewalt verurteilte:

(33) …то, что скрывается под словом «право», есть не что иное, как только самое грубое оправдание тех насилий, которые совершаются одними людьми над другими. (Толстой 1936: 56)

In dieser Institutionenkritik deutet sich bei Tolstoj eine neue Dimension perlokutionären Handelns an, die nach dem Ersten Weltkrieg zunehmend an Bedeutung gewann: die Perlokutionarität als Diskurs in der Form von Propaganda (Kuße 2021: 57–61). 1928 erschien in Moskau die bedeutende Studie *Jazyk revoljucionnoj ėpoxi* von Afanasij Seliščev, in der die Auswirkungen der Dominanz und Zentralisierung der bolschwistischen Parteiorganisationen auf die Sprache dokumentiert sind, von der Intensivierung der emotional-expressiven Funktion der Sprache über die massive Verbreitung von Genres wie der Agitation oder der Losung bis ihn zum Verschwinden von Bedeutungsnuancen von Wörtern oder Konstruktionen (besonders Селищев 1928: 25, 101, 121–122; Kuße 2021: 57–58). Im gleichen Jahr brachte, ohne dass zwischen beiden Publikationen weitere Berührungspunkte bestanden, Edward Bernays in New York seine wirkungsmächtige Handreichung *Propaganda* heraus, die effektive "manipulation" für die "democratic society" empfahl (Bernays 1928: 9). Was beide Publikationen ungeachtet ihrer diametral unterschiedlich gearteten sozio-kulturellen Rahmenbedingungen und ihrer unterschiedlichen Ausrichtung – deskriptiv im Falle Seliščevs und präskriptiv im Falle Bernays – verband, war die hellsichtige Beurteilung von Propaganda als einer neuen Kommunikationsform, mit der sich große Menschenmassen in ihrem Verhalten steuern lassen (sollen). Die massenmedialen Möglichkeiten vom Rotationsdruck über Radio und Fernsehen bis hin zu den sozialen Medien der Gegenwart sind aber im Verlauf des 20. Jahrhunderts auch zunehmend als Bedrohung empfunden worden. Bernays selbst hat bekanntlich den Begriff *Propaganda* propagandistisch effektvoll in *Public Relations* umbenannt, da der für ihn wertneutrale Ausdruck im Lauf der Zeit zunehmend negativ konnotiert wurde. Das hat die Medien- und ‚Manipulations'-Kritik nicht aufhalten können. In Russland richtete sie sich in den letzten 10 bis 15 Jahren immer entschiedener gegen die propagandistische Agitation durch die Staatsmedien, insbesondere das Fernsehen, das im Russischen auch den ironischen Spitznamen *Zombojaščik* (*Zombiekasten*) bekommen hat. So heißt auch eine Kinokomödie aus dem Jahr 2018, in der Kino- und Fernsehformate vom Horrorfilm über die Werbung bis zur Fernsehshow parodiert werden. Das Verb *zombirovat'* (*zombieren, zum Zombie machen*) hat mittlerweile einen Eintrag im Online-Wörterbuch *VikiSlovar'*. Mit ihm wird der Verlust des eigenen Willens durch die mediale Propaganda kritisiert. In dieser Bedeutung wird das Verb ebenso wie das Substantiv *Zombirovanie* medienkritisch gebraucht.

(34) зом-бй-ро-вать: убеждением или иным воздействием заставлять кого-либо слепо, без рассуждений исполнять чью-либо волю. (https://ru.wiktionary.org/wiki/викисловарь; Zugriff: 19.06.2021)

(35) Телевидение зомбирует людей … (https://investobox.ru/televidenie-zombiruet-lyudej/; Zugriff: 19.06.2021)

(36) Человек же, смотря телевизор, сам того не подозревая, подвергается массированному гипнотическому зомбированию … (https://rgdn.info/televidenie_-_sredstvo_poraboscheniya_mass; Zugriff: 19.06.2021)

Der Neologismus *zombirovat'* ist ein Perlokutiv zur negativen Bewertung nicht transaktionaler Perlokutionen. Es ist bemerkenswert, wie mit ihm in der Medienkritik die mittelalterliche Vorstellung von der Nicht-Transaktionalität in säkularisierter Form wiederkehrt. An die Stelle des Teufels als Verführer sind aus der Sicht der Kritiker die propagandistische Einwirkung durch ein bestimmtes – das Fernsehen – oder eine Reihe von Medien – ‚das Internet' – getreten, die die Persönlichkeiten ihrer Nutzerinnen und Nutzer tiefgreifend verändern und denen sie schutzlos ausgeliefert zu sein scheinen.

Die Beobachtungen zur Perlokutionsgeschichte lassen also den Wandel von der Nicht-Transaktionalität im Kontext religiöser Bewertungen der Kommunikation im Mittelalter und der Frühen Neuzeit zur (potentiellen) Transaktionalität in der metakommunikativen Axiologie der höfischen Kommunikation im 18. Jahrhundert und der radikalen Kommunikationskritik im 19. und frühen 20. Jahrhundert zur neuen Nicht-Transaktionalität in der Medien- und Propagandakritik der Gegenwart erkennen.

Literaturverzeichnis

Bernays, Edward: *Propaganda*. New York: Haroce Liveright, 1928.

Graßhoff, Helmut / Freydank, Dietrich / Sturm, Gottfriend / Harney, Jutta (eds.): *Rauchspur der Tauben. Radziwiłł-Chronik. Aus dem Altrussischen übertragen und herausgegeben von Helmut Graßhoff, Dietrich Freydank und Gottfried Sturm unter Mitarbeit von Jutta Harney*. Leipzig und Weimar: Kiepenheuer Verlag, 1986.

Gu, Yuego: Pragmatics and Rhetoric: A Collaborative Approach to Conversation. Parret, Herman (Hg.): *Pretending to Communicate*, 173–195. Berlin / New York: Walter de Gruyter, 1994.

Kosta, Peter: Konzepte des Sprachwandels in Russland, der UdSSR und den GUS-Staaten. Jachnow, Helmut u.a. (Hg.): *Handbuch der sprachwissenschaftlichen Russistik und ihrer Grenzdisziplinen*, 954–994. Wiesbaden: Harrassowitz, 1999.

Kuße, Holger: Das Böse der positiven Rede. Ein Topos der Kommunikation in der russischen Kulturgeschichte (Avvakum, Fonvizin, Solov'ev). Zelinsky, Bodo (Hg.): *Das Böse in der russischen Kultur*, 44–59. Köln / Weimar / Wien: Böhlau, 2008.

Kuße, Holger: *Tolstoj und die Sprache der Weisheit*. Göttingen: Vandenhoeck & Ruprecht, 2010.

Kuße, Holger: *Kulturwissenschaftliche Linguistik. Eine Einführung*. Göttingen: Vandenhoeck & Ruprecht, 2012.

Kuße, Holger: Dostoevskij und die Sprache des Bösen. Goes, Gudrun (Hg.): *Wer wagt es solche Fragen vorzulegen? Dostojewskijs Weltanschauung. = Jahrbuch der deutschen Dostojewskij-Gesellschaft. 21/2014*, 144–162. München / Berlin / Washington, D.C.: Otto Sagner, 2015.

Kuße, Holger: Perlokutionen und perlokutionäre Interaktion. Breu, Walter und Tilmann Reuther (Hg.): *Slavistische Linguistik 2014. Referate des XL. Konstanzer Slavistischen Arbeitstreffens in Konstanz / Hegne, 1. bis 5. September 2014* [= *Wiener Slawistischer Almanach*, 77], 159–198. Frankfurt a.M.: Peter Lang, 2016.

Kuße, Holger: *Aggression und Argumentation. Mit Beispielen aus dem russisch-ukrainischen Konflikt*. Wiesbaden: Harrassowitz Verlag, 2019.

Kuße, Holger: *Handlung als Wirkung. Perlokutionen und perlokutionäre Interaktion in der russischen Sprach- und Kommunikationsgeschichte* [= *Akademie der Wissenschaften und der Literatur. Abhandlungen der Geistes- und sozialwissenschaftlichen Klasse,* (2) 2021]. Stuttgart: Franz Steiner Verlag, 2021.

Müller, Ludolf (übers.): *Die Nestorchronik: die altrussische Chronik, zugeschrieben dem Mönch des Kiever Höhlenklosters Nestor, in der Redaktion des Abtes Sil'vestr aus dem Jahre 1116 rekonstruiert nach den Handschriften Lavrent'evskaja, Radzivilovskaja, Akademičeskaja, Troickaja, Ipat'evskaja und Chlebnikovskaja und ins Deutsche übersetzt von Ludolf Müller*. München: Wilhelm Fink Verlag, 2001.

Searle, John / Vanderveken, Daniel: *Foundations of Illocutionary Logic*. Cambridge: Cambridge University Press, 1985.

Staffeldt, Sven: *Perlokutionäre Kräfte. Lexikalisierte Wirkungen sprachlicher Äußerungen im Deutschen*. Frankfurt a.M. u. a.: Peter Lang, 2007.

Vasmer, Max: *Russisches etymologisches Wörterbuch*. Bd. 2. Heidelberg: Winter-Verlag, 1955.

Wunderlich, Dieter: *Studien zur Sprechakttheorie*. Frankfurt a.M.: Suhrkamp, 1976.

Аванесов, Рубен (ред.): *Словарь древнерусского языка (XI – XIV вв.). Том IV (изживати– моление)*. Москва: Русский язык, 1991.

Гильтебрандт, Петр: *Справочный и объяснительный словарь к новому завету. Книга третья и четвертая*. Петроград: Тип. А. М. Котомина и К., 1883.

Дьяченко, Григорій: *Полный церковно-славянский словарь*. Москва: Типографія Вильдеб, 1900.

Лаврентіївський літопис = *Повість временних літ за Лаврентіївським списком*. http://litopys.org.ua/. Zugriff: 19.06.2021.

Новиков, Николай: Статьи и заметки из журнала «Трутень». *Н. И. Новиков и его современники. Избранные сочинения*, 15–336. Москва: Издательство АН СССР, 1961.

Радзивиловская летопись = *Полное собрание русских летописей*, Т. 38. Ленинград: Наука, 1989.

Робинсон, Андрей: *Жизнеописания Аввакума и Эпифания. Исследование и тексты*, 139–178. Москва: Издательство АН СССР, 1963.

Селищев, Афанасий: *Язык революционной эпохи. Из наблюдений над русским языком последних лет 1917–1926*. Москва: Работник просвещения, 1928.

Срезневский, Иван: *Матеріалы для словаря древне-русскаго языка по письменнымъ памятникамъ*, Т. 2. Санкт Петербург: Типографія Императорской Академіи наукъ, 1895.

Словарь русского языка XI – XVII вв. Выпуск 8 (Крада – Лящина). Москва: Наука, 1981.

Словарь русского языка XVIII века. Выпуск 12: Льстец – Молвотворство. Москва: Наука, 2001.

Словник староукраїнськой мови XIV – XV ст., Т. 1: А–М. Київ: Наукова думка, 1977.

Толстой, Лев: Письмо студенту о праве. *Полное собрание сочинений в 90 томах*, Т. 38, 54–61. Москва: Государственное издательство художественной литературы, 1936.

Толстой, Лев: *Путь жизни* [= *Полное собрание сочинений в 90 томах*], Т. 45. Москва: Государственное издательство художественной литературы, 1956.

Фонвизин, Денис: *Собрание сочинений в двух томах*. Москва / Ленинград: Государственное издательство художественной литературы, 1959.

Щербатов, Михаил: *О повреждении нравовъ въ России*, 2. изд. Лейпциг, 1887.

Systemic links between parenthetical and conjoint constructions

Galina Kustova[*]

Abstract: This article discusses a fragment of the system of rules for the interpretation of parenthetical constructions, e.g., *I must say, expressing, as I hope, the common position of the Congress, that a plenipotentiary legislature will be created* (RNC), and conjoint constructions, e.g., *If you realized your mistake and began to correct it (which I sincerely hope for) honor and praise to you* (RNC), with mental verbs. The author explores the influence of the semantics of the tense of a mental verb in parenthetical or conjoint constructions on the meaning of a sentence and the status of proposition P. It is shown that the parenthetical constructions of the past tense imply 'not-P': *Grigory Vasilyevich is not offended at you, as you were afraid* [RNC] – 'X was afraid that P (Y is offended); actually not-P (Y is not offended)'.

Keywords: parenthetical constructions, conjoint constructions, mental verbs, tense

Системные связи вводных и присоединительных конструкций[†]

Галина Кустова

Резюме: В статье рассматривается фрагмент системы правил интерпретации вводных (*Я должен сказать, выражая, **как я надеюсь**, общую позицию съезда, что полномочный, законодательный орган будет создан* («Русский спорт», 1919)) и присоединительных (*Если вы осознали свою ошибку и начали ее исправлять* (***на что я искренне надеюсь***) *— честь вам и хвала* («Богатей», Саратов, 2003)) конструкций с ментальными глаголами, а именно – влияние семантики времени ментального глагола в составе вводных или присоединительных конструкций на смысл предложения и статус пропозиции P. Показано, что вводные конструкции прошедшего времени имплицируют 'не-P': *Григорий Васильевич на тебя **не в обиде, как ты боялся*** (Ю. В. Трифонов. *Время и место*, 1980) – 'боялся, что P (в обиде); на самом деле не-P (не в обиде)'.

Ключевые слова: вводные конструкции, распространительно-присоединительные конструкции, ментальные глаголы

* V. V. Vinogradov Russian Language Institute (RAS)/Moscow Pedagogical State University, e-mail: galinak03@gmail.com

† Исследование выполнено при финансовой поддержке РФФИ и Национального научного фонда Болгарии, проект № 20–512–18005./The study was funded by RFBR and National Science Foundation of Bulgaria (NSFB), project number 20–512–18005.
Примеры извлечены из НКРЯ, www.ruscorpora.ru./Examples are from the RNC.

1. Вводные и присоединительные конструкции

В языке постоянно идут противоположные процессы изменения коммуникативного статуса тех или иных фрагментов синтаксической (и, соответственно, смысловой) структуры:

a) процесс акцентирования, выделения, когда некоторый фрагмент приобретает бóльший коммуникативный вес и / или более высокий синтаксический статус;
b) процесс редукции, понижения синтаксического и коммуникативного статуса (Appelt 1995; Banik 2009; Kehler 2002; Potts 2005; Urmson 1963; Апресян 1995; Сердобольская 2017).

В качестве примеров редукции мы рассмотрим вводную и присоединительную конструкции. И та и другая имеют корреляции с главной клаузой сложного предложения.

Один из типичных механизмов редукции главной клаузы – «превращение» ее в парентезу:

(1) **Синоптики предполагают**, что осень будет теплой. →

(2) Осень, **как предполагают синоптики**, будет теплой.

Вводные (в другой терминологии – парентетические) конструкции можно рассматривать как результат синтаксического преобразования исходного высказывания либо как выбор особой стратегии кодирования. Важно, что вводная конструкция (далее – ВК) имеет более низкий статус по сравнению с главной клаузой. Предложение P, в которое включается ВК, будем называть вмещающим. Употребление глаголов в составе ВК будем называть вводным, в качестве матричного глагола с зависимой клаузой – матричным.

Другой вариант редукции главной клаузы – «превращение» ее в относительную клаузу, или распространительно-присоединительную конструкцию (далее – РПК):

(3) Он всегда **гордился тем**, что занял на международных соревнованиях первое место. →

(4) Он занял на международных соревнованиях первое место, **чем** всегда **гордился**.

При этом ВК и РПК имеют системные связи не только со сложным предложением, но и друг с другом. В некоторых случаях ВК и РПК почти синонимичны и взаимозаменимы, особенно если P верифицируемо, ср.:

(5) «Бавария», **как и надеялись болельщики**, вышла в финал (*vs*. «Бавария» вышла в финал, **на что и надеялись болельщики**.)

(6) Если Севастополь еще **не взят, как мы надеемся**, не найдете ли вы уместным приступить к комбинации для усиления его защиты? (Е. В. Тарле. *Павел Степанович Нахимов*, 1943) (*vs.* Если Севастополь еще **не взят, на что мы надеемся**, приступайте к усилению его защиты.)

Далее мы будем рассматривать ментальные глаголы со значением предположения во вводных и присоединительных конструкциях. Эти глаголы могут быть нейтральными (безоценочными): *думать*, *ожидать*, – а могут содержать в своей семантике оценку ситуации Р (Зализняк 2006):

(7) *Надеюсь, что Р* – думаю, что будет хорошее (желательное) Р.

(8) *Боюсь, что Р* – думаю, что будет плохое (нежелательное) Р.

Вообще говоря, стратегии кодирования ментального глагола в виде ВК или РПК неравноценны: вводные конструкции представляют собой более сильную степень редукции. Присоединительные клаузы – это «настоящие» предложения, пусть и зависимые. ВК – это «ненастоящие» предложения (в традиционной грамматике считается, что они синтаксически не связаны с вмещающим предложением Р). ВК имеют значительно больше системных ограничений по сравнению с присоединительными. Вот некоторые из них:

– ВК допускают лишь некоторые типы предикатов – мнения, знания (*как я думал / надеялся / боялся*; *как я понял*; *насколько мне известно*), РПК допускают также эмоциональные и оценочные предикаты (*…что меня огорчило*; *…чему он очень рад*; *…что важно / странно / плохо / хорошо*);

– ВК, в отличие от РПК, обычно не допускают отрицания при предикате: *Он достал билеты, на что мы уже* ***не*** *надеялись* – **Он, как мы уже* ***не*** *надеялись, достал билеты*. Запрещено даже скрытое, лексическое отрицание:

(9) Завтра, **как я помню**, заседание совета. vs. *Завтра, **как я забыл**, заседание совета. → … о чем я забыл.

При этом в главной клаузе / вмещающем предложении может быть отрицание:

(10) На Подьяческой улице дружина Володи «экспроприировала» **не** полмиллиона, **как надеялся Митя**, **а** всего двести тысяч. (Б. В. Савинков. *То, чего не было*, 1918)

(11) Он **не** достал билеты, на что мы надеялись. (= надеялись, что достанет)

– ВК, в отличие от РПК, не допускают интенсификаторов:

(12) Я предупредил его, что в межсезонье он либо наберет форму, на что я **очень** надеюсь, либо покинет команду [НКРЯ] vs. В межсезонье он наберет форму, *как я **очень** надеюсь. (допустимо: как я надеюсь)

– ВК и РПК различаются с точки зрения позиции в предложении (РПК обычно невозможны в препозиции).

Наконец, в русском языке действует еще одно важное ограничение: в отличие от *надеяться*, *бояться*, которые образуют «парные» (соотносительные) ВК и РПК: *как я надеюсь – на что я надеюсь*; *как он боялся – чего он боялся*, – ВК *как я думаю / думал* (*как он думает / думал*) не преобразуется в относительную клаузу *о чем я / он думал* (*думает*). Глагол *думать* имеет два разных значения – стативное (мнение, предположение: *Я думаю* (= 'считаю, полагаю'), *что эта проблема неразрешима*) и процессное, точнее – значение ментального действия (*Я долго думал* (= 'размышлял') *о том, как решить эту проблему*). Во вводных конструкциях употребляется только стативное (модальное) *думать*, в относительных клаузах – только процессное. Поэтому они не образуют корреляции («пары»).

Различия существуют не только между ВК и РПК, но и между разными ВК. Так, например, существуют определенные правила совместимости ВК 1-го и 2-го лица с коммуникативным статусом вмещающего предложения. ВК 1-го лица с глаголом *думать* употребляются в повествовательных предложениях: *Он,* (*я*) *думаю, придет*, – но не в вопросительных: [?]*Он, я думаю, придет?*; ВК 2-го лица с глаголом *думать* употребляются, наоборот, в вопросительных предложениях: *Он,* (*ты*) *думаешь, придет?* (для повествовательных предложений действуют более сложные правила, на которых мы сейчас не можем останавливаться). Распределение ВК с разными лицами глаголов по разным коммуникативным типам предложений прагматически мотивировано: человеку естественно сообщать свое мнение (1-е лицо) и спрашивать мнение адресата (2-е лицо), сообщать же адресату его мнение или спрашивать свое мнение у самого себя прагматически неестественно.

Однако глаголы с оценочным компонентом ведут себя иначе. *Надеюсь* хорошо сочетается с вопросом:

(13) А супруг ваш, **надеюсь**, дома? — спросил он совершенно уже беспечным тоном. (А. Ф. Писемский. *Люди сороковых годов*, 1869)

Впрочем, вопросы с вводным *думаю* тоже возможны, ср.: *Миллион,* ***думаю,*** *у вас уже есть?* Употребление вводных ментальных глаголов в вопросах регулируется, по-видимому, прагматическими импликациями. Как отмечал еще Дж. Урмсон (Urmson 1963), парентетическое *думаю*, в отличие от полноценного *Я думаю, что P*, означает, что говорящий скорее воспринимает P как реальную ситуацию ('X уверен, что P'). А *думаю* является просто сигналом того, что P все-таки не факт, а предположение. В вопросе презумпция вводной конструкции 'P имеет место' сохраняется. Вопрос *А супруг ваш,* ***надеюсь****, дома?* (в отличие от «нормального» вопроса *Ваш супруг дома (или* *нет)?*) имеет не столько информационную (желание получить ответ), сколько этикетную и контактоустанавливающую функцию: 'Уверен, что дома, но спрашиваю, так сказать, из вежливости'. Поскольку *надеюсь* и *боюсь* содержат оценку разного знака, они употребляются по-разному. В контексте *надеюсь* ситуация P воспринимается как позитивная или нейтральная. В контексте *боюсь* P – нежелательная ситуация, а иметь презумпцию нежелательной ситуации P – этически сомнительная позиция для говорящего. Если P нежелательно, прагматически оправданно сомневаться в его существовании, а не исходить из презумпции существования P, ср.: *Ты, **надеюсь**, успел? – ?Ты, **боюсь**, опоздал?* Примеры вводного *боюсь* в вопросительных предложениях в НКРЯ не встретились, хотя, возможно, в разговорной речи они встречаются.

2. Типы и свойства вводных конструкций

В русском языке на базе одного и того же глагола может быть построено несколько ВК: *как я думаю / я думаю / думаю*. ВК с *как* будем называть союзной, без *как* – минимальной.

Как-предложение (*Он, **как я думаю**, не согласится*) – не просто более полноценная и менее редуцированная конструкция, чем ВК без *как* (*Он, (**я**) **думаю**, не согласится*). В грамматиках эти конструкции относят к разным группам. В (Шведова 1980) конструкции *думаю*, *надеюсь*, *полагаю* (как и *кажется*, *видимо*, *без сомнения*) отнесены к оценкам вероятности ситуации. Для краткости ВК этой группы будем называть модальными. Конструкции *как полагаю / как думаю / как считаю* (как и конструкции *как говорят*, *как пишут*, *как оказалось*, *как известно*) отнесены к группе «источник сообщения, отнесенность к автору речи».

Очевидно, однако, что ВК группы «источник сообщения» с ментальными глаголами (особенно с глаголами 1-го лица) – *как я думаю / боюсь / надеюсь* – существенно отличаются от конструкций типа *как сообщил наш корреспондент*, *как показывают исследования*, которые, действительно, просто являются указанием на источник информации. ВК с ментальными глаголами представляют собой гибридные структуры: они выражают не только источник информации (в случае 1-го лица это автоцитирование), но и являются показателями предположительности, неутвердительности. Т.е. в союзных ВК ментальные глаголы, указывая на источник информации, не перестают быть модальными показателями оценки вероятности:

(14) В ближайшем будущем, **как мы надеемся**, можно будет посмотреть, как меняется расположение фрагментов после поглощения родопсином кванта света. (*Знание – сила*, 2005)

(15) После одной из публичных генеральных для «мам и пап», которая прошла с успехом, нас пригласили, **как мы думали**, для замечаний к Владимиру Ивановичу. (Софья Пилявская. *Грустная книга*, 2000)

(16) Человек большой работоспособности, он подчинен мне как начальнику Управления земледелия и будет, **как Глинка надеется**, дружно со мной работать (А. А. Татищев. *Земли и люди: В гуще переселенческого движения*, 1928)

– это сообщения о предположении.

ПРИМЕЧАНИЕ. Конструкции с ментальными глаголами 2-го лица имеют особые свойства и здесь не рассматриваются. Они подробно описаны в (Кустова 2018).

У ВК с *как* есть очень важное свойство (и отличие от распространительно-присоединительных *что*-предложений): *как*, хотя это и союз, близок к местоимениям *как* и *так*. Пропозициональные местоимения *как* и *так*, в свою очередь, коррелируют с пропозициональными *что* и *это*. При этом *как* (*так*) и *что* (*это*) – это совершенно разные концептуализации пропозиционального содержания, см. (Кустова 2019). Эти различия сохраняются и в редуцированных конструкциях с *как* и *что*.

Что (и *это*) – просто контейнер для переноса содержания из главной клаузы в зависимую (*Он все-таки пришел, на* ***что*** (= 'на то, что он придет') *мы уже не надеялись*). *Как*, будучи исходно обстоятельством образа действия, предполагает выбор, разные варианты, разные возможности. *Как* связано с мнением, выражением точки зрения: 'X сказал / подумал так, а мог бы сказать / подумать иначе'. Эта особенность *как* проявляется, в том числе, в цитировании. Бывает, так сказать, механическое цитирование, а бывает интерпретационное, сохраняющее дистанцию между цитирующим и автором цитаты. Одно дело, когда человек просто механически передает чужие слова – выступает как источник, «материальный носитель» информации:

(17) Козьма Прутков сказал: «Нельзя объять необъятное».

И другое дело – *как*-конструкция: здесь передаются не просто слова, а точка зрения, мысль, мнение, которое могло бы быть и другим:

(18) Как сказал Козьма Прутков, нельзя объять необъятное.

Показательно, что странно звучат фразы, в которых содержится не мнение, а тривиальное предположение:

(19) $^{?}$Как сказал Петя, завтра будет дождь.

Соответственно, если мы возьмем *как*-предложения с ментальными глаголами *думать*, *ожидать*, *надеяться*, *бояться*, то увидим, что это не просто пересказ, изложение каких-то пропозиций, передача мысли, а некоторая рефлексия (похоже на цитирование с *как*): содержание пропозиции можно сравнить (или можно будет сравнить) с реальностью, можно будет обсудить, установить истинность этих предположений. В том числе, это относится и к собственным мыслям (*как я думал / как я надеялся*), поэтому такие конструкции 1-го лица уместно называть автоцитированием.

Правила употребления вводных и присоединительных конструкций в грамматиках практически не описаны: не сказано, какие формы времени глаголов допустимы в ВК; с какими иллокутивными типами вмещающих предложений совместимы те или иные ВК (ср. *Приходи, **я думаю**, в три часа* (≈ 'я думаю, тебе надо / лучше прийти в три часа'), но: **Поступай, **я надеюсь**, в театральный*; **Возьми, **я боюсь**, побольше денег*); как соотносятся ВК и присоединительные (относительные) клаузы. Между тем эти правила имеют не только теоретический интерес, но и практический смысл – в плане преподавания русского как иностранного.

Задача данной статьи – рассмотреть небольшой фрагмент системы правил интерпретации вводных и присоединительных конструкций с ментальными глаголами, а именно – влияние семантики времени ментального глагола на смысл предложения с ВК или РПК.

Для союзных ВК (*как я думаю*), в отличие от минимальных (*думаю*), возможны разные формы времени ментальных глаголов, причем противопоставление временных форм (настоящее vs. прошедшее) имеет такие же свойства, как и в «нормальных» предложениях.

Что же касается минимальной конструкции, то это, по существу, просто модальный показатель. В ней употребляются только формы настоящего времени:

(20) Он, **думаю**, не придет.

(21) Этот сейф, **надеюсь**, невозможно взломать.

При этом модальный показатель (достоверности, предположительности), строго говоря, вообще не нуждается в формах времени и лица, поскольку они для него фиксированы: если это глагол, он имеет форму 1-го лица настоящего времени, поскольку субъект вводного модального показателя – говорящий (субъект сознания), см. (Падучева 1991), однако тот же самый субъект имеется и у неглагольных показателей, у которых нет «внешних» форм времени и лица, но которые сохраняют отнесенность к субъекту сознания (в простейшем случае – к говорящему):

(22) Дверь, **по-видимому / наверное / скорее всего**, будет закрыта – 'я думаю'.

ПРИМЕЧАНИЕ. Нужно отличать модальный показатель от слов автора (авторского комментария) при прямой речи. Прямая речь может быть внутренней, и тогда используются не только речевые, но и ментальные глаголы. Но при прямой речи требуется обратный порядок подлежащего и сказуемого:

(23) Дверь, **думаю я**, будет закрыта.

– и возможно прошедшее время:

(24) Дверь, **думал я**, будет закрыта.

3. Время глагола и семантика конструкции

Настоящее время «обычного» глагола (*Петя красит стену / пишет письмо*) имплицирует, что в момент речи ситуация Р имеет место; прошедшее время глагола имплицирует, что в момент речи (в настоящее время) ситуация Р не имеет места: *Утром Петя красил стену / писал письмо* – ‘сейчас уже не красит / не пишет’.

Правила интерпретации высказываний с ментальными глаголами (глаголами пропозициональной установки) сложнее, чем правила интерпретации высказываний с «физическими» глаголами: они касаются не только ментального глагола, но и связанной с ним пропозиции Р.

Ментальные глаголы в рассматриваемых нами ВК употребляются в двух формах – настоящем и прошедшем времени, и имеют разные импликации, связанные как с временем глагола, так и с пропозицией Р.

3.1. Настоящее время

Настоящее время ВК *как X думает (надеется / боится), Р* имплицирует ‘X не знает, Р или не-Р’ (потому что если X знает, он должен, в соответствии с постулатом Х. П. Грайса (Grice 1975), употребить более сильный глагол, чем предположение *думать / надеяться / бояться*).

Применительно к «простым» ситуациям, которые происходят в силу естественного хода событий и не подвержены влиянию дополнительных факторов, автоцитирование (*как X думает / боится / надеется*) неуместно, т.е. союзная конструкция в таких случаях не употребляется:

(25) ?Через неделю, **как я надеюсь**, он поправится.

(26) ?Он успел, **как я надеюсь**, на электричку.

(27) ?Наши друзья, **как я боюсь**, опоздали в кино.

Заметим, что это потенциально верифицируемые пропозиции: в определенный момент в будущем можно будет установить, Р или не-Р.

При этом предложения с минимальными ВК правильны:

(28) Он успеет, **я думаю / надеюсь**, на электричку.

(29) Наши друзья, **боюсь**, опоздали в кино.

Союзные ВК настоящего времени допустимы, если реализация ситуации P маловероятна, зависит от влияния слабо контролируемых факторов. При этом в определенных случаях союзные ВК предпочтительны или даже обязательны – например в тех случаях, когда P входит в сферу действия (о сфере действия см. (Богуславский 1996)) оператора условия:

(30) Итак, **если** я **поеду**, **как предполагаю и надеюсь**, за границу в конце октября или начале ноября, то один. (П. И. Чайковский. *Письма Н. Ф. Фон-Мекк*, 1880) (ср.: ?**если** я **поеду**, **надеюсь**, за границу…)

(31) **Когда** же нас, **как мы надеемся**, **примут** в июне в члены ФАТФ, мы сами будем участвовать в принятии решений. («Профиль», 2003.01.27)

(32) Но **если, как я боюсь**, это окажется практически невозможным, — вставая, сказал он с подчеркнутой иронией, — то ведомству вашему, да и лично вам, тревожиться нечего. (М. А. Алданов. *Ключ*, 1929)

Если оператор условия отсутствует, то все равно ситуация по содержанию такова, что есть множество факторов, которые могут помешать ей реализоваться:

(33) Из этих примеров, **как я надеюсь, видно**, насколько надо быть осторожными. (Б. Б. Вахтин. *Человеческое вещество?*, 1950–1980) (= может ли человек «увидеть», т.е. понять то же, что понимает другой человек, неизвестно и не гарантировано)

(34) Ты ее еще не знаешь, но сейчас познакомишься и, **как я надеюсь**, даже скоро и подружишься. (Е. А. Аверьянова. *Иринкино счастье*, 1910) (= дружеские чувства могут и не возникнуть)

Широко представлены высказывания, когда ВК настоящего времени относятся к неверифицируемым суждениям:

(35) Именно это, **как мы думаем**, и произошло **у древних** эукариот (Александр Марков, Елена Наймарк. *Эволюция. Классические идеи в свете новых открытий*, 2014) (= ситуация имела место в далеком прошлом, ее нельзя проверить)

(36) Главным для меня и, **как я думаю, для Игоря Евгеньевича и других** участников группы было внутреннее убеждение, что эта работа необходима (Геннадий Горелик. *Андрей Сахаров. Наука и свобода*, 2004)

(37) Или он полагается на собственное вдохновение и разум — весьма **напрасно, как я думаю**! (Екатерина Цимбаева. *«Русский католицизм» как общественно-философское течение XIX века*, 1996)

(38) **Беда** была, **как я думаю, в другом**. (Александр Бовин. *Пять лет среди евреев и мидовцев, или Израиль из окна российского посольства*, 1999)

(39) Вот и у нас, **как я думаю, должен** умереть последний, кто помнит сталинское рабство. (Александр Бовин. *Пять лет среди евреев и мидовцев,*

или Израиль из окна российского посольства, 1999) (= оценочные и интерпретационные высказывания – возможны разные точки зрения на одну и ту же ситуацию)

Наконец, настоящее время *как X думает* может относиться просто к неверным суждениям:

(40) Кстати, ворон живет совсем **не 300 лет, как некоторые думают**. Его средний век — 20–30 лет. (Алексей Кузнецов. *Между Гринвичем и Куреневкой*, 2002) (= некоторые думают, что 300 лет)

(41) И логика рассуждений такого человека предельно ясна: над ним, **как он думает**, **господствуют** неведомые силы. (В. В. Мезенцев, К. С. Абильханов. *Чудеса: Популярная энциклопедия*, 1991) (= описывается мифологическое сознание)

При этом субъект ментального глагола не знает, P или не-P, – но это знает говорящий. Передача неправильного мнения возможна только при условии, что наблюдатель (интерпретатор), носитель правильного мнения, научного подхода, не совпадает с субъектом неправильного мнения (заблуждения). Представлять свое собственное мнение как синхронно неправильное – своего рода иллокутивное самоубийство (Вендлер 1985): *[?]Ворон живет не 300 лет, как я думаю, а 30 (*ретроспективно, разумеется, субъект может осознать неправильность своего мнения, см. ниже).

Аналогичные импликации (‘X не знает, P или не-P’) имеют предложения с РПК:

(42) **Если** будешь еще мне писать, **на что я очень надеюсь**, пожалуйста, не сочти за труд указать на конверте, кому рассказываешь о своем житье-бытье. (Юлий Даниэль. *Письма из заключения*, 1966–1970)

Конструкции *P, как X думает / надеется / боится* означают не просто предположение (ср. просто предположение *Надеюсь, вы скоро познакомитесь*; *Думаю, ты ей понравишься*) – они означают, что говорящий обдумывал ситуацию P и выработал к ней определенное отношение. Он не просто ссылается на источник (как в случаях *…как пишут ученые*; *…как передают синоптики*), а сообщает определенным образом сформулированные мысли, оценки.

3.2. Прошедшее время

Как уже было сказано, правила интерпретации высказываний с ментальными глаголами касаются не только ментального глагола, но и подчиненной пропозиции P.

Конструкции *Как X думал (боялся / надеялся), P* имеют два режима интерпретации (о режимах интерпретации см. Падучева 1996; 2019).

Если наблюдатель находится в прошлом (в том же времени, в котором происходит событие P), правила интерпретации такие же, как для конструкций настоящего времени (наблюдатель не знает, P или не-P):

(43) Эту книгу замет обо всем, что прошло перед моими глазами и волновало сердце, я написала в тишине и уединении моего дома, где, **как я думала,** никто ее никогда **не увидит**… (Петр Алешковский. *Седьмой чемоданчик*, 1997–1998) (= в том момент думала, что не увидит; дальнейшее неизвестно)

Если наблюдатель находится в настоящем (момент речи) и рассказывает о прошлых предположениях, то конструкции *Как X думал (боялся / надеялся), P* (как и матричные употребления ментальных глаголов в прошедшем времени *X думал (боялся / надеялся), что P*), во-первых, имплицируют 'сейчас X так не думает': сейчас X уже 'знает, P или не-P' – в противном случае должно сохраняться настоящее время (*думаю* → 'еще не знаю'); во-вторых, P утрачивает гипотетический статус – ситуация P уже произошла (или не произошла).

Теоретически возможны два варианта: 'P подтвердилось' и 'P не подтвердилось'.

Однако реально в контексте *как X думал* встречается второй вариант – не-P ('P не подтвердилось'): 'X думал, что P, позже выяснилось, что не-P (Q)'. Смысл 'не-P' может эксплицитно содержаться в предложении – либо в виде конструкции «не-P»:

(44) Всё это безумно интересно и совсем **не однообразно, как я боялся**. (Юлий Даниэль. *Письма из заключения*, 1966–1970)

(45) Григорий Васильевич на тебя **не в обиде, как ты боялся**. (Ю. В. Трифонов. *Время и место*, 1980)

– обратим внимание, что отрицание *не* не входит в сферу действия вводной конструкции (модального оператора): 'боялся, что в обиде (P), а оказалось – не в обиде (не-P)';

– либо в виде конструкции «не P, а Q»:

(46) Она вдруг сказала, чтобы я на всех троих купил билеты домой. И я съездил и купил, только **не на поезд, как она думала, а** на самолет. (Виктор Слипенчук. *Зинзивер*, 2001)

(47) С площадки повернули **не вниз**, **как ожидал Проровнер**, **а** наверх. (В. Ф. Кормер. *Наследство*, 1987)

(48) Наш майор **не попал** в руки партизан, **как мы боялись, а** переехал через Драву и направился в Клагенфурт, где находился английский штаб. (А. И. Делианич. *Вольфсберг-373*, 1945–1960)

(49) Фотоаппарат в коробке из толстого картона отдали отцу **не через год, как опасался мальчик, а** сразу же. (Бахыт Кенжеев. *Из Книги счастья, 2007*. «Новый Мир», 2008)

Смысл ‘не-Р’ может также содержаться в контексте:

(50) Широко улыбаясь, **на лестнице стоял** Вова Киселев — лучший друг и деловой партнер Андрея, **исчезнувший** из Настиной жизни, **как она думала**, навсегда… (Алексей Рыбин. *Последняя игра*, 2000) (‘думала, что исчез, но встретила’ → ‘не исчез’)

(51) Он пошел из рубки. Но дверью **не хлопнул, как я ожидал**. Наоборот, очень даже **вежливо прикрыл**. (Георгий Владимов. *Три минуты молчания*, 1969)

(52) У шефа в шкафу, где, **как все думали, лежали** важные **документы, на самом деле были** спрятаны **портреты** в рамках. (Елена и Валерий Гордеевы. *Не все мы умрем*, 2002)

Итак, если Р верифицируемое, то прошедшее время *как я думал* имплицирует ‘сейчас я знаю’. Если Р – оценочное (неверифицируемое) суждение, значит, у субъекта просто изменились взгляды: *Человек, **как он думал**, не может понять другого человека. Теперь он думает, что взаимопонимание возможно*.

Аналогично вводным используются относительные клаузы (РПК):

(53) Поля настороженно покосилась на отца, но нет, он пока не отговаривал, **не жалел**, **чего так боялась**, и держался вровень с нею. (Л. М. Леонов. *Русский лес*, 1950–1953)

(54) Мы разобрались с Доктором и другими персонажами твоего романа, но улучшения — кардинального! — **на что я очень надеялся**, **не наступает**. (Сергей Осипов. *Страсти по Фоме*, 1998)

(55) Общего восстания — **на что надеялись** отчаянные головы в Ирландии и в России — поднять **не удавалось**. (Ю. В. Трифонов. *Нетерпение*, 1973)

Если предположение, сделанное в прошлом, подтвердилось, в русском языке используется не исходная ВК, а специальная конструкция с частицей *и*, которая выражает значение тождества и подтверждения (о частице *и* см. Урысон 2020).

(56) Сам по себе мой визит Лелю, **как я и думал**, нисколько не удивил. (Вера Белоусова. *Второй выстрел*, 2000)

(57) Трубку, **как я и думал**, снял Владимир. (Ю. Домбровский. *Рождение мыши*, 1951–1956)

(58) Тут, **как я и ожидал**, все стали упрашивать Ксюшу что-нибудь спеть. (Г. Алексеев)

(59) Вчера, **как я и ожидал**, вышел указ Президиума Верховного Совета. (Г. С. Эфрон, 1940)

(60) Мой друг Аллен, **как я и надеялся**, сработал за службу безопасности Америки. (Евгений Велтистов, 1978–1979)

(61) Дело не кончено, **как я и боялась**. (Л. К. Чуковская. *Иосиф Бродский*, 1963–1972)

Это подтверждающее *и* в современном языке практически обязательно. Без *и* предложение звучит странно, и в НКРЯ встречаются лишь единичные примеры таких предложений:

(62) Меня вывели гулять, **как я ожидал**, в одиночку и одного же увели обратно. (Н. А. Морозов. *Повести моей жизни/Дни испытания*, 1912) (= естественно сказать: как я и ожидал)

(63) Денег у нея, **как мы ожидали**, не было ни копейки. (И. Л. Солоневич. *Россия в концлагере*, 1935) (= как мы и ожидали)

(64) Раздали палочки, **чего очень боялся Андрей**, он пробовал раньше есть ими, но ничего не получалось. (Лев Дурнов. *Жизнь врача. Записки обыкновенного человека*, 2001) (= чего и боялся Андрей)

(65) Она закрыла лицо руками и, **чего боялся Мещерский**, заплакала. (Анатолий Хруцкий. *Окаянные дни Ивана Алексеевича*. «Звезда», 2001).

Подтверждающая конструкция *как я и думал* не имеет статуса ‘предположение’, а имеет статус ‘знание’: ‘как я теперь знаю’. Это доказывается тем, что такая конструкция невозможна в настоящем времени, ср.: *Договор подписал, как я и* ***думал****, заместитель* vs. **Договор подписал, как я и* ***думаю****, заместитель*.

К уже известным ситуациям предположения неприменимы – это соответствует постулату Грайса: следует делать более сильное утверждение. Если вы уже *знаете*, что договор подписал заместитель, нельзя говорить *думаю*, потому что *думаю* имплицирует ‘не знаю’.

Таким образом, формы времени в ВК и РПК, как и время ментального глагола в матричном употреблении, отражают изменение информационного состояния субъекта.

Литература

Апресян, Юрий: Проблема фактивности: *знать* и его синонимы. Апресян, Юрий: *Избранные труды*, Т. 2, 405–433. Москва: ЯРК, 1995.

Богуславский, Игорь: *Сфера действия лексических единиц*. Москва: ЯСК, 1996.

Вендлер, Зено: Иллокутивное самоубийство. *Новое в зарубежной лингвистике*, 16, 238–250. 1985.

Зализняк, Анна: *Многозначность в языке и способы её представления*. Москва: ЯСК, 2006.

Кустова, Галина: Концептуализация не полностью контролируемых ситуаций: глаголы и местоимения. *Компьютерная лингвистика и интеллектуальные технологии: По материалам международной конференции «Диалог-2019»*, 18 (25), 340–350. Москва, 2019. http://www.dialog-21.ru/digest/2019/.

Кустова, Галина: Ментальные предикаты в метатекстовых конструкциях 2-го лица. *Компьютерная лингвистика и интеллектуальные технологии: По материалам международной конференции «Диалог-2018»*, 17 (24), 380–390. 2018.

Падучева, Елена: Говорящий: субъект речи и субъект сознания. Арутюнова, Нина (ред.): *Логический анализ языка. Культурные концепты*. Москва: Наука, 1991.

Падучева, Елена: *Семантические исследования: Семантика времени и вида в русском языке; Семантика нарратива*. Москва: ЯСК, 1996.

Падучева, Елена*: Эгоцентрические единицы языка*, 2-е изд. Москва: ЯСК, 2019.

Сердобольская, Наталья: Бессоюзные актантные предложения с глаголом *думать* в русском языке. *Вопросы языкознания*, 5 (2017), 7–35. 2017.

Урысон, Елена: Об одном типе русских предложений тождества (*платье и платье, ничего особенного*). *Труды ИРЯ им. В. В. Виноградова*, 3 (2020), 104–114. 2020.

Шведова, Наталия (ред.): *Русская грамматика*. В 2-х тт. Т. 2. Москва: Наука, 1980.

Appelt, Douglas: *Planning English Sentences*. Cambridge: Cambridge University Press, 1985.

Banik, Eva: Parenthetical Constructions – an Argument against Modularity. *Proceedings of the 2009 Workshop on Grammar Engineering Across Frameworks*, 46–53. Singapore, 2009.

Grice, Paul: Logic and Conversation, Peter Cole and Jerry Morgan (eds.), *Syntax and Semantics*, 3: *Speech Acts*, 43–58. New York: Academic Press, 1975.

Kehler, Andrew: *Coherence, Reference and the Theory of Grammar*. Stanford: CSLI, 2002.

Potts, Christopher: *The Logic of Conventional Implicatures*. Oxford: Oxford University Press, 2005.

Urmson, James: Parenthetical verbs. Caton, Charles (ed.). *Philosophy and Ordinary Language*, 220–240. Urbana / Chicago / London: University of Illinois Press, 1963.

Current trends in the use of the connector *to est'*

Yulia Kuvshinskaia,[*] *Anna Aksenova*[†]

Abstract: This paper deals with the modern use of the Russian connector *to est'* in the sentence initial position. Based on data from the Russian National Corpus, we investigate the diachronic development of the meanings and uses of *to est'* and consider syntactic conditions of the sentence initial occurrences. It is shown that *to est'*, can introduce an independent sentence (taking the first position in it) mainly in those contexts where the first component of the construction is a sentence or a text fragment (paragraph). In addition, it was found that an increase in the frequency of the connector at the beginning of a sentence is associated with the imitation of oral discourse in written speech, the introduction and development of dialogs, followed by the development of new meanings and functions of the connector.

Keywords: connectives, conjunctions, semantics, diachronic analysis, parceling, explanatory relations, discourse relations

Современные тенденции в употреблении коннектора *то есть*[‡]

Юлия Кувшинская, Анна Аксенова

Резюме: Статья посвящена современному употреблению коннектора *то есть* в позиции абсолютного начала предложения. На базе НКРЯ рассматривается историческое развитие у *то есть* подобных употреблений; описаны их синтаксические условия. В работе показано, что *то есть* может вводить самостоятельное предложение преимущественно в тех контекстах, в которых предшествующий компонент конструкции представляет собой фрагмент текста (абзац). Кроме того, обнаруживается, что рост частотности употребления *то есть* в абсолютном начале предложения обусловлен имитацией устного дискурса в письменной речи, развитием в ней диалогических стратегий, в результате чего развиваются новые значения и функции коннектора.

Ключевые слова: союзы, дискурсивные слова, пояснительные отношения, отношения эквиваленции, микродиахронические изменения

1. Введение

Работа посвящена современным тенденциям в употреблении коннектора *то есть.* (Шведова 1980, §3148; Евгеньева 1981; Прияткина 2001) относят *то есть* к пояснительным союзам, выражающим отношения тождества.

---

* Higher School of Economics, Moscow, e-mail: kjulia4@yandex.ru

† Higher School of Economics, Moscow

‡ Исследование осуществлено в рамках Программы фундаментальных исследований НИУ ВШЭ в 2021 г.

В работе (Инькова, Гурьев 2018) семантическая структура контекстов с *то есть* описывается как *X то есть Y.* Авторами справедливо, на наш взгляд, выделяются две тесно связанные, но разные функции *то есть* – собственно пояснительная и перифрастическая (Инькова, Гурьев 2018: 64–65); отношения между компонентами X и Y, выражаемые *то есть*, обозначены как отношения переформулирования. Авторы дают подробную классификацию значений *то есть*, которой мы будем пользоваться в дальнейшем, добавив встречающееся в нашей выборке значение обобщения (компонент Y содержит обобщение того, что выражено компонентом X).

Русская корпусная грамматика рассматривает *то есть* как маркер аппозиции в аппозитивных конструкциях, выражающий отношения эквиваленции (Логвинова 2020).

Во всех указанных изданиях *то есть* рассматривается преимущественно как союз, который стоит в середине предложения и соединяет синтаксические группы или клаузы в составе предложения. Действительно, такое употребление нужно признать наиболее частотным, основным для *то есть* (в выборке из НКРЯ за XX в. его доля составила 84% (840 примеров из 1000), в выборке XXI в. – 59% (590). Неслучайно коннектор может подвергаться сокращению, допустимому только при употреблении в середине предложения – *т.е.*

В то же время в литературе отмечается и употребление *то есть* в начале предложения, при этом элемент Y оформляется как самостоятельное предложение:

(1) Мысль человека не систематична, а диалогична. **То есть** она требует ответа, возражений, требует согласия и несогласия. (М. М. Бахтин. *О полифоничности романов Достоевского*, 1971)

Данные НКРЯ показывают, что частотность употреблений союза *то есть* в начале предложения растет как в письменной, так и в устной речи (см. таблицу 2, а также (Кувшинская, Аксенова 2020)). С. О. Савчук отмечает рост частотности *то есть* в устной научной речи. При этом *то есть* нередко заменяет союзы, выражающие различные смысловые отношения, помимо пояснения или переформулирования, или “употребляется с размытой семантикой, близкой к дискурсивным словам” (Савчук 2019: 91–92;), о расширении семантики коннектора см. также (Инькова, Гурьев 2018).

В связи с этим возникает вопрос о развитии употребления коннектора *то есть* в русском языке, о семантике и употреблении *то есть* в начале предложения, причинах все большего распространения таких употреблений и их статусе с точки зрения литературного стандарта и стиля.

В (Кувшинская, Аксенова 2020) было показано, что начальное *то есть* обозначает в целом тот же набор отношений между X и Y, что и *то есть* в середине предложения (за исключением не встретившегося в выборке из НКРЯ, но возможного значения выбора), однако различается их относительная частотность, т.е. вероятность тех или иных отношений между частями. В результате вероятность выражаемых союзом *то есть* пояснительных отношений в выборке за XXI в. можно представить в виде следующей шкалы:

То есть в середине предложения: дополнение (22%) – интерпретация (21,7%) – следствие (20,87%) – определение (19,6%) – спецификация (10,5%) – обобщение (2,8%) – обратное определение (1,2%) – пример (0,3%).

Начальное *то есть*: следствия (49,4%) – интерпретации (22%) – обобщения (13,5%) – дополнения (7,33%) – спецификации (5,79%) — определения (1,5%)– экземплификации (0,39%).[1]

Помимо этого, были описаны два типа контекстов, в которых Y не может быть оформлен как часть предложения, содержащего X: это контексты, где X представляет собой несколько предложений, фрагмент текста, который целиком соотносится с Y; и контексты, где компонент Y вводит другую точку зрения или другую тему по отношению к X, при этом *то есть* выступает маркером поворота темы (в терминах (Van Dijk 1982)).

В настоящей работе на основе корпусных данных проанализировано развитие употребления *то есть* в начале предложения на протяжении XVIII – XXI веков, описаны изменения в семантике и употреблении коннектора, и рассмотрен вопрос о синтаксических условиях оформления компонента Y как самостоятельного предложения.

Анализ базируется на данных Основного корпуса НКРЯ с 1600 по 2019 гг.: 12 примеров XVII в., по 1000 примеров за каждый век с XVIII по начало XXI в. а также данных Исторического подкорпуса НКРЯ (43 примера) – всего 4055 примеров. Предметом специального внимания служат 490 примеров с начальным *то есть* из выборки за XXI в.

2. Синтаксические условия употребления *то есть* в начале предложения

Задача данного раздела – выяснить синтаксические условия оформления вводимого то есть компонента Y как самостоятельного предложения. Прежде

1 В расчет не включались примеры, в которых то есть оформляет хезитацию, коррекцию, парцелляцию, переспрос; таким образом, 100% – 259 примеров.

всего, необходимо описать круг контекстов, в которых то есть может начинать самостоятельное предложение, и уточнить предмет исследования.

2.1.Контексты с начальным то есть

В современной русской речи *то есть* может употребляться в начале предложения в следующих случаях:

1) *То есть* в начале самостоятельного предложения с общей поясняющей функцией (пример (2)).
2) *То есть* при парцелляции.

Парцелляция как «способ речевого представления единой синтаксической структуры — предложения несколькими коммуникативно самостоятельными единицами» (Ярцева 1990) достаточно часто используется в предложениях с *то есть*: в выборке за XXI в. такие примеры составляют 16,8% (69 примеров).

При парцелляции компонент Y обычно выражен синтаксической группой (реже – неполным предложением), зависимой от компонента X. Оформление Y в качестве самостоятельного высказывания обусловлено не синтаксическими, а риторическими, экспрессивными причинами:

(2) — Мама хочет уйти от нас в дом для престарелых. То есть в богадельню, — сказала Зина. (Ю. В. Трифонов. *Старик*, 1978)

Переспрос (1, 4, 5, 6) – предполагает повтор информации предшествующего контекста, семантически эквивалентное предыдущему суждение (Noh 1998, Аведова 2012 и др.), поэтому в русском языке нередко оформляется с помощью *то есть*.

Специфика вопросов с *то есть* требует специального исследования, здесь мы рассмотрим их с точки зрения фунционирования *то есть*. В (Инькова, Гурьев 2018: 57) такие примеры справедливо, на наш взгляд, причислены к особой разновидности прототипических употреблений *то есть* в функции пояснения и переформулирования. Краткий, как правило, переспрос, начинающийся с *то есть*, представляет собой реплику, стимулирующую либо поясняющий ответ с дополнительной информацией (информационно-мотивационная функция переспроса, согласно (Аведова 2012)), либо пересмотр коммуникативной и, вероятно, поведенческой стратегии собеседника (манипулятивная функция или хезитация (Аведова 2012). В тех случаях, когда функция переспроса – информационно-мотивационная, реплика-реакция, как правило, содержит пояснение предшествующей реплики того же собеседника, при этом союз может быть повторен.

(3) — Думаю, независимо от того, что с нами случилось, ситуация необратима. — **То есть**? — **То есть**, хотим мы того, не хотим, а придется приспосабливаться к новым условиям. (Евгений Лукин. *Грехи наши тяжкие*, 2013)

Компонент Y выражается в реплике-реакции на переспрос, которая обычно принадлежит тому же участнику, который ввел компонент X. Однако Y может содержаться в речи переспрашивающего и следовать за фразой-переспросом или объединяться с ней в одно предложение (5). Ответ на информационно-мотивационный переспрос вступает с репликой, содержащей X, в отношения, прототипические для контекстов с коннектором *то есть* (Инькова, Гурьев 2018; Прияткина 2001): интерпретации (4), дополнения, следствия (5).

(4) И тогда парень уходит из этой секции. – **То есть** это провальная стратегия? (*Русский репортер*, 2015)

Если собеседник считает переспрос не информационно-мотивационным, а манипулятивным, он может не давать пояснения; таким образом, компонент Y отсутствует:

(5) — А вы человек опасный. — **То есть**? — Я это сразу почувствовала. (Сергей Довлатов. *Заповедник*, 1983)

То есть может употребляться в начале предложения в тех контекстах, где этот коннектор выражает хезитацию (8) или служит коррекции коммуникативного намерения говорящего/пишущего (9) (Инькова, Гурьев 2018: 65–68):

(6) — Вы ведь не совсем подземник, да? — с надеждой спросил Артем. — **То есть**, я хочу сказать… (Андрей Лазарчук. *Там вдали, за рекой…* 1986)

(7) Банков боялись еще отцы-основатели, и всю свою историю Соединенные Штаты не могли решить, полезны банки или нет. **То есть**, конечно же, полезны, с ними экономике проще, но банки так и норовят прибрать к своим рукам слишком большую власть. (*Русский репортер*, 2013)

Здесь *то есть* обычно функционирует как частица (Евгеньева 1981; Прияткина 2001: 137). *То есть* коррекции во многих примерах одновременно выражает интерпретацию предшествующего контекста (пример (9)) и сближается с прототипическими употреблениями, на что указывают и (Инькова, Гурьев 2018: 66).

Исходя из задач исследования, в работе будет рассматриваться прежде всего первый тип употреблений: Y представляет собой самостоятельное предложение, которое вводится союзом *то есть*. Такое употребление коннектора мы назовем *то есть₂*, в отличие от *то есть₁* – употребления союза в середине предложения. При анализе будут учитываться и другие употребления начального *то есть*, кроме *то есть* хезитации, близких к нему употреблений *то есть* коррекции и манипулятивного переспроса, поскольку они практически утрачивают семантику отождествления и функцию пояснения.

В результате из 410 примеров выборки за начало XXI в. предметом нашего специального внимания будет 341 пример.

2.2. *Синтаксические условия употребления то есть*$_2$

Как отмечено в (Прияткина 2001; Инькова, Гурьев 2018), *то есть* может соединять компоненты разного синтаксического статуса: как синтаксические группы, так и финитные и нефинитные клаузы и даже фрагменты текста. При этом X и Y могут иметь разную синтаксическую структуру, однако такие контексты встречаются нечасто (10,7% от всех употреблений *то есть*) (Инькова, Гурьев 2018: 54–55).

Анализ морфосинтаксических структур, которые выступают в качестве X в контекстах с *то есть*$_2$ (т.е. при Y, выраженном самостоятельным предложением) показал, что в подавляющем большинстве примеров компонент X представлен предикацией или фрагментом текста:

(8) По глазам диагноз не поставишь, да и данные осмотра должны подтверждаться лабораторно. А лаборатория стоит десятки тысяч долларов. **То есть** хороший частный кабинет должен быть при какой-то крупной структуре. (*Автопилот*, 2002.01.15)

Случаи, где X – это синтаксическая группа, единичны: 1 пример в выборке за XXI в., представляющий собой фрагмент интервью (10), и 2 примера в выборке за XX в., где *то есть* имеет функцию коррекции (9) в контексте, воспроизводящем внутреннюю речь героини. Во всех этих случаях компонент Y не является полным предложением, что обусловлено спецификой воспроизводимого в этих примерах устного дискурса, состоящего из элементарных дискурсивных единиц, нередко меньших, чем предложение (Кибрик 2008; Кибрик, Подлесская 2009).

(9) Около площади Принцессы Вильгельмины она попала в какую-то облаву. **То есть** даже и не облава была это, а просто стояли люди в полицейской форме, проверяли документы… (Ю. О. Домбровский. *Обезьяна приходит за своим черепом*, часть 1, 1943–1958).

(10) Вторая причина вытекает из первой. Есть такое понятие, как "ювенальная юстиция" — юстиция для несовершеннолетних. **То есть** не только наказывать, но и заниматься реабилитацией, работать больше на улицах, с детьми риска. (*Вечерняя Москва*, 2002.02.07)

Таким образом, можно говорить о том, что *то есть*$_2$ употребляется в тех контекстах, где X представляет собой предикацию или фрагмент текста, но, как правило, не синтаксическую группу – за исключением отдельных редких специальных контекстов.

В то же время X в конструкции с *то есть₁* может быть выражен как синтаксической группой, так и предикацией (Пряткина 2001; Инькова, Гурьев 2018). По данным НКРЯ, в выборке за XXI в контекстах с *то есть₁* компонент X был выражен синтаксической группой в 82,7% случаев (в 488 примерах из 590), одной или несколькими предикациями – в 17,3% случаев (в 102 примерах из 590). Иначе говоря, *то есть* употребляется в середине предложения, а компоненты X и Y оформляются как части одного и того же предложения преимущественно в тех контекстах, где X выражен синтаксической группой, а не клаузой.

Компонент Y здесь может быть представлен синтаксической группой или предикацией, однако чаще – синтаксической группой, поскольку для контекстов с *то есть* достаточно характерна морфосинтаксическая однотипность компонентов X и Y (Инькова, Гурьев 2018: 54–55).

Для выяснения синтаксических условий употребления *то есть₂* нами был проведен количественный анализ длины компонента Y в контекстах с *то есть₁* и *то есть₂*. С помощью регулярных выражений и методов класса list в среде языка программирования python были подсчитаны длины компонентов высказывания после *то есть* (см. Таблицу 1). В вычислениях учитывались все токены (в т.ч. числа и служебные слова) от токена *есть* до знака конца предложения.

Табл. 1. Средняя длина компонента высказывания после то есть в зависимости от типа употребления лексемы и ее семантики (XXI в.)

Значение *то есть*	**Длина высказывания после *то есть₁***	**Длина высказывания после *то есть₂***
Экземплификация	10	21
Дополнение	12,4	15,3
Определение	11,8	14,85
Следствие	10,6	13,45
Обобщение	10,5	13,3
Спецификация	11,6	12,7
Интерпретация	11,8	11,9
Перевод	15	5
Обратное определение	4	3

Судя по данным таблицы 1, в среднем для контекстов с *то есть₂* характерен незначительно более развернутый, многословный компонент Y, чем в контекстах с *то есть₁*, что вполне логично, исходя из того, что компоненты X и Y в контекстах с *то есть₂* – это почти исключительно предикации или фрагменты текстов, а в контекстах с *то есть₁* – чаще синтаксические группы. Однако интересно, что нет оснований говорить о принципиальном превосходстве по длине контекстов с *то есть*$_2$ по сравнению с контекстами с *то есть*$_1$.

3. Употребление *то есть* в начале самостоятельного предложения: диахронические наблюдения

3.1. *Древнерусский период*

В древнерусском языке не зафиксировано союза или частицы *то есть*. В эту эпоху сочетание *то есть* представляло собой предикацию или часть предикации, состоящую из местоимения среднего рода и формы настоящего времени 3 лица единственного числа глагола *быти*, которая уже в это время использовалась с пояснительной функцией. При этом указательное местоимение имело антецедент в предшествующем контексте, который мог представлять собой как синтаксическую группу (11), так и предикацию (12), (13):

(11) Зълобоу тъгда възненавидиши · ѥгда разоумѣѥши · ꙗко бѣсовьскъ то ѥсть ножь на ны (Изборник 1076 г. 2-е издание, переработанное и дополненное. Подг. М. С. Мушинская, Е. А. Мишина, В. С. Голышенко. Под ред. А. М. Молдована. Т. 1–2. Москва: Рукописные памятники Древней Руси, 2009).

(12) тъ́кмо въ соу(б҃) и въ не(ди)лю двож(д)ы дн҃емь ꙗсти повелѣно :· А то есть повелѣно старымъ и немощны(м) и сирота(м҃) и молодымъ (Поучение Ильи-Иоанна. РГБ, Ф.236, № 147. XV в., лакуны восполнены по списку РГБ. Ф. 304.I, № 204).

В силу своей семантики сочетание *то есть* вступает с контекстом, содержащим антецедент *то*, в отношения эквиваленции, которые в контекстах, где антецедент *то* выражен предикацией, могут осложняться отношениями дополнения (12). В наших примерах предикация с *то есть* может быть оформлена как самостоятельное предложение, однако *то* есть редко бывает начальным: обычно *то есть* предваряется союзом (14) или наблюдается инверсия предложений с *то есть* и с антецедентом местоимения:

(13) То ѥсть властелинъ истиньныи, иже себе разъсоужаеть и испытаеть (*Древняя русская Пчела по пергаменному списку* / Изд. В. Семенова. Санкт-Петербург: 1893. (СОРЯС. Т. 54. № 4), на основе списка середины XV в.)

Иначе говоря, то есть в это время представляет собой свободное сочетание слов, предикацию, которая, однако, обладает теми свойствами, которые затем составят специфику коннектора то есть: способность соединять два фрагмента, которые могут иметь ту или иную синтаксическую структуру, выражать отношения эквиваленции и одновременно другие отношения, возможность употребляться в начале предложения.

3.2. *XVII век*

Затем, судя по данным, происходит грамматикализация *то есть*. В НКРЯ в текстах конца XVII в. мы встречаем неоднократное употребление *то есть* после указательного местоимения, прежде всего в проповедях Стефана Яворского:

(14) …о дражайшия раны Спасителя нашего, от нихже сицевое врачевание произыде! **И сия то есть** радость, слышателие, от ран Христовых учеником его, и всем нам истекающая (митрополит Стефан (Яворский). *Проповеди*, 1700–1722).

Учитывая изысканную риторику автора, маловероятно, что он мог допустить очевидную избыточность указательных местоимений (*сей* и *тот*). Скорее всего, *то* в сочетании *то есть* к этому времени уже потеряло и указательность, и местоименную принадлежность, и сочетание *то есть* используется здесь как грамматикализованный маркер эквивалентности.

Другие примеры этого времени явно демонстрируют грамматикализацию *то есть* и функционирование его в качестве пояснительного союза, вводящего компонент с дополнительной информацией:

(15) А в 19 числе, **то есть** в день воскресения Христова, часу в другом дня, азовские сидельцы боярину нашему, большого полка воеводе Алексею Семеновичу Шеину город Азов с знаменами, и с пушками… отдали… (И. А. Желябужский. *Дневные записки*, 1682–1709)

Кроме того, в конце XVII в. встречаются контексты, где *то есть* вводит перевод предшествующего иноязычного фрагмента:

(16) И по несколких днях найдено к тому удобное место — остров, который назывался Люст Элант (**то есть** Веселый остров)… (А. М. Макаров (ред.). *Гистория Свейской войны (Поденная записка Петра Великого)*, 1698–1721)

В выборке за XVII в. не встретилось таких примеров, где компонент Y выражал бы интерпретацию предшествующего фрагмента X. В этой коллекции нет и употреблений *то есть* в начале предложения.

3.3 *XVIII век*

Однако в XVIII в. такие употребления появляются, их доля в выборке из НКРЯ составляет 3,8 % (38 примеров из 1000). В этот период *то есть* функционирует как союз. *То есть* в начальной позиции в большинстве примеров вводит перевод или интерпретацию предшествующего фрагмента:

(17) «Постойте, — сказал секретарь, — надобно осмотреть ваш чемодан». **То есть** надобно было взять с меня несколько грошей. (Н. М. Карамзин. *Письма русского путешественника*, 1793).

Интересно, что во многих контекстах начальное *то есть* обособляется – видимо, осмысляется как вводное, дискурсивное слово, вводящее речь (перевод, интерпретацию); перифрастическая функция коннектора тут подчеркнута:

(18) Перечти, сколько у сего сеятеля с плодом семен, и сколько негодных? **То есть,** сколько семен пало в благую землю, и сколько в неплодныя места? (архиепископ Платон (Левшин). *Предисловие на учение катихизическое*, 1757).

В других примерах *то есть* выражает отношения общего и частного между компонентами X и Y: спецификации и обобщения.

3.4. *XIX век*

В XIX в. употребления *то есть* в начале самостоятельного предложения составляют уже 15, 8% выборки (158 примеров). Среди них всего в одном примере *то есть* вводит перевод, при этом в контексте переспроса; в целом преобладают диалогические контексты, где *то есть* вводит переспрос (37,97%):

(19) «Вы что же, говорит, это у меня в доме выстраиваете?» — «**То есть** как? — говорю. (А. П. Чехов. *Женское счастье*, 1885–1886).

В этот период, очевидно, благодаря развитию художественной литературы с присущим ей воспроизведением прямой речи героев, в письменную речь активно входят употребления коннектора с другими дискурсивными функциями, помимо переспроса:
Коррекции:

(20) — Да дневник… **То есть** всего несколько страничек. Катя не любила писать… (И. С. Тургенев. *Клара Милич*, 1882)

Хезитации:

(21) Лакей как будто затруднялся ответом. — **То есть**… как сказать?. мясо!. (Г. И. Успенский. *Кой про что*, 1885)

Примеры употребления *то есть* в функции коррекции весьма многочисленны – 37 из 157 примеров, 21,52%. Таким образом, *то есть* приобретает функции частицы (дискурсивного слова).

Для этого периода характерны экспрессивные употребления *то есть*, при котором его дискурсивная перефрастическая функция выступает особенно явно. Одновременно *то есть* может выражать различные значения (дополнения; следствия (22)), однако основной информационный вклад компонента Y имеет не столько в семантический, сколько прагматический, экспрессивно-оценочный характер:

(22) И месяца-то он не жил с ней… заохала да заохала, да вот и все! **То есть** так, голубушка ты моя, горько станет, как пораздумаешь… ужасть! (П. В. Засодимский. *Темные силы*, 1870)

Стоит отметить, что в выборке за XIX в. большинство контекстов, в том числе с другими функциями то есть, помимо переспроса, коррекции или хезитации, представляют собой прямую речь (диалог или монолог персонажа) – 147 из 157 примеров (94%). Развивается и парцелляция (5% примеров). Таким образом, в письменную литературную речь из устной разговорной речи приходит употребление начального *то есть* в переспросе, при коррекции или хезитации; экспрессивное употребление *то есть*. Начальное *то есть* оказывается свойственно преимущественно контекстам, воспроизводящим устную речь.

В XIX в. развиваются новые значения *то есть*, обусловленные функцией пояснения, в т.ч. такие, где отношения между X и Y выходят за рамки эквиваленции (28):

Следствие:

(23) … совсем ты без меня испортилась, как я погляжу! **То есть** вся моя работа над тобой словно б ни к черту! (В. В. Крестовский. *Панургово стадо*, Ч. 3–4, 1869)

Экземплификация:

(24) **То есть** внеся, например, три рубля., можно получить только полтора рубля ссуды…. (Г. И. Успенский. *Мученики мелкого кредита*, 1878).

3.5. XX век

В XX в. сохраняются те функции *то есть*, которые были отмечены в XIX в. В выборке из НКРЯ за этот период среди контекстов с начальным *то есть* наиболее частотны примеры с переспросом (30,6%), растет частотность парцелляции (11, 57%). Наиболее частая функцией коннектора – интерпретация (22,36%).

Стоит отметить, что в XX в. более трети примеров с начальным *то есть* – это контексты прямой речи (36,94%). Однако распространяются и контексты, где письменная монологическая по форме речь построена диалогично (автор диалогизирует с читателем, с оппонентом, с самим собой):

(25) В Верховный Совет он вообще не голосовался: мы имеем совершенно парадоксальное положение, когда Председатель Верховного Совета СССР не является его избранным членом. **То есть** его избрали Председателем, не избрав членом Верховного Совета. (А. Д. Сахаров. *Степень свободы*, 1989).

3.6. *Начало XXI века*

В начале XXI в. начальное *то есть* употребляется в тех же значениях, которые наблюдаются в предыдущие эпохи, его частотность вырастает до 41% (410 примеров из 1000).

По сравнению с предшествующими периодами, начальное *то есть* все чаще оформляет отношения следствия, обобщения, дополнения (см. таблицу 2).

В современной речи начальное употребление коннектора свойственно преимущественно контекстам, воспроизводящим прямую речь, диалог с собеседником или внутренний, мысленный диалог автора или персонажа. В выборке из НКРЯ контексты разного типа, воспроизводящие устный диалог или монолог героя (художественная литература, газетное интервью и др.), публичные выступления, примеры из интернет-коммуникации в общей сложности составляют более половины примеров – 52,9% (217 из 410). О речи интернет-форумов, соцсетей и др. как гибриде письменной и устной коммуникации см., в частности, (Мечковская 2006).

Оставшаяся часть примеров (193, т.е. 47,1%), несмотря на то, что представляют собой письменный монологический текст, тоже отнюдь не лишены диалогичности. Большая часть текстов принадлежит сфере публицистики, для которой диалог с аудиторией – важнейшее и необходимое свойство (Дускаева 2012) – (например, (26)). Есть примеры аргументативных текстов, предполагающих диалог с другими точками зрения, из научной, технической, деловой (экономика, маркетинг) сфер (27).

(26) Стоит ли после этого удивляться, что изучению словесности в Первой Ново-Николаевской женской гимназии уделялось самое пристальное внимание. <…> **То есть** ученицы должны были не только наизусть знать стихотворения лучших русских поэтов, но и уметь исполнять их со сцены, вкладывая в это исполнение собственные чувства. (*Сибирские огни*, 2013)

(27) Предполагаем, следующую эвристику: чем больше у данной хромосомы лучших критериев по сравнению с другими хромосомами, тем она лучше. **То есть** для хромосомы, у которой все критерии лучше, чем у остальных хромосом, целевая функция будет лучшей. (*Информационные технологии*, 2004)

Наконец, парцелляция, наблюдающаяся 16,83% примеров, тоже восходит к устной разговорной речи (о сегментированности устного дискурса (Кибрик 2008; Кибрик, Подлесская 2009 и др.)).

Табл. 2. Развитие функций и значений коннектора то есть *с XVII по XXI вв. по данным НКРЯ (функции* то есть *и синтаксические условия)*

	XVII	XVIII	XIX	XX	нач. XXI
Перевод	**16,67%** (2)	**28,95%** (11)	**1,26%** (2)		
Определение	**41,66%** (5)			**0,37%** (1)	**0, 97%** (4)
Обратное определение					
Спецификация		**13,16%** (5)	**9,49%** (15)	**8,2%** (22)	**3,66%** (15)
Обобщение		**2,63%** (1)	**3,16%** (5)	**1,87%** (5)	**8,5%** (35)
Дополнение	**41,66%** (5)		**3,16%** (5)	**5,22%** (14)	**4,63%** (19)
Экземплификация			**0,63%** (1)	**0,74%** (2)	**0,24%** (1)
Интерпретация		**47,37%** (18)	**26,58%** (21)	**22,36%** (53)	**13,9%** (57)
Следствие			**3,16%** (5)	**8,02%** (19)	**31,22%** (128)
Коррекция			**21,52%** (34)	**13,43%** (36)	**4,39%** (18)
Хезитация и другие дискурсивные функции			**1, 9%** (3)	**1,12%** (3)	
Переспрос			**37,97%** (60)	**30,6%** (84)	**15,36%** (63)
Парцелляция		**7,89%** (3)	**5,06%** (8)	**11,57%** (31)	**16,83%** (69)
Всего	100% (12)	100% (38)	100% (158)	100% (268)	100% (410)

Существенно, что среди контекстов с *то есть₁* (в середине предложения) доля диалогов, цитат, монологов персонажей или примеров из интернет-речи намного меньше, чем в контекстах с начальным *то есть*. Подавляющее большинство примеров – 487 из 590, т.е. 82,5% принадлежат письменной монологической речи, это преимущественно нарративы, отчасти – рассуждения разного типа (аргументация, причинно-следственный анализ и др.). Разумеется, большая часть из них – это публицистические контексты, которым свойственна диалогичность, однако они не обладают явными признаками разговорной речи.

3.7. *Обсуждение*

Таким образом, изначально свободная предикативная конструкция *то есть* грамматикализовалась по крайней мере к концу XVII в. или раньше. В XVII в. *то есть* выражает отношение эквивалентности между компонентами X и

Y и употребляется с функциями перевода и пояснения путем введения дополнительной информации. В дальнейшем развиваются как пояснительная, так и перифрастическая функция коннектора.

Развитие пояснительной функции происходит как в направлении расширения отношений эквиваленции, так и в направлении новых типов отношений между X и Y.

Необходимо заметить, что до сих пор мы использовали детальную классификацию значений *то есть* и отношений между X и Y, предложенную в (Инькова/Гурьев 2018). Однако отношения компонентов, соединяемых *то есть*, могут быть описаны в рамках более общих подходов к исследованию связности дискурса – Rhetotical Structure Theory (Mann, Thompson 1985)), исследование *coherence relations* (Hobbs 1979) и др. (Jasinskaja, Karagjosova 2015: 2–3). Авторы последней работы предложили согласованный, общий для разных концепций список риторических отношений между частями связного текста, которые устанавливаются на основе соотношения с тремя базовыми принципами связи идей Дэвида Юма (сходство, смежность и причинность) (Jasinskaja, Karagjosova 2015: 2–3).

В рамках этого подхода отношения пояснения и перефразирования, выражаемые *то есть*, входят в класс отношений эквиваленции, которые соответствуют категории сходства. Они могут быть представлены отношениями спецификации или обобщения, а также, по классификации О. Ю. Иньковой и А. С. Гурьева, – отношениями экземплификации, определения, дополнения. Сюда же, очевидно, относятся отношения эквиваленции в контекстах перевода.

Однако другие отношения, которые начинают развиваться у *то есть* с XVIII в., опираются на другой тип логической связи – причинно-следственные отношения. Это интерпретация и следствие, которые становятся все более частотными к XXI в.

Расширение с течением времени пояснительных функций *то есть* состояло во многом в выходе за рамки выражения эквиваленции, что отмечают и (Савчук 2019: 91–92), и (Инькова, Гурьев 2018). Этот процесс характерен для употребления коннектора в целом, не только в начале предложения. Но обращает на себя внимание, что отношения следствия, интерпретации более свойственны тем контекстам, где компонент Y выражен самостоятельным предложением (см. относительную частотность значений *то есть* в (Кувшинская, Аксенова 2020 (в печати)) и в таблице 2).

Все более активное употребление начального *то есть* обусловлено и развитием перифрастической функции: коннектор, который изначально нередко оформлял перевод, с XIX в., с введением в письменную речь имитации устного дискурса, маркирует коррекцию коммуникативного намерения, хезитацию, используется при переспросе. В контекстах переспроса и нередко при коррекции и хезитации, при парцелляции компонент Y оформляется как самостоятельное высказывание.

Видимо, развитие синтаксической и коммуникативной самостоятельности Y было во многом обусловлено развитием диалогических контекстов в письменной речи. Одновременно самостоятельность компонента Y способствовала развитию новых типов отношений с компонентом X (и поддерживалась этим), в том числе отношений, выражающих причинно-следственные связи или предполагающих, что X выражен одним или несколькими суждениями и оформлен предикациями, а не синтаксической группой (обобщение, следствие, характерные более для *то есть*$_2$, чем для *то есть*$_1$).

4. Заключение

В работе были описаны основные контексты употребления *то есть* в начале высказывания. Особенностями этих контекстов является то, что:

1) предшествующая то есть часть конструкции (компонент X) представляет собой одну или несколько предикаций, фрагмент текста, но не синтаксическую группу.
2) контекст в большинстве случаев либо воспроизводит устную речь (диалог или монолог), либо содержит диалог автора с аудиторией, представляет собой полемический текст; либо представляет собой реплику из речи интернет-форумов, комментарий, пост и т.п.

Употребление *то есть* в начале самостоятельного предложения развивалось с XVIII в. и было обусловлено рядом факторов: расширением отношений между компонентами конструкции, в т.ч. за пределы эквиваленции, развитием предшествующего компонента (X); введением в письменный дискурс контекстов, воспроизводивших устную речь и способствовавших развитию синтаксической и коммуникативной самостоятельности компонента Y, вводимого *то есть*.

В итоге компонент Y утрачивает характер добавочного по отношению к X (о добавочном характере Y (Шведова 1980 §3148); также см. дискуссию о статусе связи между X и Y как частями сложного предложения, подчинительной или сочинительной (Валгина 2003; Скобликова 2006 и др.)). Синтаксическая и коммуникативная самостоятельность компонента Y сопровождается развитием у начального *то есть* функций дискурсивного слова: в частности, оно может вводить высказывание, выражающее оценку предшествующего контекста, другую точку зрения (Кувшинская, Аксенова 2020).

Литература

Аведова, Рената: *Вопрос-переспрос как реактивная реплика в англоязычном диалогическом единстве: функционально-семантический и прагматический аспекты*: Автореф. дисс. … канд. филол. наук. Ростов-на-Дону, 2012.

Валгина, Нина / Розенталь, Дитмар / Фомина, Маргарита: *Современный русский язык: Учебник.* Москва: Логос, 2002.

Ван Дейк, Тён: *Язык, познание, коммуникация.* Москва: Прогресс, 1989.

Дускаева, Лилия: *Диалогическая природа газетных речевых жанров*, 2-е изд. Санкт-Петербург: Филологический факультет СПбГУ, 2012.

Евгеньева, Анастасия (ред.): *Словарь русского языка*: В 4-х тт. Москва: Русский язык, 1981.

Инькова, Ольга / Гурьев, Александр: К вопросу о категории пояснения в русской грамматике. *Русский язык в научном освещении*, 1, 46–73. Москва: ИРЯ РАН, 2018.

Кибрик, Андрей / Подлесская, Вера (ред.): *Рассказы о сновидениях: корпусное исследование устного русского дискурса.* Москва: ЯСК, 2009.

Кибрик, Андрей: *Есть ли предложение в устной речи*. Архипов, Александр и др. (ред.): *Фонетика и нефонетика*, 104–115. Москва: ЯСК, 2008.

Кувшинская, Юлия / Аксенова, Анна: Пунктуация в предложениях с союзом *то есть* как отражение развития дискурсивных функций. *Język i metoda*, 7, 2020.

Логвинова, Наталья: Именные аппозитивные конструкции. *Материалы для проекта корпусного описания русской грамматики.* На правах рукописи. Москва, 2020. (в печати)

Мечковская, Нина: Естественный язык и метаязыковая рефлексия в век Интернета. *Русский язык в научном освещении*, 12, 165–185. Москва: ИРЯ РАН, 2006.

Прияткина, Алла / Стародумова, Елена и др. (ред.): *Словарь служебных слов русского языка.* Владивосток: Издательство ДВГУ, 2001.

Савчук, Светлана: Особенности устного научного дискурса: по материалам Национального корпуса русского языка. *Анализ разговорной русской речи (АРЗ–2019): Труды восьмого междисциплинарного семинара*, 88–96. Санкт-Петербург: Политехника-принт, 2019.

Скобликова, Елена: *Современный русский язык. Синтаксис сложного предложения (теоретический курс)*. Москва: Флинта / Наука, 2006.

Шведова, Наталия (ред.): *Русская грамматика*. В 2-х тт. Т. 2. Москва: Наука, 1980.

Ярцева, Виктория (ред.): *Лингвистический энциклопедический словарь.* Москва: Советская энциклопедия, 1990.

Hobbs, Jerry: Coherence and coreference. *Cognitive Science* 3 (1), 67–90. 1979.

Jasinskaja, Katja / Karagjosova, Elena: Rhetorical relations. *The Companion to Semantics.* Oxford: Wiley, 2015.

Noh, Eun-Ju: Echo questions: Metarepresentation and pragmatic enrichment. *Linguistics and Philosophy*, 21 (6), 603–628. 1998.

Mann, William / Thompson, Sandra: Rhetorical Structure Theory: Toward a Functional Theory of Text Organization. *Text*, 8 (3), 243–281. 1988.

Van Dijk, Teun: Episodes as units of dicourse analysis. Tannen, Deborah (ed.): *Analysing Discourse: Text and Talk*. Washington, D.C.: Georgetown University Press, 1982.

"Don't complicate things!", or new Russian particles as indicators of thymological evaluation: genesis and function

Natal'ia Kuznetsova,[*] *Ol'ga Pochtareva*[†]

Abstract: This article describes the new particles *elementarno, banal'no* and *tupo*, which are synonymous with *prosto* in one of its two main meanings. The degree of grammaticalization of these newly formed units can vary, primarily due to the original meaning of the generating adverb. For example, *elementarno*, which acts as a synonym for *prosto*, is attested as an adverb in early 20th century texts. The semantic-grammatical path of *elementarno* and *banal'no* from adverbs to particles turns out to be more complex and mediated. Their meaning also contains a component of "diminishing the significance", which allows them to function as synonyms for *prosto*. The study concludes that the units under consideration appear in Russian speech in the case when the speaker needs to point out the simplest, basic, minimally sufficient justification for what is being claimed, that is, to express an assessment of the significance or insignificance of any phenomenon. The fact of the transition of adverbs into particles is an illustration of the tendency to subjectification as a global trend in the development of vocabulary.

Keywords: Russian particles, adverbs formed from adjectives, grammaticalization, subjectification, semantic derivation, simplicity

«Не усложняй!», или Новые русские частицы – показатели тимиологической оценки: генезис и функционирование

Наталья Кузнецова, Ольга Почтарёва

Резюме: В статье представлено описание новых, не отмеченных в толковых словарях частиц *элементарно, банально* и *тупо*, образующих синонимический ряд с частицей *просто* в одном из двух ее основных значений. Анализ словарных толкований прилагательных *элементарный, банальный, тупой* и образованных от них отадъективных наречий, а также исследование данных НКРЯ показали, что наиболее явные предпосылки для развития функции частицы имелись у наречия *элементарно*. Семантико-грамматический путь от наречий к частицам слов *элементарно* и *банально* оказывается более сложным и опосредованным, однако и в их значении содержится компонент «умаления значимости», что позволяет им функционировать в качестве синонимов частицы *просто*. Констатируется, что рассматриваемые единицы появляются в русской речи в случае, когда говорящему необходимо указать на самое простое, минимально достаточное обоснование утверждаемого, то есть выразить тимиологическую оценку. Факт перехода наречий в частицы представляет собой иллюстрацию тенденции к субъективизации как глобальной тенденции развития лексики.

Ключевые слова: русские частицы, отадъективные наречия, грамматикализация, субъективизация, тимиологическая оценка

* Tyumen State University, e-mail: n.v.kuznecova@utmn.ru

† Tyumen State University

1. Введение

1.1. Постановка проблемы

В русском языке формируется новый синонимический ряд единиц: наречия *элементарно, банально, тупо* всё чаще употребляются в функции частиц. Данное явление пока не отмечено ни в одном из толковых словарей современного русского языка. Во всех источниках отадъективные единицы *элементарно*, *банально* и *тупо* приводятся в качестве наречий – зачастую без толкования – в словарных статьях соответствующих прилагательных. Однако наблюдения над современной русской речью, письменной и устной, убеждают нас в том, что функция частицы прочно закрепилась за этими словами. Очевидно, можно говорить о грамматикализации рассматриваемых единиц.

1.2. Грамматикализация и образование частиц

В некоторых работах отмечается, что «процесс образования частиц не вполне соответствует критериям грамматикализации Леманна» (Лучина, Наний 2016: 575). Действительно, частицы, в отличие, например, от предлогов и союзов, «оформленность которых выражается в привязанности к морфологической форме или синтаксической конструкции», характеризуются «полным отсутствием оформленности» (Стародумова 2002: 5). Вместе с тем лингвисты усматривают изоморфизм «между прототипической грамматикализацией и развитием частиц», которые не вполне утрачивают значение «лексемы-источника» (Лучина, Наний 2016: 575). Таким образом, термин «грамматикализация» в широком смысле слова может быть применим и к процессу образования частиц. Переход наречий в частицы представляет собой частный случай одного из типов семантических изменений в языке – субъективизации, который заключается в том, что развитие значений (как лексических, так и грамматических) всегда идет в одном направлении, а именно, по выражению Э. Трауготт,

> от обозначения внешних, объективных ситуаций к описанию внутренних, субъективных ситуаций — с позиции говорящего и в его оценке (цит. по Скребцова 2011: 79); субъективизация может приводить к грамматикализации — превращению лексических единиц в грамматические маркеры (там же: 148).

1.3. Материал

Из НКРЯ (основной и устный корпус) нами был вручную собран материал из 290 контекстов употребления слова *элементарно*, 76 контекстов слова *банально* и 30 контекстов слова *тупо*, в которых они приобрели иную функционально-семантическую характеристику, нежели наречия. Кроме того, для анализа привлекался материал интернет-форумов и блогов.

2. *Элементарно*, *банально*, *тупо* как частицы

Э. Б. Крылова, рассматривая возникновение частиц из наречий в датском языке, предлагает некоторые критерии разграничения омонимичных частиц и наречий в контексте. Так, частицы, в отличие от наречий, не проходят так называемый «тест на негацию» (Крылова 2008: 17): их невозможно употребить в постнегативной позиции. На наших примерах этот тест работает, ср.:

(1) Удивительно, что никто не удосужился связаться со мной, чтобы **элементарно** проверить факты (В. Катанян).

В данном случае слово *элементарно* синонимично частице *хотя бы*. Подстановка частицы *не* превращает его в полнознаменательное слово, требующее противопоставления: **связаться со мной, чтобы не элементарно, а сложно проверить факты*. Подобная трансформация делает предложение абсурдным. Этот же тест применим к слову *тупо*, ср.:

(2) *И как же это бывает* ***тупо*** *удивительно, что она есть на самом деле, эта остальная жизнь!* (А. Битов) – **не тупо, а умно удивительно.*

В нашем материале есть контексты, где перед рассматриваемыми единицами стоит частица *не*, но относится она явно не к ним, например:

(3) Компания в нынешнем году собирается не **банально** поддерживать действующее оборудование в рабочем режиме, а наращивать потенциал (*Владивосток*, 2003) –

здесь наблюдается противопоставление *не поддерживать оборудование, а наращивать потенциал.*

Еще один критерий отграничения рассматриваемых частиц от омонимичных им наречий – невозможность постановки вопроса к частице. Ср.:

(4) Знаменитая японская диета — рис, овощи, рыба и морепродукты — это, конечно, полезно, но энергии дает маловато. Порой японцы **банально** голодали (*Русский репортер*, 2012).

В данном случае вопрос к слову *банально* звучал бы так: «Как (каким образом) японцы голодали?». В толковых словарях русского языка, в частности в Малом академическом словаре (далее – МАС), *банально* определяется как наречие от прилагательного *банальный* со значением «общеизвестный, утративший выразительность вследствие частого употребления; избитый, пошлый». Подстановка наречий «общеизвестно, избито, пошло», являющихся синонимами наречия *банально*, делает смысл приведённого высказывания абсурдным. Аналогичные свойства проявляет слово *элементарно*. Так, в примере

(5) …на привычную сейчас операцию купли-продажи валюты решались лишь самые бесшабашные граждане, остальные **элементарно** боялись (Д. Донцова)

вряд ли автор ставил своей целью назвать способ, которым боялись *остальные*, определяя его как «несложный, простейший, самый существенный» (эти значения прилагательного *элементарный* – производящей базы для наречия – даны в МАС). Что касается слова *тупо*, то нередки ситуации, когда носители языка намеренно сталкивают между собой омонимичные наречие и частицу, строя на этом шутки. Ср. фразу А. Кокорина, вынесенную в заголовок материала на сайте sports.ru:[1]

(6) Надо **тупо** выиграть две игры и не переживать

– и реакцию читателя в комментарии:

(7) Не надо тупо, давайте нормально в этот раз выиграем.

Комментирующий намеренно не замечает незнаменательный характер слова *тупо* в данном контексте, считая рассуждение футболиста ответом на вопрос «*Как надо выиграть?*».

Итак, можно утверждать, что в современной русской речи рассматриваемые единицы, теряя часть своего лексического значения, могут выступать в функции частиц: как известно, частицы – это в первую очередь «коммуникативно-прагматические знаки» (Стародумова 2002: 4). Как уже было сказано, такие частицы в словарях не отмечены, что применительно к *банально* и *тупо* может объясняться тем, что функционально-семантический сдвиг в их употреблении, судя по примерам из НКРЯ, произошёл совсем недавно – соответственно в 1990-е и 2000-е. Что касается единицы *элементарно*, то ее функционирование как частицы фиксируем еще в первой половине XX в. Ср.:

(8) Во-первых, это **элементарно** неграмотно… Я берусь вам подчеркнуть двадцать мест, где просто грубые синтаксические ошибки (М. Булгаков, 1936–37)

правда, активизировалось употребление этого слова в указанной новой функции несколько позже – в 70–80-х гг. XX в.

---

1 https://www.sports.ru/tribuna/blogs/prosport/631073.html

2.1. Синонимичность частице просто

В перечисленных случаях *элементарно*, *банально* и *тупо* синонимичны одному из значений ограничительной частицы *просто*, которая толкуется в словарях через слова «лишь, только, всего-навсего» (Евгеньева 1984, Т. 3: 526). Словарное толкование частицы, как видим, ограничивается подбором синонимического ряда. Однако это не всегда позволяет установить специфику значения частицы как коммуникативно-прагматического знака. Описывая семантику частиц, в частности частицы *просто*, С. М. Колесникова использует параметр «степень величины признака»: «низкая степень признака передается усилительной частицей *просто* в значении «совершенно»:

(9) Наши дела очень плохи, нам просто жить нечем (А. Островский); просто жить нечем = нам совершенно нечем жить (Колесникова 2012: 27).

Попытку сформулировать значение частицы *просто* находим в Словаре служебных слов под редакцией А. Ф. Прияткиной: «Говорящий характеризует какой-либо признак (или предмет, ситуацию) как «простой» по сравнению с одним или несколькими другими, противопоставляемыми ему признаками (предметами, ситуациями)». Согласно авторам этого словаря, точных синонимов к данному значению частицы *просто* нет. Частичными синонимами являются слова «попросту, просто-напросто, лишь, только, всего лишь, всего-навсего, не более чем» (Прияткина 2001: 52). В этом словаре отмечается ещё одно значение частицы *просто*, однако для нашего исследования это значение нерелевантно.

2.2. Как наречия становились частицами

Рассматривая процесс перехода слов из знаменательных частей речи в частицы, Э. Б. Крылова справедливо замечает, что в этом процессе важную роль играет так называемая «скрытая память языка», заключающаяся в «эволюционной предопределённости в прошлом семантической деривации слова в будущем» (Крылова 2018: 28). На формирование нового грамматического статуса лексемы влияют её исходная семантика, а также её связь с другими словами и позиция в предложении. Проследим путь, который прошла каждая из анализируемых лексем от наречия к частице, и выявим факторы, способствовавшие этому превращению.

2.2.1. Элементарно

Наречиям, образованным от прилагательных, в толковых словарях чаще всего не отводится отдельных словарных статей. Такую ситуацию мы видим с наречием *элементарно*. Так, в (Евгеньева 1988) находим лишь статью, посвящённую прилагательному *элементарный*, от которого образовано это наречие. У прилагательного выделены значения: 1) касающийся только основ чего-л.; 2) нетрудный, несложный, простейший; 3) самый необходимый, основной; 4) связанный с определением состава элементов в чем-л. и их соотношения между собой; 5) простейший, наименьший из известных, из имеющихся (Евгеньева 1988, Т. 4: 758). Несомненно, в формировании специфического значения минимизации, свойственного частице *элементарно*, участвовали далеко не все предложенные в словаре дефиниции. Собранный нами материал показывает синонимичность частиц *элементарно* и *просто*, что позволяет утверждать, что именно второе значение прилагательного *элементарный* (которое толкуется через прилагательное *простейший*, ср.: *простой – просто*, *элементарный – элементарно*) повлияло на возможность появления новой частицы в русской речи:

(10) Имеется в виду, что каждое такое сближение подтверждает какую-нибудь из идей ревизии истории… К сожалению, в подавляющем большинстве случаев эти сближения **элементарно** неверны (А. Зализняк, 2000).

Синонимичность частиц *элементарно* и *просто* подчёркивается в контекстах, где они используются в градационном ряду:

(11) Ашот глянул на Ромку, высвобождаясь из объятий. — **Просто** завидуем, **элементарно** завидуем… (В. Некрасов, 1986)

(12) Вам такой паратеизм кажется **элементарно** нелогичным, **просто** эклектичным? И вы хотите ясный ответ на ясный вопрос: «Так все-таки есть Бог или никакого бога нет?!» (*Знание — сила*, 2003).

В отдельных случаях частицы находятся рядом, усиливая друг друга, причем *просто,* как правило, предшествует элементарно:

(13) Тебе нужно где-то жить: спать, принимать душ, **просто элементарно** бросить рюкзак с вещами (*Хулиган*, 2004).

Кстати, изменение порядка следования этих единиц обычно приводит к тому, что *просто* воспринимается как наречие:

(14) Все происходило именно в такой последовательности? — Посадить дерево **элементарно** просто, большого ума этот процесс не требует (*Карьера*, 2003).

Заметим, однако, что это правило не работает в устной разговорной речи, с её более свободным порядком слов:

(15) «По большому счёту собрание было на грани срыва / потому что мы / мы **элементарно просто** не попадали на собрание» (*Эхо Москвы*, 2005).

В некоторых контекстах, где *элементарно* синонимично частицам *хотя бы*, *по крайней мере*, *во всяком случае*, мы усматриваем влияние также и третьего значения прилагательного *элементарный* (самый необходимый, основной):

(16) Во-вторых, чтобы судить, были ли у Скалигера ошибки, его надо **элементарно** прочесть (Форум, 2010–2011).

Комплексность значения может подчёркиваться частицами *хотя бы* и *даже*, употреблёнными перед *элементарно*:

(17) Будут ли созданы если не комфортные, то **хотя бы элементарно** сносные условия жизни или все ограничится очередной говорильней?» (*Вечерняя Казань*, 2003)

(18) Консультация ученых (…) не сделала Ваш ответ ни содержательным, ни **даже элементарно** точным (*Вестник США*, 2003).

2.2.2. Банально

В словарной статье, посвящённой наречию *банально* (Евгеньева 1984, Т. 1: 59) указано, что оно является производным образованием от прилагательного *банальный* и заимствует его значение. В свою очередь, *банальный* определяется через синонимы: «общеизвестный, утративший выразительность вследствие частого употребления; избитый, пошлый». Очевидно, что в частице *банально*, синонимичной частицам *просто* и *элементарно*, отразились такие аспекты значения производящего, которые не указаны в словарной дефиниции МАС. Действительно, в предложениях 19 или 20:

(19) Ошибки или банальное невезение? (Форум, 2012)

(20) Что такое розыгрыш? Это банальный обман или не обман? (Форум, 2013)

прилагательное банальный едва ли возможно заменить синонимами, предложенными в его толковании, ср.: *общеизвестное, пошлое, утратившее новизну невезение или *общеизвестный, избитый, утративший выразительность вследствие частого употребления обман. В других словарях к списку синонимов добавляются *заурядный* (Чернышев 1950: 263; Кузнецов 2004: 58) и *тривиальный* (Ожегов 2006: 35). Это проливает некоторый свет на семантическую эволюцию от значения прилагательного через значение наречия к значению частицы. Так, прилагательное *заурядный*, являясь синонимом к *банальный*, объясняется посредством слов, среди которых встречается прилагательное *обыкновенный*; через него же дается одно из толкований прилагательного *простой* (Кузнецов 2004: 1028). В приведенных ранее контекстах прилагательное *банальный* вполне можно заменить на *обычный*, *обыкновенный* или *простой*. Поскольку прилагательное *простейший* (от простой) участвует, как было упомянуто, и в толковании прилагательного *элементарный*, закономерно, что прилагательные *банальный* и *элементарный* могут выступать в качестве синонимов в градационном ряду, напр.:

(21) Сергей очень надеялся на свои импровизаторские способности и везение. **Банальное, элементарное** везение, без которого никакой успех не гарантирован (С. Павловский, 2018).

Смеем утверждать, что частица *банально* заимствовала от наречия, производного от прилагательного *банальный*, именно значение «обычный».

Так же как *элементарно*, частица *банально* используется для оценки объяснения чего-либо как самого простого:

(22) Я тебя отлично знаю. Нагородишь массу тонких, витиеватых рассуждений, а в итоге выяснится, что тебе **банально** нагрубили или обидели (Е. Гришковец).

Частица *банально* тоже способна встраиваться в градационный ряд с *просто*, ср.:

(23) Некоторые (законы о молодежной политике) просто «заморожены» и фактически уже устарели, а другие **банально** не выполняются (*Известия*, 2003).

Она может усиливаться частицей *просто*, находящейся в препозиции:

(24) Маниус всё-таки может появиться на площадке / если кто-нибудь из заигровщиков не пойдёт игра / либо / если **просто банально** может не хватить сил (*Спортивный комментарий*, 2004).

Частица *банально*, так же как *элементарно*, может употребляться в качестве синонима частицам *хотя бы*, *по крайней мере*, *во всяком случае*, ср.:

(25) Нам важно не только иметь престижных клиентов, но и **банально** выполнять бизнес-план, чтобы фирма была прибыльной и стабильной (*Бизнес-журнал*, 2004).

Синонимия может подчёркиваться совместным употреблением с частицами *хотя бы* и *даже*, ср.:

(26) Как человек может понять, что он дорог тебе? Или **хотя бы банально** небезразличен? (https://ask.fm)

(27) Ни на что не хватает времени! **Даже банально** выспаться! (https://galya.ru).

Такие употребления позволяют нам говорить, что у прилагательного *банальный* в современном русском языке развивается значение, не акцентированное в словарях: «самый необходимый, основной», и именно это значение является базой для появления наречия *банально* и производной от него частицы.

2.2.3. Тупо

Словарная статья в (Евгеньева 1988), посвящённая наречию *тупо*, обращает нас к следующим значениям прилагательного *тупой*: 1) недостаточно отточенный, такой, которым трудно резать, колоть, пилить и т. п.; 2) не суживающийся или мало суживающийся к концу; 3) устар. недостаточно развитый, восприимчивый (об уме, органах чувств); 4) умственно ограниченный, соображающий плохо, с трудом; 5) с притупленным восприятием окружающего (о состоянии человека) (тупой страх); 6) не резкий, приглушенный, ноющий (о боли). 7) глухой, не звонкий, не резкий (о звуках). (Евгеньева 1988, Т. 4: 426–427)

На первый взгляд, ни одно из этих значений не могло быть базой для появления частицы *тупо*. Однако нельзя не заметить, что в некоторых значениях слова *тупой* и *простой* синонимичны: речь идёт о тех случаях, когда мы имеем в виду умственные способности человека. Так, в Большом толковом словаре под ред. С. А. Кузнецова находим следующее разговорное значение слова *простой*: «10. Недалекий по уму, глуповатый, наивный» (Кузнецов 2004: 1028). Это значение не новое в русском языке: ещё в «Словаре церковно-славянского и русского языка», вышедшем в 1847 г., в словарной статье прилагательного *простый* среди прочих дано следующее значение: «7. Имеющий ограниченный ум, недогадливый» (Востоков 2001: 558). Такая синонимичность прилагательных *простой* и *тупой* в одном из значений создала, как нам представляется, почву для появления частицы *тупо*, синонимичной частице *просто*. Ср.:

(28) И мне пришлось провести что-то типа маркетингового исследования; я **просто** зашел в субботу и **тупо** всех спросил: «Ну вы же не хотите картошку как в Макдоналдсе»? (*Известия*, 2002).

В данном примере слово *тупо*, употребленное рядом с глаголом речемыслительной деятельности, может быть, на первый взгляд, интерпретировано как наречие от прилагательного *тупой* в значении «малоосмысленный, выражающий умственную ограниченность» (Кузнецов 2004: 848). Но в пользу того, что говорящий не имел в виду неосмысленность своего действия, свидетельствует рядоположность сочетаний *тупо спросил* и *просто зашел*. Ср. также контексты, где у слова *тупо* весьма сложно уловить связь между любым из значений прилагательного *тупой*:

(29) Как починить спидометр? **тупо** перестал скорость показывать и километраж (Форум, 2012).

Так же как рассмотренные частицы *элементарно* и *банально*, единица *тупо* может употребляться рядом с *просто*:

(30) Иван Иванович Иванов никогда не заполняет никакие бланки. Он **просто тупо** крадёт образец. (анекдот)

Нами были найдены контексты, в которых частица *тупо* выступает как синонимичная ряду *хотя бы*, *по крайней мере*, *во всяком случае*, указывая на что-либо минимально необходимое в данных условиях:

(31) Из прикомпьютерных дел – нужно освоить планировщик (**хотя бы тупо** начать пользоваться аутлуком) (*Яндекс-Дзен*, 2019)

(32) У мужа вообще нет какого-либо стремления успокоить ребенка, если тот начинает капризничать. **Даже тупо** поменять игрушку, взять на руки, поносить, показать что-то интересное (Форум, 2015).

2.3. Образование «цепочек»

Таким образом, мы видим, что слова *элементарно*, *банально*, *тупо* в роли частиц ведут себя идентично. Не случайно в речи возможны нагромождения типа:

(33) А попробуйте поискать логику не ту которую Вам подсовывают. Навязывают. Да **элементарно банально тупо** взгляните на 180 градусов наоборот (Форум, 2016)

(34) А ведь это я сама не даю себе отдыхать, просто радоваться жизни и **даже банально тупо** полежать! (Форум, 2019)

(35) Многим знакома ситуация, когда в команде из дпсов снайпер и фланкер или оба из них. Когда они **тупо элементарно** не могут поломать щит противников… (Форум, 2019).

Подобное «нанизывание» вообще характерно для частиц в силу «широкого диапазона использования, проявления безразличия к результату сочетаемости» (Кобрина 2010: 69–70). Образованию цепочек не препятствует некоторая стилистическая дифференциация рассматриваемых частиц: *элементарно* и *банально*, судя по контекстам из нашего материала, могут употребляться даже в аналитических и научных трудах, тогда как сфера функционирования частицы *тупо* – исключительно неофициальная разговорная речь.

3. Семантика симплицитности и тимиологическая оценка

Доминантой в синонимическом ряду частиц *просто*, *элементарно*, *банально*, *тупо* выступает, несомненно, частица *просто*: она зафиксирована в словарях именно как частица, является по преимуществу стилистически нейтральной. А. Богуславский в статье «Просто *просто*» указывает, что данная частица позволяет говорящему апеллировать к общему для адресата фонду знаний, демонстрируя «выбор того или иного выражения из ряда возможных выражений» (Богуславский 2008: 91). Употребление частицы *просто*, по мнению, И. Н. Токарчук, «связано с каузацией, когда приводятся более очевидные, естественные аргументы, опровергающие усложнённую трактовку ситуации собеседником» (Токарчук 2010: 68). Подобное значение выражается с помощью частиц и в других языках, в частности в датском отмечается вносимое в высказывание частицей bare «значение симплицитности», которое «создает эффект “минимизации”», заключающийся в том, что самое простое и явное обоснование утверждаемого является и минимально достаточным» (Крылова 2012: 77). Это же значение, судя по многочисленным приведённым контекстам, имеют и вновь образованные частицы *элементарно*, *банально* и *тупо*. В отличие от единицы *просто*, у которой словарями выделено два значения и которая, соответственно, может быть не только ограничительной, но и выделительной частицей, рассматриваемый нами ряд слов выражает лишь значение «симплицитности».

Симплицитность, как нам представляется, соотносится с понятием тимиологической оценки. А. Б. Пеньковский, предлагая данный термин, возводимый к греческому философскому τό τιμιώτατον – «самое важное, ценное и значительное», говорит о тимиологическом принципе «членения, ранжирования, или стратификации, элементов мира» (Пеньковский 1995: 36). Этот принцип, по его словам, «не уступает аксиологическому по объему, широте охвата и значимости» (там же: 36) и позволяет расположить факты на градуальной шкале от несущественного, незначительного, неважного к существенному, важному, значительному. Д. О. Добровольский и И. Б. Левонтина замечают, что такой оценке подвергаются, скорее, не сами факты, а «разные фрагменты высказывания» (Добровольский 2014: 334).

3.1. Просто, элементарно, банально, тупо как выразители тимиологической оценки

В качестве основной единицы, выражающей значение неважности в русской речи, А. Б. Пеньковский называет «местоименное по происхождению слово *так*», приводя примеры типа:

(36) – А ты почему не идешь?
– Почему? Так, не хочу; Это и не мультипликация, а киноаппликация. Так, простенькая

Нетрудно заметить, что в первом примере возможна замена:

(37) – А ты почему не идешь?
– Почему? Просто / элементарно / банально / тупо не хочу

а в другом примере значение неважности передается, кроме слова *так*, еще и словом с корнем *прост-*.

Наши наблюдения показывают, что в контекстах, содержащих тимиологическую оценку, часто встречается своеобразное «нагнетание» слов, ее выражающих, ср.:

(38) **Мало того что** девица не знала **элементарного** английского (…) так она ещё, вместо того чтобы позвать **хотя бы** секретаршу, **просто тупо** всё выключила! (Т. Соломатина, 2010).

Упомянутые в высказывании «элементы мира» выстраиваются в градуальную последовательность: знать английский – легко (по мнению автора – он же *элементарный*!), позвать секретаршу – еще легче, а «девица» не смогла сделать ни того, ни другого, и автор (говорящий) оценивает ее поведение как находящееся ниже всех мыслимых стандартов. Тимиологическая оценка в данном случае состоит не в том, что сам по себе факт, описываемый в высказывании, не значим для говорящего, – дело в его представлении этого факта относительно некоей нормы. В этом примере усматривается «“возможный” мир, но реальный, где в пределах нормы может случиться то, что не случилось» (Николаева 1985: 94). Умаление значимости заключается в обозначении ситуации как максимально простой – такой, что для понимания ее сути достаточно некоего базового уровня и не нужны дополнительные сведения, умственные усилия и т.д. Оценка неважности напрямую связана с отказом от «избыточных сведений» (Байгарина 2018: 53). Частицы рассматриваемого ряда – это сигнал собеседнику (реальному или потенциальному): «Не усложняй объяснение, не ищи скрытые смыслы!»

Сами носители языка нередко обращают внимание на то, что частица *просто* появляется в речи в ситуации выбора возможных объяснений, одно из которых находится в самой нижней части градуальной шкалы сложности, называемой А. Б. Пеньковским «нижним тимиологическим рангом» (Пеньковский 1995: 37). Ср. слова политолога Екатерины Шульман в одной из популярных лекций: «Хотите разозлить специалиста – скажите ему слово “просто”»[2] и ее дальнейшие рассуждения о том, что если эксперт учитывает только одну сторону социальных явлений, он не может дать их полноценный анализ, он упрощает то, что есть в действительности. То же мы видим и в употреблении частиц *элементарно*, *банально* и *тупо*, появляющихся чаще всего в контекстах объяснения, мотивировки, ср.:

(39) Ты меня извини, но они себя так ведут **тупо** потому, что вы им это позволяете… (Форум, 2008) –

2 https://www.youtube.com/watch?time_continue=3335&v=pi5zEce7xDo

говорящий призывает собеседника не искать глубинные причины поведения «их», не усложнять объяснение;

(40) Украина до сих пор не сопротивлялась новой российской политике в Крыму не только потому, что не хочет провоцировать «агрессора» на захват новой территории. Украинской армии **банально** нечем воевать (*Эксперт*, 2014)

– вначале приводится возможная «сложная» причина поведения Украины; затем – более простая, значение которой автор умаляет с помощью частицы *банально*;

(41) Похоже, … кто-то взялся сживать меня со свету или я **элементарно** ошибся планетой… (А. Дежнев, 2009)

– герой выдвигает предположения о причинах своего состояния, сначала более сложное, затем более простое, элементарное, менее значимое в ряду продуманных действий.

Как самое новое и стилистически маркированное из рассматриваемого синонимического ряда частиц, особо привлекает внимание носителей языка слово *тупо* в этой функции. На форумах и в блогах зачастую даются довольно точные толкования. Например, на сайте «Русский язык» при обсуждении поста «“Мне было тупо не до этого”: Значение слова “тупо”» читаем:

> Это разговорное выражение означает, что причина, по которой планы не были осуществлены, не была чем-то сложным или необычным, а, наоборот, была чрезвычайно проста и неинтересна» или «Правда, “тупо” – это не обязательно про планы. Синонимы – “элементарно” и “банально”. Ну и “просто-напросто”.[3]

В 2014 году доктор филологических наук Гасан Гусейнов, профессор НИУ ВШЭ в интервью, посвящённом актуальным процессам в русском языке, заметил:

> Вот буквально несколько лет назад стали говорить «тупо» вместо «просто» или «прямо». Мы с вами, не замечая этого, используем множество совсем новых слов и интонаций, которые возникли буквально вчера, и уже через нашу с вами речь они становятся неотъемлемой частью языка.[4]

4. Заключение

Можно констатировать, что вновь образованные в русском языке частицы *элементарно*, *банально*, *тупо* – производные от отадъективных наречий – в современной русской речи стали распространенным средством выражения

3 https://rus.stackexchange.com/questions/416712/Мне-было-тупо-не-до-этого-Значение-слова-тупо

4 https://postnauka.ru/talks/30235

тимиологической оценки. Представляется, что мы имеем дело с уже упоминавшейся глобальной тенденцией системного развития лексики – тенденцией к субъективизации значений, которая включает в себя «накопление элементов уменьшительности и увеличительности, одобрительности, неодобрительности и различных других видов оценочности» у знаменательных слов (Поликарпов 1998: 14). Субъективизировавшись, наречия *элементарно*, *банально*, *тупо* развили новую для них функцию и образовали синонимический ряд с частицей *просто*. Многочисленность контекстов употребления рассматриваемых слов в функции частиц говорит о необходимости их словарной фиксации с указанием новой грамматической природы.

Литература

Байгарина, Герта: О прагматическом потенциале неопределённых местоимений в современном медийном дискурсе. Замалетдунов, Радиф и др. (ред.): *Русский язык и литература в тюркоязычном мире: современные концепции и технологии*, 50–55. Казань: Издательство Казанского университета, 2018.

Богуславский, Анжей: Просто «просто». Ляпон, Майя (ред.): *Язык как материя смысла: Сборник статей к 90-летию академика Н. Ю. Шведовой*, 87–98. Москва: ИРЯ РАН, 2008.

Востоков, Александр: *Словарь церковно-славянского и русского языка, составленный вторым отделением Императорской Академии Наук (1847).* В 2-х кн. Кн. 2, Т. 3. Санкт-Петербург: Издательство СПбГУ, 2001.

Добровольский, Дмитрий / Левонтина, Ирина: Тимиологический компонент в семантике русских дискурсивных слов. *Труды ИРЯ им. В. В. Виноградова*, 2 (2014), 334–343. 2014.

Евгеньева, Анастасия (ред.): *Словарь русского языка: В 4-х т.* Москва: Русский язык, 1981–1984.

Евгеньева, Анастасия (ред.): *Словарь русского языка: В 4-х т.* Москва: Русский язык, 1988.

Кобрина, Ольга: Концептуальные и релятивные основы функционального статуса частиц. *Вопросы когнитивной лингвистики,* 3 (024), 69–74. 2010.

Колесникова, Светлана: *Русские частицы: семантика, грамматика, функции.* Москва: Флинта / Наука, 2012.

Крылова, Эльвира: Союзные функции частиц в датском языке. *Скандинавская филология*, 161, 27–43. 2018.

Крылова, Эльвира: Модальная частица NU в датском языке: функционально-семантическая эволюция от наречия к частице. *Вестник Московского университета. Сер.9. Филология*, 3, 15–30. 2008.

Крылова, Эльвира: Функциональная семантика модальных частиц *bare*, *blot* и *kun* в датском языке. *Скандинавская филология*, 12, 75–85. 2012.

Кузнецов, Сергей (ред.): *Большой толковый словарь русского языка*. Санкт-Петербург: Норинт, 2004.

Лучина, Елена / Наний, Людмила: Пути грамматикализации признаковых лексем со значением «прямой». *Acta linguistica petropolitana. Труды института лингвистических исследований*, 12 (1), 574–587. 2016.

Николаева, Татьяна: *Функции частиц в высказывании на материале славянских языков.* Москва: Наука, 1985.

Ожегов, Сергей / Шведова, Наталия: *Толковый словарь русского языка: 80 000 слов и фразеологических выражений, 4-е изд., дополненное.* Москва: «А ТЕМП», 2006.

Пеньковский, Александр: Тимиологические оценки и их выражение в целях уклоняющегося от истины умаления значимости. Арутюнова, Нина / Рябцева, Надежда (ред.): *Логический анализ языка. Истина и истинность в культуре и языке*, 36–40. Москва: Наука, 1995.

Поликарпов, Анатолий: *Циклические процессы в становлении лексической системы языка: моделирование и эксперимент:* Автореф. дисс. … д-ра филол. наук. На правах рукописи. Москва, 1998.

Прияткина, Алла / Стародумова, Елена (ред.): *Словарь служебных слов русского языка*. Владивосток: Издательство ГУП «Примполиграфкомбинат», 2001.

Скребцова, Татьяна: *Когнитивная лингвистика: Курс лекций*. Санкт-Петербург: Филологический факультет СПбГУ, 2011.

Стародумова, Елена: *Частицы русского языка (разноаспектное описание).* Владивосток: Издательство ДВГУ, 2002.

Токарчук, Ирина: Функционирование частиц в художественном тексте (к вопросу о стилистическом приёме и идиостиле). *Мир русского слова*, 4, 66–71. 2010.

Чернышев, Василий (ред.): *Словарь современного русского литературного языка: В 17 т.* Москва / Ленинград: Издательство АН СССР, 1948–1965.

On pragmatic mechanisms of the system of language: syntagmatics and paradigmatic relations

*Elena Lazutkina**

Abstract: This article is devoted to the study of the pragmatic mechanisms of the language system and considers syntactic models and semantic transformations from the point of view of functional linguistics, the main principle of which is the modeling of the activities of native speakers. The author analyzes the processes in syntagmatics in the aspect of the action of the linguistic universal 'phraseologization', which, being an element of the category of selection, forms semantic units at different levels of the language system. Morphological formants, lexemes, word collocation and sentence models are considered as elements of established or emerging paradigmatic relations. Inflectional categories of significant parts of speech are interpreted as means of grammatical semantics, not as formal categories. The article discusses the methodological value of the concept of "syntactic position of the word form", which contributes to the identification of macrosemantic categories of vocabulary representing basic concepts and cognitive categories. The semantic development of system units in the direction of strengthening the modal components of meaning is shown, along with the appearance of an evaluation plan. The 'work' of language appears as the action of systemic pragmatic mechanisms that have absorbed the historical experience of verbal communication.

Keywords: language theory, syntagmatics, paradigmatics, linguistic pragmatics, phraseologization

О прагматических механизмах языковой системы: синтагматика и парадигматические отношения

Елена Лазуткина

Резюме: Статья посвящена изучению прагматических механизмов языковой системы. Показывается, что речевая практика носителей языка, их коммуникативные предпочтения рождают новые номинации, новые синтаксические модели, которые выявляют неочевидные парадигматические связи языковых элементов. Морфологические форманты, лексемы, словоформы и модели предложений рассматриваются как элементы сложившихся или складывающихся парадигматических отношений, при этом словоизменительные категории знаменательных частей речи рассматриваются как средства грамматической семантики, а не как формальные категории. В статье показывается методологическая ценность понятия "синтаксическая позиция формы слова". В качестве инструмента исследования используется языковая универсалия «фразеологизация», которая способствует выявлению макросемантических разрядов лексики, представляющих базовые концепты и когнитивные категории. «Работа» языка предстает как действие системных прагматических механизмов, вобравших в себя исторический опыт вербальной коммуникации.

Ключевые слова: теория языка, синтагматика, парадигматика, лингвистическая прагматика, фразеологизация

* V. V. Vinogradov Russian Language Institute (RAS), e-mail: lazutkelena@yandex.ru

Нет абсолютных границ между планом выражения
и содержания: промежуточным слоем является
г р а м м а т и к а, которая есть не что иное,
как часть плана содержания, служащая
оформлению всей остальной части содержания
Ю. С. Степанов

1. Введение

Термин «прагматика» в данной работе понимается как правила функционирования языка в социуме, выполнение им интерпретативных и коммуникативных задач, в ходе которых формируются новые системные единицы, синтагматические последовательности, происходит выявление неочевидных парадигматических соотношений. Такое понимание прагматики по существу сводится к описанию правил взаимодействия языковых категорий в системе языка при воплощении замысла в речи.

Данный исследовательский подход согласуется с принципами традиционной отечественной лингвистики, для которой грамматические структуры – это «способ видения» коллективного субъекта, результат его мыслительной деятельности, а «работа» языка предстает как действие системных механизмов, вобравших в себя исторический опыт вербальной коммуникации. Вполне оправданно лингвисты говорят о творческой потенции языка, о том, что «язык не воспроизводит, не копирует, не «озвучивает», не «оплотняет» мысль, а вырабатывает ее и вводит в сознание человека» (Кручинина 2015: 4).

В современной функциональной лингвистике «принимается постулат о том, что языковая форма всегда, в конечном итоге, мотивируется смыслом»; основной принцип исследования – «моделирование деятельности носителя языка» (Алпатов 2018: 150). См. близкую точку зрения:

> когнитивно-ориентированная лингвистика продолжает традиции функциональной и, шире, семантически ориентированной лингвистической теории. Ее эмпирический метод – последовательно следовать за всеми нюансами языковой формы и искать их конечное объяснение <…> в устройстве когнитивной структуры (Кибрик 2008: 75).

Многие активные динамические процессы в языке можно рассматривать в аспекте действия фразеологизации, которую В. Н. Телия считала универсальным свойством языка (Телия 1981). Фразеологизация принадлежит коллективной языковой практике и может быть отнесена к категории выделения, как психолингвистическое явление. Она связана непосредственно с изменением синтагматики языковых элементов, и в результате фразеологизации происходит формирование новых элементов, структурных блоков, моделей предложений, происходит выстраивание системных парадигматических отношений.

Объясняя механизм образования фразеологизмов, В. В. Виноградов в работах 40-х – 50-х годов прошлого века пишет о ведущей роли ключевых элементов в несвободных сочетаниях. Семантика одного из компонентов словосочетания или высказывания оказывается в тени семантически главенствующего компонента, в то время как этот компонент выполняет роль средства грамматического оформления словосочетания как фрагмента высказывания (Виноградов 1977: 137).

2. Грамматическая форма слова как элемента в системе парадигматики и синтагматики

Функция слова – называть, и номинативные свойства производного слова обеспечиваются строго определенным составом корневой и служебных морфем: слово должно обладать морфологической законченностью и лексической законченностью.

Вопрос о степени морфемной членимости слов был темой многих исследований. Ф. Ф. Фортунатов говорил о фразеологичности слова (Фортунатов 2010: 112). М. В. Панов в своем рассуждении о сущности слова идет от грамматического оформления значения, выраженного корневой морфемой, – к акцентированию такого качества слова, как смысловая неразложимость его состава:

> Слово как целое почти всегда значит больше, чем его части. Как сказано, это признак фразеологизма <…> смысловое единство, части которого не составляют свободного сочетания (Панов 2004: 69).

Идиоматизацию производного слова можно объяснить на основе положений семасиологии и когнитивной лингвистики. Как известно, семантика лексемы представляет вкупе такие виды знания, как понятие, концепт, и коннотативный компонент. В понятие входят «существенные (логически конструированные) признаки предмета или явления»; «концепт является результатом и теоретического, и обыденного сознания, фрагментом любого познавательного опыта» (Болдырев 2018: 170). Слово *концепт* сохраняет свое первичное (этимологическое) значение – "схватывание", и именно концептуальное содержание служит основой идиоматизации слова, «прежде всего происходит формирование глубинного концептуального уровня значения фразеологического знака» (Зыкова 2016: 455).

3. Орфографический облик слова и его морфемный состав

3.1 Флексия как средство грамматического оформления слова

В современном русском языке топонимы *Брянщина, Владимирщина, Вологодчина, Полтавщина, Смоленщина* имеют флексию *-а.* Они образуются от прилагательных с суф. *-ск-*, а опосредствованно мотивированы существительными, представляющими собой географические наименования. Суффиксы *-щин(а) /-чин(а)* обусловливают появление в слове флексии *-а* и квалификацию его как существительного женского рода. В прошлом это были названия крупных участков земли.

В XXI веке некоторые из этих топонимов стали употребляться с флексией *-о* (например *Сабуровщино, Детчино*). Это свидетельствуют о потере внутренней формы наименований, о разрушении спаянности его частей, о десемантизации суффиксов *-щин(а) /-чин(а)*. В языковом сознании современных носителей языка слово *земля* не является родовым словом для данных топонимов.

Топонимы с флексией *-о* ассоциативно связываются носителями языка с наименованием небольшого населенного пункта (*село*). И топоним входит в иной парадигматический ряд – в разряд именных дериватов среднего рода с суффиксом *-ино*, например: *Гущино, Пущино, Рощино*.

Флексия может служить образным стилистическим средством, показателем новой смысловой сферы.

Закрепленные в системе коннотативные значения лексемы идут от стилистического модуса высказывания, который содержит большую палитру оценочных смыслов (Бахтин 1996: 303–323). Стилистический модус принадлежит культуре в широком смысле слова: он связан с культурой эпохи, с культурой социума и отношений в социуме, с культурой личности.

Ср. случаи оформления одушевленного существительного как существительного (или местоимения) среднего рода – с флексией *-о*; например: *блондинко, мужчино, оно, это.* Формирование внутренней формы этих лексем обусловлено отрицательным модусом высказываний говорящих, их желанием «расчеловечить» объект оценки.

3.2 Слитное и раздельное написание отрицания не *со словами разных частей речи*

а) Низкую степень морфемного членения (и высокую степень идиоматичности) демонстрируют лексемы, закрепившиеся в системе в результате лексико-синтаксического способа словообразования; например:

(1) Нет ни в чем вам благодати, / С счастием у вас разлад: / И прекрасны вы **некстати** / И умны вы **невпопад** (А. С. Пушкин).

б) Процессу фразеологизации глагольного слова способствует его функция в высказывании, его синтаксическая позиция в определенной модели предложения. Как правило, слитное написание с отрицательной частицей *не* имеет место, если глагол теряет свое частеречное значение, в его лексическом значении преобладают модальные компоненты, оно близко словам категории состоянии, предикативам; при этом глагол употребляется в составе безличного предложения в строго определенной морфологической форме (формах); например:

(2) Ему несдобровать; Нам этого недоставало.

В некоторых глаголах, прошедших процесс опрощения своей структуры, невозможно выделить морфемы. Ср. безличный глагол несовершенного вида *неймется,* который не имеет формы прошедшего времени. Без отрицательной частицы *не* основа не существует и у однокоренного глагола *неймет*:

(3) Видит око, да зуб неймет (пословица).

Оба глагола восходят к устаревшему глаголу *неймать*. Глагол *неймется* содержит отрицательный модальный компонент. Так говорят о беспокойном поведении кого-то, о его нетерпеливом желании делать что-то; о том, кто не может (не в силах) уняться, угомониться; ср.:

(4) [Дикой:] Раз тебе сказал, два тебе сказал… тебе все **неймется**! (А. Островский).

Парадигматический ряд модальных средств пополнили устойчивые выражения с отрицанием *не* с подчеркнутым положительным модальным компонентом в глаголе:

(5) Он **не преминул сказать** об ошибках прежнего председателя правления; Они **не упускали случая** напомнить об обещаниях комиссии.

Высокую степень фразеологизации имеют предложения характеризации, образованные глаголами с отрицанием *не*, например:

(6) Время **не ждет**; Работа **не стоит** (Работа продолжается); Парень **не подкачает**; За мной **не заржавеет**; На небе звезд **не счесть** (много).

Положительный смысл имеют также предложения, обозначающие вневременное, постоянное свойство; например:

(7) Эта ткань не мнется; Сосед не пьет, не курит; Бумага не салилась.

4. Фразеологизация на уровне словосочетания

В языке есть словосочетания, которые образовались в результате когерентности выраженной в дискурсе информации и невыраженной, но которой владеет каждый носитель языка; например:

(8) Вот и сейчас, на мгновение подняв **печальные глаза**, она не предложила посидеть возле (В. Личутин).

Ср. также общеупотребительные выражения:

(9) счастливая улыбка, блаженное лицо, унылые плечи, свирепый взгляд, повинная голова

У А. А. Потебни упоминается вариант поговорки: *Поклонную голову и меч не сечет* (Потебня 1990: 195). Концепт *вина* получил устойчивую ассоциацию с образом — позой человека со склоненной головой, что способствовало идиоматизации данного словосочетания и возникновению у него символьного значения.

Р. Харре и Г. Жиллет видят во всех выражениях и текстах с описаниями жестов, поз, мимики приметы дискурса — сферу человека (Harre, Gillet 1994: 31).

Такие синтагматические последовательности соотносятся как минимум с двумя грамматическими основами. В некоторых терминосферах на основе компрессии выражений различной линейной протяженности формируются аналогичные номинации; например:

(10) Управление **распределенной обработкой** сигналов.

5. Динамические процессы в синтаксисе предложения

В исследованиях по синтаксису целесообразно применение когнитивно-прагматического подхода, при котором происходит описание языка в модальности субъекта речи. Это позволяет выявить действие семантико-синтаксической категории предложения — *категории синтаксического лица.* Эта категория обусловливает интерпретативные и коммуникативные функции языка. Она выступает как субъект оценки и как главная категория линейного «укладывания» речи, формирования различных типов дискурса, т.е. играет конструктивную роль и на уровне высказывания, и на уровне модели предложения.

Модель предложения является интерпретативной структурой, которая передает информацию непреднамеренно, и становление и закрепление в системе новых синтаксических образцов происходит в соответствии с заданной адекватностью выражения замысла говорящих. Модели предложений обнаруживают эпистемическую оценку, социальные и культурологические предпочтения носителей языка, т.е. демонстрируют их способ видения, импликатуры, которые считываются адресатом в актах общения.

Действие фразеологизации в синтаксисе предложения рассмотрим в двух аспектах:

а) как изменение актантной структуры предложения – при сохранении денотативного плана предложения;
б) как изменение синтагматики компонентов модели предложения с целью смыслового расширения ее информационной структуры.

5.1 Преобразования по линии актантов

Главным инструментом анализа семантики модели предложения и ее парадигматических связей является понятие *синтаксической позиции формы слова,* введенное в теорию синтаксиса Т. П. Ломтевым и названное им главной единицей смысловой организации предложения (Ломтев 1960). Понятие “синтаксическая позиция” раскрывает значимость формы слова в модели предложения. Это понятие показывает, что модель предложения связана с миром знания через содержательные структуры языка более высокой степени абстракции, нежели значение слова, — посредством отнесенности *форм слов* особой категориальной семантики в особой синтаксической позиции к определенному макросемантическому разряду лексики, а значит, к когнитивной категории, к базовому концепту.

5.1.1 Фразеологизация в актантной структуре предложения

Рассмотрим диатезы:

(11) Мороз покрывает лужи тонким ледком – Лужи начало покрывать тонким ледком – Тонкий ледок начал покрывать лужи – Лужи начали покрываться тонким ледком.

Их инвариантное значение – “действие, направленное на объект (место), имеющее своим следствием полноту его охвата (или заполнения)” (Лазуткина 2019).

При деривации декаузации происходит «опрощение» (фразеологизация) структуры предложения: семантика словоформы в субъектной позиции соединяет в себе значение субъекта действия и значение средства воздействия:

(12) **Мороз** покрывает лужи тонким ледком – Тонкий **ледок** начал покрывать лужи.

Позиция субъекта имеет особые содержательные характеристики — «определенность», «множественность». Она предназначена для имен существительных с пропозитивным значением, которые представляют концепт «множество» (множество как континуум). Этой спецификацией компенсируется отсутствие в предложении словоформы со значением средства воздействия. Семантика схемы: "направленное на объект действие субстанции, способной к самостоятельному перемещению, имеющее своим следствием пространственную смежность с объектом". Ср. также:

(13) Аромат дыни занял всю комнату; Вода залила посевы.

Таким образом, субъектная позиция является способом репрезентации базового концепта "субстанция, способная к самостоятельному перемещению".

5.1.2 Фразеологизация на уровне композиционной семантики глагольного предложения

В модификации модели может происходить перераспределение смысловой нагрузки между компонентами модели как приспособление структуры предложения для сохранения его значения. Семантически главенствующим компонентом при фразеологизации становится значение словоформы в твор. пад. со значением каузатора. Глагол-предикат семантически опустошается, сохраняет только сему «полнота охвата».

См. разные способы существования каузатора: в качестве нулевого члена (подразумеваемого или обобщенного средства воздействия) или инкорпорированного члена (названного глагольной лексемой); например:

(14) Бегемот отрезал кусок ананаса, **посолил** его, **поперчил** (М.Булгаков)

(15) Надо **перегородить** проход (чем-то)

(16) Дорогу опять **асфальтируют**

(17) Девушка **надушилась**; Ветки **заиндевели**

(18) Губы **обметало**

(19) Дорогу **заснежило**.

5.2.3 Фразеологизация предикатного ядра в составе предложения

Строение модели предложения "стихийное изменение состояния субъекта (человека) под воздействием чувств, ощущений, и внешних сил" говорит о том, что для говорящих на русском языке важно сделать именно человека, который является объектом воздействия, темой высказывания, предицируемым компонентом. Каузатор (*страх*), хотя является подлежащим, занимает в предложении периферийную позицию; например:

(20) Берлиоза **охватил** необоснованный, ностоль сильный **страх**, что ему захотелось тотчас же бежать с Патриаршихбез оглядки. (М. Булгаков)

Подлежащее и сказуемое выступают как единый фразеологизированный комплекс с характеризующим значением в роли предицирующего члена конструкции. Ср.

(21) От радости ходить по земле **охватывает** его душу **ветерок счастья** (Ю. Бондарев)

(22) Однажды, вернувшись с тяги, Я лег подремать на диван. Разносчик болотной влаги, Меня **прознобил туман** (С. Есенин)

(23) Её лицо **заливает краска смущения**.

5.2 Фразеологизация как усложнение информационной структуры предложения

Категория экзистенции, «сущностная» категория, которой Аристотель придавал особый статус, находит разнообразные способы своего представления, в том числе в предложениях с акциональными глаголами: их строение обусловлено наличием модусного плана субъекта речи: информация преподносится в качестве положения дел, факта. Денотативный план, названный конкретной глагольной лексемой, включен в смысл пропозиции.

О бытийном значении свидетельствует, прежде всего, системно закрепленный обратный порядок слов. Н. Д. Арутюнова выделяет «семантические составляющие» бытийных предложений, которые она называет «заранее заданным комплексом признаков»:

> (1) область бытования (локализатор) – пространственный или временной параметр, (2) показатель существования (глагол), (3) бытующий предмет (Арутюнова 1999: 742).

5.2.1 Конструкции с количественной характеристикой, с накопительным компонентом в глагольном значении

Модели предложений с экзистенциальным компонентом в значении акционального глагола СВ в форме прош. вр. существуют в языке в двух ипостасях: с препозицией обстоятельственной словоформы со значением места или без этой словоформы; например:

(24) В дом набежало народу / В дом набежал народ / Набежало народу; В избу набились ребятишки / Набились ребятишки; Под куртку наползли муравьи /Наползли муравьи.

5.2.2 Предложения с глаголами явления, возникновения

В таких предложениях нередко присутствует темпоральный указатель или он подразумевается; например:

(25) В клубе даётся сеанс одновременной игры в шахматы; На коже делаются пятна; Приближалась довольно скучная пора – Стоял ноябрь уж у двора (А. С. Пушкин, 1824)

(26) В народе удержались (не исчезли) старые обычаи; У него завелись деньги; Куда девалась моя книжка?

5.2.3 Предложения наличия, положения в пространстве

В группе стативные и процессуальные глаголы. Формы 1-го и 2-го лица глагола не употребляются.

(27) Над ним довлеет страх; В пейзаже доминируют золотистые цвета.

Глаголы самопроизвольного движения редуцируют сему акциональности и актуализируют сему бытийности; например, о текучей массе: «быть, течь» (*откуда, куда, по чему).*

(28) С гор движутся сель, грязевые потоки; Течет лавина, лава.

5.2.4 Бытийные предложения с отрицанием при глаголе, имеющие положительный смысл

С категориями «Бытие», «Наличие», «Обладание» взаимодействует концепт «Ассерция – Негация» как оператор при речеобразовании. Речь идет о системно закрепленном экспрессивном способе выражения утверждения. Эти комплексы показывают высокую степень спаянности глагола с отрицанием *не* для оформления своей лексической законченности. Происходит «лексикализация» отрицания. Как правило, глагол обнаруживает морфологическую ригидность: это формы несовершенного вида настоящего времени (реже – прошедшего); например:

(29) Старуха его работа санитаркой в больнице, поэтому спирт у них никогда **не переводился** и никогда не переводился зря (С. Соколов), т.е. был в наличии; Пускай говорит. От его слов тебя **не убудет**! (А. Островский); Улыбка **не сходила** с его лица; Вчерашний случай **не идет** из головы.

К бытийному типу предложений близки *соматические речения с указанием субъекта оценки, изменения состояния или с подразумеваемым субъектом восприятия*, что обусловливает фразеологизацию остальной части предложения. Они обычно обозначают неконтролируемые процессы, происходящие в человеке и с человеком как с физическим телом и вместилищем интеллектуальных и психических процессов.

Эти предложения сообщают о положении дел, подлежащее и сказуемое выступают как единый комплекс с характеризующим значением. Модус говорящего может сливаться с модусом называемого в предложении субъекта состояния.

(30) И только душу захлестнуло Сребристой мглой из-под подков (А. Блок).

5.2.5. Предложения, организованные глаголами восприятия

Н. Д. Арутюнова относит их к «пограничным» случаям бытийности:

> На границе между бытийными и субъектно-предикатными структурами расположена обширная область предложений с глаголами восприятия и воспринимаемых признаков (*синеть, блестеть*), явления, положения в пространстве и именем неопределенной референции (Арутюнова 1999: 790).

Ср.:

(31) До деревни докатились раскаты грома; Под елью виднелись лисички; Из-за реки донеслась песня; Тень от меловой горы сюда не достигала, и весь берег заливала луна (М. Булгаков).

6. Выводы

Фразеологизация является одним из прагматических механизмов языка, который объясняет синтагматику разных языковых элементов, строение синтаксических моделей предложений, обнаруживает парадигматические отношения в системе и выявляет способы репрезентации концептов.

Предпочтения «коллективного говорящего», которые обусловливают семантические преобразования, образование новых номинаций и моделей предложения, показывают направление семантического развития системных единиц в сторону усиления модальных компонентов значения, появления «оценочного плана» (ср. аналогичные выводы в (Traugott, Dasher 2005)). Современные приоритеты в научных интересах, как замечает В. З. Демьянков, также лежат в сфере изучения деятельности говорящих: «Субъективность в употреблении языка сама проблематизируется и становится объектом исследования» (Демьянков 2016: 79).

Литература

Алпатов, Владимир: Структурализм и современная лингвистика. *Вестник Института востоковедения РАН*, 5, 146–150. 2018.

Арутюнова, Нина: Бытийные предложения в современном русском языке. *Язык и мир человека*, 2-е изд., 737–792. Москва: ЯРК, 1999.

Бахтин, Михаил: *Собранные сочинения*, Т. 6, 303–323. Москва: Русские словари, 1996.

Болдырев, Николай: *Язык и система знаний. Когнитивная теория языка*. Москва: ЯСК, 2018.

Виноградов, Виктор: Основные понятия русской фразеологии как лингвистической дисциплины. *Избранные работы. Лексикология и лексикография*, 118–139. Москва: Наука, 1977.

Демьянков, Валерий: Языковые техники «трансфера знаний». Фещенко, Владимир и др. (ред.): *Лингвистика и семиотика культурных трансферов: методы, принципы, технологии*, 61–85. Москва: Культурная революция, 2016.

Зыкова, Ирина: От знаков культуры к знакам языка: теоретические аспекты культурного трансфера в процессе формирования фразеологии. Фещенко, Владимир и др. (ред.): *Лингвистика и семиотика культурных трансферов: методы, принципы, технологии*, 451–467. Москва: Культурная революция, 2016.

Кибрик, Александр: Лингвистическая реконструкция когнитивной структуры. *Вопросы языкознания*, 4, 51–77. 2008.

Кручинина, Ирина: Формирование научного представления о грамматических свойствах слова. *Русский язык в национальной школе*, 2, 3–16. 2015.

Лазуткина, Елена: Синтагматический класс глаголов: определение и исчисление. *Труды ИРЯ им. В. В. Виноградова РАН*, 4 (2019), 201–215. 2019.

Ломтев, Тимофей: Об абсолютных и реляционных свойствах синтаксических единиц (О понятии позиции в теории синтаксиса*). Филологические науки*, 4, 15–28. Москва, 1960.

Панов, Михаил: О слове как единице языка. Панов, Михаил: *Труды по общему языкознанию и русскому языку*, Т. 1, 51–87. Москва: ЯСК, 2004.

Потебня, Александр: *Теоретическая поэтика*. Москва: Высшая школа, 1990.

Телия, Виктория: *Типы языковых значений. Связанные значения слов в языке*. Москва: Наука, 1981.

Фортунатов, Филипп: *Сравнительное языковедение. Общий курс*. Москва: Красанд, 2010.

Traugott, Elizabeth / Dasher, Richard: *Regularity in Semantic Change*. Cambridge: Cambridge University Press, 2005.

A survey of studies on Aktionsart of Russian verbs in the practice of teaching Russian as a foreign language

*Anna Lentovskaya**

Abstract: The article offers a brief comparative description of the actional classifications of Russian and Italian verbs, based on the notions of their actional hybridity and polysemy. The differences and the correlation between actional hybridity (variability), calculated using the empirical procedure from (Tatevosov 2016), and regular polysemy are analyzed. The obtained conclusions about the paradigmatic variation of the actional characteristics of Russian and Italian verbs are illustrated using a semantic map. This approach can be supplementary to the illustration of aspectual pairs at advanced levels of learning of Russian as a foreign language (TORFL-1, TORFL-2). The described method is mainly aimed at working with native speakers of Italian and has been tested in such an audience.

Keywords: aspectual pairs, actionality, regular polysemy, verbal classification, actional classification, Russian in Italian audience

Иллюстрация исследований акциональности русских глаголов в практике преподавания русского языка как иностранного

Анна Лентовская

Резюме: В статье предлагается краткое сопоставительное описание акциональной классификации русских и итальянских глаголов, основанное на представлении об их акциональной гибридности и многозначности. Анализируются различия и корреляция между акциональной гибридностью (вариативностью), исчисляемой с применением эмпирической процедуры из (Татевосов 2016), и регулярной полисемией. Полученные выводы о парадигматическом варьировании акциональных характеристик русских и итальянских глаголов иллюстрируются на семантической карте. Данный подход может стать дополнением или альтернативой иллюстрации теории видовых пар на продвинутых этапах изучения РКИ (ТРКИ-1, ТРКИ-2). Описываемый метод, главным образом, нацелен на работу с носителями итальянского языка и был опробован в подобной аудитории.

Ключевые слова: глагольный вид, акциональность, регулярная многозначность, глагольная классификация, акциональная классификация, русский язык в итальянской аудитории

1. Введение

Известно, что освещение круга тем, связанных с видом глагола в русском языке, на практических занятиях по РКИ сопряжено с множеством труд-

* University of Pisa, e-mail: anna.lentovskaya@unipi.it

ностей. Комплексный подход к работе над данными темами предполагает иллюстрацию некоторых положений аспектологических теорий, прежде всего, для знакомства с функционированием видовых форм в русском языке, и дальнейшее развитие речи на материале, богатом видовыми употреблениями (Караванов 2005: 151).

В дополнение к иллюстрации теории видовых пар (Караванов 2005; Зализняк, Микаэлян, Шмелёв 2010) на начальном и последующих этапах изучения РКИ в иностранной (в данном случае, в итальянской) аудитории целесообразно обратиться к сравнительно-сопоставительному анализу акциональных характеристик многозначных русских и итальянских глаголов, основанному на представлении об их акциональной гибридности и на следующих теоретических предпосылках:

- главной характеристикой акционально гибридных глаголов признается их способность демонстрировать синтаксическую сочетаемость с аспектуальными граммемами, свойственную одновременно для нескольких акциональных классов глагольной лексики (напр., для состояний, деятельностей и свершений) (Bertinetto 1986; Mehlig 2012; Лентовская 2018);
- в исследованиях глагольной полисемии нередко отмечается, что лексемы многозначного глагола могут относиться к различным акциональным классам (Храковский 2012: 545) и что таксономическая категория таких глаголов подвижна (Падучева 2004: 34);
- предлагается трактовать акциональную гибридность как частный случай семантической деривации, мотивированной многозначностью анализируемых глаголов; изучение данного феномена в сопоставительном ракурсе (в данном случае, на материале русского и итальянского языков) возможно с применением метода декомпозиции акциональных классов (Горбова 2010; Татевосов 2015, 2016) на акциональные примитивы базового (статив, агентив, мультипликатив) и производного уровней;
- парадигматическое варьирование семантических ярлыков базового и производного уровней коррелирует со шкалой, на которой универсальные акциональные классы располагаются по степени нарастания их семантической сочетаемости, валентности и временной динамики, а также со схемой многозначности (Апресян 2006).

2. Акциональная гибридность итальянских и русских глаголов

Изучая взаимодействие глагольных семантических классов, выделенных З. Вендлером (Vendler 1967), и открыто грамматических категорий в разных языках с применением разнообразных синтаксических диагностических тестов (Dowty 1976; Bertinetto 1986; Падучева 1996 *inter alia*[1]), некоторые исследователи пришли к выводу о том, что в ряде случаев можно говорить о «гибридных» акциональных характеристиках глаголов. Впервые термин «акционально гибридные глаголы» был упомянут в работах П. М. Бертинетто на материале итальянского (Bertinetto 1986: 302) и, позднее, английского языков (Bertinetto, Squartini 1995: 12). Основной характеристикой таких гибридных глаголов была признана их способность демонстрировать синтаксическую сочетаемость с аспектуальными граммемами, свойственную одновременно для нескольких семантических (акциональных) классов глагольной лексики (напр., для состояний и деятельностей, деятельностей и свершений и т.д.). В примере (1) из (Bertinetto, Squartini 1995: 12; Mehlig 2012: 171) иллюстрируется сочетаемость английского предиката *to paint the wall* (с квантованным инкрементальным актантом *the wall*) как с инклюзивным обстоятельством времени (a), что характеризует предикат, согласно З. Вендлеру и Р. Даути (Dowty 1976), как *accomplishment*, так и с обстоятельством длительности (b), что относит его же к классу *activities*:

(1) a. We painted the wall in two hours.
‘Мы покрасили стену за два часа’
b. We painted the wall for two hours and left.
‘Мы покрасили / красили стену два часа, а потом ушли’

Некоторые проявления феномена акциональной гибридности или вариативности обсуждались исследователями на примере, в первую очередь, английского языка; позже схожие соображения стали основанием, в частности, для выделения «акционально гибридных» классов итальянских глаголов в классификации Бертинетто (Bertinetto 1986; Bertinetto, Delfitto 2000). Представляется, что комплексное решение ряда этих проблем возможно с применением анализа и классификационного метода, предложенного в (Татевосов 2016). Данный подход дает феномену акциональной вариативности (гибридности) трактовку, альтернативную ее объяснению аспектуальной коэрсией (de Swart 2000), и позволяющую, в том числе, корректно интерпретировать предикаты с инкрементальной темой.

Важно сразу отметить, что анализ по методу С. Г. Татевосова изначально предполагает «отстранение» от лексического значения глаголов: в матрицах <Ipf; Pf> фиксируются результаты взаимодействия универсальных семантических ярлыков (S, ES, P, EP, MP, EMP, Q[2]) с перфективным и

---

1 Одна из наиболее полных сводных таблиц об исследовании акциональности последователями З. Вендлера на материале различных языков мира в (Tatevosov 2002).

2 S – «состояние», ES – «вхождение в состояние», P – «процесс», EP – «вхождение в процесс», MP – «мультипликативный процесс», EMP – «вхождение в

имперфективным грамматическими показателями, после чего глаголы с одинаковым набором акциональных значений объединяются в акциональные классы. «Отстранению» способствуют четыре ограничения (i-iv), наложенные на эмпирическую процедуру (2) из (Татевосов 2016: 161):

(2) Акциональная характеристика глагола представляет собой пару множеств вида <{x | x – акциональное значение форм с перфективной интерпретацией}; <y | y – акциональное значение форм с имперфективной интерпретацией}>. И те и другие формы принимаются к рассмотрению
  (i) в эпизодических употреблениях;
  (ii) в составе предикатов с полным набором синтаксических актантов, но в отсутствие каких-либо адъюнктов;
  (iii) актанты представлены именными группами в единственном числе,
  (iv) занимающими максимально возможную для данного глагола позицию в иерархии одушевленности.

Эмпирическая процедура (2) была разработана специально для решения глобальной задачи межъязыковой сопоставимости и связанных с ней проблем «непрямого доступа» к устройству лексического значения глаголов – проблемы акциональной композиции (актуальной для предикатов с инкрементальной темой) и проблемы акциональной вариативности (гибридности) в зависимости от свойств глагольных актантов. Кроме того, данный метод позволяет, сопоставляя акциональные группы, множество которых распадается на акциональные классы, проводить сравнение между языками со словоизменительным (итальянский) и словоклассификационным (русский) видом.[3]

В Табл. 1 будет показано, как данная процедура применяется к итальянскому языку, материал которого стал поводом для дискуссии об акциональной гибридности ряда глаголов в (Bertinetto 1986). Основным результатом итальянской классификации П. М. Бертинетто стало выделение, в первую очередь, «акционально однозначных» классов в поствендлеровской традиции: среди них (в принятой нами терминологии) стативные <S; S> (*aver sete* ‘жаждать, испытывать жажду’, *stare sulle spine* ‘нервничать’, *soffrire* ‘страдать’), непредельные <P; P> (*tenere* ‘держать’, *commerciare* ‘торговать’, *durare* ‘длиться ’), сильные предельные <P; ES> (*morire* ‘умереть’, *rispondere*

мультипликативный процесс», Q – «квант мультипликативного процесса». Пояснения по поводу добавления ярлыка Q см. ниже.

3 В (Татевосов 2016: 5.3.2) приводится подробное обоснование предложению заменить, в типологическом ракурсе, понятие видовой пары акциональной парой, поскольку результат акциональной классификации русских видовых пар выявляет ряд эмпирических проблем и делает русский язык необъяснимым исключением в ряду прочих.

‘ответить’), пунктивные <-; ES> (*accorgersi* ‘заметить’, *raggiungere* ‘достичь’). Полагаем справедливым, учитывая изложенное ранее и, главным образом, решение выделять «мультипликативный процесс» как отдельное универсальное акциональное значение, упомянуть в ряду акционально однозначных, не подверженных вариативности глаголов сильный мультипликативный класс <MP; Q> (*sciabolare* ‘рубить, рубануть шашкой’). В английскую классификацию З. Вендлера включены именно стативные глаголы с характеристикой <S; S>, однако следует упомянуть также акционально однозначные «истинно» стативные глаголы <S; -> (*dipendere* ‘зависеть’), которые встречаются, в т.ч., в английском языке (*weigh* ‘весить’, *depend* ‘зависеть’).

«Акционально гибридные» классы» Бертинетто (*stativi + trasformativi / puntuali; continuativi + trasformativi / puntuali / risultativi*), которые получены «частичным сложением» универсальных значений, выражаемых «акционально однозначными» классами, учтены в классификации С. Г. Татевосова: речь идет о следующих классах, демонстрирующих акциональную вариативность – слабый инцептивно-стативный <S; ES, S>, слабый ингрессивно-непредельный (процессуальный) <P; EP, P>, слабый предельный <P; ES, P>, слабый мультипликативный <MP; Q, MP>. Помимо этого, собственно, сильный инцептивно-стативный и акционально однозначный класс <S; ES> также фактически является результатом «сложения» значений, выражаемых истинно стативным и пунктивным классами.

Отметим, что считаем целесообразным, вслед за П. М. Аркадьевым (Аркадьев 2009: 206), выделять среди универсальных акциональных значений «квант мультипликативного процесса» (Q: *кашлянул*), не отождествляя его с «вхождением в состояние», а также полагаем возможным описывать данный ярлык как непредельный. Такой вывод, в частности, соответствует заключению В. А. Плунгяна о том, что среди глаголов с суффиксом *-ну-* выделяются «кванты» (*кольнуть*) и «свертки» (*шепнуть*), отличающиеся «наиболее своеобразной семантикой: они обозначают не события, а хоть и краткие, но все же процессы (тем самым входя – наряду с перфективами на *по-* и *про-* – в группу русских глаголов СВ, не имеющих событийного значения)» (Плунгян 2000: 212). Важно, впрочем, отметить, что указанный ярлык не приписывается расширительно всем предикатам с суффиксом *-ну-* или всем пунктивным предикатам: речь идет только о тех предикатах, которые описывают т.н. «пунктивные деятельности», не приводящие к возникновению состояния, которое предполагается при приписывании ярлыка ES.

Таким образом, с учетом сделанных выше уточнений, итоговый список акциональных классов, выделяемых в русском и итальянском языках с использованием процедуры (2) С. Г. Татевосова (универсальных (А), часто встречающихся (B) и являющихся особенностью русского языка (C)), выглядит следующим образом (Табл. 1):

Табл. 1. Акциональные классы, выделяемые в русском и итальянском языках.

	Наименование класса <акц. значения Ipf; акц. значения Pf>	**Русский язык**	**Итальянский язык**
Стативный макрокласс			
B	Истинный стативный <S; ->	*зависеть* (S); -	*provenire* 'происходить, быть родом', *contenere* 'вмещать'
B	Стативный <S; S>	*жить* (S); *пожить* (S)	*vivere* 'жить / пожить', *fare l'insegnante* '(по)быть учителем, (по)учительствовать'
B	Сильный инцептивно-стативный <S; ES>	*видеть* (S); *увидеть* (ES)	*vedere* 'увидеть / видеть', *credere* 'поверить / верить'
A	Слабый инцептивно-стативный <S; ES, S>	*удивляться* (S); *удивиться* (ES), *поудивляться* (S)	*impugnare* 'взять в руки / (по)держать в руках', *affacciarsi* 'выглянуть / (по)смотреть в окно'
Непредельный (процессуальный) макрокласс			
A	Непредельный (процессуальный) <P; P>	*гулять* (P); *погулять* (P)	*passeggiare* 'гулять / погулять', *guardare* 'смотреть / посмотреть'
A	Слабый ингрессивно-непредельный (процессуальный) <P; EP, P>	*работать* (P); *заработать* (EP), *поработать* (P)	*tacere* 'замолчать / (по)молчать', *piangere* 'заплакать / (по)плакать'
B	Сильный ингрессивно-непредельный (процессуальный) <P; EP>	*торопиться* (P); *заторопиться* (EP)	
B	Расширенно ингрессивно-непредельный <P_1, P_2; EP, P>	*закипать* (P_1), *кипеть* (P_2); *закипеть* (EP), *покипеть* (P)	

Предельный макрокласс			
A	Сильный предельный <P; ES>	*убивать* (P); *убить* (ES)	*partire* ‘уезжать / уехать’, *addormentarsi* ‘засыпать / заснуть’
A	Слабый предельный <P; ES, P>	*читать* (P), *прочитывать* (-); *прочитать* (ES), *почитать* (P)	*leggere un libro* ‘(про)читать книгу, (по)читать книгу’, *disegnare un ritratto* ‘(на)рисовать портрет, (по)рисовать портрет’
A	Пунктивный <-; ES>	*приходить* (-); *прийти* (ES)	*trovare* ‘найти’, *raggiungere la vetta* ‘достичь вершины’, *saltare l’ostacolo* ‘перепрыгнуть / перепрыгивать препятствие’
B	Двупредельный <P; EP, ES, P>	*петь* (P), *запевать* (-); *запеть* (EP), *спеть* (ES), *попеть* (P)	
B	Сильный стативно-процессный <P, S; ES, S>	*садиться* (P), *сидеть* (S); *сесть* (ES), *посидеть* (S)	
C	Суженный стативно-процессный <P S; ES>	*располагаться* ({P S}); *расположиться* (ES)	
Мультипликативный макрокласс			
A	Слабый мультипликативный <MP; Q, MP>	*лизать* (MP); *лизнуть* (Q), *полизать* (MP)	*saltare* ‘(по)прыгать, прыгнуть’, *lampeggiare* ‘(по)мигать, мигнуть’
C	Сильный мультипликативный <MP; Q>	*шарахать* (MP); *шарахнуть* (Q) (по столу)	*sciabolare* ‘рубить, рубануть шашкой’
C	Ингрессивно-мультипликативный <MP; EMP, Q, MP>	*капать* (MP); *закапать* (EMP), *капнуть* (ES), *покапать* (MP)	

Принципиально важным представляется следующее обстоятельство: акциональная вариативность в выделенных классах наблюдается только в перфективе, а имперфективная (базовая, *pivot*) форма в каждом классе выражает только одно акциональное значение. Этот факт напрямую соотносится с наблюдением С. Г. Татевосова о том, что только перфективные формы могут выражать все акциональные значения, указывающие как на характер протекания ситуации по времени, так и на ее кульминацию, а за имперфективными формами «закреплено» выражение ограниченного набора значений (состояние, процесс, мультипликативный процесс), не содержащих указания на кульминацию (Татевосов 2016: 98).

Данные соображения подводят нас к следующему выводу: об акциональной гибридности следует говорить в том случае, когда вариативность (выражение более одного акционального значения) наблюдается в перфективе. Если же происходит смена опорного глагола, следует говорить о глагольной многозначности.

С учетом принятого нами определения акциональной гибридности как вариативности выражения акциональных значений в перфективе, следует отметить, что степень этой вариативности изменяется в зависимости от акциональной характеристики опорного глагола в макроклассе (см. Табл. 2).

Таблица 2. Акциональная гибридность (на материале русского и итальянского языков).

Макроклассы				
Мультипликативный	Стативный	Непредельный	Предельный	
MP; Q, MP	S; -			
MP; Q	S; S	P; P		
MP; EMP, Q, MP	S; ES	P; EP	P; ES	-; ES
	S; ES, S	P; EP, P	P; ES, P	
	P, S; ES, S *P S; ES*	*P_1, P_2; EP, P*	*P; ES, EP, P*	

Жирной чертой отмечен предел (и последующее за его достижением вхождение в состояние / в процесс); классы, выражающие достижение предела, расположены ниже черты; классы, не выражающие достижение предела, расположены выше черты.

Двойной чертой классы, выражающие вхождение в состояние в начальной фазе действия (слева), отделены от классов, выражающих вхождение в состояние в финальной фазе действия (справа).

Курсивом выделены классы, встречающиеся (по С. Г. Татевосову) только в русском языке.

Как следует из сопоставительной Табл. 2, в обоих исследуемых языках представлены не только «вендлеровские» (выделены жирным шрифтом), но и другие акционально однозначные классы – истинно стативный, сильный инцептивно-стативный, сильный ингрессивно-процессуальный, а также сильный мультипликативный. У всех перечисленных классов (кроме одночленных – истинно стативного и пунктивного) есть гибридные слабые корреляты, демонстрирующие акциональную вариативность в перфективе, причем в процессуальном и мультипликативном макроклассах они представлены преимущественно, а в стативном составляют меньшинство.

Значительное отличие итальянского языка от русского прослеживается в более четком отграничении процессуального макрокласса от предельного. Оба эти макрокласса объединены процессуальным опорным глаголом, однако, как отмечалось выше, реинтерпретация процессуального класса в предельный возможна только при переходности опорного глагола. Описываемая реинтерпретация и, следовательно, вариативность между двумя макроклассами ограничена в итальянском языке только одной (двусторонней) возможностью перехода: <P; P> ⇔ <P; ES, P> (пример такой реинтерпретации – *leggere* ‘читать’). Помимо переходности опорного процессуального глагола, для реализации непредельно-предельного перехода необходимо, чтобы в перфективе сохранялась возможность выражения значения процесса (делимитативного прочтения). Сильные предельные глаголы, таким образом, реинтерпретируются в глаголы состояния. Участие в реинтерпретации ингрессивно-процессуальных глаголов невозможно, поскольку в итальянском языке не представлен двупредельный класс: например, в реализации значений, аналогичных русскому <P, – ; EP, ES, P> *петь, запевать; запеть, спеть, попеть*, будет, помимо *cantare* ‘петь’, участвовать ингрессивная перифраза *iniziare a cantare* ‘начать петь’ или же другая лексема *intonare (il canto)* ‘запеть, затянуть песню’. Исходя из вышесказанного, случаем акциональной вариативности между макроклассами мы будем считать только вышеописанную комбинацию, а в остальных случаях будем говорить о многозначности. Другим выводом становится наблюдение о том, что в итальянском языке в рамках одного акционального класса в перфективе возможно выражение только либо вхождения в состояние, либо вхождения в процесс.

3. Регулярная многозначность в сопоставительном ракурсе

Процедура акциональной классификации, подразумевающая изучение взаимодействия четырех семантических примитивов со всеми возможными в данном языке формами с перфективной (или имперфективной) интерпретацией, изначально предполагает определенный ряд ограничений, которые накладываются на именные аргументы классифицируемых глаголов. При следовании правилу учитывать в акциональной классификации «глаголы в комбинации с таким актантом, который позволяет … увидеть максимальное количество акциональных возможностей» (Татевосов 2016: 161), неизбежно возникает вопрос об интерпретации глаголов, не сочетающимися с такими актантами. Столь же логичен в данном случае вопрос об интерпретации акциональных характеристик глаголов, которые в одном значении сочетаются с граммемами СВ и НСВ, а в другом – только с граммемой НСВ (например, *спускаться*, пример из (Храковский 2012: 545)).

В частности, Татевосов полагает, что регулярную многозначность, при которой глагол распадается на несколько лексем (производных друг от друга или нет), также можно исчислять посредством декомпозиции и акциональные характеристики для каждой из лексем многозначного глагола фиксировать отдельно (Татевосов 2015: 120). Необходимость отдельной акциональной интерпретации каждой лексемы многозначного глагола обусловлена, в свою очередь, тем, что, поскольку актантная структура является одним из компонентов семантики предиката, изменение состава аргументов автоматически исключает глаголы из состава элементов одной и той же акциональной пары, ср. *махнуть (рукой, *бумагу) – смахнуть (рукой, бумагу)* (Татевосов 2010: 36).

Мы полагаем, что «диапазон акциональных интерпретаций» многозначных глаголов также может исчисляться путем декомпозиции на акциональные ярлыки: в данном случае речь идет о вариативности опорных глаголов – имперфективных форм, выражающих состояние, процесс или мультипликативный процесс.

При попытке анализа регулярной многозначности на материале разных языков непременно встает вопрос о корректности подобных исследований в сопоставительном ракурсе. В частности, Е. В. Падучева, комментируя предположение о единообразии моделей семантической деривации в разных языках, отмечает, что «потенциал семантического развития, скорее всего, в существенной степени универсален, но граница между семантической и лексической деривацией часто проходит лингвоспецифично» (Падучева 2004: 153–154). Иными словами, некоторые парадигмы регулярной многозначности характерны для одного языка, но отсутствуют в другом: «при сопоставлении моделей регулярной многозначности в разных языках мы имеем дело с отдельными несовпадениями в конкретной реализации аналогичного принципа семантической деривации» (Добровольский 2006). Впрочем, наличие лакун в парадигмах регулярной многозначности (в одном языке или при сравнении разных языков) и реализация тех или иных значений механизмами семантической деривации или словообразовательными средствами не отменяет важности исследования регулярной полисемии в сопоставительном ракурсе.

Мы полагаем, что потенциал вариативности опорного глагола между выражением состояния, процесса и мультипликативного процесса универсален, но реализация данного потенциала (в имперфективе) а) не гарантирована у каждого многозначного слова без исключений; б) может осуществляться словообразовательными – и вполне предсказуемыми – средствами.

4. Иллюстрация исследования акциональности и многозначности русских и итальянских глаголов в практике преподавания РКИ

В лингводидактике акциональные парадигмы многозначных глаголов можно визуализировать схематично на семантической карте с цепочечной структурой для последующего анализа реализаций всего спектра видовых значений лексемами многозначных глаголов (Табл. 3).

Приведем в качестве примера парадигму русского многозначного глагола *петь*. При выполнении условий (i)–(iv) процедуры (2), т.е. в сочетании с актантом, позволяющим продемонстрировать максимальное количество акциональных возможностей, этот глагол относится к двупредельному классу (3.1); без прямого дополнения этот глагол может интерпретироваться как процесс (3.3) или как состояние (3.4); контекст его употребления может быть не эпизодическим, а хабитуальным (3.2). Наконец, необходимо учитывать возможность употребления производного «свертка» *певануть* в разговорном регистре, ср. (3.5).[4]

(3) 1. <P; ES, EP, P> пел, запевал / запел, попел, спел песню
2. <-; ES> ср. Спой! Споём! Каждый раз они пели
3. <P; EP, P> запел, пел, попел (песни)
4. <S; ES, S> запел, пел, попел; ср. Соловей поёт (умеет петь); Он поёт = Он певец
5. <MP; EMP, Q, MP> запел, пел, попел, певанул (разг.); ср.
Если же захотите сами певануть что-то из переводов, то для некоммерческого исполнения моё согласие не нужно.
(https://www.chitalnya.ru/users/Bukvoljub/).

---

4 Согласно данным (Соколова 2015: 260), в разговорном русском языке образование семельфактивных форм с суффиксом *-ну-* является одной из наиболее продуктивных моделей.

Таблица 3. Акциональная парадигма многозначных глаголов (курсивом выделены реализации многозначного глагола петь).

5.	4.	3.	1.	2.
⇔	⇔	⇔	⇔	⇔
MP; Q, MP	S; -			
MP; Q	S; S	P; P		
MP; EMP, Q, MP	S; ES	P; EP	P; ES	-; ES
	S; ES, S	P; EP, P	P; ES, P	
	P, S; ES, S *P S; ES*	*P_1, P_2; EP, P*	*P; ES, EP, P*	

В аудитории изучающих РКИ данная схема может комментироваться следующим образом.

Парадигма вариативности берет отсчет от макрокласса, к которому относится опорный глагол анализируемого класса, исчисляемого с применением процедуры (2). В данном случае, это двупредельный класс с опорным глаголом, описывающим процесс. Состав элементов каждой акциональной группы указывает на реализации всех доступных для нее акциональных значений имперфективными и перфективными формами.

Стрелки указывают направление потенциальной вариативности: следует еще раз напомнить, что полная реализация данного потенциала опорными глаголами (и, соответственно, их перфективными коррелятами) далеко не всегда доступна. Многие глаголы не многозначны и, соответственно, акционально не вариативны.

Действие стрелок распространяется только на один шаг, и каждый последующий шаг дополнительно верифицируется.

В сопоставительном ракурсе наглядно и в полной мере проявляется реализация принципа акциональной гибридности. Как было показано выше, например, в итальянском языке двупредельный класс не представлен, но значения, соответствующие русскому *петь*, реализуются в предельном макроклассе слабым предельным глаголом <P; ES, P> *cantare* 'петь, спеть, попеть' и в стативном макроклассе слабым инцептивно-стативным глаголом <S; ES, S> *cantare* 'петь, запеть, попеть'. Ингрессивное значение процессуального класса регулярно реализуется с помощью ингрессивной перифразы *iniziare a cantare* 'начинать, начать петь' (или с помощью другой лексемы *intonare (il canto)* 'запеть, затянуть песню'). Тем временем, мультипликативное значение реализуется (в разговорном стиле) с помощью перифразы с участием отглагольного существительного *cantata* (*fare una cantata*, ср. 'певануть') – словообразовательной модели, регулярно используемой для выражения семельфактивных значений (Simone, Masini 2007). В свою очередь, мультипликативная группа может быть впоследствии реинтерпретирована как пунктивная (ср., за пределами разговорного стиля, <MP; Q, MP> *saltare la corda* 'прыгать, прыгнуть со скакалкой' vs. <-; ES> *saltare l'ostacolo* 'прыгать, прыгнуть через препятствие').

Предложенные наблюдения демонстрируют одну из возможностей учитывать в преподавании глагольного вида ряд методических рекомендаций, сформировавшихся в последние годы: представлять функции видовых категорий и их реализации наглядно, системно, с учетом теоретической базы (здесь – формально-семантической) и в сопоставлении с родным языком адресатов преподавания (в данном случае, с итальянским).

Литература

Апресян, Юрий: Основания системной лексикографии. Апресян, Юрий (ред.): *Языковая картина мира и системная лексикография*, 33–160. Москва: ЯСК, 2006.

Аркадьев, Петр: Глагольная акциональность. Тестелец, Яков (ред.): *Аспекты полисинтетизма: очерки по грамматике адыгейского языка*, 201–240. Москва: РГГУ, 2009.

Горбова, Елена: *Акциональность глагольной лексики и аспектуальные граммемы*. Санкт-Петербург: Издательский дом СПбГУ, 2010.

Добровольский, Дмитрий: [Рец. на:] Падучева, Елена: *Динамические модели в семантике лексики*. Москва: ЯСК, 2004. *Вопросы языкознания*, 4, 101–109. 2006.

Зализняк, Анна / Микаэлян, Ирина / Шмелёв, Алексей: Видовая коррелятивность в русском языке: в защиту видовой пары. *Вопросы языкознания*, 1, 3–23. 2010.

Караванов, Алексей: Методические аспекты преподавания видов русского глагола иностранным учащимся. Красных, Виктория (ред.): *Язык, сознание, коммуникация*, 151–156. Москва: Филология, 2005.

Лентовская, Анна: Акциональные характеристики русских и итальянских глаголов. *Вестник Московского государственного лингвистического университета. Гуманитарные науки*, 14, 57–71. 2018.

Падучева, Елена: *Динамические модели в семантике лексики*. Москва: ЯСК, 2004.

Плунгян, Владимир: 'Быстро' в грамматике русского и других языков. Иомдин, Леонид / Крысин, Леонид (ред.): *Слово в тексте и в словаре. Сборник статей к семидесятилетию академика Ю. Д. Апресяна*, 212–223. Москва: ИРЯ РАН 2000.

Соколова, Светлана: "Rabotnul na slavu – gul'ni smelo!": –NU- as a universal aspectual marker in non-standard Russian. Китадзё, Мицуси (ред.): *Аспектуальная семантическая зона: типология систем и сценарии диахронического развития: Сборник статей V Международной конференции Комиссии по аспектологии Международного комитета славистов*, 256–262. Киото: Университет Киото Сангё, 2015.

Татевосов, Сергей: *Акциональность в лексике и грамматике (Глагол и структура события)*. Москва: ЯСК, 2015.

Татевосов, Сергей: *Глагольные классы и типология акциональности*. Москва: ЯСК, 2016.

Татевосов, Сергей: *Акциональность в лексике и грамматике:* Автореф. дисс. … д-ра филол. наук. Москва, 2010.

Храковский, Виктор: Взаимодействие грамматических категорий: вид, время, наклонение. Воейкова, Мария (ред.): *От значения к форме, от формы к значению: Сборник статей к 80-летию чл.-корр. РАН А. В. Бондарко*, 539–561. Москва: ЯСК, 2012.

Bertinetto, Pier Marco / Delfitto, Denis: Aspect vs. Actionality: Why they should be kept apart. Dahl, Östen (ed.): *Tense and Aspect in the Languages of Europe*, 189–225. Berlin / New York: de Gruyter Mouton, 2000.

Bertinetto, Pier Marco / Squartini, Mario: An Attempt at Defining the Class of Gradual Completion Verbs. Bertinetto, Pier Marco et al. (eds.): *Temporal Reference, Aspect and Actionality.* Vol. 1. *Semantic and Syntactic Perspectives*, 11–26. Torino: Rosenberg & Sellier, 1995.

Bertinetto, Pier Marco: *Tempo, aspetto e azione nel verbo italiano. Il sistema dell'indicativo*. Firenze: Presso l'Academia della Crusca, 1986.

Dowty, David: *Word Meaning and Montague Grammar. The Semantics of Verbs and Times in Generative Semantics and in Montague's PTQ*. Dordrecht: Springer, 1979.

Mehlig, Hans: Hybrid predicates in Russian. *Journal of Slavic Linguistics*, 20/2, 171–227. 2012.

Simone, Raffaele / Masini, Francesca: Support Nouns and Verbal Features: a case study from Italian. Grezka, Aude / Martin-Berthet, Françoise (eds.): *Verbes et classes sémantiques (Special issue of "Verbum")*, 143–172. 2007.

Tatevosov, Sergej: The parameter of actionality. *Linguistic Typology*, 6, 317–401. 2002.

Vendler, Zeno: Verbs and Times. *Linguistics in Philosophy*, 97–121. New York: Cornell University Press, 1967.

Non-canonical or canonical coordination? Coordination of different degree forms in Russian

Aleksandr Letuchii[*]

Abstract: This article focuses on the problem of 'non-canonical coordination' in Russian: coordinate constructions where the two conjuncts differ in their grammatical properties or parts of speech, namely, coordination of a positive degree form of adjective in one part, and a comparative form in the other part. The paper demonstrates that non-structural factors must be considered. Several factors were distinguished: relative weight of conjuncts, grammatical conflict, the type of modifier (standard adverbial vs. the marker *bolee*), etc. The factor of grammatical conflict is the most important: it turned out that constructions with one-word parts are judged the worst by native speakers. The reason is that when each conjunct contains only one word, the native speaker notes the conflict of degree forms. Constructions where one conjunct contains an adjective and the other one an adverbial or a PP are often better than coordination of different degree forms. The reason is that PPs and adverbials do not have the category of case at all, and no conflict occurs.

Keywords: adjectives, degree of comparison, grammatical conflict, coordination, case marking, constituent length

Сочинение разных степеней сравнения прилагательных: грамматический конфликт и другие факторы (не)приемлемости

Александр Летучий

Резюме: В статье рассматривается проблема неканонического сочинения – сочинения конструкций с разной структурой или разными типами вершин, а именно: формы положительной и сравнительной степеней прилагательных (*Машина стала быстрее и маневренной*). Хотя обе рассматриваемые формы степени относят к парадигме прилагательного, их грамматические свойства сильно различаются. Опрос носителей показывает, что в такого рода сомнительных случаях на первое место выходят неструктурные параметры. В частности, структура с короткими конъюнктами без модификаторов оценивается хуже, чем с длинными. Мы объясняем этот факт, используя понятие грамматического конфликта (*grammatical conflict*): при отсутствии модификаторов заметнее несоответствие форм прилагательного друг другу. Кроме этого, аналитические формы сравнительной степени типа *более маневренной* ведут себя иначе, чем стандартные сочетания с наречием типа *очень маневренной*. Анализ текстового материала выявляет дополнительные факторы приемлемости, такие как падежное маркирование конъюнкта с положительной степенью и выбор союза. Наше исследование подтверждает важность для грамматики неструктурных факторов – в особенности в структурах, пограничных между грамматичными и неграмматичными.

Ключевые слова: степени сравнения прилагательных, сочинение, грамматический конфликт, длина составляющей, порядок слов, падеж

---

* Higher School of Economics, Moscow / V. V. Vinogradov Russian Language Institute (RAS), e-mail: alexander.letuchiy@gmail.com

1. Introduction

Coordinate constructions are a type of syntactic units that requires the parts (conjuncts) to be symmetrical and grammatically close. This tendency manifests itself in several respects. First, the definition of coordination supposes that the two conjuncts behave identically in operational criteria (wh-movement, anaphoric relations, and so on). Second, related to the first, the grammatical value of both conjuncts is usually identical or similar: they are identically marked for grammatical categories and belong to the same part of speech and/or syntactic class. In situations of variation, the same variant must be chosen in both conjuncts.

For instance, in Russian, it is impossible to chose GEN of negation in one conjunct, and ACC in the other, even when both variants are possible outside coordination.

(1)	**On*	*ne*	*čita-et*	*ni*	***knig-u***	*ni*	***gazet.***
	he.NOM	NEG	read-PRS.3SG	NPI	book-ACC.SG	NPI	newspaper-GEN.PL

'He reads neither the book, nor newspapers.'

(2)	*On*	*ne*	*čita-et*	*gazet-Ø / gazet-y.*
	he.NOM	NEG	read-PRS.3SG	newspaper-GEN.PL / newspaper-ACC.PL.

'He does not read newspapers.'

At the same time, as Testelets (2010a) shows, the rule is not so strict. For instance, the coordinate construction with the measure meaning can combine a measure accusative (*rjumku* in (3)) and a partitive genitive (*vetčiny*):

(3)	*Podaj-te*	*mne*	***rjumk-u***	*vodk-i*	*i*	***vetčin-y.***
	give-IMV.PL	I.DAT	glass-ACC.SG	vodka-GEN.SG	and	ham-GEN.SG

'Give me a glass of vodka and (some) ham.'

One of the main problems is the notion of identity itself. While for case forms, the distinction of identical vs. non-identical meanings is usually obvious, for some other grammatical categories and values, the possibility to combine different values in one coordinate construction is subject to testing.

The present paper focuses on one of these dubious cases, namely, coordination of degree forms of adjectives. I try to answer the question whether coordination of positive and comparative degree forms is possible in Russian (below I also call this type of coordinate constructions 'mixed coordination'). The native speaker survey shows that the answer is neither purely positive, nor purely negative, and that it crucially depends on the non-structural parameters of the construction under analysis. The situation in the domain of adjectives allows us to learn much about non-standard coordination and parameters relevant for Russian syntax.

2. Some facts about Russian comparatives

Russian degree system occupies a special place in the typology of grammatical categories (see Knjazev 2007). On the one hand, it is often considered to be an inflectional category. It is mainly motivated by the fact that the comparative form does not differ from the positive one in the semantics of the property. The forms *interesnee* 'more interesting (than Y)' and *interesnyj* 'interesting' denote the same property. Thus, we can hardly say that we derive a new property name when forming a comparative.

On the other hand, the morphological and syntactic properties of comparatives crucially differ from those of positive forms. Following Knjazev (2007), Matushansky (2002, 2013), and others, the two degree forms differ in many grammatical categories and properties. Caha et al. (2019) and Kosta (2020, 2021) propose a formal account of constructions with different degree forms.

Thus, the question whether the comparative form is the same type of word as the positive one, is really well-founded. And coordination is one of criteria showing (non)identity of word classes.

Table 1. Properties of positive vs. comparative degree forms of adjectives.

Feature	positive	comparative
case marking	+	-
gender marking	+	-
number marking	+	-
position	usually preposed	usually postposed
short vs. long form distinction	+	-

3. Native speaker survey

To check the possibility of coordinate construction with two different degrees of adjective, I used 12 examples listed below. In all examples, one conjunct contains a comparative degree form *bystree* 'faster', and the other a positive degree form *manevrennoj* 'maneuverable' in instrumental case (the comparative form is marked with bold, and the positive one is underlined). Examples (4) and (7) are basic, where no additional elements are linked to the positive and comparative degree forms under analysis. In other examples, the first conjunct, the second one, or both contain additional elements: these are the standard of comparison 'than before' for the comparative form and adverbials 'very' and 'more' for the positive degree form.

(4) *Mašin-a sta-l-a* ***bystr-ee*** *i manevrenn-oj.* 123
car-NEG become-PST-SG.F fast-COMPAR and maneuverable-F.SG.INS
'The car became faster and maneuverable.'

(5) *Mašina stala* ***bystree*** *i očen' manevrennoj.* 215
'The car became faster and very maneuverable.'

(6) *Mašina stala* ***bystree*** *i bolee manevrennoj.* 256
'The car became faster and more maneuverable.'

(7) *Mašina stala manevrennoj i* ***bystree****.* 141
'The car maneuverable and faster.'

(8) *Mašina stala očen' manevrennoj i* ***bystree****.* 149
'The car became very maneuverable and faster.'

(9) *Mašina stala bolee manevrennoj i* ***bystree****.* 182
'The car became more maneuverable and faster.'

(10) *Mašina stala* ***bystree****, čem ran'še, i manevrennoj.* 193
'The car became faster than before and maneuverable.'

(11) *Mašina stala* ***bystree****, čem ran'še, i očen' manevrennoj.* 259
'The car became faster than before and very maneuverable.'

(12) *Mašina stala* ***bystree****, čem ran'še, i bolee manevrennoj.* 279
'The car became faster than before and more maneuverable.'

(13) *Mašina stala manevrennoj i* ***bystree****, čem ran'še.* 212
'The car became maneuverable and faster than before.'

(14) *Mašina stala očen' manevrennoj i* ***bystree****, čem ran'še.* 241
'The car became very maneuverable and faster than before.'

(15) *Mašina stala bolee manevrennoj i* ***bystree****, čem ran'še.* 248
'The car became more maneuverable and faster than before.'

Each sentence was evaluated by 74 native speakes. The highest grade was 4 (fully grammatically correct), and the lowest one 1 (fully ungrammatical). The intermediate grades were 2 (bad/almost ungrammatical) and 3 (acceptable, but stylistically dubious). The sum of 74 grades is listed to the right of each example above.

It turned out that the survey did not give the uniform answer for all the twelve sentences to the question under analysis. The reason is that the overall rate was surprisingly different for the twelve sentences: the lowest rate is 123 (example (4)), which is average 1.66 per native speaker (thus, it is judged to be ungrammatical or, a little more often, as bad /almost ungrammatical). The highest rate, 279 (example (12)), yields 3.77 (the example is most often judged as fully acceptable, rarely as acceptable but stylistically dubious). This means that the very question: 'Is coordination of positive and comparative degree forms possible?' is senseless without some precisions made. Below I address the results of experiment in detail finding relevant factors, responsible for the acceptability degree.

4. Relevant factors

Factor 1. Grammatical conflict

The first thing that draws attention is that the shortest sentences get the lowest marks. Only the two sentences where each conjunct contains one word ((4) and (7)) get an average mark lower than 2. This fact reminds of the syntactic weight parameter noticed by many researchers (Delahunty 1983, Davies, Dubinsky 2009, Diessel, Schmidtke-Bode 2017, and so on) as relevant for acceptability rate of language structures. A special property of our data is that the shortest versions of data are estimated lower than their longer correlates. In many of previous studies, the converse situation is observed where some marking variants or word orders are unacceptable for longer constituents due to the parsing difficulty, cf. the following tendency: "The initial position is problematic for longer (e.g, sentential) arguments" (Hawkings 1991; Davies, Dubinsky 2009; Letuchiy 2020).

This strange feature of responses to our survey shows that the relevant feature is not in fact syntactic weight. The crucial point is that in short structures, the contrast between the degree forms is more obvious than in long ones (I call this problematic situation **"grammatical conflict"**). When the positive and the comparative degree forms are situated closely to each other, and no conjunct contains additional words that distracts the native speaker from the difference in degree forms, a grammatical conflict emerges. An additional explanation comes from the intonation data. The longer are the conjuncts, the better they allow autonomous pronunciation and separation from each other.

Note that the very distance between the two adjective forms cannot work here as the main factor. Examples (10)–(12) and (13)–(15) do not differ significantly in the speakers' rate, though in the former group, the adjective forms are separated from each other by three or four words, and in the latter, by one word (the conjunction *i*). The crucial factor for all sentences but (4) and (7) is the presence/absence of additional words that makes the difference in the adjective form less obvious for the native speaker. In almost all sentences with the highest overall rates, both conjuncts contain additional modifiers.

Factor 2. Periphrastic comparatives vs. adverbial construction

A specific factor, relevant for pairs like (5) vs. (6), (8) vs. (9), (11) vs. (12) and (14) vs. (15) is the opposition of the **adverbial construction** *očen'* + positive degree and the **periphrastic comparative construction** *bolee* + positive degree. The experiment shows that for Russian native speakers, periphrastic comparatives are different from adverbial constructions, though both contain the same positive degree form, and the word *bolee* seems to occupy the same position of an adjunct in the adjective phrase as the adverbial *očen'*. In all pairs mentioned above, the periphrastic comparative is ranked higher by native speakers than the adverbial construction.

The reason is not related to case-marking, because both type of constituents are marked for case (more precisely, their second component *manevrennoj* is marked for instrumental case), contrary to synthetic comparatives. The difference rather results from the fact that in (6), (9), (12) and (15), the grammatical status of adjective forms in two conjuncts is the same (comparative forms, though of different morphological types), while in (5), (8), (11) and (14), the two adjective forms belong to two different degrees of adjectives.

Factor 3. Relative weight of constituents

As already mentioned, the relative weight of constituents itself is sometimes also relevant. However, this is not the case in our experiment. The parameter of weight is less significant than the first one (conflict of categories). In some pairs, such as (4) vs. (10), (5) vs. (11), (6) vs. (12), as well as the group of (7), (8), and (9), addition of dependents to the first conjunct makes the whole structure more acceptable, and not worse. Thus, though heavy first conjuncts make the structure worse in terms of Hawkins' (1991) Principle of Early Immediate Constituents, this negative effect is less important than the fact that modifiers of the first conjunct make the **grammatical conflict** less sharp.

Factor 4. Case-marked vs. caseless constituents

Another feature that might be relevant is the ordering of comparative and positive degree as case vs. caseless constituents. In general, in Russian, according to Letuchiy 2020, there is a tendency saying that the constituent that is more marked in terms of dependence tends to precede the less marked one:

- infinitive (form marked as dependent) precedes finite embedded clauses
- nominal arguments (marked for case) precede complement clauses

If this parameter were crucial, examples of the type "positive + comparative" would be rated higher than "comparative +positive" because comparatives are unmarked for case. However, the experiment proves this parameter not to be highly relevant. For instance, examples (8)–(9) where the comparative follows the positive form are rated lower than (5)–(6) where comparatives are in the first conjunct.

Presumably, this results from the fact that in (5) and (6), the positive degree form has an adverbial and forms a longer constituent. At the same time, (7) is rated higher than (4). When the conjunct headed by the comparative is longer, as in (10) and (13), native speakers prefer the positive degree form to precede the comparative one (example (13)).

5. Corpus data

To find additional factors of (non)-acceptability of mixed coordination, I used Google Search. The real texts rarely show the use of the non-canonical coordinate structures with the verb *stat'* (the verb *byt'* 'be' is more frequent, both in the language in general and in coordinate structures of this type). However, examples we found show that the avoidance of grammatical conflict is crucial for adjectival coordination, as well as in the native speaker survey.

As the Google search shows, not many examples without modifiers, similar to (4) and (7), occur. If the conjuncts belong to different degrees of adjectives, this very often means that one or both of them contain modifiers. For instance, (16) and (17a) are real examples that look much more acceptable than an elicited (17b):

(16)	*Oni*	*i*	*pravda*	*byli*	***sil'n-ee***	*i*
	they.NOM	and	really	be-PST-PL	strong-COMPAR	and
	očen'	*smešn-yje*...				
	very	funny-NOM.PL				

'They were really stronger and (were) very funny.' (http://kvn.ru/news/1343)

(17)	a. *Sejf-Ø*[1]	*sta-l-Ø*		*mjagk-ij*	i
	safe. NOM	become-pst-m.sg		soft- M.SG.NOM	and
	prijatn-ee		v	upravleni-i.	
	pleasant-compar		in	handling-LOC.SG	

'The safe became soft and more pleasant to handle.'
(https://www.drive2.ru/l/507195369117975578/)

b. ??Sejf-Ø	sta-l-Ø	*mjagk-ij*	i	***prijatn-ee.***
safe. NOM	become- PST-M.SG	soft- M.SG.NOM	and	pleasant-COMPAR

'The safe became softer and more pleasant.'

The real text data reveal two additional factors that can favor or disfavor mixed coordinate constructions, namely, **case-marking of the positive degree form** and **type of conjunction**.

1 Here: a part of the car.

5.1. Case-marking of the positive degree form

Although the case-marking is not the crucial factor, it is relevant. Above I have shown that the opposition of case-marked vs. caseless constituents is not highly relevant – however, the type of case-marking on the positive degree form is. This fact is confirmed by the acceptability difference between instrumental-marked and nominative-marked positive degree form. Nominative-marked positive degree forms much easier tolerate coordination with comparative forms than instrumental-marked forms. For instance, (18a), from the real text and with a nominative-marked positive degree form, is, in my intuition, much better than (18b), an elicited variant of (18a) with instrumental marking:

(18) a. *Tol'ko* *ėt-i* *by-l-i* ***men'še***
only this-NOM.PL be-PST-PL small.COMPAR
i *očen'* <u>*krikliv-yje*</u>
and very loud-NOM.PL
'However, those (animals) were smaller and very loud.'
(https://ukhta-tr.gazprom.ru/d/textpage/dd/221/kniga-ehnergiya-tvorchestva.pdf)

b. ??*Tol'ko* *ėt-i* *by-l-i* ***men'še***
only this-NOM.PL be-PST-PL small.COMPAR
i *očen'* <u>*krikliv-ymi*</u>
and very loud-INS.PL
(Intended: same as 18a.)

No factor of those mentioned before can account for this difference: in both examples, the word order, syntactic weight and complexity of conjuncts are the same. Moreover, both the nominative plural and the instrumental plural form are marked for case, contrary to the comparative form *men'še* 'smaller'.

It seems that the factor that makes (18a) better than (18b) is the difference between **structural** and **lexical** cases. Testelets (2010b) shows that this case classification is manifested in Russian in a special way: in nominative and accusative contexts, non-NP phrases can be inserted, while in contexts of lexical cases, only NPs are possible. Comparative degree forms presumably disfavor lexical case contexts. For instance, combinations of the verb *ščitat'* 'consider, think, suppose' with synthetic comparative forms (e.g., *Ja ščitaju ego opytnee* 'I consider him to be more experienced') are usually unacceptable or awkward. Although comparatives are themselves unmarked for case, they prefer nominative and accusative positions and, due to the general tendency of conjunct similarity, prefer the second conjunct to be in the structural case.

At the same time, some constructions with comparative forms coordinated with instrumental-marked positive degree forms are found in real texts:

(19) *Volosy* *stanovj-at-sja* ***mjagče***
hair-NOM.PL become-PRS.3PL-REFL small.COMPAR
i *poslušn-ymi* *pri* *rasčesyvani-i.*
and obedient-PL.INS at combing-GEN.SG
'The hair becomes softer and easier to comb.' (https://irecommend.ru/users/marinamur)

5.2. Type of conjunction

The Google search leads to the preliminary hypothesis that *no* 'but' allows mixed coordination more easily than *i* 'and'. This fact is logically explicable given that, with adversative conjunctions like *no*, conjuncts are usually intonationally separated from each other.

(20) *Oni* *by-l-i* *deševle,* *no* *očen'* skol'zk-ie.
they.NOM be-PST-PLRS.3PL cheap.COMPAR but very slippery-PL.NOM
'They were cheaper but very slippery.'

(21) ... *ja* *kupi-l-a* *botink-i* *ot* *Poste,* *kotor-yje*
I.NOM buy-PST-SG.F shoe-PL.ACC from Poste.GEN which- PL.NOM
by-l-i *deševle,* *no* *očen'* *poxož-i* *na* *loranovsk-ie.*
be-PST-PL cheap.COMPAR but very similar-PL to Loran's-PL.ACC
'I bought shoes from Poste that were cheaper but looked similar to Loran's.'

The pausation and/or intonation break that are characteristic of adversative constructions make the grammatical conflict less sharp than in the construction with the conjunction *i* 'and' that were addressed before.

6. Beyond adjectives: comparative degree of adverbials and predicative in coordination

To check the role of the case factor, I address the behavior of other parts of speech having a degree category, namely, predicatives and adverbials. They have the same degree forms as adjectives, the difference being that they do not have case in either degree form. If the case marking difference is relevant for coordination, then examples (22) and (24) must be better than (23) and (25), because only in the latter, but not in the former, do the conjuncts differ in case marking:

(22) *Nado* *iska-t'* *kto* *sdela-et* *lučše*
necessary look.for-INF who.NOM do-FUT.3SG well.COMPAR
i *deševo.*
and cheap.

'We should look for someone who will make (it) better and cheaply.' (https://otdel-pto.ru/ofis/covid-19-ubil-biznes-no-pechati-po-ottisku-sdelal-snova-aktualnymi/amp/)

(23) *Drug-oe* *vin-o* *by-l-o*
other-N.SG.NOM wine-NOM.SG be-PST-SG.M
lučše *i* *dešev-oe.*
good.COMPAR and cheap-N.SG.NOM
'Another sort of wine was better and cheap.'

(24) *Esli* *by* *proda-l-i* *kvartir-u*
if IRR sell-PST-PL flat-ACC.SG
deševle *i* *bystro…*
cheap.COMPAR and quickly
'If (they) sold the flat cheaper and quickly…'
(https://www.cian.ru/blogs-prodat-kvartiru-dorogo-ili-vygodno-chto-vybiraem-297099/)

(25) *Etot* *sposob-Ø* *(by-l-Ø)* *deševle*
this. M. SG.NOM way-NOM.SG be-PST-SG.M cheap.COMPAR
i *bystr-yj.*
and fast-M.SG.NOM
'This way is cheaper and fast.'

In fact, though examples (22)–(25) do not seem to differ significantly in their acceptability, there is some acceptability difference. The real text examples (22) and (24), with an adverbial, are better than (23) and (25) with adjectives (even though the adjectives are in the nominative form). Thus, the restriction on case forms is valid at least in the second conjunct. Case-marked forms of adjectives prefer not to be separated from the head by another conjunct. The same problem is not valid for adverbials.

7. Adverbials and adjectives vs. prepositional phrases

The last type of modifiers I consider here are prepositional phrases. They can alternatively occupy the position of VP modifier, similarly to adverbials, or NP modifier, similarly to adjectives.

(26) *On* *slomann-yj* / *bez* *koles-Ø.*
it.NOM broken-M.SG.NOM without wheel-GEN.PL
'It (e.g., a tractor) is broken / without wheels.'

(27) *On* *sdela-l-Ø* *ėt-o* *legko*
it.NOM make-PST-SG.M this-ACC easily
/bez *problem-Ø.*
without problem-GEN.PL
'He made it easily / with no problems.'

It turns out, however, that PPs easier participate in coordinate constructions with comparatives than positive degree forms:

(28) *?On* *sta-l-Ø* *ezdi-t'* *uverenn-ee*
he.NOM become-PST-SG.M drive-INF confidently-COMPAR
i *legko.*
and *easily*
'He began to drive with more certainty and easily.'

(29) *On* *sta-l-Ø* *ezdit'* *uverennee* *i*
he.NOM become-PST-SG.M drive-INF confidently-COMPAR and
bez *trud-a.*
without difficulty-GEN.SG
'He began to drive with more certainty and without difficulty.'

This fact confirms that PPs are often more liberal in their syntactic behavior than specialized phrases for adjunct position, as AdvP and AdjP. For instance, nominalizations much more tolerate PPs as their dependents than AdvPs:

(30) *?sdač-a* *rabot-y* *pozdno*
submission-NOM.SG work-GEN.SG lately
'submitting of the work lately'

(31) *sdača* *raboty* *posle* *dedlajn-a*
submission-NOM.SG work-GEN.SG after deadline-GEN.SG
'submitting of the work after the deadline'

The reason is that the use like (30) leads to the conflict between the adverbial head *pozdno* and its syntactic function. PPs' head is syntactically vacuous meaning that it is not designed for any particular function – thus, their location in the syntactic structure does not conflict with any inherent features.

The behavior of PPs shows that the unacceptability of some adjectival constructions, such as (4) and (7), does not result from the very conflict between a case-marked and a caseless conjunct. The problem is **conflict within the same part of speech.** In other words, the problem is that coordinate construction includes two forms of adjective, a part of speech having case as a grammatical value, and one of them is caseless, while the other is marked for case. By contrast, no conflict occurs if one of the conjuncts belongs to another part of speech (preposition) that is unable to have case. This situation is observed in the domain of modification and is different from the situation in the complementation domain: for instance, coordination of a nominal argument and a complement clause is problematic in both cases, where the complement clause is unmarked for case, though infinitive or complementizers are not nominal and cannot be marked for case at all.

8. Conclusions

The experiment described here proves the importance of nonstructural factors for syntax. It turns out that in boundary cases, the identity condition for coordinate constructions is rather unstable and depends on the placement of components, case marking and syntactic weight of the conjuncts. These non-structural parameters can not only slightly change the acceptability rate, but make an ungrammatical or almost ungrammatical sentence grammatically correct.

Another conclusion is that the principle for coordinate constructions cannot be formulated as a 'maximal identity principle':

The closer grammatically are the heads of the two conjuncts, the more acceptable is the construction.

What really matters in the syntax of coordination, is the notion of **grammatical conflict**. Contrary to many other cases, in the adjectival coordination, alongside the canonical notion of weight, the transparency of conflict matters in the sentence acceptability. The strength of **grammatical conflict** is a more crucial factor favoring or disfavoring 'mixed coordination' than the pure **grammatical identity** of parts. By contrast, no grammatical conflict occurs in cases when one of conjuncts is a prepositional phrase that belongs to another part of speech and does not have a category of case.

The coordination data is also useful for checking the status of periphrastic comparative constructions with *bolee*. Although morphologically they are very distinct from synthetic comparatives, the coordination test confirms their paradigmatic status as a comparative degree form: the coordination of periphrastic and synthetic comparatives is almost always evaluated by native speakers as acceptable.

References

Caha, Peter / De Clercq, Karen / Vanden Wyngaerd, Guido: The fine structure of the comparative. *Studia Linguistica,* 73 (3), 470–521. 2019.

Davies, William / Dubinsky, Stanley: On the existence (and distribution) of sentential subjects. Gerdts, Donna / Moore, John / Polinsky, Maria (eds.): *Hypothesis A/hypothesis B: Linguistic explorations in honor of David M. Perlmutter*, 111–128. Cambridge, Mass.: The MIT Press, 2009.

Delahunty, Gerald: But sentential subjects do exist. *Linguistic Analysis*, 12, 379–398. 1983.

Hawkins, John: A parsing theory of word order universals. *Lingustic Inquiry*, 21.2, 223–261. 1991.

Kniazev, Yurii: *Grammaticheskaia semantika: Russkii iazyk v tipologicheskoi perspektive.* Moscow: Iazyki slavianskoi kul'tury, 2007.

Kosta, Peter: Multiple modification in Slavic as compared to Romance and Germanic Languages (the proof by degree phrases and comparatives). Caha, Pavel / Ziková, Market / Starke, Michael (eds.): *Petr Karlík 70 Festschrift*. Brno: Masarykova univerzita, 2020.

Kosta, Peter: On Comparative and Degree Scales in Czech, Russian and Polish: A Radical Minimalist Look at their Syntax, Morphology and Semantics. Gattnar, Anja / Brehmer, Bernhard / Perevozchikova, Tatjana (eds.). *Von A wie Aspekt bis Z wie zdvořilost. Ein Kaleidoskop der Slavistik für Tilman Berger zum 65. Geburtstag*, 117–126. Tübingen: Tübingen University Library Publishing, 2021.

Letuchiy, Alexander: *Konstrukcii s sentencial'nymi aktantami v russkom iazyke: semantika, sintaksis, sochetaemost'*. Doctoral degree dissertation. Moscow, 2020.

Letuchiy, Alexander: *Length of constituent as a relevant factor in Russian syntax*. HSE Working preprint. 2019.

Matushansky, Ora: More or better: on the derivation of synthetic comparatives and superlatives in English. Matushansky, Ora / Marantz, Alec (eds.): *Distributed Morphology Today: Morphemes for Morris Halle.* Cambridge, Mass.: The MIT Press, 2013.

Matushansky, Ora: *Movement of Degree / Degree of Movement*. Doctoral dissertation. Cambridge, Mass., 2002.

Schmidtke-Bode, Karsten / Diessel, Holger: Cross-linguistic patterns in the structure, function, and position of (object) complement clauses. *Linguistics*, 55 (1), 1–38. 2017.

Testelets, Yakov: Case as a characteristic of identity under ellipsis in Russian. Kibrik, Aleksandr (ed.): *Proceedings of the International Conference Dialog-2011: Computational Linguisitcs and Intellectual Technologies*, 725–736. Moscow: Russian State University of the Humanities, 2010a.

Testelets, Yakov: Case deficient elements and the direct case condition in Russian. *Iazyk i rechevaia deiatel'nost'*, 9, 126–143. Saint Petersburg, 2010b.

Univerbation in modern Russian: varieties, models of education, functioning

Elena Markova[*]

Abstract: Univerbation is a process of word formation whereby single-word equivalents (univerbations) are produced in varying degrees of stable word combinations. Analyzing various points of view on this phenomenon, the author defines an understanding of univerbations as a set of derivatives that are different in their structure, method of formation and morphological belonging, one way or another folded on the basis of word combinations. In this case, not only contraction of the form occurs, but also condensation of the semantics of the generating phrase. The most frequent varieties include nominal and verbal univerbation. Not only structural-semantic, but also functional, stylistic features of contracted neologisms are revealed. A manifestation of linguistic economy and the democratization of language, univerbation is actively disseminated in colloquial speech, professional communication, Internet communication, and is found in the speech of journalists and politicians. The material for the study was TV program schedules for 2018–2020 and Internet sources.

Keywords: word formation, modern Russian, the law of economy of linguistic means, univerbation

Универбация в современном русском языке: разновидности, модели образования, функционирование

Елена Маркова

Резюме: Универбация представляет собой словообразовательный процесс, в результате которого продуцируются однословные эквиваленты (универбаты) в разной степени устойчивых словосочетаний. Анализируя различные точки зрения на данное явление, автор раскрывает свое понимание универбатов как совокупности разных по структуре, способу образования и морфологической принадлежности дериватов, так или иначе свёрнутых на базе словосочетаний. При этом происходит не только стяжение формы, но и конденсация семантики производящего словосочетания. К наиболее частотным разновидностям относится именная и глагольная универбация. Выявляются не только структурно-семантические, но и функциональные, стилистические особенности стяженных новообразований. Будучи проявлением языковой экономии и демократизации языка, универбация распространена в разговорной речи, профессиональном и интернет-общении, встречается в речи журналистов, политиков. Материалом для исследования послужили программы передач ТВ за 2018–2020 гг., интернет-ресурсы.

Ключевые слова: словообразование, современный русский язык, закон экономии языковых средств, универбация

* Kosygin State University of Russia, e-mail: elena-m-m@mail.ru

Стремительные изменения в экономической и социально-политической жизни общества, происходящие на наших глазах уже три десятка лет, неизбежно находят отражение в языке. На фоне быстро меняющейся действительности наблюдается активизация словообразования, привлекающая внимание лингвистов к проблеме исследования новых слов в плане их деривационной, коммуникативной, прагматической и функциональной специфики. Влияют на языковые изменения и внутренние законы языка, в частности закон экономии языковых средств, в русле которого в последнее время стало появляться все больше усечений, сокращений, разного рода стяжений. В активизации этой тенденции велика роль и английского языка на другие языки. В процессе словотворчества происходит поиск языковых, в том числе деривационных, возможностей, которые помогают не только кратко номинировать то или иное явление, событие, процесс, но и выразить отношение к ним. В связи с этим усиливается прагматическая составляющая новообразований, и предпочтение отдаётся тем формам-синкретам, которые соединяют в себе денотативное и коннотативное. К такого рода образованиям относятся универбаты, принадлежащие к универсалиям славянского словообразования и оказавшиеся на пике словотворчества в переломную эпоху последних десятилетий (Маркова, Григорянова 2016).

В самом простом определении универбация – образование однословной номинации на основе словосочетания. В энциклопедии «Русский язык» универбация понимается как «образование слова на базе словосочетания, которому оно синонимично» (Караулов 1997: 577).

Однако следует заметить, что о явлении универбации в лингвистике не существует единого мнения. Есть множество разных точек зрения на это явление. При широком понимании универбация рассматривается как универсальный словообразовательный процесс, и в этом случае всякое словопроизводство приравнивается к универбизации (Кубрякова 1986; Лопатин 2003). В более узком смысле под универбацией понимается либо совокупность разных по структуре и способу образования дериватов, так или иначе свернутых на базе словосочетаний (Янко-Триницкая 2001; Устименко 2007). Наконец, самое узкое понимание универбации включает в него лишь производство суффиксальных существительных на основе атрибутивных словосочетаний, имеющих устойчивый характер (Земская 2000; Осипова 1999; Теркулов 2010; Лукашанец 2016). При этом, по мнению этих ученых, в языке остаются представленными две формы обозначения одного и того же плана содержания: расширенная, в виде мотивирующего словосочетания, и сжатая, как результат его стяжения. Полная форма принадлежит к общеупотребительной лексике, тяготеет к книжной речи, стяженная характеризуется, как правило, разговорным характером.

Нам кажется возможным расширить рамки этого явления и рассматривать универбацию как словообразовательный процесс, в результате которого продуцируются однословные эквиваленты в разной степени устойчивых словосочетаний, являющихся наименованиями кодифицированного литературного языка (Клименко, Маркова 2018). Ведь еще в середине прошлого века, анализируя дериваты типа *черника*, известный русский лингвист Н. М. Шанский отмечал, что они образованы на базе словосочетания *прил. + сущ.*: в данном случае *черная ягода*, т. е. относил подобные факты к рассматриваемому нами явлению.

Универбация чаще всего представлена в двух разновидностях: именной и глагольной. Именная универбация заключается, как правило, в стяжении атрибутивного словосочетания в однословное наименование, сопровождаемом суффиксацией. В образованный дериват входит только основа одного компонента, тогда как второй подразумевается в мотивационной базе, но формально в ней не отражен.

Наиболее продуктивным суффиксальным элементом, участвующим в механизме создания универбата, является суффикс *-к-*

(1) **наружка** ← наружная реклама

(2) **документалка** ← документальное кино

(3) **аварийка** ← аварийная служба

Вместе с тем анализ нашего материала дал возможность выявить и другие форманты, используемые в этом процессе: *-нк-*, *-ик-/-ник-*, *-ил-/-илк-*, *-овк-/-ловк-*, *-ёрк-*, *-ок-*, *-ак-/-як-*, *-янк-*, *-иц-*, *-учк-*, *-шк-/-ушк-/-яшк-/-ишк-*, *-енец-*, *-щин-*, *-ух-/-юх-*, *-ур-*, *-ун-*, *-ач-*, напр.:

(4) **струйник** ← струйный принтер

(5) **мобильник** ← мобильный телефон

(6) **бесполезняк** ← бесполезное дело

(7) **показуха** ← показное мероприятие

Встречаются и бессуффиксные универбаты:

(8) **корпоратив** ← корпоративное мероприятие.

Многие из них, помимо разговорного характера, придают новым единицам экспрессивное, оценочное звучание.

Стилистической особенностью универбатов является их активное функционирование в разговорной речи. Большинство универбатов относится к разговорной лексике, например: *бытовка,* гречка, *мигалка* и так далее. Некоторые из них имеют просторечный оттенок, однако многие слова уже вошли в кодифицированный литературный язык, обнаруживаются практически во всех сферах общественной деятельности: политической, экономической, научной, спортивной, медицинской и так далее. Это говорит о большом потенциале словообразовательных моделей универбации.

В последнее время в связи с распространением новой коронавирусной инфекции были зафиксированы такие новые образования в русле описанной тенденции, как

(9) **побочка** ← побочный эффект (У этого лекарства много *побочки*)

(10) **удалёнка** ← удаленная работа (В связи с коронавирусом многие переведены на *удалёнку*)

(11) **иммунка** ← иммунная система (Это все поднимает *иммунку*)

(12) **дистанционка** ← дистанционная работа (Все вузы и школы в период пандемии перешли на *дистанционку*)

(13) **атипичка** ← атипичная пневмония (Вирус поражает легкие и развивается *атипичка*)

Новообразованиями, получившими широкую распространенность в современной речи, являются и такие универбаты, как

(14) **неучтёнка** ← неучтённые деньги

(15) **незавершёнка** ← незавершенное строительство (В области много *незавершёнки*)

(16) **обнажёнка** ← обнажённая фигура (В целом, большинство оказалось не против такой «*обнажёнки*»)

(17) **заказуха** ← заказное дело (В том, что это отрежиссированная *заказуха*, сомнений нет)

(18) **скандинавка** ← скандинавская ходьба (Сидя на удаленке, многие занялись *скандинавкой*)

Встречаются универбаты и в речи политиков, напр.:

(19) **чрезвычайщина** ← чрезвычайная ситуация (*Чрезвычайщины*, конечно, нет, но мы должны принять меры, из интервью В. Матвиенко каналу РТР, 31.03.2020)

Можно встретить образования рассматриваемого способа и в речи Президента РФ с целью придания ей экспрессивного, демократичного звучания, напр.:

(20) **порожняк** ← порожний вагон (Донбасс *порожняк* не гонит).

Универбация имеет место и в глагольном словообразовании. Глагольная универбация состоит в стяжении словосочетания в однословное глагольное наименование. Хотя многие исследователи не относят подобные случаи к универбации, считая, что таким образом образуются только имена существительные (Теркулов 2010), глагольная универбация, по мнению ряда учёных (Нещименко 2000), имеет все признаки этого способа деривации: формальное и семантическое сжатие словосочетания в одно слово, использование корневой морфемы одного из компонентов словосочетания, несущего основную смысловую нагрузку, оформление при помощи определённых деривационных средств. Чаще всего в роли лексического компонента, участвующего в образовании однословного наименования, выступает имя существительное, прилагательное или наречие.

> Большинство обозначенных универбов характеризуется включением глагольной семантики и образовано путём аффиксальной деривации от прямого или косвенного дополнения в глагольном словосочетании (Романов 2015: 117–118).

При этом в языке остаются представленными две формы обозначения одного и того же плана содержания: расширенная, в виде мотивирующего словосочетания, и сжатая, как результат его стяжения. Активно глагольная универбация проявляет себя, например, в интернет-общении, в деловой коммуникации:

(21) **запаролить** ← установить пароль

(22) **мейлить** ← обмениваться мейлами, переписываться по мейлу

(23) **чатиться** ← переписываться в чате

(24) **принтить** ← печатать на принтере

(25) **ксерить** ← делать копии на ксероксе.

Вновь образованный глагол характеризуется нередко ярко выраженным лингвокультурным компонентом, транслирует знания, представления, привычки, ритуалы, свойственные той или иной этнокультуре, в рамках которой образована новая языковая единица. Традиционным для русских является поставить «галочку» около выбранного варианта, что вербализовалось в русском общении в универбате

(26) **галковать / галкнуть** ← ставить / поставить галочку.

В отличие, например, от словацкой культуры, где принято обводить кружком нужное, что объективировано в глагольном универбате

(27) **zakrúžkovat'** ← обвести кружком.

Эти возможности глагольной номинации делают её чрезвычайно активной и в повседневном общении, в том числе в интернете, и в телекоммуникации, и в рекламе, и в языке СМИ. Таким образом, глагольный универбат также стилистически ограничен: как правило, является окказиональным образованием, функционирует в разговорной, профессиональной речи (Маркова 2018). Примерами глагольных универбатов, заимствованных из различных передач ТВ в 2020 году, являются, например, следующие:

(28) **шашлычить** ← делать шашлыки (Иногда встречаемся, *шашлычим*)

(29) **дитякать** ← вести себя как дитя (И долго ты еще будешь *дитякать*?)

(30) **дедморозить** ← играть Деда Мороза (Актер Ю. Олежко *дедморозить* начал еще со студенческих лет).

Специфика современной глагольной номинации в том, что универбат позволяет объективировать целую ситуацию, причём отразить её часто в динамике, в компактной языковой форме запечатлеть процесс, выразить при этом субъективное отношение говорящего к нему. Универбализованная форма может объективировать различные дополнительные значения: темпоральные значения (начала или завершения), аспектуальные (процесса или результата действия), квантитативные (количественные), передаваемые, например, циркумфиксом *на-…-ся*:

(31) **накорвалолились** 'напились *корвалола*', **навалокординились** 'напились *валокордина*' (из передачи 1 канала ТВ «Жить здорово!»).

К типичным глаголам, подлежащим элиминации в процессе глагольной универбации относятся глаголы со значением изменения действия, передаваемого глаголами *изменять, делать, превращать* в основном словосочетании, а также префиксами *о* или *у* в глаголе-универбате:

(32) **очеховить** 'изменить в духе *Чехова*'

(33) **ускромнить** 'сделать более *скромными*'

(34) **оженственяться** 'превращаться в женщину, становиться женственным'

(35) **обуючивать** 'делать уютной': Мама *обуючивала* нашу квартиру

(36) **окультуривать** 'делать культурным': Сейчас человека никто не будет *окультуривать*, большая ответственность за это ложится на самого человека

Универбализованная форма может быть результатом заполнения лакуны: лакунарными являются, например, некоторые глагольные формы, представленные в русском языке только словосочетаниями, например, *стать равнодушным*, которое получило в речи и однословную вербализацию – ***оравнодушеть***:

(37) Иржи даже перчаток не снял – заледенел, бедняга, *оравнодушел* (Д. Рубина).

Не только в бытовой сфере активна данная модель, она популярна и в научном дискурсе. Лингвисты о языковых знаках часто говорят, что они способны ***овеществлять*** ('превращать в *вещь*, в материю'), ***овнешнять*** ('переводить из внутренней во *внешнюю* сферу'), ***оязыковлять*** ('переводить из плана ментального в *языковую* форму') смыслы:

Язык овеществляет ментальное; Семантика лингвокультуры – это культуроносные смыслы, овнешнённые в знаках языка; Но чаще всего они <знаки культуры> оязыковляются, т. е. воплощаются в знаках именно языка (Красных 2017: 180–181, 184).

Часто основой для глагольного универбата является словосочетание с английским компонентом: ***гуглить*** 'искать информацию в Google' (*Прогугли).* Глагол ***лайкать*** является результатом стяжения словосочетания *ставить лайки*, от англ. *to like* 'нравиться', т. е. 'помечать сообщение, публикацию с помощью специальной кнопки с пиктограммой или надписью *Like* «Мне нравится» (*Лайкнуть фото в инсте*)’. Получили широкое распространение глагольные универбаты:

(38) **мониторить** ← производить *мониторинг*

(39) **твитить** ← размещать в *твиттере*

(40) **постить** ← размещать *пост*.

На основе универбации нередко возникают окказиональные глагольные образования, придающие речи дополнительную экспрессию, например, следующие:

(41) **сбоить** (из сочетания *давать сбой*): Почему так *сбоят* дорожные навигаторы?

(42) **гекльберрифиннить** (из сочетания *вести себя как Гекльберри Финн* – герой романа М. Твена) в значении ‘выпустить детей за городом на свободу, дать им возможность много гулять и ничего не делать’ (передача «Растём вместе», ТВ, 2017)

(43) **романить** ← *иметь любовный роман* (А когда вы *романили* с ней, все было хорошо?).

Новая глагольная форма как результат стяжения глагольного словосочетания может выступать синонимом к уже существующему в языке глаголу, при этом она отличается от старого глагола ярко выраженным экспрессивным, эмоционально-оценочным компонентом значения. В частности, как синоним глагола *благодарить* возник глагол ***мерсикать***, отличающийся от первого своим коннотативным компонентом: ‘униженно, многократно благодарить кого-то, стоящего социально выше’:

(44) Потом долго *мерсикала* и делала книксены, отступая к бронированной двери (Т. Устинова).

Нужно отметить, что в целом универбаты не ограничены только разговорной сферой, они связаны с разными типами дискурсов: политическим, экономическим, правовым, военным, спортивным, медицинским и т. д. Часто универбаты включаются в речь политиков, обозревателей, журналистов, к примеру:

(45) **финализировать** ← осуществлять финал (Мы *финализируем* наши действия по обмену пленными)

(46) **педалировать** ‘ускорять’ ← *нажимать на педаль газа* (Мы не можем *педалировать* этот процесс).

Реакцией одного из журналистов на ежегодный прямой эфир В. В. Путина были слова:

(47) Слов нет. Вы опять *дзюданули* весь мир (Интернет).

Глагол образован на основе словосочетания *провести приём дзюдо* и употреблён в данном контексте в переносном значении ‘обыграть, победить в какой-либо схватке'. При этом употребление его мотивировано знанием экстралингвистической ситуации: увлечением Президента РФ борьбой дзюдо. Ситуация с пандемией вызвала к жизни глагольный универбат

(48) **карантинить** ← *сидеть на карантине* (Мы *карантиним* вместе).

Таким образом, универбаты отражают важные явления общественной или социальной жизни, а также бытовые ситуации, актуальные для живой разговорной речи, нередко осложнены дополнительной коннотацией, оценкой явлений и событий, иронией, насмешкой, экспрессией, а также служат для заполнения языковых лакун. Приведенный материал демонстрирует актуальность и растущую продуктивность универбации как способа словообразования, сутью которого является процесс «сворачивания» словосочетания в однословное наименование – явления, реализующего тенденцию к сокращению, усечению, минимизации языковых усилий и языковой продукции – характерной приметы нашего времени, современной языковой ситуации.

Литература

Караулов, Юрий (ред.): *Русский язык. Энциклопедия*, 2-е изд. Москва: Большая российская энциклопедия / Дрофа, 1997.

Клименко, Галина / Маркова, Елена: *Словарь универбатов современного русского языка.* Москва: Прометей, 2019.

Красных, Виктория: Что день грядущий нам готовит? (К вопросу о современной научной парадигме в области гуманитарного знания). *Жанры речи*, 2 (16), 172–193. 2017.

Лопатин, Владимир: Универбация. Караулов, Юрий (ред.): *Русский язык: Энциклопедия*, 577. Москва: Большая Российская энциклопедия / Дрофа, 1997.

Маркова, Елена: Глагольная универбация в свете славянского словообразования. *Русский язык в поликультурном мире. II Международный симпозиум (8–12 июня 2018 г.). Сборник научных статей.* Т. 1, 8, 232–238. Симферополь: АРИАЛ, 2018.

Маркова, Елена / Григорянова, Татьяна: *Динамические аспекты лексики современных славянских языков*. Brno: Tribun EU, 2016.

Нещименко, Галина: Словообразование разговорного языка в свете тенденции языковой экономии (на материале русского и чешского языков). Ohnheiser, Ingeborg (ed.): *Wortbildung: interaktiv im Sprachsystem. Materialen der 3. Konferenz der Kommission für slawische Wortbildung beim internationalen Slawistenkomitee*, 253–270. Innsbruck: Institut für Sprachwissenschaft, 2000.

Романов, Юрий: Универбация на основе глагольных словосочетаний в английском и русском языках. *Науковий вісник Міжнародного гуманітарного університету. Сер.: Філологія*, 18 (2), 117–120. 2015.

Теркулов, Вячеслав: Универбализация: постановка проблемы. *Учёные записки Забайкальского госыдатственного гуманитарно-педагогического университета им. Н. Г. Чернышевского: Серия «Филология, история, востоковедение»*, 3, 135–142. 2010.

Grammatical difficulties in literary translations by Russian-speaking contestants in the “Kul′turny most” competition

Monica Perotto[*]

Abstract: Although for bilingual children translation activities play a major role in the natural acquisition of two languages, the acquisition of translation skills is challenging for them, too. In recent years, works on Russian as a heritage language have increasingly included not only linguistic but also translation difficulties of bilingual children. Bilingual children are clearly interested in translation activities, but without special training their competence in this area remains most often spontaneous, and the main strategy in most cases is word-for-word translation. Thanks to our participation as a jury member in different seasons of the “Cultural Bridge” competition, we collected a corpus of 327 texts (including originals in Russian and their translations into Italian) and created two parallel corpora (Russian and Italian) to process the language data with the software Sketch Engine. The contrastive analysis revealed approximately the same typology of errors of bilingual children as in other scholars’ work analysing examples of translation of Russian literary texts into Italian.

Keywords: bilingualism and translation, corpus analysis, Russian-speaking heritage speakers

Грамматические трудности в художественном переводе русскоязычных участников конкурса «Культурный мост»

Моника Перотто

Резюме: Хотя для двуязычных детей переводческая деятельность играет важную роль в естественном овладении двумя языками, приобретение навыков перевода представляет для них определенные трудности. Исследования, посвященные русскому языку как языку наследия, в последние годы все чаще включают не только лингвистические, но и переводческие трудности двуязычных детей. Двуязычные дети проявляют явный интерес к переводческой деятельности, но без специальной подготовки их компетентность в этой области остается чаще всего спонтанной, а основной стратегией в большинстве случаев является дословный перевод. Благодаря нашему участию в качестве члена жюри в разных сезонах конкурса «Культурный мост», мы собрали корпус из 327 текстов (включая оригиналы на русском языке и их переводы на итальянский) и создали два параллельных корпуса (русский и итальянский) для обработки языковых данных с помощью программы Sketch Engine. Контрастивный анализ выявил примерно ту же типологию ошибок двуязычных детей, что и в работе других ученых, анализирующих примеры перевода русских художественных текстов на итальянский язык.

Ключевые слова: билингвизм и перевод, корпусный анализ, русскоязычные дети-эритажники

* Università di Bologna, e-mail: monica.perotto@unibo.it

1. Введение

В последние годы работы по русскому языку как эритажному (*heritage language*) всё чаще включают анализ не только лингвистических, но и переводческих трудностей детей-билингвов (Goletiani 2015; Warditz, Kreß 2015; Naiditch 2015; Перотто 2020; Protassova, Ekman, Kirichenko 2015). Хотя для двуязычных детей переводческая деятельность играет основную роль в естественном усвоении двух языков, сознательное приобретение навыков перевода представляет сложность и для них, тем более что учебный перевод обычно не предусматривается программами русских школ дополнительного образования. Как показывает наше исследование небольшой группы юных информантов, переводивших русские художественные тексты для детей на итальянский язык, двуязычные дети явно склонны к к переводческой деятельности, однако без специальной тренировки их компетенция в этой области остаётся чаще всего спонтанной, а основной стратегией в большинстве случаев является дословный перевод.

Благодаря участию в качестве члена жюри в разных сезонах конкурса «Культурный мост», который проводился в Италии в период 2018–2020 гг. в дистанционном режиме, о чём мы уже писали в другой работе (Перотто 2020), нами был собран корпус из 327 текстов (в т.ч. оригиналов на русском языке и их переводов на итальянский) и создано два параллельных корпуса (русского и итальянского языков) для обработки языковых данных программой SE (*Sketch Engine*).[1] Контрастивный анализ позволил выявить примерно ту же самую типологию ошибок двуязычных детей, что и в работе Л. Голетиани, в которой анализируются примеры перевода русского художественного текста на итальянский язык и отмечается, что

> the natural translator employed a much greater variety of types of transformations, among which were, principally, omission, addition, semantic generalization and substitution, syntactical reformulation and modification. (Goletiani 2015: 37)

Е. Протасова, Ю. Екман и С. Кириченко также утверждают, что среди самых частотных трудностей непрофессионального переводчика с русского языка на финский и наоборот отмечаются:

> absence of articles, a certain freedom of word order, possessive constructions, ways of expressing durability of actions and the future events. Russian aspects remain difficult. (Protassova, Ekman, Kirichenko 2015: 145)

В указанной работе в определение непрофессионального переводчика включается деятельность не только детей-билингвов, но и финских студентов

1 SE – программное обеспечение для анализа лингвистических данных, собранных на базе корпусов: https://www.sketchengine.eu/

РКИ, в то время как в нашей работе уделяется внимание исключительно категории так называемых эритажников, т.е. детей-билингвов, освоивших русский язык в семье.

2. Цель работы

Хотя в семидесятые годы ученые (Harris 1977, Harris, Sherwood 1978) предложили определение «естественного перевода» (*natural translation*) и выдвинули гипотезу о существовании у билингва естественного инстинкта к переводу как врожденному навыку, в последние десятилетия специалисты всё чаще дифференцирую понятия «естественного» и «учебного перевода», породившего так называемый «переводческий билингвизм» (Галинская 2009; Овчинникова, Павлова 2016). Данный процесс отмечается как

> аналитический стиль обработки информации, востребованный при извлечении и конструировании смысла исходного текста для его передачи в тексте перевода. (Овчинникова, Павлова 2016:7)

Естественный перевод характеризует процесс усвоения двух языков в неформальной обстановке и может помогать билингву только в решении бытовых жизненных ситуаций, т.е. то, что определяется как *language brokering* (Naiditch 2015: 138), в то время как переводческий билингвизм развивается как специфический навык в контексте обучения переводу для достижения профессиональной компетенции.

В фокусе настоящей работы – результаты естественного перевода без применения специальной тренировки навыков переводческого билингвизма. При этом прежде всего будут рассмотрены грамматические трудности детей-билингвов, возникающие в художественном переводе при сопоставлении двух языковых систем (русской и итальянской), как, например, ошибки в порядке слов, случаи влияния доминантного языка или процесса дословного перевода, что типично для непрофессионального переводчика. В настоящем анализе изучение трудностей детского перевода не будет касаться лексической или стилистической сферы, а в первую очередь морфологической и синтаксической, или затронет случаи неправильного словообразования. Отмеченные элементы позволят нам обрисовать картину слабых грамматических мест перевода с русского на итальянский, которые на следующем этапе исследования смогут стать основой для сравнения с переводом итальянских студентов РКИ.[2]

---

2 Создание для этой цели параллельного корпуса русско-итальянского на базе переводов студентов РКИ находится в данный момент на стадии обработки.

3. Материал и методы исследования

Материалы разных сезонов конкурса «Культурный мост», использованные для создания параллельных корпусов,[3] состоят из 327 текстов, размещенных в открытом доступе на сайте проекта Папмамбук, в секциях итальянского конкурса.[4] Перевели эти тексты непрофессиональные переводчики: дети-билингвы, живущие в Италии, в возрасте от 8 до 18 лет, выбирая один или несколько текстов объемом не менее 1000 знаков, как предусмотрено международными условиями конкурса. Среди предложенных материалов, разделенных по разным уровням сложности (*Мостик, Мосток, Мост, Супермост*),[5] можно найти рассказы следующих современных российских авторов: М. Аромштам (инициатор проекта), С. Востоков, А. Гиваргизов, Н. Дашевская, О. Дворнякова, Н.Евдокимова, И. Зартайская, И. Колмановский, А. Кравченко, С. Махотин, О. Мяэотс, А. Орлова, С. Прудовская, Д. Сабитова, С. Седов, Ю. Симбирская, А. Соя. Перевод может выполняться детьми дома при помощи любого переводческого средства и без какой-либо формы контроля автономности работы. Главной целью проекта Папмамбук является стимул к чтению художественной литературы на русском языке и использованию ребенком первого и второго языка при сравнении двух культур.

После сбора и выравнивания материалов на русском и итальянском языках программой Excel, два созданных параллельных корпуса были загружены на платформу SE. Далее при помощи различных функций, прежде всего *parallel concordance*, выявлялись все варианты перевода и их частотность. Невозможно, к сожалению, классифицировать ошибки по типологии (поэтому речь идет скорее о качественном, нежели о количественном анализе), тем не менее можно выявить, кто перевел текст, варианты перевода, исходный документ, его уровень сложности, а также другие метаданные. В особенности очень полезным оказался опрос, проведённый среди семей информантов второго и третьего сезона конкурса, благодаря которому мы получили «социолингвистический портрет» каждого отдельного переводчика (его возраст, тип семьи: моно- или биэтнической, продолжительность школьного образования на русском и итальянском языках). Для оценки переводов применялись следующие критерии (Перотто 2020, 1058–1059):

3 Объем корпусов: русский корпус: 62.608 слов / 8.996 предложений; итальянский корпус: 78.679 слов / 9.045 предложений.

4 Полная информация о портале Папмамбук и о конкурсе дается также в работе (Перотто 2020).

5 Разные уровни предусматривают растущую сложность структур на синтагматическом и парадигматическом уровне от самого простого (Мостик), до самого сложного текста (Супермост).

1) общее понимание исходного текста и общее качество его изложения на итальянском языке;
2) морфологическая и синтаксическая правильность перевода, например, правильность употребления глагольных форм (спряжений) и времени глагола;
3) стилистическая и лексическая адекватность. Если там, где в тексте оригинала преобладает разговорный язык, в переводе употребляются слова высокого регистра, это считается ошибкой. В таких случаях трудно определить, что на это повлияло: помощь родителей или неумелое использование переводческих средств;
4) адекватность передачи реалий, идиом и фразеологизмов;
5) выявление случаев усложнения/упрощения текста или дословного перевода;
6) выявление случаев влияния родного языка.

Как уже отмечалось в другой нашей работе (Перотто 2020), при анализе переводческих решений в программе *Google Translate* или словаре-онлайн *Reverso* было установлено, что дети нечасто прибегали к этим средствам, а работали самостоятельно, возможно, иногда выслушивая советы родителей.

4. Результаты

В проанализированных переводах дети-билингвы показали в целом хорошее понимание русского языка в исходном тексте (ИТ), однако невладение переводческими стратегиями, возраст информантов и недолгое посещение ими итальянской школы могли влиять на правильность использования итальянского языка и на качество перевода. Настоящий анализ ограничивается рассмотрением примеров грамматических ошибок,[6] которые мы разделим на следующие группы и проиллюстрируем в соответствующих таблицах:

1) неправильный порядок слов
2) неправильное употребление глагола
3) ошибки в словообразовании
4) грамматические ошибки в итальянском языке (местоимения, спряжение глаголов)
5) примеры дословного перевода.

Табл. 1. Примеры неправильного порядка слов

ИТ	Перевод	Правильный перевод
Всегда торопился прийти на помощь (Мостик)	*Sempre* si precipitava ad aiutare gli altri	Si precipitava *sempre* ad aiutare gli altri
Я сейчас тебе *страшную* тайну расскажу (Мосток)	Io adesso *pauroso* segreto ti racconto	Io adesso ti racconto un segreto *terribile*
В *Древней* Греции и *средневековой* Ирландии (Мост)	Nell'*Antica* Grecia e nel' *medioevo* del Irlanda/ Nell'*antica* Grecia, nella *medievale* Irlanda	Nell'*antica* Grecia e nell'Irlanda *medievale*

6 Для описания примеров лексических ошибок см. (Перотто 2020).

Порядок слов представляет собой для наших информантов одну из самых существенных трудностей перевода с русского языка на итальянский. Хотя оба языка обнаруживают достаточно свободный порядок SVO, позиция прилагательного и наречия может вызывать проблемы у неопытного переводчика с невысокой компетенцией в итальянском языке. В таблице 1 три примера: в первом у переводчика вызывает затруднение позиция наречия *sempre* (всегда), которое в итальянском обычно стоит после глагола, в то время как в русском – перед ним. При анализе в SE из 7 вхождений только 2 правильны. Во втором и третьем примере речь идёт о порядке качественного прилагательного в функции определения, которое в русском языке характеризуется препозицией по отношению к существительному, в противном случае получается маркированное выражение.[7] Из 8 вхождений мы можем отметить для третьего примера 5 правильных; в одном варианте опущено прилагательное (*Nell'Antica Grecia e nell'Irlanda*), в двух отмечается препозиция определения (*medievale Irlanda*). В итальянском языке разные позиции определения передают разное значение: позиция перед существительным имеет описательное значение (*Antica Grecia* можно считать хрононимом, т.е. определением известного исторического периода), а после него – ограничительное (Sensini 1988: 79). В особенности здесь *Grecia antica* (древняя Греция) противопоставлялась бы в таком случае словосочетанию *Grecia moderna* (современной Греции), как и *Irlanda medievale* (средневековая Ирландия) словосочетанию *Irlanda moderna* (современная Ирландия), но *medievale Irlanda* не существует в языке в качестве хрононима. Так как русское прилагательное в функции определения всегда предшествует существительному (как наречие предшествует глаголу), в таком случае можно сформулировать три гипотезы происхождения подобной ошибки: а) первый язык детей – русский – влияет на итальянский (*medievale Irlanda*), б) форма русского исходного текста (средневековая Ирландия) дается просто как дословный перевод, или в) при выборе непрофессионального русскоязычного переводчика действуют оба варианта а и б.

Во втором примере отмечается также проблема отсутствия неопределенного артикля (надо было бы перевести *un segreto*) и в третьем примере в одном варианте (*nel'medioevo*) неправильно употребляется апостроф.[8] В обоих случаях трудность связана с элементами, отсутствующими в русском

---

7 Постпозиция прилагательного характеризует маркированное выражение – *Какую книгу интересную я прочитала летом!* – или функцию ремы в предложении. Прилагательное может появляться после существительного также в функции именной части составного сказуемого: *Отец сидел грустный и задумчивый*, или в случае обособления: *Всю ночь шёл снег, густой и сильный*, см. (Шведова 1980: 203–206).

8 Нельзя его употреблять перед словом, начинающим с согласной буквы.

языке (артикль и апостроф) и вызывающими особые затруднения и у итальянских школьников.

Табл. 2. Примеры неправильного употребления глагола

[…] сказала древняя черепаха, *которая появилась* в отделе мягкой игрушки еще в прошлом веке (Мост)	disse l'Antica Tartaruga, che *è arrivata* nel negozio il secolo scorso/…disse la vecchia tartaruga, che *comparve* nel reparto giocattoli ancora lo scorso secolo	disse la vecchia tartaruga, che *era apparsa/ comparsa* nel reparto dei peluche già nel secolo scorso
Он почувствовал, что наступил переломный момент (Мост)	*Sentiva che arrivò* il punto di svolta/*Sentì che arrivò* il momento della svolta/*Ha capito*, che *e* il punto di svolta	*Sentì che era arrivato* il momento della svolta
Оглянулся – а бабушки нет! (Мостик)	Mi sono voltato e la nonna *non c'è*	Mi sono voltato e la nonna *non c'era più*

Первые два примера употребления глагола показывают типичную трудность сочетания вида и времени в русском языке, самую распространенную также среди итальянских студентов РКИ. Хотя русскоязычные дети обычно усваивают вид глагола довольно рано, однако если у них отсутствует металингвистическая рефлексия, могут возникать трудности при сравнении двух грамматических систем. В случае прошедшего действия, законченного в прошлом без отношения к моменту речи, в итальянском языке нельзя употреблять прошедшее ближайшее время[9] (*passato composto: è arrivata/è comparsa*), а надо выбрать прошедшее законченное время (*passato semplice*: *arrivò/comparve)*[10] или предпрошедшее время *(piuccheperfetto: era apparsa/comparsa)*, как в этом случае, если действие относится к факту, предшествующему прошлому действию. Из 10 вхождений большинство информантов (7) выбирает *passato semplice,* и только 2 подходящее время, *piuccheperfetto*. Один информант выбирает функциональный перевод формой имперфекта, выражающего продолжительное время (*era lì da più di un secolo,* была там уже больше века). Во втором примере не допускается *passato semplice (arrivò),* потому что переломный момент наступил до того как субъект

9 Русское обозначение времени итальянского глагола дается по Черданцевой, Карулину (2003: 165, 202), в то время как итальянское обозначение дается по научной терминологии Бертинетто: простой перфект (*passato semplice*), сложный перфект (*passato composto*) и плюсквамперфект (*piuccheperfetto*, Bertinetto 2003:15). Для обозначения этих времен Сенсини дает терминологию, принятую в школьных программах, и соответственно: passato remoto, passato prossimo и trapassato prossimo (Sensini 1988: 155).

10 Этот случай возможен, только если прошедшее действие ограничено к прошлому (Sensini 1988: 155).

его почувствовал. В SE все 3 найденных вхождения показывают ошибочный вариант перевода.

Последний пример является типичным случаем *consecutio temporum*, который регулирует соотношение времени между главным и придаточным предложением. В русском языке в придаточном можно употреблять настоящее время для выражения одновременных действий в прошлом, то есть когда в главном предложении глагол стоит в прошедшем времени (*Оглянулся – а бабушки нет*!), а в итальянском надо ориентироваться на время главного предложения. Если в нём описывается действие в прошлом, тогда и в придаточном используется прошедшее время (Mi *sono voltato* e la nonna non *c'era* più). Из 6 вхождений в SE только один правильный вариант. В разговорном варианте перевода можно было бы использовать исторический презенс повествования, тогда употреблялось бы два раза настоящее время: Mi *volto* e la nonna *non c'è.* Таких примеров два из шести. Большинство вариантов перевода ошибочны.

Табл. 3. Примеры неадекватности словообразования

ИТ	Перевод	Правильный перевод
Собачки и обезьянки (Мосток)	Cani e scimmie	Cagnolini e scimmiette
Книжка (Мост и Супермост)	Libro	Libretto
Застежка от замшевой сумочки (Мост)	un fermaglio di una borsa di camoscio	un fermaglio di una borsetta di camoscio

В третьей таблице речь идет об образовании диминутивов. Это формы, которые, вероятно, дети-билингвы встречают чаще в русской семейной речи. В школе позже они обучаются использованию правильных диминутивов на итальянском языке. Неслучайно вариант без диминутива **cani e scimmie* употребляет младший информант группы. А слово *книжка* вообще все информанты (9 вхождений) переводят просто **libro*, без диминутива. Очевидно, дети или не воспринимают разговорно-обиходные выражения как маркированные, поэтому переводят их на итальянский с помощью нейтральных средств, или ещё не владеют этой сферой итальянской грамматики.

В последнем примере, взятом из длинного списка маленьких предметов, описанных в рассказе Д. Сабитовой *Мышь Гликерия и хорошие сны,* большинство информантов не переводит диминутивы, хотя предметы принадлежат мышке, поэтому они не могут быть обычных размеров. Они переводят *заграничные монетки* как *monete,* а не *monetine*, *осколки зеркальца* как frammenti di *specchio*, а не *specchietto*.

В данной таблице собраны ошибки разного грамматического происхождения. Первый пример показывает трудность в выборе итальянского местоимения: ему (*gli*), ей (*le*). Из 10 вхождений только одно даёт неправильный вариант, все остальные правильно переводят местоимение, но дают разные версии перевода прямого дополнения, иногда прибегая к дословному переводу: *tutto rumoroso* (этому информанту 9 лет, он самый младший в группе).

Табл. 4. Примеры грамматических ошибок в итальянском языке

ИТ	Перевод	Правильный перевод
Он любил все громкое (Мост)	*Le* piacevano tutte le cose rumorose/ Amava tutto ad alta voce/ Gli piaceva tutto rumoroso.	*Gli* piacevano tutte le cose rumorose/tutto ciò che fa rumore.
Сегодня я буду апельсиновый сок! (Мосток)	Oggi *bevrò* succo d'arancia!	Oggi *bevo/berrò/voglio* il succo d'arancia/la spremuta d'arancia!
Мама говорит, есть такая опасная болезнь, *от которой* все зубы выпадают	La mamma mi diceva che esiste una malattia, *da quale* ti cadono tutti i denti./Mia mamma mi ha detto che c'è una malattia pericolosa *per quale* cadono tutti i denti	La mamma dice che c'è una malattia pericolosa *che fa cadere* tutti i denti.

Второй пример содержит ошибку в спряжении глагола: **bevrò* (буду пить) вместо *berrò*, будущее время гл. *bere* (пить). Здесь в итальянском языке допускается также форма настоящего времени момента речи *bevo*, однако никто не выбрал этот вариант. Из 4 вхождений только один информант даёт ошибочный вариант (ему 11 лет) для этого предложения, остальные выбирают функциональный перевод: Oggi *voglio* (хочу) il succo di arancia/l'aranciata/ la spremuta d'arancia! Дети постарше (12–15 лет) дают здесь правильную форму итальянского глагола, и вообще надо признать, что дети довольно редко ошибаются в спряжении итальянских глаголов, в то время как итальянские студенты РКИ испытывают большую трудность в спряжении русских глаголов.

В последнем примере выбор перевода союзного слова определительного придаточного предложения *от которой*: *da quale, per quale cadono i denti,* что по-итальянски неправильно и является дословным переводом. Из 9 вхождений – 4 ошибочны, а 5 информантов выбрали функциональный перевод: *una pericolosa malattia, che fa cadere tutti i denti*.

В первом примере таблицы 5. мы встречаем типичную ошибку – кальку русской синтаксической конструкции в переводе на итальянский язык. Из 10 вхождений 6 правильных, но именно тот, который приведён в таблице, принадлежит информанту возраста 17 лет. Данная конструкция в итальянском языке требует местоимения первого лица ед. числа: *io* (*e mio fratello, e mia nonna*), а не мн. числа. Во втором примере даётся дословный перевод глагола с частицей *–ся* – конструкции, которая в итальянском языке обычно переводится пассивной, а не возвратной формой. Из 6 вхождений – 4 правильных, а два переведены дословно. В последнем примере модальный глагол переводится дословно как *potere,* а не как *riuscire*, что тоже звучит как калька с с итальянского. Из 9 вхождений 4 ошибочных. Таким образом, из всех форм неправильного перевода, дословный перевод является самым распространенным, и не всегда только у младших информантов.

Табл. 5. Примеры дословного перевода

ИТ	Перевод	Правильный перевод
Однажды играли *мы с братом* в прятки (Мосток)	Un giorno *noi giocavamo con mio fratello* a Nascondino.	Una volta *io e mio fratello* stavamo giocando a nascondino
Если видимость плохая, с маяка *подается* звуковой сигнал (Мост)	Se si vede male, dal faro *si dà* un segnale sonoro	Se la visibilità è scarsa, dal faro *viene emesso* un segnale acustico.
Никак не *мог* остановиться (Мосток)	Non mi *potevo* fermare	Non mi *riuscivo* a fermare

5. Заключение

Из проанализированных на базе программы SE примеров можно сделать вывод, что у многих информантов конкурса «Культурный мост» при переводе с русского языка на итальянский возникают различные грамматические трудности. Несмотря на уровень сложности ИТ (примеры взяты из текстов разного уровня) дети хорошо улавливают смысл текста, и это свидетельствует об их хорошей компетенции в понимании русского языка. Небходимо также учитывать, что художественный стиль текстов детской литературы, предложенных им в рамках конкурса, характеризуется в большинстве случаев доступными структурами и обилием разговорных выражений. Главная трудность возникает при выборе правильных грамматических форм итальянского языка для передачи содержания. В следующей суммарной таблице подытожим результаты анализа:

Табл. 6.

Таб.1, порядок слов	**Число вхождений**	**Правильный перевод**	**Неправильный перевод**
Всегда торопился прийти на помощь	7	2	5
Я сейчас тебе *страшную* тайну расскажу	5	2	3
В *Древней* Греции и *средневековой* Ирландии	8	5	3

Таб.2, глагол			
(…) сказала древняя черепаха, *которая появилась* в отделе мягкой игрушки еще в прошлом веке (Мост)	10	2	8
Он почувствовал, что наступил переломный момент (Мост)	3	-	3
Оглянулся – а бабушки нет! (Мостик)	6	1	5
Таб.3, словобразование			
Собачки и обезьянки	3	1	2
Книжка	9	-	9
Застежка от замшевой сумочки	5	1	4
Таб.4, разные грамм. ошибки			
Он любил все громкое (местоимение)	10	9	1
Сегодня я буду апельсиновый сок! (спряжение глагола)	4	3	1
Мама говорит, есть такая опасная болезнь, *от которой* все зубы выпадают	9	5	4
Таб. 5, дословный перевод			
Однажды играли *мы с братом* в прятки	10	6	4
Если видимость плохая, с маяка *подается* звуковой сигнал	6	4	2
Никак не *мог* остановиться	9	5	4
Итого ошибок		46	58

В соответствии с ограниченным количеством указанных примеров следует признать, что результаты, представленные в таблице (общее количество ошибочных вариантов перевода превалирует), могут считаться лишь условными, ещё и потому что количество ошибок колеблется в зависимости от индивидуальной типологии ошибок каждого участника. Наибольшие трудности для естественных переводчиков представляют грамматические категории глагола, словообразование и порядок слов, и тенденция к дословному переводу в этой группе очень сильна. Младшие информанты ещё недостаточно владеют итальянским языком и поэтому чаще прибегают к этой стратегии. Те из них, кто дольше проучился в итальянской школе, естественно, лучше владеют итальянским языком, но, тем не менее, большинство информантов объединяет отсутствие стратегии, сознательного подхода к переводу, что часто приводит к неправильным переводческим решениям. Анализ переводов конкурса «Культурный мост», безусловно, подтверждает пользу учебного перевода для улучшения языковой компетенции детей-билингвов и развития навыков переводческого билингвизма.

Литература

Галинская, Татьяна: *Иноязычное деловое общение в подготовке специалистов- переводчиков.* Оренбург: ГОУ ОГУ, 2009.

Овчинникова, Ирина / Павлова, Анна: *Переводческий билингвизм. По материалам ошибок письменного перевода.* Москва: Флинта, 2016.

Перотто, Моника: Конкурс *Культурный мост* и проблемы перевода у детей билингвов. *Горизонты современной русистики.* Русецкая, Маргарита и др. (ред.): *Сборник статей Международной научной конференции, посвященной 90-летнему юбилею академика В. Г. Костомарова (30–31 января 2020)*, 1055–1063. Москва: Государственный институт русского языка им. А. С. Пушкина, 2020.

Черданцева, Тамара / Карулин, Юрий: *Самоучитель итальянского языка*. Москва: Высшая школа, 2003.

Шведова, Наталия (ред.): *Русская грамматика*. В 2-х тт. Т. 2. Москва: Наука, 1980.

Bertinetto, Pier Marco: *Tempi verbali e narrativa italiana dell'Otto / Novecento.* Alessandria: Edizioni dell'Orso, 2003.

Goletiani, Liana: Natural Translation Features in Early Bilingualism: A Case Study of an Italian-Russian Bilingual Teenager. Warditz, Vladislava / Kreß, Beatrix (eds.): *Multilingualism and Translation. Studies on Slavonic and Non-Slavonic Languages in Contact*, 37–55. Frankfurt a.M. et al.: Peter Lang, 2015.

Harris, Brian / Sherwood, Bianca: Translating as an innate skill. Gerver, David/ Sinaiko, H. Wallace (eds.): *Language Interpretation and Communication*, 155–170. New York: Plenum Press, 1978.

Harris, Brian: The importance of natural translation. *Working papers in Bilingualism*, 12, 96–114. 1977.

Naiditch, Larissa: Language Proficiency, Bilingualism and Translation Studies. Warditz, Vladislava / Kreß, Beatrix. (eds.): *Multilingualism and Translation. Studies on Slavonic and Non-Slavonic Languages in Contact*, 131–140. Frankfurt a.M. et al.: Peter Lang, 2015.

Protassova, Ekaterina / Ekman, Julia / Kirichenko, Svetlana: Development of Translation Skills in Russian-Finnish Bilinguals. Warditz, Vladislava / Kreß, Beatrix (eds.): *Multilingualism and Translation: Studies on Slavonic and Non-Slavonic Languages in Contact*, 141–165. Frankfurt a.M. et al.: Peter Lang, 2015.

Sensini, Marcello: *La grammatica della lingua italiana.* Milano: Arnoldo Mondadori, 1988.

Электронные ресурсы

Сайт проекта Папмамбук: https://www.papmambook.ru/contests/.

Actualization of the grammatical skills of foreigners in teaching Russian business communication using the authentic material of AV resources

Nina Romanova, Tat'iana Skorikova,† Irina Amelina,‡ Tat'iana Kovaleva§*

Abstract: The article is devoted to the problem of updating the grammatical skills of foreigners in teaching Russian business communication. Various functional and technological schemes of the organization of the language-educational process of teaching grammar on authentic language material of audio and video resources of business topics are considered, based on the original author's training courses and manuals. The paper statistically proves the productivity of integration of traditional pedagogical technologies with the latest authentic audio and video resources in the described educational models, as well as their effectiveness in forming students' grammatical skills in business communication.

Keywords: grammatical skills, language material, business communication, authentic audio and video resources, training videos

Актуализация грамматических навыков при обучении иностранцев русскому деловому общению на аутентичном языковом материале аудиовидеоресурсов

Нина Романова, Татьяна Скорикова, Ирина Амелина, Татьяна Ковалева

Abstract: Статья посвящена проблеме актуализации грамматических навыков иностранцев при обучении русскому деловому общению. Рассматриваются различные образовательные модели и функционально-технологические схемы обучения грамматике на аутентичном языковом материале аудиовидеоресурсов деловой тематики при опоре на авторские учебные курсы, пособия, дидактические разработки. Статистически доказана продуктивность интеграции в описываемых образовательных моделях традиционных педагогических технологий с новейшими аудиовидеоресурсами, а также их эффективность при формировании у студентов грамматических навыков в деловом общении.

Ключевые слова: грамматические навыки, языковой материал, деловое общение, аутентичные аудиовидеоресурсы, обучающие видеосюжеты

---

* Bauman Moscow State Technical University, e-mail: romanova-mgtu@yandex.ru
† Bauman Moscow State Technical University
‡ Southwest State University, Kursk, e-mail: amelina.i.o@yandex.ru
§ Southwest State University, Kursk

1. Введение

Вектор современного лингвообразования, включая обучение русскому языку как иностранному (РКИ), определяется стремлением к актуализации всех компонентов коммуникативной компетенции учащихся, главными из которых являются языковая и речевая. Важнейшим конструктивным звеном в их неразрывной взаимосвязи выступают навыки в области грамматики, определяемые методической наукой как

> автоматизированный компонент сознательно выполняемой *речевой деятельности* (зд. и далее курсив дан по первоисточнику – *Н.Р., Т.С., И.А., Т.К.*)… Владение грамматическим навыком означает способность производить речевое действие по выбору *модели*, адекватной речевой задаче в конкретной ситуации общения, и осуществлять правильное оформление речевой единицы с соблюдением норм языка (Азимов, Щукин 2018: 63).

Обозначенный переход от системно усвоенных феноменов языка к коммуникативно целесообразному их употреблению в речи определяет прагматическую направленность обучения грамматике и формирования грамматических навыков в методике РКИ.

Актуализацию указанных навыков способны обеспечить образовательные модели, основанные на научном знании механизмов формирования автоматизированных речевых действий с использованием иноязычного инструментария и реализующие методический подход, наилучшим образом отвечающий задачам различных форм, этапов и условий языкового обучения. В этой связи оптимальным представляется использование в практической работе вариативных образовательных моделей, комбинирующих традиционные педагогические технологии и обучающие аудиовидеосредства с новейшими инфокоммуникационными технологиями (ИКТ) и электронными аудиовизуальными ресурсами для обучения РКИ в аспектах общего и профессионального владения, в частности в сфере делового общения.

Задачу реализации указанных моделей в различных педагогических условиях призваны решить функционально-технологические схемы организации лингвообразовательного процесса, при которых формирование у иностранных студентов грамматических навыков в сфере деловой коммуникации на материале аутентичных тематических аудиовидеоресурсов является содержательным компонентом: автономного предметного курса и пособия с аудиосопровождением, профессионального модуля основного вузовского курса и пособия на основе кино-/телефильмов, профессионального модуля довузовского курса РКИ с использованием интернет-ресурсов.

Главная отличительная особенность формирования грамматических (и в более широком понимании – языковых) навыков в современных курсах делового общения состоит в том, что обучение русской грамматике имеет в них не только социокультурную (Власенко, Занина 2020: 22; Гершанова 2019: 180), но и прежде всего яркую лингвокоммуникативную направленность (Морозовска 2019: 262). Грамматика фактически выступает как средство достижения коммуникативных целей обучения, как инструмент, обеспечивающий нормативность устной и письменной речи в деловом общении.

Рассмотрим средства и способы актуализации грамматических навыков у изучающих РКИ в контексте практической методики межкультурного образования (Методика межкультурного образования средствами русского языка как иностранного 2011) и формирования межкультурной компетентности (Петрикова 2015) при обучении студентов деловой коммуникации в рамках трех обозначенных выше образовательных моделей и реализующих их функционально-технологических схем.

2. Результаты

2.1. Формирование грамматических и речевых навыков в предметном курсе и пособии по русскому языку делового общения с аудиосопровождением

Предметный учебный курс и сопровождающее его пособие «Встречи, переговоры, переписка: бизнес-курс по русскому языку» (Скорикова 2017) предназначены для англоговорящих учащихся начального этапа обучения (уровни A1–A2) и раскрывают особенности разных форм делового общения в актуальных для данной сферы ситуациях: деловых контактах по телефону, интервью, деловых переговорах, переписке, подготовке документов и др. Содержание уроков охватывает такие темы, как разговор по телефону (речевой этикет), презентация фирмы, деловые встречи, беседы деловых партнеров, переговоры, заключение сделки, составление контракта. При отборе тем и ситуаций автор учитывал их актуальность в деловой сфере при изучении РКИ на базовом уровне, обеспечивающем владение языком для решения минимального числа профессионально-коммуникативных задач.

Учебный материал уроков в пособии организован в виде коммуникативных ситуаций, представленных в диалогах, упражнениях, текстах для развития речевых навыков. Тем самым реализуется авторская концепция построения учебного курса, который базируется на аутентичных диалогах, созданных на основе лингвистического анализа ситуаций естественного делового общения. Пособие снабжено компакт-диском (CD) с записью диалогов и полилогов, содержит богатый иллюстративный материал, актуальные для устной деловой коммуникации речевые модели, а также образцы деловых документов, разнообразные тренировочные упражнения для выработки лексико-грамматических навыков. Актуализация грамматических навыков делового общения и реализация обучающего потенциала пособия обеспечиваются тем, что языковой материал в нем представлен как комплекс ситуативных интенций, а грамматика – как средство обеспечения устной и письменной деловой коммуникации.

Целям коммуникации служит и структура урока. Каждый урок включает шесть разделов: (1) обучающий диалог, воспроизводящий фрагменты реального делового общения и речевого поведения; (2) ситуации и интенции для развития устноречевых навыков; (3) диалог и упражнения для развития аудирования; (4) грамматика, представленная в упражнениях для отработки конструкций учебных диалогов; (5) тексты для чтения с заданиями для проверки понимания; (6) деловая переписка, включающая образцы коммерческих писем и задания по развитию навыков делового письма. Все разделы содержательно и методически взаимосвязаны: начальный диалог служит для презентации отрабатываемых интенций деловой речи и формул речевого этикета; ключевые фразы диалога выведены в рубрике «Запомните»; материал диалога отрабатывается в речевых упражнениях раздела «Ситуации / Что вы скажете?»

В разделе «Так мы говорим» отрабатывается собственно грамматический материал урока. Сначала грамматические явления презентуются в реальных речевых контекстах (фразах из диалогов), затем они отражаются в схемах и таблицах и закрепляются в языковых упражнениях и тренировочных заданиях речевой направленности. Завершающий каждую часть раздел «Проверьте себя» включает наряду с грамматическими упражнениями задания по всем видам речевой деятельности. «Приложение» содержит поурочный список речевых стереотипов делового общения.

В качестве примеров приведем фрагменты «Приложения», в которых представлены речевые стереотипы устного (Таблица 1) и письменного (Таблица 2) делового общения.

Табл. 1. Речевые стереотипы устного делового общения

Что мы можем сказать друг другу	
Речевые модели	**Интенции**
– Здравствуйте! Это Хартман, директор фирмы…. *– Здравствуйте! С Вами говорит переводчик фирмы Вайсс.*	приветствие: поздороваться, представиться и обратиться официально

– Алло! Я (Вас) слушаю. / Вас слушают. *– Алло! Переводчик фирмы Вайсс. / Вайсс слушает. / Вайсс у телефона.*	ответ: ответить на телефонный звонок, представиться
– Можно господина Львова? *– Попросите, пожалуйста, госпожу Смирнову.* *– Мне нужно поговорить с господином Львовым.* *– Соедините меня, пожалуйста, с госпожой Смирновой.*	просьба: сказать, с кем Вы хотите поговорить, попросить соединить Вас с ним по телефону
– (Это) господин Смирнов? *– (Это) Торгпредставительство России?*	уточнение: уточнить адресата и место телефонного разговора

Табл. 2. Речевые стереотипы письменного делового общения

Что мы можем написать друг другу	
Речевые модели	**Интенции**
– Приглашаем вас на следующей неделе посетить нашу фирму, чтобы обсудить вопросы нашего дальнейшего делового сотрудничества. *– «Внешторгреклама» приглашает вас на встречу с представителями американской издательской фирмы.*	приглашение
– Просим сообщить нам о времени прибытия вашей торговой делегации. *– Обращаемся к вам с просьбой сообщить нам дополнительные данные о станках.* *– Мы хотели бы выяснить возможности закупки у вас партии станков новой модели. – Мы будем благодарны вам, если вы рассмотрите наше предложение как можно скорее.*	просьба

Таким образом, рассмотренная образовательная модель комплексно формирует лингвокоммуникативные навыки, в том числе грамматические, необходимые для эффективного межкультурного делового взаимодействия.

2.2. Формирование грамматических и речевых навыков в профессиональном модуле вузовского курса РКИ на материале художественных телефильмов/сериалов

Данная образовательная модель реализуется на основном этапе вузовского обучения РКИ в виде профессионального учебного модуля (курса) и сопровождающего его пособия для бакалавров экономических специальностей (уровень B1), но может быть использована и при обучении студентов других направлений и уровней подготовки. Модель основана на обобщении и систематизации эмпирически выявленных потребностей и трудностей иностранных учащихся в овладении русским языком для получения профильного образования в вузах РФ.

2.2.1. Экспериментальное исследование педагогических условий для построения модели обучения студентов практическому курсу РКИ и грамматике как его стержневому компоненту

Основу экспериментальной части настоящего исследования составила серия опросов, проведенных на базе Юго-Западного государственного университета (г. Курск) среди иностранных бакалавров экономических специальностей и учащихся подготовительного факультета (2017–2020 гг.). Целью опросов являлось определение познавательных интересов и коммуникативных потребностей студентов, основных трудностей в усвоении ими курса РКИ (в частности, грамматики) на довузовском и начальном вузовском этапах обучения, а также когнитивных предпочтений инофонов, что необходимо для выбора адекватного метода обучения.

Наибольший интерес для настоящего исследования представляет опрос выпускников подготовительного факультета ЮЗГУ, проведенный в 2020 г. и посвященный вопросам изучения грамматики. Результаты опроса, в котором приняли участие 55 респондентов, показали, что наибольшие трудности в процессе изучения РКИ инофоны связывают с освоением грамматики (72,7 %), а также с пониманием речи на слух (52,7%) (Рис. 1).

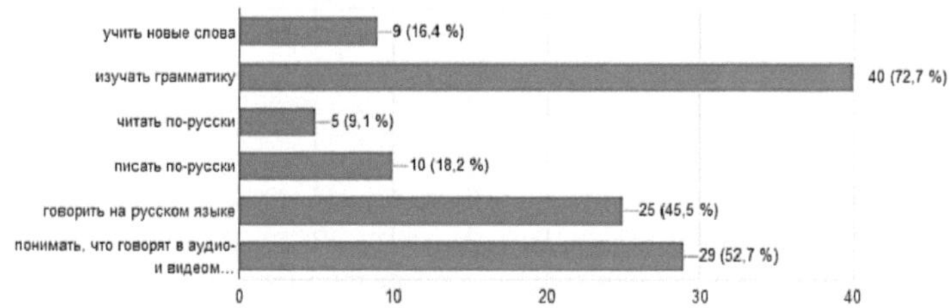

Рис. 1. Ответы на вопрос «Что для Вас наиболее трудно в изучении русского языка?»

Наиболее трудными в изучении грамматики для респондентов традиционно явились следующие темы: падежная система (63,6%), вид глагола (45,5%), глаголы движения (36,4%), прямая и косвенная речь (38,2%) (Рис. 2).

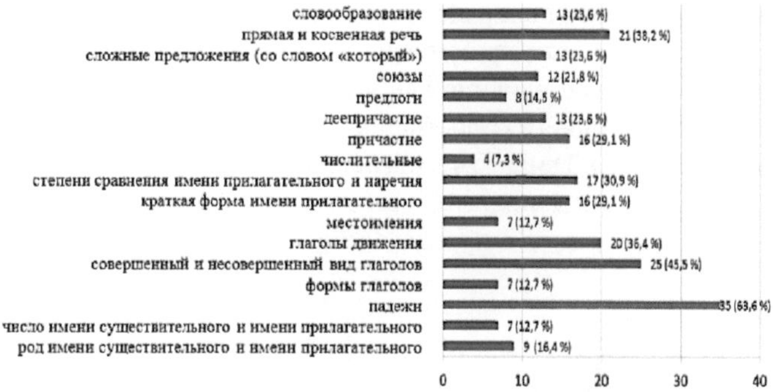

Рис. 2. Ответы на вопрос «Что` в грамматике для Вас самое трудное?»

Среди падежей наименьшую трудность для понимания представляет Именительный падеж (85,5%), а наибольшую – Дательный (58,2%) и Винительный (54,5%) падежи (Рис. 3).

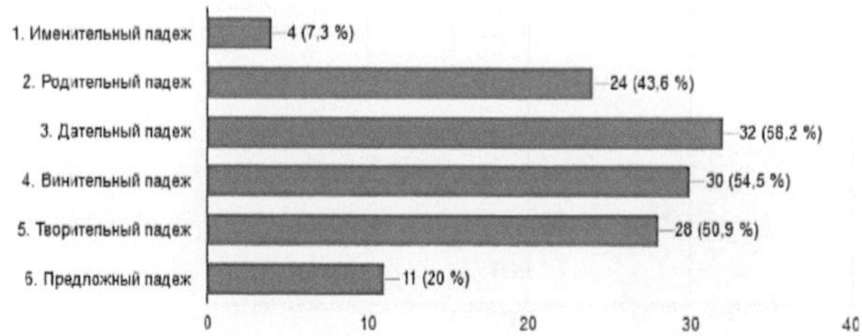

Рис. 3. Ответы на вопрос «Употребление какого падежа Вам трудно понимать?»

В систему работы по развитию грамматических навыков входят, по мнению студентов, следующие учебные действия: слушание объяснений преподавателя, выполнение упражнений, чтение теоретического материала по грамматике в учебниках и иных источниках, включая интернет-ресурсы (Рис. 4).

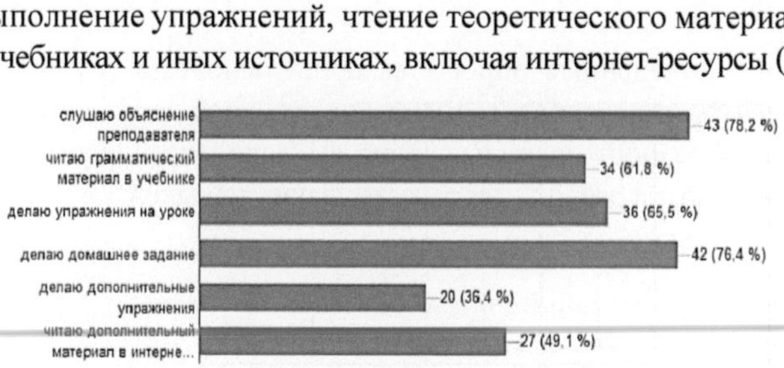

Рис. 4. Ответы на вопрос «Как Вы изучаете грамматику?»

Результаты опроса подтвердили ранее установленный факт: большинство студентов (69,1 %) считает, что применение аутентичных аудиовидеоресурсов оказывает положительное влияние как в целом на изучение РКИ, так и в частности на приобретение, актуализацию и совершенствование грамматических навыков (Рис. 5). При этом многие студенты (более 85%) уже самостоятельно обращаются к дополнительным учебным аудио- и/или видеокурсам в рамках образовательного процесса (Рис. 6).

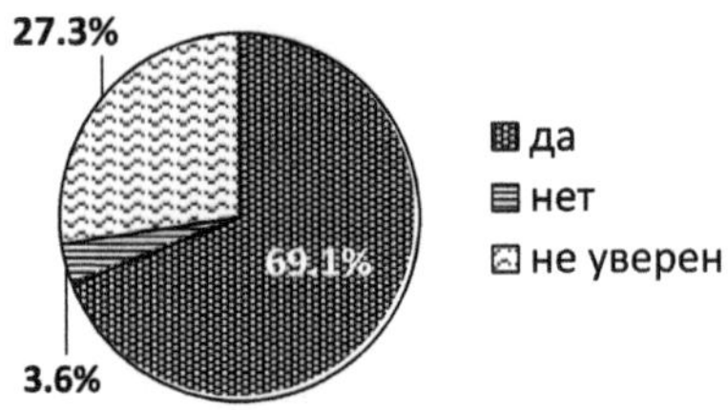

Рис. 5. Ответы на вопрос «Думаете ли Вы, что изучение грамматики будет более эффективным, если использовать аутентичные аудиовидеоресурсы?»

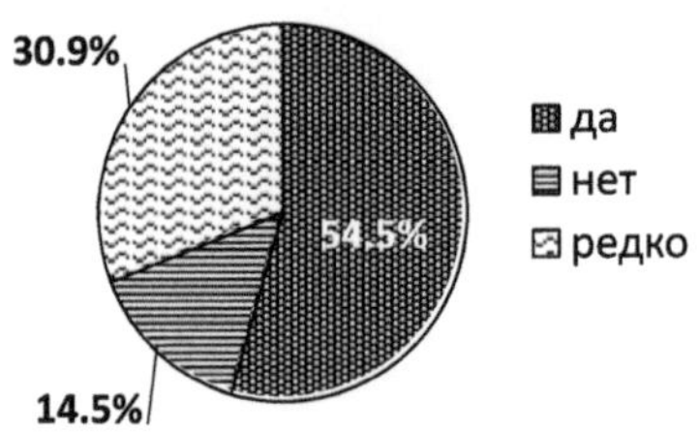

Рис. 6. Ответы на вопрос «Используете ли Вы для усвоения грамматики учебные аудио- и/или видеокурсы?»

Таким образом, проведенные опросы выявили основные трудности иностранных студентов в освоении грамматики русского языка, а также подтвердили целесообразность использования аудиовидеоресурсов для повышения эффективности в развитии грамматических навыков.

2.2.2. Построение и реализация модели обучения студентов практическому курсу РКИ и грамматике как его базовому компоненту

Результаты описанного выше исследования были учтены нами при разработке профессионального модуля в вузовском курсе РКИ для бакалавров экономических специальностей, использующего аутентичные видеоматериалы в качестве средства обучения. Дидактическим сопровождением курса служит учебное пособие «Русское деловое общение. Аспектный курс дисциплины «Русский язык как иностранный на материале российских кино- и телефильмов» (Романова, Амелина 2018).

В качестве аутентичных средств обучения были выбраны отечественные художественные телефильмы/сериалы, способные познакомить иностранных студентов с культурой носителей изучаемого языка, типичными рече-поведенческими моделями, реализуемыми в различных ситуациях социально-бытового и профессионально-делового общения. Лингводидактическую ценность данных видеоресурсов определяют отражение в них реальной речевой среды, речевого узуса русского языка конкретного времени, позволяющее сократить разрыв между «учебными» знаниями и знаниями «в реальной жизни» (Mestari, Malabar 2016: 125), создать наглядный «образ» речи (Самчик 2019: 47), оптимизировать формирование лингвопрагматической компетенции будущих специалистов (Romanova, Amelina 2017: 41), а также возможность соединить учебный материал дисциплин РКИ, экономики, социологии, культурологии и др. в комплексном лингвообразовательном процессе, служить дидактическим источником для проблемно-поисковых заданий, стимулирующих когнитивную деятельность инофонов (Romanova, Amelina, Skorikova, Petrova 2019: 170).

Рассматриваемый курс нацелен на комплексную выработку лингвокоммуникативных умений учащихся в устной и письменной формах русского делового общения, то есть в первую очередь на формирование навыков грамматических, реализующих операционно-инструментальную функцию в осуществлении речевой деятельности в целом (Романова, Амелина, Кудрявцева 2016: 151), обеспечивающих правильность речи в рамках делового общения, в частности.

В грамматический минимум курса были включены темы, дающие представление об официально-деловом стиле речи и языковых средствах, необходимых для продуктивных видов речевой деятельности. Критериями отбора грамматического минимума служили такие показатели, как коэффициент стабильности (частотность и распространенность в речи) и образцовость (способность служить эталоном для образования конструкций по аналогии) (Гальскова, Гез 2006: 311). В соответствии с этими критериями в активный минимум по развитию грамматических навыков у иностранных студентов при обучении деловой коммуникации включены: сложные предложения, предложения с вводными конструкциями, с причастиями, деепричастиями, с повелительным наклонением, с модальными глаголами/словами, с краткими прилагательными.

В курсе по деловому общению задания, специально направленные на развитие грамматических навыков, предлагаются на этапе постдемонстрационной работы, когда студенты уже познакомятся с новой лексикой, материалом видеофрагментов, но для перехода к коммуникативным упражнения требуется определенный грамматический тренинг.

Примеры заданий:

1. Сохраните безличную форму предложений, используя глаголы в форме 3-го лица (*надлежит, следует, предстоит*). Затем измените предложения, поставив глагол (с указанием) в повелительное наклонение.

Пример: *Вам нужно пройти и сесть. – Вам следует пройти и сесть.*

Проходи и садись. – Проходите и садитесь.

2. Замените активные конструкции пассивными.

Пример: *Начальник представил своего заместителя партнёру по бизнесу. – Заместитель начальника был представлен партнёру по бизнесу.*

3. В предложениях замените конструкции с «*который/ая/ое/ые*» на причастный оборот.

Пример: *Это мой сын Андрей Павлович, который исполняет обязанности президента компании. – Это мой сын Андрей Павлович, исполняющий обязанности президента компании.*

Однако, безусловно, развитие грамматических навыков происходит и при выполнении остальных заданий, поскольку ответ требует грамматически корректного построения высказывания, коммуникативно мотивированного использования грамматических явлений в устной или письменной речи.

2.2.3. Оценка эффективности модели обучения студентов русскому языку делового общения с учетом сформированности грамматических навыков

По завершении курса студентам было предложено контрольное тестирование. При оценке сформированности у них профессионально-коммуникативной компетенции в деловом общении знание грамматики проверялось по критериям правильности выполнения задания и наличия коммуникативно значимых ошибок в заданиях соответствующего характера.

А. Примеры заданий:

1. Выберите правильный вариант.

Банк требует выплат по счетам и не соглашается на отсрочку, _____ мы давние партнёры.

а) *потому что* б) *хотя* в) *если*

2. Поставьте слова из скобок в нужную форму, образуйте грамматически верное предложение.

Заявление об уходе _____________ (подписать) начальником.

Б. Примеры заданий:

1. Представьте, что Вы работаете в какой-либо компании. Подготовьте презентацию компании для привлечения партнеров / расширения потребительской базы.

2. (часть кейсового задания). Вы начальник. Вам нужно дать задание сотруднику по анализу большого объема информации. Результаты Вам нужны к завтрашнему дню. Что Вы скажете сотруднику? (5–10 фраз)

Общая результативность контрольного тестирования 50 студентов, прошедших обучение по рассматриваемому курсу, представлена на Рис. 7. Данная диаграмма отражает распределение оценок согласно проценту правильно выполненных заданий (в каждом из которых оценивалась грамматическая корректность ответов), где «отлично» – 90–100%, «хорошо» – 80–89%, «удовлетворительно» – 65–79%, «неудовлетворительно» – 0–64%.

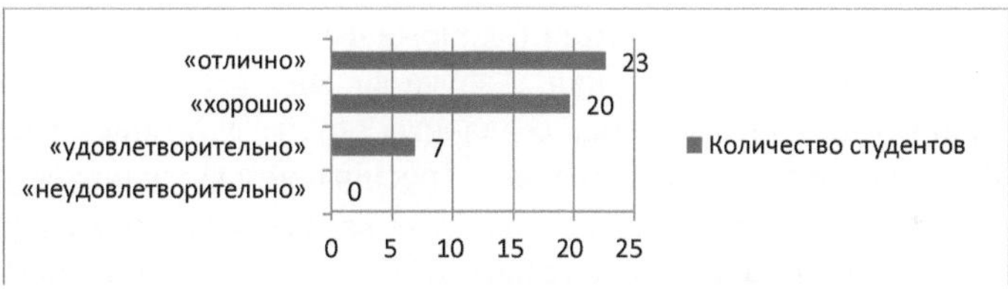

Рис. 7. Результаты контрольного тестирования по курсу русского языка делового общения с учетом сформированности грамматических навыков

Полученные результаты позволяют говорить об эффективности формирования навыков делового общения посредством предложенного курса и сопровождающего его пособия, а значит, и реализуемой ими образовательной модели, которая на материале оригинальных аудиовидеоматериалов успешно решает задачу актуализации языковых, в том числе грамматических, навыков в вузовском курсе РКИ.

2.3. Формирование грамматических и речевых навыков в профессионально ориентированном модуле довузовского курса РКИ на материале интернет-ресурсов по экономике и бизнесу

Данная образовательная модель обеспечивает профилизацию начального уровня (А2-В1) подготовки по РКИ будущих студентов экономических специальностей на довузовском этапе обучения. Методическое своеобразие модели определяется тем, что в целях актуализации обучения русскоязычному деловому общению мы используем в качестве дидактического источника тематически и социально значимые интернет-материалы, позволяющие подготовить инофонов к восприятию, пониманию и воспроизведению информации на русском языке. Такие материалы являются неадаптированными, что требует от преподавателя тщательного отбора видеосюжетов и их грамотной лингводидактической интерпретации в зависимости от конкретных целей и педагогических условий.

На рассматриваемом довузовском этапе при обучении научному стилю речи мы активно используем короткие видеосюжеты: рекламные ролики, обучающие мультфильмы, видеоуроки и лекции для школьников, фрагменты из фильмов (Степанова, Ковалева 2018: 720). На порядок ввода данных источников, кроме содержательной насыщенности, влияет сложность используемых в них грамматических категорий, а также коммуникативная целесообразность (Баранова, Панова, Харитонова 2019: 50).

Одним из интересных методических решений, доказавших на практике свою эффективность, является использование на занятиях по РКИ с учащимися подготовительного факультета (экономический профиль) цикла обучающих мульфильмов «Смешарики. Азбука финансовой грамотности». В этих двухминутных видеосюжетах, созданных по заказу Министерства финансов РФ, в доступной языковой форме (посильной для учащихся уровня A2-B1) и с опорой на образную наглядность объясняются базовые финансовые понятия, рассказывается о планировании бюджета, составлении кредитных договоров и т.п., что открывает возможности для обучения инофонов профессиональной лексике, актуальной для данной сферы грамматике (типовым грамматическим моделям), аудированию профильных текстов и говорению на профессиональные темы.

Например, в процессе просмотра серий мультфильма «Смешарики. Финансовая грамотность» (https://youtu.be/sCDrF1wQZ6s) обучающиеся повторяют видовые пары глаголов, знакомятся с грамматическими моделями, экономической терминологией: ***вкладывать что во что*** (*вкладывать деньги в строительство); **приносить что** (приносить доход); **получать – получить что** (получать прибыль,* получить *суперприбыль / доход, приз); **брать – взять что** (взять кредит), **подписывать – подписать что** (подписать договор), **отказываться – отказаться от чего** (отказаться от товара или услуги* и т.п. Данные материалы предоставлют также возможность отрабатывать актуальные синтаксические конструкции, например, сложные предложения, выражающие условные отношения, которые часто используются в структуре договоров.

Эта серия обучающих мультфильмов позволяет в простой и доступной форме проводить работу по семантизации экономических понятий, например, с использованием конструкций ***что – это что***, ***что называется чем*** и др.: ***В экономике это называется инвестированием.*** *Это когда вкладываешь, а потом получаешь доход больше того, что вложил. А можешь не получить. Это кому как повезёт; Банк – это тот же магазин, только продаются в нем не вещи, а* ***финансовые продукты****; Это не бумажка, а* ***договор между покупателем и поставщиком товара***.

Наряду с экономической терминологией в данных видеосюжетах широко представлена ситуативно-тематическая книжная и разговорная лексика и фразеология, которая широко используется в речи носителей языка: *риск – благородное дело; кто не рискует, тот не выигрывает; кто рискует, тот не всегда выигрывает; покупать надо с умом* и др.

В качестве иллюстрации сказанного может быть предложен фрагмент урока по материалам обучающего фильма «Смешарики. Азбука финансовой грамотности» (серия «Благородное дело»).

Отрабатываемые грамматические модели:

– словосочетания
вкладывать что? (во что?)
получать что?
выигрывать – выиграть и др.;
– простые и сложные предложения с придаточным изъяснительным:
(паремия) *Риск – благородное дело.*

Первый этап – допросмотровый – объяснение значения слов и словосочетаний: *риск, благородное дело, прибыль, прогореть* и т.п. Второй этап – просмотровый – показ видеосюжета и контроль его общего понимания. При повторном просмотре инофоны должны «услышать» модель и заполнить пропуски в рабочих листах: вкладывать *что? деньги (во что?) ... (в строительство), получать (что?) … (прибыль, суперприбыль),* приносить (что?) … *(доход); Можно получить прибыль, а можно и … (не получить); Кто не рискует, ... (тот не выигрывает).* Далее проводится работа с синонимичными конструкциями (в том числе с фразеологизмами): *прогореть (в бизнесе) = стать банкротом = обанкротиться = оказаться на мели = лопнуть* (о бизнесе) и др. Преподаватель обращает внимание на стилистическую окраску этих выражений: *стать банкротом* является нейтральным, а *прогореть, оказаться на мели / быть на мели* употребляются разговорной речи. Третий этап – послепросмотровый – работа по закреплению лексико-грамматического материала: ответы на вопросы с использованием грамматических конструкций (*Во что* (В.п.) *можно вкладывать деньги? – В образование, в спорт, в промышленность* и т.д.), составление ответных высказываний с использованием изучаемых конструкций (*Во что Вы хотели бы вложить деньги?*).

На этапе довузовской подготовки мы предлагаем использовать видеоматериалы (фрагменты лекций) для российских школьников по финансовой грамотности видеохостинга Youtube: «Угадай, кто из них финансово грамотный» (https://youtu.be/NuDND3q_1_g), «Основы финансовой грамотности за 6 минут» (https://youtu.be/VbEv8XaIR14) и аналогичные, которые позволяют подготовить инофонов к восприятию лекций по экономической тематике: ввести терминологию, усвоить грамматические модели, приобрести навыки конспектирования.

Практика показала, что использование видеоресурсов сети Интернет позволяет разнообразить аудиторную работу, стимулировать развитие у инофонов навыков аудирования и говорения, познакомить их с особенностями современной деловой коммуникации носителей языка, что ожидаемо делает такие материалы привлекательными для учащихся и естественным образом актуализирует формирование у них навыков корректной вербальной коммуникации в социальной и учебно-профессиональной сферах.

3. Выводы

Рассмотренные в настоящей статье вариативные образовательные модели развития грамматических навыков при обучении иностранцев русскому деловому общению органично «встроены» в соответствующие методические системы, обеспечивающие профилизацию лингвокогнитивной подготовки по РКИ специалистов экономической направленности. Данные модели опираются на научные основы функционально-коммуникативного подхода, следуя принципам системности, ситуативно-тематического представления материала, изучения лексики и морфологии на синтаксической основе, соответствия условиям, целям, этапам и профилям обучения. Они представляют возможные функционально-технологические схемы организации лингвообразовательного процесса в рамках модульных профессионально ориентированных курсов с опорой на соответствующие учебные пособия и/или разнотипные аутентичные аудиовидеоресурсы.

Методическую обусловленность предложенных моделей определяет учет в них результатов эмпирически выявленных и дидактически интерпретированных трудностей в усвоении грамматики учащимися-инофонами, что позволило акцентировать внимание на отработке обозначенных ими «проблемных» грамматических тем. Установленные также эмпирическим путем когнитивные предпочтения учащихся обусловили доминирование имплицитного метода в обучении данному аспекту РКИ, при котором грамматика не является самоцелью, а служит важнейшим средством практического овладения языком как вербально-знаковой системой, обеспечивающей функционирование всех видов речевой деятельности для коммуникации в различных социальных сферах, в частности профессионально-деловой.

В ходе опытного обучения статистически доказана положительная динамика формирования у студентов грамматических навыков в аспекте делового общения, определяющая продуктивность интеграции в данных моделях традиционных педагогических технологий с новейшими аутентичными аудиовидеоресурсами. Адаптивность и технологичность представленных образовательных моделей делают их эффективным педагогическим инструментом актуализации грамматических навыков при обучении РКИ.

Литература

Азимов, Эльхан / Щукин, Анатолий: *Современный словарь методических терминов и понятий. Теория и практика обучения языкам*. Москва: Русский язык. Курсы, 2018.

Баранова, Светлана / Панова, Лариса / Харитонова, Ольга: Проблемы преподавания русской грамматики в иностранной аудитории (довузовское обучение). *Вестник Московского государственного областного университета. Серия: Педагогика*, 3, 44–52. 2019.

Бердичевский, Анатолий / Гиниатуллин, Игорь / Лысакова, Ирина / Пассов, Ефим: *Методика межкультурного образования средствами русского языка как иностранного. Книга для преподавателя*. Москва: Русский язык. Курсы, 2011.

Власенко, Наталья / Занина, Оксана / Толмачева, Ирина: Типологические особенности грамматики при обучении русскому языку как иностранному. Степанова, Надежда (ред.): *Открытие русского мира: преподавание русского языка как иностранного и общеобразовательных дисциплин в современном образовательном пространстве: сборник научных статей II Международной научно-практической конференции*, 21–26. Курск: ЮЗГУ, 2020.

Гальскова, Наталья / Гез, Надежда: *Теория обучения иностранным языкам. Лингводидактика и методика*. Москва: Академия, 2006.

Гершанова, Анна: Лингвокультурологический подход к обучению грамматике русского языка как иностранного. Дроздова, Ольга и др. (ред.): *Метапредметный подход в образовании: русский язык в школьном и вузовском обучении разным предметам: материалы II Всероссийской научно-практической конференции*, 179–185. Москва: МПГУ, 2019.

Морозовска, Мирослава: Лингвокоммуникативная модель обучения русской падежной системе студентов-иностранцев при использовании видеотехнологий. *Филологические науки. Вопросы теории и практики*, Т. 12, 2, 262–267. 2019.

Петрикова, Анна / Куприна, Тамара / Галло, Ян: *Основы межкультурной дидактики*. Москва: Русский язык. Курсы, 2017.

Романова, Нина / Амелина, Ирина: *Русское деловое общение. Аспектный курс дисциплины «Русский язык как иностранный» на материале российских кино- и телефильмов: учебное пособие*. Курск: ЮЗГУ, 2018.

Романова, Нина / Амелина, Ирина / Кудрявцева, Елена: Развитие грамматических навыков у иностранных студентов при обучении деловой коммуникации. *Стратегическое развитие региональных СМИ: проблемы и перспективы: Материалы II Всероссийской научно-практической конференции школьников, студентов и аспирантов*, 151–161. Курск, 2016.

Самчик, Наталья: Реализация принципа наглядности при обучении грамматике на занятиях по русскому языку как иностранному. *Региональный вестник*, 8 (23), 47–48. 2019.

Скорикова, Татьяна: *Встречи, переговоры, переписка: бизнес-курс по русскому языку*. Москва: Русский язык. Курсы, 2017.

Степанова, Надежда / Ковалева, Татьяна: Использование детского юмористического киножурнала «Ералаш» и цикла мультфильмов «Мульти-Россия» («Мы живем в России») при обучении русскому языку как иностранному на начальном этапе. Русецкая, Маргарита (ред.): *III Всероссийская научно-практическая конференция «Актуальные вопросы реализации образовательных программ на подготовительных факультетах для иностранных граждан»: сборник статей*, 720–724. Москва: Государственный институт русского языка им. А.С. Пушкина, 2018.

Mestari, Sri Agriyanti / Malabar, Fahria: The Use of Authentic Materials in Teaching Grammar for EFL Students (Teachers' Perspective). *LLT Journal*, 19 (2), 125–131. 2016.

Romanova, Nina / Amelina, Irina / Skorikova, Tatiana / Petrova, Galina: Noospheric psychological-educational paradigm as a methodological basis for teaching Russian-language business communication to foreign students. *Journal of Research in Applied Linguistics*, 10, 158–171. 2019.

Romanova, Nina / Amelina, Irina: Authentic movies and television films as a means of optimizing teaching russian-language business communication to foreign students. *4th International Multidisciplinary Scientific Conference on Social Sciences and Arts SGEM 2017. Conference Proceedings (Albena, Bulgaria, 24–30.08.2017)*, 41–48. Sofia, 2017.

Электронные источники:

Основы финансовой грамотности за 6 минут. https://youtu.be/VbEv8XaIR14.

Смешарики. Финансовая грамотность. https://youtu.be/sCDrF1wQZ6s.

Угадай, кто из них финансово грамотный. https://youtu.be/NuDND3q_1_g.

The formation of the norm of 18th century official Russian and the problem of language unit variability

Svetlana Rusanova[*]

Abstract: This article considers some features of grammatical variation in the language of 18th century legislative acts. These features are presented in close connection with establishing the norm of business language of that period. Special attention is paid to the nominative and accusative case inflections of the masculine singular (*-ый*, *-ий* and *-ой*, *-ей*) of the attribute word classes in Petrine-era legislative documents. There is a tendency toward stylistic differentiation in the use of these forms. The forms ending with *-ой*, *-ей* are basic and stylistically neutral. The inflections like *-ый*, *-ий*, (*-ïй*) contain the features of means of etiquette and of creating an elevated style in legislative acts. The article focuses on the promising comparative research concerning the variable forms in the language of 18th century regional documents and legislative acts. It shows the grammatical specifics of the two registers of business language. Also, it helps determine which grammatical forms in this period were recognized as the only valid forms, which were acceptable as variants, and which forms were considered non-standard.

Keywords: 18th century official Russian, legislative act, regional writing, norm, variation of grammatical forms

Формирование нормы делового языка XVIII века и проблема вариативности единиц

Светлана Русанова

Резюме: В статье рассматриваются некоторые особенности грамматического варьирования в языке законодательных актов XVIII века в тесной связи с проблемой формирования нормы официально-делового языка этого периода. Особое внимание уделено функционированию в законодательных документах Петровской эпохи флексий именительного и винительного падежей мужского рода единственного числа *-ый*, *-ий* и *-ой*, *-ей* атрибутивных классов слов. В употреблении данных форм отмечается тенденция к стилистической дифференциации. Стилистически нейтральными являются формы на *-ой*, *-ей*. Флексии *-ый*, *-ий* (*-ïй*) обнаруживают черты этикетного средства и средства создания высокого стиля в законодательных актах. Актуализируется перспективность сопоставительного исследования варьирующихся форм в языке региональных документов и законодательных актов XVIII века, которое позволяет увидеть грамматическую специфику двух регистров делового языка, определить, какие грамматические формы на том или ином этапе признавались единственно правильными, какие выступали как допустимые нормой варианты, а какие воспринимались выходящими за рамки стандарта.

Ключевые слова: деловой язык XVIII века, законодательный акт, региональная письменность, норма, варьирование грамматических форм

* Novosibirsk State Technical University, e-mail: rusanowa_7@mail.ru

1. Введение

Если попытаться обобщить все многообразие проблем, на решение которых направлены современные исследования делового языка XVIII века, то в первую очередь должны быть названы следующие: формирование делового языка нового типа как языка с совершенно иным социокультурным и лингвостилистическим статусом, его отношение к приказной и книжной письменным традициям, эволюция нормы делового языка и ее реализация в законодательных актах и региональной деловой письменности.

Начиная с Петровской эпохи деловой язык, тесно связанный с преобразованием всех сфер жизнедеятельности общества и государства, оказывается в центре пристального внимания реформаторов, меняется отношение к его социокультурной и функциональной нагрузке. Он не только активно обогащается книжными языковыми средствами, заимствованиями, но и пополняется региональной лексикой и фразеологией, что обусловлено постоянным расширением территории его функционирования, благодаря чему становится своеобразной экспериментальной площадкой по апробации использования генетически разнородного языкового материала в рамках одного текста. Именно здесь в первую очередь проявляется стремление выработать новые средства выражения, новые жанры, новый речевой этикет (Русанова 2015: 69). С другой стороны, деловой язык исследуемой эпохи может быть определен как периферийная зона, т.к. он только должен стать частью единого культурного пространства, где традиционно господствовал книжно-славянский язык.

Отсюда неоднозначность научной интерпретации статуса делового языка XVIII в. Одни ученые считают, что он, оставаясь приказным, продолжает существовать как особая лингвистическая традиция, параллельная традиции литературного языка и никак, по-видимому, на нее не влияющая. Постепенно исчезая, в середине века эта традиция еще сохраняется в культурной памяти языкового коллектива (Живов 1996: 304). Другие подчеркивают, что приказный слог, с разрушением в XVIII в. традиционной системы прежних столетий, не прекращает своего существования, а лишь подвергается значительным изменениям, стилистической и языковой правке (Никитин 2003: 99). Третьи акцентируют внимание на сохранении приказной традиции в первой половине XVIII в. и ее прекращении во второй половине XVIII в. в связи с выходом из делопроизводственного обихода тесно связанных с ней таких приказных жанров, как отписки, памяти, челобитные и др., вследствие чего подвергаются забвению и типичные приказные формы (Майоров 2006: 10–12).

В связи с этим закономерным оказывается и интерес к вопросу о стандартизации деловой письменности XVIII в. и прежде всего его региональной разновидности. Высказываются мнения, что применять понятие «норма» к деловому языку данной исторической эпохи можно лишь отчасти, т.к. написание в XVII–XVIII вв. является узуальным, традиционным и общерусские нормы делового текста зафиксированы прежде всего на уровне формуляра (Выхрыстюк 2008: 23). Грамматическая вариативность, широко представленная в документах, составленных в центральных и местных канцеляриях, признается упорядоченной, однако

> упорядоченность эта стихийна, не регулируется специальными правилами, употребления, а опирается лишь на узус. (Шушарина 2010: 100)

Еще сложнее говорить о стандартизации в орфографии,

> слишком часто отражающей особенности живой разговорной речи. (Шушарина 2010: 100)

При этом подчеркивается, что «узуальные накопления в текстах, созданных в центральных канцеляриях, к концу столетия очень велики», в текстах же местных канцелярий

> узуальных накоплений не так много, до конца столетия они ориентированы на традицию, а не на правило. (Шушарина 2010: 101)

В то же время процесс вторжения нормы литературного языка в сферу узуса деловой речи признается семиотически значимым, отмечается постепенная нормализация книжных элементов в официально-деловой документации (Майоров 2006: 71–140).

В силу своей сложности деловой язык XVIII в. продолжает оставаться в центре исследовательского внимания. Актуальным по-прежнему является изучение отдельных аспектов его формирования и функционирования в этот период, в частности, варьирования языковых элементов в документных текстах.

2. Варьирование грамматических форм в деловой письменности XVIII века

Будучи фундаментальным свойством языковой системы и функционирования единиц языка, вариативность особенно активизируется в периоды его наиболее интенсивного развития, оказываясь при этом маркированным процессом, свидетельствующим не только об ослаблении языковой нормы, но и об изменении отношения к ней общества. Так, В. М. Живов, рассуждая о хаотичности языка Петровской эпохи, пишет:

> В контексте петровской языковой политики нормативным является сам отказ от старого книжного языка, в то время как разнородность элементов,

> конституирующих новый литературный язык, остается для реформаторов безразличной. (Живов 1996: 156)

Похожая картина обнаруживается и в процессе формирования делового языка нового типа. Все, что происходило в приказном языке в конце XVII в. – первой четверти XVIII в., может быть интерпретировано как размывание границ традиционного приказного слога, ослабление устоявшихся норм, обусловленное новым подходом к деловому языку, его статусу и нормативности. В действительности это обнаруживалось в сосуществовании двух разнонаправленных тенденций: отталкивания делового языка от приказной письменной традиции и его сближения с книжной традицией, что обусловливало, с одной стороны, широкую вариативность гетерогенных средств в новом языковом пространстве, а с другой стороны, функциональное переосмысление книжных и приказных элементов как специфических признаков канцелярского слога (Русанова 2012; Русанова 2016).

Варьирование языковых единиц в деловой письменности XVIII в. представляет собой одну из сложных областей исследования, т.к. степень вариативности и характер вариантных отношений в текстах зависели от многих факторов: языкового уровня, к которому принадлежали варьирующиеся единицы; причин появления (взаимодействие книжных и разговорных, общерусских и диалектных элементов, адаптация заимствованных слов и понятий; конкуренция графем церковнославянского и гражданского алфавитов; освоение новых графических знаков для дифференциации на письме отдельных фонем); времени экспликации (первая – вторая половина столетия); места создания документа (центральный – региональный); жанра (распорядительный – отчетный – просительный – регистрационный и т.д.); структуры документа (формулярная часть – казусная часть); составителя документа, профессионализм которого определял уровень владения складывающимися нормами.

Пристальное внимание варьированию языковых элементов и характеру вариантных форм уделяется в исследованиях региональной деловой письменности данного периода. По сути, в любом исследовании языка региональных документов XVIII в. затрагивается вопрос о его вариативности. Динамика изучаемых процессов, изменение тенденций в области варьирования языковых единиц, разная вариативная активность языковых уровней позволяют ученым говорить о временнóй дифференциации исследуемых процессов: отдельно изучаются процессы варьирования в региональной письменности первой и второй половины столетия (Биктимирова 2014; Боярская 2007; Шушарина 1999 и др.).

Как отмечают исследователи, наибольшее количество разночтений отражено в сфере графики и морфологии региональных источников, а среди грамматических форм прежде всего в формах именных частей речи. Морфологические варианты не представляют собой инновационного явления XVIII в., будучи унаследованными из приказного языка, формирование грамматической нормы которого, с одной стороны, происходило на фоне продолжающейся перестройки именного и местоименного склонения, а с другой – отражало активизировавшийся процесс взаимодействия книжной и приказной письменных традиций (Кортава 1998; Инютина 2009). Однако при внешней схожести морфологической ситуации в официально-деловом узусе первых десятилетий XVIII в. с ситуацией в XVII в.,[1] сознательная языковая политика в начале столетия, направленная на создание делового языка нового типа, не могла не влиять на отношение к варьирующимся формам, на их квалификацию в языковом сознании носителей.

В этом плане актуальным представляется дальнейшее изучение вариантных форм в языке законодательных актов и последующее сопоставление данных с материалом региональных документов в их хронологической динамике, позволяющее дифференцировать варианты по отношению к формирующейся норме, уточнить их функциональные параметры. Перспективность такого подхода обусловлена не столько самим фактом сосуществования в XVIII в. двух вариантов делового языка,[2] сколько характером взаимоотношения между ними.

Законодательные акты отличались от региональных документов более строгой языковой нормой. В то же время именно в них в первую очередь отражались новаторские явления в области языка и стиля, закреплялись актуальные формы и конструкции. Закономерно, что именно законодательно-директивные акты в условиях, когда осознание и освоение нормы официально-делового языка нового типа не подкреплялось специальными источниками, закрепляющими эту норму, выполняли кодифицирующую функцию, служили образцами для местных делопроизводителей и регламентировали региональное деловое письмо.

1 В исследовании И. А. Шушариной выделяется три этапа, отражающих разный уровень грамматического варьирования, из которых первый охватывает 1701–1730 годы (Петровская эпоха и время правления Анны Иоанновны): «морфологическая ситуация сходна с ситуацией XVII в.» (Шушарина 1999).

2 Исследователи выделяют два «узуальных уровня его функционирования» – официально-законодательный и обиходно-производственный (Косов 2004: 49), «образцовый» деловой язык документов высших правительственных учреждений и деловой язык «обиходного» общения, на котором велось текущее делопроизводство на местах (Чередниченко 1990: 87–88); язык центрального делопроизводства и региональный узус деловой письменности (Майоров 2006: 25, 73).

К одному из интересных случаев развития конкурирующих отношений между вариантными формами в деловом языке XVIII в. относится оппозиция флексий именительного и винительного падежей мужского рода единственного числа *-ый*, *-ий* и *-ой*, *-ей* атрибутивных классов слов – прилагательных, причастий, местоимений.

Как известно, в результате процесса падения редуцированных редуцированные гласные в данных формах местоименного склонения оказались в сильной позиции и вокализовались, что нашло отражение в старорусской деловой письменности в виде флексий *-ои*, *-еи*; исконные флексии *-ыи*, *-ии* стали восприниматься как книжные. Исследователи приказного письма XVII в. фиксируют достаточно широкую вариативность флексий именительного и винительного падежей местоименных форм имен прилагательных муж. р. ед. ч. *-ый*, *-ий* и *-ой*, *-ей* (Кортава 1998: 31–79; Ремнева 2003: 275). Н. И. Тарабасова, изучая памятники московской деловой письменности, отмечает, что в XVII в. окончания *-ыи*, *-ии* употребляются лишь в особых случаях с определенной стилистической окраской (оттенком некоторой официальности) (Тарабасова 1986: 123). На стилистическую маркированность форм на *-ый*, *-ий* в деловом письме Сибири XVII в. указывает Т. С. Инютина: они употребляются при титуловании царя и царевичей (Инютина 2009: 20). Похожая картина фиксируется в языке региональных деловых текстов начала XVIII в. При активном употреблении флексии *-ой*, *-ей* в документах Восточного Забайкалья конца XVII – первой половины XVIII в. Ю. В. Биктимирова отмечает редкие формы на *-ый*, *-ий*, встречающиеся «обычно в шаблонной части документа, например, при титуловании царей» (Биктимирова 2014: 57–58).

Указанные вариантные формы свойственны и языку законодательных актов XVIII в., однако их функциональная нагрузка и характер отношений между ними на протяжении столетия кардинально меняются. В законодательных документах Петровской эпохи в употреблении форм на *-ый*, *-ий* и *-ой*, *-ей*, выступающих в виде графических вариантов *-ыи*, *-іи* и *-ои*, *-еи*, отмечается тенденция к доминированию флексий *-ои*, *-еи*.[3] Данная тенденция ярко обнаруживается в ключевых законодательных актах этого периода – в Воинском уставе 1716 г., Генеральном Регламенте 1720 г., Морском уставе 1720 г. и др. В силу юридической и социокультурной значимости подобных документов актуальным оказывается их языковое оформление, в том числе и орфографическое. Так, уже на первых страницах Воинского устава 1716 г. мы встречаем:

3 Следует отметить, что, говоря о формах на *-ой*, *-ей*, мы говорим о модели, наиболее актуальным репрезентантом которой в исследуемых текстах является флексия *-ой*.

(1) Отецъ нашъ, блаженныя, и вѣчнодостоиныя Памяти въ 1647 году, началъ регулярное воіско употреблять, и уставъ воінскои изданъ былъ. <…> Ибо всебеспорядочнои Варварскои обычаи смѣху есть достоиныи (Книга УВ, 1719: 1)

(2) за благо изобрѣли сію кнігу воінскои уставъ учініть, да бы всякои чінъ зналъ свою должность <…>. Еже чрезъ собственнои нашъ трудъ создано, и умножено (Книга УВ, 1719: 2)

(3) и шляхетству россіскому инои способъ не остается въ офіцеры проісходіть, кромѣ что служіть въ гвардіи, развѣ какои особлівои указъ <…> данъ будетъ (Книга УВ, 1719: 3)

(4) [которая состоітъ яко бы особлівыи корпусъ] <…>, на каждои день обыкновенно на одного человѣка, счісляютъ по 6 футовъ, <…> и получаетъ оная ежедневно обыкновеннои отъ Інфантеріи караулъ, которои отъ онои 50 или 60 шаговъ впереди стоітъ (Книга УВ, 1719: 4)

По нашим наблюдениям, в пяти первых главах устава на 38 словоупотреблений с флексиями *-ои*, *-еи* приходится 16 словоупотреблений с флексиями *-ыи*, *-іи*. Книжные формы встречаются прежде всего в заглавии (*Уставъ воінскіи*, однако в тексте только *воінскои уставъ*), в титуле царя в преамбуле к уставу (*Петръ Первыи, самодержецъ Всероссіискіи*) и в единичных вариантах ряда слов, в основном неличных местоимений и причастий, в тексте устава (*таковыи, оныи, которыи, двіжімыи, опредѣленныи*).

Перспективным представляется сравнение с другой парой вариантных форм – атрибутивных окончаний родительного падежа муж. и ср. р. ед. ч. -*ого*, *-его* и *-аго*, *-яго*, обнаруживающих ту же тенденцию к доминированию некнижных форм, хотя в рамках выбранных для сравнения страниц устава таких форм немного: 9 словоупотреблений с флексиями *-ого*, *-его* и 6 словоупотреблений с *-аго*, *-яго*. В дополнение к сказанному приведем еще одно убедительное, на наш взгляд, подтверждение восприятия в указанный период флексии *-ого* как нормативной: в Генеральном регламенте 1720 г. в титульной формуле *Его Царского Величества* во всех 32 случаях употребления прилагательное фиксируется с окончанием *-ого* (Генеральный регламент, 1720).

В дальнейшем изначально намеченный общий вектор развития отношений между элементами исследуемых вариантных пар меняется. Показательными в этом плане являются более поздние переиздания законодательных документов такого уровня, как Генеральный регламент или Воинский устав. Так, в издании 1776 г. исходная орфография Воинского устава подвергута редакторской правке, обнаруживающей среди прочего две закономерности. Формы родительного падежа муж. и ср. р. ед. ч. по сравнению с орфографией первых изданий последовательно выравниваются по книжным вариантам, что отражается в исправлении флексий *-ого*, *-его* на *-аго*, *-яго*:

(5) како ему отъ главного Артілеріи приказано будетъ (Книга УВ, 1719: 8) – како ему отъ главнаго артиллеріи приказано будетъ (Книга УВ, 1776: 10)

(6) како у каждого воиска въ томъ определеніе есть (Книга УВ, 1719: 8) – како у каждаго войска въ томъ определеніе есть (Книга УВ, 1776: 10); то можно для всякого случая резервъ <…> поставіть (Книга УВ, 1719: 8) – то можно для всякаго случая резервъ <…> поставить (Книга УВ, 1776: 10)

(7) подъ команду едіного отданы бываютъ (Книга УВ, 1719: 9) – подъ команду единаго отданы бываютъ (Книга УВ, 1776: 10)

Противоположная картина наблюдается в формах именительного и винительного падежей муж. р. ед. ч.: исправлению подвергаются книжные флексии *-ыи*, *-іи*, зафиксированные в изданиях Петровской поры, однако следует отметить не столь последовательный характер этого процесса:

(8) Оберъ вагенъ меістеръ > вышніи обознои (Книга УВ, 1719: 5) – Оберъ-вагенмейстеръ > вышней обозной (Книга УВ, 1776: 7)

(9) дабы каждыи государь, великія иждивленіи <…> не всуе употребилъ (Книга УВ, 1719: 7) – дабы каждой Государь великія иждивенія <…> не всуе употребилъ (Книга УВ, 1776: 9)

Обнаруженная тенденция в орфографическом редактировании текстов Петровской эпохи получает свое логическое завершение в изданиях XIX в., в частности, в Полном собрании законов Российской империи 1830 г., отражающем стилистически дифференцированное отношение к использованию исследуемых вариантных форм. Формы на *-ой*, *-ей* выступают как основные, стилистически нейтральные, стабильно оформляющие все атрибутивные части речи – прилагательные, неличные местоимения, причастия:

(10) Приѣхавъ въ Нерчинской новому Воеводѣ взять; прислать къ Москвѣ въ Сибирской приказъ; прежней Воевода; въ томъ убытокъ будетъ немалой (ПСЗ, т. IV, № 1822, 95, 99, 1701)

(11) Заводъ суконной размножать не въ одномъ мѣстѣ <…> Понеже Губернаторъ Санктпетербургской, кромѣ наложенія на крестьянъ въ окладной сборъ, прибавилъ 72,000 руб. (ПСЗ, т. V, № 2876, 137, 1715)

(12) Искуснаго Генерал-Маіора, которой бы могъ надъ тѣми войски вышшее правитѣльство имѣть (ПСЗ, т. IV, № 1824, 130, 1701); что всякой Потентантъ, которой едино войско сухопутное имѣетъ (ПСЗ, т. VI, № 3485, 2, 1720)

(13) нетокмо на настоящей годъ (ПСЗ, т. IV, № 1822, 99, 1701); отъ Короля учрежденной верховной воинской коммиссарій (ПСЗ, т. IV, № 1824, 130, 1701)

(14) на которой срокъ тотъ отпущенной крестьянинъ въ домѣ своемъ явиться долженъ острогъ (ПСЗ, т. VIII, № 5226, 4, 1727)

Формы на *-ый*, *-ий*, которые в законодательном языке Петровской эпохи также могли употребляться как в формулярной части документов, так и в основной, отличаются лексической и синтагматической ограниченностью: они встречаются при титуловании царя/императора, в наименовании высшего органа государственной и законодательной власти, подчиненного императору, высших чинов, при репрезентации решений и действий, концептуально значимых для государства, при обращении к Богу, в цитируемых устойчивых выражениях из священных книг. Ср.:

(15) и сказать имъ Великаго Государя милостивое слово, что Великій Государь Царь и Великій Князь Петръ Алексѣевичь всея Великія и Малыя и Бѣлыя России Самодержецъ, пожаловалъ ихъ, велѣлъ ему Воеводѣ ихъ служилыхъ и жилецкихъ и всякаго чина людей и нужды ихъ разсматривать (ПСЗ, т. IV, № 1822, 95, 1701)

(16) Азъ нижеименованный, Его Царскаго Величества Ближній Бояринъ и посольской канцеляріи Президентъ; (ПСЗ, т. IV, № 1824, 129, 1701); и будетъ надъ ними правительствующій Генералъ-Маіоръ (ПСЗ, т. IV, № 1824, 130, 1701)

(17) Великій Государь указалъ; Гетманъ Господинъ Скоропадскій со всѣми Малороссійскими войски (ПСЗ, т. VI, № 3482, 1, 1720); Въ чемъ да поможетъ мнѣ Господь Богъ Всемогущій (ПСЗ, т. VI, № 3485, 3, 1720)

(18) Регламентъ учиненный по рангамъ кораблей (ПСЗ, т. VI, № 3485, 4, 1720); Ибо Командующій; вышній командиръ какъ душа въ тѣлѣ человѣка, безъ которой ни какой удъ двинутися не можетъ (ПСЗ, т. VI, № 3485, 5, 1720)

Случаи, в которых флексия *-ый* используется как стилистически нейтральная и варьируется с флексией *-ой*, единичны. Например, в именном указе от 28 января 1715 г. о жалованье губернаторам, вице-губернаторам и другим чинам в резолюции о чинах на корабле и на верфи встречаются два варианта одной словоформы:

(19) Подъячихъ { старый 1 | молодыхъ 2 – Подъячихъ { старой 1 | молодыхъ 3 (ПСЗ, т. V, № 2879, 141).

Что же касается атрибутивных форм родительного падежа муж. и ср. р. ед. ч., то они последовательно оформляются флексиями *-аго*, *-яго*. Ср.:

(20) новому Воеводѣ взять у прежняго Воеводы въ приказной Избѣ Великаго Государя Царя и Великаго Князя Петра Алексѣевича <…> печать Нерчинскаго острога и острогъ и острожные ключи (ПСЗ, т. IV, № 1822, 95, 1701)

(21) того ради дабы всѣ служилые чины прежнихъ службъ всего Россійскаго государства, и Его Царскаго Величества подданой, войска Запорожскаго обѣихъ сторонъ Днепра Гетманъ (ПСЗ, т. VI, № 3482, 1, 1720)

(22) явиться въ уѣздѣ своемъ Земскому Коммисару, которой долженъ то письмо записать у себя <…> за печатью Полковника, котораго полкъ въ томъ уѣздѣ имѣетъ вѣчную квартиру (ПСЗ, т. VIII, № 5226, 4, 1727)

(23) матроса Чапынскаго, учиня наказаніе и вырѣзавъ ноздри, сослать въ ссылку въ Пустоозерской острогъ, солдата Кроткаго сослать въ ссылку въ Сибирь, безъ наказанія (ПСЗ, т. VIII, № 5224, 3, 1727).

3. Заключение

Наши наблюдения позволяют сделать несколько важных выводов. Сегодня у исследователей делового языка XVIII в. уже не вызывает сомнения тот факт, что процесс преобразования приказного языка осуществлялся за счет вытеснения приказных элементов и активного внедрения в языковое пространство делового текста книжно-славянских элементов, которые выступали в качестве специальных признаков нормы делового языка нового типа, выполняли функцию стилистически маркированных единиц канцелярского стиля. Однако особенности функционирования атрибутивных форм именительного и винительного падежей ед. ч. муж. р. с флексиями *-ой*, *-ей* свидетельствуют о том, что формирование нового грамматического стандарта представляло сложный, многоэтапный процесс. В условиях поиска адекватных средств официально-делового языка могло происходить функциональное переосмысление отдельных приказных грамматических форм, их адаптация, т.е. элементы приказного языка, наряду с книжно-славянскими, могли выступать как нормативные.

Употребление в законодательных актах Петровской эпохи атрибутивных форм с флексиями *-ой*, *-ей* и *-ый*, *-ий*, их сопоставление, с одной стороны, с аналогичными конкурирующими флексиями *-ого*, *-его* и *-аго*, *-яго*, а с другой стороны, с более поздними орфографическими правками позволяют говорить об их функционально-стилистической и лексико-грамматической дифференциации в процессе формирования норм делового языка нового типа. Книжные флексии начинают восприниматься как стилистически маркированные грамматические средства высокого слога и канцелярского этикета, показатели социальной стратификации общества, маркеры особых форм обращения, в то время как формы на *-ой*, *-ей* оказываются основными, стилистически нейтральными.

Векторы отношений между смежными вариантными грамматическими формами, такими, как флексии *-ый*, *-ий* (*-ій*) и *-ой*, *-ей*, *-аго*, *-яго* и *-ого*, *-его*, *-ыя*, *-ия* (*-ія*) и *-ые*, *-ие* (*-іе*) и т.д., представляющими собой оппозицию конкурирующих книжно-славянских и приказных (по происхождению народно-разговорных) элементов при внешней схожести не развивались параллельно ни в хронологическом аспекте, ни в плане их функциональной нагрузки. Отдельного исследования требует и история отношений внутри вариантной пары *-ой* и *-ей*, так как последняя флексия встречается редко и раньше вытесняется окончанием *-ий* (*-ій*).

Исследование соотношения в пространстве текстов специфических, знаковых для делового языка нового типа элементов и элементов варьирующихся, книжных и приказных, общерусских разговорных и региональных, акцент на формирующейся норме актуализирует, на наш взгляд, вопрос о двух регистрах делового языка, реализующихся в законодательных актах и региональной письменности, позволяет увидеть, *что* на том или ином этапе признавалось нормативным, *что* вариативным, но допускающимся нормой, а *что* выходящим за рамки стандарта.

Литература

Биктимирова, Юлия: Вариативность падежных форм имен существительных в скорописных памятниках деловой письменности восточного Забайкалья XVII–XVIII вв. *Ученые записки Забайкальского государственного университета. Серия: Филология, история, востоковедение*, 37–43. 2010.

Биктимирова, Юлия: Качественные и относительные прилагательные в памятниках деловой письменности Восточного Забайкалья конца XVII – первой половины XVIII вв. *Слово: фольклорно-диалектологический альманах*, 11, 56–63. 2014.

Боярская, Ольга: *Имя прилагательное в южноуральской и зауральской деловой письменности конца XVIII века в аспекте лингвистического источниковедения*: Дисс. … канд. филол. наук. Челябинск, 2007.

Выхрыстюк, Маргарита: *Тобольская письменность XVII–XVIII вв. в аспекте лингвистического источниковедения и исторической стилистики*: Автореф. дисс. … д-ра филол. наук. Челябинск, 2008.

Живов, Виктор: *Язык и культура в России XVIII века*. Москва: ЯРК, 1996.

Инютина, Татьяна: *Вариантность языковых средств в деловом письме Сибири XVII века*: Автореф. дисс. … канд. филол. наук. Томск, 2009.

Кортава, Татьяна: *Московский приказный язык XVII в. как особый тип письменного языка*. Москва: МГУ им. М. В. Ломоносова/Филологический факультет, 1998.

Косов, Александр: *Эволюция документных жанров XVIII века: На материале рукописных и печатных текстов Объединённого государственного архива Челябинской области*: Дисс. … канд. филол. наук. Челябинск, 2004.

Майоров, Александр: *Очерки лексики региональной деловой письменности XVIII века*. Москва: Азбуковник, 2006.

Никитин, Олег: Язык указов Екатерины II 1762 г. и формирование официально-делового стиля в России XVIII в. *Филологические науки*, 6, 93–99. 2003.

Ремнева, Марина: *Пути развития русского литературного языка XI–XVII вв.* Москва: Издательство Московского университета, 2003.

Русанова, Светлана: Деловой язык XVIII в.: формирование нормы в условиях преобразования культурно-языковой ситуации. Костомаров, Виктор (ред.): *Сборник тезисов*

Международного научного симпозиума «Русская грамматика 4.0» (Москва: 13–15 апреля 2016 года). Москва: Государственный институт русского языка им. А. С. Пушкина», 575–577. 2016.

Русанова, Светлана: Русский язык на сломе трех эпох: особенности языковой ситуации. *Вестник Воронежского государственного университета. Серия: Филология. Журналистика*, 2, 68–70. 2015.

Русанова, Светлана: О типах отношений между книжно-славянскими, приказными и разговорными средствами в деловом языке XVIII века (на материале забайкальской деловой письменности). *Вестник БГУ. Серия: Язык. Литература. Культура,* 2, 96–101. Улан-Удэ, 2012.

Тарабасова, Нина: *Явления вариативности в языке московской деловой письменности XVII в.* Москва: Наука, 1986.

Чередниченко, Антонина: Выражение временных отношений в деловом языке XVIII в. (к проблеме стабилизации синтаксической нормы). *Становление норм русского национального языка*, 85–102. Челябинск: ЧГПИ, 1990.

Шушарина, Ирина: Стандартизация: узус или норма в деловой письменности XVIII века? Ремнева, Марина / Поликарпов, Анатолий (ред.): *Русский язык: исторические судьбы и современность: IV Международный конгресс исследователей русского языка (Москва: МГУ им. М. В. Ломоносова, фил. фак-т, 20–23 марта 2010): Труды и материалы*, 100–101. Москва: Издательство Московского университета.

Шушарина, Ирина: *Деловая письменность Южного Зауралья XVIII в. в аспекте лингвистического источниковедения: Варианты и норма в субстантивном склонении*: Автореф. дисс. … канд. филол. наук. Челябинск, 1999.

Электронные источники

Генеральный регламент – *Его Царского Величества Генералный регламентъ или уставъ. Печатанъ въ Санктъпитербурхѣ.* 1720. https://kp.rusneb.ru/item/material/ego-carskogo-velichestva-generalnyi-reglament-ili-ustav-2. Дата обращения: 25.10.2021.

Книга УВ, 1719 – *Кніга Уставъ воінскіи о должности генераловъ, фельтъ маршаловъ, и всего Генералітета, и протчіхъ чіновъ, которые при воіскѣ надлежатъ быть, и о иныхъ воінскіхъ дѣлахъ, и поведеніяхъ, что каждому чинить должно, купно при семъ Артікулъ воінскіи, и съ процесомъ надлежащімъ къ судящымъ, и съ Эксерціціею о церімоніяхъ и должностяхъ воінскимъ людемъ надлежащихъ. Въ Санктъпитербургскои тіпографіи лѣта Господня 1719.* https://kp.rusneb.ru/item/reader/kniga-ustav-voinskii-3. Дата обращения: 25.10.2021.

Книга УВ, 1776 – *Книга Уставъ Воинскій о должности Генераловъ-Фельдмаршаловъ, и всего Генералитета, и протчихъ чиновъ, которые при войскѣ надлежитъ быть, и оныхъ воинскихъ дѣлахъ и поведеніяхъ, что каждому чинить должно. Въ Санктпетербургѣ при Императорской Академіи Наукъ 1776 года.* https://www.prlib.ru/item/388867. Дата обращения: 25.10.2021.

ПСЗ – *Полное собрание законов Российской империи в 45 т*. Т. 4, 5, 6, 8. Санктъ-Петербургъ, 1830. http://nlr.ru/e-res/law_r/content.html. Дата обращения: 25.10.2021.

Po priezdu, po okonchaniiu… when did grammatical variation begin?

Ol'ga Severskaia[*]

Abstract: This article is devoted to the analysis of prepositional case constructions with temporal meaning, which are characterized by a deviation of the usage from the literary linguistic norm. Having conducted a study on the basis of material from the Russian National Corpus and compared the results obtained with actual usage, the author concludes that the replacement of the prepositional case with the dative case in such constructions began in the first quarter of the 19th century, with the texts of Pushkin, and became noticeable both in the Russian classical literature works and in speeches of highly literate native speakers of Russian by the beginning of the 20th century. In the early 21st century, there has been a rapid growth of incorrect usage, which – taking into account grammatical analogies and precedents – suggests the beginning of the formation of a "younger" norm, which is reproduced by the media. Special emphasis is placed on the fact that often the incorrectness of word usage is explained by the communicative concession of the addresser, who owns the norm, to the addressee who follows a spontaneously emerging speech standard.

Keywords: language norm, usage, deviations, grammatical analogy, prepositional case constructions with temporal meaning, corpus studies

По приезду, по окончанию… Когда началось грамматическое варьирование?

Ольга Северская

Резюме: Статья посвящена анализу предложно-падежных конструкций с временным значением, в которых ощущается сдвиг по сравнению с нормой. Проведя исследование на материале НКРЯ и сравнив полученные результаты с актуальным узусом, автор приходит к выводу о том, что сдвиг начался в первой четверти XIX в., с текстов Пушкина, и стал заметен как в произведениях русской классической литературы, так и в речи высокограмотных носителей русского языка к началу XX в.; в начале XXI в. отмечается стремительный рост некорректных употреблений, что позволяет, принимая во внимание грамматические аналогии и прецеденты, предположить начало формирования «младшей» нормы, ретранслятором которой становятся СМИ. Особо подчеркивается тот факт, что зачастую некорректность словоупотреблений объясняется коммуникативной уступкой адресанта, владеющего нормой, адресату, следующему стихийно складывающемуся речевому стандарту.

Ключевые слова: языковая норма, узус, девиации, предложно-падежные конструкции с временным значением, корпусные исследования

---

* V. V. Vinogradov Russian Language Institute (RAS), e-mail: oseverskaya@mail.ru

1. Введение

В последнее время в узусе все заметнее разрушение нормативной модели управления в сочетаниях предлога *по* ‘после чего-либо’ с существительным, используемых для обозначения времени. В норме предлог *по* во временном значении требует предложного падежа (*по приезд**е**, по окончани**и***). В узусе же, особенно в устной речи, преобладает – причем в речи даже высокообразованных людей, – конструкция *по приезд**у**, по окончани**ю***, в которой существительное стоит в дательном падеже. Ситуация осложняется тем, что, по наблюдению Е. Павлоцки (2017), высоко- и среднеграмотные носители языка либо избегают контекстов, требующих употребления спорной формы, либо, подстраиваясь под коммуникативную ситуацию, намеренно пишут *по приезду*, зная, что их собеседник может посчитать *по приезде* ошибкой.

О нетвердом знании нормы говорят вопросы, адресованные справочному порталу «Грамота.ру»:

(1) Скажите, пожалуйста, как правильно: по прибытии поезда или по прибытию поезда, и почему?

(2) Помогите, пожалуйста, что-то никак не соображу, что происходит: по приездЕ, это я знаю, а вот: по прилету – по прилете, по выходу (на работу) – по выходе (на работу). Как же будет правильно?

(3) Корректно ли окончание существительного приезд в словосочетании: по приездЕ на работу?

(4) Я всегда считала, что правильно говорить «по приезде», и была просто в шоке, когда филолог, преподаватель ВУЗа сказала, что верно будет «по приезду», и сочла мое «по приезде» ошибкой!!! Рассудите нас, пожалуйста»[1]

В сети, на популярных порталах «Яндекс. Дзен» и «Яндекс. Q», наряду с разъяснениями правила выбора формы: «окончания на “у” связаны со значением “по чему-либо” – *по полу, по потолку*, на “е/и” – после чего-то – *по прибытии, по истечении* времени», встречаются и попытки представить «непривычное» сочетание как некий «странный производный предлог», ср.:

> Производный предлог требует употребления второй его части в Предложном падеже (по чём? приезде). Именно так нужно писать, если есть значение “после” (Просто по-русски 2020)

– что, разумеется, не выдерживает критики с грамматической точки зрения, и справедливые замечания о наметившейся тенденции к смене окончания:

> В разговорной речи почти все говорят *по приезду*, *по прилёту*, *по приходу*. Русский язык не стоит на месте и развивается. Так что у нормального лингвиста не

---

1 В разделе «Справка» (доступен по ссылке: http://new.gramota.ru/spravka/buro/) зарегистрировано 46 таких вопросов.

повернется язык сказать, что “по приезду” – это прямо неграмотно и сильно ошибочно (*Как правильно пишется…* 2020)

Между тем грамматические справочники изменения пока не фиксируют, сохраняя норму, сложившуюся еще три века назад. В «Российской грамматике» М. В. Ломоносова в главе «О сочинении вспомогательных частей слова» (Глава 4, §552) значится:

По требует иногда предложного, когда значит *после: по разговорахъ разъехались, по печали радость* (курсив и орфография источника – О. С.) (Ломоносов 1755)

В (Шведова 1980) уточняется:

В *определительном* (*временном*) значении предл. п. с предлогом *по* употребляется преимущественно как детерминант: *Напишу по приезде* (Шведова 1980: 454).

Иными словами, норма определена, но нарушается. Вопрос: почему и когда это началось? Цель видится в определении корпусными методами времени и параметров этого грамматического сдвига.

2. Норма *vs*. узус: динамика узуальных сдвигов

НКРЯ дает ответ на вопрос о начале узуального сдвига в склонении существительных в конструкциях *по + сущ.* со значением указания на время.

По данным НКРЯ, до конца XVIII в. в речи бытовала исключительно конструкция *по + сущ. П. п.,* о чем говорят следующие примеры:[2]

(5) Младенец, егда *по крещени**и*** умирает, идет безпрепятственно в небо: но каким путем? […] Что реку о апостоле, о мученике, который *по мног**их** труд**ах**, по мног**их** страдани**ях*** умирает? (Митрополит Стефан (Яворский). *Торжественной колесницы путь сугубый…* 1706)

(6) […] *по мног**их** великих рат**ех*** в конец побежден есть от Сципиона Аннибаль и всему миру от того часа страшна сотворися держава Римская. (Архиепископ Феофан (Прокопович). *Слово похвальное…* 1709)

(7) *По возвращени**и*** из Троицкого походу его царское величество оставил свое правление матери своей, а сам препровождал время в забавах екзерциций военных: начал набирать свои два полка — Преображенский и Семеновский (Б. И. Куракин. *Гистория о царе Петре Алексеевиче и ближних к нему людях*, 1709)

(8) И потом обед даван был всем палатным людям, а *по обед**е*** до вечера чинится приуготовление потех огненных, и, прежде чем ночь настанет, начинаются оные потехи и продолжаются временем за полночь (Б. И. Куракин. *Гистория о царе Петре Алексеевиче и ближних к нему людях*, 1709)

2 Примеры приводятся с сохранением орфографии источника. Шрифтовые выделения в цитатах мои. – *О. С.*

(9) […] *по приезде* моем получил от вашего превосходительства 4 письма, посланные из Питербурха (письмо В. Н. Татищева Я. В. Брюсу. 1717)

(10) Тыквы сеют *по прошествии* пяти дней после нарождения месяца, на жирной земле. […] Все зелья горькие и пряные сбирать *по захождении* солнца (М. В. Ломоносов. *Лифляндская экономия*, 1747)

(11) Для меня одного *по приезде* из Москвы был выговор Академическому собранию (М. В. Ломоносов. *Заметки о состоянии Академии наук*, 1755)

(12) […] *по объявлении* войны, скоро обе стороны стали в ордер баталии […] (Д. И. Фонвизин. *Междоусобная война у муравьев*, 1761–1765)

(13) *По возвращении* с охоты в добыче получали старики свою долю, хотя б они на охоте и не были (Д. И. Фонвизин. *Примечания на «Та-Гио»*, 1779)

Варьирование начинается с первой четверти XIX в., с началом истории современного языка, традиционно связываемым с пушкинской стилистической реформой. Именно с А. С. Пушкина начинается грамматическое варьирование конструкции *по + сущ.* во временном значении:

(14) 29 августа Петр прибыл в Торунь. Союзники (ибо гарантия была разрушена королем шведским) положили осадить крепость Стральзунд; шведы ушли […]. Всё сие узнал Петр на третий день *по приезду* в Торунь от генерал-майора Гольца, присланного королем Августом

(15) Между тем, узнав о стараниях Швеции через польского посла Лещинского не допустить заключения мира с Россией *по прошествию* 2-летнего перемирия, Петр приступил к союзу с королями польским и датским, недавно противу Швеции заключившими тайный союз (оба примера – А. С. Пушкин. *История Петра*, 1835)

И в дальнейшем таких примеров отклонения от нормы много у самых разных авторов:

(16) Прием желающих поступить в педагогические курсы и снабжение их, *по окончанию* курса учения, свидетельствами об этом (Л. Н. Толстой. *Правила для педагогических курсов*, 1875)

(17) Савельцев и на этот раз вышел обеленный, но, *по завершению* дополнительного следствия, привезенной из полка капитанской кисе последовал скорый и немилостивый конец (М. Е. Салтыков-Щедрин. *Пошехонская старина*, 1887–1889)

(18) […] хотелось бы, чтобы было так: чтобы в счет идущих моих в «Речи» и в «Утре России» фельетонов прислали мне в Тунис рублей 150; а за тем, *по истечению* месяца, то есть к пятому русскому январю мне прислали сумму на следующий месяц (300 рублей); а затем вычли экстренные 150 рублей по мере печатания фельетонов (А. Белый. *Письма из Италии*, 1910)

(19) В. А. Корнеева ехала из Москвы в купе, где было тридцать женщин – и большинство из них дряхлые старушки, ссылаемые на поселение за веру

(*по приезду* ВСЕ эти женщины, кроме двоих, сразу легли в больницу). (А. И. Солженицын. *Архипелаг ГУЛаг*, 1958–1973)

(20) […] просьбы исполняю не в боях, а *по окончани**ю*** оных (Б. Васильев. *Были и небыли*, 1988)

Узуальные отклонения, при которых в конструкциях *по + сущ.* с временным значением нормативный *предл.п.* уступает место *дат. п.*, по-видимому, мотивируются соответствующими норме сочетаниями существительных в *дат. п.* с предлогом *по*:

(21) Сами вы к нам писали, что цесарев посол доброхотает королю, да и по всему, *по приезду* его и *по лист**ам***, которые он писал к боярам и к вам, и *по разговору*, что он с вами говорил, явно, что он доброхотает королю […] (С. М.Соловьев. *История России с древнейших времен*, 1859)

(22) Дело […] необыкновенное *по началу* своему, и *по окончани**ю*** необыкновенное (Н. С.Лесков. *Божедомы*, 1868)

(23) Работы *по окончани**ю*** русского павильона на здешней выставке в последнее время сильно затормозились (*Русское слово*, 1911).

Наметившийся «тренд» обрывается в 1940-е и возобновляется в 1980-е годы, что говорит о сохранении нормы советскими корректорами.

В целом же число нормативных употреблений, хоть и остается преобладающим (в основном корпусе НКРЯ зарегистрировано, например, 2472 употребления *по приезд**е*** против 77 *по приезду,* 6262 *по окончани**и*** против 78 *по окончани**ю***), постепенно снижается, что видно на графиках, показывающих их распределение по годам (рис. 1 и рис. 2).

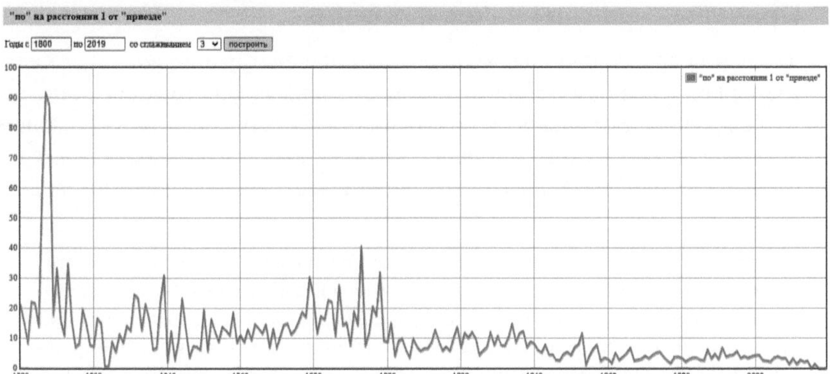

Рис. 1.

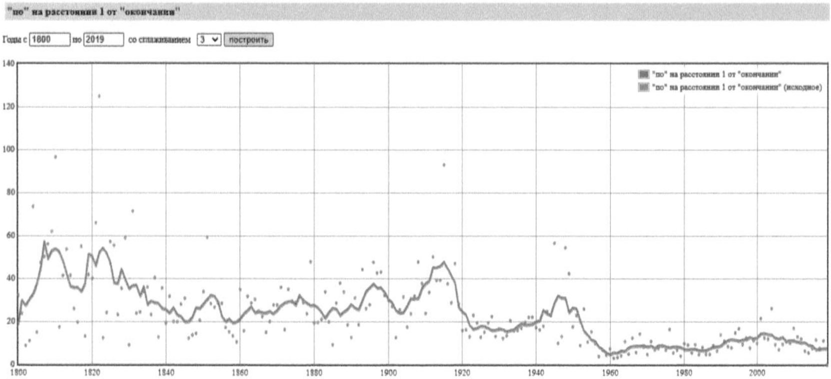

Рис. 2.

Статистический сервер НКРЯ позволяет сделать и другие наблюдения. Некорректная форма *по приезду* в СМИ встречается почти в 6 раз чаще, чем в художественной, научной литературе, на интернет-форумах, в частной переписке и других жанрах (146 употреблений в газетном, 25 в основном корпусах за 1980–2020 гг.), а *по окончанию* – почти в 7 раз чаще (228 употреблений против 33 в тот же период). В целом же существительные на *–ие* чаще оказываются в одних и тех же конструкциях более устойчивыми к изменениям, чем существительные на согласный звук.

3. Причины смешения падежных форм

Новая форма предложно-падежной временной конструкции *по + сущ.* складывается под влиянием омонимичных нормативных конструкций с *дат. п.*, которые преобладают в палитре сочетаемости предлога *по*. Так, в «Большом толковом словаре русского языка» С. А. Кузнецова сочетания с *дат п.* приводятся для 19 значений предлога, сочетания же с *предл. п.* указаны лишь в двух случаях:

> *по ком-чём* 1. Употр. при обозначении действия, события, после которого что-л. совершается, происходит и т. п. *По окончании университета. По завершении конференции*. 2. (с местоим.: *по нас, по вас, по нём, по них*). *Разг.* Употр. при указании лица, согласно с чьим желанием, привычкой, вкусами и т. п. совершается действие. *Это дело как раз по нас. Ремень по нём плачет* (*разг.* о том, кто достоин наказания) (Кузнецов 2014).

И наиболее частотный вариант сочетаемости начинает доминировать в узусе и в этих двух случаях.

Несмотря на то, что дистрибуция падежных форм в сочетаниях *по + сущ.* является значимой, на что неизменно указывают популяризаторы правил русской грамматики:

> Пример: *по приезду Димы я понял, что он недоволен*. Расшифровываем: то, что он недоволен, я понял **по** его **приезду**. **По чему** я это понял? **По** его **приезду**; по тому, **как** он приехал; по тому, **как он вел себя, когда приехал.** [...] Пример: *по приезде я позвоню тебе*. Расшифровываем: я позвоню тебе **после приезда**. Я позвоню тебе, **как только приеду / после того как приеду** (Павлоцки 2020),

семантические различия большинством носителей языка не улавливаются или не воспринимаются как релевантные. Об этом говорят, например, сетевые комментарии к одной из публикаций такого рода:

> Ну как-то коряво это "по приезде" звучит для уха, может отменить этот случай, даже одно нецензурное слово напоминает. Вот и премьер наш говорит "по приезду"– и ничего, все поняли и звучит приличнее, а то ведь вдруг оговоришься впопыхах – конфуз выйдет (Tanka); Я всегда думал, что "приезд" – он, значит "по нему", "по приезду". А кто такая "приезда" и почему "по ней"??? Может я и не прав… (Вадим Д.)

Кроме того, нельзя исключать и влияние аналогии со сменой падежной формы в конструкциях *по + мест.* «Грамота.ру» в рубрике «Непростые слова», ссылаясь на «Русскую грамматику» А. Х. Востокова (1834), указывает на старшую норму употребления с предлогом *по* местоимений *кто, что, он, мы, вы* в форме предложного падежа: *по ком, по чем, по нас, по вас*. Со временем *кто, что* и *он* приобрели в сочетаниях с *по* форму дательного падежа: *есть по **кому** равняться, есть **чему** учиться, по **нему** видно, как он устал*, однако *мы* и *вы* по норме употребляются по-прежнему в предложном, ср.:

(24) Турки на противном берегу, свыше пяти тысяч, почли нас за неважную партию, но сильно из их пушек *по **нас** стреляли* [...] (А. В. Суворов. *Биография…*, 1786)

(25) Убивали нас царские палачи и жандармы, убивали юнкера в Октябре, убивали беляки, интервенты всех стран света, махновцы и антоновцы, кулаки *по **нас** стреляли* из обрезов, а мы все живы любовью народной (А. А. Фадеев. *Молодая гвардия*, 1943–1951)

(26) Когда мы с пулеметчиком стали приближаться, заметили, как несколько человек, положив винтовки на колено, *прицеливались по **нас*** и ждали, когда подъедем ближе (Д. А. Фурманов. *Чапаев*, 1923)

Меняется предложный падеж местоимений *мы, вы* на дательный и в сочетаниях с глаголами *скучать, грустить, тосковать*. Старая форма *по вас* и новая *по вам* в них конкурируют, что отражают актуальные версии словарей. Если С. А. Кузнецов (2014) приводит две формы управления: *по кому-чему* (с существительным или личным местоимением 3-го л. и *по ком* с личным местоимением 1–2 л. мн. ч.), то (Шведова 1980: 38) и (Шведова 2007: 893) их не различают, приводя как нормативное управление *скучать по кому-чему,* а форму *по ком-чём* снабжают пометами *устар.* и *прост.*

Таким образом, выбор дательного (вместо предложного) падежа существительного, указывающего в сочетании с предлогом *по* на некий момент времени, обусловлен как аналогией, так и грамматическим прецедентом.

4. Выводы

С начала 2000-х годов можно говорить об активизации процесса расшатывания нормы в употреблении конструкций *по + сущ.* ‘после X’, вследствие аналогии с омонимичными конструкциями с другими, предметными значениями и влияния прецедентных изменений падежных форм в подобных конфигурациях. При сохранении (и, в целом, преобладании в письменной речи) нормативных употреблений (*по + сущ. П. п.*) четко обозначается тренд на выбор новой формы управления (*по + сущ. Д. п.*), особенно в спонтанной устной речи, в сетевых текстах и чатах. Сдвиг ярче и чаще проявляется в конструкциях с существительными на согласный, существительные на *–ие (–ье)* дольше сохраняют нормативное падежное окончание. Транслятором возникающей на наших глазах «младшей» нормы становятся СМИ, которым уже довольно давно отводится роль носителя национального языкового стандарта. Само же вариативное употребление имеет давнюю историю, с начала XIX в. И получается, что за «неразборчивость» нынешних носителей русского языка, как в крылатом присловье, «отвечает» Пушкин.

Литература

Как правильно пишется: по приезде или по приезду? Яндекс.Q, 26.06.2020.

Кузнецов, Сергей (ред.): *Большой толковый словарь русского языка.* Санкт-Петербург: Норинт, 2014.

Ломоносов, Михаил: *Российская грамматика.* Санкт-Петербург: Издательство при Императорской Академии Наук, 1755.

Непростые слова: Скучаю, грущу, тоскую. http://new.gramota.ru/spravka/hardwords. Дата обращения: 31.10.20.

Павлоцки, Елена: *По приезду* или *по приезде* – как правильно? *Аргументы и факты*. 14.03.2017.

Просто по-русски. «По приезду» или «по приезде»: как запомнить написание странных предлогов. Яндекс-Дзен, 23.08.2020.

Шведова, Наталия (ред.): *Толковый словарь русского языка с включением сведений о происхождении слов.* Москва: Азбуковник, 2007.

Шведова, Наталия (ред.): *Русская грамматика.* В 2-х тт. Т. 2. Москва: Наука, 1980.

Possessive adjectives: on the periphery of linguistic research

Igor' Sharonov[*]

Abstract: The paper is devoted to the description of Russian possessive adjectives. It is interesting to redefine its boundaries and relation to the contiguous groups of adjectives. Furthermore, the author provides an analysis of the activity of possessive adjectives in modern Russian based on datasets extracted from the Russian National Corpus.

Keywords: grammatical categories, relational and possessive adjectives, corpus linguistics

Притяжательные прилагательные: на задворках лингвистики

Игорь Шаронов

Резюме: Статья посвящена проблемам описания группы притяжательных прилагательных, уточнения их отношений с другими грамматическими разрядами прилагательных и их языковой активности в современном русском языке на основе статического анализа употреблений таких единиц, собранных из НКРЯ.

Ключевые слова: грамматические категории, притяжательные и относительные прилагательные, корпусные исследования

1. Введение

Традиционно считается, что притяжательные прилагательные (слова типа *Сашин, отцов, медвежий*) уходят из современного русского языка. Возможно, именно этим объясняется не слишком внимательное отношение лингвистов и педагогов к этой группе единиц и возникающее в результате этого разночтение при их описании. В статье рассматриваются три вопроса, связанные с:

1) объемом и границами притяжательных прилагательных,
2) их внутренней стратификацией и
3) степенью активности этих единиц в современном русском языке.

2. Объем и границы притяжательных прилагательных

Объем и границы любого грамматического явления определяются, как известно, сопряженностью их формы и значения. Однако описание лексико-грамматического разряда притяжательных прилагательных традиционно

* Russian State University of the Humanities, e-mail: igor_sharonov@mail.ru

ориентируется на семантическую характеристику. Д. Э. Розенталь, сопоставляя семантику относительных и притяжательных прилагательных, указывает, что первые выражают признак через отношение к предмету в целом, а вторые являют собой частное проявление этого отношения – принадлежность (Розенталь 1991). При этом объем понятия *принадлежность* для таких слов обычно понимается более узко, чем представлен в языке, – только как обладание субъектом какого-либо физического объекта. В результате такого подхода притяжательные прилагательные в сочетаниях не со значением обладаемого объекта переводятся в относительные и качественные: например, *лисья нора* – притяжательное, а *лисья шуба* – относительное, *лисья хитрость* – качественное.

С другой стороны, опора исключительно на семантику принадлежности без учета формальной стороны приводит к включению в «притяжательную» группу слов с иной падежной парадигмой. В качестве типового примера можно взять известный учебник для вузов «Современный русский язык» под ред. Н. С. Валгиной (Валгина 2008). Притяжательные прилагательные определяются в учебнике через принадлежность предмета определенному лицу или животному. Наличие суффиксов *-ин (нин), -ий, -ов (-ев)* рассматривается как факультативный признак и их список дополняется суффиксом -*ск* на основе того, что слова типа *пушкинский, некрасовский* также указывают на определенное лицо. Формальный же показатель – наличие особой парадигмы – не учитывается. В результате к разряду притяжательных относят прилагательные типа *отцовский, братский* и т. д.

Представленный подход к определению статуса рассматриваемого лексико-грамматического разряда можно назвать радикально-семантическим. Подход не учитывает формальных характеристик притяжательных, на основании которых они отделяются от относительных прилагательных, – особых окончаний именительного и винительного падежей, отличающихся от окончаний в стандартной парадигме прилагательных, которые имеют слова типа *отцовский*. Ср. примеры в таблице 1:

Табл. 1.

Относительные прилагательные	*Притяжательные прилагательные*
Мамск**ий**, мамск**ая** (**ую** – вин.п.), мамск**ое**, мамск**ие**.	Мамин**Ø**, мамин**а** (**у** – вин.п.), мамин**о**, мамин**ы**.
Отцовск**ий**, отцовск**ая** (**ую** – вин.п.), отцовск**ое**, отцовск**ие**.	Отцов**Ø**, отцов**а** (**у** – вин.п.), отцов**о**, отцов**ы**.
Син**ий**, син**яя** (**юю** – вин.п.), син**ее**, син**ие**.	Рыбачий**Ø**, рыбачь**я** (**ю** – вин.п.), рыбачь**е**, рыбачь**и**.

А. А. Зализняк относит притяжательные прилагательные к типу местоименного склонения (Зализняк 2016). А. В. Исаченко называет окончания таких слов «неполными», а парадигму – смешанной, поскольку она частично похожа на парадигму существительных, частично – на парадигму прилагательных. Такая парадигма служит яркой формальной приметой и поводом для выделения притяжательных из разряда относительных, вместе с которыми данные прилагательные противостоят качественным. Последние обладают, как известно, грамматическими категориями полноты /краткости и степенями сравнения, которые отсутствуют у относительных и притяжательных. Возможность притяжательных (как и относительных) прилагательных передавать качественные значения в переносных употреблениях не приводит к появлению у этих слов таких категорий. Поэтому переводить, например, слово *лисий* в контексте *лисья хитрость* (**лисее, *лисейший*) в разряд лексико-грамматический разряд качественных прилагательных, сохраняя принципы грамматической классификации, вряд ли целесообразно.

3. Внутренняя стратификация группы притяжательных прилагательных

Объединение слов в разряд притяжательных прилагательных на основе формальных характеристик позволяет проводить внутреннюю стратификацию на основе суффиксальных различий анализируемой лексики. Состав притяжательных прилагательных семантически неоднороден. В его центральную часть входят слова с суффиксами *-ов /-ев,* и *-ин,* а периферию составляют прилагательные с суффиксом *-ий*. Первые суффиксы выражают, как пишет А. В. Исаченко, ссылаясь на В. В. Виноградова, «индивидуальную притяжательность» (Исаченко 2003: 218; см. также Копчевская-Тамм, Шмелев 1994; Давлетшина 2018). Они указывают на принадлежность объекта, признака, свойства **конкретному лицу**, отличаясь этим от своих коррелятов – относительных прилагательных, которые указывают также и на класс объектов:

(1) *Дедовы традиции* (притяж.) – это традиции конкретного дедушки, автора текста.

(2) *Дедовские традиции* (относит.) – это и традиции конкретного дедушки, и традиции предшествующего поколения.

(3) *Мамин блог* (притяж.) – это блог, который ведет мама субъекта речи.

(4) *Мамский блог* (относит.) – это блог в интернете женщин-матерей.

Этим же смысловым признаком прилагательные с суффиксами *-ин* и *-ов/-ев* отличаются внутри группы притяжательных от слов с суффиксом *-ий. Лисий хвост* – это хвост любой, а не конкретной лисицы. Видимо, именно этим обстоятельством обусловлено решение А. В. Исаченко назвать группу прилагательных с суффиксом *-ий* относительно-притяжательными (Исаченко 2003): по семантике прилагательные на *-ий* уподобляются относительным, а формально – нестандартной парадигмой – притяжательным прилагательным.

Считается, что употребительная активность этих единиц сильно упала, в течение последнего столетия они постепенно уходили из языка. С ними успешно конкурируют относительные прилагательные (*лебяжье перо – лебединое перо*) и конструкции с родительным приименным (*перо лебедя*). Однако процесс устаревания притяжательных прилагательных в зависимости от слов с конкретным суффиксом происходит в разной степени, а кроме того, похоже, что в последнее время такие единицы все чаще находят для себя стилистическую «нишу». Их активно используют журналисты в заголовках статей для привлечения внимания читателей (Шмелева 2008).

4. Степень активности притяжательных прилагательных в современном русском языке

Рассмотрим частотность использования в современном русском языке трех групп прилагательных на основе статистического анализа материалов из НКРЯ.

4.1. Притяжательные прилагательные с суффиксом -ов

Наиболее активно исчезают из узуса слова с суффиксом *-ов*. Притяжательные с этим суффиксом построены на базе одушевленных существительных второго склонения. Это в первую очередь имена собственные, имена родства и практически исчезнувшие из языка к XXI веку имена с высоким социальным статусом.

4.1.1 Притяжательные прилагательные на -ов на базе имен собственных

Основной удар по ослаблению использования притяжательных прилагательных, образованных от имен собственных на *-ов* нанесла, как кажется, их субстантивация и использование в качестве фамилий: *Петров, Сергеев, Александров* и т. д. С XIX века, времени тотального обретения фамилии основной массой российского населения такие притяжательные стали постепенно вытесняться формами род. падежа существительного (*Петров двор – двор Петра*).

Перечислим закрепившиеся в языке с XVIII века и ставшие «крылатыми словами» обороты с притяжательными прилагательными на *-ов*, образованными от имен собственных. Чаще всего количество их употреблений в НКРЯ обусловлено одним-двумя активно используемыми идиомами:

(5) Мамаев – 502 примера употреблений в НКРЯ. Наиболее частотны идиоматические обороты *Мамаево побоище* (крупная ссора), *Мамаево нашествие* (о приходе нежданных гостей),

(6) Петров – 388 примеров, в основном благодаря наименованию христианского праздника *Петров день.*

(7) Дамоклов – 222 примера: доминантная по частотности идиома *Дамоклов меч.*

(8) Геркулесов – 203 примера: доминантный по частотности географический термин *Геркулесовы столпы.*

(9) Каинов – 189 примеров: доминантная по частотности идиома *Каинова печать.*

(10) Ахиллесов – 177 примеров: доминантная по частотности идиома *Ахиллесова пята.*

(11) Гордиев – 174 примера: доминантная по частотности идиома *Гордиев узел.*

(12) Бикфордов – 131 пример: доминантный по частотности технический термин *Бикфордов шнур.*

(13) Вальпургиев – 131 пример: номинация известного исторического сoытия *Вальпургиева ночь.*

(14) Прокрустов – 126 примеров: доминантная по частотности идиома *Прокрустово ложе.*

(15) Юрьев – 119 примеров: поговорка *Вот тебе, бабушка, и Юрьев день.*

Процесс вытеснения притяжательных прилагательных на *-ов* постепенно затрагивает и эту устоявшуюся идиоматику. Вместо *Каиновой печати* в современных текстах встречается *печать Каина,* вместо *Ахиллесовой пяты – пята Ахиллеса,* вместо *Вальтасарова пира – пир Вальтасара,* вместо *Христова воскресения – воскресение Христа.*

Надежно сохраняются притяжательные прилагательные на *-ов* в топонимах, хранящих память о мореплавателях и о других людях, в честь которых были названы моря, острова и т. д.: *Баренцево море, Берингов пролив, Магеллановы острова, Гудзонов залив* и т. д.

4.1.2 Притяжательные прилагательные на -ов на базе имен родства и свойства

Притяжательные прилагательные, образованные от имен родства и свойства, почти полностью ушли под «натиском» относительных прилагательных с суффиксами *-овск и -ск* (см. Земская 1964). В относительно активном употреблении остались только притяжательные прилагательные ближайшего родства, распространенные в разговорной речи и в опирающейся на разговорную речь художественной литературе: *дедов, отцов* и *братов.* Приведем несколько примеров, собранных из НКРЯ последних 20 лет:

Дедов

(16) Знает ли Колюня этот ответ, приведший в восхищение весь **дедов** род, несколько раз ликующе и пристрастно осведомлялся дядя Толя, указывая на сохранившиеся на косяках отцовские зарубки. (А. Варламов. Купавна. *Новый Мир*, 2000)

(17) Как тень от облака пробегает по полю, так это тёмное пространство стало сдвигаться, и я увидела сначала часть стены в полосатых обоях, а потом и всю **дедову** комнату в серой предрассветной мгле. (Л. Улицкая. Казус Кукоцкого/Путешествие в седьмую сторону света. *Новый Мир*, 2000)

(18) У моей бабушки Липы в такой коробке, среди огромного количества пуговиц, красивых и попроще, военных со звездой, от **дедовой** формы, были две совершенно необыкновенные, мои самые любимые. (Е. Кучеренко. Об Украине, Энергодаре и бабушке Кате, 2015.02.10. *Православие и мир*, 2015. pravmir.ru)

Отцов

(19) А мы… уж как-нибудь найдём пучок моркошки да луковицу. Сад— ещё **отцов**. Гляжу помаленьку. (Б. Екимов. *Пиночет*, 1999)

(20) А сын — мягкий, без **отцовой** неистовости; может, это и хорошо. (Д. Рубина. Русская канарейка. *Блудный сын*, 2014)

(21) Степану всегда нравился этот запах, напоминавший ему о его Дедке, **отцовом** отце, — тот всегда со шкурками возился. (В. Ремизов. Воля вольная. *Новый мир*, 2013)

Братов

(22) Не помнил, как добрался до **братова** подворья. (П. Сиркес. *Труба исхода*, 1990–1999)

(23) Дядюшка Глеб <…> уходил с портативной пишущей машинкой в **братову хижину**, несколько часов работал и возвращался обедать. (А. Варламов. Купавна. *Новый Мир*, 2000)

(24) Мы с братом быстро сели за стол и выпили за здоровье Сани под малоодобрительные взгляды **братовой** вернейшей жены (М. Зайчик. В нашем регионе. *Звезда*, 2002)

4.1.3 Притяжательные прилагательные на -ов на базе имен высокого социального статуса

Исчезновение из языка притяжательных прилагательных на *–ов* на базе имен высокого социального статуса было отмечено еще в середине XX века В. В. Виноградовым, который писал о неудобстве в использовании таких притяжательных, поскольку они не способны означать принадлежность нескольким лицам (Виноградов 1947: 192–193).

В качестве примера приведем последние по времени из зафиксированных в НКРЯ случаев использования притяжательных прилагательных *командиров, полковников* и *начальников*:

(25) И пошла, братцы, мои, **командирова** фуражка козлом по всей горнице скакать, будто нечистая сила в нее из-под половиц поддувает… (С. Черный. *Солдатские сказки/Бестелесная команда*, 1932)

(26) Къ этому пестрому и различному населенію, напоминавшему совѣтскія, уплотненныя квартиры, слѣдуетъ еще прибавить **полковникову** собаку Топси, коричневаго породистаго добермана, съ рыжеватыми подпалинами и умными глазами, сіявшими изъ черныхъ вѣкъ, какъ два блестящихъ желтыхъ топаза. (П. Н. Краснов. *Подвиг*, 1932)

(27) Подле них, подле своих детей, подвывала тихонько **начальникова** баба, уткнувшись в пол булыжными коленями. (О. Павлов. *Казенная сказка*, 1993)

4.2. Притяжательные прилагательные с суффиксом -ин

Притяжательные прилагательные с суффиксом *-ин* построены на базе одушевленных существительных первого склонения. Это в первую очередь имена собственные, а также имена родства и свойства.

4.2.1 Притяжательные прилагательные на -ин на базе имен собственных

Слова с этим суффиксом сохраняются в языке несколько лучше при использовании их от краткой формы имен в семейно-домашней коммуникации, поскольку фамилии в основном образованы от полных мужских имен, и омонимия фамилий и притяжательных прилагательных – достаточно редкое явление. Сравните притяжательныеприлагательные на *-ов* и на *-ин*:

(28) ?Александров плащ – Сашин плащ.

(29) ?Павлова комната – Пашина комната.

(30) ?Ивановы тапки – Ванины тапки.

С данной группой притяжательных прилагательных на *-ин* конкурируют конструкции с приименным родительным, ср.:

(31) Пашина комната и комната Паши.

В статье (Janda, Nesset, Say 2019) ставится вопрос о предпочтительном использовании этих синонимичных конструкций. Авторы статьи приходят к выводу, что конструкции с притяжательным прилагательным используются чаще в случаях, когда субъект разговора, указанный через притяжательное прилагательное, хорошо известен собеседникам и информация о нем не вызывает эффекта новизны.

4.2.2 Притяжательные прилагательные на -ин на базе имен родства и свойства

Данная группа слов, как демонстрируют материалы корпуса, по-прежнему активно используется в бытовой речи. Перечислим слова с частотностью употреблений в НКРЯ более чем 100:

(32) мамин – 4287 примеров

(33) бабушкин – 2048

(34) папин – 2024

(35) дедушкин – 861

(36) бабкин – 548

(37) дядин – 444

(38) маменькин – 424

(39) материн – 409

(40) матушкин – 363

(41) батюшкин – 277

(42) старухин – 263

(43) дядюшкин – 176

(44) сестрин – 174

(45) невестин – 140

(46) дочкин – 128

(47) папенькин – 111

(48) нянькин – 109

(49) мамкин – 108

(50) папашин – 102

Не попавшие в список с высоким числом употреблений также не кажутся устаревшими и экзотичными. Приведем несколько современных примеров использования слов *теткин, тещин, дядькин* в современных художественных текстах.

(51) И на заскорузлые, покрытые вековой пылью деревенских дорог, с длинными, чёрными, давно не подпиленными рашпилем когтями **тёткины лапы** санитарка быстро натянула бахилы. Как это и предписано протоколом. (Т. Соломатина. *Акушер-ХА! Байки*, 2009)

(52) Он думал, что дождался-таки **тещиной** пощечины. (А. Н. Бузулукский. Пощечина. *Волга*, 2016)

(53) Ну, короче, стал думать, чего бы отмочить, чтобы **дядькиной** спокойной жизни конец наступил. (В. Пригодич. Постнеклассическая трагедия, или Критика критики. Интернет-альманах *Лебедь*, 2003.11.23)

4.3. Притяжательные прилагательные с суффиксом -ий

Эта группа притяжательных прилагательных, как кажется, была объектом лингвистического анализа и описания в еще меньшей степени, чем предыдущие, потому на ней следует остановиться более подробно.

Притяжательные прилагательные с суффиксом *-ий* построены на базе одушевленных существительных первого и второго склонения. Из 95 наиболее частотных притяжательных прилагательных на *-ий* (см. список в таблице 3в конце статьи) более половины (51) имеют основу на **-к** с переходом в **-ч** (*бел**к**а – бели**ч**ий, разбойни**к** – разбойни**ч**ий*).

В школьных пособиях часто утверждается, что данный суффикс присоединяют при построении притяжательного прилагательного к именам животных, но и имена людей представлены здесь в значительной степени. Среди списка из 51единицы на **-к** слов со значением животных – 27, а слов со значением человека – 20. Ср. списки:

(54) животные: сорочий, поросячий, жеребячий, беличий, судачий, бирючий, индюшачий, сучий, индюшечий, рачий, телячий, бычачий, бычий, русачий, кошачий, цыплячий, волчий, сайгачий, паучий, галочий, гусячий, щучий, лягушачий, собачий, ягнячий, лягушечий, ячий.

(55) люди: батрачий, мальчишечий, помещичий, старушечий, посадничий, странничий, мельничий, извозчичий, мужичий, разбойничий, ребячий, казачий, начальничий, русалочий, рыбачий, охотничий, человечий, чиновничий, плотничий, полковничий.

Слова с суффиксом *-ий*, как уже было сказано выше, отличаются от относительных прилагательных только формально (системой окончаний) поскольку также указывают на признак, принадлежащий классу объектов.

Различия между притяжательными прилагательными с данным суффиксом и относительными прилагательными наиболее ярко высвечиваются при сопоставлении однокоренных единиц. Опережая анализ, скажем, что различия между этими единицами укладываются в рамки понятия паронимов. Некоторые из рассматриваемых нами пар слов встречаются в словарях паронимов, однако в этих словарях их необычайно мало. Можно сделать предположение, что включению в состав паронимов мешает представление об их грамматическом противопоставлении.

В словаре паронимов О. В. Вишняковой (1984) были обнаружены две пары прилагательных, различающихся лексико-грамматическим разрядом: *рыбий / рыбный* и *ребячий / ребячливый* – при отсутствии еще одного относительного: *ребяческий*. Кратко остановимся на описании первой пары в словаре.

За притяжательным *рыбий* закреплены два значения:

1) Относящийся к рыбе, принадлежащий ей: *рыбий плавник; жир; глаза, внутренности* и т. д.).
2) Бесстрастный, невыразительный: *рыбье лицо*.

Материалы НКРЯ слабо поддерживают второе значение: *рыбье лицо* – 8 примеров употребления. На базе притяжательного построены также идиоматические сочетания *рыбья кровь* (о равнодушном человеке), *на рыбьем меху* (о куртке, пальто или шубе).

Значение относительного прилагательного *рыбный* значительно шире, связано с рыбой как продуктом питания: *рыбное хозяйство, ловля, магазин, суп, пирог*.

Рассмотрим несколько паронимических прилагательных, частотно представленных в НКРЯ, которые не представлены в паронимических словарях, см. таблицу 2.

Табл. 2.

Притяжательное прилагательное	*Относительное прилагательное*
Божий (39948)	божеский (1187)
казачий (6134)	казацкий (1786)
курий (446)	куриный (2488)
лебяжий (363)	лебединый (945)
песий (290)	псовый (856), псиный (26)
рыбачий (725)	рыбацкий (865)

Прилагательные можно разделить на две группы по тематике: 1) связанные с животным: *курий* и *куриный, лебяжий* и *лебединый, песий* и *псовый* и 2) связанные с человеком: *божий* и *божеский, казачий* и *казацкий, рыбачий* и *рыбацкий*. Ниже представлен анализ каждой пары на основе наиболее частотной сочетаемости слов.

курий и ***куриный***

В этой паре отмечается абсолютное доминирование относительного прилагательного с точки зрения широты сочетаемости и частотности употребления. Частотность притяжательного *курий* обусловлена в основном устойчивым сочетанием *избушка на курьих ножках,* которое используется в русских сказах и рефлексам к ним. Относительное прилагательное *куриный* используется во всех остальных случаях: *яйцо* (287 вхождений), *эмбрион* (136 вхождений), *слепота* (143 вхождения), а также *бульон, мясо, помет, перо, кость, мозг* и со многими другими, имеющими то или иное отношение к курице.

лебяжий и ***лебединый***

В этой паре также отмечается доминирование относительного прилагательного с точки зрения широты сочетаемости и частотности. Частотность притяжательного *лебяжий* обусловлена словами *пух* (55 вхождений), в меньшей степени: *перина, шея, крыло, стая*. Встречаются практически равноправные варианты: *лебяжье перо* – 10 вхождений, *лебединое перо* – 13 вхождений. Достаточно много употреблений притяжательного связано с топонимикой: *Лебяжья канавка* (канал в Санкт-Петербурге), *Лебяжье село, Лебяжий камень* и т. д. В остальных случаях используется *лебединый*: *озеро* (266 вхождений), *песня* (110 вхождений), *шея* (95 вхождений); реже встречаются *стан, шея, грудь, перо, крыло*.

песий и ***псовый, псиный***

В этой паре отмечается доминирование притяжательного прилагательного с точки зрения широты сочетаемости. Относительное *псовый* используется преимущественно со словами *охота* (134 вхождения) и *охотник* (36 вхождений). Притяжательное *песий* употребляется во всех остальных случаях: *голова* (60 вхождений), *сын* (29 вхождений), *морда* (14 вхождений) и т. д. Относительное *псиный* не имеет частотных употреблений и очень слабо конкурирует с притяжательным в сочетании с существительными *голова, запах, хвост, род* и т.д.

Божий и ***божеский***

В этой паре отмечается доминирование притяжательного прилагательного с точки зрения широты сочетаемости. Притяжательное *Божий* стереотипно используется со словами *матерь* (2308 вхождений); *помощь* (475 вхождений), *милость* (471 вхождение), *день* (375 вхождений), *мир* (368 вхождений), *воля* (364 вождения), *свет* (256 вхождений), *благодать* (225 вхождений), *любовь* (143 вхождения). Отдельно как термин следует выделить сочетание *Божья коровка* (321 вхождение).

Божеский используется в переносном значении, положительной оценке чего-л: *божеская милость* (138 вхождений), *божеский вид* (56 вхождений), *почесть* (32 вхождения), *наказание* (21 вхождение) и т. д.

казачий и ***казацкий***

В этой паре имеет смысл отметить преимущество притяжательного прилагательного с точки зрения частотности, однако в целом можно, как кажется, говорить о свободном распределении и практически полной синонимии. Ср.:

Табл. 3.

Казачий	*Казацкий*
офицер (172)	офицер (31)
песня (99)	песня (26)
лошадь (92)	лошадь (39)
войско (600)	войско (51)

рыбачий и ***рыбацкий***

В последней из рассматриваемых паре можно также говорить о полной синонимии притяжательного и относительного прилагательных. Ср.

Табл. 4.

Рыбачий	*рыбацкий*
лодка (136)	лодка (53)
поселок (63)	поселок (41)
сеть (40)	сеть (35)
хижина (31)	хижина (9)
судно (30)	судно (20)

5. Заключение

Итак, лексико-грамматический разряд притяжательных прилагательных, обладая особой парадигмой, имеет важную семантическую характеристику: указание на принадлежность объекта, признака, свойства **конкретному лицу**, что отделяет этот разряд от относительных прилагательных. Утверждение о постепенном исчезновении притяжательных прилагательных из языка представляется несколько преждевременным, поскольку этот процесс представлен в разных группах притяжательных по-разному.

Табл. 5. Список притяжательных прилагательных с суффиксом -ий, собранные из БТС 1998.

Акулий	Дурий	Мальчишечий	Помещичий	Сорочий
Бараний	Жабий	Медвежачий	Поросячий	Старушечий
Батрачий	Жеребячий	Медвежий	Посадничий	Странничий
Беличий	Заячий	Мельничий	Птичий	Стрекозий
Белужий	Извозчичий	Мужичий	Рабий	Судачий
Бирючий	Индюшачий	Мыший	Разбойничий	Сучий
Божий	Индюшечий	Наважий	Рачий	Тараний
Бульдожий	Кабаний	Навий	Ребячий	Телячий
Бычачий	Казачий	Начальничий	Русалочий	Турий
Бычий	Княжий	Носорожий	Русачий	Тюлений
Вдовий	Козий	Овечий	Рыбачий	Фазаний
Верблюжий	Кошачий	Олений	Рыбий	Цыплячий
Воловий	Кротовий	Охотничий	Рысий	Человечий
Волчий	Крысий	Пастуший	Сайгачий	Черепаший
Гагачий	Курий	Паучий	Семужий	Чиновничий
Галочий	Лебяжий	Песий	Скоморoший	Шакалий
Гусячий	Лисий	Петуший	Слоновий	Щучий
Девичий	Лягушачий	Плотничий	Собачий	Ягнячий
Дельфиний	Лягушечий	Полковничий	Сомовий	Ячий

Необходимо отличать две группы притяжательных прилагательных с суффиксами *-ов* и *-ин* от притяжательных прилагательных с суффиксом *-ий*. Первые две группы сохраняют грамматический статус притяжательности, поскольку на формальное отличие накладывается семантика «индивидуальной принадлежности». Третья группа принадлежит притяжательным прилагательным лишь формально, не имея смыслового признака, системно отличающего данную группу от относительных прилагательных. Притяжательные прилагательные на *-ий* состоят с однокоренными относительными прилагательными в паронимических отношениях.

Литература

Ашукин, Николай / Ашукина, Мария: *Крылатые слова. Литературные цитаты. Образные выражения*, 4-е изд. Москва: Художественная литература, 1988.

Валгина, Нина / Фомина, Маргарита / Розенталь, Дитмар: *Современный русский язык*. Москва: Логос, 2008.

Виноградов, Виктор: *Русский язык (Грамматическое учение о слове)*. Москва / Ленинград: Учпедгиз, 1947.

Вишнякова, Ольга: *Словарь паронимов русского языка*. Москва: Русский язык, 1984.

Давлетшина, Светлана: Особенности категоризации притяжательных прилагательных в русском языке. *Известия Волгоградского государственного педагогического университета*, 133, 112–116. 2018.

Зализняк, Андрей: *Грамматический словарь русского языка. Словоизменение*. Москва: АСТ-Пресс, 2016.

Исаченко, Александр: *Грамматический строй русского языка в сопоставлении с словацким. Морфология*. Москва: ЯСК, 2003.

Копчевская-Тамм, Мария / Шмелев, Алексей: Алешина с Машей статья (о некоторых свойствах русских «притяжательных прилагательных»). *Scando-Slavica*, 40, 209–228. 1994.

Кузнецов, Сергей (ред.): *Большой толковый словарь русского языка*. Санкт-Петербург: Норинт, 1998.

Розенталь, Дитмар / Голуб, Ирина / Теленкова, Маргарита: *Современный русский язык: Учебное пособие для студентов-филологов заочного обучения.* Москва: Высшая школа, 1991.

Шмелева, Татьяна: Притяжательные прилагательные. Почему не сбывается виноградовский прогноз. Мустайоки, Арто / Копотев, Михаил / Бирюлин, Леонода / Протасова, Екатерина (ред.): *Инструментарий русистики: корпусные подходы* [= *Slavica Helsingiensia* 34], 358–371. Хельсинки: Хельсинский университет, 2008.

Janda, Laura / Nesset, Tore / Say, Sergey: Prezidentskie vybory vs. vybory prezidenta: how to choose? *Russian Linguistics: International Journal for the Study of the Russian Language*, 43 (3), 181–204. 2019.

Grammatical gender, generalized reference, and the focus of empathy

Aleksei Shmelev[*]

Abstract: This paper deals with some special cases of gender agreement in Russian in the light of the relation between grammatical gender and natural gender. It discusses the possibility of non-sexist usage in Russian and such issues as non-binary gender, gender-neutral expressions, masculine nouns referring to females, agreement with non-specific and generic nouns, as well as pronouns. In addition, it draws attention to the role of empathy in the choice of gender.

Keywords: grammatical gender, natural gender, reference, agreement, empathy

Грамматический род, генерализованная референция и фокус эмпатии[†]

Алексей Шмелев

Резюме: В статье рассмотрены некоторые особые случаи гендерного согласования в русском языке с точки зрения соотношения грамматического и естественного рода. Обсуждаются возможности «несексистского» употребления небинарного рода, гендерно нейтральных выражений, имён мужского рода, относящихся к существам женского пола, согласование с неспецифическими и родовыми существительными и местоимениями, а также роль эмпатии при выборе рода.

Ключевые слова: грамматический род, гендер, референция, согласование, эмпатия

1. Вступительные замечания

В статье речь пойдет о значении грамматического рода при референции к лицам, чей пол неизвестен, при неспецифицированной или генерализованной референции, а также при референции к элементам разнополых множеств. Общее правило состоит в том, что во всех этих случаях традиционно используется согласование по мужскому роду; однако, как будет видно из дальнейшего, если обобщается опыт некоторой женщины или множества женщин, то, когда обобщенное лицо находится в фокусе эмпатии,

---

* V. V. Vinogradov Russian Language Institute (RAS), e-mail: shmelev.alexei@gmail.com

† В статье развиваются и уточняются некоторые положения, высказанные в нашей давней статье (Булыгина, Шмелев 1996) и в книге (Булыгина, Шмелев 1997: 363–371). Кроме того, они приводятся в соответствие с новой языковой реальностью, связанной с расцветом феминистического движения и попытками избегать «сексистского» использования языковых выражений.

Статья написана при поддержке гранта РФФИ (проект № 18–012–00 650 «Семантические категории в грамматическом строе русского языка»).

использование согласовательного женского рода при генерализованной референции все же оказывается возможным. Будут упомянуты и некоторые другие случаи, когда понятие фокуса эмпатии полезно при описании каких-то явлений русской грамматики.

В целом в русском языке действуют несколько разные правила для разных типов согласования: согласования определения с определяемым при обычной атрибутивной связи, согласования глагольного сказуемого и согласования в случае анафоры или катафоры (для местоимений третьего лица, а также таких слов, как *каждый* или *который*).

Будет рассматриваться только согласование с обозначениями лиц. Согласование с неодушевленными существительными, а также с неличными одушевленными существительными не составляет проблемы: оно полностью определяется грамматическим родом соответствующего существительного. Это касается и обозначений животных: в самом существительном пол может быть обозначен (ингерентно: *бык* vs. *корова* — или при помощи словообразовательных средств: *заяц* vs. *зайчиха*) или не обозначен (напр., *котенок* или *белка*), но в любом случае согласование зависит не от пола, а от грамматического рода. Заметим, что часто, даже если пол в принципе может быть обозначен, в соответствующей паре может быть немаркированный член, напр. *заяц* в паре *заяц — зайчиха* и *кошка* в паре *кот — кошка*. Немаркированный член используется, когда пол неизвестен или, по мнению говорящего, нерелевантен.

При олицетворении, когда по отношению к персонажу, обозначенному названием животного или неодушевленным существительным, используется местоимение первого или второго лица, согласовательный род выбирается в соответствии с родом существительного, которое служит для обозначения данного персонажа. Ср. примеры, приведенные нами в (Булыгина, Шмелев 1992: 197) (первые три примера из сказки Пушкина «…о мертвой царевне и о семи богатырях»):

(1) Не видало ль где на свете
Ты царевны молодой?…

(2) Красно солнце отвечало, —
Я царевны не видало.

(3) Отвечает месяц ясный, —
Не видал я девы красной.

(4) Ветер, ветер! Ты могуч…

В. Маяковский «Необычайное приключение»:

(5) [Обращение к солнцу:]
чем так,
без дела заходить,
ко мне
на чай *зашло* бы

Иногда приведенное выше правило согласования может вызывать затруднения при переводе с иностранных языков, когда при олицетворении в тексте оригинала предполагается один пол, а русский переводной эквивалент подсказывает другой, что подчеркивается согласованием. Широко известен пример со словом *Fichtenbaum* в стихотворении Гейне *Ein Fichtenbaum steht einsam...*, предполагающего ассоциацию данного дерева с мужским полом: Лермонтов использовал точный словарный эквивалент *сосна*, и в результате ассоциация с мужчиной исчезла (в стихотворении так и сказано: *снится ей*),[1] а Тютчев и Фет использовали слова мужского рода (соответственно, *кедр* и *дуб*), что дало возможность им использовать согласование по мужскому роду, но дерево стало другим. В русском переводе (выполненном К. Чуковским) сказки Киплинга *The Cat that Walked by Himself* название сказки передано с использованием немаркированного члена пары *кот — кошка*, а именно — как «Кошка, гулявшая сама по себе», и дальше все согласование с обозначением этого персонажа ведется в женском роде. Очевиден некоторый сдвиг; представляется, что более точным был бы перевод *кот*.[2] В переводе (выполненном Н. Любимовым) пьесы Метерлинка *L'oiseau bleu* для передачи обозначения персонажа *la lumière* приходится выбрать словосочетание *душа света*, поскольку при первом же появлении она характеризуется как *une lumineuse vierge d'une incomparable beauté*, и дальше о ней говорится: *Elle est vêtue de longs voiles transparents et éblouissants, et se tient immobile en une sorte d'extase* (в русском переводе: *На девушке длинное прозрачное ослепительно яркое покрывало. Она стоит неподвижно, как бы в экстазе*). Перевод *свет* явно противоречил бы местоимению *она*.

Однако это переводческие трудности, а общеязыковое правило в этом отношении никаких разночтений не допускает. Напротив того, при референции к людям, когда возникает конфликт между полом обозначаемого лица и родом соответствующего существительного, русский язык допускает

---

1 См., напр., (Щерба 1957).

2 Интересно, что для слова *dog* в этой же сказке К. Чуковский выбрал перевод *пес*, который как раз естественно сочетать со словом *кот*, а не со словом *собака*, которое в современном языке привычно выступает в паре с *кошкой* (ср. устойчивый оборот *жить как кошка с собакой*).

различные способы разрешения этого конфликта в зависимости от целого ряда факторов. К ним мы и обратимся далее.

2. Политкорректность и возможная перестройка грамматики

Следует иметь в виду, что глобальная борьба с «сексистским» употреблением языка может приводить к перестройке грамматики и переосмыслению грамматических норм. В частности, на наших глазах это происходит с английским языком. Как известно, в английском языке на протяжении последних трех десятков лет использовались разные местоимения для повторной референции к лицу, пол которого неизвестен или не определен (неопределенность может быть связана с неспецифицированной или генерализованной референцией, с тем, что референт представляет собою произвольно выбранный референт разнополого множества, или с тем, что референт не определился в отношении своего пола). Традиционно, как и во многих других языках, в таких случаях использовалось местоимение мужского рода, как, напр., в следующей фразе из книги пророка Иезекииля (33:11):

(6) I have no pleasure in the death of the wicked; but that the wicked turn from his way and live (King James Version/KJV).

Некоторые носители языка издавна употребляли для повторной референции к лицу, пол которого неизвестен или не определен, местоимение множественного числа *they* и его производные:

(7) No one has to use it if they don't want to,

но это долго считалось речевой ошибкой. Характерна рекомендация справочника (Philp: 382):

> "Let each esteem others as good as themselves", should be, "Let each esteem others as good as himself".[3]

Правда, в более поздних справочниках такое употребление признавалось допустимым; Характерно замечание в справочнике по английской орфографии, пунктуации, грамматике (West/Kimber 1957: 123):

> Every, everyone, everybody — these words usually take a singular verb […] But (especially where there is a mixture of sexes) a plural pronoun is allowable in an informal speech: "Everybody took their [= his or her] partners and began to dance."

3 Впрочем, забавно, что приведенная фраза представляет собою слегка видоизмененную цитату из Послания к Филиппийцам (2:3), в котором в KJV как раз использовано местоимение множественного числа: *let each esteem other better than themselves.*

Показательно, что в приведенном примере использовано множественное число *partners*; если бы было использовано сочетание *his* or *her* (эквивалентное, по мнению авторов справочника, местоимению множественного числа *their*), требовалось бы единственное число *partner*. В дальнейшем использование местоимения *he* в качестве гендерно нейтрального стало восприниматься как «сексистское». Оно продолжало (и продолжает до сих пор) использоваться по инерции, а иногда сознательно, но постепенно все больше вытеснялось менее «сексистскими» способами анафорической отсылки к неспецифицированному по полу антецеденту: составному местоимению *he* or *she*, просто местоимению she или местоимению *they*, хотя в последнем случае возникала некоторая неловкость с согласованием по числу. При этом могла наблюдаться вариативность в выборе местоимения даже в пределах одного текста; примеры такой вариативности в некоторых лингвистических работах, а также метаязыковой рефлексии лингвистов по этому поводу мы уже приводили (Булыгина, Шмелев 1997: 365–367).Однако в самое недавнее время произошел некоторый сдвиг в выборе гендерно нейтрального местоимения третьего лица: в качестве такового стало регулярно выбираться местоимение *they*. Это непосредственно связано с представлением о небинарности гендерного противопоставления (местоимение *he* or *she*, так же как местоимения *he* и *she*, предполагают бинарное противопоставление, тогда как *they* такой идеи не содержит). Соответственно, изменились некоторые свойства этого местоимения: можно говорить, что в системе английских местоимений появляется новое местоимение — *they* единственного числа, подобно тому, как несколько столетий назад появилось местоимение you единственного числа. Согласование глагола с *they* при обозначении единичного лица ведется по множественному числу, как и в случае местоимения you (they are, а не **they is*, *they take*, а не **they takes*); однако, наряду с формой множественного числа themselves появилась форма единственного числа themself (по аналогии с *yourself*[4]). Стала возможной модификация приведенной выше фразы из справочника (West, Kimber 1957), устраняющая некоторую шероховатость: вместо *Everybody took their partners* стали говорить *Everybody took their partner*. Некоторые носители английского языка стали использовать для анафоры местоимение *they* даже в тех случаях, когда пол референта известен, чтобы не навязывать референту ту или иную гендерную идентичность. Заметим, что такая транспозиция местоимения третьего лица множественного числа в принципе возможна и в русском языке. В просторечии местоимение они давно могло употребляться по отношению к

4 А при использовании местоимения *we* в качестве авторского *мы* становится возможной и форма *ourself* (Булыгина, Шмелев 1997: 331).

единственному лицу, хотя такое употребление «всегда рассматривалось как несоответствующее нормам литературного языка и «хорошего тона»» (Шмелев 1961: 56).[5] Ср. известный пример из «Мастера и Маргариты» Михаила Булгакова:

(8) – И свита эта требует места, – продолжал Воланд, – так что кое-кто из нас здесь лишний в квартире. И мне кажется, что этот лишний – именно вы!

(9) – *Они*, *они*! – козлиным голосом запел длинный клетчатый, во множественном числе говоря о Степе, – вообще *они* в последнее время жутко *свинячат*. *Пьянствуют*, *вступают* в связи с женщинами, используя свое положение, ни черта не *делают*, да и делать ничего не *могут*, потому что ничего не *смыслят* в том, что *им* поручено. Начальству *втирают* очки!

Мы видим, что согласование глаголов с местоимением *они*, обозначающим единственное лицо, ведется по множественному числу. В этом отношении данное местоимение сходно с английским *they*, а также с русским *вы*, обращенным к одному лицу. Однако оно отличается от английского *they* тем, что при согласовании относящееся к нему местоимение *сам* принимает формы множественного числа: *они сами*, *их самих*, *им самим* и т. д. Но это как раз и делает его гендерно нейтральным, поскольку род в формах множественного числа слова *сам* формально не выражен; использование форм единственного числа вынудило бы говорящего выбирать род (в английском языке единственное число слова *themself* не препятствует гендерной нейтральности, поскольку *self* по родам не изменяется).[6]

---

5 Точно так же отклонением от нормы и признаком просторечия всегда считалось употребление глагольных форм множественного числа при согласовании с существительным в единственном числе, как во фразе Дуни из повести Алексея Свирского «Рыжик», которая в ответ на вопрос Рыжика: *А разве мертвые ходят?* — ответила: *Ходят. Мне дяденька сказали.* Однако налет просторечия исчезает при таких сочетаниях, как *его величество*, *его превосходительство*, — ср. некоторые из многочисленных примеров в НКРЯ:

Ее превосходительство просили вас пожаловать к ним. (Д. Н. Мамин-Сибиряк 1891)

...его величество соблаговолили пожаловать мне свой большой портрет с собственноручной на нем надписью... (В. А. Шомпулев, 1897–1908)

Ее величество учились только тому, чему им угодно было учиться. (Самуил Маршак 1943)

Но его величество уперлись в своей мысли о скорейшем въезде... (О. Д. Форш 1946).

6 Правила согласования местоимения *сам* с *вы*, обращенным к одному лицу, более замысловаты. В именительном падеже выбирается форма множественного числа (вы сами), а в косвенных падежах — формы единственного числа *вас самого / самой, вам самому / самой* и т. д. Впрочем, в просторечии выбор формы множественного числа возможен и в косвенных падежах, как в реплике Алеши из «Одного дня Ивана Денисовича» Солженицына, обращенной к Ивану Денисовичу, протянувшему ему печенье: *Спасибо! У вас у самих нет* (подробнее см. Булыгина, Шмелев 1992: 201–202).

На основе сказанного можно предположить, что гендерно нейтральная анафорическая отсылка по-русски могла бы строиться на базе местоимения *они* и согласования с ним во множественном числе. Препятствием к этому служит отчетливо ощущаемый налет просторечия на таких употреблениях. Однако нормативная оценка и стилистическая характеристика языковых выражений может изменяться с течением времени. По крайней мере, такое «политкорректное» употребление не приведет к радикальной перестройке русской грамматики и даже не потребует включения в инвентарь русских местоимений дополнительного местоимения *они*, омонимичного местоимению множественного числа (подобно тому, как особенности согласования с местоимением *вы* при обращении к единственному лицу требуют включения его в инвентарь личных местоимений наряду с множественным *вы*[7]).

3. Гендерная асимметрия русских существительных

Как известно и как уже говорилось выше, в русском языке род личного существительного не всегда соответствует полу обозначаемого лица. Лексические значения русских личных существительных ориентированы на традиционное, бинарное представление о поле; существительные могут относиться к одному из трех классов: предназначенные для обозначения лиц мужского пола, предназначенные для обозначения лиц женского пола и немаркированные в отношении пола. Личные существительные среднего рода (напр., *дитя*) всегда не маркированы в отношении пола; существительные мужского рода могут быть предназначены для обозначения лиц мужского пола (напр., *актер*, *блондин*, *студент*) или же быть немаркированными в отношении пола (напр., *автор*, *врач*, *заведующий*, *профессор*, *секретарь*); существительные женского рода могут быть предназначены для обозначения лиц женского пола (напр., *актриса*, *блондинка*, *студентка*, *поклонница*, *учительница*) или быть немаркированными в отношении пола (напр., *гадина*, *дрянь*, *сволочь*, *тряпка* в значении ‘безвольный человек’). Относительно слов так называемого «общего рода» можно заметить, что для них разумно выделять по два лексических значения, таких, что по крайне мере в одном из значений слово оказывается маркированным в отношении пола: так, *тихоня* как слово женского рода может обозначать лиц обоего пола, а как слово

7 Обоснование необходимости включения особого «формального» местоимения *вы*, отличного от множественного *вы*, в инвентарь русских личных местоимений содержится, напр., в работе (Шмелев 1996: 157–158).

мужского рода — только лиц мужского пола (аномально **Маша — такой тихоня*).[8]

Существительные женского рода, немаркированные в отношении пола, имеют, как правило, ярко выраженную экспрессивную окраску, используются преимущественно в предикативной функции (напр., в «Театральном романе» Михаила Булгакова — *Вот какая сволочь Ликоспастов!*), а при употреблении в референтной функции выражают дополнительную предикацию. Ср. некоторые примеры из НКРЯ, где слово *гадина* употреблено по отношению к мужчинам:

(10) Начальник завода у нас *ужасная гадина*, к девчонкам пристает. (Артем Веселый, 1924–1932)

(11) Перебираясь из одной страны в другую, гонимый проклятием и ненавистью рабочего класса, *гнусная гадина Троцкий* безопаснее всего чувствует себя под охраной полиции и тайной разведки. (В. Колесник, 1937)

(12) …известие, что Троцкий умирает — кто-то проломил ему череп железн. бруском в его собств. доме в Мексике. Прежде был бы потрясен злым восторгом, что наконец-то *эта кровавая гадина* дождалась окончательного возмездия. Теперь отнесся к этому довольно безразлично. (И. А. Бунин, 1940–1953)

(13) Ее старик полковник *был порядочной гадиной*, обращался с ней как с бездушной куклой и вынуждал ко всяким пакостям. (Вадим Кожевников, 1968)

Большинство таких слов имеет пейоративное значение, но это не обязательно. Ср. некоторые примеры (из НКРЯ) употребления по отношению к мужчинам слова *умница* при согласовании в женском роде:

(14) Ты знаешь, он физик. *Умопомрачительная умница*. (Василий Аксенов, 1963)

(15) Он действительно был *большой умницей* и знал меня много лет. (Чингиз Абдуллаев, 2007)

(16) …позабыл, *какая умница* Аркадий Викторович Босота — как он предусмотрителен, осторожен, зловещ в достижении своей цели (Дина Рубина, 2008–2009)

(17) …познакомить с сыном, о котором Эсфирь Львовна только и говорила: красавец, *большая умница*… (Маша Трауб, 2012)

За пределами данной группы слов существительные женского рода могут употребляться по отношению к мужчинам лишь в чрезвычайно редких случаях, например:

---

8 Именно такую трактовку предлагает Л. Л. Иомдин (1990: 80–85).

(18) Единица! Кому она нужна?! Голос единицы тоньше писка. Кто ее услышит? – Разве жена! (В. Маяковский).

Напротив того, среди существительных мужского рода довольно много немаркированных в отношении пола. Таковы многие обозначения лиц по профессии, да и слово *человек*. Многие примеры, в которых такие слова употребляются по отношению к женщинам и при этом сохраняют мужской род, грамматически безупречны.

Так, в пьесе Александра Галича «Пути, которые мы выбираем» инженер Кондрашин спрашивает жену: «Нина, ты поила …эту гражданку чаем?» (*гражданка* — приехавшая из Москвы Варя Воробьева, адвокат). И получив ответ: «Еще нет», говорит: «Ну и свинство! *Приехал человек* из Москвы, по делу, в такую метель, а *ему* даже чашки чаю никто не предложит!» Ни глагольная форма (*приехал*), ни анафорическое местоимение (*ему*) не воспринимаются как аномалия, хотя относятся к женщине.[9]

Однако в определенных случаях использование слов мужского рода по отношению к женщине создает ощущение неуклюжести или даже аномалии. В частности, это касается случаев, когда в фокусе внимания оказывается внешность. Совершенно нормально сказать *Марья Петровна — хороший врач*, но сочетание *хорошенький врач* едва ли возможно, а сочетание *высокий врач* может быть понято только как относящееся к мужчине.[10]

Кроме того, для большинства слов мужского рода первая ассоциация связывается с мужским полом. Это, в частности, обыгрывается в следующем анекдоте:

> Пожилой мужчина приходит к врачу: «Вы знаете доктор, я женился полгода назад на прелестной молодой особе, и хотел бы родить с ней ребенка, может быть что-то посоветуете?» — «Сколько Вам лет?» — «Семьдесят пять». — «А, Вашей жене?» — «Ей двадцать пять». — «Вот что я Вам посоветую, возьмите жену и отправляйтесь с ней на яхте в путешествие месяца на два-три, а на всякий случай возьмите с собою в путешествие молодого секретаря. Вы знаете, морской воздух порой творит настоящие чудеса!» Проходит полгода, и мужчина снова появляется у врача: «Огромное Вам спасибо, доктор! Морской воздух действительно творит чудеса! Моя жена беременна!» Врач понимающе смотрит

9 Пример из (Булыгина, Шмелев 1997: 363). В примерах такого рода, по-видимому, играет роль наличие эмпатии (Вайс: 88). Уже здесь мы видим, что эмпатия может играть определенную роль в соотношении пола референта и грамматического рода.

10 Ср. (Крылов: 349). Впрочем, следует иметь в виду, что слово *хорошенький* может употребляться иронически по отношению к лицу любого пола (тогда оно не указывает на внешность), и тогда сочетание *хорошенький врач* становится вполне возможным. Ср. пример из «Записок юного врача» Михаила Булгакова: *Чего доброго, щипцы придётся накладывать. Отослать её разве прямо в город? Да немыслимо это! Хорошенький доктор, нечего сказать, скажут все!*

на него и спрашивает: «А как поживает молодой секретарь?» — «Вы знаете, она тоже беременна!»

По-видимому, именно ассоциации с мужским полом существительных мужского рода, в лексическое значение которых не входит указание на пол, приводит к стремлению шире употреблять «феминитивы»: не *секретарь*, а *секретарша*, не *преподаватель*, а *преподавательница*, а в последнее время получают распространение даже такие образования, как *авторка* (ср. также слово *поэтка*, которое Наталья Горбаневская употребляла по отношению к самой себе). Но проблема с феминитивами в том, что многие из них ощущаются как сниженные или просторечные (напр., *врачиха*), а кроме того, их широкое использование вступает в противоречие с отмеченной выше тенденцией к гендерно нейтральному языку.

Ассоциация с мужским полом обнаруживается даже у «самого общего» личного существительного *человек*. Д. Вайс отметил (1999: 37), что в таких фразах, как *У мутного, давно не мытого окна стоял небольшого роста человек*, слово *человек* не может быть понято как относящееся к женщине. Фраза *В комнату вошел человек на высоких каблуках, с ярко накрашенными губами* скорее будет понята как описывающая половую травестию, чем как описание прихода женщины. Случай, когда молодой «гаишник», остановивший машину за превышение скорости, увещевал водителя: *Как же Вам не стыдно, у Вас же тут человек беременный*, воспринимается как некоторое отклонение от норм словоупотребления (Левонтина, Шмелев 1999: 29).

Некоторая нежелательность использования слов мужского рода по отношению к женщинам отчасти компенсируется получающим все большее распространение «семантическим согласованием», когда слово мужского рода, немаркированное в отношении пола, начинает использовать согласование по женскому роду при референции к лицам женского пола (это можно интерпретировать как появление у слова нового лексического значения, включающего компонент ‘женский пол’ и относящегося при употреблении в этом значении к женскому роду). Ср. несколько примеров из НКРЯ:

(19) …*министр*, *которая* пила с нами на равных, оставалась *трезвой*… (И. Э. Кио, 1995–1999)

(20) *Моя врач* меня всегда *спрашивала*, перед тем как направлять на платные анализы, есть ли они у меня готовые из прошлых клиник недавние.

(21) *Старшая кассир* говорит: «Мы победили, но вы, русские, тоже молодцы. Помогли нам». (Светлана Алексиевич, 2013)

(22) немолодая знойная бухгалтер (Ксения Букша, 2013)

(23) Даже *сама нотариус* бегает с бумагами вокруг ксерокса (Елена Аракелян, 2014)

(24) *бывшая спикер* кнессета Далия Ицик (Татьяна Байкова, 2014)

(25) …если у республиканцев в праймериз участвуют два десятка кандидатов, многие из которых имеют хорошие шансы на победу, то *бывшая госсекретарь* по-прежнему записной фаворит. (Николай Пахомов. По-семейному. *Эксперт*, 2015)

4. Согласование с гендерно неспецифицированными именами

Общее правило русской грамматики состоит в том, что при референции к произвольному элементу разнополого множества людей, при неизвестности пола референта, а также при генерализованной референции, даже если речь идет заведомо лицах женского пола, используется согласование по мужскому роду: *Пришли Оля, Вася, Маша и Петя, и каждый (*каждая) из них…*; в частности, именно по мужскому роду ведется согласование с вопросительными, отрицательными и неопределенными местоимениями типа *кто*, *никто*, *кто-то*, *кто-нибудь* и т. д., ср.: *Кто пришел (*пришла)?* Иногда это приводит к непривычным, но грамматически безупречным формам, напр. *вышел замуж* или *забеременел*. Ср.: *выясняли, кто из них вышел (*вышла) замуж*; *была первой из их класса, кто вышел (*вышла) замуж*. Ср. примеры из НКРЯ:

(26) Подружки ее давно кончили школу: кто уехал учиться, кто уже *вышел замуж*… (Борис Васильев, 1969)

(27) Две мои старшие сестры стали докторами медицины, другая сестра — юристом, еще одна — монахиней. Никто, кроме меня, не *вышел замуж*. (Владимир Молчанов. *Консуэло Сегура*, 1999–2003)

(28) Это сейчас все знают, кто от кого *забеременел*, а тогда вполне невинные снимки топлес попали в прессу. (Садчиков Михаил, 2005)

(29) Сюжет фильма — очевидная калька с «Секса в большом городе», начиная с четырех героинь идентичных типажей (Юля — очевидно, Кэрри, Леся — Саманта, Оля — Миранда и Тася — Шарлотт) и заканчивая срывом свадьбы и путешествием в теплые края для залечивания сердечных ран. Правда, отечественные сценаристы решили усилить детективную интригу, придержав до конца картины разъяснение, кто же кому изменил и кто от кого *забеременел*. (Сергей Уваров, 2013)

Однако в одном случае использование согласовательного женского рода при генерализованной референции все же возможно. Это касается случаев, когда обобщенное лицо находится в фокусе эмпатии, если обобщается опыт некоторой женщины или множества женщин (фокус эмпатии маркируется посредством местоимения *ты* в обобщенном значении или нулем, допускающим кореферентность с таким местоимением), например:

(30) Страшно оставаться дома одной, когда тебе только восемь лет; В случае если ты вышла замуж в четырнадцать лет…; Быстро забываешь себя, ту, какою была когда-то (Н. Ильина).

Ср. цитату из группы «Психология» одной из социальных сетей (цитата сопровождается фотографией молодой женщины):

(31) Мудрости не *учишься* у других, к ней *приходишь сама*, вставая на ноги после каждого нового удара судьбы!

Ср. также примеры из НКРЯ:

(32) …я и сама не сумела стать настоящей вегетарианкой. Вид телячьей печёнки, шипящей на сковородке, может свести меня с ума. Ничего не поделаешь — результат воспитания. Если *ты росла* в кровожадном обществе, трудно вырваться потом из него, трудно стать другой. (Игорь Ефимов. Суд да дело. *Звезда*, 2001)

(33) Сейчас, если девушка красива, она продает свою красоту как товар. Пословица «не родись красивой — родись счастливой» уже неактуальна. Если *ты родилась красивой* — все, у тебя уже есть капитал. Можешь его выгодно вложить и получить дивиденды. (Елена Голованова, 2002)

(34) Почему мужчины думают, если *ты прыгнула* в его машину, то повторишь это ещё раз? (Ольга Зуева, 2004)

(35) Ведь *если ты влюблена*, то даже гаишники на дороге симпатичные. (Татьяна Мужицкая, Ирина Белашева, 2011)

Заметим, что в таких случаях возможен и мужской род, например:

(36) Родился девочкой — терпи / Подножки и толчки (Г. Остер).

Понятие фокуса эмпатии полезно также для описания ряда других явлений русской грамматики, напр. выбора глагольного вида в некоторых типах модальных контекстов: совершенный вид предполагает субъект в фокусе эмпатии, а несовершенный – отсылку к ‘другим’.[11] Однако в рамках данной статьи, посвященной проблемам согласования, мы не будем на этом останавливаться.

Литература

Булыгина, Татьяна / Шмелев, Алексей: Неспецифицированный пол и согласование при анафоре. *Московский лингвистический журнал*, 2, 98–103. 1996.

Булыгина, Татьяна / Шмелев, Алексей: Персональный дейксис. Общие замечания. Арутюнова, Нина и др. (ред.): *Человеческий фактор в языке: Коммуникация, модальность, дейксис*, 194–207. Москва: Наука, 1992.

11 Подробнее см. (Шмелев 2015).

Булыгина, Татьяна / Шмелев, Алексей: *Языковая концептуализация мира: на материале русской грамматики*. Москва: ЯРК, 1997.

Вайс, Даниэль: *Человек*, *лицо*, *личность* и *особа*: четыре неравных соперника. Арутюнова, Нина / Левонтина, Ирина (ред.): *Логический анализ языка. Образ человека в культуре и языке*, 81–98. Москва: Индрик, 1999.

Иомдин, Леонид: *Автоматическая обработка текста на естественном языке: модель согласования*. Москва: Наука, 1990.

Крылов, Сергей: Категория рода в семантическом аспекте. *Acta Linguistica Petropolitana. Труды института лингвистических исследований*, 6 (2), 341–357. 2010.

Шмелев, Алексей: Выбор и интерпретация вида русского инфинитива в сочетании со словом *нельзя*. Зализняк, Анна / Микаэлян, Ирина / Шмелев, Алексей: *Русская аспектология: в защиту видовой пары*, 297–307. Москва: ЯСК, 2015.

Шмелев, Алексей: *Референциальные механизмы русского языка*. Тампере: University of Tampere, 1996.

Шмелев, Дмитрий: Стилистическое употребление форм лица в современном русском языке. *Вопросы культуры речи*, 2, 38–59. 1961.

Щерба, Лев: Опыты лингвистического толкования стихотворений. II. «Сосна» Лермонтова в сравнении с ее немецким прототипом. Щерба, Лев: *Избранные работы по русскому языку*, 97–109. Москва: Учпедгиз, 1957.

Philp, Robert (ed.): *Enquire Within Upon Everything*. London: Herbert Jenkins Limited, 1923.

West, Michael / Kimber, Percival: *Deskbook of Correct English: A Dictionary of Spelling, Punctuation, Grammar and Usage*. London / New York / Toronto: Longmans / Green, 1957.

V Internete, v Feisbuke, v votsape: spatial *v-/na-* constructions with new words

*Elena Shmeleva**

Abstract: The paper deals with the usage of Russian prepositions *v/na* with the words describing the new virtual reality. The Russian word combinations *v Internet, v Internete* dominate over combinations with *na*, although there are English standard collocations such as *on the Internet*. Russian Internet users conceptualize the Internet as a huge building, country or the special world where you can come in, sit down, stay for some time and even live there: *voiti v Internet, sidet' v Internete, ia v Internete, zhit' v Internete*. The Internet is viewed as a net or web, so you can "hang" in it like a fly in a spider web (*viset' v Internete*). It also may be regarded as a kind of a book, which is why you can read something in it (*prochitat' v Internete*). As for the names of social networks such as *Facebook*, people also use collocations with *v* (it is not by chance that the name of a Russian social network *VKontakte* has a preposition *v* in the name), and they are conceptualized almost the same way as Internet. Collocations with *v* are also used with the words *blog*, *chat*, *twitter*, *Skype*, etc. However, the word *sait* 'Web site' is used in Russian with the preposition *na* since it is conceptualized as a page of a book.

Keywords: construction grammar, conceptualization, directional and locative spatial prepositions

В Интернете, в Фейсбуке, в вотсапе: пространственные *в-/на-* конструкции с новыми словами

Елена Шмелева

Резюме: В статье рассматривается употребление предлогов *в/на* со словами, описывающими новую виртуальную реальность. В русском языке со словом *Интернет* стала использоваться конструкция с предлогом *в* (*в Интернете)*, несмотря на то что в английском языке используется конструкции с *на* (*on the Internet*). Российские интернет-пользователи концептуализуют Интернет как огромное здание, страну или особый мир, в который можно войти, сесть, остаться на некоторое время и даже жить там, ср. *войти в Интернет, сидеть в Интернете, я в Интернете, жить в Интернете*. Интернет – это также сеть или паутина, поэтому можно "зависнуть" в ней, как муха в паутине (*висеть в Интернете*); его можно рассматривать как своего рода книгу, поэтому можно что-то в ней прочитать (*прочитать в Интернете*). Что касается названий социальных сетей, таких как *Фейсбук*, в русском языке также используются *в*-конструкции (не случайно в названии российской социальной сети *ВКонтакте* есть предлог *в*), и они концептуализируются примерно также, как Интернет. Словосочетания с *в* также используются со словами *блог*, *чат*, *твиттер*, *скайп*, *зум* и др. Однако слово *сайт* используется в русском языке с предлогом *на*, поскольку оно концептуализируется как страница книги.

Ключевые слова: грамматика конструкций, концептуализация, направительные и локативные пространственные предлоги

* V. V. Vinogradov Russian Language Institute (RAS), e-mail: eshkind@mail.ru

Конструкции с предлогами *в* и *на* употребляются для обозначения пространственных отношений – пребывания в каком-либо месте (локативная конструкция) или передвижения в какое-либо место (направительная конструкция). Базовое, прототипическое различие в значении этих предлогов состоит в том, что предлог *в* означает пребывание внутри чего-л. (*в столе*) или направление движения внутрь чего-либо (*в стол*), а предлог *на* – пребывание на поверхности чего-либо (*на столе*) или направление движения на поверхность чего-либо (*на стол*). Ср., например, толкование первого значения этих предлогов в МАС: *в* «употребляется при обозначении предмета, места, пространства, внутрь или в пределы которого направлено действие, движение» и «при обозначении предмета, места, пространства, внутри или в пределах которого кто-, что-л. находится или что-л. происходит» (Евгеньева 1981: 132); *на* «употребляется при обозначении предмета, на поверхность (или на верхнюю, внешнюю сторону) которого направлено действие, движение с целью расположения, размещения кого-, чего-л. на нем» и «при обозначении предмета, на поверхности (или на верхней, внешней стороне) которого протекает действие или находится, располагается кто-, что-л.» (Евгеньева 1982: 321, 323). Таким образом, в конструкциях с предлогом *в* используются трехмерные объекты, которые имеют внутренний объем, полое внутреннее пространство, куда может быть направлено движение, или где может что-то находиться (контейнеры): *кастрюля*, *ящик*, *шкаф, дом*, а с *на* – плоские двухмерные объекты (поверхности): *стол*, *крышка*, *пол*, *лист бумаги*.

Однако во многих случаях различие «контейнер – поверхность» ослаблено и не очевидно – существуют объекты, которые могут в зависимости от контекста концептуализоваться то как контейнеры, то как плоскости, объекты, в которых происходит мена или сдвиг топологического типа и др. Например, *тарелка* и *сковорода* могут концептуализоваться как емкость, в которую можно, например, налить жидкость, а могут как поверхность, на которую можно что-то положить, ср. *налить суп в тарелку*, *суп в тарелке* / *положить мясо на тарелку, мясо на тарелке*; *налить масло в сковороду, масло кипит в сковороде* / *положить кусок мяса на сковороду, жарить мясо на сковороде*. В статье М. А. Калюги (2019) рассматриваются такие объекты, которые на основании метонимического переноса между целым и его частями, имеющими различную пространственную трактовку, могут выступать то в роли контейнера, то в роли поверхности. Например, слово *окно* ведет себя как контейнер, когда имеется в виду его внутренняя часть – оконный проем (*в окне горит свет*), и как плоскость, когда имеется в виду поверхность подоконника (*на окне стоят цветы*) или стекла окна (*иней на окне*). Кресло включает такие «компоненты» или «части», как спинка, сиденье, подлокотники. Предлог *на* обычно высвечивает такую функциональную часть, как сиденье кресла (*сидеть на кресле* – на плоской поверхности), тогда как предлог *в* используется, когда спинка, сиденье и подлокотники вместе образуют вместилище (*сидеть в глубоком кресле*).

Существуют так называемые «мягкие поверхности», такие, как *газета* или *одеяло*, которые, с одной стороны, являются плоскими (*положить на газету*, *одеяло*; *лежать на газете*, *одеяле*), с другой, могут складываться и превращаться в контейнеры (*завернуть в газету*, *одеяло*; *лежать в газете*, *одеяле*) (Рахилина 2010: 226). Плоские «листовые» объекты также «оказываются с точки зрения *в*-конструкций контейнерами, ср.: *положить в книгу / журнал / газету – хранить в книге / журнале / газете* (Рахилина 2010: 227). Случаи, когда значение *в-* и *на-* конструкций противоречит, как кажется, их прототипическим значениям: *в*-конструкции употребляются с объектами-поверхностями, а *на*-конструкции с контейнерами, ср. *в* «употребляется при обозначении предмета, места и т.п., на поверхность которого направлено действие (при глаголах и существительных, обозначающих соприкосновение, столкновение и т.п.) (Евгеньева 1981: 132); *на* «употребляется в значении места, пространства, в пределы которых направлено движение, действие» (Евгеньева 1982: 321), по-видимому, также можно объяснить метонимическим переносом. Так, И. В. Дубровина (2007) описывает значение конструкций типа *бить в* следующим образом: «В качестве прототипической можно рассматривать конструкцию с семантикой направления: *войти / внести в комнату*, где V задает направление движения, а Хвин. является объектом с полостью. Однако в данном случае имеет место механизм перепрофилирования: происходит сдвиг параметров участников, чтобы сохранить идею контакта, подразумеваемую глаголом *бить*, и подструктурой Хвин. становится не полость, а плоскость, ее закрывающая, или точка, поскольку именно из множества точек и состоит плоскость» (Дубровина 2007: 114), то есть, другими словами, можно сказать, что имеет место метонимия ‘объект, имеющий внутреннюю полость’ – ‘плоскость, закрывающая такой объект’.

В словарях трудностей русского языка говорится, что предлоги *в-* и *на-* «различаются а) оттенками значения. Ср.: *смотреть в небо* (в одну точку) – *смотреть на небо* (охватывать взглядом большую поверхность); *дети играли во дворе* (замкнутое пространство) – *дети играли на дворе* (вне дома)» (Розенталь/Теленкова 1976: 63). Различие оттенков значения также можно свести к противопоставлению контейнера (двор, окруженный домами) и поверхности (двор – улица). А. В. Пеетерс-Подгаевская (2008) на основе анализа употребления предлогов *в* и *на* при пространственных локумах также выделяет контейнерный и поверхностный типы концептуализации пространственных локумов и большое количество категорий локумов, для каждой из которых характерен один из типов концептуализации. У некоторых локумов постулируется постоянная вариативность, под которой понимается способность ассоциироваться в зависимости от когнитивной ситуации и фокуса внимания то с вместилищем-контейнером, то с поверхностью-опорой. Кроме того, вводится понятие спорадической вариативности, которая может возникнуть у любого объекта с не столь однозначными геометрическими конфигурациями.

Специалисты по истории русского языка отмечают наличие в древнерусском языке существенно большей вариативности пространственных *в-/на-* конструкций со словами со значением места, пространства: названиями стран, местностей, городов, со словами *страна, улица* и др. (см., напр. (Павлова 1977); (Станишева 1966) и др.) Заманчиво было бы также объяснять закрепление в языке того или иного варианта контейнерной или поверхностной концептуализацией объекта. Так, например, сейчас нормативным считается вариант *на улице*, хотя еще в XIX – начале XX века со словом *улица* у одних и тех же писателей и зачастую даже в одном и том же произведении встречаются обе конструкции, ср.:

(1) *В улицах*, образованных телегами, толпились люди всякого звания… / Мы начали торговаться тут же *на улице*… (И. С. Тургенев. *Лебедянь*, 1848)[1]

(2) С боков, *в улице* и переулке были жилые помещения / — Что это вы за пыль подняли *на улице*: нельзя дышать! — упрекнул он. (И. А. Гончаров. *Май месяц в Петербурге*, 1891)

(3) … ему было ужасно жарко, главное — душно от пыли и неподвижного горячего воздуха, стоявшего *в улицах*. (Л. Н. Толстой. *Воскресение*, 1899)

(4) … мысли мои, под влиянием сладкого, крепительного сна, яркого солнца, игравшего на морозных узорах окон, и дневного обыкновенного шума *на улицах*, начинали успокаиваться. (Л. Н. Толстой. *Отрочество*, 1854)

Это еще можно объяснять тем, что широкая *улица*, в отличие от узкого *переулка*, воспринимается как поверхность, а *переулок* как контейнер (*в переулке*), поэтому именно эти варианты закрепились в современном русском языке.[2] Но почему из ранее вариативных вариантов *на / в* с названием города[3] в современном русском языке закрепился вариант *в Москве*,

1 Этот и многие другие примеры взяты из НКРЯ.

2 С названиями переулков в речи носителей современного русского языка встречаются обе конструкции: *Где твои семнадцать лет? – На Большом Каретном; Я скажу, что тот полжизни потерял, кто в Большом Каретном не бывал* (Высоцкий).

3 Ср.: «Обычай иногда позволяет на употреблять вместо *в* и *во*, например, вместо: *живу в Москве*, *в Кубани*, *в Луговой*, *идем в рынок*, *в поле*, — говорится: *живу на Москве*, *на Кубани*, *на Луговой*, *идем на рынок*, *на поле*» (Фонвизин 1959 [1783]: 231).

объяснить гораздо сложнее. Ведь как раз старые города были обнесены крепостными стенами и скорее ощущались как некое вместилище, чем современные города, раскинувшиеся на бескрайних просторах?[4]

В тех случаях, когда не удается найти содержательного объяснения закреплению в речи той или иной конструкции, авторы справочников по культуре речи пишут, что «выбор предлога определяется традицией» (Градудина/Ицкович и др. 2001: 68). Впрочем, традиция в некоторой степени создавалась самими авторами справочников: в конце тридцатых – начале сороковых годов XX в. в Советском Союзе началась борьба за культуру русской речи и соблюдение языковых норм; в частности, была проведена кодификация употребления предлогов *в* и *на*, закрепление за конкретным словом или группой слов одного предлога. Интересные трансформации происходят на наших глазах с конструкцией *в / на Украине*. Вплоть до XX в. в русских текстах встречаются обе конструкции, затем в тридцатые годы XX в. в качестве нормативной было выбрано более частая конструкция с *на* (Розенталь 1989: 273). В 1991 г. Украина стала независимым государством, и такой же справочник 2012 г. издания в качестве нормативного указывает вариант *в Украине*. После 2014 г. употребление предлога зависит от политической позиции говорящего: российские политики говорят *на Украине* – украинские политики и российская оппозиция *в Украине*. При этом, хотя нормативной в русском языке считается конструкция *в Донбассе*, на Украине в русскоязычных СМИ принято писать *на Донбасе*, чтобы подчеркнуть, что это не отдельное образование, а часть единой Украины.

Несмотря на то, что в некоторых случаях выбор *в- / на-*конструкции определяется не столько логикой развития языка, сколько экстралингвистическими причинами, основным фактором остается концептуализация объекта действия. Представляется, что еще одним подтверждением этого являются конструкции с новыми словами, называющими ранее не существовавшие реалии: международную коммуникационную сеть (*Интернет*), социальные сети, средства видеосвязи, мессенджеры и т.п. С появлением в США в начале девяностых годов прошлого века международной коммуникационной сети ее название *Internet* стало использоваться в разных языках по всему миру (по данным НКРЯ впервые слово *Интернет* в русских текстах появляется в 1993 году). В английском языке это слово используется в конструкциях с предлогом *on*:

4 Впрочем, конструкция *на Москве* встречается как в молодежном сленге (*на Москве, на районе*), так и в современных литературных текстах: *Кирпич к кирпичу – растят этажи, глядишь, через положенный срок родится еще один дом на Москве.* (Леонид Зорин. Глас народа, 2007–2008. *Знамя*, 2008)

(5) How do you get to the Internet? How to find information on the Internet. Free books to read on Internet.

Поскольку слово *Интернет* заимствовано из английского языка и сохраняет фонетические и орфографические особенности языка-источника (например, пишется с прописной буквы[5]), можно было бы ожидать, что будет заимствована также синтаксическая конструкция с *на* (*on*). Однако в русском языке с самого начала стала использоваться конструкция с *в*: *войти в Интернет*, *найти в Интернете*. Так, в основном корпусе НКРЯ найдено 1 223 документа, 1 925 вхождений локативной конструкции *в Интернете* и только 12 документов, 14 вхождений *на Интернете*, причем среди этих 14 вхождений половина очевидно принадлежит русским, живущим за границей (публикации в «Вестнике США», автобиографические заметки А. Журбина «Как это делалось в Америке» и др.), то есть может объясняться интерференцией с английским языком. Можно было бы предположить, что по-русски стали говорить *в Интернете* потому, что в девяностые годы активно использовалось словосочетание *сеть Интернет*, а слово *сеть* в русском языке чаще используется в *в*-конструкциях: *паук поймал муху в сеть*, *рыба бьется в сети*. Но поскольку *сеть* относится к типу «мягких поверхностей» (см. выше), которые могут превращаться в контейнеры, но могут быть плоскостью (*сидеть в лодке на рыболовной сети*), словосочетание *сеть Интернет* не исключает возможности выбора *на*-конструкции. Тем более, что в английском в конструкциях *fish in the net*, *fly in the web* (*рыба в сети, муха в паутине*) используется предлог *in* (*в*), а в конструкции *в сети Интернет* – *on* (*на*): *on the net* / *web*. Представляется, что дело в «контейнерной» концептуализации Интернета в русском языке и в «поверхностной» в английском. В начале двухтысячных в Рунете проводился опрос: *Как Вы представляете себе Интернет*? И вот какие были получены результаты:

1) Пространство для общения, игр и прочих развлечений.
2) Особый мир, целый мир.
3) Огромное здание, дом, комната, библиотека.
4) Громадный справочник, энциклопедия.
5) Способ получения информации, как книги или газеты.
6) Всемирная сеть, паутина.

Все названные в ответах объекты используются в *в*-конструкциях:

(6) в пространстве, в мире, в здании, в доме, в комнате, в библиотеке, в справочнике, в энциклопедии, в книге, в газете, в сети, в паутине.

5 В последние годы и в английском, и в русском языке наблюдается тенденция писать слово internet / интернет со строчной буквы.

В Интернет *заходят*, *входят*, *залезают* (Интернет – дом), в Интернете *живут*, *сидят*, *играют*, *проводят время* (Интернет – помещение), в Интернете *ищут информацию*, *читают*, *смотрят* (Интернет – книга, справочник); в Интернете *висят* (Интернет – сеть, паутина). Интересно, что разные языки концептуализуют Интернет по-разному – французский, как и английский, по типу поверхности (*sur Internet*), а немецкий, как русский, по типу контейнера (*im Internet*, *ins Internet*). С другими словами, называющими новые реалии, вошедшие в нашу жизнь и в язык благодаря Интернету, в английском языке также используются на-конструкции, а в русском – в-конструкции:

(7) bloggers do not only produce content to post *on* their blogs…

'блогеры не только производят контент, который размещают *в* своих блогах...'

(8) How to speak *on* chat in person

'Как вести личную беседу *в* чате.'

(9) Social media forum to exchange experience and ask questions *on* facebook, twitter, whatsapp, skype, kik, snapchat

'Социальный медиа форум для обмена опытом и для того, чтобы задавать вопросы *в* фейсбуке, твиттере, вотсапе, скайпе, кике, снэпчате'

(10) We celebrated my birthday *on* Zoom with friends, with Prosecco, salmon tartare and wonderful cheeses

'Мы справляли мой день рождения *в* зуме с друзьями, с просекко, тартаром из лосося и замечательными сырами'

С названиями российских социальных сетей также используется предлог *в*

(11) *в Одноклассниках*; *в контике* (в сети *ВКонтакте*, в название которой включен предлог *в*).

Исключением из всех «виртуальных» слов является слово *сайт*, с которым используется предлог *на*:

(12) He posts pictures from his vacation *on* his *site.*

'Он размещает (постит) фотографии с отдыха *на* своем сайте.'

По-видимому, *сайт* концептуализуется пользователями Интернета как страница (ср. *home page* – домашняя страница), *на* которой ты пишешь или размещаешь текст.

Значение пространственных предлогов *в* и *на* обсуждается в русистике уже более двух веков. Проблемы вариативности *в*- и *на*- конструкций и закрепления в языке одной из конструкций рассматриваются как на историческом, так и на современном материале, на материале русского литературного языка и на материале диалектов и жаргонов (см., напр., Виноградов 1947; Бондаренко 1961; Всеволодова/Владимирский 1982; Селиверстова

2000 и др.). Как кажется, исследование недавно появившихся в русском языке пространственных конструкций может послужить полезным материалом как для грамматики конструкций, так и для уточнения семантики новых слов.

Литература

Бондаренко, Василий: *Предлоги в современном русском языке*. Москва: Учпедгиз, 1961.

Виноградов, Виктор: О значениях предлога *на* в современном русском языке. *Русский язык. Грамматическое учение о слове*, 691–695. Москва / Ленинград: Учпедгиз, 1947.

Всеволодова, Майя / Владимирский, Евгений: *Способы выражения пространственных отношений в русском языке*. Москва: Русский язык. 1982.

Граудина, Людмила / Ицкович, Виктор / Катлинская, Лия: *Грамматическая правильность русской речи. Стилистический словарь вариантов*. Москва: Наука, 2001.

Дубровина, Ирина: Конструкции с базовым пространственным значением *бить в* и *бить по*. Добрушина, Нина (ред.): *Национальный корпус русского языка и проблемы гуманитарного образования*, 109–121. Москва: ТЕИС, 2007.

Евгеньева, Анастасия (ред.): Словарь русского языка. В 4-х тт. Москва: Русский язык, 1981–1984.

Калюга, Марика: Некоторые особенности употребления предлогов *на* и *в*. *Филологические науки. Вопросы теории и практики*, 12 (8), 137–144. Тамбов: Грамота, 2019.

Павлова, Румяна: *Пространственные конструкции в древнерусском языке в сопоставлении с древнеболгарским языком*. Перевод с болгарского. София: Издательство Болгарской академии наук, 1977.

Пеетерс-Подгаевская, Алла: *Концептуализация пространства и ее отражение в русском языке: анализ локативных отношений в динамических и статических ситуациях в диахронии и синхронии русского языка и его диалектов*. Amsterdam: Pegasus, 2008.

Рахилина, Екатерина: Конструкции с предлогом *в*. Рахилина, Екатерина (ред.): *Лингвистика конструкций*, 225–229. Москва: Азбуковник, 2010.

Селиверстова, Ольга: Семантическая структура предлога *на*. Пайар, Дени / Селиверстова, Ольга (ред.): *Исследования по семантике предлогов*, 189–242. Москва: Русские словари, 2000.

Станишева, Дина: *Винительный падеж в восточнославянских языках*. София: Издательство болгарской академии наук, 1966.

Фонвизин, Дмитрий: Опыт российского сословника. Фонвизин, Дмитрий: *Собрание сочинений в двух томах*, Т. 1, 223–236. Москва / Ленинград: Государственное издательство художественной литературы, 1959 [1783].

The pragmatic potential of syntactic constructions with parataxis

*Svetlana Solov'eva**

Abstract: This article discusses the pragmatic potential of syntactic paratactic constructions. The research is carried out on modern prose material. The structure of paratactic constructions includes simple sentence structures with homogeneous members, complex sentences, and a complex syntactic whole. The analysis showed that the structuring process correlates with the cognitive processing of objective reality by the human consciousness. Relations in paratactic constructions are a mental classification, a deterministic rather than probabilistic process. The variety of analyzed structures from the point of view of lexical and semantic content and the order and valence properties of their components forms a communicative-pragmatic homogeneity. Their unification into a paratactic structure can be determined by presupposition, context, and/or mode of perception. The non-prototypical nature of the structures expands their pragmatic potential, leading, in some cases, to inadequate understanding of the text.

Keywords: paratactic construction, pragmatic potential, communicative-pragmatic homogeneity

Прагматический потенциал синтаксических конструкций с паратаксисом

Светлана Соловьева

Резюме: В статье рассматривается прагматический потенциал синтаксических паратаксисных конструкций. Исследование проводится на материале современной прозы. В состав паратаксических конструкций включаются структуры простого предложения с однородными членами, сложные предложения и сложное синтаксическое целое. Анализ показал, что процесс их структурирования соотносится с когнитивной обработкой человеческим сознанием объективной действительности. Отношения ряда – определенная мыслительная классификация, не детерминированный, а вероятностный процесс. Многообразие анализируемых структур с точки зрения лексико-семантического наполнения, валентностных свойств компонентов, их порядка формирует коммуникативно-прагматическую однородность. Объединение в структуру ряда может предопределяться пресуппозицией, контекстом, модусом восприятия. Непрототипичность конструкций расширяет их прагматический потенциал провоцируя, в некоторых случаях, проблемы адекватного понимания текста.

Ключевые слова: паратаксическая конструкция, прагматический потенциал, коммуникативно-прагматическая однородность

* Cherepovets State University, e-mail: ssa_doc@mail.ru

1. Введение

В синтаксическом аспекте сочинительные конструкции исследуются давно. Наибольшую значимость имеют работы А. А. Потебни, В. В. Виноградова, Н. С. Поспелова, Е. М. Ширяева, И. Н. Кручининой, А. Ф. Прияткиной, С. Г. Ильенко и др. В рамках научной статьи невозможно представить все разнообразие теоретических концепций. Широкий подход к паратаксису позволяет включать в его состав и сочинение, и бессоюзие (Белошапкова 1989; Кручинина 1990; Санников 2008: 624), особенно в тех случаях, когда речь идет об рядах однородных членов. В основе такого подхода оказывается логический признак равноправия компонентов и их смысловой и грамматической независимости. Анализ паратаксиса в концепциях структурализма, представленный в работах С. О. Карцевского, В. Брёндаля, П. Дидериксена, Л. Теньера подтверждает возможность данного подхода. По мнению Л. Теньера, паратактическая (сочинительная) конструкция представляет собой два означаемых, расположенных на одном и том же структурном уровне (Теньер 1988: 6).

В аспекте данного исследования особую значимость приобретает теория концептуальной интеграции (Fauconnier, Turner 1998). Ее суть заключается в том, что структуры исходных (*input*) ментальных пространств отображаются на новое, конструируемое, ментальное пространство, которое не тождествено ни одному из исходных пространств и представляет собой новое ментальное пространство со своим значением. Теория концептуальной интеграции может быть применена к анализу паратаксических конструкций, особенно с точки зрения их текстообразующего потенциала.

В текстообразовательной перспективе паратаксическая конструкция не теряет своей системной значимости:

> именно контекст, т.е. условия текстовой «упаковки» того или иного содержания, препятствует обычно синтаксической перестройке предложения-высказывания (Сигал 2018: 165).

Широкий подход к паратаксису и широкое понимание термина *однородность*, включающего лексико-семантическую, функциональную и коммуникативную близость компонентов сочинительного ряда, позволяют на уровне анализа текста выявить зону пересечения синтаксических явлений разного уровня (рядов однородных членов в пределах простого предложения, однородных придаточных, бессоюзного сложного предложения) и определить многообразие семантики синтаксической связи. Основным критерием, объединяющим столь разнообразные синтаксические явления, являются отношения ряда, одним из главных признаков которых является соположенность компонентов, сходство текстообразующих функций, связанных с когнитивными механизмами авторской памяти, воли в том случае, когда сочетание компонентов ряда является возможным. Сочинительная связь (паратаксис) соответствует логической операции конъюнкции (сложения). Она не меняет структуры сочинительной модели, но приводит к её разрастанию, «расширению» (Норман 2012: 172).

Структура паратаксической конструкции определяется количеством членов, порядком их следования, наличием/отсутствием союза, его местоположением и некоторыми другими признаками. Синтаксическая связь лишь определяет характер отношений, которые являются принципиально значимыми на уровне восприятия и интерпретации текста.

Чаще отношения ряда – это отношения лишь общего соединительного значения. Паратаксический ряд может быть представлен союзной и бессоюзной связью. По мнению Санникова, бессоюзные конструкции больше связаны с говорящим, более субъективны (Санников 2008: 343). Поэтому паратаксический ряд рассматривается в соотношении с синтаксической организацией текстового окружения. Паратаксический ряд и его компоненты (однородные члены, сказуемые, простые предложения, придаточные части сложноподчиненного предложения, сочетания простых предложений) не имеют грамматических ограничений структурирования. Их появление связано с действием механизма концептуальной интеграции, который может сопровождаться компрессией или развертыванием информации.

Особенность рассматриваемого явления заключается не только в структурной организации, но и в принадлежности компонентов конструкции к разным лексико-грамматическим группам, являясь при этом одним из способов выражения оценочных смыслов, формирующихся в менталитете человека в результате преломления отражательных знаний. Выбор членов паратаксического ряда определяется авторской интенцией.

Использование паратаксических конструкций в структуре текста обусловлено симультанностью мышления, спецификой когнитивных механизмов памяти, памяти, воли в том случае, когда сочетание компонентов ряда является возможным.

Прагматический потенциал – возможность актуализации в тексте имплицитной семантики языковой единицы, обусловленной контекстом, способствующий формированию особого восприятия и осмысления действительности и формированию определенного прагматического эффекта. При восприятии текста определенной прагматической направленности возникает проблема адекватного понимания смысло-содержательной стороны произведения, что во многом является результатом двойственности контекстуального функционирования языковых единиц. Семантика паратаксических конструкций может меняется в зависимости от функционального контекста и конситуации, расширяя их прагматический потенциал (Матвеева 1993: 17).

Выявление прагматического потенциала паратаксических конструкций является целью исследования.

Объектом анализа в статье стала современная проза, в которой использование синтаксических паратаксисных конструкций с отношениями ряда является одним из характерных синтаксических приемов. Их анализ требует достаточно подробного комментария, обосновывающего возможность включения в перечень этих конструкций не только структур простого предложения, осложненного однородными членами, но и рядов простых предложений, входящих в структуру сложного предложения и сложного синтаксического целого.

2. Анализ

По мнению К. Я. Сигала, структурирование сочинительных отношений является сложным речемыслительным процессом, состоящим из нескольких элементарных операций симультанного действия, взаимопреднастроенных в языковой способности говорящего и взаимообусловливающих характер осуществления друг друга. Структурирование сочинительных отношений коррелирует с когнитивной обработкой человеческим сознанием объективной действительности, с одной стороны, и с опытным знанием говорящим синтаксических свойств и семантического потенциала сочинительной связи, с другой (Сигал 2018: 158).

Вопросы коммуникативной обусловленности сочинительной связи речевых отрезков в тексте затрагивались еще в трудах А. М. Пешковского (Пешковский 1938: 396), С. О. Карцевского (Карцевский 1961: 127). «Сознание однородности», по мнению А. М. Пешковского, создает условия для объединения компонентов в целостную конструкцию, что отражает процесс мыслительного конструирования некоторого предметного содержания, которое затем интерпретируется формальными синтаксическими значениями конкретного сочинительного союза, обеспечивающего синтаксическую сформированность когнитивно структурированного определенным образом содержания.

С точки зрения когнитивного подхода отношения ряда могут быть классифицированы как определенная мыслительная классификация. Норман видит в сочинительной связи не «жестко детерминированный, а вероятностный процесс», определяющий потенциальную сочинимость членов предложения. Сознание не просто классифицирует явления окружающей действительности, но и определенным образом их ранжирует, «сортирует» по важности и делает это с помощью сочинительной связи, которая функционирует на уровне синтагматики и парадигматики, так как для того, чтобы в сознании говорящего сформировался сочинительный ряд необязательно, чтобы были соблюдены все условия однородности, для неё достаточно какой-то общности, наличие в их значении общей семы (Норман 2013: 181). Соположенность сочиненных компонентов основывается на глубинных схемах, которые либо существуют в сознании автора, либо рождаются в акте речетворчества.

Полагаем, что функционирование паратаксических структур в современной прозе связано не столько с выражением концепта *множество* (Сигал 2018: 159), сколько с симультанностью, спонтанностью, метафоричностью, креативностью мышления. Симультанное продуцирование базируется на совмещении различных компонентов, фрагментов выразительных систем. Паратаксический ряд строится на основе накопления симультанных образов, закрепляющихся в памяти и связан с модусом восприятия и его сменой, пространственно – временной организацией фрагмента текста, интенсивностью выражаемого смысла. (Карповская 2010: 41; Шейгал 1981: 6). Являясь прагматическим средством выделения и усиления, интенсивность одновременно способна передавать чувства, эмоции адресанта, выражать его согласие или несогласие, как в глобальном плане, так и относительно того или иного момента речи (Briz 1998: 142).

Многообразие анализируемых структур с точки зрения лексико-семантического наполнения, валентностных свойств компонентов ряда, порядка их расположения позволяют говорить об особом типе коммуникативно-прагматической однородности компонентов сочинительного ряда. Применительно к текстам современной прозы можно предположить, что понятие «сознание однородности» (Пешковский 1937: 452) может быть синонимично понятию «сознание соположенности», так как чаще структура паратаксического ряда, характер входящих в него компонентов чаще не соответствуют основным признакам прототипической однородной сочинительной конструкции. А те немногие случаи, удовлетворяющие критериям прототипической однородности, необходимо интерпретировать в контексте текстоообразования.

(1) Дальше тянулся парк на Кампе – **и близость реки, гудки пароходов, запах травы**, проросшей меж камнями брусчатки, **а** также разнокалиберные дружелюбные **собаки**, спущенные хозяевами с поводков, сообщали всей округе то ленивое, истинно **пражское очарование**…которое так ценила старая дама: **и это отрешенное спокойствие, и весенний дождь, и цветущие каштаны** на Влтаве. (Рубина 2010: 8)

Между рядами однородных членов в структуре сложного предложения, несмотря на функциональные различия компонентов, возникают отношения сположенности. Позиция начала и конца в структуре предложения создает ощущение семантической цельности рядов. Средством её создания является словосочетание *пражское очарование*, семантика которого объединяет оба ряда. Паратаксические ряды создают в структуре предложения эффект ретардации (термин Женетта) (Женетт 1998: 246) и одновременно становятся дополнительным способом актуализации главного образа – образа старой дамы. И этому способствует союзная связь. По мнению Санникова, в конструкции с союзом указываются все участники ситуации, находящиеся как бы в центре кадра (Санников 2008: 343). То есть возникает эффект присутствия, который становится способом дискурсивизации текста. Читатель не всегда может охватить эту структуру паратаксического ряда целиком. Поэтому он воспринимает и осмысляет компоненты ряда по одному, уравновешивая их с точки зрения пространственно-временных отношений и воссоздаваемых состояний.

Механизм образования ряда приводит к фактическому разрастанию синтаксической конструкции, однако довольно часто процесс сопровождается компрессией и смысловым приращением информации. Это обусловлено структурой мысли, способом восприятия, а также асимметрией языкового знака, когда количество единиц смысла превосходит количество единиц их означающих. Наиболее ярко это проявляется в тех случаях, когда в структуру ряда входят полупредикативные или предикативные компоненты:

(2) Никогда ни один человек не сможет занять место другого. И тем более это касается женщин. Когда погибает любимая женщина, вместе с ней гибнет целый **мир, даже не мир – целая эпоха в жизни человека; молодость, прожитая с ней, намерения, мысли, что были с нею связаны, все гибнет вместе с ее жестами, голосом, мимикой, походкой**. (Рубина 2010: 9)

В структуре паратаксического ряда семантика сположенных компонентов интегрирует все скрытые и вновь возникающих смыслы. Проявляется механизм метонимического уплотнения (термин Якобсона), связанный с разложением общего смысла на конкретные составляющие (Якобсон 1975: 204). Каждый новый компонент ряда вызывает у читателя поток ассоциаций и представлений (жесты, голос, мимика, походка). Они накладываются друг на друга, порождая систему сложных парадигматических отношений в рамках синтагматической конструкции. В этом механизме и проявляется компрессионная функция паратаксиса.

(3) Ты, как и любая другая продвинутая девушка, собираешь коллекцию всего самого крутого, красивого, няшного и **звонкого, что только может**

предложить окружающая тебя реальность, и украшаешь себя этим. Делаешь как бы такое ожерелье из офигенских камушков, которые тебе попадаются. Один камушек – йога. Друго – анапана. Третий – какое-нибудь там холотропное дыхание. Четвертый – адвайта. Книжки. Подкасты. Музыка. (Пелевин 2020: 12)

В данном случае конструкции паратаксического ряда являются структурно взаимопроникающими. Смысловой повтор на уровне структурного разрастания и усиления категоризации смысла возникает на уровне уравнивания понятий: *крутое, няшное = йога, анапана*. Конкретизация (метонимического разложение) отражает процесс обдумывания, прагматика которого заключается в вовлечении читателя в процесс совместного обдумывания. При этом нумерация воспринимается как попытка найти логику.

Особый интерес представляют паратаксические конструкции, организованные по принципу зеркального повтора:

(4) На лавочке троллейбусной остановки сидели **какие-то бомжи**, неотличимые от местных жителей, **или местные жители**, почти неотличимые от бомжей, **какие-то**, в общем, **маргиналы с мордами**, красными или от холода, или от алкоголя. (Сальников 2018: 16)

Семантика союза *или*, которая указывает на обязательность хотя бы одного из двух компонентов, снимается контекстом, так как между компонентами ряда устанавливаются отношения равенства *бомжи или местные жители = местные жители или бомжи – маргиналы с мордами, красными или от холода, или от алкоголя*. У читателя не возникает ситуации жесткого выбора. Модальность неопределенности остается только в сознании наблюдателя (героя). Аналогично и прагматическое значение другого примера:

(5) Все это как будто бы могло нехорошо кончиться, но тут наступила конечная, старички вышли и медленно разошлись в разные стороны, спокойные и отстраненные от всего, как до спора, так и не выяснив, **при ком** был самый сахар: **при Брежневе или при Брежневе.** (Сальников 2018: 18)

В случае повтора неопределенность ситуации для героя нарастает, читатель же в этом случае воспринимает его как прием создания комического эффекта. Норман определяет прием повтора тождественных лексем как грамматический способ редупликации, отмечая, что на когнитивном уровне он важен с точки зрения усиления значимости семантики повторяющегося слова (Норман 2013: 187).

Использование паратаксических конструкций связано со спецификой когнитивных механизмов памяти.

(6) Много раз к Петрову подсаживались люди не сказать что совсем уж пожилые, чтобы можно было заподозрить каждого из них по крайней мере в маразме, знакомились и принимались нести ахинею **про золото партии, про бесплатные путевки в санаторий, которые давали когда-то каждый год, и про то, что всех, кто сейчас находится у власти, надо ставить к стенке**. (Сальников 2018: 18)

Предложение содержит два однородных ряда. Второй включает ситуативно мотивированные компоненты, связанные с определенной исторической эпохой. Случайность и симультанность выбора обусловлена тем, что память выхватывает их из подсознания. Компоненты ряда неравноценны по способу выражения. Дополнительным средством связи становится повторяющийся предлог *про*. В результате семантика всеобщего абсурда, обозначенная структурой первого ряда (*подсаживались, знакомились и принимались нести ахинею)*, усиливается вторым. Кроме того, в данном случае пресуппозиция становится важным условием однородности компонентов второго ряда.

Критерии синтаксической однородности, связанные с принадлежностью компонентов ряда к одной лексико-семантической группе, одной части речи, выполняющие одну синтаксическую функцию и характеризующие её как прототипический образец, в современной прозе нарушаются довольно часто. Интерес представляют случаи, когда в качестве одного из компонентов ряда выступает местоименное или местоименно-наречное сочетание.

(7) Годы, конечно, были видны: **лицо в морщинах и все такое**. (Рубина 2010: 13)

Ряд представлен зевгматической конструкцией. Включение в структуру местоименного сочетания все такое становится приемом компрессии, оставляет ряд открытым и активизирует читательскую фантазию благодаря предельно широкой семантике местоименного сочетания. Аналогичные процессы можно наблюдать и в следующем случае:

(8) С появлением лотереи не будет смысла **контролировать СМИ, покупать голоса, копать компромат, вся эта лабуда**. (Сальников 2018: 23)

Отличия заключаются лишь в том, что местоименный компонент сочетания заменяется словом *лабуда*. Однако неопределенность его семантики существенно не меняет прагматическую функцию ряда, оставляя его открытым.

(9) Начинал он действительно с макарон, хотя теперь инвестирует и в металлургию, и в гостиничный бизнес, и еще куда-то. (Пелевин 2020: 12)

Смысловая открытость ряда усиливается за счет использования неопределенного местоимения. Смена объектных отношений пространственными расширяет семантику и усиливает ощущение хаоса и бессмысленности.

Прагматика структур сочинительного ряда обнаруживается особым образом тогда, когда связывает явления разного уровня:

(10) Затем были **череда работ и кружки художественной самодеятельности, несколько брошенных жен, алименты** – и не прошло и двадцати лет, как певец уже ковырялся в уральской глине. (Сальников 2018: 17)

Можно предположить, что именно функциональная однородность становится условием коммуникативной однородности. Подобные паратаксические ряды являются одним из облигаторных признаков зевгмы, отличающейся открытостью ряда, соположенностью компонентов, наличием имплицитного объединяющего компонента, кумулятивной напряженностью. К паратаксическим конструкциям могут быть отнесены и сложноподчиненные предложения с однородными придаточными.

(11) При этом Петров всем своим видом **давал понять, что нет, нет, ему некогда, ему плохо,** тем более Петрову и на самом деле было плохо, а когда он увидел Игоря, стало и того хуже…. (Сальников 2018: 4).

В этом случае придаточные изъяснительными становятся дополнительным средством дискурсивизации. Ряд в данном случае представляет трансформированную форму диалога, и это становится признаком разговорности синтаксиса.

3. Выводы

Анализ паратаксисных конструкций показывает, что процесс их структурирования связан с когнитивной обработкой объективной действительности. Этот процесс актуализирует прагматический фактор фокуса эмпатии (Чейф 1982: 278). Сознание соположенности и симультанность создают условия для их объединения в целостную конструкцию. При этом отношения компонентов паратаксического ряда представляют не жестко детерминированный, а вероятностный процесс, определяющий потенциальную соположенность компонентов.

Многообразие лексико-семантического наполнения, валентностных свойств компонентов ряда и порядка их расположения позволяют говорить об особом типе коммуникативно-прагматической однородности компонентов паратаксического ряда. Их объединение в структуру ряда может предопределяться пресуппозицией, контекстом и модусом восприятия. Поэтому паратаксический ряд, имея синтагматический характер, одновременно образует парадигматическую общность соединяемых компонентов. Структурирование паратаксического ряда на основании какой-либо общности (общей семы, способа выражения, функции, предтекста) формирует в сознании читателя ощущение однородности. В случае, когда однородное сочинение основывается на неполном наборе признаков, оно становится мощным инструментом организации высказывания. Выявленные особенности паратаксиса в рамках однородных рядов позволяют говорить о симультанности и монтажном принципе их организации. Прагматический потенциал паратаксических конструкций в современной прозе отражает особый способ восприятия и осмысления действительности. Непрототипичность паратаксических конструкций расширяет их прагматический потенциал и вместе с тем, в некоторых случаях, провоцирует проблемы адекватного понимания смысло-содержательной стороны произведения.

Литература

Апресян, Юрий: *Избранные труды, Т. 2. Интегральное описание языка и системная лексикография*. Москва: ЯРК, 1995.

Белошапкова, Вера (ред.): *Современный русский язык. Синтаксис*, 510–551. Москва: Высшая школа, 1989.

Виноградов, Виктор: *Вопросы синтаксиса русского языка*. Москва: Высшая школа, 1950.

Виноградов, Виктор и др. (ред.): *Грамматика русского языка*, Т. 2, Ч. 1. *Синтаксис*. Москва: Наука, 1954.

Гак, Владимир: *Теоретическая грамматика французского языка*, 229–231. Москва: Добросвет, 2000.

Дымарский, Михаил: Типология языка и теория грамматики. Коннексия и иннексия: базовые принципы организации языковых структур. *Материалы международной конференции, посвященной 100-летию со дня рождения С. Д. Кацнельсона, 27–30 ноября 2007 г.*, 70–72. Санкт-Петербург: Издательство СПбГУ, 2007.

Женетт, Жерар: *Фигуры*. В 2-х тт. Т. 2. Москва: Издательство Сабашниковых, 1998.

Ильенко, Сакмара: *Русистика: Избранные труды*. Санкт-Петербург: Издательство РГПУ им. Герцена, 2003.

Карцевский, Сергей: Бессоюзие и подчинение в русском языке. *Вопросы языкознания*, 2 (1961), 125–131. 1961.

Краповская, Наталья: Категория интенсивности в прагматическом аспекте. *Актуальные проблемы прагмалингвистики*, 40–41. Воронеж: Издательство ВГУ, 1996.

Кручинина, Ирина: Бессоюзие. Ярцева, Виктория (ред.): *Лингвистический энциклопедический словарь*, 74, 484. Москва: Просвещение, 1990.

Лосев, Алексей: *Введение в общую теорию языковых моделей*. Москва: УРСС, 2004.

Матвеева, Галина: *Скрытые грамматические значения и идентификация социального лица («портрета») говорящего*: Автореф. дисс. … д-ра филол. наук. Санкт-Петербург, 1993.

Норман, Борис: *Когнитивный синтаксис русского языка*. Москва: Флинта, 2013.

Пелевин, Виктор: *Непобедимое солнце*. Москва: ЛитРес, 2020.

Пешковский, Александр: *Русский синтаксис в научном освещении*. Москва: Просвещение, 1938.

Прияткина, Анна: *Русский язык. Синтаксис осложненного предложения*. Москва: Наука, 2016.

Рубина, Дина: *Русская канарейка. Желтухин*. Москва: Эксмо, 2010.

Сальников, Алексей: *Петровы в гриппе и вокруг него*. Москва: Редакция Елены Шубиной, 2018.

Санников, Владимир: *Русский синтаксис в семантико-прагматическом пространстве*. Москва: ЯСК, 2008.

Сигал, Кирилл: Сочинительный ряд как синтаксический контекст абсолютивного употребления переходного глагола. *Филологические науки. Вопросы теории и практики*, 2 (80), Ч. 1, 157–160. Тамбов: Грамота, 2018.

Скребцова, Татьяна: *Американская школа когнитивной лингвистики*. Санкт-Петербург, 2000.

Теньер, Люсьен: *Основы структурного синтаксиса*. Москва: Прогресс,1988.

Чейф, Уоллес: Данное, контрастивность, определенность, подлежащее, топики и точка зрения. *Новое в зарубежной лингвистике*, 9. Москва: Прогресс, 1982.

Чеснокова, Лидия: *Связи слов в современном русском языке*. Москва: Просвещение, 1980.

Шведова, Наталия (ред.): *Русская грамматика*. В 2-х тт. Т. 2. Москва: Наука, 1980.

Шейгал, Елена: *Интенсивность как компонент семантики слова в современном английском языке*: Автореф. дисс. … канд. филол. наук. Москва: МГПИИЯ им. М. Тореза, 1981.

Ширяев, Евгений: *Бессоюзное сложное предложение в современном русском языке*. Москва: Наука, 1986.

Якобсон, Роман: Структурализм: «за» и «против». Якобсон, Роман: *Лингвистика и поэтика,* 204. Москва: Прогресс, 1975.

Briz, Gomez: *El español coloquial en la conversación: Esbozo de pragmagramática*. Barcelona: Ariel, 1998.

Fauconnier, Gilles / Turner, Mark: Conceptual integration networks. *Cognitive Science*, 22 (2), 1998.

Harris, Zellig: *String Analysis of Sentence Structure*. Hague: Mouton, 1962.

Alignment of pragmatic markers in spoken Russian: quantitative and qualitative aspects

*Ekaterina Troshchenkova**

Abstract: This article deals with some aspects and problems of the alignment of pragmatic markers (PMs) on the basis of comparing the statistical data for hesitation markers *kak by* and *tipa* and a marker *znaesh* used for contact establishment and maintenance. The three PMs are analyzed on the basis of a Russian everyday speech corpus "One Day of Speech" to show that all of them tend to be used more often per time unit if used by multiple speakers, not one. Qualitative analysis of the Macro-episodes with only one speaker using the PM where the amount of PM uses is significantly above average shows that they are mostly monologic. It is also questioned if it would not be more productive to look at alignment in contact verb PMs (such as *znaesh*) from the formal point of view rather than pragmatic alignment in hesitation markers.

Keywords: Russian spoken discourse, alignment, One Day of Speech (ORD) corpus, pragmatic marker, *kak by*, *tipa*, *znaesh*

Коммуникативная координация в использовании прагматических маркеров в русской разговорной речи: качественный и количественный аспекты*

Екатерина Трощенкова

Резюме: В статье рассматриваются некоторые аспекты и проблемы изучения коммуникативной координации в использовании прагматических маркеров (ПМ) на основе сравнения статистических данных для маркеров хезитации *как бы* и *типа* и маркера *знаешь*, используемого для установления и поддержания контакта с собеседником. Три ПМ анализируются на основе корпуса русской повседневной речи «Один речевой день». Показано, что все они имеют тенденцию использоваться чаще в единицу времени, если используются несколькими говорящими, а не одним. Качественный анализ макроэпизодов с использованием ПМ только одним говорящим, где количество употреблений ПМ значительно выше среднего, демонстрирует, что такие макроэпизоды преимущественно монологичны. Также ставится вопрос о том, не будет ли более продуктивным рассматривать коммуникативную координацию в употреблении контактных глагольных ПМ (таких как *знаешь*) с точки зрения формы языковой единицы, а не с точки зрения координации с учетом их прагматической функции как ПМ.

Ключевые слова: русская разговорная речь, коммуникативная координация, корпус «Один речевой день» (ОРД), прагматический маркер, *как бы*, *типа*, *знаешь*

---

* Saint Petersburg State University, e-mail: kathlyntr@gmail.com

* The research is supported by the Russian Science Foundation (RSF), Project No. 18–18–00242, "Pragmatic Markers in Russian Everyday Speech".

1. Introduction

The study deals with an under-researched aspect of **pragmatic markers (PM)** functioning in Russian spoken discourse, that of the **communicative alignment** of speakers, following (Pickering, Ferreira 2008: 427–459; Pickering, Garrod 2004: 169–226), it is a spontaneous and gradual adjustment of linguistic behaviour on several levels done by the interlocutors in the process of communication.

The aim of the present study is to carry out a complex, multi-aspect analysis of PM alignment in Russian everyday communication on the basis of a corpus "One Day of Speech" (ORD). The corpus is the result of a project developed at the Philological Faculty of Saint Petersburg State University. It is based on 24 hour recordings of everyday speech interactions of various speakers, and contains more than 1 million tokens, so it is an extensive base for studying the Russian spoken language. For more information on the ORD corpus, see (Bogdanova-Beglaryan, Sherstinova, Blinova, Martynenko 2018: 14–20; Bogdanova-Beglaryan, Sherstinova, Blinova, Martynenko 2019: 101–110). For an overview of the PM database created with the use of the ORD, see (Bogdanova-Beglarian, Blinova, Sherstinova, Troshchenkova 2020: 60–66).

The **objectives** for the article are to describe, from a quantitative and qualitative perspective, the alignment in several PMs that show a high frequency in the corpus material. It is necessary to take a PM from different functional classes to analyse them according to the same scheme, and make cross-functional comparisons.

The study takes into account the frequency of PM use, depending on whether the PM is used by one speaker in the macro-episode, or by several interlocutors and the time distances between the prime (the first PM use) and the following PM uses by other speakers. Another point to be looked into is the pragmatic conditions for speakers' aligning/non-aligning in the PM use. For this the macro-episodes with unusual frequency of PM use will be checked to discover which factors may have reflected in the presence/absence of alignment. The preliminary study of one PM, *koroche* 'briefly speaking', showed that a predominantly dialogical or monologic form of speech may play a role here (Troshchenkova, Blinova 2020: 49–58), and this should be tested with other PMs: *kak by* 'as it were', *tipa* 'like', *znaesh* 'you know', as well as other possible factors stimulating or preventing the speakers from aligning in PM use.

2. Pragmatic markers

The terms "discourse marker" and "pragmatic marker", as admitted in many papers devoted to their study, are often subject to terminological confusion and difficult to define for several reasons, including "fuzziness and the internal diversity of the concept" (Schweinberger 2014: 53); the author gives a thorough overview of this problem, including the question of the concepts' broadness and inclusion. While some researchers such as B. Fraser (Fraser 1996: 167–190) treat discourse markers as a subgroup within pragmatic markers, others view discourse markers as an umbrella term for "dispensable elements functioning as sign-posts in the communication, facilitating the hearer's interpretation of the utterance on the basis of various contextual clues (Aijmer 2002: 2). If one takes the concept of "discourse marker" as a prototypical category in E. Rosch's sense (Rosch 1975: 192–233), where different types of discourse markers can manifest various degrees of prototypicality and be ranked accordingly, this paper suggests that focusing on those discourse elements that manifest most of the features can, thus, be considered good examples of the category. It is these elements, manifesting the centrality according to most criteria that L. Brinton mentions in her book (Brinton 1996: 9), that I'll be looking into in the research under the term "pragmatic markers" (PMs).

3. *Kak by* and *tipa* as hesitation markers and *znaesh* for contact establishing and maintaining

(Bogdanova-Beglaryan *et al.* 2014: 71–72) mention that approximately 82% of usages of the word *tipa* are non-notional and should be viewed mostly as verbal markers of hesitation. The similar function of demonstrating that the speaker is not quite sure how to phrase his/her thoughts and is looking for the correct wording and, perhaps, is not fully satisfied with it, which (s)he signals to the interlocutor, can be also found with *kak by*. Both PMs in this situation of the speaker's uncertainty in picking up the right words naturally work as pause-fillers, which, however, does not necessarily mean, as it is often stated, that they appear as "verbal trash". In some contexts that can have additional functions as border-markers, or xeno-markers (the ones that introduce somebody else's speech).

The PM *znaesh* is viewed in (Bogdanova-Beglaryan, Maslova 2019: 160–186) as one of the so called "contact verbs". Those are verb forms with weakened semantics that are aimed at regulating the communicative interaction, as they attract the addressee's attention at the initial stage of conversation and help to maintain the interlocutors' contact as the conversation develops. Similarly, *kak by*, *tipa* and *znaesh* can fulfil additional functions of showing a speaker's hesitation, or marking the boundaries of the turn. For the alignment study *znaesh* was chosen among other "contact verbs" for its higher frequency, which makes it more comparable with other frequent PMs such as *kak by* and *tipa*.

What should be borne in mind about *znaesh* in comparison to the other two PMs (and *koroche* studied before) is that besides using the form as a pure PM (counted here) there are transitional forms (from a notional verb form to the pure PM). This is quite within the interpretation of the PM suggested above, but poses a few practical problems for alignment research. In real dialogues the speakers can often use all the forms – notional *znaesh/znaete*, transitional and pure PMs – together and rather abundantly, unlike with *kak by*, *tipa* and *koroche* (where simultaneous use of the form as a notional word and a PM is negligeable). Thus, an important question arises whether in studying alignment for such "contact verbs" one should look for semantic, or rather pragmatic (as the units in question are desemantisized) alignment, or whether it would be more productive to treat it as alignment-in-form and take into account transitional cases, and even notional usages. The qualitative analysis of some macro-episodes will show how the latter approach might turn out to be more grounded for such a PM.

4. Statistics on PMs usage in macro-episodes of different types

Communicative macro-episodes (the informant's "speech day" conversations with a certain set of interlocutors in a particular place) were analysed from the point of view of PM presence in the dialogue. The ones with the PMs were divided into several groups: Macro-episodes$_1$ (only one interlocutor uses the PM), Macro-episodes$_{2\text{-}3\text{-}n}$ (the same PM is used by several interlocutors) and Irrelevant MEs like telephone conversations (the other speaker cannot be heard) that cannot be checked for alignment. The general length of all MEs, containing the PM is as follows: for *znaesh/znaete* (pure PM) – over 63 hours 25 minutes; for *kak by* – 74 hours, 35 minutes; for *tipa* – about 42 hours, 16 minutes.

Table 1 shows the number of macro-episodes (MEs) for each of the three PMs.

Table 1. Number ME of different type

PM / ME type	kak by	tipa	znaesh/znaete (pure PM only)
Irrelevant MEs	15	5	18
ME_1	122	88	108
ME_2	81	32	75
ME_3	17	8	6
ME_4	3	0	1

Here is the data for the three PMs usage frequency in different ME types:

Table 2. Number of PM uses in ME of different type

PM	kak by		tipa		znaesh/znaete (pure PM only)	
ME type	Total PM number	Average PM number per ME number	Total PM number	Average PM number per ME number	Total PM number	Average PM number per ME number
ME_1	340	2.69	242 (*190)	2.75 (*2.18)	201	1.86
ME_2	533	6.58	162	5.06	307	4.1
ME_3	183	10.76	40	5	62	10.3
ME_4	47	15.67	---	---	15	15

**without an anomalous ME where the speaker uses the PM 52 times in a monologue*

The data about the average number of each PM usages per ME number goes in line with the data of how often the PM is used compared to the time length of ME type containing it (table 3). And it demonstrates the same general tendency that was seen originally with *koroche*: the PM tends to be used more often per time unit (in seconds) if it is used by multiple speakers, not just one. Moreover, usually the more speakers use the same PM in the dialogue, the more it is used.

Table 3. Total ME Duration and Relative PM frequency in ME of different type

PM	*kak by*	*tipa*	*znaesh/znaete* (pure PM only)
ME type	PM average number	PM average number	PM average number
ME_1	0.003	0.003 (*0.002)	0.002
ME_2	0.006	0.004	0.003
ME_3	0.008	0.004	0.007
ME_4	0.009	---	0.007

**without an anomalous ME where the speaker uses the PM 52 times in a monologue*

This data has been interpreted as proof of speakers aligning their verbal behaviour in the sphere of PM usage. Although there are individual cases (of which the anomalous ME with *tipa* is a vivid example) where $Speaker_1$ (S_1) uses the PM a lot but never triggers his/her interlocutors, statistically the opposite situation is much more typical. There is a kind of "contagion" that encourages others to include the same PM into their turns after it has been used by somebody else in the conversation.

Let us show an example ME ordS118–08 with time codes for each speaker when (s)he uses the PM *tipa*:

speaker		**Example 1 – ME ordS118–08**
S_1	00:07:25.040– 00:07:45.420	*(э-э) ну вот как бы сейчас (э-э) такая вот мода да на(:) *П использование там *П (э-э) на окончания / (э-э) н... на... на английских слов да (э-э) там* ***типа*** **П (э-э) па... (...) ну да / помойкинг* Err, well [a PM in Russian], as it were [a PM in Russian], now (err) there is [here – a PM in Russian] a kind of fashion, yeah, for(:) *pause using there [a PM in Russian] *pause (err) the endings/ err of… of… of…the English words yeah (err) they're **like** *pause po… well yeah pomojking [a word from the Russian stem "rubbish tip + ing to create an ad hoc word in Russian as a blend of Russian and English"]
S_2	00:07:45.420– 00:07:50.515	*лучше тогда что-нибудь* ***типа*** *крэшинг* it is better to say something **like** [a PM in Russian] crashing
S_3	00:10:08.097– 00:10:16.244	*ну / сейчас еврики делают (э-э) когда-то ф... вот ну(:) тоже* ***типа*** *этого ремонты там / и мебель соответствующая / всё новое и так далее* well/ now they do euros[slang word for renovations of a certain type] (err) it is when f…they're well [a PM in Russian] (:) also **like** [a PM in Russian] renovations there/ and the corresponding furniture/ everything is new and so on

Each speaker uses *tipa* in the moments of hesitation, which can be seen by the abundance of pauses and other PMs "flocking together" in the turns, and S_2 is immediately triggered by S_1. Although S_2 has significantly less difficulty in expressing the idea, she picks up the same PM *tipa* to support the topic of adding English-sounding endings to Russian words in the same "non-academic" manner, signalling that she is also not trying to describe the phenomenon in a well-defined way, just to give a similar example and, hence, demonstrate she got S_1's idea. S_3 joins the conversation shortly with the same PM, though the topic is now completely different: he speaks about flat renovation.

Let us also discuss the statistics on speakers' contributions from the point of view of time distances between the utterances where a PM was used. Table 4 shows the data for the three PMs, times are given in minutes.

Let us look closer at the data for ME_2 that are more numerous for each PM than others with multiple speakers involved in using the PM. One can see that, irrespective of whether the distance from the first PM usage is estimated, or from the last before S_2 joined in with his/her PM usage, (S_1 can, of course, use the PM several times before S_2 gets triggered), the picture is still the same – *znaesh* tends to appear later in S_2's speech than the hesitation markers such as *kak by* and *tipa* (and actually, than *koroche*). Would that mean that "contact verbs" such as *znaesh*, when used as PMs, are less likely to cause speakers' alignment? As we have mentioned, the situation can be trickier than that, so let us have a look at some exemplicative cases.

Table 4. Average time distances for different PMs between the utterances of different speakers

Pragmatic marker	***znaesh***		***kak by***		***tipa***	
	ME_2					
Type of the distance	Arithmetic average	Median	Arithmetic average	Median	Arithmetic average	Median
From the first PM use of S1 to the first PM use of S2	7.47	5.63	5.3	4.3	5.3	3.9
From the last time S1 uses the PM before the first PM use of S2	5.54	3.69	3.6	2.5	4.5	3.4
	ME_3					
From the first PM use of S1 to the first PM use of S2	5.86	1.55	4.4	4	6.9	4.6
From the last time S1 uses the PM before the first PM use of S2	5.41	1.55	3.4	3.2	6.1	2.7
From the first PM use of S1 to the first PM use of S3	10.29	7.15	11.5	10.6	11	9.4
From the last time S1or S2 uses the PM before the first PM use of S3	1.8	1.03	4.2	2.7	3.5	1.8
	ME_4					
From the first PM use of S1 to the first PM use of S2	9.48*		9	11.9		
From the last time S1 uses the PM before the first PM use of S2	1.52*		4.8	1.7		
From the first PM use of S1 to the first PM use of S3	18.14*		17.1	20		
From the last time S1or S2 uses the PM before the first PM use of S3	0.2*		6.8	6.8		
From the first PM use of S1 to the first PM use of S4	19*		18.3	20.7		
From the last time S1 or S2 or S3 uses the PM before the first PM use of S4	0.78*		1	0.1		

**time distances for the only ME_4 with znaesh*

5. PM *znaesh* amongst transitional and notional verb forms

To see how alignment in "contact verbs" such as *znaesh* is likely to be a formal alignment, let us analyse ME ordS37–02 (Example 2). The pure forms of the PM are emphasized by **bold type and underlining**. Transitional forms are shown just by **bold type**, those are the ones that have some argument or modifier positions filled, but at the same time already have some properties of the PM – loss of original semantics in favour of signalling the speaker's desire to manipulate the addressee's attention, pauses before and after and other factors making them closer to parenthetic expressions, being joined with other PMs, having an initial position in the turn, typical of the PM. Finally, notional verb forms that coincide with the PM *znaesh/znaete* are only underlined.

In the dialogue of a child (S_1) and an adult (S_2) the initial prime is a PM, but the adult aligns only after the next time, actually repeating the contact verb as part of the demonstrative-rhetorical construction (Bogdanova-Beglaryan, Maslova 2019: 174), *you know what*? which has a formal object, but serves to attract attention rather than as a real question. Then S_2 uses the same form as a PM, and then as a notional verb, to find out if the child really knows the painting she mentions, again twice within a demonstrative-rhetorical construction, which is followed by the child using the form twice as a pure PM. Thus, we see that having been triggered by the child's use of the form *znaete* (plural, for politeness, to address an adult person), S_2 easily switches to the singular form *znaesh* and uses the form abundantly as a PM, as a transitional form and a notional verb.

If one checks all the MEs where *znaesh* is used by multiple speakers, one can find cases even more problematic for analysis from the point of view of alignment, as it is unclear who should be considered the speaker using the prime. For instance, S_1 may use the form as a notional verb, then S_2 uses the same form as a PM, and S_1 follows also using it as a PM. In this situation if we only take into account the uses of the form as a pure PM, it is S_2 who triggered S_1. If we believe that they align in using the form irrespective of its function, then it is vice versa.

However, to make the situation even more complicated, one should take into account that the speaker who seems to be triggered can change the form (singular vs. plural) to suit the pragmatic situation. Moreover, there are a number of conversations that include quite a lot of other notional forms of the verb *znat'* that do not correlate with forms of the PM. These are especially frequent as part of some set expressions like *а хрен/х*й/фиг его знает* 'and who the f*ck knows'. The form *znaet* intermingles with *znaesh/znaete* forms in the conversation and, theoretically, can prime the whole conjugation paradigm in the speaker's brain.

What is of interest is that if we add the transitional forms to our previous calculations and look at the share of ME_1 vs. $ME_{2\text{-}3\text{-}n}$, we see that it is the share of MEs with multiple speakers using the form that is growing: ME_1 56.8% – $ME_{2\text{-}3\text{-}n}$ 43.2% (for pure PM) vs. ME_1 51.2% – $ME_{2\text{-}3\text{-}n}$ 48.8% (for pure PM + transitional forms).

Thus, the question of whether we deal with pragmatic or formal alignment, or a specific mix of the two, is still to be studied in more detail.

speaker	turn onset time	Example 2 – ME ordS37–02
S1	00:00:18.100	*смотрите а яблочки если тут потрогать /* ***знаете*** *вот ...* look, and the apples are here if you touch/ **you know** there…
S1	00:00:48.670	*а* ***вы знаете / что*** *я нарисовала?* and **you know/ what** I have drawn?
S2	00:07:35.450	*нет / а я думаю* ***знаешь что****?* No/and I think **you know what**?
S1	00:11:11.150	*а* ***знаете что****?* and **you know what**?
S2	00:12:27.150	***знаешь*** *такая есть (э) картина / *В Охотники_на_привале?* **Do you know** the, err, picture/ *sigh The Hunters at Rest?
S2	00:12:39.580	*Грачи_прилетели / кто написал? ну-ка ты знаешь?* The Rooks have arrived/ who is the painter? Come on, do you know?
S2	00:13:21.121	*а вот это / вот тоже м… можно* ***знаешь что****? вот тут немножко вот так вот / мне кажется* and there is this/ there also you c…can do **you know what**? There! Here. [a long chain of PMs in Russian] A little bit like this. [a PM in Russian]/it seems to me
S2	00:15:06.700	***и знаешь что****? Лизок /я думаю / когда кота сделаем / по... потом другую () начнём работу / лето* and **you know what**? Liza (endearing form of address)/ I think/ when we finish with the cat/ th… then we'll start a new work/ summer
S2	00:15:16.450	*а потом эту ли / эт... эту работу нужно /* ***знаешь*** *сделать / я думаю / так на горизонте / *В не... несколько деревьев вот так вот этим силуэтом сделать / а то не очень красиво* and then this/ th…this work should/ **you know** be done/ I think/ like at the horizon/* sigh a…a few trees like that there with this outline should be done/ otherwise it's not that beautiful
S1	00:16:41.160	*а* ***знаете*** */ у меня друг в воскресенье ...* and **you know**/ my friend on Sunday…
S1	00:16:45.020	*а* ***знаете*** */ у меня (...) на прошлой неделе вот / *П (...) на позапрошлой неделе / в воскресенье / *П я в аквапарке была* and **you know**/ last week I [a PM in Russian]/ *pause a week before last/ on Sunday/ I went to the aqua park

6. ME with the PM use exceeding the average from the point of view of dialogical/monologic speech

To check for the influence of the dialogical/monologic speech factor in the PM alignment let us look at some ME where the amount of the PM is significantly higher than the average for this ME type. Here in Table 2 one may find the data on the average amount of PM uses per ME for the three PMs in question.

For *znaesh* ME_1 mostly includes those where the PM is only used once or twice, in 4 MEs the PM is used 5–6 times, and the only outstanding episode is ordS39–30 where *znaesh* is used 11 times by one speaker. This speaker has two interlocutors, but their contribution is limited, mostly echoing questions that signal they are listening. So this bigger amount of the PM uses can be associated with the predominantly monologic character of the episode.

For *kak by* it's usual that the PM is used 1–3 times per episode; there are 6 MEs out of 122 with 7–9 usages, and 6 MEs with the PM used 14–27 times. The ME ordS135–21 with the maximum 27 uses is a dialogue of the informant with somebody from the computer service, and it is this specialist who uses *kak by* in his explanations about the computers to the client. The conversation is not monologic as such, the client is asking questions, but the dominant role is obviously with the serviceman and his turns are longer as he elaborates upon various possibilities of what can be done and how, the advantages of various models of laptops, etc. Thus, again the large amount of hesitation PMs without the other speaker aligning can be explained by how big their contributions are to the conversation, and, probably, is also determined by the serviceman's desire not to sound too imposing, too pushy in trying to sell services and spare parts to the client.

Finally, for *tipa* there are only 5 MEs with 7–10 PM usages; most contain 1–2 PMs per episode. There is, however, ME ordS36–30 where one speaker uses *tipa* 52 times without others joining in. His monologic story about two plays he once saw at the theatre – he is retelling the whole plot in detail, with very little verbal participation of the others – is too lengthy to cite here, as it takes the most part of almost 35 minutes ME. Let us just demonstrate a few turns in Example 3; by the time codes one may see how little "space" for the interlocutors there is left in the conversation. The speech is full of pauses, broken syntax and other PMs, it is obvious how hard it is for the speaker to express his thoughts coherently and multiple PMs, including *tipa*, are the means of gluing the ideas into one story.

time codes	**Example 3 – ME ordS36–30**
00:06:18.300 - 00:06:23.810	*какое-то начало пятидесятых годов // *П там **типа** хипари* / там всё прочее / там Америка* kinda the beginning of the 50s// *pause they're **like** hipsters/ they're all like/ [a PM in Russian] it's America
00:06:24.201 - 00:06:44.740	*ну вот и это значит (э…э) какой-то рейс / *П **типа** там из-за погоды отложен // *П им / не там аэропорт вообще закрыт // и как бы под этим соусом блин / чохом* во всю во всех гостиницах / близлежащих для аэропорта там / *П авиакомпании за свой счет там блин / людей на ночёвку там ну вот пускают* [long chain of PMs in Russian] Like, there is a delay of err a flight/ *pause because of the weather// *pause them/ no, [a PM in Russian] the airport is completely closed// and [a PM in Russian] for that reason damn / all of them [are accommodated] in the hotels/ near the airport there/ *pause at the expense of the damn airline companies there/ people are allowed to have a sleep
00:06:55.410 - 00:07:03.750	*ну молодые там **типа** / хипари там блин / там любовь там / не знаю / морковь там / *П траву кури там / (...) весь мир () всем миром / *П правит любовь* well, the young there are like/ hipsters there damn/ [a PM in Russian] love [a PM in Russian]/ I dunno/ carrot [literally, a word rhyming with love in Russian] [a PM in Russian]/ *pause smoking weed/ peace for the whole world/ *pause love rules the world

7. Conclusion

The data on the three PMs supported the general hypothesis about PM alignment originally made for *koroche*: the more speakers use the PM in the ME, the more they trigger each other and tend to use this PM more and more intensely. The qualitative analysis of those Macro-episodes$_1$, where the amount of PM uses is significantly above average for that ME type, shows that these are predominantly monologic episodes, with other speakers reacting with short utterances such as echo-questions, uh-huh and so on. In balanced dialogical interchanges, if other speakers do not join in with the same PM usage, S_1 usually would only use it once or twice.

Analysis of the PM *znaesh* from the type of "contact verbs", however, posed a few important theoretical questions that need to be addressed in more detail in further studies. Despite manifesting many similar features with hesitation markers, such as *kak by* and *tipa*, *znaesh*, this seems to demonstrate that alignment in form may be more important than alignment in PM use with a certain pragmatic function, so, perhaps, for this PM class one has to take into account not only pure PM forms, but also transitional ones and even notional verb forms.

References

Aijmer, Karin: *English discourse particles: Evidence from a corpus*. Amsterdam: John Benjamins, 2002.

Bogdanova-Beglaryan, Natalia / Blinova, Olga / Sherstinova, Tatiana / Troshchenkova, Ekaterina: Russian pragmatic markers database: developing speech technologies for everyday spoken discourse. Balandin, Sergey / Paramonov, Ilya / Tuytina, Tatiana (eds.): *Proceedings of the 26th Conference of Open Innovations Association FRUCT, Helsinki, Finland*, 26, 60–66. 2020.

Bogdanova-Beglaryan, Natalia / Maslova, Elena: Russkie kontaktnye glagoly v ustnoi spontannoi rechi: ob"em slovnika i funkcional'no-semanticheskoe raznoobrazie. *Acta Linguistica Petropolitana Transactions of the Institute for Linguistic Studies*, 15 (3), 160–186. Saint Petersburg: Institute for Linguistic Studies of the Russian Academy of Sciences, 2019.

Bogdanova-Beglaryan, Natalia / Sherstinova, Tatiana / Blinova, Olga / Martynenko, Grigorii: Korpus "Odin rechevoi den'" v issledovaniiakh sociolingvisticheskoi variativnosti russkoi razgovornoi rechi. Kocharov, Daniil / Skrelin, Pavel (eds.): *Analiz razgovornoi russkoi rechi (AR3–2017): Trudy sed'mogo mezhdisciplinarnogo seminara*, 14–20. Saint Petersburg: Politekhnika-print, 2018.

Bogdanova-Beglaryan, Natalia / Sherstinova, Tatiana / Blinova, Olga / Martynenko Grigoriy: Korpus russkogo iazyka povsednevnogo obshcheniia "Odin rechevoi den'": tekushchee sostoianie i perspektivy. *Trudy Instituta Russkogo Iazyka imeni V.V. Vinogradova*, 21, 101–110. 2019.

Bogdanova-Beglaryan, Natalia et al.: *Zvukovoi korpus kak material dlia analiza russkoi rechi.* Pt. 2. *Teoreticheskie i prakticheskie aspekty analiza*. Vol. 2. *Zvukovoi korpus kak material dlia novykh leksikograficheskikh proektov*, 71–72. Saint Petersburg: Filologicheskii fakultet SPbGU, 2014.

Brinton, Laurel: *Pragmatic Markers in English*. Berlin: de Gruyter Mouton, 1996.

Fraser, Bruce: Pragmatic markers. *Pragmatics. Quarterly Publication of the International Pragmatics Association (IPrA)*, 6 (2), 167–190. 1996.

Pickering, Martin / Ferreira, Victor: Structural priming: A critical review. *Psychological Bulletin*, 134 (3), 427–459. 2008.

Pickering, Martin / Garrod, Simon: Toward a mechanistic psychology of dialogue. *Behavioral and Brain Sciences*, 27, 169–226. 2004.

Rosch, Eleanor: Cognitive representations of semantic categories. *Journal of Experimental Psychology: General*, 104 (3), 192–233. 1975.

Schweinberger, Martin: *The discourse marker LIKE: a corpus-based analysis of selected varieties of English. Dissertation zur Erlangung des Grades des Doktors der Philosophie.* Hamburg: Universität Hamburg, 2014.

Troshchenkova, Ekaterina / Blinova, Olga: Pragmatic markers in the aspect of communicative alignment. *Vestnik Volgogradskogo gosudarstvennogo universiteta. Seriia 2: Iazykoznanie*, 19 (3), 49–58. 2020.

The discourse of the coronavirus pandemic: grammatical variation in forms of the prepositional case of nouns with the prepositions *v* and *na*

*Irina Vepreva**

Abstract: This article is devoted to the study of variant, competing prepositional-case grammatical forms, which are close to expressions with the same grammatical meaning. The study of grammatical variation is carried out on the material of prepositional-case forms of nouns with the prepositions *v* and *na* with a spatial meaning. The corpus approach, taken in order to identify productive variants of these forms, made it possible to determine the degree of implementation of the junior norm in the speech practice of today. The period of the coronavirus pandemic has intensified the fact of variation of prepositional-case constructions with prepositions *in* and *at* in cases of using actual words of the current time: *v karantine/na karantine* 'in quarantine'; *v samoizoliatsii/na samoizoliatsii* 'in self-isolation'*;* as well as in pair *v zume/na zume* 'in/on Zoom'. The quantitative data indicate a further strengthening of the younger norm, the predominance of constructions with the preposition *na* in modern Russian.

Keywords: grammatical variants, spatial prepositions *v* and *na*, common norm, quantitative data

Дискурс коронавирусной пандемии: грамматическое варьирование предложно-падежных форм существительных с предлогами *в* и *на*†

Ирина Вепрева

Резюме: Статья посвящена изучению вариантных, конкурирующих предложно-падежных грамматических форм, близких для выражений одних и тех же грамматических значений. Исследование грамматического варьирования проведено на материале предложно-падежных форм существительных с предлогами *в* и *на* с пространственным значением. Корпусной подход, предпринятый с целью выявления продуктивных вариантов указанных форм, позволил определить степень внедренности младшей нормы в речевую практику сегодняшнего дня. Период коронавирусной пандемии активизировал факт варьирования предложно-падежных конструкций с предлогами *в* и *на* в случаях употребления актуальных слов текущего времени: *в карантине / на карантине*; *в самоизоляции / на самоизоляции;* а также в паре *в зуме / на зуме*. Приведенные количественные данные свидетельствуют о дальнейшем усилении младшей нормы, о преобладании в современном русском языке конструкций с предлогом *на.*

Ключевые слова: грамматические варианты, пространственные предлоги *в* и *на*, узуальная норма, количественные данные

---

* Ural Federal University, e-mail: irina_vepreva@mail.ru

† Исследование осуществлено в рамках Программы 211 Правительства Российской Федерации, соглашение № 02.A03.21.0006. Выполнено при финансовой поддержке РФФИ в рамках научного проекта № 19–012–00399А «Аксиологический потенциал современной русской метафоры».

1. Введение: Постановка проблемы

Общеизвестно, что морфологическая система языка в наименьшей степени реагирует на внелингвистические влияния, развиваясь по своим внутренним законам. Невосприимчивость к воздействиям извне обусловлена «спецификой морфологии как наиболее «внутреннего», сердцевинного яруса языковой системы» (Панов 1968: 9). Тем не менее при непроницаемости морфологии для социальных воздействий, при самых медленных темпах саморазвития социолингвистические обследования морфологической системы языка показывают, что существуют изменения, связанные с влиянием на язык социальных факторов.

В качестве самых сильных социальных «толчков» XX века выступили периоды социальной неустойчивости, характеризующиеся расшатыванием языковых норм. К ним относятся революционная эпоха 1917 года и 1990-е годы — новый период подъема общественно-политической жизни в России. Перечень изменений в морфологической системе, представленных в монографиях «Русский язык и советское общество. Морфология и синтаксис русского языка» под редакцией М. В. Панова (Панов 1968) и «Русский язык по данным массового обследования» под редакцией Л. П. Крысина (Крысин 1974), демонстрирует факты морфологической текучести языка первой половины XX века. Монографии, выпущенные учеными Института русского языка имени В. В. Виноградова РАН в 1996, 2008, 2010 гг., обращены к анализу языковой ситуации рубежа XX–XXI вв., которая «активизировала воздействие внешних факторов на внутренние факторы развития языка» (Гловинская 1996: 237). М. Я. Гловинская, автор морфологических разделов этих монографий, пишет, что «XX век явился временем активизации известных и давно идущих процессов» (Гловинская 2008: 187), свидетельствующих, с одной стороны, о потенциальных возможностях системы, «не реализованных в узусе в полной мере», с другой стороны, об узусных явлениях, которые могут «претендовать на вхождение в систему» (Гловинская 2010: 171).

Следствием морфологических изменений является и наличие в системе языка конкурирующих вариантных грамматических форм и конструкций, используемых для выражений одних и тех же грамматических значений. Период коронавирусной пандемии является пусковым механизмом для активного проявления грамматического варьирования на слабых участках грамматической системы и проверки жизнеспособности того или иного варианта. Исследование грамматического варьирования будет проведено на материале предложно-падежных форм существительных с предлогами *в* и *на*. Задача работы – проверка и уточнение узуальных норм выбора предлога *в* или *на* в конструкциях *в карантине / на карантине; в самоизоляции / на самоизоляции; в зуме / на зуме / по зуму.*

Предпринятый анализ опирается на корпусный материал. Источником выборки материала послужила база данных Integrum.ru, включающая свыше 3,5 тысяч источников федеральных и региональных русскоязычных СМИ. В настоящем исследовании использовалась методология корпусной лингвистики (количественный и качественный анализы). Корпусной подход к выявлению продуктивных вариантов указанных форм позволит определить степень внедренности младшей нормы в речевую практику сегодняшнего дня.

2. Конкуренция пространственных предлогов *в / на* в современном русском языке

Явление грамматического варьирования конструкций с предлогами *в* и *на* для обозначения пространственных отношений было отмечено учеными давно. В. В. Виноградов, описывая значения предлога *на* в современном русском языке, ссылается на интересные наблюдения исследователей XIX века Н. И. Греча и Н. П. Некрасова по поводу употребления предлогов *в* и *на* с предложным падежом существительного, позволяющие увидеть смысловой потенциал конструкций с этими предлогами (Виноградов 1972: 542). Современные исследователи продолжают традицию и обращаются к изучению функционирования конструкций с предлогами в когнитивном и сопоставительном планах (Evans 2010; Evans, Tyler 2003; Касьянова, Мартиросьян 2019; Тарасевич 2017; Хоружая 2019; Wei-Lun Lu 2017).

В академических грамматиках, в словарях и практических пособиях по русскому языку общим местом является указание на основное различие пространственного значения предлогов *в* и *на* в предложном падеже:

> предлог *в* обозначает пребывание внутри чего-нибудь (*в шкафу*), а предлог *на* – пребывание на поверхности чего-нибудь (*на шкафу*) (Граудина 1976: 51).

Ученые, дифференцируя оттенки синонимичных предлогов *в* и *на*, подчеркивают больший диапазон значений предлога *на*:

> …чтобы указать на предмет вообще как на место, время, цель, орудие, основание действия, может быть употреблен предлог *на* вместо всех предлогов, которыми точнее обозначаются эти обстоятельства (Некрасов 1865: 210).

Предлог *на*

> в отличие от предлога *в*, обозначающего лишь область, сферу, в пределах которой что-нибудь происходит, обозначает одновременно и сферу, место действия,

> и сопричастность действию, участие пассивное или активное в какой-нибудь деятельности (Виноградов 1972: 543).

На развитие пространственного значения предлога *на* указывает и последняя академическая грамматика: основное пространственное значение предлога *на* с предложным падежом развивает такие производные значения, как собственно пространственное, пространственно-орудийное, пространственно-временное, определительно-квалифицирующее, восполняющее (Шведова 1980: 711).

Некоторые пространственные объекты допускают возможность выбора только одного предлога, например, *в университете*, но *на факультете*. Другие локумы допускают две возможности расположения предметов. В таком случае данные конструкции являются синонимическими, поскольку имеют общее грамматическое значение, различие в оттенках значения «ослаблено или совсем не ощущается и выбор предлогов определяется традицией» (Граудина, Ицкович и др. 1976: 51). См. также:

> употребление различных предлогов указанного типа (*из – с – от, в – на* и нек. др.) …в основном поддерживается установившейся традицией (Виноградов, Истрина 1952: 658).

Отмеченная учеными узуальная специфика грамматической нормы позволяет обратиться к сопоставительному анализу нескольких временных срезов употребления предложно-падежных форм существительного с указанными выше предлогами с целью выявления динамики развития синонимических грамматических вариантов.

Период коронавирусной пандемии активизировал факт варьирования предложно-падежных конструкций с предлогами *в* и *на* в случаях употребления актуальных слов текущего времени: *в карантине / на карантине*; *в самоизоляции / на самоизоляции;* а также в паре *в зуме / на зуме.*

3. Грамматическое варьирование предложно-падежных форм существительного *в карантине / на карантине*

Первым объектом наших наблюдений являются предложно-падежные формы с актуализированной в период пандемии лексемой *карантин,* ставшей одной из высокочастотных единиц в современном «коронавирусном» лексиконе. Ср. общее количество употреблений слова *карантин* в русскоязычных СМИ за последние 30 лет (с 1990 по 2019 г. включительно) – 79508 контекстов и только в одном 2020 году – 81542 контекста.

Оппозиция *в карантине – на карантине* отражает соотношение старшей и младшей грамматической нормы. Известны факты употребления конструкции *в карантине* (при отсутствии формы *на карантине*) в текстах XIX века в период пандемии холеры в России. Ср.:

(1) из письма московского корреспондента Ф. Л. Кристина графине С. А. Бобринской, напечатанного позже в журнале «Русский архив» (1884, № 5): «*17 октября 1830 г. А ну как ввиду приближения эпидемии и вы спасаетесь где-нибудь* ***в карантине****, в мерзком помещении, нуждаясь во всем необходимом?... Государь все еще в Твери,* ***в карантине****, и только сегодня уезжает*».

А. С. Пушкин писал о холерных опасностях в 1829 году в «Дорожных жалобах» (стихотворение впервые было напечатано в журнале «Северные цветы»):

(2) Иль чума меня подцепит, / Иль мороз окостенит, / Иль мне в лоб шлагбаум влепит / Непроворный инвалид. // Иль в лесу под нож злодею / Попадуся в стороне, / Иль со скуки околею / Где-нибудь **в карантине**.

Современные аллюзии на стихотворение А. С. Пушкина сохраняют форму *в карантине*: «Евгений Миронов читал «Болдинскую осень» Давида Самойлова:

(3) И за полночь пиши, и спи за полдень / И будь счастлив, и бормочи во сне! / Благодаренье богу – ты свободен – / В России, в Болдине, **в карантине**…» (М. Швыдкой. *Российская газета*, 03.06.2020).

Одно из стихотворений этого года:

(4) И вот сижу, как **Пушкин в карантине** / хоть не объявлен этот карантин / зато не нужно думать о бензине / подорожал, наверное, бензин? (Виктор Есипов. *Независимая газета*, 04.06.2020).

В XX веке факт конкуренции конструкций с предлогами *в* и *на* был зафиксирован в 1976 году в частотно-стилистическом словаре вариантов Л. К. Граудиной, В. А. Ицкович, Л. П. Катлинской (1976) «Грамматическая правильность русской речи». Для статистического обследования использовались материалы советской художественной прозы, газет 60–70-х годов, ответы на вопросник по современной русской морфологии, записи из фонотеки современной русской речи. Статистические данные по грамматическим вариантам показывают предпочтительный выбор предложно-падежной формы с предлогом *на*: 2/3 всех употреблений приходится на конструкции с данным предлогом:

Варианты типа *работать на селе – работать в селе*. Выбор предлога *в* или *на* в конструкциях со значением места

302 (68,02%) – 142 (31,98%) (Граудина, Ицкович и др. 1976: 51).

Предпринятая нами корпусная выборка материала позволяет сравнить результаты двух срезов (70-е годы XX века и 2020 год) с интервалом в 50 лет. В 2020 году предложно-падежная форма *в карантине* была употреблена 2478 раз, а форма *на карантине* встречается в 17483 контекстах, что составляет 87,6% от общего числа употреблений, или в 7 раз конструкция *на карантине* употребляется чаще, чем конструкция *в карантине*.

Представим количественную выборку употреблений предложно-падежных форм существительного *карантин* с предлогами *в* и *на* в 2020 году в сочетании с наиболее частотными глаголами:

(5) *находиться на карантине – находиться в карантине*
2790 (употреблений; 94,71 %) – 156 (5,29 %)

(6) *сидеть на карантине – сидеть в карантине*
1402 (85,60 %) – 202 (12,59 %)

(7) *оказаться на карантине – оказаться в карантине*
390 (93,08 %) – 29 (6,92 %)

(8) *провести на карантине – провести в карантине*
243 (88,90 %) / 65 (21,10 %)

(9) *оставаться на карантине – оставаться в карантине*
119 (92,25 %) / 10 (7,75 %)

(10) *жить на карантине – жить в карантине*
116 (77,33 %) – 34 (22,67 %)

(11) *скучать на карантине – скучать в карантине*
45 (93,75 %) – 3 (6,25 %)

(12) *что делать на карантине – что делать в карантине*
77 (82,80 %) – 16 (17,20 %)

(13) *работать на карантине – работать в карантине*
20 (83,33 %) – 4 (16,67 %)

На выбор предлога с пространственным значением накладывают ограничения семантические группы глаголов, которые позволяют выявить способ представления самой денотативной ситуации. Лексемы *находиться, оказаться, сидеть, провести, оставаться, жить* представляют собой глаголы бытия-существования в определенном пространстве, глагол *скучать* – пребывания субъекта в эмоциональном состоянии (Матвеева 1988: 65–66; 79). Пространство – одна из важнейших «реалий бытия, воспринимающаяся и дифференцирующаяся человеком» (Всеволодова, Владимирский 2019: 127).

Приведенные количественные данные свидетельствуют о дальнейшем усилении младшей нормы, о преобладании в современном русском языке конструкций с предлогом *на* (в среднем на долю предложно-падежной формы *на карантине* в приведенных примерах приходится 87,92% употреблений). Современный когнитивный подход к изучению семантики пространственных предлогов позволяет сделать вывод, что преобладание конструкций с предлогом *на* свидетельствует о характерной для русского языка плоскостной концептуализации пространства, в то время как предлог *в* способствует концептуализации денотата как объемного (Мальцева 2004).

Речевая практика текущего момента выявляет еще один любопытный феномен – активное употребление обеих пространственных конструкций в рамках одного текста. В результате корпусной выборки 2020 года мы получили 417 массмедийных текстов, в пространстве которых одновременно сосуществуют обе предложно-падежные формы *в карантине* и *на карантине* в составе словосочетаний с одними и теми же или синонимичными глаголами, например:

(14) До этого 14 дней ***в карантине*** после поездки в Испанию ***отсидел*** челябинский вице-губернатор Сергей Шаль….А, например, сенатор от Москвы Владимир Кожин ***провёл*** в марте ***на карантине*** 14 дней после возвращения из Франции (*АиФ*, 15.04.2020)

(15) В Египте ***на карантине находится*** круизный лайнер…В синей медицинской маске председатель Китая проинспектировал больницу, где лечат больных коронавирусом, и пообщался с ***находящимися в карантине*** местными жителями (*Коммерсантъ*, 10.03.2020)

(16) Кто купит продукты ***сидящим в карантине…*** При этом ***сидящий на карантине*** человек, не имеющий никаких симптомов, должен каждый день сообщать о своем самочувствии и температуре в поликлинику по месту жительства (*Комсомольская правда*, 11.03.2020)

(17) Министерство внутренних дел и безопасности Южной Кореи даже разработало приложение для смартфонов, которое делится с чиновниками данными GPS о лицах, ***находящихся на карантине***. Если те, кто ***находится в карантине***, пересекают «электронный забор» назначенной им территории, приложение предупреждает официальных лиц», – рассказывает он (*Независимая газета*, 28.05.2020)

(18) Последние пару дней перед вылетом туристы ***провели в карантине*** в своих отелях, питание им предоставляла норвежская сторона, она же взяла на себя оплату сверхсрочного пребывания в гостиницах и хостелах. Однако Лонгйир все равно ужесточил правила, теперь всем, кто возвращается на Шпицберген из-за пределов Норвегии, надо ***провести*** две недели ***на карантине*** на материке (*Российская газета*, 18.03.2020).

Журналист как носитель обыденного метаязыкового сознания, используя в одном тексте разные грамматические варианты, практически подтверждает семантическое тождество конкурирующих форм и их функциональное равноправие.

4. Грамматическое варьирование предложно-падежных форм существительного *в самоизоляции / на самоизоляции*

Актуальный коронавирусный лексикон пополнился новой лексической единицей *самоизоляция*, которая часто в текстах СМИ выступает контекстным синонимом лексемы *карантин* и означает своеобразную добровольность изоляции, основанную на гражданской сознательности и ответственности, а также необязательность, основанную на рекомендательном характере действия, в отличие от законодательно-нормативной обязательности карантина.

Степень новизны лексемы *самоизоляция* носит относительный характер. Известно одно из первых употреблений данного слова, упомянутого в письме Александра Блока Андрею Белому от 5 апреля 1909 года:

> Глубина и богатство личности предполагают глубину и богатство ее связей с миром, с другими людьми; разрыв этих связей, **самоизоляция** опустошают ее.

В современном русском языке в «докоронавирусный» период слово часто относилось к изоляции кого-/чего-либо в широком государственном масштабе, например:

(19) В середине XIX века ***Япония*** уже три века жила ***в самоизоляции*** (*Новые известия*, 04.02.2005)

(20) Россия никогда не была ***в самоизоляции*** (*Огонёк*, 17.11.2008)

(21) «Сколково», напомним, часто упрекают ***в самоизоляции*** (*Известия*, 10.03.2011).

Тем не менее носители языка в рамках коронавирусного контекста осознают единицу как новую, о чем свидетельствуют многочисленные метаязыковые высказывания:

(22) Тогда еще не свирепствовал коронавирус, и мы ***не знали слова «самоизоляция*** (*Рязанские ведомости*, 08.05.2020)

(23) Российское чиновничество ***придумало новое слово самоизоляция*** (*Советская Россия*, 28.07.2020)

(24) ***Новое слово «самоизоляция»***, появившееся из-за распространения коронавирусной инфекции, ***вошло в нашу жизнь*** (*Орская хроника*, 07.04.2020).

В 2020 году предложно-падежная форма *в самоизоляции* была употреблена 6314 раз, а форма *на самоизоляции* встречается в 11516 контекстах, что составляет 64,59 % от общего числа употреблений.

Представим количественную выборку употреблений предложно-падежных форм существительного *самоизоляция* с предлогами *в* и *на* в 2020 году в сочетании с наиболее частотными глаголами:

(25) *находиться на самоизоляции – находиться в самоизоляции*
3438 (72,87%) – 1280 (27,13%)

(26) *сидеть на самоизоляции – сидеть в самоизоляции*
448 (49,56%) – 456 (50,44%)

(27) *провести на самоизоляции – провести в самоизоляции*
106 (41,73%) – 148 (58,27%)

(28) *оказаться на самоизоляции – оказаться в самоизоляции*
92 (28,22%) – 234 (71,78%)

(29) *оставаться на самоизоляции – оставаться в самоизоляции*
166 (69,16%) – 74 (30,84%)

(30) *жить на самоизоляции – жить в самоизоляции*
116 (77,33%) – 34 (22,67%)

(31) *скучать на самоизоляции – скучать в самоизоляции*
34 (64,15%) – 19 (35,85%)

(32) *что делать на самоизоляции – что делать в самоизоляции*
11 (78,57%) – 3 (21,43%)

(33) *работать на самоизоляции – работать в самоизоляции*
15 (60%) – 10 (40%)

Приведенные количественные данные свидетельствуют о преобладании в современном русском языке конструкций с предлогом *на* (в среднем на долю предложно-падежной формы *на самоизоляции* в приведенных примерах приходится 60,18% употреблений). Преобладание предложно-падежных форм с предлогом *на* оказывается не столь убедительным, как в первом случае с существительным *карантин*.

Сопоставление предложно-падежных форм существительного *изоляция,* основа которого является производящей для слова *самоизоляция*, с этими же пространственными предлогами дает иную картину: *в изоляции* – 3144 употреблений, *на изоляции* –1058 контекстов (последняя форма составляет лишь 25% от общего употребления). Причину данного расхождения результатов мы видим в отглагольном происхождении существительного, называющего изолированное пространство. Основным значением отглагольных существительных является значение отвлеченного процессуального признака (Шведова 1980: 157). Отглагольные существительные могут развивать вторичное значение места действия, например, *инспекция, редакция*, с другими суффиксами – *селение, помещение, учреждение*. Сочетаемость этих существительных с пространственными предлогами допускает возможность выбора только одного предлога *в*: *в инспекции, в редакции, в селении, в помещении, в учреждении*.

Существительные *изоляция* и *самоизоляция,* синонимизируясь с предметными именами (типа *карантин*), развивают вариантные грамматические формы для выражения пространственных значений, но с преобладанием типичных для отглагольных существительных конструкций с предлогом *в*.

При анализе федеральных и региональных русскоязычных СМИ мы также, как и в предыдущем материале, выявили одновременное сосуществование в одном тексте обеих предложно-падежных форм *в самоизоляции* и *на самоизоляции* (общая выборка – 551 текст). Например:

(34) Россияне, оказавшись ***в самоизоляции,*** стали совершать большую часть покупок в интернете — от гречки и антисептиков до одежды… Находясь ***на самоизоляции,*** потребители перестали совершать импульсивные покупки, – добавляет Евгений Нифантьев (*Коммерсантъ*, 28.05.2020)

(35) Оказавшиеся ***на самоизоляции*** пенсионеры получали продовольственные наборы с деликатесами, которых раньше и не пробовали… В марте на одном из сайтов начали вести дневник жертвователей – список фирм и компаний, решивших по мере сил помочь сидящим ***в самоизоляции*** и борющимся с заразой (*Комсомольская правда*, 10.07.2020)

(36) Действительно ли россияне стали больше пить, находясь ***на самоизоляции****?…* Отдельной строкой выделен апрель — весь этот месяц в 2020 году народ полностью отсидел ***в самоизоляции*** (*Московский комсомолец*, 27.05.2020).

Факты одновременного употребления конкурентных форм свидетельствуют о продуктивности каждой из грамматических форм, о возможности свободной взаимозамены в условиях не только спонтанной разговорной речи.

В рамках одного текстуального пространства возможны различные комбинации анализируемых предложно-падежных форм существительных *карантин* и *самоизоляция.* Покажем встречаемость единиц в разных грамматических вариантах.

Наибольшая количественная представленность в одном тексте наблюдается у конструкций *на карантине* и *на самоизоляции* (1641 текст), например:

(37) Запертый в своём доме в Москве **на карантине**, точнее, как он поправил, **на самоизоляции**, Антонио Фаллико поговорил с нами по телефону. (*Красная звезда*, 10.04.2020).

Сочетаемость *на карантине* и *в самоизоляции* встретилась в 1078 текстах, например:

(38) Андрей Кончаловский в дни, когда полстраны сидит **на карантине**, обратился к согражданам с просьбой взять в руки телефоны и снимать самих себя, сидящих **в самоизоляции** (*Московский комсомолец*, 26.03.2020).

На порядок меньше представленность других комбинаций предложно-падежных форм с пространственными предлогами *в* и *на*. Сочетаемость *в карантине* и *в самоизоляции* – 192 текста, например:

(39) **В карантине** находятся 126 человек, еще 46 под наблюдением врачей. 1108 человек находятся **в самоизоляции**, за тем, чтобы они не покидали свои жилища, следят полицейские (*Московский комсомолец*. 12.03.2020).

Сочетаемость *в карантине* и *на самоизоляции* – 56 текстов, например:

(40) 10 депутатов **на** самоизоляции. **В карантине** даже вице-спикер Петр Толстой (*Комсомольская правда*. 18.03.2020).

5. Грамматическое варьирование предложно-падежных форм существительного *в зуме / на зуме / по зуму*

Период пандемии коронавируса активизировал еще одну новую единицу русского лексикона – существительное *зум* (транслитерация от *Zoom* – американского сервиса для проведения видеоконференций, дистанционного обучения школьников и студентов, одного из успешных стартапов Кремниевой долины). Новообразование, являясь одним из новых способов связи, наряду со старыми – *скайпом, телефоном, почтой, радио*, становится синонимом слов *школа* и *университет*. Современные студенты жалуются, что они ходят в один и тот же «Университет Zoom».

Многомерность смысловой связи с несколькими узуальными единицами русского языка породила, на наш взгляд, грамматическую вариантность нескольких предложно-падежных форм существительного с пространственным значением – *в зуме* (196 употреблений в 2020 году) / *на зуме* (2 употребления) / *по зуму* (202 употребления).

Предложно-падежная форма *на зуме* непродуктивна, составляет в паре конкурентных форм *в зуме / на зуме* лишь 1% от общего числа употреблений, являясь случайной на фоне грамматического усвоения новой лексической единицы, например:

(41) Одни танцы **на Зуме** (*Российская газета*. 09.06.2020)

(42) Полгода, когда мы сидели **на зуме**, показали, что это тяжело, неудобно и не заменяет общение (*Нижегородские новости*. 30.09.2020).

В первом контексте, являющемся заголовком газетной статьи, появление этой формы обусловлено, скорей всего, новой ассоциативной обработкой прецедентного сочетания *одни танцы на уме* в целях создания эстетического эффекта.

Равноправны в количественном отношении форма предложного падежа *в зуме* с пространственным значением и форма дательного падежа *по зуму*, имеющая инструментальное значение «посредством чего-н.» (Шведова 2008: 655), сочетающаяся с глаголами зрительной или речевой деятельности, см., например: *разговаривать, общаться, беседовать, видеться, вести совещания по зуму*.

Предложно-падежная форма *в зуме* обозначает пространство, в пределах которого происходит проявление какого-либо действия, например:

(43) Раньше испытания по композиции и дизайну могли длиться около 4–5 часов, а **находиться в зуме** столько времени не у всех есть возможность (*Молодежь Бурятии*. Улан-Удэ, 10.06.2020)

(44) Процесс репетиций «Горя от ума» продолжается **в зуме** (*Российская газета*. 11.06.2020)

(45) У дочки сорвался урок английского в скайпе, а у меня – **совещание в зуме**, – возмущается соседка (*Комсомольская правда*. 21.10.2020).

С определенной долей вероятности можно прогнозировать дальнейшее развитие непродуктивной формы *на зуме* по аналогии со ставшими привычными грамматическими формами существительных, называющих другие виды связи, например:

(46) Мы день и ночь **сидим на телефонах, на мейлах, на скайпе, на чем угодно**, чтобы подтянуть для них потенциальных партнеров (*Независимая Газета*. 13.05.2011)

(47) Северодвинск был закрыт на въезд и выезд из-за коронавируса, и я месяц не выходил из дома, **висел на телефоне** – разговаривал с каждым депутатом, чьи контакты мы смогли найти (*Новая газета*. 12.08.2020).

6. Заключение

Кратко подытожим сказанное выше. Корпусная проверка конкурентоспособности вариантных предложно-падежных форм существительных с предлогами *в* и *на* с пространственным значением на материале актуальных высокочастотных единиц, входящих в коронавирусный лексикон (*карантин, самоизоляция, зум*), показала бесспорную победу форм с предлогом *на* в современной речевой практике. Временные срезы языкового материала с интервалом в 50 лет продемонстрировали количественную динамику форм с предлогом *на* тех существительных, которые являются привычными для речевого употребления. К таким единицам мы отнесем лексему *карантин*.

Проверка узуальных норм выбора предложно-падежной формы существительных, которые языковым сознанием носителя языка классифицируются как новые (лексема *самоизоляция*), показала приоритет предлога *на* в меньшем процентном отношении. Особо ведет себя лексема *зум*. Здесь преобладает форма предложного падежа *в зуме* наряду с продуктивной формой дательного падежа *по зуму*. Прогнозируемое дальнейшее распространение вариантной формы *на зуме* опирается на возможную реализацию универсального закона аналогии, отсылающего нас к формам существительных с предлогом *на: на телефоне, на скайпе, на почте*, называющих современные способы общения и передачи информации.

Предлог *на*, являясь одним из маркеров, участвующих в моделировании пространственного образа мира у русских, способствует плоскостной концептуализации пространства, которая коррелирует с необъятными русскими просторами, с философским осмыслением «власти пространства над русской душой» (Н. Бердяев).

Литература

Виноградов, Виктор / Истрина, Евгения / Бархударов, Степан (ред.): *Грамматика русского языка*, Т. 1. Москва: Издательство АН СССР, 1952.

Виноградов, Виктор: *Русский язык: Грамматическое учение о слове*, 2-е изд. Москва: Высшая школа, 1972.

Всеволодова, Майя / Владимирский, Евгений: *Способы выражения пространственных отношений в современном русском языке*. Москва: URSS, 2019.

Гловинская, Марина: Активные процессы в грамматике (на материале инноваций и массовых языковых ошибок. Земская, Елена (ред.): *Русский язык конца XX столетия* (1985–1995), 237–304. Москва: ЯРК, 1996.

Гловинская, Марина: Активные процессы в грамматике. Крысин, Леонид (ред.): *Современный русский язык: Активные процессы на рубеже XX–XXI веков*, 187–267. Москва: ЯРК, 2008.

Гловинская, Марина: Потенциальные глагольные формы. Крысин, Леонид (ред.): *Современный русский язык: Система – норма – узус,* 171–199. Москва: ЯСК, 2010.

Граудина, Людмила / Ицкович, Виктор / Катлинская, Лия: *Грамматическая правильность русской речи: Опыт частотно-стилистического словаря вариантов*. Москва: Наука, 1976.

Касьянова, Зинаида / Мартиросян, Екатерина: Предлоги в социокультурном пространстве языка. *Гуманитарные и юридические исследования*, 3, 220–226. 2019.

Крысин, Леонид (ред.): *Русский язык по данным массового обследования.* Москва: Наука, 1974.

Мальцева, Ольга: Особенности концептуализации пространственных отношений носителями немецкого и русского языков. *Теория языка и межкультурная коммуникации: Межвузовский сборник научных трудов*, 3, 26–32. Курск: Издательство Курского государственного университета, 2004.

Матвеева, Тамара (ред.): *Лексико-семантические группы русских глаголов: учебный словарь-справочник.* Свердловск: Издательство Уральского университета, 1988.

Некрасов, Николай: *О значении форм русского глагола*. Санкт-Петербург: типография и литография И. Паульсона и Ко., 1865.

Панов, Михаил (ред.): *Русский язык и советское общество. Социолого-лингвистическое исследование. Морфология и синтаксис современного русского литературного языка.* Москва: Наука, 1968.

Тарасевич, Лариса: Семантические факторы сочетаемости русских и немецких пространственных предлогов. *Известия Российской академии наук. Серия литературы и языка*, 4 (76), 44–58. 2017.

Хоружая, Юлия: Система пространственных предлогов немецкого языка (концептуальный подход). *Филологические науки. Вопросы теории и практики*, 2 (12), 67–71. 2019.

Шведова, Наталия (ред.): *Русская грамматика*, Т. 1. Москва: Наука. 1980.

Шведова, Наталия (ред.): *Толковый словарь русского языка с включением сведений о происхождении слов.* Москва: Азбуковник, 2008.

Evans, Vyvyan: From the Spatial to the Non-Spatial: the 'state' Lexical Concepts of "in", "on" and "at". Evans, Vyvyan / Chilton, Paul (eds.): *Language, Cognition and Space: The State of The Art and New Directions,* 171–193. London: Equinox Publishing, 2010.

Tyler, Andrea / Evans, Vyvyan: *The Semantics of English Prepositions: Spatial Scenes, Embodied Meaning and Cognition.* New York: Cambridge University Press, 2003.

Lu Wei-Lun: Perspectivization and contextualization in semantic analysis: a parsimonious polysemy approach to in. *Studia Linguistica Universitatis Iagellonicae Cracoviensis,* 134 (3), 247–264. 2017.

Primary vs. secondary predicates in Russian and the SLP vs. ILP distinction revisited[†]

Anton Zimmerling[*]

Abstract: This paper addresses the distribution of Russian constructions expressing SLP semantics and introduces a distinction of internal SLP (SLP-INT) vs external SLP (SLP-INT). The semantics of SLP-INT is expressed in Russian by a large class of lexical predicatives selecting a dative subject and by a different class of indeclinable predicatives selecting a nominative animate subject. DPS predicatives lack agreement, while NOM predicatives are adjective-like elements with defective morphology. Russian predicatives do not produce ILP sentences. The semantics of SLP-EXT is expressed in Russian in two different ways: 1) by a class of predicatives that neither license dative nor nominative subjects; 2) by agreeing nominal elements (nouns, full and short adjectives) in the position of the primary and secondary predicate. The distribution of short and full adjectives is no longer triggered by semantics, while the assignment of the instrumental case to the predicative complement is a marker of SLP-EXT. There is a correlation between the INSTR marking on the predicate and the SLP-EXT meaning. However, the absence of INSTR does not necessarily signal the ILP meaning.

Keywords: predicate taxonomy, SLP predicates, ILP predicates, internal states, external states, case, agreement, secondary predicates, small clauses, predicative instrumental

Русские конструкции с первичным и вторичным сказуемым и противопоставление состояний и свойств

Антон Циммерлинг

Резюме: Для русской грамматики релевантно противопоставление предикатов состояния (SLP) предикатам свойства (ILP), которые обозначают нелокализованные во времени ситуации. В структурах с вторичной предикацией ключевым фактором является падеж именного или адъективного элемента. Различаются внутренние (SLP-INT) и внешние состояния (SLP-EXT). Внешние состояния обозначают ситуации, доступные для внешнего наблюдения. Внутренние состояния недоступны для внешнего наблюдения и могут быть квантифицированы только по своему субъекту. Значение SLP-INT выражается двумя классами предикативов в структурах с первичной предикацией. Значение SLP-EXT может выражаться в структурах с первичной и вторичной предикацией. Все актантные малые клаузы с творительным предикативным имеют значение SLP-EXT.

Ключевые слова: семантические типы предикатов, состояния, свойства, внутренние состояния, внешние состояния, падеж, согласование, вторичная предикация, малые клаузы, творительный предикативный падеж

---

† The reported study was funded by Russian Foundation for Basic Research (project number 20-512-18005) and the Bulgarian National Science Fund (Programme for Bilateral Cooperation, Bulgaria–Russia 2019–2020, Project: “The Ontology of the Stative Situations in the Models of Language: a Contrastive Analysis of Bulgarian and Russian Languages”.

* Pushkin State Russian Language Institute / Institute of Linguistics, Russian Academy of Sciences, e-mail: fagraey64@hotmail.com

1. Davidsonian states and SLP predicates

In the 1960s, Donald Davidson defined states as a kind of spatiotemporal things that hold during a time interval (Davidson 1980). If p is a state and holds in some locus during an interval starting from t_0 and ending in t_n, that means p is true in this locus for every time point $t_i \in \{t_0 \ldots t_n\}$, so that p consists of homogeneous phases, cf. (Maienborn 2007). Later predicate taxonomies rooting in Davidson (Bulygina 1982; Seliverstova 1982) usually add to the distinction of spatiotemporal vs nonspatiotemporal things another dimension — the distinction of dynamic vs static situations in the spirit of (Vendler 1967). Dynamic situations were initially claimed to have an endpoint, i.e. a point of transition from p to ~ p, contrary to stative situations. This criterion does not work, since all spatiotemporal things have an endpoint according to the Davidsonian analysis. However, the contrast between all types of dynamic predicates and Davidsonian states is captured by the homogeneity criterion: Davidsonian states consist of homogeneous phases, while dynamic predicates do not (Seliverstova 1982: 126–127). Vendler aims at classifying verbs according to their aspectual semantics: three types of dynamic predicates — a) activities, cf. *run*, *drive*, b) accomplishments, i.e. incremental or gradual predicates, cf. *build a house*, c) achievements, i.e. predicates of an instantaneous transition, cf. *notice* — are opposed to a single class of statives. Since there is only one class of statives in this account, Vendlerian verbal states like *know*, *love* are classified together with all kinds of non-verbal predicates lacking aspectual features, cf. *be cold*, *be stupid*, etc. Vendlerian taxonomy has been adapted to the needs of linguistic typology, with the proviso that the class of accomplishments is elsewhere called 'resultatives' (Ned'alkov 1983).

Davidsonian taxonomies leave a possibility of classifying statives into different types. This is done in (Bulygina 1982: 82–85) and (Seliverstova 1982: 93–97), who distinguish spatiotemporal vs non-spatiotemporal stative situations: the latter, called 'свойства' or 'качества' are analyzed as names of properties abstracted from any referential situations. In the Russian linguistic tradition, it is customary to illustrate properties with one-place nominal predicates (nouns or full adjectives or NPs) in the nominative case, cf. (1a–c).

(1) Rus. a. Он$_{\text{3SG. M. NOM}}$ — мужчина$_{\text{SB,NOM.SG.M}}$.
'He is a man.'
b. Он$_{\text{3SG. M. NOM}}$ — сильный$_{\text{ADJ.NOM.SG.M}}$.
'He is strong'
c. Он — [$_{\text{NP}}$ сильный мужчина]$_{\text{NOM.SG.M}}$.
'He is a strong man.'

Remarkably, tentative spatiotemporal stative predicates are illustrated by Russian sentences without full agreement or at least without a special predicative form.

While *мужчина* and *сильный* can be used in argument or attributive positions, Russian short adjectives, cf. (2a) or the predicative instrumental, cf. (2b) are used only as part of the predicate. The idiomatic meaning sometimes conveyed by such constructions, confirms the hypothesis that they denote referential spatiotemporal situations. E.g., (2a) literally means 'X was dumb as fish', but actually tells that X was not dumb except for some situation where he *kept from talking*, while (2b) implies that X not only was a man but also *behaved like a real man* during his life.

(2) Rus. a. Он$_{\text{3SG. M. NOM}}$ был$_{\text{PST.SG}}$ нем$_{\text{ADJ.PR. NOM.SG.M}}$, как рыба.
'He was dumb as a fish' i.e. 'X kept from talking'.
b. Он$_{\text{3SG. M. NOM}}$ был$_{\text{PST.3SG.SG}}$ мужчиной$_{\text{INSTR.PRED}}$.
'He was a <real> man.'

The idea that the absence vs presence of agreement on a nominal predicate encodes the distinction of spatiotemporal vs non-spatiotemporal stative situations in Russian was first introduced as early as 1928 in Lev Ščerba's influential paper "On parts of speech in Russian" (Ščerba 1928). Ščerba bluntly called spatiotemporal predicates *состояния* i.e 'states' and non-spatiotemporal predicates *качества* i.e. 'properties'. The same semantic distinction under the cover terms 'stage-level predicates" (SLP) vs 'individual-level predicates' (ILP) was reintroduced 50 years later by Greg Carlson (Carlson 1977), cf. (Kratzer 1995). In the following, I use the tags SLP and ILP for Ščerbian states and properties, respectively.

2. SLP predication and the Russian Category of State

Ščerba and his followers incl. (Vinogradov 1947; Isačenko 1955) believed that the core of the Russian SLP predication is represented by special non-agreeing word forms selecting an animate subject and either licensing dative-predicative structures (hence — DPS) or a structure with a nominative subject, cf. *навеселе* 'tipsy', 'half drunk', 'half of the bag' in (4). Ščerba's initial illustration showed a SLP sentence with the DPS predicative *X-у весело* 'X is having fun', cf. (3b), against an ILP sentence with an agreeing full adjective from the same root *X веселый* 'X is cheerful', cf. (3a).

(3) Rus. a. Я$_{\text{1SG.NOM}}$ веселый$_{\text{ADJ.NOM.SG.M}}$. (ILP)
'I am cheerful.'
b. Мне$_{\text{1DAT.SG}}$ весело$_{\text{PRED}}$. (SLP)
'I am having fun.'
(4) Rus. [$_{\text{CoP}}$ Вася и Катя] были$_{\text{PST.3PL}}$ навеселе$_{\text{PRED}}$. (SLP)
'Basil and Kate were half in the bag.'

Ščerba believed that the predicative instrumental as in (2b) and short adjectives as in (2a) belong to the periphery of the SLP predication. A major problem with his approach that he combined or mixed up as, e.g. (Sperber 1972; Apresjan 1985) claimed semantic analysis with the issues of the part-of-speech classification. He and his followers, cf. (Ščerba 2008: 91; Vinogradov 1947; Isačenko 1955) argued that Russian has a new class of indeclinable words in the making, so called Category of State (CatS) which stands for SLP. On obvious reasons, neither Russian INSTR nor Russian short adjectives are good candidates to be listed in CatS, since they are part of declension paradigms. However, the semantic side of Ščerba's hypothesis is reliable. If one assumes that all forms in (2a–b), (3b), (4) are SLPs without assuming that they make up any joint word class, morphosyntactic criteria provide a nice subcategorization of SLPs. True indeclinable SLP predicates like those in (3b) and (4) invariably select animate semantic subjects in Russian, while presumable SLPs linked with declension paradigms like those in (2a–b) do not.

Table 1. Two classes of Russian SLPs

	SLP	
	+ Animate	(± Animate)
Declension paradigm	NO	YES
Syntactic schema	N_{DAT} — V_{LINK} — PRED N_{NOM} — V_{LINK} — PRED	N_{NOM} — V_{FIN} — N/ADJ_{INSTR} N_{NOM} — V_{FIN} — N_{ACC} — N/ADJ_{INSTR} N_{NOM} — V_{LINK} — ADJ.PRED

3. The predicative instrumental and Russian short adjectives as primary predicates

The idea that INSTR on the nominal predicate is semantically motivated and the choice of INSTR vs NOM case encodes the SLP vs ILP distinction in Russian goes back to Ščerba's contemporary Alexander Peškovskij (Peškovskij 1928: 316). This author also claimed that Russian short and long adjectives are always non-synonymic in the predicative position (ibid., 262–263), although he admitted that short adjectives are absent from colloquial Russian (ibid., 264). Peškovskij was born in 1878, the 1st edition of his book "Russian language from a scientific perspective" appeared in 1914, the 3rd edition in 1928. In the later generations, the contrast of short vs full adjectives is degraded. In some contexts, the short forms of many adjectives are not used, and in a different group of contexts, where the short form survived, the full form is licensed. Moreover, in some contexts the SLP meaning can be expressed in three ways — by using the short and full forms of the adjective in the nominative case, cf. (5a–b) and by the INTSR form of the same adjective, cf. (5c). In the older usage, full adjectives do not take complements, so the combination *добрый ко мне* 'kind to me' should be ill-formed, but even this constraint is violated in Modern Russian, cf. (5a).

(5) a. Он был$_{PST}$ очень добрый$_{ADJ.NOM}$ ($^{?}$ко мне) на экзамене. (SLP)
'He was very kind to me at the exam.'
b. Он был$_{PST}$ очень добр$_{ADJ.PRED.\ NOM}$ (ко мне) на экзамене. (SLP)
'*the same*'
c. Он был$_{PST}$ добрым$_{ADJ.INTSR}$ ($^{?}$ко мне) на экзамене. (SLP)
'*the same*'

The variants (5a–c) have SLP semantics: they indicate that the event 'X was kind to Y' took place in some locus during the period of time 'at the exam' in some referential situation in the past. However, idiomatic expressions and clichés with short forms, cf. *готов* [$_{PP}$ *на все*] 'ready for anything', *готов* [$_{InfP}$ *стоять за дело мира*] 'ready to stand for the cause of peace' are resistant to the expansion of full forms. Ex. (6) from the song by Alexander Galitsch is a parody mocking illiterate speech.

(6) Non-stand. Rus. *Но я стоять$_{INF}$ готовая$_{ADJ.NOM.SG.F}$ за дело мира (A. Galitsch, 1970) (SLP)
'But I-fem. am ready to stand for the cause of peace'

In (6), the speaker declares her (actually — his, since a man is reading out the wrong text) will to stand for the cause of peace from now on. It is an SLP context. The full adjective *готовая* does not fit here — not because it brings an ILP meaning, cf. the full adjective *добрый* in a similar SLP context in (5a), but because the cliché *готова стоять за дело мира* does not license the replacement *готова → готовая*.

Another Peškovskij's hypothesis that the case-marking with INSTR vs NOM on the predicative complement encodes the SLP vs ILP distinction remains popular, see especially (Nichols 1981; Kosta 2014; 2020; Pitsch 2017; Zhuravleva 2018). The search must be narrowed with predicative adjectives and participles, since the semantic opposition *Он был*$_{PST}$ *инженер*$_{NOM}$ 'He was an engineer' (ILP) vs *Он был*$_{PST}$ *инженером*$_{INSTR}$ 'He was an engineer' (SLP) presumably valid in the early 20th century seems to be lost (Guiraud-Weber 2007; Krasovitsky *et al.* 2008). With adjectival and participial complements, the main problem is that while every use of INSTR conforms to the SLP meaning, not every use of NOM signals the ILP meaning. In many contexts INSTR and NOM alternate without any clear contrast, cf. (7a–b).

(7) Rus. a. Он$_{NOM.SSG.M}$ был$_{PST.SG}$ уже совсем больной$_{ADJ.NOM.SG.M}$, когда мы пришли. (SLP)
'He was already quite ill when we came.'
b. Он$_{NOM.SG.M}$ был$_{PST.SG}$ уже совсем больным$_{ADJ.INSTR,SG.M}$, когда мы пришли. (SLP)
'*the same*'

4. The predicative instrumental, adjectives and predicative adverbials as secondary predicates

Short adjectives in ACC and the oblique cases, cf. **он*$_{\text{3SG. M. NOM}}$ *увидел*$_{\text{PST.SG.M}}$ *ее*$_{\text{3SG. F. ACC}}$ *сердиту*$_{\text{ADJ.PRED.ACC.SG.F}}$ int. 'He saw that she was angry' are no longer used. Short adjectives in NOM are licensed as secondary predicates but sound bookish. There is no contrast between (8a) and (8b), both of them convey the SLP meaning 'X was in an angry mood when he came', but (8b) is neutral, while (8a) sounds archaic or ironic.

(8) Rus. a. Он$_{\text{3SG.M}}$ пришел$_{\text{PST.SG.M}}$ сердит$_{\text{ADJ.PRED.SG.M}}$ и зол$_{\text{ADJ.PRED.SG.M}}$. (SLP)
'X came in angry and in malicious temper.'
b. Он$_{\text{3SG.M}}$ пришел$_{\text{PST.SG.M}}$ сердитый$_{\text{ADJ.PRED.SG.M}}$ и злой$_{\text{ADJ.PRED.SG.M}}$. (SLP)
'*the same*'

The productive types are linked with full adjectives in NOM and INSTR. In intransitive clauses, NOM is the standard option. INSTR with *пришел* 'came in' — $^{?}$*он пришел сердитым*$_{\text{INSTR}}$ *и злым*$_{\text{INSTR}}$ — is not completely out, but is rated lower than (8b). In transitive clauses with object control, cf. *увидеть кого-л.* 'to see anyone' ACC and INSTR alternate, but INSTR is more frequent. Russian small clauses are construed both with ACC/NOM and INSTR. In contexts like (9a–b), there is no semantic contrast between the construction with the second ACC and the construction with INSTR, both of them meaning 'I am hoping that you will be alive when I see you', but not 'I am hoping to see you live'.

(9) Rus. a. Я$_{\text{1SG.NOM}}$ надеюсь$_{\text{PRES.1SG}}$ увидеть$_{\text{INF}}$ [SC вас$_{\text{ACC.PL}}$ живых$_{\text{ACC.PL}}$]. (SLP)
lit. 'I hope to see you-pl living'
b. Я$_{\text{1SG.NOM}}$ надеюсь$_{\text{PRES.1SG}}$ увидеть$_{\text{INF}}$ [вас$_{\text{ACC.PL}}$ живыми$_{\text{ISTR.PL}}$]. (SLP)
'*the same*'

To express the meaning 'I am hoping to see you live, not on the internet', one has to change the construction and use an adverbial secondary predicate. This can be done by inserting either of the two adverbs — *вживую* or *живьем*.

(10) Rus. a. Я$_{\text{1SG.NOM}}$ надеюсь$_{\text{PRES.1SG}}$ увидеть$_{\text{INF}}$ вас$_{\text{ACC.PL}}$ живьем$_{\text{ADV.PRED}}$.
'I am hoping to see you live.'
b. Я$_{\text{1SG.NOM}}$ надеюсь$_{\text{PRES.1SG}}$ увидеть$_{\text{INF}}$ вас$_{\text{ACC.PL}}$ вживую$_{\text{ADV.PRED}}$.
'*the same*'

(10a–b) are spatiotemporal and refer to a moment in the future, when p (X sees Y live) is true. However, they lack SLP semantics, since they do not denote any time interval: in Vendlerian terms, these are accomplishments, not states. It is unlikely that either (10a) or (10b) contain a small clause: both *живьем* and *вживую* are oriented here towards the matrix subject, i.e. the person who is hoping to see somebody, not towards the object of the embedded infinitive. The reading *'I am hoping that you will be alive when I see you' for (10a) is excluded. Remarkably, with other transitive verbs, e.g. *поймать кого-л.* 'to catch smb.' the picture is different: *живьем* is associated with the embedded object, not the matrix subject. The sentences (11a–b) have small clause syntax and SLP semantics. The non-agreeing predicative adverbial *живьем* proves synonymic here to the predicative instrumental.

(11) Rus. a. $Я_{1SG.NOM}$ $надеюсь_{PRES.1SG}$ $поймать_{INF}$ [SC $крокодила_{ACC.SG.M}$ <u>$живьем_{ADV.PRED}$</u>]. (SLP)
'I am hoping to catch a crocodile alive'.
b. $Я_{1SG\ NOM}$ надеюсь $поймать_{INF}$ [SC $крокодила_{ACC.SG.M}$ <u>$живым_{INSTR.\ SG.M}$</u>]. (SLP)

Both (11a) and (11b) force the small clause analysis and the SLP reading 'I am hoping that the croc will be alive, when I catch it', but not the matrix reading *'I am hoping to be alive when I catch the croc', see above (10b) for the contrast. The adverbial *вживую* is always associated with the matrix subject and does not license small clause readings like (11a). Finally, the variant with the second accusative — *надеюсь поймать* [SC *крокодила*ACC *живого*ACC] — is possible but less natural than (11b).

We conclude that the correlation between SLP and the choice of INSTR is better preserved by secondary predicates, notably in the transitive clauses. The small clause syntax generally implies SLP semantics in argument clauses, but Russian argument small clauses with the SLP meaning do not necessarily include an INSTR element and are construed in more than one way, both with adjectives and with predicative adverbials.

5. The predicative instrumental with a zero copula and without a nominative subject

Standard accounts of Russian grammar explain the INSTR case-marking on the predicative complement as an instance of the subject control. It is controlled by an overt clausal subject — either the matrix subject or the small clause subject — in the presence of a non-zero verbal head: $NP_1 \ldots \underline{v^0} \ldots NP_2/ADJ^{INSTR}$ ~ $NP1 \ldots \underline{v^0} \ldots NP_2 \ldots . NP_3/ADJ^{INSTR}$ (Baylin 2011). However, on special occasions, the predicative INSTR is assigned in the absence of an overt verbal head or in a structure without a nominative subject. One of the exceptions is described in (Zimmerling 2018c). A minority of Russian speakers from 18th up through the 21st century as a corpus study has shown license INSTR on the predicative adjective if a sentential argument is raised to the subject position. The standard dialect of Russian (= 'Russian-A') lacks raising of sentential arguments and applies non-agreeing predicatives instead of adjectives in structures like *было* ***известно***PRED, *что P* ‘it was known that P’. The RNC corpus examples (12) and (13) with the adjective *было* ***известным***$_{\text{ADJ.INSTR}}$, *что P* ‘the same’ are tagged below ‘Russian-B’. The tag ‘Russian’ throughout this article refers to ‘Russian-A’, if the opposite is not explicitly specified.

(12) Rus-B. Департаменту$_{\text{DAT}}$ полиции стало$_{\text{PST.3G.N}}$ известным$_{\text{INSTR}}$, [$_{\text{CP}}$ что вы переслали какое-то письмо отсюда]. (G. Gershuni, 1908)
‘The police department got to know that you have sent some letter from the prison.’

(13) Rus-B. Мне$_{\text{DAT}}$ стало$_{\text{PST.SG.N}}$ известным$_{\text{INSTR}}$, [$_{\text{CP}}$ что П. А. Столыпин удостоил П. Н. Дурново письмом.] (V.Shul′gin, 1971)
‘I got to know that Stolypin had honoured Durnovo with a letter.’

The matrix verb *стало* in (12) и (13) stands in 3Sg.N, which is the default agreement form, i.e. a non-agreeing form in terms of traditional grammar. The matrix clause has no subject DP in the nominative case, so the only available type of case controller is the raised that-clause [$_{\text{CP}}$ *что P*], which fills in the vacant position of the matrix subject. Standard Russian, i.e. Russian-A lacks raising of sentential arguments.

Another deviation is discussed in (Kosta 2014; 2020) with the focus on (14a). It is an absolutive construction, where INSTR is optionally assigned to the extracted predicative attribute. In the present tense, the copular *быть* ‘be’ is represented by a zero, so that the predicative complement *холодным*$_{\text{INSTR}}$ ‘when <the tea is> cold’ is case-marked with INSTR in the absence of an overt copula. It should be emphasized that INSTR in this position is optional and the same SLP meaning can be expressed by the nominative adjective, copying the case form of the controller, cf. (14b).

(14) Rus. a. Холодным$_{\text{INSTR.SG.M}}$ [$_{\text{DP}}$ этот чай]$_{\text{NOM.SG.M}}$ невкусный$_{\text{NOM.SG.M}}$. (SLP)
‘This tea is tasteless when cold.’
b. Холодный$_{\text{NOM.SG.M}}$ [этот чай] невкусный$_{\text{NOM.SG.M}}$. (SLP)
‘*the same*’

Most speakers prefer the option (14b) with NOM, but (14a) is a licit structure. The underlying SLP sentence fixing the fact that the tea was cold at the moment it was consumed is either (15a) or (15b).

(15) Rus. a. Чай$_{\text{NOM.SG.M}}$ был$_{\text{PST.SG}}$ холодным$_{\text{INSTR.SG.M}}$/холодный$_{\text{NOM.SG.M}}$. (SLP)
‘The tea was cold.’
b. пить$_{\text{INF}}$ [$_{\text{SC}}$ чай$_{\text{ACC.SG.M}}$ холодным$_{\text{INSTR.SG.M}}$/$^{?}$холодный$_{\text{NOM.SG.M}}$] (SLP)
‘to drink the tea cold.’

It can be speculated that the predicates (14)–(15) have the resultative meaning and denote the change of the state. Indeed, the sentence *The tea was cold* implies that the tea had initially been hot, but got cold. But this conclusion is hasty, since the change of the state implicature is brought in by the pragmatic context, not by the construction itself. With the adjective *сырой* 'raw', 'fresh' the sentence certainly does not add the implicature that the mushrooms initially had been cooked but then turned fresh, cf. (16a–d).

(16) Rus. a. Сырыми$_{\text{INSTR.PL}}$ [$_{\text{DP}}$ эти грибы]$_{\text{NOM.PL}}$ невкусные$_{\text{NOM.PL}}$. (SLP)
'These mushrooms are tasteless when fresh.'
b. Сырые$_{\text{NOM.PL}}$ [$_{\text{DP}}$ эти грибы]$_{\text{NOM.PL}}$ невкусные$_{\text{NOM.PL}}$. (SLP)
c. [$_{\text{DP}}$ Эти грибы]$_{\text{NOM.PL}}$ были$_{\text{PST.PL}}$ сырыми$_{\text{INSTR.PL}}$/сырые$_{\text{NOM.PL}}$. (SLP)
'These mushrooms were fresh.'
d. есть$_{\text{INF}}$ [$_{\text{SC}}$ грибы$_{\text{ACC.PL}}$ сырыми$_{\text{INSTR.PL}}$/сырые$_{\text{ACC.PL}}$] (SLP)
'to eat the mushrooms fresh.'

In Russian argument clauses, the complement marked with INSTR agrees in number and gender with its controller, i.e. the clausal subject. Likewise (11a–b), argument clauses with an adjective case-marked with INSTR occasionally have SLP equivalents in small clauses with predicative adverbials. Cf. (17), where the agreeing adjective *сырыми* 'fresh' is replaced by the synonymic non-agreeing adverbial *в сыром виде* 'in the fresh form'.

(17) Rus. есть$_{\text{INF}}$ [$_{\text{SC}}$ грибы в сыром виде$_{\text{ADV.PRED}}$]. (SLP)
'to eat the mushrooms fresh.'

The same option is available in the absolutive construction, cf. (18).

(18) Rus. В сыром виде$_{\text{ADV.PRED}}$ [$_{\text{SC}}$ [$_{\text{DP}}$ эти грибы]$_{\text{NOM.PL}}$ __] невкусные$_{\text{NOM.PL}}$. (SLP)
'Fresh, these mushrooms are tasteless.'

6. Resultative small clauses and SLPs

Resultative small clauses denote the change of the state, which requires different morphosyntax. The predicative INSTR takes the default form (Instr.Sg.M/N) and lacks a lexical controller, see (19) The resultative meaning is also expressed by adverbial predicatives, mostly with prefixes *на-* and *до-,* cf. *насмерть* 'to one's death', *насухо* 'to the dry condition', *досуха* 'the same', cf. (20)–(21).

(19) Rus. Она$_{\text{3SG.F}}$ покрасила$_{\text{PST.SG.F}}$ стены$_{\text{ACC.PL}}$ синим$_{\text{INSTR.SG.M/N}}$
(*синими$_{\text{INSTR.PL}}$). (Res)
'She painted the walls blue.'

(20) Rus. a. Он$_{\text{3SG.M}}$ разбился$_{\text{PST.SG.M}}$ насмерть$_{\text{ADV.PRED}}$. (Res)
'He crashed to his death.' (Res)
b. Он$_{\text{3SG.M}}$ забил$_{\text{PST.SG.M}}$ соседку$_{\text{ACC.SG.F}}$ насмерть$_{\text{ADV.PRED}}$.
'He beat his neighbor to death' (Res)

(21) Rus. Он$_{\text{3SG.M}}$ вытер$_{\text{PST.SG.M}}$ стол$_{\text{ACC.SG}}$ досуха$_{\text{ADV.PRED}}$. (Res)
'He wiped the board dry.'

Resultative predicates entail SLPs in the logical sense. If p (X beat Y to death) is true from the moment t, cf. (20b), then q (Y is dead) is also true from t: ~q… t… q. However, resultatives, unlike SLPs, denote a single time point, not an interval. Despite the event p (the act of killing, wiping the board, painting the wall, etc.) takes some time in the real world, in the perspective of natural language metaphysics and predicate taxonomy it is just a single point marking the transition from the state ~q to the state q. Another relevant feature of resultatives is that the final state q is triggered by some preceding activity or involuntary process p — e.g. the window is *open* (q), since X or a puff of wind *caused it to open* (p), while true SLPs like 'X is sad', 'X is wet' etc. and not determined causally by any external factors and denote situations which are conceptualized as underived. Such underived SLPs are indeed projected by the event structure of Russian argument small clauses, cf. (8)–(9), (11)–(18), but not by the event structure of Russian resultative small clauses.

7. The morphosyntax of Russian lexical predicatives. Internal and external SLPs

We finally turn to indeclinable Russian lexical predicatives like *<мне> стыдно* 'I am ashamed', lit. 'to-me is ashamed', *<они были> навеселе* '<they were> slightly tipsy'. Here the taxonomic SLP semantics results from the interaction of two factors: the choice of the lexical item and the syntactic pattern. The basic subcategorization of SLPs in Russian and in general is the distinction of internal vs external SLPs (Zimmerling 2018a). There are three relevant criteria:

(i) Internal SLPs denote situations with a priority semantic argument (semantic subject), external SLPs lack it.

(ii) External SLPs can be quantified based on their spatiotemporal characteristics, internal SLPs can be only quantified on their semantic subjects.

(iii) External SLPs denote sensually (visually or audibly) perceived situations, internal SLPs do not.

The criterion (i) predicts that the priority semantic argument is typically human or animate. Some types of external SLPs select one or more animate arguments, cf. ***John** is now in the city*, ***John** has a car*, ***John** is currently married to **Mary***. Such predicates describing some relational configuration of their arguments are both stative and spatiotemporal but lack a priority argument according to the approach outlined here. Contrariwise, internal SLPs like ***Ивану** стыдно* 'John feels ashamed', ***Ивану** стыдно за свою страну* 'John is ashamed of his country', ***Ивану** стыдно, что он опоздал* '*John feels ashamed that he was late*' have a priority argument irrespective of the fact, whether it is sole or not. The notion of the priority semantic argument is close, but not identical to the notion of experiencer.

The criterion (ii) specifies that different persons X and Y can have different reactions and different states of the mind in the same locus and at the same time. Assume that John amd Basil attend the same lecture: John (X) is *cold* and *bored*, while Basil (Y) is *not cold* and is *interested*. Therefore, the quantification of intentional states like 'X is cold' is only possible in the set of X-s mental states. Contrariwise, external SLPs like *Здесь пыльно* 'It is dusty here' or *Сегодня пасмурно* 'It's cloudy today' can be quantified upon their spatiotemporal characteristics without recourse to the mental state of the observer: such predicates bring about a presupposition that the assessment 'It is dusty here' is shared by all possible observers.

The criterion (iii) specifies that despite internal SLPs as the feelings of anger, cold or shame, etc. can have external symptoms, they cannot be visualized, while external SLPs like 'be dusty', 'be cloudy' normally can.

7.1. Indeclinability, agreement and ILPs

Russian lexical predicatives pattern into two classes — indeclinable forms, cf. *навеселе* 'X is tipsy' vs lacking agreement, cf. *боязно* 'X is afraid'. Their grouping in one shared word class, CatS in the Ščerbian line is not felicitous, since the elements from the first class show gender-and-number agreement, cf. the phi-features on the copula: *Вася*$_{\text{NOM.SG.M}}$ ***был***$_{\textbf{PST.SG.M}}$ *навеселе*$_{\text{PRED}}$ ~ *Катя*$_{\text{NOM.SG.M}}$ ***была***$_{\textbf{PST.SG.F}}$ *навеселе*$_{\text{PRED}}$ ~ [$_{\text{CoP}}$ *Вася и Катя*]$_{\text{NOM.PL}}$ ***были***$_{\textbf{PST.PL}}$ *навеселе*$_{\text{PRED}}$, cf. (4) above. Contrariwise, the elements from the second class, which license DPS structures in Russian and case-mark their semantic subjects with the dative case — *Васе*$_{\text{DAT}}$ ***было***$_{\textbf{PST.SG.N}}$ *боязно*$_{\text{PRED}}$ 'B. was afraid'— completely lack agreement morphology. This conclusion was first made by Nikolaj Pospelov in 1955 who claimed that DPS are incompatible with subject-predicate agreement (Pospelov 1955). I find Pospelov's hypothesis correct, though he made an unnecessary concession to the traditional linguistics and excluded DPS realizations with sentential arguments (finite clauses or infinitives): in accord with the theories of his day, he assumed that sentential arguments always take the subject position by DPS predicatives (which is dubious – see the discussion in (Zimmerling 2009)) and analyzed such arguments as agreement controllers (which is wrong).

While Ščerba's terminology is flawed, his semantic intuition is acute and astonishingly modern: Ščerba noticed that neither non-agreeing nor indeclinable predicative license ILP sentences. That means that Russian lexical predicatives do not denote any non-spatiotemporal things at all. The forms like *стыдно*, *боязно* are no longer associated with any declension paradigms of agreeing adjectives: such adjectives existed but fell into disuse already in Ščerba's day.[1] Several hundred forms like *неприятно* 'unpleasant' license DPS and correlate with the existing adjectives, cf. full forms *неприятн-ый*$_{\text{SG.M}}$, *неприятн-ая*$_{\text{SG.F}}$, *неприятн-ое*$_{\text{SG.N}}$, *неприятн-ые*$_{\text{PL}}$ and short forms *неприят-ен*$_{\text{SG.M}}$, *неприят-н-а*$_{\text{SG.F}}$, *неприят-н-о*$_{\text{SG.N}}$, *неприят-н-ы*$_{\text{PL}}$.[2] If one accepts Pospelov's hypothesis, this correlation is no longer an obstacle: non-agreeing predicatives licensing DPS *Мне было неприятно*$_2$ 'I did not like it' and agreeing short adjectives in NOM-ACC.SG.N *Поражение*$_{\text{NOM.SG.N}}$ *было очень неприятно*$_{\text{ADJ.NOM.SG.N}}$ 'The loss was very unpleasant') are described as homonyms in syntax.

There is one complication remaining. Some predicatives of non-adjectival morphology, cf. *не по силам* 'unable', *невдомек* 'don't know'[3] license both DPS as (22a) and dative-nominative structures (hence — DNS) as (22b). DNS have nominative subjects, which control the agreement of the copula. If Pospelov's hypothesis is accepted, the non-agreeing DPS predicative *не по силам*$_2$ in (22a) and the indeclinable but agreeing element *не по силам*$_1$ in the DNS sentence (22b) are homonyms. We tag *не по силам*$_1$ as indeclinable adjectives with a defective morphology, since they display the same syntax in DNS, as standard agreeing adjectives like *непосильный* in (23a–b).

(22) Rus. a. Мне$_{\text{DAT}}$ было$_{\text{PST.SG.N}}$ **не по силам**$_2^{\text{PRED}}$ [$_{\text{InfP}}$ решить$_{\text{INF}}$ [$_{\text{DP}}$ эти задачи]$_{\text{ACC.PL}}$].
'I was unable to handle these tasks.'
b. Мне$_{\text{DAT}}$ были$_{\text{PST.PL}}$ **не по силам**$_1^{\text{ADJ}}$ [$_{\text{DP}}$эти задачи]$_{\text{NOM.PL}}$.
'These tasks were too much for me.'

(23) Rus. a. [$_{\text{DP}}$ Эти задачи]$_{\text{NOM.PL}}$ были$_{\text{PST.PL}}$ мне$_{\text{DAT}}$/для меня$_{\text{GEN.PREP}}$ **непосильны**$_{\text{ADJ.NOM.PL}}$.
'These tasks were too much for me.'
b. [$_{\text{DP}}$ Эти задачи]$_{\text{NOM.PL}}$ были$_{\text{PST.PL}}$ для меня$_{\text{GEN.PREP}}$ **непосильными**$_{\text{ADJ.INSTR.PL}}$.

(23a) is a structure with case copying: the adjectival complement *непосильны* (a short adjective) copies all phi-features of its controller, the subject DP *эти задачи* and shows the Nom.Pl form. The experiential argument can be expressed here both with DAT and with the prepositional genitive. In (24b), the predicative adjective gets INSTR and the experiencer is preferably marked with GEN.PREP: prepositionless DAT $^?$*Эти задачи*$_{\text{NOM.PL}}$ *были* ***мне***$_{\text{DAT}}$ *непосильными*$_{\text{INSTR.PL}}$ was

1 However, conservative authors try to revive the adjective *стыдный* now.
2 All forms are given in the nominative case.
3 Most of them are frozen PPs.

early an option but is awkward now. The assignment of INSTR to the indeclinable adjectives like *не по силам₁* is impossible, since they lack morphological case.

Both non-agreeing predicatives like *не по силам₁* and indeclinable elements like *не по силам₁*, *непосильны*NOM.PL, *непосильными*INSTR.PL in (22b) and (23a–b) are SLPs and do not express ILP, as Ščerba correctly predicted. The relevant distinction overlooked by the Ščerbian line is while *не по силам₂* and all other DPS predicatives have the meaning of internal ILPs (SLP-INT) and identify a priority semantic argument, *не по силам₁, непосильны* and all other elements licensing DNS denote a configurational relation between two arguments — the experiencer marked with DAT and the subject marked with NOM. Neither DAT nor NOM has the features of the priority semantic argument, which makes it possible to analyze all Russian DNS sentences as external SLPs (SLP-EXT).

Standard Russian lacks DNS sentences with the frozen short form ending on *–o/-i*, the example (24a) with the frozen short form of NOM/ACC.SG *тесно кому-либо* 'too tight for someone' in the presence of a plural controller *сапоги* 'boots' is ill-formed and must be repaired by inserting the plural form of this adjective, cf. (24b).

(24) Rus. a. *[DP Сапоги]NOM.PL емуDAT теснoPRED/ADJ.NOM.SG.N.
b. [DP Сапоги]NOM.PL ему тесныADJ.NOM.PL.
'The boots are too tight for him.'

However, this pattern is attested in some Russian dialects (Pen′kovskij 2004: 141–143), cf. (25).

(25) Rus. dial. [DP Сапоги]NOM.PL емуDAT **вóтесно**PRED/ADJ.NOM.SG.N .

The bizarre construction in (25) probably explains by the special parameter licensing nominative objects in Northern Russian dialects, but the geographical distribution of this pattern is unknown. This option is lacking from standard Modern Russian.

7.2. Shifts of the semantic type

All Russian non-agreeing lexical predicatives licensing DPS like (3b), (23a) above have the meaning of SLP-INT if used with an overt referential dative subject. Indeclinable predicatives like *навеселе* in (4) selecting nominate subjects are SLP-INT, too. A group of non-agreeing predicatives like *Здесь пыльно* 'It is dusty here', *Сегодня пасмурно* 'It is cloudy today' do not license DPS and classify with SLP-EXT. All nominal elements licensing DNS are SLP-EXT. Shifting the semantic type is at times possible but not forced by syntax. Genuine SLP-EXT from the class *пыльно, пасмурно* generally do not license DPS contexts i.e. adding of the dative valency, **мне пыльно, *мне пасмурно.* With genuine SLP-INT like *боязно* 'X is afraid', 'X fears that P' the dative argument generally can be dropped, but its elimination does not automatically bring about the shift SLP-INT → SLP-EXT, it is e.g. hardly possible to say **Здесь боязно* int. 'It is fearsome here' or **Сегодня боязно* int. 'Today is fearsome'.

7.2.1. From SLP-EXT to SLP-INT

The shift SLP-EXT → SLP-INT is confirmed diachronically: during the last 500 years the volume of the class of DPS predicatives, all of which are SLP-INT increased several times and now includes more than 400 elements (Zimmerling 2018b). However, synchronically there is a systemic pressure preventing the speakers from using a large deal of these items. There is a considerable language-internal variation, since different speakers use non-identical sets of DPS predicatives. Russian authors occasionally put genuine SLP-EXT like *пыльно* 'dusty', *солнечно* 'sunny' in the DPS context, but such experiments are infrequent and have a low approval rate according to the sociolinguistic study (Zimmerling 2017). Moreover, collocations like *мне*DAT *пыльно*PRED often have not the predicted meaning *'It is too dusty here for my taste', but idiomatic meanings like 'I am not interested in doing this'.

7.2.2. From SLP-INT to SLP-EXT

Russian, unlike Bulgarian and other Balcanic Slavic languages lacks the parameter of obligatory pronominal marking of the experiencer. In Bulgarian, if the priority experiential argument is present in the event structure of a SLP-INT predicate, it must be overtly indexed by a pronominal clitic (Džonova 2003; Ivanova 2016). This is not the case in Russian. If a Russian non-agreeing predicative licenses a DPS sentence *X-у (было) Z-во* 'X was in the state of mind Z', it always licenses a structure → *(Было) Z-во*. However, dropping an overt dative argument does not bring about a uniform semantic effect. Three scenarios are possible. 1) The reference to a specific experiential argument is still reconstructed; 2) the sentence gets a generic reading; 3) the sentence undergoes the shift SLP-INT → SLP-EXT. The last scenario is confirmed for several DPS predicatives incl. *X-у тоскливо* 'X is sad'. This result is non-trivial, since *тоскливо* refers to the state of the mind and be rendered by such words as 'wistful', 'dreary', 'depressing'. Russian authors nevertheless regularly produce SLP-EXT sentences like *В городе было*PST.SG.N ***тоскливо***PRED lit. 'It was **depressing** in the city'. In saying this, the speaker assumes that the assessment 'The atmosphere in the city was depressing at the moment t' is shared by all real and potential observers. Russian predicatives with the *–о*-final have correlative adverbs, e.g. the predicative *тоскливо*$_2$ correlates with the adverbial *тоскливо*$_3$. The analysis shows that the event structure projected by such adverbials includes a sub-event with the embedded reference either to SLP-INT or to SLP-EXT. Many contexts remain ambiguous, but in some cases, one can reconstruct the underlying type of SLP unequivocally.

(26) Rus. Воспоминание$_{\text{NOM.SG.N}}$ тоскливо$_{\text{ADV}}$ стеснило$_{\text{PST.SG.N}}$ грудь$_{\text{ACC.SG}}$.
→ SLP-INT
'the memory made (my) chest ache'.

(27) Rus. Шестеренки$_{\text{NOM.OL}}$ **тоскливо**$_{\textbf{ADV}}$ скрипели$_{\text{PST.PL}}$.→ SLP-EXT
'The gears cracked miserably.'

In (26), the adverb *тоскливо*$_3$ projects a sub-event, where the predicative *тоскливо*$_2$ is used as SLP-INT: depressing memories are a sort of things that cannot be viewed or heard from outside, hence the interpretation 'X felt sad when he remembered something'. On the contrary, (27) includes a reference to SLP-EXT, since gears have no mind and the only valid interpretation is 'It was depressing to listen to the cracking gears'.

8. Conclusions

We followed the distribution of Russian constructions expressing the SLP semantics and introduced a distinction of internal SLP (SLP-INT) vs external SLP (SLP-INT). The semantics of SLP-INT is expressed in Russian by a large class of lexical predicatives selecting a dative subject and licensing dative-predicative structures and by a different class of indeclinable lexical predicatives selecting a nominative animate subject. DPS predicatives lack agreement, while NOM predicatives are adjective-type elements with defective morphology. A general feature of all Russian lexical predicatives is that they do not produce ILP sentences, which is captured by Ščerba's hypothesis. The semantics of SLP-EXT is expressed in Russian in two different ways: 1) by a class of lexical predicatives that neither license dative nor nominative subjects; 2) by agreeing nominal elements (nouns, full and short adjectives) in the position of the primary and secondary predicate. The distribution of short and full adjectives is no longer triggered by semantics, while the assignment of the instrumental case to the predicative complement serves as a marker of SLP-EXT. There is a correlation between the syntax of Russian argument small clauses with the INSTR marking on the secondary predicate and the SLP-EXT meaning. However, the absence of INSTR in argument small clauses does not necessarily signal the ILP meaning.

References

Apresian, Yurii: Sintaksicheskie priznaki leksem. *Russian linguistics*, 19 (2/3), 289–317. 1985.

Bulygina, Tatiana: K postroeniyu tipologii predikatov v russkom jazyke. Seliverstova, Olga (ed.): *Semanticheskie tipy predikatov*, 7–85. Moscow: Nauka, 1982.

Carlson, Gregory: *Reference to Kinds in English.* PhD dissertation, Massachusetts Institute of Technology, 1977.

Davidson, Donald: The Individuation of Events. Davidson, Donald (ed.): *Essays on Actions and Events*, 163–80. Oxford: Clarendon Press, 1980.

Dzhonova, Marina. *Izrecheniia sas semantichnata rolia eksperientser v savremenniia balgarski ezik.* Avtoreferat na disertatsiia, Sofiiski universitet „Sv. Kliment Ohridski". Sofia, 2003.

Guiraud-Weber, Marguerite: Sushchestvitel′nye v funkcii imennogo skazuemogo v sovremennom russkom iazyke: vozmozhno li eshche govorit′ o semantichestkom protivostavlenii «im.vs tv.»?, *Voprosy iazykoznaniia*, 1 (2007), 18–26. 2007.

Isačenko, Aleksandr: O vozniknovenii i razvitii "kategorii sostoianiia" v slavianskikh iazykakh. *Voprosy iazykoznaniia*, 6, 48–65. 1955.

Ivanova, Elena: Bezlichnye predlozheniia s obiazatel′nym mestoimennym vyrazheniem eksperientsera v bolgarskom iazyke. Zimmerling, Anton / Liutikova, Ekaterina (eds.): *Arkhitektura klauzy v parametricheskikh modeliakh: sintaksis, informatsionnaia struktura, poriadok slov,* 332–368. Moscow: Yazyki russkoi kul′tury, 2016.

Kosta, Peter: *The Syntax of Meaning and the Meaning of Syntax: Minimal Computations and Maximal Derivations in a Label- / Phase-Driven Generative Grammar of Radical Minimalism* [= *Potsdam Linguistic Investigations*, 31]. Berlin: Peter Lang, 2020.

Kosta, Peter: *Adjectival and Argumental Small Clauses vs. Free Adverbial Adjuncts. A Phase-based Approach within the Radical Minimalism with Special Criticism of the Agree, Case and Valuation Notions*, 2014. https://api.semanticscholar.org/CorpusID:55999181. Accessed: 12.01.2022.

Krasovitsky, Aleksandr / Long, Alison / Baerman, Matthew / Brown, Dunstan / Corbett, Greville: Predikativnye sushchestvitel′nye v russkom iazyke. *Russian linguistics*, 32, 99–113. 2008.

Kratzer, Angelica: Stage Level and Individual Level Predicates. Carlson, Gregory / Pelletier, Francis (eds.): *The Generic Book*, 125–175. Chicago: The University of Chicago Press 1995.

Maienborn, Claudia: On Davidsonian and Kimian states. Comorovski, Ileana / von Heusinger, Klaus (eds.): *Existence. Semantics and Syntax*, 107–130. Dordrecht: Springer, 2007.

Nedialkov, Vladimir (ed.): *Tipologiia rezultativnykh konstrukcii.* Leningrad: Nauka, 1983.

Nichols, Johanna: *Predicate Nominals: A Partial Surface Syntax of Russian.* Berkeley / Los Angeles / London: University of California Press, 1981.

Pen′kovskii, Aleksandr: *Ocherki po russkoi semantike.* Moscow: Iazyki slavianskoi kul′tury, 2004.

Peškovskii, Aleksandr: *Russkii sintaksis v nauchnom osveščenii*, 3ed. Moscow: URSS, 2004.

Pitsch, Hagen: *Kopula, Auxiliar, Prädikativ. Zur Satzstruktur in nordslavischen Sprachen* [= *Specimina Philologiae Slavicae* 196]. Frankfurt a.M.: Peter Lang, 2017.

Pospelov, Nikolai: V zashchitu kategorii sostoianiia. *Voprosy iazykoznaniia*, 2, 55–65. 1955.

Seliverstova, Olga: Vtoroi variant klassifikacionnoi setki i opisanie nekotorykh predikatnykh tipov russkogo iazyka. *Semanticheskie tipy predikatov*, 86–157. Moscow: Nauka, 1982.

Ščerba, Lev: *Iazykovaia sistema i rechevaia deiatel'nost'*, 4 ed. Moscow: URRS, 2008.

Ščerba, Lev: O chastiakh rechi v russkom iazyke. *Russkaia rech'. Novaia Seriia*, 2, 5–27. Leningrad: Akademiia, 1928.

Sperber, Wolfgang: Ist die Zustandkategorie eine für die Beschreibung der Grammatik slawischer Sprachen notwendige Wortart? *Zeitschrift für Slawistik*, 17, 402–409. 1972.

Vendler, Zeno: Verbs and Times. *The Philosophical Review*, 66 (2), 143–160. 1957.

Vinogradov, Victor: *Russkij iazyk. Grammaticheskoe uchenie o slove*. Moscow / Leningrad: Vysshaia shkola, 1947.

Zhuravleva, Elena: *Ispol'zovanie tvoritel'nogo i imenitel'nogo padezhei v russkikh predikativnykh konstruktsiiakh*. MA thesis, University of Potsdam, 2018.

Zimmerling, Anton: Russkie predikativy v zerkale eksperimenta i korpusnoi grammatiki. *Computational Linguistics and Intellectual Technologies*, 16 (23), 466–482. Moscow, 2017.

Zimmerling, Anton: Predikativy i predikaty sostoianiia v russkom iazyke. *Slavistična Revija*, 1, 45–64. 2018a.

Zimmerling, Anton: Impersonal'nye konstrukcii i dativno-predikativnye struktury v russkom iazyke. *Voprosy iazykoznaniia*, 5, 7–33. 2018b.

Zimmerling, Anton: Dva dialekta russkoi grammatiki: korpusnye dannye i model'. *Computational Linguistics and Intellectural Technologies*, 17 (24), 818–833. Moscow, 2018c.

Zimmerling, Anton: Dative subjects and semi-expletive pronouns in Russian. Zybatow, Gerhild et al. (eds.): *Studies in formal Slavic phonology, morphology, syntax, semantics and discourse structure* [= *Linguistik International* 21], 253–265. Frankfurt a.M.: Peter Lang, 2009.

Systemic variation in grammatical norms in contemporary Russian poetry

Liudmila Zubova[*]

Abstract: This article examines the systemic, norm-independent, variability of grammatical forms in Russian poetry starting from the second half of the 20th century. We analyze the authors' reflection when choosing variants: semantic differentiation of stylistic variants, sometimes with clearly expressed semantic antitheses of forms; axiological equalization of normative and non-normative options; drawing attention to the fact of naturalness of non-normative variants in series of grammatical analogies; the replacement of normative forms with systemically possible ones, but not accepted literary language; restoration of the former variability by artistic images; actualization of lexical and grammatical polysemy of variants; use of archaic variants of grammatical forms outside of idioms and lexical fixation. The analysis of the material shows that modern poets actively use the systemic variability of forms, overcoming stylistic and lexical restrictions, phraseological dependence of variants, transform stylistic differences of variants into semantic ones. Modern poetry finds resources for artistic expression both in the history of the language and in the trends of its development.

Keywords: Modern Russian poetry, grammatical variation, stylistics, semantics

Системное варьирование грамматических форм в современной русской поэзии

Людмила Зубова

Резюме: В статье рассматривается системная, не зависящая от нормы, вариативность грамматических форм в русской поэзии, начиная со 2-й половины 20 века. Анализируется рефлексия авторов при выборе вариантов; семантическая дифференциация стилистических вариантов, иногда с четко выраженными семантическими антитезами форм; аксиологическое уравнивание нормативных и ненормативных вариантов; привлечение внимания к факту естественности ненормативных вариантов в ряду грамматических аналогий; замена нормативных форм системно возможными, но не принятыми литературным языком; восстановление прежней вариативности художественными образами; актуализация лексической и грамматической полисемии вариантов; использование архаичных вариантов грамматических форм вне идиом и лексической фиксации. Анализ материала показывает, что современные поэты активно используют системную вариативность форм, преодолевая стилистические и лексические ограничения, фразеологическую зависимость вариантов, трансформируют стилистические различия вариантов в семантические. Современная поэзия находит ресурсы для художественного выражения как в истории языка, так и в тенденциях его развития.

Ключевые слова: современная русская поэзия, грамматическая вариантность, стилистика, семантика

* Saint Petersburg State University, e-mail: l-zubova@yandex.ru

1. Авторская рефлексия при выборе вариантов

Поэты часто сопровождают выбор вариантов рассуждениями о свойствах форм по отношению к норме.

Например, неуверенность в выборе правильной формы становится образом растерянности в строчках Льва Лосева, архетипически уравнивающего слово с действием:

(1) С Уфляндом в Сан-Франциско / сижу в ресторане «Верфь». / Предо мной на тарелке червь, / розовый, как сосиска. // Я не знаю, как съесть червя. / **Ему голову оторвя? / или, верней, оторвав?** / засучив рукав? // с вилкой выскочив из-за угла? / приговаривая: «Была / не была!»? посолив? / постным маслом полив? попéрчив? // Я растерян. / Уфлянд стыдлив. / Червь доверчив. (Л. Лосев. *Растерянность*, 2012: 406–407).

Дмитрий Легеза изображает безвыходное положение при попытке заполнить лакуну нормативной грамматики (запрет на образование деепричастия от инфинитива *лизать*) системно возможными вариантами:

(2) Мы пошли в зоопарк / чтоб увидеть лося, / я глядел на лося, / карамельку сося. // А потом мы решили / взглянуть на ежа, / я смотрел на ежа, / карамельку **лижа** // карамельку **лижа**, / или все же **лизя**, / **нет, «лизя» говорить / однозначно нельзя** // **или можно «лизя», / а не нужно «лижа»?** / Я забыл обезьян, / бегемота и жаб, // мой язык онемел, / окосел, охромел, / мой язык перестал / ощущать карамель. // Вот такая беда / происходит, друзья, / если жить, филологией / ум свой грузя. (Д. Легеза. *Карамелька*, 2006: 54).

Дмитрий Бобышев архаизированными вариантами слов[1] описывает бренное как вечное, символизирует ситуацию, ориентируясь на противоречивые классические образцы:

(3) Вот Волга… Смысл? Ведь – был, да вышел: / фазанами мазут, пейзанами народ… / Бетонный стоп воде; нет монумента выше: / Умри за клок земли, пусть он загажен, выжжен! – / плотина-Мать на осетра орет. // Он – оземь из воды. А было: люд – на гибель / во имя имени… **Или – имен? Имян?** / Навороти любые глыбы, – / всё в прорву унесет река **времен (времян)**… (Д. Бобышев. *Реки*, 1992: 99–100).

Река времен – знаменитая цитата из предсмертного стихотворения Г. Р. Державина «Река времен в своем стремленьи…», форма *времян* связывается в сознании прежде всего с фрагментом из поэмы Пушкина «Евгений Онегин»:

1 Исторически первичная форма *времен* фонетически закономерно трансформировалась в современную *времён*. Вариант *времян*, возникший по аналогии с именительным падежом *время* (ср.: *семя – семян*), в языке не сохранился; таким образом, архаизмом оказалась не исходная форма.

(4) Но эта важная забава / Достойна старых обезьян / Хваленых дедовских времян.

Л. А. Булаховский отмечал, что в XIX в. такие случаи единичны, а в XVIII в. форма *времян* встречалась «относительно нередко» (Булаховский 1954: 75).

В другом стихотворении Бобышева языковая рефлексия направлена на затрудненность образования многократного глагола от однократного *брать*:

(5) Что Жуков? Жуть: / всем – гроб!. / А этот – генерал: / Петр, понимаешь, Григоренко – / не на ура, а крепости **бравал** / (**или – бирал?**), / и не от турков – грекам, / от нелюдей – и – только человекам / давал! Вот был: / за дело – горлодрал… (Д. Бобышев. *Товарищ-генерал*, 2003: 65).

Авторская рефлексия может быть выражена сопоставлением стилистических вариантов форм и выбором наиболее экспрессивных из них. Например, у Владимира Салимона социально-просторечная форма следует за нормативной как поправка и уточнение:

(6) … Это что еще за мусор, что за дрянь, / что за вздор? / Матерь Божья, это ж руки я / распростер. / Это ноги я протянул и лежу. / Голый… Босый… Как **на пляже**… **На пляжу**! (В. Салимон. *Час за часом, раз за разом, как назло*,1996: 20).

Отказ от нормативной формы в этом тексте изобразителен: расслабленность физическая передается расслабленностью речевой.[2] Конечно, форму *на пляжу* очень поддерживает рифма *лежу*.

Михаил Щербаков, перебирая системно возможные деепричастия *мстя* и *мща* от глагола *мстить*, отвергаемые нормой, останавливается не на их замене нормативным, но слишком книжным деепричастием от глагола *отмщать*, а на самом нелепом из вариантов, подсказанном рифмой, и сопровождает его модальным показателем уверенности – словом *конечно*:

(7) Калужская, Беляево, Коньково, Тёплый стан, / где мнится временами, будто Цыбин снова с нами, / и губы прямо сами шепчут: Цыбин, ты в архив не сдан! // Ты компас наш земной, а также посох и праща. / Ты знаешь, как отчизну обустроить сообща. / Откликнись, невидимка! Но асфальтовая дымка / молчит, за нашу косность нам **отмщая, мстя** и даже **мща**.[3] / Конечно, ***мща***. (М. Щербаков. *Цыбин*, 2006)

---

2 Возможно, что у этих строчек есть прецедентный текст – песня из репертуара Аркадия Северного «Надену я черную шляпу…» со словами: *Надену я чёрную шляпу, / Поеду я в город Анапу, – / И там я всю жизнь пролежу / На солёном как вобла пляжу. // Лежу на пляжу я и млею, / О жизни своей не жалею, / И пенится берег морской / Со своей неуёмной тоской* (автор слов неизвестен).

3 Здесь форма *мща* выделена курсивом у М. Щербакова.

2. Семантическая дифференциация стилистических вариантов

Смысловое расподобление и противопоставление вариантных форм нередко тоже сопровождается авторской рефлексией, которая меняет стилистический статус варьирования на семантический.

Самый известный пример такой стилистико-семантической антитезы – строки Владимира Высоцкого:

(8) Мы говорим **не «штормы», а «шторма»** – / Слова выходят коротки и смачны: / **«Ветра» – не «ветры»** – сводят нас с ума, / Из палуб выкорчевывая мачты (В. Высоцкий. *Мы говорим не "штормы", а "шторма"*, 1997: 233).[4]

У Беллы Ахмадулиной есть такие строки:

(9) Две бессмыслицы – мёртв и мертва, / две пустынности, два ударенья – / **царскосельских садов дерева, / переделкинских рощиц деревья**. (Б. Ахмадулина. *Четверть века, Марина, тому…*, 2012: 83).

В этом контексте прилагательные обозначают два концептуализированных поэтических локуса, при этом традиционно-поэтическая форма высокого стиля *дерева* аксиологически противопоставлена стилистически нейтральной форме *деревья* подобно тому, как противопоставлено место лицея, в котором жил и писал первые стихи Пушкин, и место современных писательских дач.

Антитеза *крыльев – крыл* у Дмитрия Мониавы тоже аксиологична:

(10) Последний император закурил / И робко вывел дымом на обоях, – / Вначале рухнул Автор, позже – Рим, / И лишь затем любовница обоих. / А под окном знаком до кинолент, / В проекции внезапной как Меркатор, / В полдневный жар терзал коньяк «Дербент» / Последний и, суровый, гладиатор. / Остановившись на шестом глотке, // Как на поэте – смерть, (зрачок – суть боги), / Он выдавил прикладом на песке, – / Я – Ной. Я – спасся. Ной – един во многих. / **И крыльев нет, что хуже, чем нет крыл**, / Великий дар – лететь не обжигая, / Так гладиатор сферы посетил / И вывел влажным пальцем «дорогая». / Но император, был превыше всех / И был велик, как зритель и дальтоник, – / Он на секунду поднял палец вверх, / Его вонзая в ветхий подоконник. (Д. Мониава. *Последний император закурил*, 1993: 4).

---

4 Традиция обращать внимание на такие варианты начинается, вероятно, со стихотворения М. В. Ломоносова «Искусные певцы всегда в напевах тщатся…» со строками *Без силы береги, но с силой берега, / И снеги без нея мы говорим снега. / Довольно кажут нам толь ясные доводы, / Что ищет наш язык везде от И свободы.*

Персонажи этого стихотворения император и гладиатор – пациенты психиатрической больницы, мечтающие ее покинуть (в тексте изображены многие современные реалии, он входит в цикл «Стансы к медсестре»). В таком случае строку *И крыльев нет, что хуже, чем нет крыл* можно понять так: в изображенной ситуации помогли бы реальные крылья, а не условные поэтические «крыла» (ср. стихотворение А. С. Пушкина «Сижу за решеткой в темнице сырой…» со словами *Давай улетим*). Д. Мониава в телефонном разговоре подтвердил, что речь идет о психиатрической больнице, согласился с этой версией антитезы, но сказал, что, по его замыслу, форма *крыльев* относилась к самолету как символу эпохи модерна, уповающего на технический прогресс, а форма *крыл* как архаическая указывала на христианство. Строку *И крыльев нет, что хуже, чем нет крыл* Д. Мониава объяснил тем, что опора на технический прогресс менее надежна, чем опора на моральные ценности.

В стихотворении Виктора Кривулина форма *в миру* соотнесена с понятием мирской жизни, а форма *в Мире* – с понятием метафизическим, что обозначено заглавной буквой:

(11) В мире, более реальном, / чем приспущенный февраль / над моим районом спальным, / тянущимся к Богу в рай, / **не в миру моем – но в Мире**, / сквозь безумную Дыру / мечущем своих валькирий / многоглазую икру / на совдеповские стены / и неровный потолок – /в пограничной мне Вселенной // вижу, вижу диалог / двух равновеликих наций / под синхронный перевод: / дескать, нечего стесняться! мы – народ и вы – народ. (В. Кривулин. *Телемост*, 1990: 101).

Владимир Вишневский, иронизируя над современной жизнью, не похожей на жизнь классиков, обозначает переход в иную стилистику кавычками:

(12) Горжусь я, что в своей стране, / **В родном краю (нет, в «отчем крае»)** / Я знаю все, что могут мне / Сказать в автобусе, в трамвае. (В. Вишневский. *Незаконная гордость*, 1992: 208).

Эти кавычки можно понимать одновременно и как цитатные,[5] и как иронические.

Следующий пример из стихов Льва Лосева с семантизацией грамматических вариантов показывает, пожалуй, самое наглядное проявление языковой динамики, доступное непосредственному наблюдению. Слово женского рода *фильма* употреблялось в первые годы появления кинематографа, затем оно изменило грамматический род на мужской, но в языке последних лет форму женского рода можно считать восстановленной: так обычно и

5 Вероятно, самое известное употребление формы *в крае* – в стихотворении М. Ю. Лермонтова «На севере диком»: *В том крае, где солнца восход.*

называют самые ранние киноленты, особенно немые.[6] Слово явно приобрело новую номинативную функцию:

(13) Ах, **в старом фильме (в старой фильме)** / в окопе бреется солдат, / вокруг другие простофили / свое беззвучное галдят. (Л. Лосев. *Документальное*, 2012: 118).

Виртуозная игра с антитезой грамматических и акцентных вариантов слова представлена в стихотворении Александра Левина:

(14) Мы садимся в наш автобус, / собираемся поехать. / Тут конду́кторы приходят, / а потом **кондуктора́** / И **конду́кторы** нас просят: /«Проездные предъявляйте!», / а **кондуктора́** велят нам: /«Оплатите за проезд!» / Мы **конду́кторам** предъявим, / а **кондуктора́м** – оплотим, / нам бы только бы поехать, / а уж там – как повезет. / Повезут ли нас **шофёры** / до метро без остановок, / или высадят в канаву / удалые **шофера́**? / Или, может, некий **шо́фер** / просто выйдет из кабины / и уйдёт, не попрощавшись / и дверей не отворив. / **У Матросского у мо́ста** / мы, забытые, заплачем. / Или тихо засмеемся / **у Матросского моста́**. (А. Левин. *Мы садимся в наш автобус*, 2001: 53).

В этом случае контраст между элементами социального просторечия и литературной нормы не просто семантизируется: *кондукторы* и *кондуктора́*, *шофёры* и *шофера́* оказываются разными персонажами, они не только по-разному говорят, но и по-разному ведут себя. Эти различия и формируют сюжет стихотворения. Но антитеза форм представлена не в речи персонажей, а в речи наблюдателей, которым свойственна языковая рефлексия.[7]

А у Евгения Сабурова находим:

(15) Пока не вернусь я гиппопотамом / к маленькой миленькой девочке Лизке, / пока я играю крестами, листами / и хлопочу над сосиской, // я не достоин свободы. А когда? / Когда я достоин свободы? / **Ерунду уносят года.** / **Всё остальное – годы**. (Е. Сабуров. *Пока не вернусь я к истокам любви*, 2006: 59).

Вероятно, строка *Ерунду уносят года* сообщает о времени жизни человека: чем он становится старше, тем меньше помнит ерунду. А в строке *Всё остальное – годы* говорится о разрушительном времени вообще.

---

6 Ср. мнение Г. Адамовича, высказанное в 1925 г.: «Затем, не лучше ли говорить “фильма”, чем “фильм” в мужском роде, как это повелось в последнее время? Русский язык привык к словам на “льма”, “тьма” и т. д. женского рода. Окончание же “льм” ему чуждо. Кроме того, “фильма" в женском роде удобнее, потому что и другие обозначения того же понятия таковы: лента, картина. В разговорном языке эти слова употребляются так же часто, как и “фильма”, и к мужскому роду надо вновь приучать сознание» (цит. по статье: Янгиров 1997, 447).

7 Более подробный анализ этого стихотворения (Зубова 2010: 284–285).

Следующее одностишие Владимира Вишневского побуждает задуматься о противоречивой стилистике и семантике компаративов *младше* и *моложе* в общеупотребительном языке:

(16) Когда был **младше** я, я был **моложе**… (Вишневский 1992: 225).

При том, что форма *моложе* (с основой восточнославянского происхождения) – сравнительная степень от прилагательного *молодой*, а *младше* (с основой церковнославянского происхождения – от *младший*, компаратив *младше* вполне возможен и от *молодой*. Но слово *младше* по своему значению шире, чем *моложе*, так как относится не только к возрасту, но и к должности, званию, к любому статусу. Кроме того, применительно к детям единственно правильна форма *младше*: *в детском саду Катя младше всех*. В. Вишневский своим одностишием задает загадку: синонимичны ли формы *младше* и *моложе*? Тавтологичен ли этот текст? Парадоксальность одностишия Вишневского состоит в том, что сравниваются не два человека, а один и тот же в разные годы жизни.

3. Аксиологическое уравнивание нормативного и ненормативного вариантов

Шиш Брянский с весьма парадоксальным аргументом настаивает на равноправии вариантов из литературного языка и социального просторечия:

(17) Бабушка меня спросила: / Свет мой Оленька, давно я мучусь, / Как исправней, поведай мне, светик, / Говорить – «**хотишь**» или «**хочешь**»? / Я ведь в МГУ-от не училась. // Ей с поклоном я отвечала: // – Человек – что старая телега, / Никогда её не исправишь, / Одно колесо у ней приладишь, / Глядь – другое отвалилось. / Вон Аверинцев – страшное дело: / Глубок, как чертово болото, / Высок, как кудыкины горы, / А все равно картавит. / Так что говори, как пожелаешь, / **Как хотишь, родная, как хочешь**. (Ш. Брянский. *Бабушка меня спросила*, 2001: 168).

Словами *Человек – что старая телега, / Никогда её не исправишь, / одно колесо у ней приладишь, / Глядь – другое отвалилось* автор метафорически описывает языковой конфликт – противоречие нормативной грамматики, в соответствии с которой единственное и множественное число глагола *хотеть* относятся к разным спряжениям.

Александр Кабанов сополагает формы, одна из которых – типичная детская ошибка, а другая соответствует норме:

(18) Клубничья мордочка усами шевелит / и воздух нюхает, и плакать не велит. / А я не **плакаю, не пла́чу,** не плачу́, / великим мальчиком – на велике лечу! (А. Кабанов. *Велосипедное*, 2005-а).

4. Привлечение внимания к факту системности ненормативных вариантов в сериях грамматических аналогий

В современной поэзии нередко встречается парадигматическое выравнивание форм, например, у Псоя Короленко:

(19) Вертится чудесное **колесо**, / Перед нами ясное **небесо**. / Перед нами ясное **небесо**. / Это просто чудо-**чудесо.** (П. Короленко. *Чертово колесо*, 2003: 82).

Этот контекст указывает на случайность исторически сложившихся расхождений между формами именительного падежа единственного числа тех слов, которые в исходном склонении на согласный звук имели одинаковые флексии начальной формы (*коло*, *небо*, *чудо*).

В сущности, импульс исторического развития языка с его тенденцией образовывать формы существительных по аналогии (в этом и заключается динамика в системе склонения) аналогичен импульсу рифменного притяжения слов и форм. Непосредственно о рифме пишет Александр Кабанов:

(20) В серых колготках, надетых на стрелки часов, / Время не может найти утешительных слов / для андрогинной природы… / Вот и рифмуешь: **лесов-парусов-небесов.** / Хочется кушать? Добавишь еще – **колбасов,** / и завершишь – бутерброды. (А. Кабанов. *Дождь отшумел, полусухой красный ампир*, 2005б: 41).

5. Замена нормативных форм системно возможными, но не принятыми литературным языком

Поэты предлагают те формы, которые не вошли в современный литературный язык, хотя вполне могли бы в нем быть. Так, например, в русском языке существуют избыточные парадигмы глаголов с вариантностью форм типа *махает – машет, двигает – движет, полощет – полоскает*. В говорах альтернативные способы образования подобных форм представлены шире, например, на месте нормативных *чихает, икает* употребляются формы *чишет, ичет* (также Потапова 1992; Колосова 1997).

Дмитрий Бобышев образует форму *лищет* при литературном *листает*, и в авторской форме со свистящим звуком [щ] слышится свист ветра:

(21) За последнюю страницу / кто заглянет в пустоту, / на конце споткнув зегзицу? / – Ветер **лищет** книгу ту. (Д. Бобышев. *Престолы*, 1997: 11).

Разнообразие формообразовательных суффиксов компаратива (ср. нормативные *тоньше, звонче, умнее*) создавало конкуренцию форм в истории языка, и от наречия *тонко* были вполне возможны варианты *тоньше, тонче, тонее*. У Владимира Гандельсмана есть форма *тонче*:

(22) Хочешь, все переберу, / вечером начну – закончу / в рифму: стало быть, к утру. / Утончу, где надо **тонче**. (В. Гандельсман. *Хочешь, все переберу*, 2000: 18).

Эта форма иконична в стихотворении: мягкое [ч] больше соответствует образу утончения, чем твердое [ш]. Однако этот иконизм не так прямолинеен: ассимилятивная мягкость [н] в форме *тонче* факультативна, а потому не очевидна, а в форме *тоньше* мягкость отчетлива и зрительно обозначена мягким знаком. Поэтому в тексте Гандельсмана на фоносемантическом уровне содержится некое лукавство: результат не полностью соответствует намерению. Обратим внимание на метаязыковой элемент текста: *закончу / в рифму*. Рифма здесь тоже не очень точная. Возможно, эти противоречия входят в содержание высказывания. Стихотворение завершается словами:

(23) Наступает утро. Утро – / хочешь в рифму? – это мудро, / потому что можно лечь / и забыть родную речь.

В нормативном языке существуют пары глаголов (или словообразовательных синонимов) типа *хвастать – хвастаться, стучать – стучаться, белеть – белеться*. Н. А. Янко-Триницкая, подробно анализируя семантику членов таких пар, отмечала, что различия в них «настолько своеобразны и нерегулярны, что не поддаются классификации, а иногда и регламентации (Янко-Триницкая 1961: 81).

Альтернативные норме возвратные глаголы встречаются у многих современных поэтов, и эти глаголы очень разнообразны: *живусь*, *поживался*, *умрусь*, *заснусь*, *умираешься*, *исчезаешься*, *пошелся*, *дерзайся*, *слезайся*, *рассвелось*, *зреется*, *затрепещется*, *заморгался*, *врусь*, *происходится*, *гулялся*, *прилипся*, *прилипнулся*, *стоятся*, *ползущийся* и др.

С. И. Карцевский писал, что в глаголах типа *играться* имеется значение действия, сосредоточенного в сфере субъекта, значение личной заинтересованности субъекта в действии (Карцевский 2000: 55). Такое значение глагола *заснусь* очевидно в следующем контексте из стихов Владимира Строчкова:

(24) Не спи меня Не усыпай меня / Я сам **заснусь** засунусь в сновидéнье / в снови́денье я высуну со дня / и поведу за ручку наблюденье. (В. Строчков. *Сын снов*, 2018: 120)

Значение, указанное С. И. Карцевским, способствует олицетворению. В следующих строчках Нади Делаланд с несколькими показателями олицетворения говорится даже не о предмете, а о времени года:

(25) осень шепчется, **шуршится** белесо, / озирается, свернув себе шею. / Осень, что это? Очнись, полюбуйся: / у акации рожок пахнет сладко. (Н. Делаланд. *Облик осени сквозит в ветках неба*, 2009: 70)

А в стихотворении Александра Левина действие, обозначенное возвратными неологизмами, вовсе не замкнуто в сфере субъекта и не обозначает его заинтересованности, на что указывает наречие *ненамеренно*:

(26) Торчучелко липучее / из книжечки про мальчика, / который к той торчучелке / **прилипся** ненамеренно. […] здоровался, здоровался, / подрался и **прилипнулся**. (А. Левин. *Торчучелко липучее*, 2003: 58).

Ср. глагол *вляпаться*, тоже не выражающий значения личной заинтересованности. Системно обусловленной мотивацией в этом случае можно считать смысловую близость словоформ *приклеился*, *прицепился*. Помимо языковой игры с возвратностью, здесь наблюдается игра вариантами, допустимыми в этом глагольном классе: *прилипся* и *прилипнулся* при нормативном *прилип*, отсутствующем в тексте.

У Марии Степановой встречаем:

(27) Болельщики выходят на причал. / В удоль реки **стоятся** телескопы, / Как пушки, на холмы наведены. (М. Степанова. *Зачем, уплыв спасительным буйком*, 2017: 83).

Возможно, на фоне нормативного *стоят* такое слово- или формоупотребление представляет собой некий аналог глаголам типа *белеться*. О подобных глаголах В. И. Чернышев писал: «формы с *-ся* показывают то, что представляется нашему зрению издали» (Чернышев 2010: 159). Вместе с тем, наличие в русском языке узуальных приставочных глаголов *застояться*, *устояться*, *отстояться*, *настояться* побуждает воспринимать глагол **стояться* как потенциальный член этого словообразовательного гнезда.

При таком положении дел каждый поэтический неологизм заставляет задуматься о контекстуальном значении возвратного глагола, которое формируется разными аналогиями, лексической и грамматической парадигматикой. Представленный С. П. Обнорским обширный диалектный материал и многочисленные примеры возвратных вариантов невозвратных глаголов в диалектах (Обнорский 1953: 59–69), а также материалы Н. А. Янко-Триницкой свидетельствуют о потенциальной продуктивности стилистически и семантически маркированных возвратных вариантов.

6. Реставрация бывшей вариантности в художественных образах

Это явление может быть проиллюстрировано следующими примерами:

(28) Сады подвешены за патлы лип столетних, / **сады висячие, висящие века**, / в газонах сумрачных и в жимолостных сплетнях, / в разводах суточных планетного витка. (Н. Галкина. *Прогулка*, 1997: 13)

(29) Ну что вам рассказать, печальные глаза, / Средь тысяч глаз в толпе я вас узнаю. / Горящие **глаза, горячие глаза**, / Снежинки на ресницах тихо тают. (А. Иошпе. *Еврейские глаза*, 2019).

Бывшая вариантность слов типа *висячие – висящие* и *горячие – горящие* состоит в том, что по происхождению все такие слова в древних славянских языках были причастиями: со звуком [ч] – восточнославянскими (в том числе русскими), а со звуком [щ] – южнославянскими (церковнославянскими). При эволюции русского литературного языка русизмы такого типа стали прилагательными, а церковнославянизмы сохранили грамматический статус причастий.

7. Актуализация лексической и грамматической полисемии вариантов

В истории русского языка менялись не только значения слов, но и значения грамматических форм, в том числе происходил переход одних частей речи в другие. Изменение всегда сопровождается промежуточными стадиями, когда новые слова или формы варьируются со старыми. Рассмотрим это явление на примере деепричастий *спустя* и *спустив* и предлога *спустя* в стихотворении Игоря Булатовского:

(30) **Спустя** рукава, / стоят слова, / ветер надувает / праздные рукава, // время **спустя**, / стоят крестья- / нские, энские, / всё лето **спустя**, // всё лето **спустив** / на то, чем жив / тяжелеющий голос / до нитки **спустив** // и став зерном, / стоящим в дверном / проёме, светом, / крупным зерном // света, на глазах / зревшего, в слезах, / зревшего корни света / в утонувших глазах, // ушедших ко дну / искать одну / последнюю каплю терпенья, / ко жемчужному дну. (И. Булатовский. *Спустя рукава*, 2013: 169).

Сначала фразеологизм *спустя рукава* с фигуральным значением обоих компонентов содержится в авторской метафоре: условное действие приписывается словам. Затем происходит буквализация одного из компонентов (*рукава*): *ветер надувает праздные*[8] *рукава*. Если в первой строфе идиома

8 *Праздные* здесь – 'пустые', слово *пустые* – однокоренное со словоформой *спустя*.

спустя рукава является обстоятельством образа действия, то во второй – *время спустя* – сочетание становится обстоятельством времени, деепричастие в нем имеет значение предлога ‘по прошествии’. В конце второй строфы слова *всё лето спустя* – это уже сочетание с другим лексическим значением деепричастия – ‘потеряв, растратив попусту’ – благодаря местоимению *всё*. После этого появляется вариант деепричастия *спустив* в том же значении, подтверждающий указание на утрату.

В следующих строчках Гали-Даны Зингер можно видеть обманутое ожидание. Сначала форма *яблок* предстает нормативной формой родительного падежа множественного числа, а затем, в сочетании с согласованным прилагательным, тот же буквенно-звуковой состав слова оказывается социально-просторечным вариантом формы единственного числа мужского рода:

(31) Хочешь **яблок**? **Гранатовый яблок**? Гранатовым яблоком стать / там, где камешек ночи круги по воде разгоняет, / собирает их снова в крови и считает гранаты, роняя / будто камешек ночи себя в сердцевину опять. (Г-Д. Зингер. *Аноним. Нефункциональный коллаж*, 2009: 32).

Разные грамматические варианты слов в нормативном языке иногда употребляются применительно к лексическим омонимам или к разным значениям полисемантичных слов.

Вариантность форм предложного падежа существительных мужского рода типа *в доме – в дому* становится средством языковой игры в стихотворении Владимира Строчкова с формами *в полке*, *в уголку*, *в угле*:

(32) Служили два товарища, ага. / Служили два товарища, ага. / Служили два товарища **в однем и тем полке**. / Сидели два товарища тихонько **в уголку**. // Один из них был Эрихом, ага. / Один из них был Эрихом, ага. / Один из них был Эрихом, Марией был другой. / **В угле** они сидели и оттуда ни ногой. (В. Строчков. *Служили два товарища, ага…*, 2003).

Сочетание *в однем и тем полкé* является здесь элементом цитаты из песни, звучавшей в фильме Евгения Карелова «Служили два товарища»[9] (первые

---

9 В интернете об этой песне написано:

> «Перевод популярной фронтовой немецкой песни “Der gute Kamerad” (“Хороший товарищ”) […] Сейчас на эстраде ее исполняет группа “Любэ” в составе трех куплетов – именно в таком виде она точно соответствует немецкому первоисточнику:
>
> Служили два товарища, ага…
>
> Служили два товарища, ага…
>
> Служили два товарища в одном и том полке.
>
> Служили два товарища в одном и том полке […]». (*Служили два товарища*)

В *Антологии военной песни*, составленной В. Калугиным, сочетания *в одном и том полке* изменены на нормативные: *в одном и том полку* (Калугин 2006). Автор русского перевода не установлен.

три строки стихотворения со всеми их диалектно-просторечными грамматическими формами полностью совпадают со строками песни). В четвертой строке автор демонстративно не рифмует *полке́ – уголке*, а вместо этого продолжает грамматическую тему ненормативного предложного падежа формой *в уголку*. Далее включается семантическая игра с омоформами слов *угол* и *уголь*: *В угле они сидели и оттуда ни ногой*. В конце текста появляются абсурдная синтаксическая рассогласованность фразы (*Был умных два товарища*) и абсурдное числительное *оба-трое*. Весь этот грамматико-семантический карнавал порожден тремя именами Ремарка, автора знаменитого романа «Drei Kameraden», в русском переводе «Три товарища», а также устойчивым представлением о том, что в персонажах романов воплощаются разные черты личности авторов.

8. Активизация грамматических реликтов вне идиоматики и лексической закрепленности

Грамматические реликты как варианты современных форм обычно сохраняются во фразеологии (*притча во языцех, одним махом семерых побивахом*) или в составе наречий (*вкратце, воочию*). Некоторые древние формы, не вошедшие в идиоматику, всё же известны современным носителям русского языка, и не только по цитатам из Библии или летописей, но и по цитатам из художественной литературы. Так, например, древняя флексия творительного падежа *-ы*, не сохранившаяся в языке, представлена в «Сказке о рыбаке и рыбке» А. С. Пушкина, многим знакомой с детства (*Перед ним изба со светелкой* […] / *С дубовыми, тесовыми вороты*).

Активизируя эту флексию, Александр Левин создает резкий стилистический контраст между грамматикой и лексикой контекста, что, безусловно, привлекает внимание к архаическому варианту формы:

(33) И опять в трудах бухгалтер, / по сбербанкам пробегая / **с многоумными бумаги** / **и с наличными купюры**. // И опять в трудах бухгалтер, / по налоговым летая / **с толстомясыми отчёты** // и журналами учётов. (А. Левин. *Посленовогоднее*, 2013).

Другие примеры:

(34) Пицунда Гагры Лыхны Гудаута […] // Здесь плавают курлы, **дракони**[10] и грома – / Кавказия. (Г. Сапгир. *Хрст и самарянка*, 2008: 277)

10 Флексия *-и* во множественном числе существительных этого типа склонения была первичной, она сохранилась в современных в словах *соседи*, *черти*, *крести* и в словах с заднеязычными согласными в конце основ: *пироги*, *волки*, *монахи*.

(35) [о петухе:] Не умолкну ради / Я такого Петьки, / Вознесу я **Петькови**[11] / Всякую хвалу / Ах как хорошо, что / У меня есть Петька! / До чего же, Петька, / Я тебя лублу! (П. Короленко. *Петька*, 2003: 61).

У Евгения Клюева отчетливо представлено символическое значение грамматического архаизма при употреблении в том же контексте современной формы:

(36) Дела такие, значит… – я забыл ответ, / я не уверен, я не помню, не готов, / но я был должен дать себе самоотвод, / и отказаться от подарков и цветов, / а согласился… принял всё, сказал мерси, / и в тот же миг, под этот маленький шумок – / вжик – **небеса вдруг ускользнули в небеси**, / и я потом их разыскать уже не мог. (Е. Клюев. *Потом, потом поговорим о том-о сём*, 2014: 163).

Форма *небеса* здесь соотнесена с представлением о том, что люди в момент счастья находятся как будто на небесах (есть поговорка *на седьмом небе от счастья*), а форма *небеси* указывает на исчезновение.[12]

Независимы от фразеологической связанности архаические варианты форм *оне, одне, ея, у* (*от, за…*) *нея,* прилагательные на *-ыя* и *-аго* в родительном падеже. Такие варианты встречаются в современной поэзии очень часто, так как они были нормативными еще в XIX–начале XX в. При этом грамматическое значение рода в большинстве случаев подавляется и вытесняется стилистическим.[13]

Например, Юлий Ким в иронической стилизации под романс (спектакль «Клоп») варьирует формы *одни* и *одне* в одном и том же грамматическом значении:[14]

---

11 Флексия *-ови* в дательном падеже единственного числа сохранилась во многих славянских языках, например, в украинском, польском, чешском, словацком.

12 В молитве «Отче наш…», которая читается как заупокойная, есть формы и *на небесех*, и *на небеси*. Обе эти формы – предложного падежа, а не винительного, как в стихотворении. Е. Клюев, филолог высокого уровня, конечно, сознательно употребляет грамматическую форму не в ее исходном значении, поскольку символика формы преобладает над ее грамматической принадлежностью.

13 Интересно, что доминирование стилистики над семантикой декларировалась еще в XVIII веке: В. П. Светов в «Опыте нового российского правописания» (1773) указывал, что в формах родительного падежа женского рода прилагательные «в важном слоге, а наипаче высокие слова пристойнее, кажется, кончить на *-ыя*, *-ия*. Напротив того, не говорится и не пишется *цена черепаховыя табакерки*, *человек подлыя природы*» (цит. по: Виноградов 1982: 122).

14 Формы *одни*, *они* раньше были формами мужского рода, а *одне*, *оне* – женского и среднего.

(37) Позабудь про камин – / В нем погасли огни, / На софе подшофе / Мы остались **одни**, // Мы остались **одне /** В этом сумрачном мире, / Все потухнуло в камине, / Все погаснуло во мне. (Ю. Ким. *Эльзевир*, 2000: 37).

Стилистическая игра заключается не только в вариативности местоимений безотносительно к их роду, но и в том, что торжественно-романтичное *оне* соседствует с вариантами глагольных форм из социального просторечия – *потухнуло* и *погаснуло*.

Вера Павлова сначала частично цитирует слова из молитвы «Символ веры» с формой *будущаго*, затем этой форме противопоставляет современную:[15]

(38) О жизни **будущаго** века – / на языке веков минувших… / О паюсная абевега / столетий, плавником блеснувших, / о путь от берега до брега / как от порога до порога!. / О жизни **будущего** века / я знаю много меньше. Много. (В. Павлова. *О жизни будущаго века*, 2007: 25).

При этом словоформа *будущаго* является лексико-грамматическим оксюмороном: речь идет о будущем времени, а форма, сопровождаемая языковой рефлексией, указывает на прошлое.

Гали-Дана Зингер прилагательными на *-ыя* торжественно (почтительно и в то же время иронически) сообщает о штучках и нейтрально о предметах:

(39) Это похоже на щастье / делится без остатка / каждый год составляю список /«что я возьму с собой летом, / когда поеду на дачу» / **странныя нужныя** штучки / **странные ненужные** предметы / лёгкая, в общем-то, задачка / коробка акварельных красок / ручка и два стержня для ручки / три карандаша и резинка / парочка общих тетрадей. (Г-Д. Зингер. *Частная тварная вещность*, 2009: 136).

Примечательно, что в этих строчках актуальным различением оказывается различение прилагательных не по грамматическому роду (в полном соответствии с их исходными грамматическими значениями), а по стилистике: прилагательные на *-ыя* стилистически контрастны с разговорным словом *штучки*, а прилагательные на *-ые* сочетаются со стилистически нейтральным словом *предметы*.

Итак, наблюдения показывают, что современные поэты активно используют системную вариантность форм, преодолевая стилистические и лексические ограничения на формоупотребление и формообразование, игнорируют фразеологическую связанность вариантов, преобразуют стилистическую дифференциацию вариантов в семантическую, создают контекстуальные антитезы вариантов, вносят в стихи архаические формы.

15 Цитата из Символа веры: «Чаю воскресения мертвых, и жизни будущаго века. Аминь».

История грамматики во многом определяется конкуренцией возможных форм, и современная поэзия наглядно демонстрирует такую конкуренцию. Возможность художественной мотивации вариантов способствует их востребованности, а следовательно, и сохранению в языке. Таким образом, материал, представленный в статье, показывает и прошлое русской грамматики, и ее неустойчивость в настоящем, и фрагменты возможных будущих состояний.

Литература

Ахмадулина, Белла: *Полное собрание сочинений в одном томе. Стихотворения*. Москва: Альфа-книга, 2012.

Бобышев, Дмитрий: *Ангелы и силы*. New York: Слово-Word, 1997.

Бобышев, Дмитрий: *Знакомства слов. Избранные стихи*. Москва: Новое литературное обозрение, 2003.

Бобышев, Дмитрий: *Русские терцины и другие стихотворения*. Санкт-Петербург: Всемирное слово, 1992.

Брянский, Шиш: *В нежном мареве*. Тверь: Митин Журнал, 2001.

Булатовский, Игорь: *Читая темноту*. Москва: Новое литературное обозрение, 2013.

Булаховский, Леонид: *Русский литературный язык первой половины XIX в. Фонетика. Морфология.*

Ударение. Синтаксис. Москва: Учпедгиз, 1954.

Виноградов, Виктор: *Очерки по истории русского литературного языка XVII–XIX веков*. Москва: Высшая школа, 1982.

Вишневский, Владимир: *Спасибо мне, что есть я у тебя*. Москва: Праминко, 1992.

Высоцкий, Владимир: *Собрание сочинений в четырёх книгах*, Т. 2, Москва: Надежда-1, 1992.

Галкина, Наталья: *Святки*. Санкт-Петербург: Нева, 1997.

Гандельсман, Владимир: *Тихое пальто*. Санкт-Петербург: Пушкинский фонд, 2000.

Делаланд Надя: *На правах рукописи*. Киев: Росмэн, 2009.

Зингер, Гали-Дана: *Хождение за назначенную черту*. Москва: Новое литературное обозрение, 2009.

Зубова, Людмила: *Языки современной поэзии*. Москва: Новое литературное обозрение, 2010.

Иошпе, Алла: *Еврейские глаза*. https://teksti-pesen.ru/1/Alla-Ioshpe/tekst-pesni-Evreyskie-Glaza. Дата обращения: 20.10.2020.

Кабанов, Александр: *Велосипедное*. https://poezia.ru/works/34376?fbclid. Дата обращения: 28.10.2020.

Кабанов, Александр: *Крысолов*. Санкт-Петербург: Геликон-плюс, 2005.

Калугин, Виктор (сост.): *Антология военной песни*. Москва: Эксмо, 2006.

Карцевский, Сергей: *Из лингвистического наследия*, Т. 1. Москва: ЯРК, 2000.

Ким, Юлий: *Сочинения*. Москва: Локид, 2000.

Клюев, Евгений: *Музыка на Титанике*. Москва: Время, 2014.

Колосова, Елена: К вопросу о двойном выражении значений настоящего времени у глаголов типа *капает – каплет, движет – двигает. История русского языка. Словообразование и формообразование,* 178–182. Казань: Унипресс, 1997.

Кривулин, Виктор: Телемост. *Вестник новой литературы*, 1, 101. Санкт-Петербург: Новая литература, 1990.

Левин, Александр: *Орфей необязательный*. Москва / Тверь: АРГО-РИСК / Kolonna, 2001.

Левин, Александр: *Посленовогоднее*. http://www.levin.rinet.ru/MORE/buhgalter.html. Дата обращения: 20.10. 2020.

Легеза, Дмитрий: *Башмачник*. Санкт-Петербург: Альфорет, 2006.

Лосев, Лев: *Стихи*. Санкт-Петербург: Издательство Ивана Лимбаха, 2012.

Мониава, Дима: *Зима в Илионе. Стихи*. Тбилиси: Пергамент, 1993.

Обнорский, Сергей: *Очерки по морфологии русского глагола*. Москва: Издательство АН СССР, 1953

Павлова, Вера: *Три книги*. Москва: Захаров, 2007.

Потапова, Нонна: Глаголы с двумя парадигмами в диалектной речи. Скитова, Франциска (ред.): *Живое слово в русской речи Прикамья*, 98–111. Пермь: Пермский университет, 1992.

Сабуров, Евгений: *Тоже мне новости*. Москва: Новое издательство, 2006.

Салимон, Владимир: *За наше счастливое детство*. Санкт-Петербург: Пушкинский фонд, 1996.

Сапгир, Генрих: *Складень*. Москва: Время, 2008.

Служили два товарища [автор не указан], http://a-pesni.org/drugije/sluzili2.htm. Дата обращения: 20.10. 2020.

Строчков, Владимир: *Времени больше нет*. Москва: Эксмо, 2018.

Строчков, Владимир: *Служили два товарища, ага…* http://www.levin.rinet.ru/FRIENDS/STROCHKOV/strochkov_2003–1.htm. Дата обращения: 20.10.2020.

Щербаков, Михаил: *Цыбин*. http://blackalpinist.com/scherbakov/htmtexts/2006/cybin.html. Дата обращения: 20.10.2020.

Янгиров, Рашит: Постскриптум к «загадкам перекрестных слов». *Новое литературное обозрение*, 6 (25), 446–448. 1997.

Янко-Триницкая, Надия: Синонимические глаголы типа *белеть – белеться, хвастать – хвастаться*. Ожегов, Сергей (ред.): *Вопросы культуры речи*, 3, 60–81. Москва: Наука. 1961.

Linguistica Philologica

Lingua – Usus – Variatio

Edited by Gerda Haßler and Vladislava Warditz

Vol. 1 Vladislava Warditz (ed.) / Владислава Вардиц (ред.): Russian Grammar: System – Usus – Variation / Русская грамматика: Система – узус – варьирование. 2021.

www.peterlang.com

www.ingramcontent.com/pod-product-compliance
Ingram Content Group UK Ltd.
Pitfield, Milton Keynes, MK11 3LW, UK
UKHW041447071026
15587UKWH00010B/499

9 783631 864586